DIREITO INDUSTRIAL

APDI – ASSOCIAÇÃO PORTUGUESA DE DIREITO
INTELECTUAL

DIREITO INDUSTRIAL

VOL. V

Alberto Francisco Ribeiro de Almeida
José de Oliveira Ascensão
Nuno Aureliano
Américo da Silva Carvalho
Maria Miguel Carvalho
Teresa Garcia
Jorge Novais Gonçalves
Luís Couto Gonçalves
José Manuel Otero Lastres
Carlos Olavo
Alexandre Dias Pereira
Bárbara Quintela Ribeiro
Ana Maria Pereira da Silva
Dário Moura Vicente

DIREITO INDUSTRIAL – VOL. V

AUTORES
ASSOCIAÇÃO PORTUGUESA DE DIREITO INTELECTUAL

EDITOR
EDIÇÕES ALMEDINA, SA
Avenida Fernão de Magalhães, n.º 584, 5.º Andar
3000-174 Coimbra
Tel.: 239 851 904
Fax: 239 851 901
www.almedina.net
editora@almedina.net

PRÉ-IMPRESSÃO • IMPRESSÃO • ACABAMENTO
G.C. – GRÁFICA DE COIMBRA, LDA.
Palheira – Assafarge
3001-453 Coimbra
producao@graficadecoimbra.pt

Janeiro, 2008

DEPÓSITO LEGAL
254920/07

Os dados e as opiniões inseridos na presente publicação
são da exclusiva responsabilidade do(s) seu(s) autor(es).

Toda a reprodução desta obra, por fotocópia ou outro qualquer processo,
sem prévia autorização escrita do Editor,
é ilícita e passível de procedimento judicial contra o infractor.

ÍNDICE

Indicações de proveniência, denominações de origem e indicações geográficas – *Alberto Francisco Ribeiro de Almeida* 9

Nome de edifício: conflito com marca, insígnia ou logotipo? – *José de Oliveira Ascensão* 37

Questões problemáticas em sede de indicações geográficas e denominações de origem – *José de Oliveira Ascensão* 69

Logótipo – um novo sinal distintivo do comércio (parte II) – *Nuno Aureliano* 89

Abuso do direito e boa fé em propriedade industrial – *Américo da Silva Carvalho* . 155

Marcas colectivas – breves considerações – *Maria Miguel Carvalho* 215

A inventividade – *Teresa Garcia* 251

A marca prestigiada no Direito Comunitário das marcas – a propósito da oposição à marca comunitária – *Jorge Novais Gonçalves* 311

O uso da marca – *Luís M. Couto Gonçalves* 369

El grado de creatividad y de originalidad requerido al diseño artístico – *José Manuel Otero Lastres* 395

A protecção do "trade dress" – *Carlos Olavo* 429

Os desenhos ou modelos comunitários – *Carlos Olavo* 451

Propriedade intelectual e concorrência desleal em Macau (breve apontamento) – *Alexandre Dias Pereira* 461

A tutela jurídica da moda pelo regime dos desenhos ou modelos – *Bárbara Quintela Ribeiro* 477

Nomes de domínio e marcas – conflito real ou conflito virtual? – *Ana Maria Pereira da Silva* 529

Nomes de domínio e marcas – *Dário Moura Vicente* 563

NOTA PRÉVIA

Temos a satisfação de apresentar o V volume do Direito Industrial.
A nossa primeira palavra é de reconhecimento aos colaboradores. A todos cabe o mérito de manter o nível de pesquisa universitária de ponta que caracteriza esta Colectânea. Permita-se-nos apenas salientar um notável professor estrangeiro, Otero Lastres, da Universidade de Alcalá de Heñares, que nos brinda com um estudo exemplar sobre desenhos e modelos.

Um aspecto merece ser realçado. No Direito Industrial chocam-se interesses poderosos. A linguagem dominante é a linguagem dos lobbies. *Mas não é essa a nossa linguagem. Os temas são examinados com isenção científica, que permite a compreensão justa dos interesses sectoriais e a sua conciliação à luz do interesse colectivo.*

Com isto esta Colectânea soma-se à restante actividade da APDI no timbre e contributo específicos. O nosso objectivo é expandir o Direito Industrial pela formação de mentalidades.

Esta meta só se tornou possível graças à dedicação dum núcleo de colaboradores num espaço de diálogo e respeito mútuo. É por obra deles que germina, neste domínio complexo e em geral estranho ainda aos currículos académicos de Direito (e ainda mais em evolução célere), uma geração de juristas capazes de dominar a problemática implicada e participar sem diminuição no debate internacional e no diálogo científico.

O Presidente da APDI

ADITAMENTO

Na hora em que esta Colectânea seguia para a Editora, somos surpreendidos – e chocados – pela notícia do falecimento do Dr. Carlos Olavo.

Carlos Olavo foi desde os primeiros tempos associado da APDI. Acompanhou sempre os nossos trabalhos. Colaborou inclusive neste volume do "Direito Industrial", como aliás em todos os outros. Com grande frequência recorremos ao seu conselho e pedimos sempre a sua participação nos nossos Cursos.

Além de todas as qualidades humanas e profissionais que o distinguiam, Carlos Olavo era sem contestação um dos juristas de maior relevo no domínio do Direito Industrial.

Conservamo-lo na nossa lembrança. Fique em Paz.

O Presidente da APDI

INDICAÇÕES DE PROVENIÊNCIA, DENOMINAÇÕES DE ORIGEM E INDICAÇÕES GEOGRÁFICAS*

ALBERTO FRANCISCO RIBEIRO DE ALMEIDA
*Professor da Faculdade de Direito
da Universidade Lusíada-Porto*

SUMÁRIO:
1. Introdução 2. Indicação de proveniência, denominação de origem e indicação geográfica: as fronteiras. 3. A denominação de origem e a indicação geográfica como instrumentos de concorrência. 4. As funções de indicação de proveniência geográfica e de garantia de qualidade. 5. Da acção de *passing-off* às marcas de certificação ou da repressão de fraudes às *appellations d'origine contrôlées*. 6. A natureza jurídica da denominação de origem. 7. A liberdade de circulação de mercadorias e a política agrícola comum. 8. A política de *trade-off* subjacente às indicações geográficas no acordo TRIPS. 9. Conclusão.

"Rien ne porte aussi bien le cachet de la nationalité, voire même du pays et du terroir, que l'appellation d'origine (...)".

MARCEL PLAISANT et FERNAND-JACQ, *Traité des Noms et Appellations d'Origine*, Paris, 1921, 13.

---

* O presente texto corresponde à exposição que pronunciámos no 5.º Curso de Pós-Graduação em Propriedade Industrial organizado pela Faculdade de Direito de Lisboa e pela Associação Portuguesa de Direito Intelectual.

1. Introdução

Denominações de origem, indicações geográficas e indicações de proveniência são instrumentos de identificação e diferenciação dos produtos que fazem parte do nosso dia-a-dia. É doutrina dominante que as indicações geográficas constituíram o primeiro tipo de sinais distintivos do comércio, muito antes das marcas comerciais.

Os usos e os costumes da Grécia Antiga e de Roma espelhados no quotidiano da vida destes povos evidenciam uma multiplicidade e heterogeneidade de nomes geográficos colocados em produtos. Na Grécia Antiga eram famosas as estatuetas da cidade de Tânagra, o bronze da cidade de Corinto, o mármore da região da Frígia, os mantos de Pelena, a excelência do mel do monte Himeto, os cavalos da região da Tessália, a púrpura da ilha de Cítera, os perfumes, os panos finos ou o pergaminho da cidade de Pérgamo, as lãs e tecidos da cidade de Mileto, os vinhos das ilhas de Tasos, de Quios, de Lesbos, de Naxos, de Lêucade, os da região da Calcídica e da Trácia e os da cidade da Maroneia. Em Roma eram célebres os vinhos de Falerno, de Alba, do monte Mássico e de Sorrento, as ostras de Brindisi, os vasos de Bizâncio, o açafrão do monte Córico, o azeite de Venafro e o mármore de Carrara. A Bíblia é pródiga na citação de nomes geográficos na identificação de produtos: os cedros do Líbano, o ouro de Parvaim, os cavalos provenientes do Egipto e de Qué, o vinho de Helbon e a lã de Sacar.

Estamos, todavia, perante simples indicações de proveniência (ainda longe da figura da denominação de origem ou da noção actual de indicação geográfica) sem autonomia jurídica embora juridicamente tuteladas.

As denominações de origem e as indicações geográficas têm adquirido uma vantagem económica crescente e desempenham uma função relevante no tráfico comercial. Roquefort, Porto, Champagne, Chablis, Sauternes, Sherry, Chianti, Bayrisches Bier, Budweiser, Jamón de Huelva, Feta, Dortmunder Bier, Bremer Bier, Hofer Bier, Lentille vert du Puy, Noix de Grenoble, Jambon de Bayonne, queijo de Neufchâtel, Blue Stilton Cheese, azeites de Lesbos, de Samos, de Thassos, de Rhodes, Queijo Serra da Estrela, Queijo São Jorge, Presunto de Barrancos, Carnalentejana, Ternera Galega, Turrón de Alicante, Pimentón de Murcia, Grana Padano, Gorgonzola, Parmigiano Reggiano, Prosciutto di Parma, Prosciutto Toscano, Habanos, Tequila, Cognac, são exemplos de denominações de origem ou indicações geográficas. A relevância económica das denominações de origem e das indicações geográficas deriva, como sinal indirecto, da multiplicidade de acordos internacionais bilaterais e multilaterais que têm sido concluídos com vista a proteger aqueles direitos de propriedade industrial. No plano comunitário é de referir o Regulamento (CEE) N.º 2081/92 do Conselho, de 14 de Julho de 1992 [entretanto substituído pelo Regulamento (CE) n.º 510/2006 do Conselho, de 20 de Março], relativo à protecção das indicações geográficas e das denominações de origem dos produtos agrícolas e dos géneros alimentícios (não aplicável a vinhos e bebidas espirituosas). Tendo em conta o desenvolvimento do comércio internacional de produtos com denominação de origem ou indicação geográfica e o interesse crescente que os consumidores atribuem à origem e à qualidade dos produtos que adquirem, a Organização Mundial do Comércio (OMC) autonomizou e disciplinou a figura da indicação geográfica no Acordo sobre os Aspectos dos Direitos de Propriedade Intelectual Relacionados com o Comércio (TRIPS).

As denominações de origem e as indicações geográficas aplicam-se tradicionalmente a produtos como vinhos, aguardentes e queijos. Todavia, já se reconheceram denominações de origem para produtos industriais e artesanais. Por outro lado, não só o âmbito merceológico dos produtos abrangidos é maior em virtude do citado Regulamento N.º 510/2006, como se defende a aplicação da figura da denominação de origem e da indicação geográfica a serviços (designadamente de turismo). Em breves termos estatísticos poder-se-á estimar que no âmbito do acordo de Lisboa sobre as denominações de origem e seu registo internacional existem cerca de 800 denominações de origem registadas, no registo comunitário de denominações de origem e indicações geográficas ao abrigo do indicado Regulamento N.º 510/2006 constam mais de 600 nomes geográficos e, por fim, no domínio vitivinícola e em resultado do Regulamento (CE) N.º 1493/1999 do Conselho, de 17 de Maio de 1999, que estabelece a organização comum do mercado vitivinícola, aparecem mais de 8000 nomes aos quais podemos acrescentar os nomes geográficos do sector das bebidas espirituosas (mais de 200).

2. Indicação de proveniência, denominação de origem e indicação geográfica: as fronteiras

A denominação de origem, nos termos do Código da Propriedade Industrial português (CPI) e do acordo de Lisboa para a protecção das denominações de origem e seu registo internacional, corresponde a uma modalidade da propriedade industrial, um direito privativo com uma fisionomia colectiva. Na sua estrutura, este direito compreende os produtos provenientes de uma região ou local demarcado que contenham qualidades ou características que se devam essencial ou exclusivamente ao meio geográfico, incluindo os factores naturais e humanos, e cuja produção, transformação e elaboração ocorram nessa área demarcada.

Nestes termos e considerando o disposto no art. 305.º/1 e 2 do CPI, no art. 2.º do acordo de Lisboa relativo à protecção das denominações de origem e ao seu registo internacional, bem como o consagrado no art. 2.º do referido Regulamento N.º 510/2006, entendemos por denominação de origem a denominação geográfica de um país, região ou localidade, ou uma denominação tradicional (geográfica ou não), que se usa no mercado para designar ou individualizar um produto originário do local geográfico que corresponde ao nome usado como denominação e que reúne determinadas características e qualidades típicas que se devem essencial ou exclusivamente ao meio geográfico, compreendendo os factores naturais e os factores humanos.

A área geográfica, delimitada, é o local de origem do produto, o local de produção, de transformação e de elaboração do produto. Os critérios para a delimitação não são consensuais; o elemento natural (o *terroir*) parece decisivo (isto é, as condições naturais de produção, ligadas ao meio geográfico físico, como o solo, o subsolo, o clima, a exposição solar, etc., mas também o meio humano que utiliza certos processos técnicos e conhece certas tradições), mas a realidade inerente a cada delimitação resulta, tantas vezes, da conjugação de outros interesses. Os produtos originários desta área delimitada devem ser produtos típicos dessa área e reunir determinadas qualidades e características próprias que não se encontram em qualquer outro local.

A indicação geográfica, de acordo com o CPI e o acordo TRIPS concluído no quadro da OMC, aparenta uma fisionomia semelhante à denominação de origem. Todavia, a sua estrutura é débil quando comparada com a denominação de origem, embora mais elástica. Na verdade, a indicação geográfica individualiza produtos originários de uma região ou localidade quando determinada qualidade, reputação ou outra característica do produto seja essencialmente atribuível à sua origem geográfica. Expressamente, resulta do CPI (art. 305.º/3) e do Regulamento N.º 510//2006 (art. 2.º) que, enquanto que na denominação de origem as qualidades e as características dos produtos se devem essencial ou exclusivamente ao meio geográfico compreendendo os factores naturais e humanos, na indicação geográfica a reputação, uma qualidade determinada ou outra característica podem ser atribuídas a essa origem geográfica, independentemente dos factores naturais e humanos. Na indicação geográfica o elo que une o produto à região determinada é mais débil que na denominação de origem. Ou seja, na indicação geográfica a reputação do produto (ou uma sua qualidade ou outra característica) pode (basta que possa) ser atribuída à região sem influência directa dos factores naturais e humanos. Por outro lado, aquela menor ligação, na indicação geográfica, do produto à região determinada resulta, igualmente, da não exigência de que todas as operações de produção, transformação e elaboração ocorram na área determinada (como se estabelece para a denominação de origem), bastando que uma delas ocorra na área delimitada.

A denominação de origem exige um vínculo acentuado do produto com a região demarcada, ao contrário da indicação geográfica que se basta com uma breve aparência de ligação com a região (é suficiente que a reputação possa ser atribuível à região determinada).

Por fim, a indicação de proveniência. Este sinal coloca a questão delicada de saber se estamos perante um direito privativo. Temos, no mínimo, muitas dúvidas, face à ausência de uma disciplina específica deste sinal (quer no plano interno quer internacional); a sua tutela realiza-se pela via das regras da concorrência desleal. Quanto à delimitação da figura, entendemos que a indicação de proveniência se traduz numa simples menção do local em que um produto foi produzido, fabricado, extraído, etc. Trata-se de uma simples informação que permite ao consumidor saber, por exemplo, se o produto é de origem portuguesa ou estrangeira [por exemplo, Porto, Barcelona; laranja portuguesa, fabrico italiano; "made in the (...)" ou "feito em (...)"]. A indicação de proveniência pode ser efectuada através de uma indicação indirecta, como seja a reprodução de monumentos ou lugares típicos e conhecidos de um país ou de uma cidade, como a Torre Eiffel, a bandeira de um Estado, o retrato de personagens históricas, etc. A indicação de proveniência deve ser conforme à realidade (princípio da verdade), isto é, o produto em que é aplicada deve ter sido produzido (fabricado, etc.) na região que corresponde a essa indicação, e esta não deve ser enganosa ou criar confusão acerca da origem do produto.

3. A denominação de origem e a indicação geográfica como instrumentos de concorrência

As denominações de origem e as indicações geográficas são instrumentos ao serviço das empresas. São meios de identificação dos produtos no mercado. Num mercado intercomunicativo, caracterizado por uma acérrima concorrência entre os produtos, por uma maior consciencialização dos consumidores para o factor qualidade, a denominação de origem e a indicação geográfica podem desenvolver um importante papel enquanto afiançadores de um monopólio (permitem um exclusivo), podem ser elementos-chave de uma estratégia comercial visando a conquista de um lugar competitivo marcado pela tipicidade de um produto.

Para o consumidor um produto com denominação de origem ou indicação geográfica significa qualidade, características determinadas, garantidas. Mas, além de satisfazer o interesse (mediato ou acessório; sucessivo ou moderno) dos consumidores, a denominação de origem e a indicação geográfica são instrumentos do comércio nas mãos dos produtores e dos comerciantes (são instrumentos ao serviço de um interesse reditício: estes direitos privativos permitem às empresas uma margem de rendimento superior; a qualidade tem preço). A denominação de origem e a indicação geográfica são propriedade comum (propriedade colectivística) dos produtores e comerciantes da região determinada. Aliás, estes sinais distintivos do comércio surgiram como meio dos produtores e comerciantes de uma região conseguirem colocar os seus produtos no mercado; associaram os seus interesses comuns (e que são igualmente económicos quando se traduzem num esforço conjunto na luta contra as falsificações e imitações do que é genuíno) em volta de um sinal identificador. A denominação de origem e a indicação geográfica garantem a promoção e comercialização colectiva de produtos de qualidade, permitindo economias de escala e a conquista do consumidor com mais facilidade.

A convergência interessada das empresas de uma região no aproveitamento do valor acrescido de uma denominação de origem ou indicação geográfica, vai implicar a intervenção (não altruística) de um organismo de controlo (por vezes uma pessoa colectiva de direito público) que certifique – com independência, imparcialidade e objectividade – a proveniência, as características e qualidades dos produtos com denominação de origem ou indicação geográfica (*id est* que verifique a conformidade do produto com um caderno de encargos).

Numa sociedade em rede a segurança alimentar pertence à ordem pública económica. Ora, as denominações de origem e as indicações geográficas podem contribuir para garantir tranquilidade na escolha do consumidor. Trata-se de uma vantagem para o consumidor e um desafio intranquilo para as entidades certificadoras – embora fique, neste texto, por determinar o nível da sua responsabilidade e (in)consequente desresponsabilização do produtor ou comerciante. Esta tranquilidade do consumidor – no caso dos produtos com denominação de origem ou indicação geográfica – quase lhe permite escolher o produto independentemente da sua origem empresarial; mas, a verdade é que a empresa está sempre presente, desde logo com a sua marca mais ou menos famosa.

Colateralmente, as denominações de origem e as indicações geográficas permitem a consecução de outros interesses. No quadro do direito comunitário as denominações de origem são instrumentos ao serviço da política agrícola comum de modo a valorizar a qualidade dos produtos. Mas são preocupações de política estrutural que estão em causa: pretende-se o progresso das zonas rurais mediante a melhoria do rendimento dos agricultores e a fixação da população rural nestas zonas.

Por fim, os produtos de qualidade asseguram, em regra, a conservação e o respeito do meio ambiente. A produção e a elaboração de produtos de qualidade realizam-se, por vezes, em condições naturais adversas em que só tais produtos subsistem. A denominação de origem e a indicação geográfica têm sido reconhecidos como meios de protecção do conhecimento tradicional e do folclore, ou seja, da cultura de um povo.

4. As funções de indicação de proveniência geográfica e de garantia de qualidade

No plano funcional a denominação de origem desempenha uma função distintiva que se traduz numa indicação de proveniência geográfica (identifica um produto como proveniente de um local determinado). Mas a denominação de origem tem, ainda, uma função de garantia: assegura ao consumidor que o produto que a ostenta tem certas características e qualidades, ou seja, que corresponde a um caderno de encargos ou de especificações e cuja observância é assegurada por uma entidade de controlo. Ou seja, estamos perante um sinal distintivo com uma função complexa: a denominação de origem desempenha uma função de garantia de qualidade e certifica que o produto tem uma certa proveniência geográfica.

Na verdade, a denominação geográfica não é utilizada apenas com a finalidade de indicar a proveniência do produto, mas principalmente para designar um produto determinado (que preenche certas qualidades e características). Assim, nem todo o produto de uma mesma área geográfica delimitada poderá ser distinguido com a denominação de origem, dado que não a poderá utilizar se não reunir as qualidades e as características estabelecidas. Não basta, nestes termos, delimitar a área de produção. É preciso também determinar as qualidades ou as características do produto para ter direito à denominação de origem.

É certo que se pode contestar que as noções de "origem", "tipicidade" e "qualidade" não estão totalmente definidas e não têm um significado unívoco na esfera jurídica, bem como se pode defender que na denominação de origem existe apenas uma conexão puramente geográfica ou territorial do produto com a região, prescindindo-se, assim, de qualquer elo qualitativo do produto com a área geográfica (que pode abranger um território muito amplo, por exemplo, todo um país). Ou seja, a denominação de origem seria apenas uma indicação de proveniência geográfica simples ou qualitativamente neutra.

Todavia, a realidade não é essa. Na denominação de origem estamos perante uma qualidade objectivamente definida. O que importa é a correspondência a um padrão, a um conjunto de características pré-definidas. Ou seja, o produto deve ser obtido e elaborado segundo normas estabelecidas, deverá preencher todas as características exigidas (cada denominação de origem deve ter o seu próprio regulamento) e para a consecução de tal objectivo é necessário que exista um organismo especializado para o controlo da aplicação dessa regulamentação. Este organismo de controlo deverá – para além de estar dotado de meios técnicos e humanos – obedecer a critérios de objectividade e imparcialidade; a aplicação do interprofissionalismo (ou aquilo que outros já designaram pelo governo interessado das famílias) neste domínio poderá implicar (se não for rodeado das necessárias cautelas) "confusão" de interesses.

A indicação geográfica tende a desenvolver funções idênticas à denominação de origem. A indicação geográfica individualiza um produto como proveniente de um local determinado (a função distintiva traduz-se numa função indicadora da proveniência geográfica), mas fica tendencialmente prejudicada a função de garantia de qualidade ou, pelo menos, não é tão evidente.

Por fim, a indicação de proveniência é uma simples menção do local em que um produto foi produzido, fabricado, extraído, etc. Trata-se de uma informação que permite ao consumidor saber, por exemplo, se o produto é de origem portuguesa. Não existe qualquer garantia de qualidade do produto.

Como nota final podemos apenas acrescentar que a marca não garante uma proveniência geográfica nem desenvolve uma função de garantia (excepto a marca de certificação).

5. Da acção de *passing-off* às marcas de certificação ou da repressão de fraudes às *appellations d'origine contrôlées*

A evolução da tutela jurídica das denominações de origem e das indicações geográficas, bem como dos instrumentos jurídicos utilizados na sua disciplina, é um sintoma claro dos interesses de cada país e da importância que estas figuras foram adquirindo em cada ordenamento jurídico. Este desenvolvimento deu origem a diferentes modos de protecção que podem ser hoje agrupados em quatro domínios ou modelos: a concorrência desleal e a acção de *passing-off*; as denominações de origem protegidas e as indicações geográficas registadas; as marcas colectivas e de certificação; e, acessoriamente, os instrumentos de natureza administrativa.

A tutela das indicações geográficas realiza-se, em alguns países, fundamentalmente pela via da concorrência desleal. Práticas comerciais que sejam enganadoras ou que possam enganar o público designadamente quanto à origem geográfica dos produtos podem constituir um acto de concorrência desleal. Em Portugal as falsas indicações de proveniência são tuteladas no quadro da concorrência desleal. Também a lei alemã sobre a concorrência desleal se aplica a casos em que, no âmbito de uma actividade comercial, se fazem uso de práticas enganosas quanto à origem geográfica dos produtos.

Nos países anglo-saxónicos ou que adoptam um sistema de *common law*, a acção de *passing-off* é considerada a base de protecção contra actos desonestos da actividade comercial. Esta acção pode ser descrita como o remédio legal para os casos em que os produtos ou serviços de uma empresa são apresentados como sendo de outra empresa. Nestes casos o queixoso perde clientela porque o demandado adoptou comportamentos que levam a clientela a acreditar que estava a adquirir os produtos do queixoso, quando de facto estava a comprar produtos do demandado. Ora, o uso indevido de indicações geográficas através de uma acção de *passing-off* exige que o queixoso deva provar, em primeiro lugar, que os seus produtos (identificados com uma indicação geográfica) beneficiam de uma certa reputação ou *goodwill*, em segundo lugar, que o demandado engana o consumidor quando o faz crer que os seus produtos provêm do queixoso e que, por fim, ele, queixoso, sofreu danos com este engano. No Reino Unido aplicou-se com sucesso a acção de *passing-off* a um conjunto de casos relativos a indicações geográficas (os designados *drink cases*): "Advocaat" (bebida holandesa); "Spanish Champagne"; "Elderflower Champagne"; "British Sherry", "Australian Sherry" e "South African Sherry".

Nestes dois tipos de instrumentos, cujo objectivo é a eliminação de práticas enganosas, as indicações geográficas não são reconhecidas como autónomos direitos privativos de propriedade intelectual.

Sistema diverso é o das denominações de origem protegidas e o das denominações de origem registadas. Este tipo de modelo implica o reconhecimento das denominações de origem ou das indicações geográficas como direitos privativos de propriedade intelectual, rigorosamente definidos e protegidos.

No primeiro caso, a disciplina do uso da denominação de origem resultou de uma necessidade de combater práticas comerciais fraudulentas em especial no domínio dos produtos vitivinícolas (assim o foi em França e em Portugal). Nestes sistemas a noção de denominação de origem (*appellation d'origine contrôlée*) corresponde àquela que atrás fizemos referência. O reconhecimento da denominação de origem é efectuado através de diploma legal (lei ou decreto-lei) ou de um acto administrativo (emanado de uma autoridade pública) e, em consequência, identificam-se os produtos, as suas características ou qualidades, as condições de produção e demarca-se a região. Nestes casos a denominação de origem é rigorosamente protegida e o uso indevido da denominação de origem é fortemente combatido, desde logo através de procedimento criminal.

O modelo das denominações de origem registadas é muito semelhante ao das denominações de origem protegidas, embora possam existir diferenças quanto ao âmbito e ao modo de protecção (desde logo o tipo de procedimento; pode não ser o penal, mas o civil). O sistema das denominações de origem registadas depende de registo enquanto que o sistema anterior assenta fundamentalmente na adopção de um diploma legal.

Um terceiro sistema de protecção situa-se no domínio das marcas. Não nos dedicaremos à tutela indirecta resultante das marcas quando é proibido o registo de marcas descritivas ou deceptivas, quando termos geográficos não podem constituir uma marca válida (quando o nome geográfico não adquiriu um *secondary meaning* ou não é considerado fantástico). Interessa-nos, neste momento, a referência às marcas de certificação e às marcas colectivas.

A marca de certificação designa qualquer palavra, nome, símbolo ou desenho, ou toda a combinação destes elementos, utilizada por uma pessoa que não o proprietário para certificar a origem, regional ou outra, a matéria, o modo de fabrico, a qualidade, a exactidão ou outras características dos produtos ou serviços desta outra pessoa.

A marca de certificação visa assegurar que os produtos ou serviços (provenientes de fabricos ou prestações diferentes) a que se aplica têm certas características comuns, assim como um certo nível de qualidade, com a garantia de que foram submetidos a um controlo, prévio e contínuo. A função certificadora e indicadora de qualidade é a função principal destas marcas. Função exercida em nome do interesse geral e não no interesse de uma empresa. A marca de certificação não é um sinal distintivo dos produtos ou serviços, tal como este é concebido tradicionalmente. É um sinal certificador, indicador de certa qualidade. O que distingue os produtos ou serviços que beneficiam desta marca de outros da mesma classe, qualquer que seja a sua proveniência empresarial, é que estes não estão dotados da qualificação presente na marca de garantia.

Todo o empresário cujos produtos estejam de acordo com o caderno de encargos estabelecido pelo titular da marca tem o direito de usar a marca de certificação. O titular da marca deve assegurar que os produtos ou serviços nos quais a marca de certificação é aposta possuem as qualidades certificadas. Neste sentido, o titular da marca deve, no momento do pedido de registo da marca de certificação, apresentar o regulamento de uso da marca onde deve definir, de forma clara, as características certificadas pela marca, as pessoas autorizadas a usar a marca e estabelecer detalhes sobre a certificação e o controlo. O titular da marca não deve ser autorizado a usá-la nos seus produtos ou serviços.

A tutela de indicações geográficas através de marcas de certificação é possível, designadamente nos EUA (aqui registou-se a denominação de origem "Roquefort" como marca de certificação). A protecção de que gozam neste caso as indicações geográficas resulta das regras gerais sobre as marcas, salvo eventuais disposições especiais.

Em relação às marcas colectivas ou de associação estamos perante marcas registadas por associações de produtores, fabricantes, comerciantes ou prestadores de serviços, para distinguir no mercado os produtos ou serviços dos seus membros dos produtos ou serviços daqueles que não fazem parte dessa associação. No pedido de registo destas marcas deverá incluir-se um regulamento de uso no qual se indique as pessoas autorizadas a utilizar a marca, as condições de filiação na associação, as condições de uso da marca e os motivos pelos quais se pode proibir o seu uso a um membro da associação. A marca colectiva pertence a uma associação. A marca colectiva indica a qualidade de membro de uma associação, corporação ou união; identifica a qualidade de membro; identifica a organização e os produtos ou serviços dos membros da organização, os quais podem ou não diferir dos produtos ou serviços de outras organizações. A marca colectiva é propriedade de uma organização sendo utilizada pelo conjunto dos membros. O Regulamento (CE) N.° 40/94 do Conselho, de 20 de Dezembro de 1993, sobre a marca comunitária, disciplina as marcas comunitárias colectivas (arts. 64.° e ss.). Aí se estabelece que as marcas comunitárias colectivas visam distinguir os produtos ou os serviços dos membros da associação que delas é titular dos de outras empresas. Podem ser titulares de tais marcas as associações de fabricantes, de produtores, de prestadores de serviços ou de comerciantes (que preencham certos requisitos) e as pessoas colectivas de direito público. O requerente de uma marca comunitária colectiva deve apresentar um regulamento de utilização. Este regulamento indicará as pessoas autorizadas a utilizar a marca, as condições de filiação na associação, assim como, na medida em que existam, as condições de utilização da marca, incluindo as sanções.

O CPI estabelece (art. 228.°/2) que "podem constituir marca colectiva os sinais ou indicações utilizados no comércio para designar a origem geográfica dos produtos ou serviços" (faculdade prevista para a marca de certificação e para a marca de associação). O legislador nacional consagrou a possibilidade prevista no art. 15.°/2 da Directiva n.° 89/104/CEE do Conselho, de 21 de Dezembro de 1988, que harmoniza as legislações dos Estados-membros em matéria de marcas: "Em derrogação do n.° 1, alínea c), do artigo 3.°, os Estados membros podem estipular que os sinais ou indicações utilizados no comércio para designar a origem geográfica dos produtos ou serviços possam constituir marcas colectivas ou marcas de garantia ou de certificação (..)". Todavia, a segunda parte desta disposição limita o direito exclusivo do titular da marca se esta for composta por um nome geográfico. Se a primeira parte do preceito é facultativa a segunda é obrigatória: "Uma marca deste género não confere ao titular o direito de proibir a um terceiro que use no comércio esses sinais ou indicações, desde que esse uso se faça em conformidade com práticas honestas em matéria industrial ou comercial; nomeadamente, uma marca deste género não pode ser oposta a um terceiro habilitado a usar uma denominação geográfica". Estamos em face de uma prevalência do interesse dos terceiros em relação ao interesse individual do titular da marca. O citado Regulamento (CE) n.° 40/94 contém uma disposição semelhante à da Directiva (art. 64.°/2).

Em alguns países a marca colectiva ou de associação pode cumprir uma função certificadora. Estas são simultaneamente marcas colectivas e de certificação, mas registadas como marcas colectivas ou de associação. Esta marca de associação só pode ser utilizada, em regra, pelos membros da associação. Assim, se a função certificadora deste tipo de marca é uma função derivada, não existe qualquer inconveniente em que seja reservada somente para os membros da associação; contudo, se é uma marca com uma função essencialmente certificadora será que se deveria permitir a sua utilização por todos quantos produzam ou fabriquem produtos ou prestem serviços que preencham os requisitos exigidos? Esta circunstância de uma marca colectiva ou de associação ter como função primária a de certificar produtos ou serviços, destinando a sua utilização unicamente para os membros da associação titular da marca, acentua um interesse privado (ainda que de todos os membros da associação) em prejuízo do interesse geral.

Por fim, um quarto modelo, muitas vezes complementar ou acessório dos anteriores: esquemas administrativos de protecção das indicações geográficas. Muitos países subordinam o uso de certas indicações geográficas a uma aprovação prévia por parte de uma autoridade administrativa. É o caso dos vinhos e das bebidas espirituosas em certos países. A possibilidade de uso de uma indicação geográfica implica a intervenção de uma autoridade administrativa que controla a qualidade dos produtos, todas as características estabelecidas, a proveniência geográfica e, inclusive, aprova a rotulagem. Se alguma das exigências não se verificar o produto não poderá ostentar a indicação geográfica pretendida.

O ordenamento jurídico português assenta num reconhecimento das denominações de origem e das indicações geográficas como direitos privativos de propriedade industrial, dotados de um nível de protecção elevado e com a consagração de um sistema de registo. O nível de protecção elevado verifica-se quer quanto ao conteúdo do direito (por exemplo proibindo-se a degenerescência das denominações de origem ou tutelando-se as denominações de origem de prestígio além do princípio da especialidade) quer quanto à sanção (criminalizando-se algumas condutas). O novo CPI foi especialmente e merecidamente generoso com as denominações de origem. A legislação especial, em particular no domínio vitivinícola, segue o mesmo caminho.

6. A natureza jurídica da denominação de origem

Existem poucas reflexões doutrinais relativas à natureza jurídica da denominação de origem. Vamos tentar caracterizar os poderes inerentes a este direito subjectivo.

O produtor, desde que os seus produtos respondam às condições preestabelecidas, pode fazer uso da denominação de origem, aplicando-a a esses produtos, sem que esse uso lhe possa ser recusado ou retirado. Nenhuma outra pessoa, para além desse produtor, pode fazer uso da denominação de origem. Por outro lado, o produtor vai aplicar a denominação de origem na sua produção com a finalidade de retirar da sua venda lucros superiores àqueles que poderia retirar de produtos similares sem direito à denominação de origem. Assim, o uso do direito tem por fim a realização de frutos. Repare-se, contudo, que somente aquele que pode utilizar a denominação de origem pode retirar lucros, a locação da denominação de origem não é admitida. A posição do titular da denominação de origem é diferente da do titular de uma patente ou de uma marca, dado que estes podem também fazer frutificar o seu direito concedendo o seu uso por meio de contratos de licença.

Quanto à possibilidade de dispor da denominação de origem, cada produtor, isoladamente, está desprovido desse poder. O produtor alienando a sua "exploração" não aliena o seu direito à denominação de origem. Este último, não reaparecerá na esfera jurídica do adquirente, salvo se este continuar a produzir os produtos típicos daquela área geográfica de acordo com as regras preestabelecidas. A questão é idêntica no caso de cedência temporária da referida "exploração". O produtor (vendedor, locador, etc.) retirará, todavia, uma bonificação da localização da sua "exploração" na área da denominação de origem.

O proprietário de uma coisa tem normalmente o direito de a destruir, de a modificar na sua estrutura ou na sua afectação, ou seja, tem a faculdade de dispor juridicamente e materialmente dessa coisa, objecto do direito. O titular de um direito de propriedade industrial dispõe, normalmente, destas prerrogativas; o titular de uma marca, por exemplo, pode pôr fim à sua existência não renovando o seu registo; pode também mudar o seu destino, por exemplo, modificando a lista dos objectos designados pelo registo inicial. Já um produtor que tenha direito a uma denominação de origem não pode fazer nada disto. Na realidade, o titular de um direito de propriedade intelectual (uma marca, por exemplo) pode, em regra, alienar a coisa ou pode apenas conceder o seu gozo a um terceiro através de uma licença. Ora, na denominação de origem, um produtor, titular do direito à denominação de origem, não pode alienar ou transferir o gozo deste direito para um terceiro. O que o titular deste direito pode fazer (supondo que ele para além de proprietário da denominação de origem é também proprietário da exploração) é alienar ou locar (ou constituir um usufruto, etc.) o seu *fonds agricole* (o proprietário do *fonds agricole* a partir do momento em que o vende, arrenda, dá em comodato ou dá em usufruto, perde a propriedade da denominação de origem, mesmo nas hipóteses em que conserva o seu direito de propriedade sobre o referido *fonds* ou exploração). Contudo, a simples mudança de titularidade do *fonds* não implica que o direito à denominação de origem nasça imediatamente na esfera jurídica do adquirente, dado que o direito à denominação de origem não está meramente ligado ao *fonds*. Na verdade, nada garante que o novo proprietário ou locatário do *fonds* mantenha a afectação precedente ou, simplesmente, que a sua produção mereça a denominação de origem. O que é certo é que a posse ou a detenção do *fonds* na área geográfica da denominação de origem, se não é suficiente, constitui condição *sine qua non* da aquisição do direito à denominação de origem.

Se a denominação de origem não pode ser alienada nem locada em si mesma por um dos produtores, a venda ou a locação do *fonds* já é possível, o que implica que a mais-valia que a denominação de origem permite se vai repercutir no valor da venda ou da locação dado que o adquirente ou o locatário poderão, nas condições referidas, vir a adquirir o direito à denominação de origem, essa mais-valia. Por outro lado, mesmo que se admita que a denominação de origem não pode ser objecto de um penhor, já o *fonds* pode ser objecto de uma garantia em que entrará em consideração essa mais-valia que é atribuída ao *fonds* pela denominação de origem. Vemos, nestes termos, que o direito à denominação de origem de cada produtor, quanto à sua dimensão patrimonial, não se pode concretizar sem ser através de um *fonds*.

A impossibilidade de um produtor ceder (temporária ou definitivamente) a denominação de origem deriva não só do facto do direito não ser só dele, mas do respeito por um princípio de verdade. A denominação de origem é um sinal distintivo que garante que os produtos a que se aplica têm certas características e qualidades típicas; garantia resultante da intervenção de um organismo de controlo. A admissibilidade da alienação, locação, etc., da denominação de origem prejudicaria terceiros, enganaria os consumidores. Se a cedência por um produtor é proibida, também não se pode admitir que todos os titulares da denominação de origem, por comum acordo, a transmitam; esta hipótese violaria a ordem pública económica.

Acresce ainda precisar que sendo certo que a denominação de origem pode desaparecer ou degenerar, um produtor que tenha deixado de utilizar a denominação de origem poderá de novo beneficiar dela anos mais tarde, desde que retome a sua exploração, sem que qualquer caducidade lhe possa ser aplicada. Nem, tão pouco, o não uso da denominação de origem por um produtor pode provocar a caducidade da denominação de origem (que é "propriedade comum" dos produtores da área geográfica). Por fim, o registo da denominação de origem não precisa de ser renovado.

Nestes termos, entendemos que a denominação de origem é uma coisa incorpórea que pertence a diversos titulares, é uma situação de comunhão. Mas comunhão individualística ou comunhão colectivística?

Na comunhão de tipo romano a coisa em questão reparte-se entre os diversos titulares por quotas ideais (a sua posição é qualitativamente idêntica, mas não necessariamente quantitativamente idêntica). Cada titular tem uma fracção de direito que lhe corresponde individualmente, de que pode dispor ou onerar e pode, ainda, pedir a divisão da coisa comum (ninguém é obrigado a permanecer na indivisão).

Na comunhão de tipo germânico (*Gemeinschaft zur gesammten Hand*: comunhão de mãos reunidas ou de mão comum) a coisa pertence em bloco e só em bloco a todos os titulares, pertence à colectividade por eles formada. Não se pode aqui falar de quota. Cada um deles não tem uma fracção da coisa que lhe corresponda individualmente e de que possa dispor; cada elemento do grupo não pode dispor da sua participação na coisa. Não existe, nesta comunhão colectivística, qualquer repartição de quotas. O uso e a fruição da coisa, objecto da comunhão colectivística, pertencem indivisamente a todos os titulares. Cada um dos membros da colectividade não pode pedir a divisão da coisa, para receber a sua parte em propriedade individual. Na comunhão de mão comum há um só direito com vários titulares.

O CPI parece seguir esta concepção quanto à titularidade da denominação de origem, isto é, a denominação de origem é propriedade do conjunto dos produtores da região determinada, nos termos duma comunhão em mão comum. Na verdade, o art. 305.º/4 do CPI estabelece o seguinte: "as denominações de origem e as indicações geográficas, quando registadas, constituem propriedade comum dos residentes ou estabelecidos na localidade, região ou território, de modo efectivo e sério e podem ser usadas indistintamente por aqueles que, na respectiva área, exploram qualquer ramo de produção característica, quando autorizados pelo titular do registo". O n.º 5 do mesmo preceito diz ainda: "O exercício deste direito não depende da importância da exploração nem da natureza dos produtos, podendo, consequentemente, a denominação de origem ou a indicação geográfica aplicar-se a quaisquer produtos característicos e originários da localidade, região ou território, nas condições tradicionais e usuais, ou devidamente regulamentadas".

A denominação de origem é propriedade comunal dos produtores estabelecidos na área da denominação, que se dediquem à exploração do produto típico. Mesmo o primeiro produtor que se tenha estabelecido na região ou aquele que muito contribuiu para a valorização do direito à denominação de origem, não goza de qualquer privilégio, pois todos quantos estejam estabelecidos na área geográfica da denominação de origem, de modo efectivo e sério, para o exercício de uma actividade económica, característica dessa área, são igualmente titulares do direito à denominação de origem, porque essa denominação pertence ao património comum. Não há aqui lugar a qualquer ideia de quota ou de parcela, não sendo possível a divisão, não podendo, ainda, cada um dos produtores (ou todos eles por comum acordo) alienar a denominação de origem. O direito à denominação de origem pertence à colectividade dos produtores, contudo, é um direito que compete íntegro a cada um dos produtores.

Consequência desta concepção do direito à denominação de origem é o modo como está construído o registo das denominações de origem.

O pedido de registo de uma denominações de origem ou indicação geográfica deve indicar o nome das pessoas singulares ou colectivas, públicas ou privadas, que possam adquirir o registo [art. 307.º/1/a)]. O título do registo será passado em nome da entidade requerente. Não têm qualidade para adquirir o registo o conjunto desorganizado dos produtores proprietários da denominação de origem ou da indicação geográfica. O registo em nome dos proprietários efectivos da denominação de origem ou da indicação geográfica é inviável dada a impossibilidade de fixar de forma concreta, determinada e estável, quem eles sejam. A pessoa que requer e em nome de quem o registo é passado age como um representante daqueles que são os proprietários comuns da denominação de origem ou da indicação geográfica. O registo tem sido passado em nome dos organismos que controlam e certificam que os produtos contêm as características e as qualidades exigidas para gozarem da denominação de origem ou da indicação geográfica, ou que superintendem os organismos de controlo e certificação[1].

---

[1] Sobre a natureza jurídica da denominação de origem *vide* o nosso *Denominação de origem e marca*, Stvdia Ivridica, 39, Coimbra, 1999, 102, ss.

7. A liberdade de circulação de mercadorias e a política agrícola comum

As denominações de origem e as indicações geográficas não são estranhas ao direito comunitário, muito pelo contrário, o seu reconhecimento e a sua disciplina são essenciais, designadamente, ao princípio da liberdade de circulação das mercadorias e à realização de alguns dos objectivos da política agrícola comum. A regulamentação das denominações de origem e das indicações geográficas no plano comunitário teve lugar a partir dos anos 70 no domínio dos vinhos e das bebidas espirituosas; em relação aos outros produtos só em 1992 surge o atrás citado Regulamento (CEE) N.º 2081/92 que consagra a figura da denominação de origem protegida e da indicação geográfica protegida para os produtos agrícolas e os géneros alimentícios.

A necessidade de os produtos (em especial os produtos agrícolas e os géneros alimentícios) legalmente produzidos e comercializados num Estado membro poderem livremente circular para outro Estado membro (na sequência do acórdão *Cassis de Dijon*, de 20 de Fevereiro de 1979, do Tribunal de Justiça da Comunidade Europeia, 120/78, *Rewe-Zentrale v. AG/Bundesmonopolverwaltung für Brantwein*, 649, ss.) veio impor a necessidade de adopção de regras comunitárias em relação às denominações de origem e às indicações geográficas. Na verdade, a Comissão Europeia (nos termos da sua Comunicação de 8 de Novembro de 1985 sobre a *Completion of the internal market: Community legislation on foodstuffs*, COM (85) 603) tinha dois caminhos: ou estabelecia regras muito detalhadas sobre a composição, modo de elaboração e características dos produtos alimentares (*id est* determinava receitas); ou adoptava uma política assente no princípio fundamental de que desde que o consumidor tivesse informação adequada sobre a natureza e composição do produto alimentar e que certos níveis de saúde e de segurança fossem cumpridos, não seria necessário definir rigorosamente a composição do produto, salvo nos casos em que o impusesse a protecção da saúde pública. A Comissão Europeia escolheu esta segunda via.

Esta opção foi entendida pelos produtores de produtos alimentares caracterizados por certas qualidades típicas e tradicionais como uma ameaça. Havia necessidade de proteger este mercado de produtos típicos e tradicionais, bem como os nomes geográficos tradicionalmente associados a estes produtos, da concorrência dos produtos alimentares resultante de uma produção em massa, mas de natureza similar e legalmente produzidos e comercializados em outros Estados membros. Se em relação aos vinhos e às bebidas espirituosas já desde os anos 70 havia disciplina jurídica comunitária, surge agora em 1992 uma regulamentação destinada a proteger produtos alimentares e géneros alimentícios dotados de denominação de origem ou indicação geográfica. Estão aqui incluídos os queijos, as carnes, a cerveja, o azeite, os enchidos, etc.

Nestes termos, o Conselho adoptou, em 14 de Julho de 1992, o citado Regulamento (CEE) n.º 2081/92, relativo à protecção das indicações geográficas e das denominações de origem dos produtos agrícolas e dos géneros alimentícios[2] (simultaneamente foi publicado o Regulamento (CEE) n.º 2081/92, de 14 de Julho, que estabelece regras aplicáveis aos certificados de especificidade dos produtos agrícolas e dos géneros alimentícios[3]). O Regulamento N.º 510/2006 consagra um sistema em que os produtores e/ou transformadores interessados podem beneficiar, mediante registo, da protecção a nível comunitário do nome geográfico de um produto. Este sistema destina-se a substituir os sistemas nacionais. A protecção das denominações de origem ou indicações geográficas (i. e., o seu registo a nível comunitário) consiste na reserva da sua utilização exclusiva a favor dos produtores e/ou transformadores, ou seja, das empresas que exercem a sua actividade nas regiões ou locais que os nomes designam, ficando proibida a sua utilização por qualquer outra empresa. Convém sublinhar, pelo seu significado, este sistema de registo a nível comunitário das denominações de origem e das indicações geográficas, para que gozem de protecção em todos os Estados membros. Este registo é, igualmente, um meio de informar os profissionais e os consumidores.

A falta de harmonização do direito dos Estados membros no campo das denominações de origem e das indicações geográficas, levou o Conselho a consagrar um quadro normativo que inclui um regime de protecção das denominações de origem e das indicações geográficas, o que facilitará o desenvolvimento destas. Por outro lado, este quadro funcionará como um instrumento de garantia de lealdade na concorrência entre os produtores de mercadorias que beneficiem destas designações, e permitirá uma maior credibilidade desses produtos junto dos consumidores.

Este sistema de registo comunitário permite dotar as denominações de origem e as indicações geográficas de uma ampla tutela e de uma disciplina

---

[2] Entretanto substituído, como referimos, pelo Regulamento (CE) n.º 510/2006 do Conselho, de 20 de Março.

[3] Entretanto substituído pelo Regulamento (CE) n.º 509/2006 do Conselho, de 20 de Março.

que garante a qualidade, a genuinidade e autenticidade dos produtos, o que protege o consumidor e concede reputação às designações geográficas. A atitude do Tribunal de Justiça da Comunidade Europeia neste domínio das denominações de origem e das indicações geográficas tem-se orientado claramente (eventualmente de forma excessiva) neste sentido [*vide*, a este propósito, os acórdãos relativos ao presunto de Parma (acórdão de 20 de Maio de 2003, C-108/01, *Consorzio del Prosciutto di Parma e Salumificio S. Rita SpA contra Asda Stores Ltd e Hygrade Foods Ltd*, I-5121, ss.) e ao queijo Grana Padano (acórdão de 20 de Maio de 2003, C-469/00, *Ravil SARL contra Bellon import SARL e Biraghi SpA*, I-5053, ss.)].

O desenvolvimento da figura das denominações de origem e das indicações geográficas no quadro comunitário resulta igualmente das alterações verificadas no domínio da política agrícola comum (PAC). Estes direitos privativos de propriedade industrial são instrumentos do desenvolvimento de uma política de qualidade, de favorecimento das zonas rurais, de compensação dos produtores estabelecidos em zonas desfavorecidas e da afirmação no mercado de produtos típicos de qualidade controlada.

A decisão de criar a PAC por parte da Comunidade Económica Europeia (CEE) resultou da consciência da importância estratégica do sector e do seu carácter vital não só para a reconstrução económica em curso, mas também para a afirmação da Europa no mundo.

A PAC derivou de um compromisso entre a França e a República Federal da Alemanha (RFA). Quando foi criada a CEE, os seis países agrupavam-se em dois blocos distintos: o bloco agrícola, liderado pela França e pela Itália, e o bloco industrial, à frente do qual se encontrava a RFA. O mercado comum favorecia mais a RFA enquanto potência industrial, facto que exigia concessões de carácter compensatório para a França, à data o país com a agricultura mais desenvolvida. Nesta negociação, a RFA deixou claro que fazia depender a sua posição favorável à integração da agricultura no Tratado de Roma da aceitação de um duplo compromisso pelos restantes parceiros: primeiro, os preços comuns deviam ser fixados acima dos níveis praticados pelos franceses; segundo, havia que prever apoios comunitários específicos para os agricultores alemães, ameaçados pela concorrência dos franceses.

Para garantir o equilíbrio económico e político entre os Estados membros era fundamental que o Tratado incluísse a agricultura.

A PAC nasce com uma orientação proteccionista (contra a corrente neo-liberal do modelo económico comunitário) o que provocou excedentes agrícolas e a necessidade de encontrar mecanismos para reequilibrar os mercados. Mas hoje e até na sequência dos acordos do Ciclo do Uruguai existe uma maior abertura do mercado comunitário e, por isso, as medidas de intervenção tradicionais perderam muito do seu impacto potencial.

Um dos mecanismos de compensação à atitude proteccionista da PAC traduziu-se no desenvolvimento de uma política de qualidade através, nomeadamente, das denominações de origem e das indicações geográficas. As indicações geográficas representam um património inestimável para os produtores num mundo cada vez mais liberalizado. A liberalização do comércio dos produtos agrícolas significa uma diminuição das subvenções à exportação para os agricultores (entre outras medidas proteccionistas que serão reduzidas ou eliminadas). O reexame da política agrícola por parte da Comissão Europeia implica, designadamente, uma competitividade internacional assente na qualidade e não na quantidade e o desenvolvimento de mecanismos proteccionistas (directos ou indirectos) aceites actualmente pela comunidade internacional, desde logo no quadro da "musculada" propriedade intelectual. Só que estas medidas exigem uma tutela internacional das indicações geográficas que está longe de ser alcançada.

No domínio do sector vitivinícola (*id est* na organização comum do mercado vitivinícola aprovada pelo Regulamento (CE) N.º 1493/1999, do Conselho, de 17 de Maio de 1999) estabeleceram-se regras relativas à descrição, designação e apresentação dos produtos vitivinícolas, bem como à protecção de determinadas indicações, menções e termos que podem ter uma influência expressiva na comercialização dos produtos vitivinícolas (têm, portanto, valor económico). Estas normas têm em conta a protecção dos interesses dos consumidores (não sendo induzidos em erro) e dos produtores (garantindo uma concorrência leal), o bom funcionamento do mercado interno e o desenvolvimento de produtos de qualidade. Os produtos que não responderem a estas exigências não podem ser colocados em circulação na Comunidade nem ser exportados.

O incremento da disciplina jurídica das denominações de origem e das indicações geográficas no seio da União Europeia (UE) tem gerado contradições (basta comparar o nível de tutela de tais direitos no sector vitivinícola e das bebidas espirituosas com o dos outros produtos agrícolas e géneros alimentícios), tem implicado exageros não só quanto ao reconhecimento ou concessão de tais direitos como na relação com outros direitos de propriedade intelectual (por exemplo as marcas), e está longe de ter expressão no mercado competitivo internacional em que os produtos (beneficiários de denominações de origem e indicações geográficas protegidas no espaço comunitário) se movimentam.

8. A política de *trade-off* subjacente às indicações geográficas no acordo TRIPS

A disciplina da propriedade intelectual numa economia globalizada foi adquirindo uma importância crescente ao longo do Ciclo do Uruguai. O GATT (Acordo Geral sobre as Pautas Aduaneiras e o Comércio) continha poucas regras no domínio da propriedade intelectual. O art. IX relativo às marcas de origem e em particular o n.º 6 desta disposição, tem alguma relação, ainda que distante (desde logo devido à interpretação restritiva de que foi objecto) com as indicações geográficas, e o art. XX, alínea d), permite, observadas certas condições (ausência de discriminação arbitrária ou restrição dissimulada ao comércio internacional), que uma parte contratante adopte medidas (contrárias à liberdade de comércio) com vista a proteger patentes, marcas e o direito de autor ou com a finalidade de prevenir práticas enganosas (entendia-se que estavam aqui incluídas as falsas indicações geográficas de origem). Todavia, o motivo da consagração destas regras era assegurar um comércio mundial sem obstáculos e não regular ou proteger direitos de propriedade intelectual.

No âmbito do Ciclo do Uruguai vem a ser concluído o acordo TRIPS que contém regras sobre as indicações geográficas. O acordo avança com uma noção de indicação geográfica que resultou de um compromisso entre a posição dos EUA e a da UE que propunha uma noção muito mais próxima da de denominação de origem. O regime consagrado caracteriza-se por dois níveis. Em primeiro lugar, uma tutela das indicações geográficas assente na não indução em erro do consumidor e de modo a garantir a lealdade da concorrência, ainda que a indicação geográfica faça parte de uma marca. Em segundo lugar, uma tutela acrescida das indicações geográficas relativas a vinhos e a bebidas espirituosas que se traduz na proibição pura e simples de indicações geográficas falsas independentemente do critério da indução do público em erro ou de se estar perante um acto de concorrência desleal. No caso específico dos vinhos prevêem-se ainda regras sobre indicações geográficas homónimas e o estabelecimento de um sistema multilateral de notificação e registo.

Todavia, a tutela concedida pelo acordo TRIPS às indicações geográficas tem diversas excepções resultantes das negociações entre a UE e, em especial, os EUA. Nesse sentido, uma indicação geográfica falsa já usada, ainda que constante de uma marca, poderá em certas circunstâncias continuar a ser usada e as indicações geográficas que um país considere genéricas não serão consideradas falsas. Assim, os EUA e a Austrália, por exemplo, poderão continuar a usar as denominações de origem europeias "Champagne", "Port", "Sherry", "Cognac", etc.

A IV Conferência ministerial teve lugar em Doha em 2001 e traçou um programa de trabalhos bastante ambicioso que deve estar concluído em 2005 (com uma análise intermédia em 2003 em Cancun). No domínio da propriedade intelectual a Agenda de Doha fixa que deverá ser negociado um sistema multilateral de notificação e registo das indicações geográficas relativas a vinhos e bebidas espirituosas e que o Conselho TRIPS examinará a possibilidade de as indicações geográficas relativas a outros produtos (em especial alimentares e artesanais) que não vinhos ou bebidas espirituosas poderem desfrutar do mesmo nível de protecção que estas (na verdade, no actual TRIPS as indicações geográficas relativas a vinhos ou bebidas espirituosas gozam de um nível mais elevado de protecção – traduzido, em certas circunstâncias, na dispensabilidade da indução em erro do consumidor e da concorrência desleal – que as indicações relativas a outros produtos, por exemplo, queijos, chãs, arroz, carnes, cafés, etc.).

No que respeita ao sistema multilateral de notificação e registo das indicações geográficas relativas a vinhos e bebidas espirituosas, no início da Conferência de Doha existiam, fundamentalmente, duas propostas: a liderada pelos EUA e a apresentada pela UE. Os EUA propunham (e ainda defendem) um sistema voluntário construído à semelhança de uma base de dados sem qualquer carácter vinculativo ou quaisquer efeitos jurídicos. A UE pretendia (e continua a exigir) um sistema de registo multilateral seguindo exemplos já existentes (designadamente no acordo de Lisboa para o registo internacional das denominações de origem), que admite oposições ao registo, mas uma vez que uma indicação geográfica seja registada produzirá efeitos jurídicos vinculativos para os membros da OMC. A Hungria apresentou igualmente uma proposta muito semelhante à da UE, e Hong Kong, China, recomendou uma solução de compromisso entre as propostas dos EUA e da UE.

A questão da extensão da protecção concedida às indicações geográficas relativas a vinhos e a bebidas espirituosas às indicações geográficas relativas a outros produtos tem gerado aceso debate: alguns países entendem que a Declaração de Doha não concede um mandato para negociar esta questão; outros defendem que um avanço das negociações nesta matéria permitiria melhores resultados no acordo relativo à agricultura. A extensão é relevante para diversos países em vias de desenvolvimento e desenvolvidos (Nigéria, Quénia, Tailândia, China, UE, Sri Lanka, Suiça, Turquia, Paquistão, etc.), mas contam com a oposição dos países que tradicionalmente imitam indicações geográficas de outros Membros (EUA, Austrália, Canadá, Nova-Zelândia, etc.).

A Índia, o Paquistão, o Sri Lanka, a Tailândia, o Quénia, a Jamaica e muitos outros países em vias de desenvolvimento reclamaram uma protecção eficaz para as indicações geográficas. O arroz Bastami, o chá do Ceilão, o café Blue Mountain, o arroz Jasmine, o chá Darjeeling, o café Antiqua, entre outras indicações geográficas lutam por uma protecção internacional que ponha termo a imitações e usurpações. Mais delicado é, por exemplo, o caso do Presunto de Parma que no Canadá se designa por "presunto n.º 1" em virtude de nesse país existir uma marca registada para presunto designada "Parma". É a garantia de acesso ao mercado que está também aqui em causa.

Por fim, a V Conferência ministerial que teve lugar em Cancun em Setembro de 2003, caracterizou-se pela ausência de acordo entre os Membros. Nesta Conferência estava em causa a análise da evolução da Agenda de Doha para o Desenvolvimento (de modo a alcançar os ambiciosos resultados estabelecidos para 2005), sendo certo, todavia, que dever-se-ia aqui concluir as negociações com vista ao estabelecimento de um sistema de notificação e registo das indicações geográficas (e em Maio de 2003 já deveriam ter sido concluídas as negociações com vista a aperfeiçoar e clarificar o sistema de resolução de diferendos).

No âmbito do acordo agricultura a UE apresentou, para esta Conferência, uma proposta destinada a pôr termo à utilização por diversos Membros (por exemplo, EUA, Canadá, Austrália, etc.) de indicações geográficas originárias da UE (por exemplo, Bordeaux, Cognac, Champagne, Rioja, Jerez, Madeira, Porto, Tokaj, Gorgonzola, Grana Padano, Parmigiano Reggiano, Queijo São Jorge, Roquefort, etc.). A UE pretendia que esta proposta funcionasse como "moeda de troca" nas negociações agrícolas com os EUA e constituiria um incentivo para os países em vias de desenvolvimento protegerem as suas próprias indicações geográficas (por exemplo, o chá Darjeeling da Índia, o café Antigua da Guatemala, o azeite Argan de Marrocos, etc.). Os EUA entendem que a concretização desta proposta representaria uma barreira comercial artificial. Para a UE a eliminação das imitações é uma questão de garantir o acesso ao mercado dos produtos genuínos, proteger os consumidores contra as induções em erro, assegurar uma concorrência leal e contribuir para uma informação qualitativa verdadeira. No domínio das indicações geográficas a estratégia da UE para Cancun era acabar, no âmbito das negociações agrícolas, com as usurpações do passado e as propostas no domínio do acordo TRIPS representariam a tutela daquele direito de propriedade intelectual para o futuro.

Do exposto resulta que as indicações geográficas no acordo TRIPS têm o regime jurídico possível de acordo com a política negocial do *trade-off*. Deve sublinhar-se que a disciplina das indicações geográficas não resultou da tradicional disputa "Norte-Sul", mas de um diferendo "Norte--Norte", embora após a Agenda de Doha para o Desenvolvimento também seja um desacordo "Norte-Sul" (mas não é este prato da balança que pesa mais). O acordo TRIPS corresponde, em grande medida, ao modelo dos países desenvolvidos que o impuseram aos novos países industrializados e aos países em vias de desenvolvimento na grande feira do Ciclo do Uruguai. A OMC pretende implementar um sistema de comércio multilateral sem barreiras e o acordo TRIPS (num quadro de uma economia intangível) pretende afastar os obstáculos resultantes da ausência de uma disciplina nacional efectiva dos direitos de propriedade intelectual. Os países desenvolvidos exportaram um modelo de luta contra a pirataria e os produtos contrafeitos impondo níveis de protecção e mecanismos de aplicação efectiva dos (seus) direitos de propriedade intelectual. Nestes termos, as indicações geográficas não poderiam ter a mesma "atenção" (projectada no seu regime) que os outros direitos reconhecidos nos TRIPS. A política de *trade-off* funcionou para combater a pirataria e os produtos contrafeitos em diversos sectores da propriedade intelectual, mas o mesmo não se verificou com idêntica eficácia nas indicações geográficas onde, aliás, a pirataria é legitimada (particularmente em relação às indicações geográficas famosas e economicamente relevantes). As indicações geográficas, o conhecimento tradicional, o folclore e a bio-pirataria (que mereceram a atenção da Agenda de Doha para o Desenvolvimento) implicam uma mesa de negociações com uma inclinação diversa da que se verifica no âmbito das patentes farmacêuticas ou dos direitos de autor.

9. Conclusão

Na última década assistimos a um desenvolvimento económico e jurídico notável dos nomes geográficos, em especial da já secular denominação de origem e da mais recente indicação geográfica. A crescente relevância económica destes sinais distintivos do comércio projecta-se no ordenamento jurídico de uma forma ainda imperfeita. A conformação jurídica das figuras em causa está longe de uma mínima harmonização desejável no confronto com os diversos direitos subjectivos reconhecidos na propriedade industrial e ansiada pelos interesses económicos em presença.

As incertezas situam-se entre a fronteira da existência enquanto direito subjectivo (em particular quanto às indicações de proveniência, mas também quanto aos outros nomes geográficos quando nos movemos em outros ordenamentos jurídicos) ou da sua autonomia até à linha delimitadora do conteúdo do direito no seio do qual podemos afastar o princípio da especialidade, podemos inserir interesses públicos musculando esse direito, e podemos estender o momento do seu esgotamento. Tudo, obviamente, aríetes ao serviço dos interesses económicos dominantes cuja tela de fundo pretende expressar um modelo único (embora os traços que ressaltam sejam contraditórios; *id est*, a busca da flexibilidade desejável).

Bibliografia fundamental:

BLAKENEY, Michael, "Geographical Indications and TRIPS", in *Internet*, www.geneva.quno.info, 2003.

BLAKENEY, Michael, *Trade Related Aspects of Intellectual Property Rights: A Concise Guide to the TRIPs Agreement*, Londres, 1996.

CHAVANNE, Albert e BURST, Jean-Jacques, *Droit de la propriété industrielle*, 5.ª edição, Dalloz, Paris, 1998.

CLELIA LOSAVIO, "Le Indicazioni Geografiche alla Conferenza di Doha", in *Rivista di Diritto Agrario*, Gennaio-Marzo 2002.

DEBOYSER, Patrick, "Le marché unique des produits alimentaires", in *Revue du Marché Unique Européen*, 1991, 1, 63 ss.

DENIS, Dominique, *Appellation d'origine et indication de provenance*, Dalloz, Paris, 1995.

FERNANDEZ NOVOA, Carlos, *La Proteccion Internacional de las Denominaciones Geograficas de los Productos*, Editorial Tecnos S.A., Madrid, 1970.

FETTES, Jeff, "Appellations d'origine et indications géographiques: le règlement 2081/92 et sa mise en oeuvre", in *Revue du Marché Unique Européen*, 1997, 4, 141 ss.

GERVAIS, Daniel, *The TRIP's Agreement – Drafting History and Analysis*, Londres, 2001.

GOTTRAU, Bernard de, *Du Droit aux Indications de Provenance et Spécialment a l'Appellation "Gruyère"*, Éditeur E. de Boccard, Paris, 1935.

JATON, Louis, *La Répression des Fausses Indications de Provenance et Les Conventions Internationales*, Librairie Générale de Droit & de Jurisprudence, Paris, 1926.

KUNZ-HALLSTEIN, Hans Peter, "The US Proposal for a GATT-Agreement on Intellectual Property and the Paris Convention for the Protection of Industrial Property", in *IIC Studies, Vol. 11, GATT or WIPO? New Ways in the International Protection of In-*

tellectual Property, Friedrich-Karl BEIER and GERHARD SCHRICKER (ed.), Published by the Max Plank Institute for Foreign and International Patent, Copyright, and Competition Law, Munich, 1989.

LARGO GIL, Rita, *Las Marcas de Garantia*, Editorial Civitas, S.A., Madrid, 1993.

LIBERTINI, Mario, "Indicazioni geografiche e segni distintivi", *in Rivista del diritto commerciale e del diritto generale delle obbligazioni*, 1996, Parte prima, 1033 e ss.

LOPEZ BENÍTEZ, Mariano, *Las Denominaciones de Origen*, Cedecs, Barcelona, 1996.

MARTINE DEHAUT/YVES PLASSERAUD, *Appellations d'origine – droit français et européenne*, Paris, Egyp, 1989.

NERVI, Andrea, "Le denominazioni di origine protetta ed i marchi: spunti per una ricostruzione sistematica", *in Rivista del diritto commerciale e del diritto generale delle obbligazioni*, 1996, Parte prima, 961 e ss.

O'CONNOR, Bernard, "The Legal Protection of Geographical Indications", *in Intellectual Property Quarterly*, 1, 2004.

ONNO BROUWER, "Community protection of geographical indications and specific character as a means of enhancing foodstuff quality", *in Common Market Law Review*, 1991, vol. 28, 3, 615 ss.

PELLICER, Rafael, "Les premiers pas d'une politique communautaire de défense de la qualité des denrées alimentaires", *in Revue du Marché Unique Européen*, 1992, 4, 127 ss.

PETRELLI, Luca, "Prodotti DOP e IGP e certificazione", *in Rivista di Diritto Agrario*, 1999, 1, 72 ss.

PICONE, Paolo e LIGUSTRO, Aldo, *Diritto dell'Organizzazione Mondiale del Commercio*, Padova, 2003.

RIBEIRO DE ALMEIDA, Alberto Francisco, "Os princípios estruturantes do acordo TRIPS: um contributo para a liberalização do comércio mundial", *in Boletim de Ciências Económicas da Faculdade de Direito da Universidade de Coimbra*, XVLII, 2004, 3, ss.

RIBEIRO DE ALMEIDA, Alberto Francisco, *Denominação de origem e marca*, Stvdia Ivridica, 39, Coimbra, 1999.

SALIGNON, Grégoire, "La jurisprudence et la réglementation communautaires relatives à la protection des appellations d'origine, des dénominations géographiques et des indications de provenance", *in Revue du Marché Unique Européen*, 1994, 4, 107 ss.

VLÉTIAN, A., *Appellations d'Origine, Indications de Provenance, Indications d'Origine*, J. Delmas et Cie, Paris, 1989.

WIPO, *Geographical Indications: Historical Background, Nature of Rights, Existing Systems for Protection and Obtaining Effective Protection in Other Countries*, in www.wipo.int/, 2001.

WTO, *Doha Declarations*, in www.wto.org/.

WTO, *Global Economic Prospects and the Developing Countries*, in www.wto.org, 2003.

WTO, *Guide to GATT Law and Practice, Analitical Index*, Volumes I e II, Geneva, 1995.

WTO, *The Road to Doha and Beyond – a road map for successfully concluding the doha development agenda*, in www.wto.org/.

Porto, Maio de 2004.

NOME DE EDIFÍCIO: CONFLITO COM MARCA, INSÍGNIA OU LOGOTIPO?*

Prof. Doutor JOSÉ DE OLIVEIRA ASCENSÃO
*Professor Catedrático da Faculdade de Direito
de Lisboa*

SUMÁRIO:
1. O litígio; 2. A liberdade de atribuir nomes a edifícios; 3. Relação com os sinais distintivos do comércio; 4. A função dos sinais distintivos do comércio; 5. A marca alegadamente violada; 6. Marca de prestígio; 7. A inaplicabilidade ao caso concreto; 8. A insígnia que contém a expressão Dolce Vita; 9. O logotipo; 10. A concorrência desleal; 11. A propriedade de nomes; 12. Os procedimentos cautelares. 13. Conclusões.

1. O litígio

Correm processos judiciais entre uma empresa construtora e outra mediadora, de um lado, e do outro entidades que designaremos **A** – Imobiliária, SGPS, S.A., Espaço Urbano Investimentos Imobiliários, S.A. e **A** – Serviços de Telemática, S.A., doravante designadas por "Empresas do Grupo **A**". Foram intentadas providências cautelares recíprocas, entre as empresas.

Esse litígio é relatado nos seguintes termos:
– Construtora *X* é uma empresa que tem por objecto a construção, comercialização e venda de edifícios, para habitação e comércio, em especial na cidade de Lisboa;

---

* Esta publicação tem por base um Parecer, seguindo gentil sugestão que nos foi dirigida, mas omitimos os nomes, porque o que importa é a relevância da questão de direito implicada.

– Esta empresa construiu na Alta de Lisboa dois edifícios de habitação, aos quais deu os nomes de "Dolce Farniente" e "Dolce Vita";
– Em Julho de 2004, Construtora *X* e Mediadora *Y* iniciaram uma campanha publicitária de promoção da venda das fracções do edifício "Dolce Vita" em vários jornais, nomeadamente Diário de Notícias, Expresso e Público;
– Esta campanha publicitária foi interrompida por efeito de uma notificação dirigida pelas empresas **A** – Imobiliária, SGPS, S.A., Espaço Urbano Investimentos Imobiliários, S.A. e **A** – Serviços de Telemática, S.A. às ora consulentes, bem como por efeito de igual notificação dirigida àqueles jornais;
– Como fundamento legitimador da pretensão manifestada naquelas notificações, as Empresas do Grupo **A** referiram a sua titularidade, respectivamente, dos registos dos seguintes sinais distintivos:
  • Marca Nacional n.º 363549, mista, caracterizada pelo conjunto das expressões **A** – Imobiliária DOLCE VITA CENTROS COMERCIAIS, insertas num arranjo gráfico, sendo destinada a assinalar os seguintes serviços – Classe 35.ª "Gestão de negócios comerciais, administração comercial, promoção de vendas a terceiros, serviços de publicidade, organização de feiras e exposições de carácter comercial" – Classe 36.ª "Gestão e exploração de centros comerciais, arrendamento de espaços comerciais" – Classe 43.ª "Serviços de restauração de "snack-bar" e "self-service", de cafetaria e de "catering";
  • Insígnia de Estabelecimento n.º 13985, caracterizada pelo conjunto das expressões DOLCE VITA CENTROS COMERCIAIS, insertas num arranjo gráfico, destinada a identificar um estabelecimento situado em Lourosa;
  • Logotipo n.º 5462, caracterizado pelo conjunto das expressões DOLCE VITA, insertas num arranjo gráfico, destinado a referenciar no mercado a empresa **A** – Serviços de Telemática, S.A.;
– As Empresas do Grupo **A** invocaram naquelas notificações que o nome "Dolce Vita" do edifício das consulentes constitui violação dos direitos de exclusivo que lhes assistem por força da titularidade dos registos daqueles sinais distintivos;
– Por efeito das notificações enviadas aos jornais, com os quais as consulentes haviam contratado a publicidade de promoção de venda das fracções do edifício "Dolce Vita", tal publicidade foi suspensa desde a segunda semana do mês de Novembro de 2004;

– Como consequência da suspensão da publicidade têm as consulentes vindo a sofrer avultados prejuízos financeiros.

Pergunta-se:
– O nome de um edifício de habitação é um sinal distintivo do comércio?
– O nome "Dolce Vita", atribuído a um edifício de habitação situado em Lisboa, constitui violação de um sinal distintivo do comércio caracterizado pela expressão "Dolce Vita", como seja uma Marca de serviços das classes 35.ª, 36.ª e 43.ª, caracterizada pelas expressões **A** – Imobiliária DOLCE VITA CENTROS COMERCIAIS, uma Insígnia de estabelecimento caracterizada pela expressão "DOLCE VITA CENTRO COMERCIAL", ou um Logotipo caracterizado pela expressão "DOLCE VITA"?
– Um nome de um edifício de habitação constitui um acto de concorrência desleal relativamente ao uso de sinais distintivos de comércio, como sejam uma marca, uma insígnia e um logotipo titulados por aquele grupo de empresas?
– Têm as titulares de sinais distintivos do comércio registados o direito de impedir a aplicação desse nome de edifício de habitação e de o nome ser referenciado em publicidade de promoção da venda das respectivas fracções autónomas?
– Têm as titulares de direitos de exclusivo decorrentes do registo de sinais distintivos do comércio caracterizados pela expressão "Dolce Vita" o direito de provocar a cessação da publicidade à venda das fracções autónomas de um edifício denominado "Dolce Vita"?
– Não tendo um tal direito, as titulares daqueles direitos, opositoras à publicidade, incorrem em responsabilidade civil, devendo indemnizar as consulentes pelos prejuízos directamente causados pela cessação da publicidade à venda dos imóveis de habitação, que provocaram?

2. A liberdade de atribuir nomes a edifícios

O litígio que nos é apresentado tem pois como núcleo a contestação à atribuição do nome "Dolce Vita" a um edifício da Alta de Lisboa e à publicidade respectiva. A impugnação é baseada em direitos industriais. Esse litígio levou a acções judiciais, nomeadamente a dois procedimentos cautelares inominados cruzados entre as empresas em conflito.

As contestantes são três empresas integrantes do grupo **A**. Invocam, nomeadamente, direitos industriais de marca, insígnia e logotipo que incluem o elemento nominativo "dolce vita". Alegam prejuízos, provindos da utilização que não autorizaram pelas empresas a que se opõem de um nome que não é dessas empresas[1]. Invocam também concorrência desleal.

As empresas visadas têm por objecto a construção de imóveis para comercialização. Dentro da mesma política comercial, tal como tinham dado a um edifício o nome de *Dolce Farniente*, deram a outro o nome de *Dolce Vita*. Daqui por diante falaremos sempre em "empresa de construção" simplesmente, porque não há diversidade de posições com a empresa de mediação.

Haverá assim que verificar, por referência aos factos narrados e mais documentação pertinente, se a atribuição do nome àquele edifício viola direitos industriais (os chamados direitos de propriedade industrial).

Os edifícios em zona urbana são identificados por localidade, rua e número.

É livre porém a atribuição de nome aos edifícios pelos titulares. Passa-se assim sobretudo nas moradias. Mas também alguns edifícios de apartamentos têm nome[2].

É uma prática completamente facultativa. Está na disponibilidade dos titulares proceder assim.

Voltaremos adiante ao tema. Mas por agora interessa-nos uma delimitação feita pela lei portuguesa que encontra correspondente em todos os países: a marca e os outros sinais distintivos permitem impedir que alguém use, *no exercício de actividades económicas*, sinal idêntico ou semelhante para os mesmos elementos para que o sinal foi registado e que possa causar risco de confusão ou de associação no público.

Fala-se no exercício de actividades económicas. Corresponde à *vie des affaires*, ou ao *im geschäftlichen Verkehr*, ou ao *uso na vida comercial* da versão portuguesa da directriz comunitária sobre marcas.

---

[1] Cfr. por último o requerimento no procedimento cautelar inominado intentado pelas empresas do grupo **A**, arts. 130 e 136, por exemplo.

[2] Acontece até que por vezes o nome por que passam a ser conhecidos é o número da via em que estão situados. É o que acontece com o 28 do Campo Grande, em Lisboa. Para não falar do 202 dos Campos Elíseos, em Paris...

Ora, dar o nome a um edifício não é um acto da vida comercial. Em si é civil; não caracteriza um acto de comércio. Tem tanto significado a atribuição dum nome pela assembleia de condóminos como pelo promotor da construção e venda do mesmo edifício. Não se aplica aqui a categoria formal do acto de comércio subjectivo, porque não é desde logo um acto jurídico, é o exercício duma liberdade.

E isto é assim, mesmo no caso da chamada marca de prestígio, em que os poderes do titular da marca atingem o máximo.

Escrevemos noutro lugar, exemplificando o exercício fora da actividade económica: "O meu bom gosto pode levar-me a decorar a minha moradia com a marca McDonalds; ou a chamar à minha cadela Coca-Cola. Tudo isto está fora da actividade negocial. Consequentemente, tudo isto escapa do exclusivo outorgado pela marca"[3]. Note-se que os exemplos foram dados por referência a marcas que são universalmente apontadas como marcas de prestígio.

É dentro deste regime de liberdade que encontramos edifícios nominados, e outros não. Não se controla se há ou não repetições, porque ninguém tem direitos exclusivos. "Doce Lar", "São José" e outros semelhantes repetem-se inúmeras vezes ao longo do país. Até na mesma cidade se repetem, sem com isso interpelar em nada o Direito Industrial.

3. Relação com os sinais distintivos do comércio

Para apreciar a situação, há antes de mais que apurar como se configura o nome dum edifício, como hipotético objecto de direitos industriais.

Procurando na lei, não encontramos nenhuma referência aos nomes dos edifícios na disciplina destes direitos.

Vale a pena passar brevemente a matéria em revista.

Os direitos industriais dividem-se basicamente em:
– inovações industriais
– sinais distintivos do comércio.

Só os sinais distintivos do comércio estão em causa neste litígio.

---

[3] Cfr. o nosso *As funções da marca e os descritores* (metatags) *na Internet*, in Estudos de Direito do Consumidor, Centro de Direito do Consumo – FDUC, n.º 4, Coimbra, 2002, 99-120; *in* "Direito Industrial", vol. III, APDI/Almedina, 2003, 5-23; e *in* Revista da ABPI (São Paulo), n.º 61, Nov/Dez 2002, 44-52, n.º 4.

Os sinais distintivos do comércio podem referir-se:

– a produtos ou serviços
– a estabelecimentos
– a empresas
– à origem geográfica.

Deixamos de parte figuras com menos interesse, como as recompensas; e também a firma, que respeita a operadores económicos e tem carácter misto, de nome de pessoa e de sinal distintivo do comércio.
A origem geográfica de produtos e serviços é evidentemente estranha a esta matéria.
A firma não é posta em causa, tal como a recompensa.
A insígnia e o logotipo têm carácter figurativo. Mesmo assim há que os não descartar sumariamente, porque podem conter também nomes.
A marca refere-se a produtos ou serviços.
Onde fica então neste quadro o nome do edifício?
Não se vê onde se possa situar.
E isto tem uma consequência decisiva. É que, se não entra em nenhum dos tipos legais, não tem protecção como direito exclusivo.
Os direitos industriais são caracterizados pelo princípio da *tipicidade*. Só são reconhecidos os direitos industriais que sejam estabelecidos por lei.
Compreende-se. Os direitos industriais são direitos absolutos: têm eficácia *erga ommes*. Ora os direitos absolutos são necessariamente típicos[4]. Não seria admissível que qualquer de nós fosse amanhã surpreendido pela invocação dum direito absoluto que estaria alegadamente violando, quando deste não encontrara traço da lei.
Se não há previsão de nomes de edifícios na lei, estes não podem ser objecto de direitos industriais. Não são empresas, a que se aplique o logotipo; não são estabelecimentos a que se aplique o nome de estabelecimento ou a insígnia.
Afirmou-se que o nome de edifício é na prática registado pelo INPI enquanto marca, por não caber em qualquer outra categoria[5]. Não nos interessa sequer indagar da base de facto de semelhante afirmação porque, seja verdadeira ou não, a relevância é nula.

---

[4] Com a grande excepção dos direitos de personalidade, porque estes são fundados na prioridade ôntica da pessoa humana.
[5] No citado requerimento de providência cautelar, art. 99.

O registo não cria direitos se a lei os não prevê. Ainda que o nome do edifício seja registado como marca não haverá nenhuma válida marca, porque a lei o não admite.

A marca serve para registar produtos ou serviços.

Não estamos seguramente perante um serviço.

E não estamos também perante um produto. Temos acentuado um aspecto essencial neste domínio: *a marca distingue séries, não caracteriza indivíduos*. Ou, se quisermos, distingue indivíduos pela sua integração numa série, e não pela sua singularidade.

Com isto a marca contrapõe-se a outros sinais distintivos do comércio, que assentam justamente na individualidade. O nome de estabelecimento ou a insígnia, por exemplo, não são marcas: a lei aponta-os como identificando um estabelecimento concreto, não uma pluralidade de estabelecimentos. Não se pode assim transitar de um sinal distintivo dum estabelecimento para o sinal distintivo duma série e caracterizar deste modo uma cadeia de estabelecimentos.

Se não fosse assim, não haveria distinção entre marca e nome. Todo o nome seria marca, desde que aplicado a um objecto: Ponte Vasco da Gama, por exemplo. Mas a lei separa-os logo na própria designação. Nomes e marcas podem ser sinais distintivos, mas nomes são nomes e marcas são marcas. Não se confunde tudo.

Assim, se alguém quisesse registar como marca um nome de edifício, não o poderia fazer. Se o INPI registasse esse nome como marca procederia ilegalmente e a pretensa marca seria inválida. Não há nenhum sinal distintivo do comércio que o possa abarcar.

O que se compreende muito bem, porque só assim se satisfazem os princípios fundamentais neste sector.

Os sinais distintivos do comércio aplicam-se ao comércio. Por mais latamente que se entenda o comércio para este efeito (cfr. o art. 2 do Código da Propriedade Industrial – CPI) respeita sempre à vida de negócios.

Mas se porventura se atribui um nome a um edifício, o facto não tem nada que ver com o comércio. Quem constrói a sua casinha e a denomina imaginativamente "O meu lar" não está comerciando. O proprietário que coloca no edifício de apartamentos a designação "Sinfonia" não está a fazer comércio.

Pois também não o faz o empresário que constrói um edifício para comercializar apartamentos e lhe chama "Dolce Vita". Procura uma designação sugestiva que atraia a clientela, mas isso não torna o acto comercial. É como escolher a cor ocre ou colocar uma estatueta à entrada. São actos que distinguem o prédio, mas nem por isso são actos de comércio ou se enquadram nos sinais distintivos do comércio.

Isto para dizer que nunca poderia um nome dum edifício ser registado como marca.

Aliás, repare-se:

A atribuir-se um exclusivo, teria âmbito nacional. E isto quer o exclusivo se fundasse em marca, insígnia ou logotipo (art. 4/1 CPI).

Tem sentido que o registo duma moradia "São João" em Valpaços permita proibir qualquer das inúmeras "São João" que se repetem pelo país fora?

Os direitos industriais servem objectivos práticos e de interesse público ou puros absurdos?

Não é verdade que pelos frutos se conhece a árvore?

4. A função dos sinais distintivos do comércio

Nesta análise há que ter presente a função básica dos direitos industriais, que tem andado muito obscurecida.

Os sinais distintivos do comércio têm uma função primordial, que é justamente a de elucidar o público, permitindo-lhe distinguir elementos do mundo dos negócios e não ser induzido em erro.

Há por isso um interesse público que justifica a concessão. Só graças a esse interesse público são admitidos. Doutra maneira a outorga de direitos sobre os sinais seria intolerável, porque contêm a carga negativa de ser exclusivos, criando situações de monopólio na vida comercial. Neste tempo de livre-cambismo, deveriam ser abolidos. Mas a função social que desempenham justificou a sua manutenção.

Não obstante, o ultra-liberalismo contemporâneo procura quanto possível empanar, através do recurso vicioso à categoria da propriedade, a dependência básica do interesse público. O direito industrial passa a justificar-se por si, como se fosse um direito natural, e a pretender carácter absoluto porque se qualifica como propriedade. É um duplo erro, porque os direitos intelectuais não são propriedade; e a propriedade só é absoluta no sentido de ser oponível *erga ommes*, não no de ser ilimitada. Mas é com este empolamento que se pretende estender incessantemente este sector.

Há assim que estar prevenido contra as consequências que se pretendem retirar da atribuição de direitos exclusivos, mediante ilações indevidas que se ancoram na pretensa natureza destes.

Com esta precaução, antes de examinar um por um os direitos que se afirma terem sido violados, impõe-se fazer uma observação genérica sobre os sinais distintivos.

Na base de todo o direito exclusivo deve estar, dissemos, uma preocupação de interesse colectivo, pois só esta justifica a restrição de liberdade que o exclusivo traz à vida social.

Qual é o interesse colectivo que justifica o exclusivo outorgado sobre os sinais distintivos do comércio?

É a necessidade de distinguir os operadores económicos e os bens que são oferecidos, através de um sinal que permita ao público identificá-los. É assim a chamada função distintiva que se revela essencial.

Na progressão, evita-se que o público seja induzido em erro, se porventura um elemento comercialmente relevante for apresentado de maneira a fazê-lo tomar por um elemento diferente, ou mais genericamente, a atribuir-lhe qualidades que não são verdadeiras ou sugiram um entendimento falacioso.

No primeiro plano não está assim a protecção do interesse individual por si tomado. Não está, sobretudo, uma espécie de direito inato a que alguém se apposse de um sinal e tire dele todas as vantagens possíveis. Isso só é admitido porque há um interesse colectivo (do público) em que assim aconteça.

Como o interesse colectivo dá a justificação, dá também o limite. A protecção só se justifica enquanto a comunidade for servida com a outorga do exclusivo. Mas logo que esse interesse se satisfaça a extensão do direito a novas zonas deixa de ter cobertura. Porque então haveria uma restrição que onera todos sem ter correspondência em vantagem geral, mas no proveito material dum só.

5. A marca alegadamente violada

A empresa construtora é acusada de ter violado os sinais distintivos do comércio de outras empresas, integradas no grupo **A**. Os sinais em causa, devidamente registados, seriam uma marca, uma insígnia e um logotipo.

Passemos então em revista os sinais distintivos do comércio que se afirma terem sido violados pela designação do edifício. A começar pela marca.

A marca em causa é complexa. Nominativamente, exprime-se por "A Imobiliária. DOLCE VITA. Centros Comerciais".

O processo de concessão foi atribulado, sobretudo porque preexistia a marca comunitária DOLCE VITA VILLAS. Isso levou a alterar a configuração pretendida da marca. Por outro lado, a marca foi pedida genericamente para os serviços compreendidos na classe 36 da Classificação de Nice, mas foi recusada. Por isso, em vez de "negócios imobiliários; estudo e elaboração de projectos de investimento imobiliário (sem relação com a condução de negócios); administração de imóveis; arrendamento de bens imobiliários" passou a referir-se apenas a "gestão e exploração de centros comerciais, arrendamento de espaços comerciais". Com isto, e com a autorização de titulares de algumas marcas em que figurava "Dolce Vita", a marca foi finalmente registada.

É pois sobre estes dados, relativos à marca como efectivamente ficou plasmada, que temos de trabalhar.

A pergunta que cruamente cabe colocar é a seguinte: o nome de edifício "Dolce Vita" viola a marca "**A** – Imobiliária. DOLCE VITA. Centros Comerciais"?

Com esta clareza, a resposta só pode ser negativa. A marca invocada contém o elemento ostensivo *centros comerciais*. O edifício "Dolce Vita" é habitacional e de todo o modo não tem que ver com centros comerciais. Pelo que nenhuma afronta à marca seria possível.

Portanto: além de os nomes de edifícios não serem marcas, mas nomes de entidades individualizadas; além de nenhuma marca, como sinal distintivo do comércio, ser admissível sobre um edifício; também o próprio direccionamento da marca invocada a centros comerciais exclui a violação, porque o objecto é muito diferente num caso e noutro.

Não obstante, as empresas **A** pretendem ter havido semelhante violação e alegam prejuízos daí resultantes. Pelo que teremos de analisar as razões que foram aduzidas.

Alegam que os centros comerciais integram inúmeros serviços[6].

Quererão significar que a marca que registaram permitirá cobrir todos os serviços susceptíveis de se encontrarem num centro comercial? Até a agência funerária, que foi aberta no "El Dorado" de São Paulo?

Seguramente não pode ser, porque uma coisa é o centro comercial em si, outra os serviços que compreenda. Mas ainda além disso, a marca contém o elemento "**A** Imobiliária", e por este é-se lançado para o imobiliário e não para outros tipos de actividade.

Sobre tudo isso, há o *princípio da especialidade*.

---

[6] Arts. 48 e seguintes da Oposição.

Curiosamente, as titulares da marca invocam-no (arts. 72 e seguintes do requerimento do procedimento cautelar que intentaram): o princípio serve para dar o direito de usar "aquele sinal para produtos indicados no seu pedido de registo, pelo que nenhum terceiro se (*sic*) pode fazer registar nem usar marca igual ou confundível para os mesmos produtos ou produtos afins".

Mas a finalidade apontada no pedido de registo é, como dissemos, a "gestão e exploração de centros comerciais, arrendamento de espaços comerciais". Só neste domínio rege o direito outorgado pela marca. Pelo que, pelo princípio da especialidade, também é despropositado considerar como violadora de marca a atribuição de um nome a um edifício de apartamentos.

As mesmas empresas invocam ainda o risco de confusão ou de associação em que as pessoas poderiam incorrer. Acentuam a possibilidade de um eventual comprador associar o edifício designado Dolce Vita à **A** – Imobiliária.

O art. 245/1 CPI dispõe que há imitação ou usurpação quando *cumulativamente* as marcas sejam destinadas a assinalar produtos ou serviços idênticos ou afins (al. *b*) e tenham semelhança tal "que compreenda um risco de associação com marca anteriormente registada, de forma que o consumidor não as possa distinguir senão depois de exame atento ou confronto".

Ninguém compra porém um apartamento na Alta de Lisboa com o nome *Dolce Vita* por haver uma marca "**A** – Imobiliária. DOLCE VITA. Centros Comerciais". Não calcula que está a comprar um centro comercial, ou uma loja em centro comercial. Procura uma habitação: não confunde os objectos.

Mas neste domínio, nada melhor que dar a palavra à própria **A** – Imobiliária, SGPS, S.A., ora titular da marca e contestante do nome do edifício "Dolce Vita".

O pedido de registo da marca foi impugnado por uma entidade sediada no Mónaco, titular da marca comunitária mista "Dolce Vita Villas" (como pedido de marca nominativa, note-se). O pedido de registo foi recusado, mesmo após a requerente ter reduzido a lista de serviços da classe 36 a que se aplicaria, passando a ser "Gestão e exploração de centros comerciais, arrendamento de espaços comerciais".

A requerente insistiu, negando a susceptibilidade de confusão com aquela marca, destinada a assinalar "serviços de agências imobiliárias, incluindo avaliações de bens imobiliários, administrações e gestão de imóveis, aluguer e compra e venda de bens imobiliários".

Do requerimento, que está junto ao processo, constam as seguintes afirmações (os sublinhados são do original):

"15.º – De facto, atente-se que a marca comunitária considerada obstativa está directamente vocacionada para os serviços de <u>agenciamento imobiliário no sector habitacional</u> (e serviços relacionados).

16.º – Esse facto é, aliás, imediatamente perceptível na própria composição da marca comunitária, até pelo destaque que é dado ao elemento "VILLAS", ou seja habitações.

17.º – Pelo contrário, a marca registada destina-se a serviços de <u>gestão e exploração de centros comerciais</u> (e serviços relacionados), o que foi, justamente, objecto da já aludida alteração da lista de serviços no âmbito da classe 36.ª.

18.º – Trata-se, como é óbvio, de um sector de negócio muito específico – o dos centros comerciais – bem conhecido e identificado pelo público consumidor.

19.º – Ora, a consideração dessa alteração na lista de serviços da marca registanda, constante do processo, apenas poderia conduzir à conclusão da <u>perfeita diferenciação dos serviços de agenciamento imobiliário habitacional do dos serviços de gestão e exploração de centros comerciais</u>.

28.º – Sublinhe-se também que, na marca comunitária acima reproduzida, a designação "VILLAS" (que surge até em destaque) acaba também por permitir ao consumidor associar o sinal ao <u>sector habitacional</u>, bem distinto do <u>sector comercial</u>, em concreto dos centros comerciais, agora expressamente mencionados na composição da marca registanda."

Não se poderia dizer melhor. Para se concluir:

"30.º – Trata-se, pois, como já se afirmou, de um específico ramo de actividade e negócio, bem distinto dos serviços de agenciamento habitacional da referida marca comunitária."

Mas então, como se compreende que a mesma entidade venha agora sustentar, perante uma empresa do sector habitacional, posição diametralmente oposta? Quando foi graças à exposição anterior que a marca lhe foi finalmente concedida?[7]

Temos então **A** contra **A**?

Isto chama-se comportamento contraditório. E é uma das muitas modalidades de infracção do princípio fundamental da boa fé.

6. Marca de prestígio

A indução em erro está subordinada ao princípio da especialidade. Pelo que aqui não funcionaria a previsão do risco de associação, porque a marca não é confrontada com produto ou serviço idêntico nem afim. Não há afinidade entre um centro comercial e um edifício de apartamentos, nem entre a gestão de centros comerciais e arrendamento de espaços comerciais com a construção e venda dum edifício para habitação colectiva.

Só para produtos ou serviços idênticos ou afins poderia funcionar o risco de associação. Doutro modo ter-se-ia encontrado uma viela universal para romper o princípio da especialidade. Uma marca de vestuário invocaria a afinidade com o sector do calçado, ou os serviços de turismo pretender-se-iam afins com os de gestão de espaços comerciais. Chegar-se-ia em qualquer caso a um monopólio que conseguiria os efeitos práticos da propriedade do nome.

Mas afinal – não estará implícita na alegação de aproveitamento da marca que se diz violada a mensagem subliminar de esta ser uma *marca de prestígio*? Porque assim se passaria por cima do princípio da especialidade e se atingiriam todas as utilizações de terceiros, desde que a marca fosse reconhecida como sendo de prestígio. Seria contra o aproveitamento por terceiro do prestígio da marca por outrem que afinal se reagiria.

Não encontrámos nas alegações a afirmação de que a marca da empresa do grupo **A** é de prestígio. Fazê-lo seria aliás contraditório com a invocação, que também se produz, do princípio da especialidade da marca.

Mas poderá ter-se querido deixar subliminarmente subjacente esta ideia. Pelo que não deixaremos de fazer uma observação.

---

[7] Por não terem nenhuma maneira de explicar o comportamento que então adoptaram, as empresas **A** procuram desconsiderá-lo na Oposição, arts. 83 a 87 – sem igualmente darem nenhuma razão para que este reconhecimento incómodo seja agora ignorado.

A marca de prestígio é regulada no art. 242 CPI. O pedido será recusado se a marca for igual ou semelhante a marca anterior que goze de prestígio em Portugal ou na Comunidade, e sempre que o uso da marca posterior procure tirar partido indevido do carácter distintivo ou do prestígio da marca, ou possa prejudicá-la.

Não procederemos a uma apreciação geral da categoria da marca de prestígio. Não escondemos porém que se o fizéssemos seríamos levados a uma valoração negativa. Isto porque se abandonam todos os princípios fundamentais que justificam a concessão de exclusivos, fundados no interesse público, para se prosseguir unicamente os interesses das grandes empresas multinacionais, a quem é oferecido um valor espantoso: o valor da marca ultrapassa frequentemente o de todo o restante activo dessas empresas. É o que se passa com a Coca-Cola, por exemplo[8].

A directriz europeia sobre marcas impôs o reconhecimento da marca de prestígio. Mas só era injuntiva no que respeita à marca de prestígio na Comunidade: deixava aos Estados a liberdade de preverem também a protecção da marca que gozasse de prestígio no seu próprio Estado.

Nós próprios estamos na origem da extensão no CPI de 1995 da protecção da marca de prestígio àquela que o gozasse em Portugal, apenas (na decorrência do art. 191, sob a designação de marca "de grande prestígio"). E isto porque, não obstante as nossas reservas quanto à categoria, nos pareceu que, se tínhamos de dar uma protecção reforçada a marcas que gozavam de prestígio na comunidade em globo (mesmo que fossem pouco significativas em Portugal), não haveria razão para desproteger marcas que efectivamente gozassem de (grande) prestígio em Portugal.

Isto permite-nos apreciar o caso presente.

"A Imobiliária. Dolce Vita. Centros Comerciais" não é seguramente uma marca de prestígio na Comunidade europeia. Pelo que a questão se reduz a saber se é uma marca de prestígio em Portugal.

O critério que permite determinar se uma marca é de prestígio é entendido diferentemente nos vários países. Os alemães quantificam, como fazem habitualmente em relação a critérios qualitativos: tendo-se afirmado que a marca é de prestígio quando é conhecida por 80% da população, muito acima da percentagem que é exigida para a marca notória. Mesmo

---

[8] Valendo a pena esclarecer que *marca de prestígio* não equivale a *marca de qualidade*. Significa apenas que a marca é muito conhecida, normalmente por um investimento maciço em publicidade.

em países em que não há o hábito de quantificar critérios, como é o caso de Portugal, parte-se sempre da exigência de uma percentagem muito elevada de conhecimento público[9].

Perante isto, a marca invocada pelo grupo **A** não é seguramente uma marca de (grande) prestígio. A criação destes centros é muito recente. O grau de conhecimento da marca (que teria necessariamente de ser aferido por referência ao público em geral) é francamente reduzido. Limitar-se-á a zonas em que funcionam aqueles centros comerciais e mesmo nessas, com grandes restrições.

Em Lisboa, a quase totalidade da população ignora que o Monumental é um centro comercial Dolce Vita e mesmo que há uma cadeia de centros comerciais a que se refere essa marca. Não o sabia eu antes da presente Consulta e não creio que seja uma excepção. Não interessa perante isto invocar eventuais atributos qualitativos dos centros que se procuram expandir porque, haja essa qualidade ou não, o que interessa é o conhecimento público, e não a qualidade. As marcas dos mais aperfeiçoados instrumentos nucleares não são marcas de grande prestígio, porque são ignoradas pelo público.

7. A inaplicabilidade ao caso concreto

Aplicando ao nosso caso, vemos que as empresas do grupo **A** alegam que o nome do edifício procura aproveitar o prestígio da marca dos centros comerciais...

A alegação parece de todo desproposita, dada a escassez do conhecimento público dessa marca, como acabámos de ver.

Mas ainda por outras razões, nunca teria relevância para este caso.

Não há nenhuma restrição a que alguém aproveite em geral o prestígio de determinado sinal distintivo, elegendo o mesmo sinal para seu uso. Só na marca de prestígio tal não é permitido. Fora disso o aproveitamento do prestígio de sinal alheio é elemento que a lei não rejeita por si,

---

[9] Luís Couto Gonçalves, *Direito de Marcas*, 2.ª ed., Almedina, 2003, 155, nt. 354, considera que a percentagem não deve ser inferior a uma maioria qualificada de 75% ou, pelo menos, de dois terços dos consumidores do mercado em referência. O autor acentua que a percentagem deve ser referida ao grande público, e não apenas aos correspondentes meios interessados.

mas somente quando eventualmente tal for resultante do princípio da especialidade.

Não é função do Direito Industrial reprimir o aproveitamento de elementos empresariais alheios. O que se protege é a função distintiva dos sinais, que não pode ser empanada por actos que induzam o público em erro. Protege-se o titular; só por reflexo desta protecção os actos de terceiros podem ser atingidos.

E assim, se um fabricante de molduras se apercebe que estão a ter êxito produtos de higiene de certa marca, Pérola, por exemplo, o aproveitamento que fizer desse nome para distinguir os seus produtos é perfeitamente normal, ainda que adicionalmente se aproveite do prestígio de marca alheia. É irrelevante, tal como a imitação na vida comercial é juridicamente irrelevante, fora de proibição específica. O facto não atinge em nada o exclusivo da marca dos produtos de higiene, nem induz o público em erro.

Temos assim que a queixa de aproveitamento do prestígio, que seria relevante se houvesse marca de prestígio (o que, repetimos, não acontece nem as empresas **A** alegam), é totalmente irrelevante fora daquele enquadramento.

O mesmo haverá que dizer do prejuízo que sofreriam aquelas empresas. É referido várias vezes, particularmente quando se procura fundar a providência cautelar.

Mas a alegação de prejuízo não tem qualquer significado neste domínio.

Entre empresas que actuam no mesmo sector a regra é a da livre concorrência. A concorrência magoa; o benefício de um é quase sempre o prejuízo de outro. Mas isso não é argumento contra a empresa que o provoca, porque estamos em economia de mercado.

Só não seria assim, também aqui, se se deparasse marca de prestígio. O art. 242/1 termina com a previsão: "ou possa prejudicá-los". Por isso se invocam razões justificativas de prejuízo, algumas bastante falaciosas, como a "diluição" da marca de grande prestígio. Mas não há aqui nada de semelhante[10].

---

[10] Note-se ainda que a ocorrência destes pressupostos não é frequente. Há que comprovar se efectivamente não há razão que justifique a utilização da marca por outrem ou se causa realmente prejuízo. Ao ponto de no Reino Unido só agora ter surgido a primeira condenação por violação de marca de prestígio, num caso referente ao cartão de crédito VISA.

Acresce que a alegação de prejuízo das empresas **A** é completamente falsa. Assim o verificaremos, quando passarmos à discussão sobre o fundamento da providência cautelar que requereram[11].

A pretensão que o nome seja retirado não se funda em nenhum prejuízo, que não ocorre: funda-se no exclusivo alegado. Seria esse exclusivo que impediria que um elemento nominativo da marca fosse também usado como nome de edifício.

Já vimos que tal exclusivo não existe: o âmbito da marca não permite excluir nomes de edifícios. Por isso, a questão é de fundo. Não justifica uma providência cautelar, como veremos. Nada leva a que não seja discutida no processo definitivo.

Verificamos assim que, se se pretende fazer passar subliminarmente a mensagem que há uma marca de prestígio, a pretensão seria infundada. Consequentemente, não são aplicáveis os pressupostos da protecção da marca de prestígio – ou seja, tirar partido indevido da marca de prestígio ou prejudicá-la.

8. A insígnia que contém a expressão Dolce Vita

É invocado também por uma empresa do grupo **A** que o nome do edifício viola a insígnia dessa empresa.

A insígnia em causa, envolta em determinada figuração, como é próprio da insígnia, contém as seguintes palavras: "Dolce Vita. Centro Comercial", a cores.

A insígnia refere-se necessariamente a um estabelecimento comercial, tal como o nome do estabelecimento. Distingue-se deste último por ser figurativa.

A lei portuguesa liga a insígnia a um concreto estabelecimento: por isso pede a localização deste. Neste caso, a insígnia é referida a um centro comercial situado em Mozelos, Lourosa, na região do Porto.

De todo o modo: pode a atribuição do nome Dolce Vita a um edifício da Alta de Lisboa violar o direito concedido por esta insígnia?

Desde logo: a insígnia refere-se a estabelecimentos comerciais. O edifício Dolce Vita não é um estabelecimento comercial. Isso é líquido. Portanto, nunca poderia haver um choque directo de designações.

---

[11] *Infra*, n.º 11.

Mas pode o nome do edifício atingir de qualquer modo o exclusivo conferido pelo direito industrial?

O nome do edifício é nome, e não é figurativo. Como tal, só interessa saber se a parte nominativa da insígnia é atingida. Essa parte nominativa da insígnia é: "Dolce Vita. Centros Comerciais".

Mas então, é evidente que não pode haver choque. A insígnia refere-se a centros comerciais. O nome, a um edifício de apartamentos.

O nome e a insígnia de estabelecimento são também regidos pelo princípio da especialidade.

Sendo assim, nunca um elemento nominativo do sinal distintivo dum centro comercial poderia ser confundido com o nome de edifício Dolce Vita. Porque o edifício é destinado a habitação. Por mais que se queira tutelar o público, nunca se pode admitir a irracionalidade que consistiria em confundir um centro comercial com um edifício de apartamentos.

Recorde-se aliás que neste domínio não haveria sequer espaço para colocar problemática análoga à da marca de prestígio. Não haveria assim que perguntar se o nome do edifício tira partido indevido da insígnia da empresa **A** ou pode prejudicá-la. Porque a lei portuguesa desconhece as figuras da insígnia ou do nome de estabelecimento de prestígio[12]. Tudo se limita pois a apurar se a utilização do nome em edifício é incluída na esfera de exclusivo reservada pela insígnia, ou não.

E não é. Só estaria em causa o elemento nominativo da insígnia, que engloba o aditamento "Centro Comercial". Isto torna a insígnia flagrantemente insusceptível de confusão com o nome de edifício.

Portanto: além de o nome do edifício ser civil e não comercial, de novo a diversidade de domínios é decisiva para afastar qualquer hipótese de violação do direito resultante da insígnia.

Apenas resta acrescentar que também aqui é aplicável o que dissermos sobre a inexistência de prejuízo e a ausência de *periculum in mora*[13]. O nome do edifício nenhum prejuízo traz ao grupo **A**. A comercialização é irrelevante, porque se contesta apenas um nome de edifício, e este mantém-se idêntico sejam quem forem os proprietários. Não há consequentemente *periculum in mora*, porque a situação não se altera com a comercialização, e o prejuízo não se agrava porque é inexistente: ao nada, nada se dá, escrevia Fernando Pessoa.

---

[12] Só num outro tipo o CPI admite sinais distintivos de prestígio: na denominação de origem e na indicação geográfica (art. 312/4).

[13] *Infra*, n.º 12.

9. O logotipo

Temos enfim o logotipo, que contém a expressão Dolce Vita. Está registado em nome de "**A** – Serviços de Telemática, S.A".

O logotipo é igualmente por natureza um sinal figurativo. Isso não impede que, como a insígnia, contenha também elementos nominativos.

Distingue-se da insígnia por se destinar a identificar uma empresa, e não um estabelecimento[14]. Só este critério evita a sobreposição, porque estruturalmente podem até ser idênticos.

Mas a lei, na prática, não regula directamente o logotipo. O art. 304 manda aplicar, "com as necessárias adaptações", as disposições relativas aos nomes e insígnias de estabelecimento. Daqui resulta que tudo o que valer para a insígnia é aplicável ao logotipo, não havendo razão em contrário.

Revela-se assim que não é necessário repetir quanto se disse a propósito da incidência do sinal distintivo, nomeadamente quanto à limitação da eficácia deste ao domínio comercial, não atingindo portanto uma utilização civil. Além disso, o logotipo não é nome de empresa: um edifício chamado "Dolce Vita" nada tem que ver com o sinal figurativo a que corresponde o logotipo. Não pode violá-lo, porque nunca se chocam.

Mas no caso presente há um aspecto que faz a alegação de violação de direitos, que resultariam da atribuição do nome ao edifício, atingir o cúmulo da inverosimilhança.

É que o logotipo é o de uma empresa que logo na sua firma ostenta "serviços de telemática"!

Como pode uma empresa de serviços de telemática (neologismo de origem italiana, que representa a contracção da expressão "telecomunicação informática") sentir-se atingida por um nome de edifício que corresponde a parte do elemento nominativo do seu logotipo, graficamente trabalhado?

Ignora-se afinal tudo o que respeita ao princípio da especialidade, vindo-se invocar um sinal detido em sector que nunca poderá fundar uma concorrência com a construção e comercialização imobiliária habitacional!

---

[14] É bem clara a distinção entre a empresa, como unidade de produção, e estabelecimento, como o conjunto de bens funcionalmente adequado ao exercício de uma função produtiva. Cfr. sobre esta matéria o nosso *Direito Civil – Teoria Geral – I – Introdução. As Pessoas. Os Bens*, 2.ª ed., Coimbra Editora, 2000, n.º 219, por exemplo.

Como se não nega que o princípio da especialidade é também aplicável no que respeita ao logotipo, a invocação de lesão não faz sequer sentido. Como não o faz, evidentemente, invocar indução em erro, por levar a confundir uma empresa de construção com uma empresa dedicada a serviços informáticos ou um centro comercial com um edifício de apartamentos.

Pelo que nada mais parece necessário para se poder concluir que a acusação de violação do direito de logotipo é insensata. Por maioria de razão não há fundamento para a providência cautelar, por não haver *fumus boni iuris*.

10. A concorrência desleal

As empresas do grupo **A** invocam também a concorrência desleal, feita pelos titulares do edifício Dolce Vita.

A alegação de concorrência desleal surge um pouco a talho de foice. Segue-se a tendência corrente, e hoje infelizmente em vias de generalização, de nas acções relativas ao Direito Industrial se incluir sempre a alegação de concorrência desleal.

Esta tendência é reprovável. Violação de um direito industrial e concorrência desleal são institutos autónomos. Pode haver violação de Direito Industrial sem nada haver de deslealdade, tal como pode haver concorrência desleal sem estar em causa nenhum direito industrial[15].

Na verdade, os pressupostos de ambos os institutos são diversos. A violação de Direito Industrial representa um tipo formal, digamos assim: basta-se com a contrariedade a um exclusivo atribuído por lei. Já a concorrência desleal é um tipo valorativo: assenta na violação de um dever geral de lealdade na concorrência e supõe uma comprovação em todos os casos que a conduta do agente foi contrária a normas e usos honestos daquele ramo de actividade económica.

Ora as empresas **A** limitam-se à remissão para o art. 317 *a* CPI, onde se caracterizam como concorrência desleal "os actos susceptíveis de criar confusão com a empresas, o estabelecimento, os produtos ou os serviços dos concorrentes, qualquer que seja o meio empregue".

É pouco. Não é mesmo nada.

---

[15] A que respeita a segredos de negócios, por exemplo. Examinámos aprofundadamente toda a matéria na nossa *Concorrência Desleal*, Almedina, 2002.

As empresas não se confundem. O nome do prédio não exprime a empresa. E dos sinais distintivos utilizados só o logotipo distingue uma empresa. Mas essa empresa é – uma empresa de telemática! Como o nome de um edifício pode trazer confusão com uma empresa de telemática, é um mistério[16].

Não se confundem os estabelecimentos. Dos sinais invocados, só um identifica o estabelecimento – a insígnia. Mas o estabelecimento da empresa **A** confunde-se – com quê? Não se falou sequer de um estabelecimento da empresa de construção. O prédio em construção não é um estabelecimento, e por mais baixo que se chegue na hetero-estima dos portugueses, não se lhes atribuirá o primarismo de confundirem um edifício de apartamentos com um centro comercial.

Enfim, a confusão com os produtos e serviços. A identificação de produtos e serviços é feita mediante o sinal distintivo marca.

Neste caso, não temos confusão entre produtos. Ainda que qualificássemos assim o edifício Dolce Vita, não haveria produto das empresas **A** com que se confundisse. Com um centro comercial? Ir-se-á à Alta de Lisboa procurar um centro comercial **A** em virtude da publicidade feita?

Será então com os serviços? Os serviços da empresa titular do edifício são de construção e comercialização de apartamentos, enquanto os das empresas **A** são de gestão de centros comerciais. Cria confusão? Irá alguém contratar à Alta de Lisboa a gestão dum centro comercial com uma empresa com nome diferente, porque se encontra lá um edifício chamado Dolce Vita?

Tudo isto demonstra o vazio da alegação de concorrência desleal.

Mas isto é ainda o menos.

O mais está na circunstância de a concorrência desleal supor, por definição, uma relação de concorrência. Logo o proémio do art. 317 volta a insistir no "acto de concorrência"; e a própria al. *a* deste artigo, que foi trazida à colação, especifica a confusão com a empresa, o estabelecimento, os produtos ou os serviços *dos concorrentes*. É portanto necessária uma relação de concorrência, e dentro dessa relação a prática dum acto que se deva qualificar substancialmente como de concorrência no mercado[17].

Nada disto se verifica no presente caso.

---

[16] Por outro lado, a empresa-mãe, **A** Imobiliária, é uma SGPS.

[17] Cfr. a nossa *Concorrência Desleal* cit., n.os 61 a 70, em que distinguimos e aprofundámos estas categorias.

Não há uma relação de concorrência jurídica entre as empresas. Uma empresa de construção e comercialização de apartamentos não está numa relação de concorrência com qualquer das empresas **A** implicadas.

Não o está, evidentemente, com a empresa de telemática. Mas tão-pouco o está com as outras empresas.

Não o está com a empresa detentora da marca: basta pensar que esta é uma SGPS, o que lhe dá um tipo de actividade muito diferente do de uma empresa de construção e comercialização de habitações. Por outro lado, o objecto dado a registo como o domínio abrangido pela marca é o da gestão de centros comerciais. Não há pois concorrência nenhuma.

E não o está com a detentora da insígnia (ainda que lhe atribuíssemos objectivos coincidentes, o que não consta) porque a insígnia foi pedida para um estabelecimento – um centro comercial – situado em Mozelos, Lourosa (no Norte de Portugal). Nada permite afirmar que haja uma relação de concorrência entre empresas com locais tão diversos de actuação.

Além de não haver relação de concorrência, não há acto de concorrência.

Dar um nome a um edifício não é um acto de concorrência, em relação às empresas indicadas. É um acto no mercado, mas não disputa a mesma clientela. Se o acto não encerra uma disputa de clientela, não pode pelas empresas **A** ser qualificado como um acto de concorrência desleal para com elas.

Dar um nome a um edifício é um acto civil. Não é susceptível de deslocar clientela. A vantagem da empresa construtora não se traduz em desvantagem das empresas **A**; não há repercussão dessa ordem. Como tal, não há acto de concorrência contra o qual as empresas do grupo **A** tenham legitimidade para se opor, em termos de concorrência desleal.

Enfim, não há um acto contrário às normas e usos honestos. Falham todos os requisitos gerais da concorrência desleal. Nada permite afirmar que atribuir a um prédio um nome que figure também na marca, na insígnia ou no logotipo de outras entidades seja contrário às normas e usos honestos. Escolhem-se os nomes que se consideram mais sugestivos, caso não haja proibição específica. Uma das empresas implicadas naquele projecto chama-se Bonne Chance; outro prédio no mesmo local por elas comercializado chama-se Dolce Farniente. Nota-se a tendência de usar nomes apelativos, que é obviamente comum a toda a vida comercial. Isso não tem nada de desleal. Só o teria se houvesse circunstâncias qualificativas específicas que traduzissem concorrência desleal. Circunstâncias dessa índole não foram sequer alegadas.

Em síntese: o que as empresas **A** alegam é possuírem um direito exclusivo, que lhes permitiria impedir o uso do nome Dolce Vita. Tenham-no ou não – e vimos já que o não têm – isso não consente extrapolar para a concorrência desleal. Permitiria qualificar a concorrência de *ilícita*: não permite qualificá-la como *desleal*. Para haver concorrência desleal teriam de se verificar os pressupostos gerais desta e demonstrar circunstâncias qualificativas específicas. Nada disso se fez.

A alegação de concorrência desleal é por isso improcedente.

11. A propriedade de nomes

A pretensão das empresas **A** não encontra pois fundamento, nem na violação de direitos exclusivos, nem na concorrência desleal.

As empresas **A** provocaram a interrupção da publicidade do edifício Dolce Vita invocando os seus direitos industriais; mas estes não lhes permitem fazê-lo.

Não diria até que o grupo **A** actua com abuso do direito, porque a situação é mais radical: há falta de direito, pura e simplesmente. Não há um direito de que se abuse, há inexistência de um direito cujo conteúdo comporte a oposição à denominação de um edifício de apartamentos. Há um *plus* em relação ao abuso do direito.

Como dissemos, os direitos industriais daquelas empresas não amparam as pretensões apresentadas, porque o domínio da nominação de edifícios é um domínio de liberdade. Não está sujeito a direitos industriais exclusivos, antes de mais porque não há aqui actividade comercial. Dar nome a um edifício é um acto civil, e não comercial.

Mas se não há assim base jurídica, o que explica a pretensão das empresas **A**?

Só resta um entendimento: o propósito de conseguirem deste modo transformar os direitos industriais na propriedade dum nome – no caso, a expressão *Dolce Vita*. Esse propósito emerge em vários passos: a Oposição à providência cautelar termina com a acusação de a requerente "utilizar indevidamente um nome que não é seu" (art.113).

Se houvesse a propriedade dum nome, o titular poderia explorá-lo e auferir inúmeras vantagens, passando a contar com ele como elemento patrimonial líquido e tirar o consequente proveito, nomeadamente através da concessão de licenças.

Mas não há propriedade de nomes.

Não há, desde logo, uma figura geral de propriedade de nomes, porque não há propriedade de palavras.

Nem o direito de autor chega à afirmação de propriedade de palavras. As palavras são sempre livres. Há um exclusivo de certas utilizações de textos[18], o que é diferente.

Muito menos o Direito Industrial confere a propriedade de nomes.

O Direito Industrial, na medida em que outorga exclusivos sobre sinais distintivos, proíbe o uso na vida de negócios de sinais idênticos ou confundíveis com aqueles que foram registados.

Mas esta proibição é dominada pelo *princípio da especialidade*. O mesmo sinal pode ser utilizado por outrem em ramo diferente. A marca de embalagens não exclui a mesma marca em confecções; o nome da siderurgia não exclui o mesmo nome em casa de chá; e assim por diante.

O princípio da especialidade é afastado na figura anómala representada pela marca de prestígio. Vimos já que se não verifica aqui a incidência desta.

Mas mesmo a marca de prestígio, quando for nominativa (ou mista), não dá a propriedade de palavras.

Como tivemos oportunidade de observar[19], não há nada a que se possa chamar a propriedade duma marca, não obstante os esforços feitos para configurar os direitos intelectuais como propriedades.

Mesmo à marca de prestígio escapa tudo o que estiver fora da actividade negocial. É livre o que respeita a uma comparação de desenhos, a uma crítica das grandes empresas, a um mapa do valor das várias marcas, e assim por diante.

Escapa mesmo a referência feita, por exemplo, numa publicação destinada a distribuição comercial, embora com finalidade lucrativa. Porque o exclusivo outorgado pela marca só abrange o que se chama o *uso da marca como marca*; portanto, a aposição da marca para distinguir produtos ou serviços. Se alguém fabricar sobressalentes para automóveis Honda pode usar livremente o nome, porque está a dar uma indicação indispensável e não a marcar produtos ou serviços.

As próprias marcas de prestígio estão sujeitas a estas restrições. E ainda a outras já assinaladas: como dissemos, só permitem proibir utili-

---

[18] Bem como de obras artísticas.

[19] Em estudo muito anterior ao presente litígio: cfr. o nosso *As funções da marca e os descritores (metatags) na Internet* cit., n.º 2.

zações da marca se o *uso da marca* posterior tirar partido indevido do carácter distintivo ou de prestígio da marca ou possa prejudicá-los (art. 242//1 CPI).
O que dissemos é confirmado pela própria Directriz n.° 89/104/CEE sobre marcas. O art. 5/5 dispõe que os números anteriores "não afectam as disposições aplicáveis num Estado-membro relativas à protecção contra o uso de um sinal feito para fins diversos dos que consistem em distinguir os produtos ou serviços, desde que a utilização desse sinal, sem justo motivo, tire partido indevido do carácter distintivo ou do prestígio da marca ou os prejudique". Com isto se reconhece que a disciplina da marca respeita só ao uso da marca como marca; os países-membros podem estabelecer outra protecção, mas é diferente e facultativa, e aliás sujeita a fortes restrições. Portugal não o estabeleceu, pelo que só vigora a protecção contra o uso da marca como marca.
E repare-se que os números anteriores do art. 5 respeitam também à marca de prestígio! Também esta é apenas protegida contra o uso da marca como marca, e não para finalidades distintas.
Tudo isto demonstra que não há uma propriedade de marcas. Se houvesse, justificaria uma proibição geral do uso do objecto, a marca, por terceiros. Não há tal faculdade de proibição. Há apenas o exclusivo de uso da marca para certos fins. Isso significa que, no que extrapolar da zona de exclusivo, a marca continua a ser livre.
Isto é muito importante, porque se houvesse uma propriedade da marca estaríamos a limitar em vastos domínios o diálogo social. Não seria só a liberdade de uso como marca que desapareceria, seria a própria liberdade de referências. Mas isso, como os próprios norte-americanos acentuam, iria contra a liberdade de expressão[20]. A fluidez da vida social exige pelo contrário que numa vasta zona de representações sociais comuns o discurso não seja entravado pela invocação de exclusivos.
Se a marca desse um monopólio sobre palavras ou expressões, a liberdade básica, que é a liberdade de expressão, ficaria gravemente atingida. E repare-se que esse monopólio não teria sequer limite temporal, ao contrário da patente. O exclusivo outorgado pelos sinais distintivos é ilimitadamente renovável.

---

[20] Sobre todo este tema, cfr. o nosso *Sociedade da Informação e Liberdade de expressão* (no prelo).

No uso dessa liberdade, posso chamar ao meu prédio DIOR; ou chamar-lhe FNAC. Não estou a usar a marca como marca, na vida comercial. Ninguém mo pode impedir, porque não há propriedade de palavras.

Se nesses casos extremos não posso ser impedido, que dizer de Dolce Vita, que não é uma marca de prestígio e se refere a centros comerciais? Por maior que seja a qualidade dos centros comerciais Dolce Vita, o que não está em causa, nunca seriam a base de uma proibição de atribuição desse nome a um edifício de apartamentos.

Por isso dizemos que a pretensão das empresas **A** só se justificaria se houvesse propriedade de nomes. Mas como não há tal propriedade, as pretensões apresentadas são radicalmente improcedentes.

12. Os procedimentos cautelares

Neste litígio foram intentados procedimentos cautelares cruzados entre as partes em conflito.

Da análise precedente resultou a nossa conclusão sobre o elemento básico, consistente na aparência de razão – *fumus boni iuris*.

A pretensão das empresas **A** não tem sequer verosimilhança.

Pelo contrário, a posição dos titulares da construção, que atribuíram a esta o nome "Dolce Vita", é fundada. Agiram na sua esfera de liberdade, que não é tolhida por quaisquer direitos exclusivos das empresas **A**. Pelo que a publicidade a que procediam não pode ser impedida.

Mas há ainda o que respeita ao *prejuízo*, que ambas as partes alardeiam.

O prejuízo das empresas que estão na origem da atribuição do nome do edifício é palmar.

Não fazendo publicidade, não podem fazer a comercialização programada.

O atraso na comercialização, pela ausência de retorno do investimento feito, gera graves prejuízos. Como esses prejuízos resultam da actuação confessa das empresas **A**, essas empresas são responsáveis.

É aqui deslocada qualquer consideração de boa ou má fé. Quem invoca direitos exclusivos e com essa base consegue fazer parar a publicidade que representava o exercício normal da actividade das empresas a que se opõe, age à sua conta e risco. Podia até estar convencido da sua razão: se a não tinha, o acto é ilícito e o agente será responsabilizado por todos os prejuízos daí resultantes.

Passemos agora aos prejuízos que as empresas **A** dizem ter sofrido.

Essas empresas fundam o prejuízo na circunstância de estarem a ser violados os seus direitos industriais.

A nosso ver, incorrem em grave confusão. Não é da mera circunstância de um direito exclusivo ter sido violado que decorre que o titular sofreu prejuízo. O prejuízo tem de ser autonomamente provado, pois pode haver violações de que não resulte nenhum prejuízo.

O Ac. do Supremo Tribunal de Justiça de 22 de Abril de 1999 é elucidativo neste domínio. Tratava-se de uma acusação de violação de patente, que foi dada como provada. Não obstante, o tribunal recusou a atribuição de indemnização, por essa patente não estar a ser utilizada. Concluiu que não houvera prejuízo, e só este permitiria a atribuição de indemnização[21].

É um raciocínio impecável. A responsabilidade funda-se no dano, como elemento essencial. Uma actividade que não provocou dano pode ser ilícita mas não é danosa, e como tal não gera responsabilidade civil porque não há prejuízos a indemnizar.

Nos presentes autos, conjugam-se sonoras afirmações de graves prejuízos sofridos pelas empresas do grupo **A** com uma ausência total de demonstração.

Nos arts. 124 e seguintes do procedimento cautelar que intentaram, por exemplo, as requerentes falam de lesão grave e de difícil reparação – para afinal se limitarem a declarar a seguir que os seus direitos estão a ser violados a cada dia!

Mas a violação de direitos é um pressuposto diverso. A providência cautelar não visa antecipar a tutela. Destina-se a evitar que, no tempo intermédio, ocorra lesão grave e de difícil reparação. Se nada disso tem fundamento, o procedimento não pode prosperar.

No ponto de vista substantivo, o nome Dolce Vita atribuído a um edifício da Alta de Lisboa nenhum prejuízo traz à marca que distinguiria centros comerciais!

Nenhum comprador será surpreendido por comprar um apartamento no edifício, quando suporia estar a comprar um centro comercial!

A vantagem da empresa que comercializa o edifício não se traduz em prejuízo da empresa dos centros comerciais. Pode um ter vantagem sem que essa vantagem se repercuta negativamente na situação do outro. É o que acontece no caso presente: o êxito na comercialização do edifício pela

---

[21] *Col. Jurisp. S.T.J.* VII, 99-II, 58: o titular não pusera no mercado o seu invento.

construtora não traz nenhum prejuízo às empresas **A**, porque não acarreta desvio da clientela destas. Como vimos, não é por haver um edifício na Alta de Lisboa chamado Dolce Vita que se deixa de fazer negócios relativos a centros comerciais.

Também a alegação que com o prolongar da situação o prejuízo mais avulta e que a não ser deferida a providência cautelar o prejuízo se torna irremediável, é completamente falaciosa.

A situação das empresas **A** é exactamente a mesma, quer esteja vendido um apartamento, ou todos, ou nenhum.

A questão residiria apenas na circunstância objectiva de continuar a ser usado para o edifício o nome Dolce Vita. A identidade dos proprietários é de todo indiferente.

E isto repercute-se na maneira como as requerentes caracterizam o *periculum in mora*.

"A cada dia, a lesão e o prejuízo causados aumentam!!" (art. 127).

Mas se não se caracterizou prejuízo, como é que aumenta?

Aguardar a realização da audiência das requeridas, "irá inviabilizar qualquer efeito útil do decretamento da referida providência..." (art. 144); "... as Requeridas poderão inclusivamente vender todas as fracções autónomas do edifício..." (art. 148).

Mas em que é que a venda das fracções autónomas representa prejuízo das requerentes?

Se tudo o que invocam é a violação de direitos industriais pela atribuição do nome Dolce Vita ao edifício, o que agrava a situação das requerentes se a titularidade do edifício passar dos construtores para os adquirentes das fracções?

Se o mal é ter-se adoptado aquele nome, o nome continuará, antes ou depois, afixado no edifício. A violação, único argumento esgrimido em prol da existência de prejuízo, manter-se-ia tal qual.

Também não é crível fazer derivar a existência de prejuízo da circunstância do aproveitamento do prestígio do sinal distintivo Dolce Vita, sobre o qual o grupo **A** invoca direitos. Ao que dissemos já sobre a improcedência dessa alegação, acresce a circunstância do aproveitamento do prestígio, mesmo que se verificasse, não acarretar prejuízo ao grupo **A**.

Os sectores de actividade estão claramente diferenciados. E o aproveitamento de um nome, mesmo que fosse de prestígio, não traz automaticamente prejuízo ao titular de direitos industriais. Mesmo o art. 242/1 CPI, na hipótese extrema que é a da marca de prestígio, põe a hipótese de haver prejuízo como meramente eventual.

Para admitir prejuízo, seria necessário prová-lo. Mas isso não está sequer na causa de pedir. O benefício que seria alegadamente retirado da utilização do prestígio do nome não seria feito à custa do empobrecimento das empresas **A**.

Nem tem nenhuma verosimilhança invocar deslustre do nome Dolce Vita: a utilização deste para designar um edifício de alta qualidade (que merece páginas inteiras de jornais de grande circulação) não retira nada ao prestígio do nome Dolce Vita, antes o aumenta.

Não se esqueça aliás que a invocação, que dissemos já falaciosa, da "diluição" da marca só se aplica à marca de prestígio. Não a uma marca comum, como a presente.

Daqui resulta que a existência de *periculum in mora* não ficou minimamente provada, desde logo porque não se provou ou sequer arguiu qualquer prejuízo real.

Isto nos permitiu verificar que falham os requisitos da providência cautelar instaurada, pois não há prejuízo resultante da aposição do nome Dolce Vita no edifício, nem a comercialização do edifício atinge de qualquer modo as empresas **A**.

O procedimento cautelar intentado traz pois em si todos os estigmas de fatal improcedência.

13. Conclusões

Estamos agora em condições de apresentar de modo sintético as conclusões parcelares que levam, a nosso parecer, à solução do litígio:

1.ª – A atribuição de nomes a edifícios é completamente facultativa.

2.ª – Ainda que os nomes se repitam, não há infracção, porque não há nenhum exclusivo desses nomes, mas pura liberdade de aposição.

3.ª – Os direitos industriais só respeitam ao exercício de actividades económicas; atribuir nome a um edifício é uma actividade civil, e não um acto de comércio.

4.ª – Os sinais distintivos do comércio têm a função de distinguir elementos da vida de negócios e evitar que o público seja induzido em erro.

5.ª – Os direitos industriais são típicos, por serem absolutos.

6.ª – O registo é irrelevante, como constitutivo duma marca, se não foram observados os pressupostos desta.

7.ª – A marca caracteriza séries e não indivíduos, pelo que nunca poderia ter por objecto o nome dum edifício.

8.ª – O nome do edifício não viola a marca "**A** Imobiliária. Dolce Vita. Centros Comerciais", desde logo por conter o elemento ostensivo "centros comerciais".

9.ª – A marca que contiver a referência a centro comercial nem por isso abrange todos os serviços prestados pelos centros comerciais.

10.ª – No mesmo sentido fala o princípio da especialidade da marca, pois a marca foi expressamente atribuída à empresa para "gestão e exploração de centros comerciais, arrendamento de espaço comerciais".

11.ª – A própria empresa **A**, no processo de concessão da marca, afirmou categoricamente a "perfeita diferenciação dos serviços de agenciamento imobiliário habitacional" em relação à marca que pretendia.

12.ª – Ao inverter agora a posição, a empresa **A** incorre em comportamento contraditório.

13.ª – Por tudo isto também, a designação do edifício nunca poderia representar violação da marca dos centros comerciais.

14.ª – Não há que invocar o risco de associação para o público, porque o nome do edifício, ainda que fosse marca, não seria confundido com produtos ou serviços idênticos ou afins.

15.ª – Só se ultrapassaria o princípio da especialidade se a marca fosse de prestígio.

16.ª – A marca de prestígio pressupõe o conhecimento generalizado por parte da população, numa percentagem que a prática alemã calcula em 80%.

17.ª – A empresa **A** não alega que a marca seja de prestígio e com razão, porque o conhecimento do elemento Dolce Vita é restrito, mesmo nas poucas localidades onde funciona um centro dessa empresa, como em Lisboa.

18.ª – Sem essa base, a invocação de aproveitamento do prestígio do nome é de todo irrelevante, porque mesmo que se verificasse não haveria nada que o proibisse.

19.ª – A insígnia de um centro comercial em Lourosa, que contém o elemento nominativo "Dolce Vita. Centro Comercial", nunca poderia provocar confusão com o nome dum edifício situado na Alta de Lisboa.

20.ª – O logotipo invocado, que integra a expressão Dolce Vita, pertence a uma empresa que ostenta na firma "serviços de telemática"!

21.ª – A invocação de concorrência desleal, com fundamento na confusão, é infundada, porque não se confundem nem as empresas, nem os estabelecimentos, nem os produtos ou serviços.

22.ª – Desde logo falta a relação de concorrência, porque as entidades em presença não disputam a mesma clientela.

23.ª – Falta o acto de concorrência, porque dar nome a um edifício é acto civil e não comercial.

24.ª – Falta a contrariedade às normas e usos honestos, porque da alegada violação resultaria o acto ser ilícito, e não ser desleal.

25.ª – As empresas **A** buscam afinal sem o dizerem obter a propriedade do nome Dolce Vita.

26.ª – Mas não há propriedade de nomes: o Direito Industrial não dá propriedades, porque só se refere à vida de negócios e é dominado pelo princípio da especialidade.

27.ª – Mesmo a marca de prestígio não constitui propriedade, porque elimina a exigência de especialidade, mas continua a operar só na vida de negócios e apenas exclui o uso da marca como marca.

28.ª – Isto é confirmado pela Directriz sobre marcas, ao admitir no art. 5/5 que os Estados-membros estabeleçam, mesmo no que respeita a marcas de prestígio, a protecção contra o uso da marca para finalidades diferentes da de distinguir produtos ou serviços; Portugal não o fez, pelo que só o uso da marca como marca pode ser proibido.

29.ª – Isto é muito importante, porque se não houvesse a liberdade de referências o diálogo social ficaria gravemente constrangido.

30.ª – Do que dissemos resulta que o procedimento cautelar intentado pela empresa de construção beneficia do *fumus boni iuris*, que falta pelo contrário ao que foi interposto pelas empresas do grupo **A**.

31.ª – Tão-pouco estas últimas alegam sequer prejuízos, uma vez que confundem a pretensa violação do direito com o elemento autónomo do prejuízo.

32.ª – Nem é um prejuízo a vantagem que a empresa construtora retira do nome Dolce Vita, porque não se faz à custa de qualquer sacrifício imposto ao grupo **A**.

33.ª – Também a venda de apartamentos não traz perigo para o grupo **A**, porque se o ilícito está na aposição do nome ao edifício a situação não se altera ainda que todos os apartamentos passem a ter novos proprietários.

34.ª – Da publicidade do nome Dolce Vita para edifício de alto padrão só poderia resultar proveito para a marca e não quaisquer prejuízos, que nem sequer se especificam como causa de pedir.

Por todas estas razões, quer a reconvenção quer o procedimento cautelar intentados pelas empresas do grupo **A** carecem de qualquer base que justifique que a sua oposição proceda.

QUESTÕES PROBLEMÁTICAS EM SEDE DE INDICAÇÕES GEOGRÁFICAS E DENOMINAÇÕES DE ORIGEM[*]

Prof. Doutor JOSÉ DE OLIVEIRA ASCENSÃO
Professor Catedrático da Faculdade de Direito
de Lisboa

SUMÁRIO:
1. Noções básicas; 2. A evolução no plano internacional; 3. A situação nacional; 4. O registo; 5. Relação entre indicação geográfica e denominação de origem; 6. Denominações de origem e indicações geográficas fundadas no uso?; 7. A situação à luz do CPI actual; 8. Indicação geográfica e "propriedade comum"; 9. Interpretação do CPI de 2003.

1. Noções básicas

Partimos da categoria muito genérica das *indicações sobre produtos ou serviços*. Estas ganham actualmente muita importância, mas em especial em domínio diferente do Direito Industrial: o do Direito do Consumidor. São aí objecto de exigências de informação, pois é primacialmente mediante a informação que a legislação comunitária pretende obtemperar à vulnerabilidade do consumidor.

Já mais próximo do nosso tema estão as indicações sobre produtos ou serviços, ou mesmo as indicações sobre características próprias ou indicações sobre elementos empresariais alheios. Estão previstas em várias alí-

---

[*] Este escrito foi destinado aos Estudos em Homenagem ao Prof. Doutor André Gonçalves Pereira. Foi objecto de revisão e actualização posterior.

neas do art. 317 do Código da Propriedade Industrial (CPI) de 2003, aprovado pelo Dec.-Lei n.º 36/03, de 5 de Março. Aí tem-se em vista a repressão das *falsas indicações*, como modalidade de concorrência desleal.

Entre as figuras contempladas estão as *falsas indicações de origem* de produtos ou serviços (al. *e*). Especifica-se ainda: "de proveniência, de localidade, região ou território, de fábrica, oficina, propriedade ou estabelecimento"[1].

Sintetizando, a indicação pode referir-se à origem:

– geográfica
– empresarial.

Fixemo-nos nas indicações *geográficas* de origem. É muito claro que elas só por o serem não se tornam objecto de direitos privativos. A tutela outorgada contra as falsas indicações situa-se no domínio da concorrência desleal. Haverá então um interesse juridicamente protegido dos concorrentes e não um exclusivo atribuído, porque não há nenhum direito à leal concorrência[2].

As especificações que se fazem na al. *e* (proveniência, localidade, região ou território) são meramente ilustrativas. Não excluem, por exemplo, a proveniência de um país: *made in Japan*. Se se quisesse encontrar um termo que correspondesse a esta na al. *e*, integrar-se-iam na previsão da indicação de proveniência.

As previsões sobre esta matéria na versão original da CUP foram consideradas insuficientes. Para consolidar a situação celebrou-se o Acordo de Madrid de 1891. Incide sobretudo sobre a possibilidade de os Estados apreenderem produtos com falsas indicações de proveniência (geográfica). Não altera a índole do instituto, pois continua a não outorgar um direito privativo.

Lentamente, desenhou-se o trânsito para a atribuição dum direito exclusivo. Esse movimento é consagrado em Portugal com o CPI de 1940: a denominação de origem passa a beneficiar de um exclusivo.

---

[1] Há uma aproximação, mas não mais do que isso, do art. 10/1 da Convenção da União de Paris (CUP), que reprime a utilização de falsa indicação relativa à proveniência do produto ou à identidade do produtor, fabricante ou comerciante. Apenas, a *proveniência* é entendida aqui como género, enquanto que na lei portuguesa a "proveniência" parece representar uma das modalidades da origem geográfica do produto ou serviço.

[2] Cfr. a nossa *Concorrência Desleal*, Almedina, 2002, n.º 129, nomeadamente. Sobre as falsas indicações de proveniência, vejam-se os n.os 304 a 309.

A situação apresentava todavia algum hibridismo, uma vez que a este tipo não correspondia sanção autónoma. A sanção só se obtinha pela previsão na concorrência desleal da utilização de falsas denominações de origem. Em todo o caso, isso não leva a pôr em causa que a denominação de origem tenha passado a representar um direito privativo.

Em 1958 dá-se um novo passo no plano internacional. É aprovado o Acordo de Lisboa, para protecção das denominações de origem e seu registo internacional. Passa assim a ser também internacionalmente necessária a definição mais cuidada da denominação de origem.

Estas são entendidas como indicações geográficas de proveniência cujas características são devidas exclusiva ou essencialmente ao meio geográfico. Mas acrescenta-se "incluindo os factores naturais e os factores humanos". Os factores naturais são imprescindíveis; os factores humanos trazem um elemento de instabilidade pernicioso, pois não se imagina que esses factores não possam ser transferidos a outro local.

O CPI de 1995 manteve essencialmente a situação preexistente, não obstante as mudanças internacionais entretanto verificadas após o CPI de 1940. Já as referimos até ao Acordo de Lisboa de 1958. Vejamos o que se passou depois.

2. A evolução no plano internacional

Após o Acordo de Lisboa de 1958, a que pelas suas exigências poucos países aderiram, houve uma pausa, que só foi significativamente quebrada na década de 90.

I – O **Regulamento (CE) n.º 510/06, de 20 de Março**, estabeleceu a protecção das indicações geográficas e denominações de origem de produtos agrícolas e dos géneros alimentícios[3].

São excluídos os produtos do sector vinícola e bebidas espirituosas, que são regulados por outros instrumentos (art. 1/1). Estes reforçam a protecção das indicações geográficas.

Temos assim uma nova figura, além da indicação de proveniência geográfica e da denominação de origem: a indicação geográfica.

---

[3] O Regulamento (CE) n.º 510/06 manteve nos aspectos essenciais os princípios e até a numeração dos artigos do Regulamento (CE) n.º 2081/92. Revoga o Regulamento (CE) n.º 2081/92, de 14 de Julho. Foi simultaneamente aprovado o Regulamento (CE) n.º 509/06, relativo às especialidades tradicionais garantidas dos produtos agrícolas e géneros alimentícios.

Isto obriga-nos a fixar o conceito de indicação geográfica. Não podemos deixar de fazê-lo porque a categoria foi, como não podia deixar de ser, transposta para a ordem jurídica portuguesa[4].

Digamos que ocupa uma posição intermédia entre a mera indicação geográfica de proveniência e a denominação de origem.

Atribui protecção quando a reputação, uma qualidade determinada ou outra característica podem ser atribuídas à origem geográfica do produto. Há portanto uma exigência muito menor que na denominação de origem, em que se previa que as características dos produtos se devessem essencial ou exclusivamente ao meio geográfico[5].

A categoria assim introduzida cria desarmonias, terminológicas e não só. Mas isso será melhor examinado na continuação[6].

II – O Acordo ADPIC/TRIPS

Este Acordo, anexo ao Tratado que criou a Organização Mundial do Comércio (1994), regula nos arts. 22 a 24 as "Indicações Geográficas". Os arts. 23 e 24 contemplam designações de vinhos e bebidas alcoólicas.

O art. 22/1 define a indicação geográfica como aquela que identifique um produto como originário dum território, "caso determinada qualidade, reputação ou outra característica do produto seja essencialmente atribuível à sua origem geográfica".

Se considerássemos decisiva a expressão *indicação geográfica*, o ADPIC só contemplaria aquela categoria mais débil, na terminologia do Regulamento. Deixaria de fora a denominação de origem do Regulamento e do Acordo de Lisboa.

Mas a definição afasta-nos de tal entendimento. É que se prevê uma característica que é *essencialmente atribuível* à origem geográfica. Essencialmente atribuível, só pode tratar-se de denominação de origem.

---

[4] Na sequência do Regulamento (CE) n.º 2081/92.

[5] Não obstante, o TJ-CE declarou recentemente a designação *feta*, referente a queijos, como uma denominação de origem proveniente da maior parte do território grego. Considerou que a designação, embora usada também em vários outros países, não se tornara genérica. Para isso baseou-se muito mais na reputação do produto que na indissociabilidade deste relativamente aos territórios gregos em causa. Cfr. o Ac. de 25.X.05, em processo que foi intentado pela Alemanha e Dinamarca contra a Comissão e a Grécia. Sobre esta decisão, cfr. Ribeiro de Almeida, *Denominações geográficas*, in "Direito Industrial" – III, APDI / Almedina, 2003, 307-308.

[6] Sobre a situação das indicações de proveniência geográfica nas fontes comunitárias cfr. Beier/Knaak, *The protection of direct and indirect geographical indications of source in Germany and the European Community*, in IIC (Instituto Max Planck, Munique), 1994.

Isto significa que, sob a expressão "indicação geográfica", o ADPIC contempla afinal a denominação de origem. As meras indicações geográficas, as que apenas "podem ser atribuídas", estão excluídas da protecção pelo ADPIC[7].

Há algumas diferenças de redacção com respeito à definição de denominação de origem acolhida no Regulamento C.E.. Já não se fala em *essencial ou exclusivamente*, mas em *essencialmente* atribuível. Também não se diz que *se deva* atribuir, mas que *é atribuível*. Porém, até aqui as diferenças não são radicais.

Há porém outras diferenças maiores, quer na definição quer no regime estabelecido.

Na definição, porque o ADPIC fala em "qualidade, *reputação* ou outra característica". Também a reputação, se essencialmente atribuível, abriria o acesso a uma denominação de origem. Pelo contrário, segundo o Regulamento, a "reputação" só é tida em conta para a indicação geográfica.

Isto implica um alargamento da noção de denominação de origem, uma vez que, se apenas a reputação for devida a um meio geográfico, a ligação indissolúvel aos factores naturais fica abalada. Mas também é certo que o Regulamento abalara por seu lado essa ligação, ao prever a relevância dos factores humanos.

Em qualquer caso, nunca poderia daqui derivar a identificação da indicação geográfica do ADPIC com a indicação geográfica do Regulamento, porque no ADPIC o decisivo está na ligação **essencial** do produto ao meio geográfico, que a indicação geográfica do Regulamento não comporta.

Poderia ensaiar-se o significado desta diferença a propósito da designação *champagne*: com o interesse acrescido de "champagne" estar no centro do debate sobre denominações de origem. É duvidoso que *champagne* seja uma denominação de origem, porque poderá ser produzido com as mesmas qualidades noutros lugares. Mas a referência à reputação

---

[7] Ribeiro de Almeida, *Indicação geográfica, indicação de proveniência e denominação de origem*, in "Direito Industrial" – I, APDI / Almedina, 2001, n.º 3, nt. 28, critica este nosso entendimento, porque nenhuma das categorias "se pode confundir com qualquer uma das outras". Não compreendemos a observação, porque o que interessa não é o valor facial, a nomenclatura usada por uma entidade totalmente alheia à Comunidade Europeia, mas o conteúdo que lhe foi atribuído. Esse conteúdo é o da denominação de origem, com a ressalva que acrescentamos a seguir.

poderia dar uma tábua de salvação, permitindo alegar que a reputação de *champagne* é devida àquele lugar geográfico. Terá a fórmula do art. 22/1 do ADPIC tido esta hipótese em vista?

Outra diferença, importante, reside no regime que se estabelece.

O que se impõe é apenas que os interessados possam impedir a utilização de qualquer meio enganoso quanto à origem geográfica do produto; a que acresce a protecção contra a concorrência desleal (art. 22/2). A protecção é algo reforçada a seguir para as bebidas alcoólicas, sem todavia alterar essencialmente a natureza dos meios de defesa.

Isto significa que o ADPIC se limita ainda a estabelecer meios que se reconduzem à concorrência desleal. Não chega à atribuição de um direito privativo, que faça depender o uso por outrem de uma autorização. Tudo gira em torno da prevenção ou proibição de actos de indução em erro.

É muito importante, mas nada altera em relação ao conceito de indicação geográfica. Este é no ADPIC essencialmente equivalente a denominação de origem. Apenas, temos de ter hoje em conta versões parcialmente diferenciadas, consoante o instrumento internacional em que se contêm. Não é nada de insólito na contratação internacional.

O que apurámos permite, nesta altura, traçar a ordenação das categorias, em delimitação sucessiva, desde as indicações sobre produtos ou serviços às denominações de origem. Não se presta tanto a uma classificação, antes a uma sequenciação:

— indicações de produtos [8]
— de origem (geográfica ou empresarial)
— de proveniência (geográfica)
— geográficas
— denominações de origem (DO).

Cada categoria está compreendida na anterior, mas tem menor extensão.

Como as denominações de origem estão incluídas pela lei portuguesa nas indicações de origem, quando falamos em indicação geográfica apenas abrangeremos a denominação de origem; só quando as contrapusermos às DO estaremos referindo as indicações geográficas em sentido restrito.

Acrescentemos que as denominações de origem podem não ser nomes geográficos, desde que designem um produto que satisfaça as características exigidas. A hipótese mais imediata é a do *vinho verde*, que em

---

[8] Ou serviços, mas isso deixa de interessar para as indicações geográficas.

si nada tem de geográfico, e todavia designa um produto cujas fronteiras de produção estão rigorosamente ligadas a uma região[9].
Inversamente, podem admitir-se nomes geográficos que não sejam indicações geográficas. Posso supor que sapatos para montanhismo tomem a denominação *Everest*. Embora se trate de um lugar geográfico, a denominação é de fantasia. Não induzirá ninguém em erro e por isso poderá ser livremente utilizada[10].

3. A situação nacional

O CPI de 1940, e por arrastamento o CPI de 1995, apenas tutelavam as denominações de origem pela concorrência desleal, muito embora estas fossem descritas como direitos privativos[11].
A situação é corrigida pelo CPI de 2003. Mantém-se a tutela geral das indicações de proveniência pela concorrência desleal, mas as violações das indicações geográficas passam a ser objecto de sanções próprias (art. 352).
A matéria é regulada nos arts. 305 a 315, que abrangem quer as denominações de origem quer as indicações geográficas.
Fazemos uma prevenção, antes de entrar nesta análise. Os Regulamentos não excluem a legislação nacional em matéria de indicações geográficas. Assim o entendeu o legislador português, que já depois do Regul. n.º 2081/92 aprovou dois códigos em que surgem as indicações de proveniência como tipos nacionais de direitos privativos. É lógico, pois a criação de tipos comunitários de direitos não visa excluir os tipos nacionais: assim acontece com a marca comunitária, o desenho e modelo comunitários e a (projectada) patente comunitária[12].

---

[9] Fala-se então em denominações de origem *indirectas*. A qualificação é generalizável a toda a indicação de proveniência geográfica.

[10] A questão é mais discutida em matéria de marcas. Aqui basta observar que não poderá ser objecto de impugnação com fundamento na "falsidade" da indicação de proveniência geográfica.

[11] *Supra*, n.º 1. Cfr. o art. 260 g do CPI de 1995, que criava aliás grandes dificuldades de interpretação.

[12] Sobre a jurisprudência do Tribunal de Justiça C.E., que admitiu a compatibilidade de acordos entre Estados-membros e leis nacionais que atribuam eficácia absoluta a indicações de proveniência com as regras de concorrência comunitárias, cfr. Wolfgang Büscher, *Neuere Entwicklungen des Europäischen Gerichtshofs und des Bundesgerichtshofs zu den geographischen Herkunftsangaben*, in GRUR Int, 10/2005, 801-809.

Entremos pois na análise do CPI de 2003. Neste, a anomalia do CPI de 1995 resultante da ausência de sanção própria (pois a sanção só se obtinha pela previsão das violações como modalidade de concorrência desleal) foi corrigida.

A concorrência desleal (art. 317) continua a englobar especificamente as falsas indicações de origem, nomeadamente as falsas indicações de proveniência geográfica.

Mas as indicações geográficas e as denominações de origem são reguladas como direitos privativos nos arts. 305 a 315; e as violações são autonomamente sancionadas (art. 325), prevendo-se a prisão até três anos, que é a medida geral aplicável à violação de direitos industriais. Na mesma pena incorre quem indicar a verdadeira origem do produto mas acrescentar "género", "tipo", "qualidade" ou semelhantes, com referência a uma indicação geográfica – o que é aliás inteiramente desproporcionado.

Porém, deve-se logo acrescentar que há muito mais legislação a que recorrer. Particularmente no domínio dos produtos vinícolas há um verdadeiro luxo de regras especiais[13].

O próprio CPI, no art. 315/2, estabelece uma especialidade: não há caducidade em consequência da generalização ou vulgarização duma denominação geográfica de origem de produtos vinícolas, bem como de águas minero-medicinais e outros produtos cuja denominação de origem seja objecto de legislação especial de protecção e fiscalização no respectivo país.

Mas é particularmente copiosa a legislação avulsa.

Esta é caracterizada por grande dispersão e pela proliferação de categorias e subcategorias em que as indicações geográficas se integram.

Desde logo, os Regulamentos prevêem a indicação de origem protegida (DOP) e a indicação geográfica protegida (IGP).

No plano interno, o Dec.-Lei n.º 350/88, de 30 de Setembro, contemplava designações regionais e sub-regionais, zonas vitivinícolas e denominações de carácter mais localizado.

São já anteriores e têm também importância a Lei n.º 8/85, de 4 de Junho, e o Dec.-Lei n.º 429/86, de 29 de Dezembro.

A criação de categorias provém sobretudo do sector vinícola.

---

[13] Já dissemos que estes produtos foram excluídos do Regulamento (CE) n.º 510/06 (art. 1/1) e remetidos para outras fontes comunitárias; e que pelo contrário o ADPIC os regula em especial no art. 23 e parcialmente no art. 24.

Teríamos assim:

DOC – Denominação de origem controlada
IPR – Indicação de proveniência regulamentada (que não corresponde às categorias anteriormente referidas)
VQPRD – Vinho de qualidade proveniente de região demarcada.

Sem nos determos na casuística, digamos que DOC supõe a observância de regras próprias; e que VQPRD engloba quer DOC quer IPR[14].
Mas o luxo de designações continua. Assim, o Dec.-Lei n.° 191/02, de 13 de Setembro, prevê os "Vinhos licorosos de qualidade produzidos em regiões determinadas" (VLQPRD). A gravidade da previsão está em que na zona que abrangem é proibida a produção de vinhos licorosos, salvo os que tiverem a categoria VLQPRD[15].
Esta diversidade é apoiada por uma pluralidade de estruturas[16], o que oferece também o perigo de burocratização[17].

---

[14] Cfr. também o Dec.-Lei n.° 12/95, de 21 de Janeiro. Note-se que a sigla VQPRD tem base comunitária: cfr. o Regul. (CE) n.° 823/87, de 16 de Março. Não obstante, a diversidade de posições dos vários países está patente na posição sobre a exigência de engarrafamento do VQPRD na origem, questão analisada por Pedro Sousa e Silva em *Admissibilidade jurídica da obrigatoriedade de engarrafamento na origem de VQPRD*, in "Douro – Estudos e Documentos", vol. IV (7), 1999 (1.°), 83/87. Esse litígio foi resolvido pelo Acórdão do TJ-CE de 16.V.00, que considerou válida perante a legislação comunitária da concorrência a obrigação de engarrafamento na região demarcada, tratando-se de VQPRD.

[15] Outras indicações não têm já que ver com a origem geográfica, como por exemplo *reserva*.

[16] Cfr. Alberto Ribeiro de Almeida, *Indicação geográfica* cit., n.° 3.6., para os produtos vitivinícolas. Para o Direito vitivinícola em geral, cfr. os vários estudos constantes da revista "Lusíada", n.os 1 e 2, 2003, 413 e segs.

[17] Tem reflexos curiosos. Assim, a fiscalização das actividades previstas pelo Dec.-Lei n.° 191/02, de 13.IX, acima referido, fica a cargo de (art. 5/1):

a) Instituto do Vinho do Porto
b) Instituto do Vinho e da Vinha
c) Comissão Interprofissional da Região Demarcada do Douro
d) Casa do Douro.

4. O registo

Não pretendemos fazer um estudo exaustivo das indicações geográficas, mas sim abordar alguns pontos particularmente problemáticos. Não podemos em todo o caso deixar de chamar a atenção para a relevância do registo neste domínio.

Há mesmo uma sobreposição de registos disponíveis, uma vez que é facultado o registo:

- nacional
- comunitário
- internacional

I – O registo *nacional* é regulado no CPI, em particular nos arts. 310-312.

Após o registo, passa a ser autorizada a utilização de:

- denominação de origem registada ou simplesmente "DO"
- indicação geográfica registada ou simplesmente "IG".

II – O registo *comunitário* é regulado em especial pelos arts. 5 e seguintes do Regul. (CE) n.º 510/06. É requisito para a obtenção de DO ou IG comunitária, portanto com extensão a todos os países da CE.

Atribui-se legitimidade para o requerer a um "agrupamento" ou, nalguns casos, a uma pessoa singular ou colectiva (art. 5/1). O procedimento inicia-se no Estado-membro em causa e passa depois à Comissão CE (art. 6), que faz o exame formal do pedido (art. 6). Se esta considera os requisitos gerais preenchidos o pedido é publicado e sujeito a eventual oposição. Surgida esta e não havendo conciliação, a Comissão decide (art. 7).

III – O registo *internacional* é previsto no art. 309 CPI. É feito ao abrigo das disposições do Acordo de Lisboa de 1958. Refere-se a denominações de origem.

O pedido deve ser apresentado no INPI (art. 309/2 CPI).

Estabelece-se ainda que a DO registada fica sujeita, em tudo o que não contrariar aquele acordo, às regras nacionais sobre DO (art. 309//3 CPI).

5. Relação entre indicação geográfica e denominação de origem

A criação da IG como um novo tipo, além da DO, cria problemas de delimitação, em parte já referidos[18].

Seguramente, há mais exigências para a atribuição duma DO que duma IG, qualquer que seja o diploma a que nos referirmos.

Mas surge o paradoxo. Quando contemplamos a lei portuguesa, verifica-se que o regime é afinal comum. A dualidade não acarreta praticamente diferença de regime.

De facto, nos arts. 305 a 315 CPI, só encontramos duas disposições que referem exclusivamente as denominações de origem: os arts. 309 e 315/2.

O art. 309 regula o registo internacional. Como este, nos termos do Acordo de Lisboa, é somente das denominações de origem, o CPI teve de repercutir essa limitação.

O art. 315/2 exclui vários produtos da caducidade que resultaria de uma designação se ter tornado genérica, se a "denominação geográfica de origem" for objecto de legislação especial de protecção no respectivo país. A razão da limitação é a mesma que para o art. 309. O art. 315/2 repercute (muito mal, diga-se de passagem) o art. 6 do Acordo de Lisboa de 1958, segundo o qual uma denominação protegida pelo Acordo não pode ser considerada genérica enquanto estiver "protegida como denominação de origem no país de origem"[19].

Estes preceitos afastados, o regime das duas figuras é idêntico. O que é um contra-senso: afadigamo-nos tanto a distinguir, quando afinal a própria lei vem anular as diferenças, dado o regime que estabelece!

Ilustremos. A DO não é atribuída nem tem condições de subsistir se os produtos a que se refere puderem ser obtidos noutro país com as mesmas qualidades. Isto é decorrência forçosa de o produto depender essencialmente (ou até exclusivamente) do meio geográfico[20]. Esta exigência já se não aplica porém à indicação geográfica.

---

[18] Não nos interessará agora particularmente o ADPIC, pois como vimos contempla uma única figura, não acolhendo a bipartição.

[19] Podemos acrescentar ainda o art. 319, que só prevê a apreensão pelas alfândegas de produtos com falsas indicações de origem, e não indicações geográficas. Mas a falha é irrelevante, porque se referem também às falsas indicações de proveniência, e estas abrangem as indicações geográficas.

[20] Veja-se a exposição desta questão em Ribeiro de Almeida, *Indicação geográfica* cit., 17-19.

Mas para quê distinguir, quando o regime estabelecido é afinal o mesmo?

A relevância da distinção fica assim limitada aos efeitos externos, no que respeita ao Acordo de Lisboa e eventualmente ao regime comunitário. No plano interno há que relativizar e perguntar apenas se o patamar mais baixo, o da indicação geográfica, foi atingido.

No ponto de vista económico-social, o que se verifica é que produtos que não tinham condições para beneficiar duma DO conseguiram, pela introdução falaciosa duma bipartição, alçar-se afinal àquela protecção.

6. Denominações de origem e indicações geográficas fundadas no uso?

Podemos admitir situações com esta origem, que atribuam direitos exclusivos?

A admissão de direitos industriais fundados no uso não é uma anomalia; é uma situação comum noutras ordens jurídicas. Assim, na Alemanha dá-se essa relevância aos sinais no caso de haver *Verkehrsgeltung* – quer dizer, que aquele sinal funcione no tráfego jurídico como elemento distintivo. As indicações geográficas de proveniência são aí reguladas nos §§ 126 a 129 da Lei das Marcas[21]. A base é também o tráfego negocial: até se regula a protecção de indicações geográficas de proveniência de particular renome. Isto tem consequências práticas.

No plano comunitário, o Regul. (CE) n.º 510/06 prevê expressamente a relevância de designações não registadas, com fundamento no uso (arts. 13 e 14). Esta relevância não é meramente negativa: o art. 13/4 permite a coexistência da designação não registada baseada no uso com designação registada, nas condições que indica. Também o art. 14/2 prevê que uma IG ou DO registada coexista com marca adquirida de boa fé pelo uso num território comunitário, sempre que a marca não incorra em causa de invalidade ou caducidade.

Em Portugal, porém, ligam-se estreitamente os direitos industriais ao registo. A chamada *marca de facto* não é relevante. Só se exceptuam as recompensas, porque não havia efectivamente maneira de tornar a recompensa dependente de registo.

---

[21] Regula nos §§ 130 a 139 o processo a seguir por aplicação do Regul. (CE) n.º 2081/92, ao tempo vigente.

E no que respeita às indicações geográficas e denominações de origem?

Não se encontrava nas versões anteriores do CPI abertura para a relevância das indicações de facto.

Isto pode ter consequências negativas graves. Um produto que poderia ser a base de DO ou IG pode ser apoderado pelo primeiro que requeira como marca própria essa designação.

Portugal, como país que na agricultura apenas pode aspirar às vantagens da qualidade dos seus produtos, pode estar deixando sangrar um dos elementos mais significativos de valorização.

Recentemente, a questão agravou-se.

Com o advir dos tipos comunitários de direitos industriais, podem designações que chocam com DO ou IG de facto portuguesas ser atribuídas a outros com eficácia comunitária.

As previsões comunitárias neste domínio admitem a oposição de titulares de situações meramente de facto, desde que a ordem jurídica respectiva funde sobre elas direitos industriais.

Assim, no que respeita à marca, os titulares de marcas de facto alemãs podem opor-se à atribuição de sinais distintivos incompatíveis; mas os titulares de marcas de facto portuguesas não o podem fazer.

Quer dizer: temos hoje de suportar indirectamente a relevância de marcas de facto estrangeiras, quando os nossos interessados não podem obter efeito semelhante.

Torna-se assim urgente rever a situação, à luz deste novo dado internacional.

Outra incidência importante dá-se no domínio da concorrência desleal.

O art. 317 *f* prevê como modalidade desta a supressão, ocultação ou alteração "da denominação de origem ou indicação geográfica dos produtos ou da marca registada do produtor ou fabricante...".

Estará abrangida nesta previsão a DO ou IG fundada no uso?

Se considerarmos que a ordem jurídica portuguesa o admite, poderemos responder afirmativamente.

E o texto convida a esta conclusão. Repare-se que se contrapõe às indicações geográficas a "marca registada". A exigência de registo é só referida à marca: é inaplicável textualmente às DO ou IG. Isto favorece o entendimento que as indicações geográficas são protegidas no direito português independentemente de registo.

Há assim que averiguar se há fundamento para se afirmar que o uso e a projecção no mercado são base suficiente para a protecção como direito privativo.

Não havendo direito privativo, o titular não poderia aspirar a mais que à protecção cartilagínea conferida contra a concorrência desleal[22]. Mas se o uso der já um direito, mesmo que de qualquer forma diminuído em relação ao direito derivado do registo, a situação é diferente.

Bastaria que ao interessado fosse reconhecido um direito ao registo, com todas as consequências. Poderia registar e adquirir o direito privativo, vencendo resistências de terceiros. Deixaria de ficar limitado à fraca tutela dada pela concorrência desleal, em que pode fundar-se quando muito numa indicação geográfica de proveniência.

7. A situação à luz do CPI actual

O que pode resultar dos textos legais, relativamente à protecção das indicações geográficas consagradas pelo uso?

É seguro que o CPI tem em vista prioritariamente as consequências do registo, dada a limitação burocrática que o caracteriza. Há porém elementos que fazem supor uma nova abertura.

O CPI dá relevo às "condições tradicionais e usuais" de aplicação da DO ou IG, em alternativa às "devidamente regulamentadas": arts. 305/5 e 307/1 c, por exemplo.

O art. 310 traz um elemento mais significativo.

A epígrafe do preceito é "Duração" – o que aliás só parcialmente exprime o conteúdo.

Confrontando com o art. 255/1 do CPI de 1995, a que corresponde, vemos que a epígrafe mudou. Não se fala mais em "Duração do registo". Fala-se simplesmente em "Duração". Permite uma maior abrangência.

Passando ao texto, vemos que respeita também à protecção das indicações geográficas. Na versão de 1995 limitava-se a estabelecer que a protecção se faria "pela aplicação das providências decretadas contra as fal-

---

[22] Repare-se que esta al. *f* do art. 317 CPI não respeita à protecção contra falsas indicações de proveniência (nada tem que ver com falsidade). O legislador apenas prevê a repressão contra actos que afastam designações que são protegidas como direitos privativos. Outras situações, a serem abrangidas, sê-lo-iam pela cláusula geral do proémio do art. 317 CPI.

sas indicações de proveniência, independentemente de registo e faça ou não parte de marca registada".

Já deste texto se podia tirar uma consequência importante no que respeita à protecção das DO e IG de facto, dada a independência do registo que era proclamada. Mas a isso ainda se poderia objectar que o "independentemente do registo" se referia, não à protecção das indicações geográficas, mas à repressão das falsas indicações de proveniência, pois essa repressão se faz independentemente de qualquer registo da indicação de proveniência ou do acto que se impugna.

O texto é retomado pelo CPI de 2003, mas com alterações significativas, que favorecem entendimento mais seguro.

Não só se altera a epígrafe, suprimindo a referência ao registo, como se altera o texto. Isto tornara-se forçoso, porque a protecção não está agora limitada à das falsas indicações de proveniência: há um tipo penal próprio (art. 325 CPI).

O texto tem agora maior amplitude. A DO e a IG serão protegidas "pela aplicação das regras previstas neste Código, em legislação especial, bem como por aquelas que forem decretadas contra as falsas indicações de proveniência, independentemente do registo, e façam ou não parte de marca registada".

Acompanhando a mudança de espírito, a mudança de redacção é significativa.

A protecção pode ter várias fontes, a específica do CPI, a da legislação especial, a da repressão das falsas indicações de proveniência.

A expressão "independentemente do registo" rege todas elas. Gramaticalmente é assim, porque está separada por uma vírgula de "falsas indicações de proveniência". É retomada pela frase seguinte, "e façam ou não parte de marca registada", pois o *façam* rege igualmente todas as situações previstas: é gramaticalmente comum.

Mais ainda: o *façam*, no plural, foi introduzido em 2003. O art. 255/1 do CPI de 1995 dizia apenas *faça*. O que confirma que se pretende que reja as três situações enunciadas anteriormente, em vez de reger apenas as falsas indicações de proveniência, que eram as únicas ao tempo consagradas.

O objectivo revela-se assim o de dar protecção à denominação de origem e à indicação geográfica independentemente de registo. Este sentido útil é muito mais directo e importante que qualquer outro que se possa dar à frase, pois qualquer outro entendimento seria tortuoso.

Daqui resulta que há uma tipificação da DO e da IG registadas, mas há também a admissão geral das DO e IG não registadas, que emergem da prática negocial e se regem pelas "condições tradicionais e usuais".

Não pretendemos que esta interpretação seja indiscutível. Pretendemos que é a melhor. E é simultaneamente aquela que mais corresponde aos interesses práticos, pois com esta base as DO e IG não registadas podem beneficiar da protecção legal.

É por outro lado claro que o regime das indicações de facto não pode ser o mesmo das que estão registadas. Se a indicação é só de facto, haverá desde logo que demonstrar em cada questão que se suscitar que existe mesmo uma IG.

Outra consequência seria a de não poder beneficiar da protecção penal estabelecida no art. 325 CPI. Aí fala-se expressamente em DO ou IG registada (n.º 1)[23].

Poderia suscitar-se a dúvida em relação ao n.º 2 do mesmo art. 325 CPI, pois aí não se menciona que a DO ou IG devam estar registadas. Mas uma interpretação teleológica exclui que para esta variante, ainda por cima de proporcionalidade muito duvidosa, se admita a repressão penal e não se admita para o tipo principal.

As indicações geográficas de facto não estariam dependentes da existência dum regulamento formal. Nem sequer pressuporiam uma demarcação formal da zona que cobrem. Para ganhar segurança e precisão, teriam de ser registadas.

Mas isso não inquina a existência dum direito. Imaginemos por exemplo que a posta mirandesa, o renomado naco de carne transmontano, constitui uma indicação geográfica mas não está registada: desconhecemos a situação, por isso valemo-nos apenas da hipótese. A existência da indicação geográfica de facto permitiria a defesa contra designações que a pudessem prejudicar, dando a segurança que resulta dum direito privativo.

Permitiria a prioridade no registo, baseado na titularidade do direito em consequência da situação real.

Permitiria levantar oposição a marca confundível, mesmo que a marca tivesse sido anteriormente registada, visto basear-se em direito precedente. Doutra maneira a marca não poderia ser mais impugnada, por ter sido aproveitada uma designação juridicamente vaga; só poderia ser contestada por falsidade.

---

[23] Deveria dizer "registadas". Mas é inaceitável retirar do singular utilizado que se tutelam as DO não registadas, mas as IG só quando registadas.

Permitiria enfim a oposição ao registo comunitário de DO ou IG incompatível.

São tudo incidências altamente desejáveis, que assim poderiam ser conseguidas.

Perante isto, a relativa insegurança na determinação dos limites geográficos e das condições substantivas de integração no círculo de produtos protegidos não apresentam relevância que justifique a rejeição da categoria da indicação geográfica fundada no uso. E mesmo esta encontra remédio parcial no art. 250 CPI, que é particularmente aplicável à IG fundada no uso. Prevê este que, se os limites geográficos não estiverem demarcados em diploma legislativo, serão declarados pelos organismos que superintendam naquele domínio. Esses atenderão aos usos leais e constantes, conjugados com os interesses nacionais e locais.

O que interessa sobretudo acentuar é que haverá sempre maneira de ultrapassar a instabilidade de uma situação que se baseia no uso. Em última análise, pelo recurso a tribunal.

8. Indicação geográfica e "propriedade comum"

O outro grande problema que pretendemos afrontar é o da natureza das indicações geográficas.

Facilmente se conclui que atribuem direitos exclusivos – o chamado direito privativo. Por isso constituem um tipo de direito industrial.

Qualifica-o a lei como *propriedade*, logo no art. 305 CPI. Dissentimos desta qualificação. Mas como a questão não é específica das indicações geográficas, porque o mesmo acontece em todos os direitos privativos, não a consideraremos neste estudo monográfico.

Tem a característica, diferenciadora da generalidade dos outros direitos industriais, de não ser referida a um sujeito ou sujeitos determinados, mas a um conjunto de pessoas geograficamente delimitado.

O art. 305/4 declara-a "propriedade comum" dos residentes ou estabelecidos na localidade, região ou território, de modo efectivo e sério.

Acresce ainda que "podem ser usadas indistintamente por aqueles que, na respectiva área, exploram qualquer ramo de produção característica".

Teríamos assim um tipo de direito colectivo. O que nos faz aproximar das marcas colectivas, reguladas nos arts. 228 e seguintes CPI.

Mas, na realidade, oferecem uma diferença importante. As marcas colectivas são as marcas de associação e as marcas de certificação. Estas marcas cabem a pessoas individuais, sejam singulares ou colectivas. Pelo contrário, a indicação geográfica, sendo direito *comum*, seria da titularidade indistinta duma comunidade de pessoas.

Teríamos então uma modalidade da *titularidade em mão comum*, também chamada contitularidade (ou comunhão, se referida a direitos reais, ou compropriedade, se referida à propriedade) *germânica* ou *colectiva*. Seriam beneficiários todos os que partilhassem da respectiva zona e actividade. Mas seria uma contitularidade sem distinção de partes, ao contrário da contitularidade romana. Todos os que aí estivessem teriam paridade de condição, desde que explorassem aquela actividade de modo efectivo e sério. A sua ligação seria tal que perderiam o direito quando abandonassem aquela zona; e inversamente, os que nela ingressassem e o passassem a exercer ganhá-lo-iam.

A existência duma entidade administrativa ou representativa, tal como o CPI a prevê, não prejudica este desenho, porque essa entidade seria meramente instrumental. Titulares do direito seriam somente as pessoas que exercessem a actividade, e portanto seriam as beneficiárias também.

Teríamos pois mais uma modalidade de contitularidade em mão comum na nossa ordem jurídica[24], a acrescer a outras figuras, como a dos baldios, a titularidade de interesses difusos e poucas mais.

Seria já esta, com pouca possibilidade de contestação, a situação perante o CPI de 1995, donde foram retirados os textos que referimos do actual art. 305/4.

9. Interpretação do CPI de 2003

Simplesmente, o CPI de 2003 acrescenta uma frase que espalha a confusão total neste domínio: "quando autorizados pelo titular do registo". Quer dizer: as pessoas só poderiam usar quando autorizadas por alguém que é identificado como o *titular do registo*.

---

[24] Neste sentido, embora falando em "propriedade" em mão comum, cfr. Alberto Ribeiro de Almeida, *Denominações de Origem e Marca*, Coimbra Editora, 1999, que discute a natureza jurídica (págs. 122-137) e chega (págs. 132-137) a conclusões que consideramos muito concretas.

Mais ainda: o art. 251 do CPI de 1995 indicava no n.º 1 quais os direitos conferidos pelo registo. Mas o art. 312/1 do CPI actual acrescenta uma nova al. *c*: o registo atribui o direito de impedir "o uso por quem, para tal, não esteja autorizado pelo titular do registo".

É muito grave. Aparentemente o CPI teria realizado uma expropriação por utilidade particular, de improvável constitucionalidade. O direito em mão comum das pessoas teria sido atribuído a uma entidade chamada "titular do registo".

Quem é o titular do registo? É aquele para quem este foi pedido. O art. 307/1 *a* CPI exige que no requerimento de registo de indicação geográfica se inclua "o nome das pessoas singulares ou colectivas, públicas ou privadas, com qualidade para adquirir o registo"[25]. Não é nada esclarecedor.

Ter-se-á em vista a entidade gestora da indicação geográfica, nos termos do regulamento que se estabeleça? Será a tradução do "agrupamento" a que o art. 5/1 do Regul. (CE) n.º 510/06 dá legitimidade para obter o registo comunitário? Mas esse agrupamento não tem sequer personalidade colectiva, como resulta do mesmo trecho.

Poderá interpretar-se a *autorização* como referente a pessoas estranhas à região, que poderiam ser autorizadas a usar a indicação geográfica? Mas essa autorização seria inadmissível, porque desvirtuaria o significado da DO ou IG. Se estas dependem da localização geográfica, a autorização para quem não se enquadra na região de usar a denominação representaria uma burla para com o público. O beneficiário não tem de residir na região, mas tem de ter estabelecimento no local.

E de todo o modo, continuaríamos perante uma contradição na própria lei. Desmentir-se-ia a si mesmo o art. 305/4 CPI, se simultaneamente declarasse a *propriedade comum* dos residentes ou estabelecidos, e por outro lado dispõe que só pudessem exercer se autorizados por uma estrutura qualquer.

Só há uma maneira de vencer esta contradição: o legislador manifestou mais uma vez inépcia ao referir autorização do titular quando queria significar a mera verificação das condições usuais ou regulamentares, através da entidade administrativa ("representativa") daquela indicação geográfica. Portanto, de **entidade que é emanação daquela comunidade em mão comum, e não titular de quaisquer direitos industriais**.

---

[25] Faz-se mais uma vez a confusão entre titulares do direito e titulares do registo, que percorre de lés a lés o CPI.

A disciplina da IG exige especificação e controlo, para manter as características, qualidade e prestígio do produto. Por exemplo, nem todos os que produzem vinho numa região demarcada podem usar a IG, mas apenas os que satisfaçam os requisitos estabelecidos. Se o não fizerem praticam uma infracção que pode ser sancionada. Mas não há em princípio violação da IG, porque o sujeito tinha o direito de produzir. Há apenas violação de regulamento (ou regra costumeira com o mesmo significado).

Uma consequência da maior importância está em nesse caso não ser aplicável o tipo criminal do art. 325 CPI. Este pressupõe mesmo a violação duma DO ou IG. Aqui não há violação daquelas, mas simplesmente de disposições regulamentares. A sanção criminal seria desproporcionada.

Em conclusão, as DO e IG criam realmente uma contitularidade em mão comum. As pessoas que exercem a actividade na região são os titulares do direito, e não quaisquer estruturas administrativas que se constituam. As pessoas têm o direito de exercer a actividade e usar a DI ou IG, embora tenham de se submeter às regras usuais ou regulamentares que disciplinam o exercício. Isto aplica-se quer às DO e IG registadas quer às que se fundem simplesmente na prática tradicional.

LOGÓTIPO – UM NOVO SINAL DISTINTIVO DO COMÉRCIO (PARTE II)*

NUNO AURELIANO
Assistente da Faculdade de Direito da Universidade de Lisboa

SUMÁRIO:
 4. Aspectos fundamentais de regime. 4.1. A remissão genérica da lei. 4.2. Legitimidade para o registo. 4.3. Regras de composição do sinal. 4.4. Registo. 4.4.1. Natureza e formalidades. 4.4.2. Duração. 4.4.3. Âmbito de protecção. 4.4.4. Logótipo notório e de prestígio? 4.4.5. Unicidade do registo? 4.4.6. Vícios do registo. 4.5. Vicissitudes. 4.5.1. Em geral. 4.5.2. Transmissão. 4.5.3. Licenças. 4.5.4. Extinção. 4.6. Articulação com outras figuras. 4.6.1. Articulação com os demais sinais distintivos do comércio. 4.6.2. Articulação com o Direito de autor. 4.7. Meios de tutela. 5. Natureza jurídica.

4. Aspectos fundamentais de regime**

4.1. *A remissão genérica da lei*

I. Reconhecido expressamente como direito privativo autónomo pelo CPI actual e pelo anterior, o logótipo não dispõe praticamente de um regime jurídico próprio.

---

* O presente escrito corresponde, com actualizações e alterações de pormenor, à 2.ª parte do relatório de mestrado apresentado a 18 de Setembro de 2003, na disciplina de Direito Comercial II: Direito Industrial (Área de Ciências Jurídicas), no Curso de Mestrado do Ano Lectivo de 2002/2003, sob a orientação do Professor Doutor José de Oliveira Ascensão. A 1.ª parte deste trabalho encontra-se publicada no volume Direito Industrial IV (organizado pela Associação Portuguesa do Direito Industrial), Coimbra, Almedina, p. 443 a 531. Apesar de alguns dos normativos citados haverem sido já objecto de alteração e revogação, preferiu-se não alterar as respectivas referências legais, para não prejudicar a economia global do texto.

** No presente trabalho são empregues as seguintes abreviaturas: Ac. – Acórdão;

A lei limita-se à regulação de aspectos laterais da figura, como sejam a legitimidade para o requerer, a indicação do logótipo no tráfego e a sua

ACE – Agrupamento complementar de empresas; AEIE – Agrupamento europeu de interesse económico; BGB – *Bürgerliches Gesetzbuch* alemão; CCiv – Código Civil; *CCivile – Codice Civile* italiano; CCom – Código Comercial; CDADC – Código do Direito de Autor e dos Direitos Conexos; CPC – Código de Processo Civil; CPI – Código da Propriedade Industrial vigente, aprovado pelo Dec.-Lei n.° 36/2003, de 5 de Março; CPI 1995 – Código da Propriedade Industrial anteriormente em vigor, aprovado pelo Dec.-Lei n.° 16/95, de 24 de Janeiro; CPI 1940 – Código da Propriedade Industrial primitivo, aprovado pelo Dec.-Lei n.° 30 679, de 24 de Agosto de 1940; *CPInt – Code de la Propriété Intellectuelle* francês, aprovado pela Lei n.° 92-597, de 1 de Julho de 1992; CRC – Código do Registo Comercial; CRP – Constituição da República Portuguesa; CSC – Código das Sociedades Comerciais; CUP – Convenção da União de Paris, de 20 de Março de 1883, sucessivamente revista; Dec.-Lei – Decreto-Lei; DM – Directiva n.° 89/104/CEE, de 21 de Dezembro de 1988, que harmoniza as legislações dos Estados-Membros em matéria de marcas; EIRL – Estabelecimento individual de responsabilidade limitada; *EPI – Estatuto de la Propiedad Industrial* espanhol, de 26 de Julho de 1929; FDUL – Faculdade de Direito da Universidade de Lisboa; HGB – *Handelsgesetzbuch* alemão; IHMIA – Instituto de Harmonização do Mercado Interno de Alicante; INPI – Instituto Nacional da Propriedade Industrial; LAL – Lei n.° 17/2002, de 15 de Julho, Lei de autorização legislativa do Código da Propriedade Industrial vigente; *LegM – Leggi Marchi* italiana, de 21 de Junho de 1942, com alterações; *LeyM – Ley de Marcas* espanhola, Lei n.° 17/2001, de 7 de Dezembro; LOFTJ – Lei n.° 3/99, de 13 de Janeiro, Lei de Organização e Funcionamento dos Tribunais Judiciais; *MarkenG – Markengesetz* alemã, de 25 de Outubro de 1994; RL – Tribunal da Relação de Lisboa; RMC – Regulamento CE n.° 40/94, de 29 de Dezembro de 1993, alterado pelo Regulamento n.° 3 288/94, de 22 de Dezembro de 1994, sobre a marca comunitária; RRNPC – Regime do Registo Nacional de Pessoas Colectivas, aprovado pelo Dec.-Lei n.° 129/98, de 13 de Maio, que define o regime jurídico da firma; STJ – Supremo Tribunal de Justiça; TCL – Tribunal de Comércio de Lisboa; TDM – Tratado de Direito das Marcas, de 27 de Outubro de 1994; TJCE – Tribunal de Justiça das Comunidades Europeias; *WZG – Warenzeichengesetz* alemã, de 5 de Maio de 1936.

São ainda empregues, para revistas e outras publicações, as abreviaturas: ADI – *Actas de Derecho Industrial* (Espanha); ADIDA – *Actas de Derecho Industrial y de Derecho de Autor* (Espanha); BFD – Boletim da Faculdade de Direito (Universidade de Coimbra); BMJ – Boletim do Ministério da Justiça; BPI – Boletim da Propriedade Industrial; CDP – Cadernos de Direito Privado; CJ – Colectânea de Jurisprudência; CJ (STJ) – Colectânea de Jurisprudência (Supremo Tribunal de Justiça); CJPI – *Cuadernos de Jurisprudência – Un lustro de Propiedad Industrial* (Espanha); CLYIB – *Comparative Law Yearbook of International Business*; DCI – *Diritto del Commercio Internazionale* (Itália); DInd – Direito Industrial; Dir – O Direito; DJ – Direito e Justiça; EDC – Estudos de Direito do Consumidor; ERPL – *European Review of Private Law*; FIDS – *Forum Iustitiae* – Direito e Sociedade; NGCC – *La Nuova Giurisprudenza Civile Commentata* (Itália); RAPM – Revista da Administração Pública de Macau; RDC – *Rivista di Diritto Civile* (Itália); RDCDGO – *Rivista del Diritto Commerciale e del Diritto Generale delle Obbligazioni* (Itália); RDI – *Rivista di Diritto Industriale* (Itália); RDM – *Revista de Derecho Mercan-*

moldura contra-ordenacional, renunciando a atribuir-lhe a atenção específica que a alínea d) do n.º 2 do art. 3.º da LAL expressamente admitia como possível.

II. A directriz legal traduz-se, como resulta do art. 304.º do CPI, no operar de uma remissão genérica para o regime do nome e insígnia de estabelecimento, remissão que se encontrava igualmente prevista no n.º 1 do art. 248.º do CPI 1995, ainda que apenas a propósito da insígnia, e não também do nome de estabelecimento[257].

Todavia, a menção agora presente na lei não parece adquirir maior relevância do que a de uma simples correcção gramatical, uma vez que o nome e a insígnia de estabelecimento beneficiam de uma regulamentação legal unitária no CPI. Aliás, sendo o logótipo um sinal necessariamente figurativo, nunca poderia a referida alteração induzir o intérprete num sentido distinto do previsto pela norma anteriormente em vigor[258].

Por outro lado, e apesar da aparente ausência de abertura do art. 304.º nesse sentido, afigura-se que não se poderá proceder a uma importação acrítica das soluções consagradas para o nome e insígnia de estabelecimento para a nova figura distintiva criada pela lei.

A ponderação da sua natureza específica impõe-se como uma evidência, não apenas no que respeita à falta de paralelismo com o nome de

---

til (Espanha); REPI – Revista de Estudos da Propriedade Industrial; RFDUL – Revista da Faculdade de Direito da Universidade de Lisboa; RLJ – Revista de Legislação e Jurisprudência; ROA – Revista da Ordem dos Advogados; e SI – *Scientia Iuridica*.

[257] O n.º 1 do art. 248.º do CPI 1995 operou, por seu turno, dois ligeiros desvios em relação ao previsto pelo n.º 1 do art. 279.º da terceira versão do projecto do CPI 1995. Por um lado, deixou de se direccionar a "*todas as disposições deste Código aplicáveis às insígnias*", por outro absteve-se de concretizar expressamente a remissão, abolindo-se a referência "*nomeadamente às* (normas) *relativas aos delitos e providências cautelares e às taxas*". Se a primeira alteração se afigura irrelevante, pois tratar-se-ia sempre de uma consideração desnecessária, já a segunda modificação parece haver ocasionado a extinção da tutela penal e contra-ordenacional do logótipo no CPI 1995.

[258] A lei dispõe uma única vez isoladamente a respeito do nome de estabelecimento. A referência surge na alínea d) do art. 274.º, revelando-se todavia não apenas questionável (melhor seria se a lei aludisse não ao "o nome de estabelecimento a que a recompensa está ligada" mas antes ao estabelecimento com o qual a recompensa se encontra relacionada), como igualmente desprovida de quaisquer efeitos jurídicos concretos, salvo se se pretender conjugar o logótipo com uma recompensa. A remissão que surge no n.º 3 do art. 298.º deve também ser lida *cum grano salis* (cfr. COUTINHO DE ABREU, *Curso de Direito Comercial vol. I, 4.ª edição cit.*, p. 347, nota 26).

estabelecimento, como ao necessário distanciamento da insígnia de estabelecimento e respectivo regime jurídico. Ainda que a lei não adopte uma formulação de subordinação da remissão normativa à não contrariedade da natureza especial da figura, será esta a *ratio* a presidir aquando da determinação do regime jurídico aplicável ao logótipo[259].

III. Sendo a remissão legal uma *remissão legal condicionada*, a mesma funcionará porém, de acordo com os princípios gerais, quer no que respeita ao regime fixado, em especial, nos art. 282.º a 300.º do CPI, para o nome e insígnia de estabelecimento, quer ainda nas referências esparsas a estas figuras constantes da parte geral e das restantes partes especiais do Código, ainda que neste domínio a orientação do referido normativo seja algo equívoca.

As três figuras surgem frequentemente equiparadas no CPI[260], embora também se verifiquem referências isoladas ao nome e insígnia de estabelecimento[261], tornando duvidosa a extensão integral e automática ao logótipo das disposições não constantes do Capítulo VI do Título II, que versam especificamente aqueles.

Por seu turno, salvo o regime instituído nos arts. 301.º a 304.º, a única referência isolada que consta do CPI a propósito do logótipo encontra-se no art. 334.º, numa secção respeitante a contra-ordenações, sendo porém erróneo afirmar que seria esta norma a previsão que excluiria a aplicação do art. 333.º – que tipifica o ilícito contra-ordenacional de violação do exclusivo do nome e insígnia de estabelecimento – nesta sede, uma vez que aquela se encontraria sempre afastada em virtude do princípio da tipicidade contra-ordenacional[262].

---

[259] A pouca flexibilidade da formulação legal constante do art. 304.º do CPI constrasta, por exemplo, com a formulação presente no art. 679.º do CCiv, a respeito do penhor de direitos, ainda que o CPI não seja alheio a tais considerações na referência expressa do n.º 2 do seu art. 38.º à "natureza do direito".

[260] Cfr. os arts. 10.º e 11.º n.º 2 do Dec.-Lei n.º 36/2003 que aprova o CPI; e os arts. 4.º n.º 4, 11.º n.º 7, 29.º n.º 6, 234.º n.º 1 alínea b), 239.º alínea f) e 285.º n.º 1 alínea h) do CPI.

[261] Cfr. os arts. 11.º n.º 1 e 13.º n.º 4 do Dec.-Lei n.º 36/2003 que aprova o CPI; e os arts. 31.º n.º 3, 4 e 5, 274.º alínea d) – referindo-se apenas ao nome de estabelecimento, e 275.º n.º 4 do CPI.

[262] Cfr. o disposto no art. 2.º do Dec.-Lei n.º 433/82, de 27 de Outubro, sucessivamente alterado, que estabelece o regime geral dos ilícitos de mera ordenação social, para onde expressa e desnecessariamente remete o art. 320.º do CPI.

Afigura-se assim não vigorar uma incorporação automática das soluções legais do nome e insígnia de estabelecimento, quer estas constem do capítulo que o Código expressamente lhes dedica, quer resultem as mesmas de regras avulsas na lei.

4.2. Legitimidade para o registo

I. A legitimidade para o registo, entendida como posição jurídica material em relação à decisão a que o procedimento tende[263], é um dos poucos aspectos expressamente previstos no CPI no que ao logótipo diz respeito.

Segundo dispõe o art. 302.°, que reproduz quase literalmente o disposto no art. 247.° do CPI 1995 e na terceira versão do projecto que o antecedeu, "tem legitimidade para requerer o registo de um logótipo qualquer entidade individual ou colectiva, de carácter público ou privado, que nele tenha *interesse legítimo*".

O conceito base é, deste modo, o de interesse legítimo, ainda que este se possa considerar de algum modo limitado pela parte final do art. 301.°, quando a lei se refere a "*qualquer entidade que preste serviços ou comercialize produtos*".

A questão residirá em saber, ainda que se reconheça a quase ausência de controlo neste âmbito[264], se o logótipo se encontrará circunscrito às actividades comerciais e de prestação de serviços *stricto sensu*, ou se, pelo contrário, deve o seu acesso ser admitido a sujeitos que se dediquem a actividades industriais, artesanais, agrícolas ou mesmo artísticas, sem que se suscite a questão da anulabilidade do sinal[265].

II. Ainda que não seja decisivo, pois um princípio geral poderá sofrer sempre derrogações, o art. 2.° do CPI dispõe no sentido de se abrangerem no âmbito da propriedade industrial a "indústria e o comércio pro-

---

[263] COUTO GONÇALVES, *Direito de Marcas*, 2.ª edição cit., p. 115.
[264] Cfr. COUTO GONÇALVES, *Função Distintiva da Marca* cit., p. 262; situação agravada com a supressão pelo novo CPI da exigência da "prova da existência efectiva e não fictícia da entidade a referenciar" que constava do n.° 2 do art. 247.° do anterior Código. Esta formalidade era paralela ao requisito constante da terceira versão do anteprojecto do CPI 1995, em que se exigia não um simples "documento apropriado" mas um documento legal.
[265] Cfr. COUTO GONÇALVES, *Direito de Marcas*, 2.ª edição cit., p. 172.

priamente ditos, as indústrias das pescas, agrícolas, florestais, pecuárias e extractivas, bem como todos os produtos naturais ou fabricados e os serviços", latitude confirmada pelo art. 282.º para o nome e insígnia de estabelecimento, e pelo art. 225.º no que respeita às marcas, adoptando ambas as normas o conceito de interesse legítimo[266]. Nas duas normas surge assim uma cláusula geral acompanhada de uma enumeração exemplificativa, sendo a mais completa a que consta do art. 225.º, ao abarcar "industriais, comerciantes, agricultores, produtores, criadores ou artífices".

No limite, será razoável unificar as diversas categorias através do recurso a um critério de desempenho de uma actividade económica em moldes empresariais[267], sendo a construção transponível para o regime jurídico do logótipo, o qual poderá todavia, como sufragado *supra*, revelar-se ainda mais abrangente[268-269].

---

[266] Embora não formule nenhuma cláusula geral no que respeita às recompensas, o art. 273.º abrange "industriais, comerciantes, agricultores e *demais empresários*".

[267] COUTO GONÇALVES, *Direito de Marcas, 2.ª edição cit.*, p. 117, enquanto "actividade económica independentemente da natureza jurídica do interessado", aludindo o art. 282.º expressamente a "empresários".

[268] Admitindo-se uma analogia com o disposto no RRNPC a respeito da firma, mesmo desconsiderando hipóteses marginais (cfr. a nota 134), é concebível que o logótipo possa individualizar pessoas constituídas em moldes não empresariais, constituindo as associações e fundações (cfr. o art. 36.º do RRNPC) disso exemplo. A prática administrativa corrente do INPI depõe igualmente nesse sentido, adquirindo relevo, por contraste com os demais sinais distintivos, os logótipos atribuídos a entidades públicas não comerciais ou não empresariais. Para além dos já tradicionais logótipos de sociedades de advogados, o INPI admitiu o logótipo da "Convenção das Assembleias de Deus em Portugal" (n.º 3162), e de clubes de futebol, sejam estes simples colectividades desportivas, como o "Beira-Mar" (n.º 1476), ou constituam sociedades desportivas, como o "Sporting Clube de Portugal" (n.º 1329). Foram ainda considerados os logótipos do "Ministério da Juventude e do Desporto" (n.ºs 3683 e 3684); do "Instituto de Gestão Financeira da Segurança Social" (n.º 3601); da "Faculdade de Ciências da Nutrição e Alimentação da Universidade do Porto" (n.º 3764); da "Ordem dos Enfermeiros" (n.º 3613); da "Portugal 2004 – Sociedade de Acompanhamento e Fiscalização do Programa de Construção dos Estádios e Outras Infra-Estruturas para o Final do Campeonato Europeu de Futebol de 2004" (n.º 4087); da "Comissão para a Dissuasão da Toxicodependência" (n.º 4569); da "Comissão EURO" (n.º 641) e do "Gabinete de Coordenação para a Recuperação de Empresas" (n.º 616).

[269] Podendo abranger o trabalhador subordinado (cfr. OLIVEIRA ASCENSÃO, *Direito Comercial volume II – Direito Industrial cit.*, p. 141), já se afigura discutida a questão, com interesse para a investigação em curso, da admissibilidade da titularidade de marcas por parte de profissionais liberais. COUTO GONÇALVES, *Função Distintiva da Marca cit.*, p. 163, e *Direito de Marcas, 2.ª edição cit.*, p. 120 efectua a este propósito uma distinção entre as sociedades de profissionais liberais e as empresas de prestação de serviços profissionais

O logótipo poderá assim colocar-se para além da empresa, embora surjam hesitações quanto ao fundamento e limites do exclusivo que lhe é outorgado. A ausência de inserção do sujeito no mercado poderá mesmo conduzir a que este direito adquira uma natureza pessoal, insuspeita nos demais sinais distintivos do comércio. Tais hipóteses serão todavia residuais.

---

intelectuais, definindo as primeiras como as que têm por objecto exclusivo a prestação de uma determinada actividade profissional liberal, exercida em comum por todos os sócios, igual e devidamente habilitados a exercê-la, com vista à obtenção e repartição dos lucros resultantes desta actividade (cfr. COUTO GONÇALVES, *Sociedades profissionais* in SI, tomo XXXIX, n.º 223, 1990, p. 163). Exemplificando com as sociedades de advogados, de despachantes oficiais, ou de revisores oficiais de contas, afasta-as das sociedades de prestação de serviços profissionais intelectuais, que utilizariam a actividade profissional como meio para alcançar outros fins, podendo inclusive assumir natureza comercial, sendo os estabelecimentos médicos particulares, os colégios ou as empresas de *"engineering"* exemplo destas últimas (*ob. cit.* p. 168 e 176, nota 61). Partindo desta distinção, recusa o registo de marca para as sociedades profissionais, uma vez que estas não se analisariam em verdadeiras empresas de serviços, sendo a actividade e não o resultado o factor nelas determinante. O potencial conflito com o estatuto profissional de algumas das profissões envolvidas – por exemplo a proibição de publicidade na advocacia – e as possibilidades abertas pelo logótipo são outros argumentos avançados na defesa de uma interpretação restritiva do art. 167.º do CPI 1995. Posição semelhante é sufragada por COUTINHO DE ABREU, *Da empresarialidade (As empresas no direito)*, Coimbra, Almedina, 1996, p. 103, que, embora não efectue uma distinção exactamente paralela à aludida, defende de igual modo a impossibilidade de acesso à marca por parte de profissionais liberais. Salvo o devido respeito, afiguram-se duvidosas quer a distinção conceptual básica, quer a interpretação restritiva proposta. Apesar da lei distinguir amiúde a actividade dos profissionais liberais da actividade comercial propriamente dita (bastará a referência à contraposição existente nos capítulos III e IV do RAU entre arrendamento para comércio e indústria e arrendamento para o exercício de profissões liberais ou à normação específica das sociedades civis de advogados pelo Dec.-Lei n.º 229/2004, de 10 de Dezembro), constitui um dado historicamente adquirido o alheamento pelo CPI à comercialidade da sua *factispeccie*. O novo CPI vem aliás reforçar este entendimento, ao manter na alínea e) do art. 225.º a mesma redacção ampla da alínea e) do anterior art. 168.º ("aos que prestam serviços, para assinalar a respectiva *actividade*"), bem como ao acrescentar a categoria dos "criadores" (na alínea d) do mesmo artigo). A possibilidade de uso da marca por profissionais liberais encontra ainda decisivo fundamento na ponderação do objecto de cada sinal distintivo do comércio. A aposição do logótipo de uma sociedade de advogados numa peça processual ou em parecer solicitado por um cliente constituirá uma aposição daquele sinal distintivo num objecto ao qual o mesmo, *prima facie,* não se destina. O mesmo sinal estará somente a ser empregue como marca de facto e não como logótipo, pelo que não deverá ser precludida a utilização da marca neste domínio.

III. Afigura-se genericamente admissível o uso de logótipo para o futuro[270], não sendo também de rejeitar a hipótese de o requerente não exercer nenhuma actividade económica por se encontrar ainda em fase preliminar ou preparatória da sua organização empresarial[271]. A exemplo do que é sufragado a respeito da marca, também para o logótipo se deverão excluir do conceito de legitimidade aqueles sujeitos que não exerçam, nem demonstrem vir a exercer, qualquer actividade económica ou outra, e que apenas tenham a intenção de se servir do registo com uma finalidade especulativa[272].

A possibilidade de uma utilização indirecta da figura, através da transmissão ou da licença do logótipo a terceiro por parte de quem já exerça uma actividade económica[273], ou mediante o seu registo para o exercício da actividade de *"merchandising"*[274], encontra-se dependente da admissibilidade destas vicissitudes na sede em análise, como será *infra* analisado.

---

[270] COUTO GONÇALVES, *Função Distintiva da Marca cit.*, p. 156; e *Direito de Marcas, 2.ª edição cit.*, p. 117 em relação à marca. O mesmo será aplicável ao logótipo em virtude da supressão do n.º 2 do art. 248.º, que exigia uma existência "efectiva e não fictícia da entidade a referenciar". A opção legal encontra-se em conformidade com o disposto no art. 287.º (admissibilidade do registo de nomes e insígnias de estabelecimento), em que também não é exigível ao interessado, ao contrário do que se dispunha na alínea b) do art. 234.º do CPI 1995, a demonstração da existência "efectiva e não fictícia" do estabelecimento. No limite, poder-se-à convocar a aplicação da parte final do n.º 4 do art. 31.º do CPI, que admite expressamente a mesma possibilidade para o nome e insígnia de estabelecimento (em sentido contrário para o nome e insígnia de estabelecimento no domínio do CPI 1940 *vide* JUSTINO CRUZ, *ob. cit.*, p. 293).

[271] COUTO GONÇALVES, *Função Distintiva da Marca cit.*, p. 157 que considera que se deverá dar seguimento à organização em causa, sob pena de se proceder a um registo de má fé, impugnável enquanto tal. Não será irrelevante, no que ao logótipoo diz respeito, o paralelo que se possa estabelecer com a firma, uma vez que a sociedade ainda não constituída possui já um certificado de admissibilidade deste sinal. A analogia não será, no entanto, perfeita, uma vez que o certificado de admissibilidade de firma constitui um momento necessário para o início do *iter* constitutivo da sociedade, ao qual se opõe o carácter facultativo do logótipo.

[272] COUTO GONÇALVES, *Função Distintiva da Marca cit.*, p. 160, 188, 209, 214, nota 416, 229, nota 444; e *Direito de Marcas, 2.ª edição cit.*, p. 119.

[273] COUTO GONÇALVES, *Função Distintiva da Marca cit.*, p. 229 e 268; e *Direito de Marcas cit.*, p. 116 com base na alínea b) n.º 2 do art. 216.º (art. 269.º, n.º 2, alínea b do CPI actual); e *Direito de Marcas, 2.ª edição cit.*, p. 118.

[274] COUTO GONÇALVES, *Função Distintiva da Marca cit.*, p. 255 e 270.

Poder-se-à adiantar todavia que, a funcionar como marca de facto, o logótipo tenderá a aniquilar a justificação da sua autonomia perante os demais sinais distintivos do comércio. Uma autonomia que é de *per se* problemática.

IV. Em conclusão, no que diz respeito à legitimidade para o registo do logótipo, parece legítimo afirmar que, paralelamente a outras figuras reguladas no CPI, não se deverá atribuir um sentido técnico exacto às expressões utilizadas na parte final do art. 301.°, antes se atribuindo um sentido lato à exigência de "interesse legítimo" constante do art. 302.° do CPI.

Será assim defensável a aglutinação conceptual em torno da realidade empresarial, como realidade primária ou básica desde logo presente no art. 282.° do CPI, não obstante se perspectivar o ultrapassar desta, identificando o logótipo sujeitos que não exerçam qualquer empresa.

4.3. Regras de composição do sinal

I. Não possuindo disposições próprias para a composição do sinal em que se materializa, o logótipo recebe das normas aplicáveis ao nome e insígnia de estabelecimento um conjunto de regras que o conformam enquanto sinal distintivo do comércio.

As normas deverão porém ser adaptadas ao facto de o logótipo se traduzir num sinal necessariamente figurativo, emblemático, ou misto, pelo que a remissão legal não poderá ser omnicompreensiva.

Compulsando o BPI, verifica-se curiosamente que o INPI tende a rejeitar logótipos meramente nominativos, embora a figuração dos caracteres, através da utilização de determinados tipos de letra mais específicos ou menos usuais, seja um elemento que permite a admissibilidade dos signos em causa. Será por exemplo o caso da utilização da assinatura manuscrita do requerente, que corporiza um sinal figurativo.

Verifica-se, para além disso, uma tendência da entidade responsável pelo registo no sentido da rejeição de logótipos meramente figurativos, que passam porém a ser admitidos ao se acrescentarem outros elementos, nomeadamente letras ou uma palavra. Considera-se que a distintividade será melhor salvaguardada com a transformação de um logótipo emblemático num logótipo de composição mista.

II. Ordenando as diversas exigências legais quanto à conformação do nome e insígnia de estabelecimento, a doutrina tem chegado à formulação de princípios gerais aplicáveis a estas figuras, princípios esses que serão transponíveis para este domínio[275].

Também os princípios referentes à composição da firma deverão ser considerados[276].

III. Em primeiro lugar, o logótipo deve obediência a um princípio da verdade ou veracidade[277].

Nestes termos, com as adaptações inerentes à consideração de um sujeito e não de um estabelecimento, não deve o logótipo misto, segundo o disposto nas alíneas a) a e) e i) do n.º 1 do art. 285.º, conter referências a um "nome individual que não pertença ao requerente, salvo se se provar o consentimento ou a legitimidade do seu uso"; à "firma ou a denominação social que não pertença ao requerente, ou apenas parte característica das mesmas, se for susceptível de induzir o consumidor em erro ou confusão, salvo se se provar o consentimento ou a legitimidade do seu uso"; às "expressões "Antigo armazém", "Antiga casa", "Antiga fábrica" e outras semelhantes, referidas a estabelecimentos cujo nome ou insígnia estejam registados a favor de outrem, a não ser que se prove o consenti-

---

[275] Cfr. COUTINHO DE ABREU, últ. ob. cit., p. 336 a 341; e MENEZES LEITÃO, últ. ob. cit., p. 159 a 164, cuja sistematização será seguida.

[276] A firma encontra-se submetida a princípios substancialmente análogos aos constantes do CPI para a marca e para o nome e insígnia de estabelecimento, aos quais MENEZES CORDEIRO, últ. ob. cit., p. 278 acrescenta ainda os princípios da autonomia privada (com limitações genéricas), da obrigatoriedade, da normalização, da estabilidade e da unidade.

[277] Um princípio idêntico vigora para a firma nos termos dos n.º 1 e 2 e das alíneas a) e b) do n.º 4 do art. 32.º do RRNPC. Segundo estes, os elementos componentes das firmas e denominações devem ser verdadeiros e não induzir em erro sobre a identificação, natureza ou actividade do seu titular, não podendo os elementos característicos destas sugerir "actividade diferente da que constitui o objecto social". Vedam-se assim "expressões que possam induzir em erro quanto à caracterização jurídica da pessoa colectiva, designadamente o uso, por entidades como fim lucrativo, de expressões correntemente usadas na designação de organismos públicos ou de associações sem finalidade lucrativa", assim como "expressões que sugiram de forma enganadora uma capacidade técnica, financeira ou âmbito de actuação manifestamente desproporcionados relativamente aos meios disponíveis ou que correspondam a qualidades ou excelências em detrimento de outrem". É possível que estes requisitos legais melhor se adequassem ao logótipo que os estabelecidos no CPI a propósito do nome e insígnia de estabelecimento.

mento do respectivo proprietário"; às "expressões "Antigo empregado", "Antigo mestre", "Antigo gerente" e outras semelhantes, referidas a outra pessoa singular ou colectiva, salvo se se provar o consentimento desta"; às "indicações de parentesco e as expressões "Herdeiro", "Sucessor", "Representante" ou "Agente" e outras semelhantes, excepto se se provar a legitimidade do seu uso"; e às "designações "Nacional", "Português", "Luso", "Lusitano" e outras de semelhante sentido, quando o estabelecimento não pertença a pessoa singular ou colectiva de nacionalidade portuguesa". A inadequação ao logótipo de algumas das disposições citadas é porém evidente.

Ainda representativas do princípio da verdade são as exigências constantes das alíneas g) e l) do art. 239.°, aplicáveis nesta sede não obstante a inexistência de uma remissão expressa por parte da alínea f) do n.° 1 do art. 285.°[278].

Assim, estão vedados na composição do logótipo "nomes, retratos ou quaisquer expressões ou figurações sem que tenha sido obtida autorização das pessoas a que respeitem e, sendo já falecidos, dos seus herdeiros ou parentes até ao 4.° grau ou, ainda que obtida, se produzir o desrespeito ou desprestígio daquelas pessoas", bem como "sinais que sejam susceptíveis de induzir em erro o público, nomeadamente sobre a natureza, qualidades, utilidade ou proveniência geográfica do produto ou serviço a que a (…) se destina".

IV. A capacidade distintiva apresenta-se como o segundo princípio a que o logótipo, nos termos das alíneas b) e c) do n.° 1 do art. 238.° (para as quais remete a alínea f) do n.° 1 do art. 285.°), deve observância.

Nos termos das referidas alíneas, o logótipo será recusado quando "seja constituído por sinais desprovidos de qualquer carácter distintivo", ou "seja constituído, exclusivamente, por sinais ou indicações referidos nas alíneas b) a e) do n.° 1 do art. 223.°", numa orientação que se encontra igualmente subjacente à firma no n.° 3 do art. 32.° do RRPCN[279].

---

[278] COUTINHO DE ABREU, últ. ob. cit., p. 336, nota 5.

[279] Nas alíneas b) a e) do n.° 1 do art. 223.° surgem concretizações específicas da ausência de carácter distintivo, obstáculo que a lei, nos termos da alínea a) do mesmo artigo, estabelece à validade da marca. Assim, e também no que respeita ao logótipo, estão vedados "os sinais constituídos, exclusivamente, pela forma imposta pela própria natureza do produto, pela forma do produto necessária à obtenção de um resultado técnico ou pela forma que confira um valor substancial ao produto", disposição que se dirige em especial ao logótipo de forma e olfactivo; "os sinais constituídos, exclusivamente, por indicações

V. Um outro princípio tido por relevante é o da novidade, especialidade ou exclusivismo, que resulta, nos termos das alíneas g) e h) do n.º 1 do art. 285.º, da impossibilidade de coincidência do logótipo com outro já registado, bem como com outro qualquer sinal distintivo como a insígnia de estabelecimento ou a marca registada.

O mesmo princípio resultaria já da remissão da alínea f) do n.º 1 do citado artigo para a alínea f) do art. 239.º, verificando-se assim a desnecessária repetição legal de uma orientação que consta do n.º 1 do art. 33.º do RRNPC no que à firma diz respeito.

Enunciam-se ainda problemas de articulação entre os vários sinais distintivos do comércio alvo de análise subsequente.

VI. A licitude residual constitui a última ideia-força que deve ser referida na composição do logótipo, surgindo por intermédio das alíneas a) a e), h) a j) do art. 239.º, dada a remissão expressa efectuada pela alínea f) do art. 285.º.

Consequentemente, não deve o logótipo reproduzir "bandeiras, armas, escudos e emblemas ou outros sinais do Estado, municípios ou outras entidades públicas, nacionais ou estrangeiras, sem autorização competente e abrangidos, ou não, pelo artigo 6.º-ter. da Convenção da União de Paris para Protecção da Propriedade Industrial, de 20 de Março de 1883"; "distintivos, selos e sinetes oficiais, de fiscalização e garantia (quanto a marcas destinadas a produtos ou serviços idênticos ou afins daqueles em que os mesmos têm de ser aplicados), salvo autorização"; "brasões ou insígnias heráldicas, medalhas, condecorações, apelidos, títulos e distinções honoríficas a que o requerente não tenha direito ou, quando o tenha, se daí resultar o desrespeito e o desprestígio de semelhante sinal"; "o emblema

---

que possam servir no comércio para designar a espécie, a qualidade, a quantidade, o destino, o valor, a proveniência geográfica, a época ou meio de produção do produto ou da prestação do serviço, ou outras características dos mesmos", devendo a referência a produtos e serviços ser entendida como feita a um sujeito; "os (logótipos) constituídos, exclusivamente, por sinais ou indicações que se tenham tornado usuais na linguagem corrente ou nos hábitos leais e constantes do comércio"; e "as cores, salvo se forem combinadas entre si ou com gráficos, dizeres ou outros elementos de forma peculiar e distintiva". São deste modo postergados sinais genéricos, descritivos, usuais ou fracos, ainda se verifique a possibilidade de aquisição de "*secondary meaning*" por parte dos sinais descritivos e usuais, conforme o disposto no n.º 3 do art. 238.º do CPI (correspondente ao n.º 3 do art. 188.º do CPI 1995) (cfr. COUTO GONÇALVES, *últ. ob. cit.*, p. 74 e 89, nota 145). A aplicabilidade destas normas ao logótipo é todavia marginal.

ou denominação da Cruz Vermelha, ou de organismos a que o Governo tenha concedido direito exclusivo ao seu uso, salvo autorização especial"; "medalhas de fantasia ou desenhos susceptíveis de confusão com as condecorações oficiais ou com as medalhas e recompensas concedidas em concursos e exposições oficiais; "sinais que constituam infracção de direitos de autor ou de direitos de propriedade industrial"; "sinais com elevado valor simbólico, nomeadamente símbolos religiosos, salvo autorização"; e "expressões, ou figuras, contrárias à moral ou aos bons costumes, bem como ofensivas da legislação nacional ou comunitária ou da ordem pública"[280].

4.4. Registo

4.4.1. Natureza e formalidades

I. A natureza constitutiva do registo constituiu uma orientação corrente da doutrina perante os diplomas legais que sucessivamente regularam o domínio dos sinais distintivos, havendo agora que ter presentes o n.º 1 do art. 4.º, o n.º 1 do art. 7.º, o n.º 1 do art. 224.º, e o n.º 1 do art. 295.º do CPI[281]. A mesma solução funda-se igualmente no art. 6.º do RMC, bem como em alguns ordenamentos jurídicos vizinhos[282], sendo o

---

[280] É a esta luz criticável a admissão como logótipo pelo INPI de uma denominação que possuia como pano de fundo bem demarcado a Península Ibérica (n.º 3197).

[281] FERRER CORREIA, *ob. cit.* p. 175 e 190; CARLOS OLAVO, *últ. ob. cit.*, p. 400, OEHEN MENDES, *últ. ob. cit.*, p. 13, nota 9; PUPO CORREIA, *ob. cit.* p. 352; COUTO GONÇALVES, *Direito de Marcas, 2.ª edição cit.*, p. 33; JUSTINO CRUZ, *ob. cit.*, p. 144 e 293. OLIVEIRA ASCENSÃO, *últ. ob. cit.*, p. 172 defendeu porém, no âmbito do CPI 1940, a preponderância do uso, versando novamente o problema do pré-uso em *O projecto de Código da Propriedade Industrial e a Lei de autorização legislativa (parecer) cit.*, p. 57. Todavia, COUTO GONÇALVES, *A protecção da marca e a concorrência desleal cit.*, p. 6 refere que a possibilidade do usuário poder passar a invalidar o registo de uma marca com fundamento em concorrência desleal objectiva fere de morte a lógica do sistema de aquisição do direito fundada no registo, criticando a solução legal adoptada pelo CPI de 2003.

[282] Para uma síntese de direito comparado *vide* COUTO GONÇALVES, *Direito de Marcas, 2.ª edição cit.*, p. 35 a 48. O registo é constitutivo em França desde a Lei de 31 de Dezembro de 1964, sendo idêntica a orientação constante hoje do art. 712-1 do *CPInt*, e, em Espanha, do n.º 1 do art. 2.º da *LeyM*. Não se olvide, porém, não ser esta a solução vigente nos ordenamentos jurídicos alemão e italiano, conferindo ambos relevância ao uso como modo de aquisição do exclusivo.

carácter constitutivo do registo da firma resultante do art. 3.º e do n.º 1 do art. 35.º do RRNPC[283].

Independentemente da correcção da terminologia "registo" para sinais emblemáticos[284], verificar-se-à ainda a possibilidade de "salvaguarda de uma posição concorrencial" através do uso de facto do logótipo. Com efeito, este será protegido através da concorrência desleal, consoante prevêem a alínea d) do n.º 1 do art. 24.º e o art. 317.º do CPI. O mesmo sinal poderá ser ainda protegido enquanto logótipo notório se se admitir a extensão do art. 241.º a outros sinais distintivos que não a marca, não sendo igualmente despicienda a analogia a estabelecer com base no art. 227.º do CPI.

II. Não se identificam quaisquer especificidades no que respeita aos aspectos formais da concessão do direito exclusivo. Nos termos do n.º 1 do art. 7.º, a sua prova efectua-se através do respectivo título, possibilitando o n.º 6 do art. 29.º o fornecimento de informações aos interessados antes da fase da publicidade.

Digna de referência é a eliminação do anterior n.º 2 do art. 248.º do CPI 1995, paralela à supressão, para o nome e insígnia de estabelecimento, da exigência constante da alínea b) do art. 234.º do mesmo normativo, deixando de ser necessária a prova, através de qualquer documento apropriado, da "existência efectiva e não fictícia da entidade requerente do logótipo".

As irregularidades mais frequentes neste âmbito reconduzem-se, como resulta do percorrer do BPI, à falta do fotolito, à desadequação das suas medidas e à falta da assinatura reconhecida do sócio gerente da sociedade que vem requerer o logótipo.

---

[283] Declarando o n.º 1 do art. 4.º do CPI que "os *direitos conferidos por* patentes, modelos de utilidade e *registos* abrangem todo o território nacional", os normativos referidos são categóricos ao referir que o "registo confere o direito ao (seu) uso exclusivo" e que "após o registo definitivo é conferido o direito ao uso exclusivo" (cfr. OLIVEIRA ASCENSÃO, *Direito Comercial volume I – Institutos Gerais cit.,* p. 318; e COUTINHO DE ABREU, *últ. ob. cit.,* p. 164).

[284] FERRER CORREIA, *ob. cit.,* p. 190, nota 1, sustentava que a lei deveria referir-se a depósito nas marcas emblemáticas, pois "as representações ou imagens plásticas não são susceptíveis de registo no sentido próprio da palavra".

4.4.2. Duração

Como os demais sinais distintivos, também o logótipo outorga um exclusivo que beneficia de uma protecção temporal virtualmente ilimitada, em virtude da possibilidade de sucessivas renovações do pedido de registo[285]. A duração ilimitada poderá encontrar justificação no integral cumprimento da função diferenciadora que é conatural a qualquer sinal distintivo, com uma *ratio* antagónica da que preside aos exclusivos outorgados por lei para as criações industriais.

A lei fixa no entanto, na ausência de renovação do registo, um limite temporal de protecção de dez anos, como resulta do disposto no art. 293.°, aplicável ao logótipo por remissão do art. 304.°. Este limite temporal enquadra-se no âmbito de uma progressiva redução do exclusivo temporal concedido ao nome e insígnia de estabelecimento[286], conjugando-se com uma tendencial uniformização no que respeita ao âmbito temporal dos sinais distintivos do comércio. De facto, o mesmo limite temporal é fixado no art. 255.° para a marca[287], bem como no art. 46.° RMC para a marca comunitária.

Verificando-se uma nova aproximação legislativa em termos de Direito comparado[288], é legítimo concluir pelo esforço de unificação de sinais distintivos do comércio estruturalmente divergentes por via da sua sujeição a um termo idêntico.

4.4.3. Âmbito de protecção

I. Delimitado o âmbito de protecção temporal do logótipo, cabe averiguar qual o seu âmbito de protecção material ou substancial, sendo inequívoco que, como determina o n.° 2 do art. 4.° do CPI, a sua concessão apenas implica, à semelhança de qualquer outro direito de propriedade

---

[285] OLIVEIRA ASCENSÃO, *Direito Comercial volume II – Direito Industrial cit.*, p. 128; CARLOS OLAVO, *Propriedade Industrial cit.*, p. 70, razão pela qual o limite legal não apresenta um conteúdo prático substancial.

[286] Este foi fixado em vinte anos pelo art. 242.° do CPI 1995, depois do art. 147.° do CPI 1940 haver estabelecido anteriormente um prazo de trinta anos.

[287] O mesmo termo era estabelecido pelo art. 205.° do CPI 1995 e pelo art. 125.° do CPI 1940.

[288] Cfr. o § 47 Abs. 1 da *MarkenG*, o art. 4.° n.° 4 da *LegM*; o art. 712-1 2.° parágrafo do *CPInt*; o art. 31.° da *LeyM*; e o art. 13.° n.° 7 do TDM.

industrial, uma mera presunção jurídica de verificação dos respectivos requisitos de protecção.

Nada obsta contudo à solicitação de uma protecção provisória do sinal, aferida com base na prioridade do pedido de registo, nos termos do n.º 1 do 5.º e do n.º 1 do art. 11.º do CPI.

II. A protecção registal não se assume como necessária, encontrando-se o carácter facultativo do registo e da tutela por esta concedida subjacente ao sistema vigente. Os sinais podem ser livremente apostos nos produtos, serviços ou outros elementos assim como usados na publicidade.

Ainda que esta regra não seja expressamente afirmada na lei vigente, como o era no art. 58.º da Lei de 21 de Maio de 1896, ou no art. 75.º do CPI 1940 em relação à marca[289], a mesma encontra-se implícita no n.º 1 do art. 227.º do CPI, bem como na referência paralela do n.º 1 do art. 171.º à concessão de uma prioridade registal de seis meses ao titular de "marca livre ou não registada".

Historicamente, a orientação remonta à revolução francesa e à oposição à marca como meio de controlo corporativo[290], consubstanciando, no limite, uma manifestação do princípio constitucional da liberdade económica privada, a que não serão ainda alheias considerações de ordem pragmática[291].

Não sendo as utilizações realizadas por terceiros fora da actividade mercantil tolhidas pelo "ius prohibendi" outorgado, como resulta, para a marca, da referência às actividades económicas do art. 258.º[292], não se afigura que o mesmo princípio seja necessariamente válido para outros sinais distintivos, sendo diverso o âmbito de protecção de cada um destes.

---

[289] Na sequência do art. 40.º da Lei n.º 1972, de 21 de Junho de 1938. A regra consta, curiosamente, do art. 223.º da Lei 97/99 M, de 13 de Dezembro, que regula os regimes jurídicos da propriedade intelectual em Macau, havendo a inconveniência da omissão da lei nacional (CPI 1995) sido salientada por JORGE CRUZ, Comentários ao Código da Propriedade Industrial cit., p. 129.

[290] CHAVANNE/BURST, ob. cit., p. 467; POLLAUD-DULIAN, ob. cit., p. 528; e ARROYO MARTÍNEZ, ob. cit., p. 21.

[291] PINTO COELHO, Lições de Direito Comercial 1.º volume cit., p. 361 refere o desempenho da função própria da marca e razões práticas como a exiguidade do artigo ou a vulgarização de etiquetas móveis susceptíveis de serem retiradas (cfr. também PUPO CORREIA, ob. cit., p. 288).

[292] CARLOS OLAVO, Propriedade Industrial cit., p. 27, com base no art. 207.º do CPI 1995.

Admitindo-se que o logótipo abrange utilizações fora do âmbito mercantil, será mesmo inevitável a conclusão da não aplicação àquele da doutrina exposta.

III. Surge como adequada a indagação do âmbito de protecção de outras figuras próximas daquela em análise, para que não se efectue uma remissão cega para o regime do nome e insígnia de estabelecimento.

Principiando pela marca, resulta da referência a produtos ou serviços "idênticos ou afins" e da definição de usurpação da alínea b) do n.º 1 do art. 245.º (repetida no art. 258.º ao fixar os direitos atribuídos ao titular da marca registada), a vigência do princípio da especialidade, incorrectamente denominado princípio da relatividade, pelo qual o âmbito de protecção do sinal se circunscreve ao círculo de actuação ou âmbito de projecção dos produtos visados.

Este direito confere assim, não uma apropriação do sinal ou do signo em abstracto, mas a reserva do seu uso nos produtos ou serviços a que se destina. O que é tutelado por lei é a relação entre o signo e os produtos ou serviços que este se propõe identificar[293].

IV. O âmbito de protecção do nome e insígnia de estabelecimento, regime que seria *ab initio* aplicável ao logótipo, não se apresenta tão unívoco como o do marca.

A este respeito rege o art. 295.º, que estabelece no seu n.º 1 que "o registo do nome ou da insígnia confere ao seu titular o direito de impedir terceiros de usar, sem o seu consentimento, qualquer sinal idêntico ou confundível *nos seus estabelecimentos*", acrescentando o n.º 2 que "o registo confere ainda o direito de impedir o uso de *qualquer sinal que contenha o nome ou a insígnia registados*".

Partindo da constatação, no n.º 2 daquela disposição, da interfungibilidade dos sinais distintivos do comércio, não é evidente a opção da lei pela adesão ao princípio da especialidade, à protecção do exclusivo outor-

---

[293] A mesma regra constava do art. 207.º do CPI 1995, existindo unanimidade doutrinal em seu torno também no CPI de 1940 (cfr. FERRER CORREIA, *ob. cit.*, p. 188; OLIVEIRA ASCENSÃO, *últ. ob. cit.*, p. 149 e *Direito industrial, exclusivo e liberdade cit.*, p. 1198; COUTINHO DE ABREU, *Curso de Direito Comercial vol. I, 3.ª edição cit.*, p. 344 e 368, relendo, a p. 378, o art. 207.º do CPI 1995 em conformidade com o Direito Comunitário; *Marcas (noção, espécies, funções, princípios constituintes) cit.*, p. 141). Cfr. ainda, na jurisprudência, o ac. do STJ de 16 de Maio de 2000 in CJ (STJ) 2000, tomo II, p. 69 a 72.

gado pelo nome e insígnia de estabelecimento apenas perante estabelecimentos do mesmo ramo de actividade ou afim.

A doutrina maioritária que antecedeu a publicação do novo CPI sufragou a vigência do princípio da especialidade também neste âmbito, argumentando, no silêncio da lei e perante soluções paralelas no Direito comparado, com a necessidade de tutela da concorrência e com a desnecessidade de outorga de um exclusivo quando os estabelecimentos respeitassem a âmbitos diversos[294].

De facto, e tendo em conta a recíproca conexão dos sinais distintivos, uma solução diversa pode conduzir a uma manipulação da lei. Aquele que primeiro integrasse a sua marca no seu nome de estabelecimento registado, vedaria não apenas que um terceiro o fizesse, como poderia deste modo furtar-se aos limites de tutela da marca consagrados através do princípio da especialidade.

V. Não obstante, nem mesmo perante a lei anterior a solução de submeter a protecção conferida pelo nome e insígnia de estabelecimento ao império do princípio da especialidade se apresentava unânime, respondendo alguma doutrina e jurisprudência no sentido da não limitação da tutela outorgada a estabelecimentos idênticos ou afins[295].

Independentemente de qual seja a melhor solução de *iure condendo*[296], afigura-se difícil que o âmbito de protecção do nome e da insíg-

---

[294] OLIVEIRA ASCENSÃO, *Direito Comercial volume II – Direito Industrial cit.*, p. 128; COUTINHO DE ABREU, *Curso de Direito Comercial vol. I, 3.ª edição cit.*, p. 336; MENEZES LEITÃO, *últ. ob. cit.*, p. 161; e CARLOS OLAVO, *últ. ob. cit.*, p. 93 argumentando com o previsto nas alínea f) e g) do n.º 1 do art. 231.º do CPI 1995. Parece ser também esta a orientação do ac. do STJ de 23 de Abril de 1998 in www.stj.pt, processo 98A272, considerando como parcialmente coincidentes as actividades de leilões e avaliações e de comercialização de móveis e decorações.

[295] JUSTINO CRUZ, *ob. cit.*, p. 297 ressalvando porém os nomes de estabelecimento constituídos por uma designação que especifique a actividade praticada no estabelecimento e a hipótese de se versarem actividades económicas perfeitamente diferenciadas. No ac. do STJ de 21 de Março de 1961, in BMJ, n.º 105, p. 651 a 654, considerou-se que "embora diversas as actividades em determinada época, podem as mesmas vir a ser posteriormente iguais", sendo invocadas pelo acórdão do STJ de 3 de Outubro de 1972, in BMJ, n.º 220, p. 186 a 188 as relações com fornecedores, credores e estabelecimentos de crédito (razões em que se baseia FERRER CORREIA para sustentar a não vigência do princípio da especialidade em relação à firma).

[296] JORGE CRUZ, *Código da Propriedade Industrial cit.*, p. 728 e 736.

nia de estabelecimento se encontre limitado pelo princípio da especialidade perante a legislação hoje vigente[297].

Desde logo, é notória a diferença de redacção entre os arts. 258.° e 295.° do CPI, coibindo-se o último normativo de qualquer referência restritiva a "estabelecimento similar ou afim", aludindo apenas a "estabelecimentos"[298].

Por outro lado, a disposição da alínea g) do n.° 1 do art. 285.° – que ao contrário da anterior alínea f) do n.° 1 do art. 231.° expressamente se refere a elementos constitutivos da marca ou desenho ou modelo "idênticos ou afins" – não poderá constituir um argumento em sentido contrário, uma vez que se limita a repetir o consagrado princípio da especialidade no que à marca diz respeito, no confronto desta com outros sinais distintivos (no caso o nome e insígnia de estabelecimento). Pelo contrário, do confronto desta alínea com a alínea subsequente – que proíbe nomes e insígnias de estabelecimento em violação de logótipo, nome, ou insígnia de estabelecimento "já registado por outrem" – se poderá novamente concluir pela atribuição de um âmbito mais vasto ao nome e insígnia de estabelecimento quando confrontados com a marca.

Em termos formais, é de referir ainda o silêncio dos art. 286.° e 287.° quanto à indicação do ramo de comércio ou indústria, tendo sido igualmente eliminada a exigência constante da alínea b) do art. 234.° do CPI anterior, que para a instrução do pedido de registo exigia a junção de *"documento comprovativo de que o requerente possui o estabelecimento de modo efectivo e não fictício"*.

O último argumento retirado da lei no sentido da não sujeição da tutela do exclusivo conferido através do nome e insígnia de estabelecimento ao princípio da especialidade consiste na não transição para o CPI vigente da norma constante do n.° 2 do art. 268.° do CPI 1995, que definia a imitação de insígnia tomando por paradigma o conceito da imitação da marca. A violação deste exclusivo beneficia com a nova lei de

---

[297] COUTINHO DE ABREU, *Curso de Direito Comercial vol. I, 4.ª edição cit.*, p. 338 e 341, nota 18, continua todavia a sufragar a vigência do princípio da especialidade neste âmbito.

[298] A utilização do plural não se apresenta, todavia, como decisiva, não implicando necessariamente a referência a "quaisquer estabelecimentos". Será viável, adoptando uma noção restrita de estabelecimento, que um sujeito possua vários estabelecimentos no mesmo ramo de actividade. Mas também é inequívoco que são figuráveis vários estabelecimentos com diversos ramos de actividade, todos em respeito ao prévio exclusivo do nome ou insígnia de estabelecimento registados.

uma tutela não penal mas meramente contra-ordenacional, prescindindo o art. 333.° do CPI de qualquer remissão normativa que pudesse aproximar os dois ilícitos.

VI. Delimitado, ainda que dubitativamente, o âmbito material de aplicação da tutela do nome e insígnia de estabelecimento, cabe ainda a referência ao âmbito geográfico coberto pela protecção legal.
Diversamente do previsto no art. 118.° da Lei de 21 de Maio de 1896, que tomava por base a localidade em que o estabelecimento se encontrava situado, os arts. 147.° do CPI 1940 e 231.°, n.° 1, alínea g) do CPI 1995 estendiam a protecção atribuída ao nome e insígnia de estabelecimento a todo o território nacional[299].
A referida solução parece ter sido abandonada pelo CPI vigente, com a supressão na alínea h) do n.° 1 do art. 285.° da expressão "no território nacional", constante da alínea g) do n.° 1 do art. 231.° do CPI 1995, opção que se harmoniza com o previsto noutros ordenamentos jurídicos[300].
Afigura-se assim que a nova lei realizou um reequilíbrio da protecção dispensada ao nome e insígnia de estabelecimento, alargando a sua tutela material, ao mesmo tempo que, em contrapartida, a acantonou geograficamente à localidade em que o estabelecimento opera.

VII. A exemplo do verificado a respeito do nome e insígnia de estabelecimento, também o âmbito de protecção da firma não se encontra isento de dificuldades.
Um argumento a favor do princípio da especialidade reside, desde logo, e apesar das dificuldades interpretativas criadas pelo art. 10.° do CSC, no n.° 2 do art. 33.° do RRNPC, que reproduzindo o art. 2.°, n.° 2,

---

[299] FERRER CORREIA, *ob. cit.*, p. 175, nota 5, entendia que a solução pecava por excesso, sendo acompanhado por OLIVEIRA ASCENSÃO, *últ. ob. cit.*, p. 127 e em *Marca comunitária e marca nacional (Parte II – Portugal) cit.*, p. 570 que qualificou de "lunar" a solução legal, justificando-se a diferenciação apenas quando haja concorrência entre empresas. Pelo contrário, PINTO COELHO, *últ. ob. cit.*, p. 524 apoiava a solução legalmente prevista.
[300] Em França a *"enseigne"* assume, segundo CHAVANNE/BURST, *ob. cit.*, p. 782 uma protecção municipal (que poderá acantonar-se a um quarteirão ou a uma rua), sendo essa "propriedade relativa" ou "geometria variável" também salientada por POLLAUD-DULIAN, *ob. cit.*, p. 496. Antes da sua derrogação pela *LeyM*, o *"rótulo de establecimiento"* adquiria também em Espanha, nos termos dos art. 83.° e 86.° da Lei n.° 32/88, um âmbito de protecção exclusivamente municipal.

do Dec.-Lei n.º 42/89, de 3 de Fevereiro, estatui que "os juízos sobre a distinção e a não susceptibilidade de confusão ou erro" de firmas e denominações, devem ter em conta "a afinidade ou proximidade das suas actividades", numa leitura acompanhada por alguma doutrina e jurisprudência nacionais[301].

Esta não constitui todavia a posição sufragada pela doutrina maioritária, que antes defende que a diferenciação se impõe ainda que os comerciantes pertençam a ramos diferentes de actividade, numa orientação que possui também reflexos jurisprudenciais[302].

Segundo esta última orientação o n.º 2 do art. 33.º do RRNPC apenas enuncia "critérios auxiliares na apreciação da confundibilidade", ele-

---

[301] PINTO COELHO, *últ. ob. cit.*, p. 249; PUPO CORREIA, *ob. cit.*, p. 274, embora criticando a solução legal. FERNANDO OLAVO, *Direito Comercial volume I cit.*, p. 294 e 310, nota 1, é algo ambíguo ao referir o funcionamento da concorrência desleal, mas apenas para concorrentes na hipótese de firma não registada. O ac. do STJ de 26 de Setembro de 1996, in BMJ, n.º 459, p. 562 a 571, considerou que não eram confundíveis a firmas *"Meliá Portuguesa – Viagens e Turismo, Lda"* e *"Predial Mélia, Lda"*, pela razão de se dedicarem a actividades ou ramos de comércio diferentes, invocando-se ainda a *"modernização das empresas"*(?); também o ac. do STJ de 23 de Maio de 1991, in BMJ, n.º 407, p. 571 a 578, considerou (com um voto de vencido) que *"Transdata – Informática Transaccional, Lda."* (centro de informática) e *"Transdata – CTT e TLP em consórcio"* (rede pública dos sistemas de comunicação de dados) não são confundíveis, sublinhando o mesmo fenómeno de modernização empresarial.

[302] FERRER CORREIA, *ob. cit.*, p. 162; COUTINHO DE ABREU, *últ. ob. cit.*, p. 155; e CARLOS OLAVO, *últ. ob. cit.*, p. 124, ainda que em *A firma das sociedades comerciais e das sociedades civis sob forma comercial cit.*, p. 406 pareça aderir a distinta posição. Será esta também, aparentemente, a orientação de OLIVEIRA ASCENSÃO, *Direito Comercial volume I – Institutos Gerais cit.*, p. 309 ao considerar que "não resulta da lei que a não confundibilidade seja restrita a um sector de actividade", não visando esta, "em qualquer caso, que haja firmas susceptíveis de provocar confusão"; assim como de MENEZES CORDEIRO, *últ. ob. cit.*, p. 287 citando jurisprudência nesse sentido, ainda que a p. 292 não seja tão concludente quando distingue a novidade mais exigente da não verificação de hipóteses de confusão. Embora não tenha abordado directamente a questão, o ac. do STJ de 29 de Outubro de 1998, in BMJ, n.º 480, p. 498 a 505 considerou confundíveis as firmas da *"Brisa – Auto-Estradas de Portugal, S.A."* e *"Brisa Hotel – Sociedade de Exploração Turística e Hoteleira, Lda"* fundando-se no respeito pelos direitos do consumidor, tendo contudo o ac. do STJ de 17 de Junho de 1999, in CJ (STJ) 1999, tomo II, p. 157 a 159 entendido que, sendo o vocábulo *"brisa"* de uso corrente, a sua utilização seria livre, não implicando confundibilidade (sem se referir sequer à específica questão da amplitude da protecção da firma enquanto sinal distintivo). Cfr. igualmente, no sentido referido, os ac. da RL de 9 de Fevereiro de 1988 (sumário), in BMJ, n.º 374, p. 528, e de 26 de Fevereiro de 1991 (sumário), in BMJ, n.º 404, p. 500, ambos se referindo ao diferente objecto social das sociedades.

mentos que temperam as exigências legais, e não um verdadeiro critério neste domínio. A restrição que se encontra no n.º 1 do art. 35.º do mesmo diploma será também uma restrição ao âmbito territorial e não ao âmbito material da firma. A firma enquanto sinal de actuação, necessário no que respeita às pessoas colectivas, terá a dimensão destas, tendo sobretudo presente as possibilidades da abrangência e alargamento do seu objecto a novos sectores de actividade[303].

VIII. Existem ainda elementos que caracterizam a protecção atribuída pela firma ao seu titular que, por se encontrarem ligados ao tipo de comerciante, ou, mais latamente, ao tipo de pessoa em causa, não obtém paralelo nos demais sinais distintivos.

Em primeiro lugar, dada a cumulatividade da firma com o nome pessoal, o comerciante em nome individual, o empresário individual não comerciante e o EIRL apenas possuem um direito de exclusivo sobre o firma, nos termos do n.º 2 e 4 do art. 38.º, do n.º 2 do art. 39.º, e do n.º 3 do art. 40.º do RRNPC, se ao seu nome patronímico forem aditados outros elementos, como a alcunha, a actividade exercida ou a indicação de *"sucessor ou herdeiro"*. A firma de uma pessoa singular que coincida com o seu nome civil ou pseudónimo não lhe atribui qualquer direito exclusivo, sendo os homónimos perfeitamente admissíveis. A solução passará então pela protecção do direito ao nome enquanto direito de personalidade, nos termos do n.º 2 do art. 72.º do CCiv, ou pelo recurso ao ilícito de concorrência desleal, nos termos do art. 317.º do CPI[304].

---

[303] Nos termos do art. 980.º do CCiv, bem como da alínea d) do n.º 1 do art. 9.º e do art. 11.º do CSC, e ao contrário do anteriormente previsto no art. 157.º do CCom, são excluídas as sociedades comerciais de objecto indeterminado (cfr. OLIVEIRA ASCENSÃO, *Direito Comercial volume IV – Sociedades Comerciais Parte Geral*, Lisboa, 2000, p. 38, 40, 175; MENEZES CORDEIRO, *Manual de Direito Comercial II volume*, Coimbra, Almedina, 2001, p. 214; COUTINHO DE ABREU, *Curso de Direito Comercial vol. II*, Coimbra, Almedina, 2002, p. 101; e PINTO FURTADO, *ob. cit.*, p. 123, 326), sendo assim proscritas sociedades para "o exercício de qualquer comércio em geral" ou para "o exercício do comércio" ou "exercício da indústria". A necessidade da determinação do seu objecto não obsta porém a que este seja composto por várias e distintas actividades, podendo a sociedade assumi-lo *ab initio* no pacto social, ou através de alteração deste último. A actividade plural é também consentida ao comerciante em nome individual.

[304] MENEZES CORDEIRO, *Manual de Direito Comercial I volume cit.*, p. 291; e COUTINHO DE ABREU, *Curso de Direito Comercial vol. I, 4.ª edição cit.*, p. 152.

É também de sublinhar que se verifica para estes sujeitos a possibilidade de uma protecção na circunscrição ou nacional, consoante dispõe os n.ºs 4 e 5 do art. 38.º, embora a regra seja a do âmbito de protecção meramente local, em consonância com o verificado no que respeita ao nome e insígnia de estabelecimento depois da revisão operada pelo CPI vigente.

Pelo contrário, a protecção outorgada às sociedades comerciais e sociedades civis sob forma comercial, bem como às demais pessoas colectivas, associações, fundações, sociedades civis sob forma civil, ACE's, AEIE's, cooperativas ou entidades públicas empresariais, coincide, nos termos do n.º 2 do art. 37.º e da alínea a) do n.º 3 do art. 36.º, por remissão do n.º 2 dos arts. 42.º e 43.º, com "todo o território nacional", salvo, quanto às últimas, se o seu objecto estatutário indiciar a prática de actividades de carácter essencialmente local ou regional[305].

IX. Completado o quadro no que respeita aos sinais distintivos que revelam proximidade com o logótipo, cumpre situar este quanto ao seu âmbito de protecção material (*stricto sensu*) e territorial, no que será indispensável a ponderação da sua concreta esfera de actuação enquanto sinal distintivo figurativo de uma pessoa singular ou colectiva.

Em primeiro lugar, afigura-se que não se encontrará o logótipo vinculado, em princípio, ao princípio da especialidade na delimitação da esfera de protecção concedida.

A esta conclusão se chegará não só adoptando o raciocínio efectuado a respeito do nome e insígnia de estabelecimento, mas também através da alínea h) do n.º 1 do art. 285.º do CPI, que ao incluir – inovatoriamente em relação ao normativo anteriormente vigente – o logótipo como direito exclusivo a ser respeitado aquando da composição de um novo nome ou insígnia de estabelecimento, não lhe fixa qualquer restrição, ao contrário do que sucede, como foi referido, na alínea g) do n.º 1 do mesmo art. 285.º para a marca. Esta solução constitui, aliás, a solução maioritariamente aceite pela doutrina a respeito da firma.

---

[305] A solução é distinta da anteriormente vigente, uma vez que, segundo o art. 27.º do CCom e o § 5.º do art. 3.º da LSQ, a base coincidiria com a área da circunscrição em que se encontrava registada a firma, salvo no caso do art. 162.º 4.ª para as firma-denominação (aplicável a sociedades por quotas e anónimas) em que era considerada a área do país (*vide* a crítica à lei em COUTINHO DE ABREU, *últ. ob. cit.*, p. 151, nota 138).

Note-se porém que, apesar de se considerar que vigora uma protecção lata para o logótipo, não deve a mesma ser alargada a eventuais utilizações atípicas desta figura.

Funcionando o logótipo como marca de facto, será o regime jurídico da marca, nomeadamente na consagração do princípio da especialidade, o que deverá encontrar vigência, não podendo o logótipo ser empregue para defraudar o regime legal instituído para outros sinais distintivos. A não vinculação ao princípio da especialidade refere-se apenas à identificação figurativa de uma pessoa. Nada mais do que isso.

X. A solução é menos evidente no que respeita ao âmbito territorial de protecção do logótipo, uma vez que se afigura errónea uma importação acrítica das soluções vigentes para o nome e insígnia de estabelecimento, no caso o âmbito de protecção meramente local.

Se idónea para a normatividade de um elemento estático e geograficamente ancorado como será o estabelecimento comercial, esta solução não será facilmente compatível com as exigências de identificação de uma pessoa singular ou colectiva. Em simultâneo, será também duvidosa a possibilidade de extensão e a *ratio legis* da solução bifronte adoptada pelo RRNPC para a firma, pelo que a solução terá de ser outra.

Ponderando a função específica do logótipo dentro da economia dos sinais distintivos do comércio, e que a sua figuratividade jamais colidirá com um meio de identificação prévio do sujeito, como seja o nome civil, assemelha-se que este possuirá um âmbito territorial máximo, sendo protegido em todo o território nacional.

4.4.4. *Logótipo notório e de prestígio?*

I. O CPI regula a propósito da marca duas figuras cujo âmbito de aplicação pode ser questionado, nomeadamente no que respeita à sua extensão a outros sinais que não aquela, traduzindo manifestações de uma eventual função publicitária do sinal a reconhecer como tutelada pelo ordenamento jurídico.

Em causa encontram-se as figuras da marca notória e a marca de prestígio.

A primeira admite, nos termos do n.° 1 do art. 241.°, a recusa do registo de outra marca que "no todo ou em parte essencial, constitua reprodução, imitação ou tradução" sua "se for aplicada a produtos ou serviços idênticos ou afins e com ela possa confundir-se ou se, dessa aplicação, for possível estabelecer uma associação com o titular da marca notória", exigindo porém o n.º 2 do mesmo preceito o pedido de registo prévio da marca alegadamente notória.

A marca de prestígio confere, nos termos do n.º 1 do art. 242.º, uma protecção alargada ao seu titular, possibilitando a recusa do pedido de registo ainda que a nova marca seja "destinada a produtos ou serviços sem identidade ou afinidade", bastando que o uso da marca posterior procure prejudicar ou tirar partido indevido do carácter distintivo ou do prestígio da referida marca. O n.º 2 do art. 242.º remete ainda para o n.º 1 do art. 241.º, estabelecendo uma idêntica exigência de registo, requerido para "os produtos ou serviços que lhe deram prestígio".

II. A marca notória encontrava previsão no art. 95.º do CPI 1940, havendo sido igualmente acolhida pelo art. 190.º e pelo n.º 2 do art. 214.º do CPI 1995. O CPI vigente alargou o seu campo de aplicação, ao suprimir a necessidade de pertença a qualquer país da União, ao mesmo tempo que acrescentou a sanção da simples associação com a marca notória[306].

Segundo COUTO GONÇALVES[307], o objectivo da lei estará no isentar a marca notoriamente conhecida do princípio da territorialidade, ainda que não do princípio da especialidade.

São assim atribuídos os direitos de oposição a pedido de registo por terceiro de marca confundível destinada a produtos idênticos ou semelhantes num outro país da União, assim como de invalidação de tal marca e de proibição do seu uso.

Verificando-se uma interpretação do art. 8.º CUP no sentido da exigência de um uso notório para a protecção do nome comercial, é de salientar que a questão da notoriedade de outros sinais distintivos que não a marca havia já sido colocada por PINTO COELHO e alguma jurisprudência no domínio do CPI 1940 a propósito do nome e insígnia de estabeleci-

---

[306] Cfr. ainda o disposto no n.º 2 do art. 266.º e na alínea d) do art. 323.º, fixando-se uma sanção civil e penal para a violação da norma referida. A origem da sua tutela radica no art. 6.º-bis da CUP, introduzido na Revisão de Haia de 2 de Novembro de 1925, e revisto em Londres, a 2 de Junho de 1934, e em Lisboa, a 31 de Outubro de 1958 (cfr. COUTO GONÇALVES, últ. ob. cit., p. 35, nota 44).

[307] COUTO GONÇALVES, últ. ob. cit., p. 146. Cfr. ainda COUTINHO DE ABREU, últ. ob. cit., p. 358; e SILVA CARVALHO, últ. ob. cit., p. 351 a 359 e 382 a 384.

mento, propondo o primeiro, na ausência de uma norma expressa, a aplicação paralela das regras aplicáveis à marca[308].

A doutrina recente revela-se porém mais cautelosa, propondo antes, em caso de uso do nome comercial ou da insígnia notória não registada, uma protecção assente no ilícito contra-ordenacional de concorrência desleal, tipificado na alínea a) do art. 317.º do CPI[309].

Afigura-se todavia que não será desajustada a extensão das normas constantes dos arts. 227.º e 241.º ao logótipo, que poderá gozar assim de protecção ainda que não haja sido efectuado o competente registo.

De facto, parece ser esta a única utilidade da figura para os logótipos nacionais uma vez sufragado o âmbito nacional da sua actuação. Não fará sentido, por sua vez, pretender aplicar as normas citadas a logótipos estrangeiros uma vez que, como foi demonstrado, a figura carece de autonomia fora de portas.

III. A marca de prestígio, definida por COUTO GONÇALVES como aquela que, desvinculando-se do princípio da especialidade, goza de especial notoriedade e de excepcional atracção e ou satisfação junto dos consumidores, encontrava-se já presente nos arts. 191.º, 214.º n.º 1 e 33.º n.º 1 alínea b) do CPI 1995, sob a denominação de marca de grande prestígio[310].

Os problemas que a mesma levanta na extensão a outros sinais distintivos são paralelos aos constatados a propósito da marca notória, sendo de sublinhar que o interesse da figura decai ao se atribuir ao logótipo uma protecção não assente no princípio da especialidade[311].

---

[308] PINTO COELHO, *O "nome comercial" na Convenção da União de Paris (1883) e no Código da Propriedade Industrial cit.*, p. 85, *A protecção do "nome do estabelecimento" estrangeiro cit.*, p. 129, analisando também a questão nas suas *Lições de Direito Comercial 1.º volume cit.*, p. 396 a 417. O ac. do STJ de 21 de Março de 1961, in BMJ, n.º 105, p. 651 a 654 conferiu protecção a uma insígnia não registada usada universalmente (insígnia da "*Air France*") invocando para o efeito os "conceitos da moral".

[309] MENEZES LEITÃO, *últ. ob. cit.*, p. 165; COUTO GONÇALVES, *últ. ob. cit.*, p. 164, nota 372. Em sentido análogo, CHAVANNE/BURST, *ob. cit.*, p. 757 e POLLAUD-DULIAN, *ob. cit.*, p. 517 remetem para o abuso de direito na hipótese de um "*nom commercial*" notório, respeitando ainda o princípio da especialidade.

[310] COUTO GONÇALVES, *últ. ob. cit.*, p. 155. Cfr. ainda SILVA CARVALHO, *últ. ob. cit.*, p. 359 a 380, e p. 384 a 395.

[311] Partindo da aplicação do princípio da especialidade ao nome e insignia de estabelecimento, COUTINHO DE ABREU, *últ. ob. cit.*, p. 339, nota 12, admite a ultrapassagem daquele princípio por um nome ou insígnia com especial prestígio.

A extensão da figura não parece ser porém ignorada por outros ordenamentos jurídicos[312].

4.4.5. Unicidade do registo?

I. O INPI tem vindo a aceitar, como se pode comprovar através do folhear do BPI e da consulta dos registos admitidos por esta entidade, que uma mesma pessoa apresente uma multiplicidade de logótipos, prática administrativa com a qual se não pode concordar[313].

Referindo-se o art. 282.º do CPI a "*um* nome e a *uma* insígnia" poder-se-ia desde logo concluir pela unidade deste sinal distintivo. Contudo, um tal juízo não deve ser liminarmente efectuado, uma vez que a despropositada redacção da lei (ao aludir a "o seu estabelecimento") poderia igualmente inculcar que cada sujeito apenas poderia possuir um só estabelecimento. Assim, é o n.º 1 do art. 289.º que determina que "o mesmo estabelecimento só pode ter um nome ou uma insígnia registados", resolvendo decisivamente a questão[314].

---

[312] A referência a estes afigura-se algo problemática, pois à não coincidência categorial entre os vários sinais distintivos mencionados acresce a verificação de algumas disparidades conceptuais entre os vários ordenamentos jurídicos, nomeadamente na distinção entre marca notória e de prestígio. No entanto, devem ser referidos os "*bekannte geschäftliche Bezeichnung*", consagrados expressamente no Abs. 3 do § 15 da *MarkenG*, aos quais é atribuída protecção ainda que não exista risco de confusão, fundando-se na ilegítima vantagem que por este modo seria conferida a um terceiro (embora se afigure que mais que a sinais de renome a lei quererá aludir a sinais notórios); bem como o "*nombre comercial notorio*" ou "*renombrado*" constante do sistema espanhol, que poderá, nos termos dos arts. 8.º e 34.º n.º 2 alínea c) da *LeyM* e da equiparação de regime entre as marcas e o "*nombre comercial*", adquirir protecção legal não registal e sem sujeição ao principio da especialidade.

[313] Exemplificativamente refira-se que o "Sporting Clube de Portugal" já apresentou cinco logótipos distintos (n.ºs 1329, 3640, 3641, 4056 e 4057), a "Radiotelevisão Portuguesa, S.A." três (n.ºs 193, 194 e 195), e o "Banco BPI, S.A." outros três (n.ºs 1473, 1474 e 1475).

[314] A lei não deve ser interpretada no sentido da alternatividade entre o nome e a insígnia de estabelecimento. Cada estabelecimento pode ter um nome e uma insígnia. O que se encontra vedado é a possibilidade de empregar uma pluralidade de nomes ou de insígnias para a designação de um só estabelecimento. Esta orientação encontrava-se já implícita no art. 159.º do CPI 1940 (cfr. FERRER CORREIA, *ob. cit.*, p. 175; e JUSTINO CRUZ, *ob. cit.*, p. 299), coincidindo com a anteriormente vigente em Espanha a respeito do "*rótulo de establecimiento*" (cfr. o art. 84.º da Lei n.º 32/88).

O princípio da unidade é também afirmado a respeito da marca pelo art. 235.º do CPI – de acordo com o que já estatuia o art. 184.º do CPI 1995 – embora seja outra a realidade vertente. O legislador visa, em obediência ao princípio da especialidade, obstar à duplicação de marcas idênticas. Nada obsta porém, a que um mesmo produto possua mais do que uma marca, por exemplo, uma marca aposta pelo industrial e outra pelo comerciante. A unicidade será assim, como menciona a epígrafe da norma citada, uma unicidade do registo e não uma unicidade do sinal na sua relação com o objecto que visa distinguir.

II. Especialmente relevante para a conclusão a chegar neste âmbito é a análise do regime jurídico da firma. A doutrina maioritária defende o princípio da unidade da firma, fundando-se em argumentos que se afiguram aparentemente intransponíveis[315].

A letra da lei constitui um primeiro argumento, quer para os comerciantes individuais, em que o n.º 1 do art. 38.º do RRNPC se refere a "*uma só firma*", quer a propósito das sociedades comerciais, em que idêntica orientação resulta da alínea c) do n.º 1 do art. 9.º e do n.º 1 do art. 171.º do CSC[316]. A não transmissão *naturaliter* da firma com o estabelecimento, e a mera possibilidade da sua adição a uma firma anterior, como dispõe o n.º 1 do art. 44.º do RRNPC, reforçam o entendimento da inadmissibilidade da pluralidade de firmas, que se deduz ainda da conjugação necessária de firmas referida no n.º 2 do art. 38.º do mesmo diploma legal.

De facto, a apresentação de um mesmo sujeito no comércio jurídico com vários nomes causaria "confusões várias"[317]. Se o mesmo sujeito pode adoptar vários nomes ou insígnias de estabelecimento dada a titularidade plural deste objecto que sobre si pode recair, a sua firma deverá per-

---

[315] OLIVEIRA ASCENSÃO, *Direito Comercial volume II – Direito Industrial cit.*, p. 108, *Direito Comercial volume I – Institutos Gerais cit.*, p. 314; COUTINHO DE ABREU, *últ. ob. cit.*, p. 158; PUPO CORREIA, *ob. cit.*, p. 275. Em sentido contrário, perante as normas do CCom, cfr. FERRER CORREIA, *ob. cit.*, p. 165 sufragando a admissibilidade de dupla firma para comerciantes individuais (na hipótese de pluralidade de estabelecimentos) mas não para sociedades. Também MENEZES CORDEIRO, *últ. ob. cit.*, p. 293, perante o ordenamento jurídico vigente, manifesta a sua preferência por tal concepção considerando desfasadas as regras em vigor, fundadas num "conceptualismo sem peias".

[316] Como única excepção refere-se o previsto no n.º 1 do art. 40.º do RRNPC. Entendendo-se que a firma do EIRL é ainda a firma do seu titular, este possuirá duas firmas: uma na exploração do estabelecimento, e outra fora deste âmbito.

[317] COUTINHO DE ABREU, *últ. ob. cit.*, p. 158, nota 155.

manecer apenas uma, sem que tal provoque qualquer entrave relevante para o comércio jurídico.

III. Ponderadas as soluções previstas no n.º 1 do art. 289.º do CPI e as que resultam do RRPNC, tendo fundamentalmente presente que o logótipo almeja a identificação de sujeitos, parece adequado que também para este vigore a unidade do registo. Cada sujeito terá assim direito ao emprego de um logótipo, devendo ser abandonada a prática administrativa vigente.

4.4.6. Vícios do registo

Como já resultava do CPI de 1995, o registo dos vários direitos industriais pode ser anulado ou declarado nulo, como hoje genericamente se prevê nos arts. 33.º e 34.º do CPI, e em particular, para o nome e insígnia de estabelecimento, nos arts. 298.º e 299.º do mesmo normativo. É omitida pela lei qualquer referência à sanção de inexistência jurídica, o que não conduzirá contudo ao seu necessário afastamento.

As questões que se colocam neste âmbito são todavia de índole geral, não possuindo nenhuma especificidade assinalável no que ao logótipo diz respeito[318].

4.5. *Vicissitudes*

4.5.1. *Em geral*

I. De acordo com o disposto no art. 6.º do CPI, as "marcas e outros sinais distintivos do comércio" encontram-se expressamente sujeitas à penhora e ao arresto, sendo esta última solução distinta da prevista no n.º 1 do art. 340.º do mesmo normativo, onde o arresto versa antes produtos ou quaisquer outros objectos[319].

---

[318] CARVALHO FERNANDES, *A nova disciplina das invalidades dos direitos industriais* in ROA, ano 63, I/II, p. 95 a 155, p. 135.

[319] Pode ser assacada alguma inexactidão à epígrafe do art. 6.º do CPI, uma vez que se a penhora pode ser tomada enquanto direito real de garantia, o arresto traduzir-se-à antes num simples meio de conservação da garantia patrimonial.

A lei admite deste modo a penhora e arresto de direitos intelectuais, vicissitudes que, nos termos da alínea c) do n.º 1 do art. 30.º do CPI, devem ser averbadas no registo, sendo a exploração da proximidade com a penhora e com o arresto dos direitos patrimoniais de autor, previstos no art. 47.º do CDADC, um filão interpretativo a não negligenciar.

II. A lei estabelece ainda, nos termos referidos e ainda segundo o disposto no art. 19.º do RMC, a genérica sujeição a penhor dos sinais distintivos, nomeadamente do logótipo[320]. A solução não se releva contudo isenta de problemas, na medida em que, tratando-se de um penhor de direitos, e sendo o logótipo, tal como o nome e insígnia de estabelecimento, em princípio intransmissível, o seu regime não coincidir necessariamente com o previsto no art. 680.º do CCiv.

A admissibilidade da figura não se encontra porém em causa, apenas se verificando a derrogação do CCiv pelo CPI enquanto lei especial. A doutrina constante do art. 46.º do CDADC, nomeadamente a não aquisição de direitos sobre os suportes material do sinal e a individualização dos direitos dados em garantia, será seguramente aproveitável neste domínio.

III. Completando o paralelismo com o Direito de autor, admite a lei, ainda que de forma encapotada, que os sinais distintivos possam ser alvo de usufruto, ao averbar este ao registo nos termos da alínea c) do n.º 1 do art. 30.º do CPI.

Esta vicissitude era já avançada por COUTO GONÇALVES[321] no silêncio da lei anterior, tendo por base a possibilidade, contida na parte final do n.º 1 do art. 29.º do CPI 1995, de se operar uma transmissão por prazo inferior ao prazo do direito transmitido. A redacção da lei foi contudo alterada, não se incluindo o referido elemento interpretativo no art. 31.º do novo CPI.

O usufruto do logótipo deve ocorrer na estrita medida em que a sua transmissão seja possível, não devendo ser igualmente ignorada a construção dogmática do usufruto de direitos de autor, ancorada no disposto pelo art. 45.º do CDADC.

---

[320] A mesma solução surge no § 29 da *MarkenG*, no art. 714.º-1 do *CPInt* e no art. 46.º n.º 2 da *LeyM*. O art. 46.º do CDADC admite, por seu turno, o penhor do "conteúdo patrimonial do direito de autor".

[321] COUTO GONÇALVES, *Função Distintiva da Marca cit.*, p. 176, nota 343.

IV. Perante o disposto no n.º 1 do art. 296.º do CPI para o nome e insígnia de estabelecimento, paralelo ao previsto no art. 261.º a respeito da marca e ao estatuído no art. 206.º a propósito dos desenhos e modelos, não se afigura possível a alteração material do elemento figurativo do logótipo. Salvo nas situações excepcionalmente previstas na lei, assemelha-se que para que aquela se possa verificar deverá ser efectuado um novo registo.

4.5.2. Transmissão

I. Segundo dispõe o n.º 3 do art. 31.º do CPI, "os direitos emergentes do pedido de registo ou do registo de nomes e insígnias de estabelecimento só podem transmitir-se a título gratuito ou oneroso, com o estabelecimento a que estão ligados".

A lei adopta o princípio da transmissão vinculada ao estabelecimento destes sinais distintivos, equiparando o registo à sua solicitação[322]. Idêntica solução constava do n.º 4 do art. 29.º do CPI 1995 (que porém a estendia ao logótipo e recompensas) bem como do proémio do art. 157.º do CPI 1940, sendo de sublinhar a manutenção pela lei em vigor de uma terminologia abrangente, que não coincide com a que tipicamente é empregue em termos comerciais[323].

Uma regra que a actual lei conserva reside na possibilidade de transmissão do nome e insígnia comercial com parte do estabelecimento a que estão ligados, norma que se apresenta como algo enigmática, na medida em que não é claro a que parte do estabelecimento se pretende fazer alusão. Aparentemente, não se versará um estabelecimento em sentido am-

---

[322] FERRER CORREIA, ob. cit., p. 203; COUTINHO DE ABREU, últ. ob. cit., p. 345. Segundo CARLOS OLAVO, Propriedade Industrial cit., p. 79, nota 121, este último consistirá numa mera expectativa jurídica.

[323] Pese embora a referência a "contratos gratuitos ou onerosos", será a figura do trespasse que se encontrará subjacente à lei, tal como denunciava o n.º 1 do art. 211.º do CPI 1995. As dúvidas surgem todavia perante outras figuras negociais, como a constituição de um direito de usufruto sobre o estabelecimento ou a sua cessão de exploração. Admitindo implicitamente a lei, na alínea c) do n.º 1 do art. 30.º, o usufruto de direitos emergentes de sinais distintivos de comércio, afigura-se que o usufruto do próprio estabelecimento poderá subsumir-se à previsão do n.º 3 do art. 31.º do CPI, tendo como consequência provável a cedência dos referidos sinais distintivos pelo mesmo título. Mais problemático será o enquadramento da cessão de exploração, sufragando COUTINHO DE ABREU, últ. ob. cit., p. 345, nota 23, a inclusão desta no âmbito da referida norma.

plo, de onde seriam destacáveis outros estabelecimentos[324], pois a referência a "outro estabelecimento" no n.º 4 do art. 31.º induz que a lei, a exemplo da orientação que perfilha na regulação específica do nome e insígnia de estabelecimento, toma por substrato a noção de estabelecimento em sentido estrito. Mas estando em causa tal acepção de estabelecimento, a verdade é que não se adivinham quais os elementos que, em cada caso concreto, deverão integrar o estabelecimento parcial[325].

II. A lei estabelece ainda a regra, paralela à prevista na lei anterior, mas da qual foram igualmente excluídas as recompensas e os logótipos, de que "a transmissão do estabelecimento envolve os respectivos nome e insígnia, que podem continuar tal como estão registados, salvo se o transmitente os reservar para outro estabelecimento, presente ou futuro".

A transmissão destes sinais distintivos ocorre assim, não apenas vinculada ao estabelecimento, mas também no silêncio das partes, enquanto *naturalia negotii*[326].

Tal como anteriormente, antes de averiguar da justeza da extensão de tais preceitos à transmissão do logótipo, será profícua a indagação das soluções previstas por lei para outros sinais distintivos, nomeadamente para a marca e para a firma.

III. Os n.ºs 1 e 2 do art. 31.º e o n.º 1 do art. 262.º do CPI ocupam-se da transmissão da marca, deles resultando que esta, ao contrário do nome e insígnia de estabelecimento, não só não é alvo de uma transmissão vinculada ao estabelecimento[327], como também, em obediência a uma nova orientação do legislador nacional, não se inclui no âmbito do

---

[324] Construção que MENEZES LEITÃO, *últ. ob. cit.*, p. 158 parece adoptar.

[325] A propósito das recompensas, a lei refere-se na alínea c) do art. 276.º à parte do estabelecimento "que interessar", sem que seja claro qual o seu propósito. O que se afigura porém evidente é que não será pela via da transmissão parcial do estabelecimento, enquanto objecto, que poderá ser solucionada a questão dos efeitos da cessão de exploração de estabelecimento nos sinais distintivos de comércio àquele conexos.

[326] O único limite a esta regra consta do n.º 5 do art. 31.º do CPI, sendo atribuída prevalência à exclusividade da firma ou denominação social sobre a tutela do estabelecimento (cfr. MENEZES LEITÃO, *últ. ob. cit.*, p. 173). Poderá igualmente ocorrer uma desconformidade entre o registo e a sua efectiva titularidade, uma vez que a redacção legal não exige um paralelo perfeito entre a situação substantiva e os averbamentos registais respectivos.

[327] Depois de o art. 86.º da Lei de 21 de Maio de 1896 haver consagrado a transmissão da marca vinculada ao estabelecimento, a solução contrária foi estabelecida pelo § 1

trespasse na ausência de uma manifestação de vontade das partes nesse sentido[328]. O objectivo de livre circulabilidade deste sinal distintivo é assim evidente.

IV. O regime legal de transmissão da firma é bem mais restritivo.

A transmissão da firma justifica-se fundamentalmente quando o comerciante não possua um nome para individualizar o seu estabelecimento, hipótese em que, ao designar o "titular abstracto do estabelecimento"[329], a firma desvia-se da sua função normal para ocupar a posição atípica de nome de estabelecimento. A sua conexão com o estabelecimento surge para a defesa do interesse de terceiros, corporizando o denominado princípio da estabilidade da firma[330].

Na sequência do disposto no art. 24.º do CCom e nos §§ 2.º e 3.º do art. 2.º da LSQ, os n.ºs 1 e 4 do art. 44.º do RRNPC vêm determinar a conexão necessária da firma com o estabelecimento para o verificar de quaisquer fenómenos translativos daquela, o que compreensivamente abrange o trespasse, a locação, o usufruto ou o comodato de estabelecimento. Por outra via, consagra a lei a inclusão da firma não no âmbito natural de

---

do art. 118.º do CPI 1940, com seguimento no n.º 1 do art. 29.º do CPI 1995 e no CPI em vigor. Como sublinha OLIVEIRA ASCENSÃO, *Direito Comercial volume II – Direito Industrial cit.*, p. 159, 160 estará em causa a tutela do interesse financeiro do empresário de ter a marca como um bem disponível, sendo absurda a ressalva de não indução do público em erro quando a sua permissão constitui o fundamento do sistema. De facto, afigura-se fantasioso considerar a vigência de um sistema de cessão híbrido, no qual a transmissão seja desvinculada, mas não inteiramente livre por condicionada à observância do princípio da verdade.

[328] O *naturalia negotti* remontava ao art. 88.º da Lei de 21 de Maio de 1896, constando também do n.º 2 do art. 17.º do RMC, e do n.º 1 do art. 211.º do anterior CPI. A sua eliminação foi considerada um erro aquando dos trabalhos preparatórios por OLIVEIRA ASCENSÃO, *Observações ao projecto de alterações ao Código da Propriedade Industrial da CIP e CCI cit.*, p. 672, sendo mesmo desconsiderada por COUTINHO DE ABREU, *últ. ob. cit.*, p. 281, que, com base no n.º 5 do art. 31.º, continua a sufragar a abrangência das marcas no âmbito natural de entrega do estabelecimento aquando do trespasse. Lateralmente, sempre se deverá notar que a solução doutrinal de transmissão da marca de facto com o estabelecimento entra de igual modo em crise com a nova orientação da lei (cfr. PINTO COELHO, *últ. ob. cit.*, p. 497; FERRER CORREIA, *ob. cit.*, p. 199; e COUTINHO DE ABREU, *últ. ob. cit.*, p. 389).

[329] FERRER CORREIA, *ob. cit.*, p. 151.

[330] FERRER CORREIA, *ob. cit.*, p. 158; OLIVEIRA ASCENSÃO, *Direito Comercial volume II – Direito Industrial cit.*, p. 105, *Direito Comercial volume I – Institutos Gerais cit.*, p. 316; COUTINHO DE ABREU, *últ. ob. cit.*, p. 161; e MENEZES CORDEIRO, *últ. ob. cit.*, p. 288.

entrega do estabelecimento, mas antes no seu âmbito convencional, exigindo a forma de documento escrito para a sua transmissão[331].

As questões da limitação do uso da firma às relações emergentes da exploração do estabelecimento adquirido[332], e da concreta configuração desta após a sua transmissão[333] não se afiguram pacíficas.

V. Perante o quadro normativo delineado, cumpre tomar posição quando às questões da admissibilidade da transmissão do logótipo, e da forma pela qual esta se deverá processar.

Afigura-se inquestionável que a transmissão deste sinal distintivo do comércio deverá ser admitida pelo nosso ordenamento jurídico.

Contudo, ao contrário da marca, parece que o sinal não poderá circular autonomamente ao estabelecimento – a existir este – pertencente ao titular do logótipo. Tal raciocínio baseia-se na consideração da particular natureza de signo identificador de sujeitos que se encontra subjacente ao logótipo, assim como na consideração do disposto no n.º 3 do art. 31.º do CPI e no n.º 4 do art. 44.º do RRNPC.

---

[331] O mesmo regime é aplicável à transmissão de denominações, com base na analogia e no disposto no art. 43.º n.º 1 *in fine* do RRNPC (cfr. COUTINHO DE ABREU, *últ. ob. cit.*, p. 164, em especial nota 171).

[332] Cfr. PINTO COELHO, *últ. ob. cit.*, p. 323; FERNANDO OLAVO, *últ. ob. cit.*, p. 316; e OLIVEIRA ASCENSÃO, *Direito Comercial volume II – Direito Industrial cit.*, p. 106, que em *Direito Comercial volume I – Institutos Gerais cit.*, p. 317 não restringe tal entendimento, ainde que continue a sufragar a exclusão do emprego da firma em caso de extinção do estabelecimento, a não ser que tenha decorrido um lapso de tempo considerável.

[333] PINTO COELHO, *últ. ob. cit.*, p. 315 e 317; FERNANDO OLAVO, *últ. ob. cit.*, p. 315 (com base no revogado art. 24.º do CCom); OLIVEIRA ASCENSÃO, *Direito Comercial volume II – Direito Industrial cit.*, p. 107, *Direito Comercial volume I – Institutos Gerais cit.*, p. 318; MENEZES CORDEIRO, *últ. ob. cit.*, p. 289 e CARLOS OLAVO, *A firma das sociedades comerciais e das sociedades civis sob forma comercial cit.*, p. 409 sustentam a necessidade da menção de sucessão, mas não da cumulação da nova firma com a firma anterior, ainda que tal acarrete uma desprotecção para os terceiros que com o empresário contratam. Já COUTINHO DE ABREU, *últ. ob. cit.*, p. 162, nota 164; e PUPO CORREIA, *ob. cit.*, p. 272 consideram que, perante a redacção expressa dos n.º 2 do art. 38.º e dos n.º 1 e 3 do art. 44.º do RRNPC, não bastará o mero indicativo da sucessão, embora se reconheça que as "firmas-comboios" podem ficar com demasiadas carruagens. A mesma orientação era sufragada, perante o art. 24.º do CCom, por ADRIANO ANTERO, *Comentario ao Codigo Commercial Portuguez volume I*, Porto, Companhia Portuguesa Editora, p. 92; e RAÚL VENTURA, *ob. cit.*, p. 103.

Seria evidentemente abusivo que a eliminação da referência ao logótipo no primeiro normativo citado conduzisse à sua inegociabilidade[334]. No entanto, esta far-se-á encontrando-se logótipo a desempenhar, ao menos em potência, uma função que melhor seria assumida pelos sinais que o ordenamento reservou para a distinção do estabelecimento. O paralelo com a firma tenderá a verificar-se.

Não será no entanto admissível a inclusão do logótipo no âmbito natural do estabelecimento. Se a sua transmissão quando alvo de acordo entre as partes já atribuirá alguma atipicidade à figura, nada parece justificar a aplicação do n.° 4 do art. 31.° do CPI neste domínio. Com efeito, o logótipo não se encontra necessariamente ligado ao estabelecimento pelo que por este não deve ser arrastado. A conclusão entronca directamente na consideração da natureza da figura[335].

VI. O n.° 6 do art. 31.° do CPI é concordante, no que respeita aos aspectos formais da transmissão, com a forma exigida para o trespasse de estabelecimento comercial no n.° 3 do art. 115.° do RAU, ainda que o paralelismo não seja absoluto[336].

A sujeição da transmissão a averbamento decorre do disposto na alínea a) do n.° 1 do art. 30.° do CPI.

---

[334] O mesmo se podendo sufragar, nos termos da alínea c) do art. 276.° do CPI, para a recompensa. Cfr., em sentido contrário JORGE CRUZ, últ. ob. cit., p. 308 mencionando ter sido esta a orientação proposta à Comissão de Revisão do Código, que terá sido aceite sem discussão.

[335] JORGE CRUZ, *Comentários ao Código da Propriedade Industrial cit.*, p. 49 e 131 sufragou expressamente o abandono das soluções dos n.ºs 4 e 5 do CPI 1995, o que foi expressamente consagrado no CPI vigente, havendo igualmente PUPO CORREIA, ob. cit., p. 411 salientado a incoerência de tais soluções. A sua interpretação correctiva foi defendida por CARLOS OLAVO, *Propriedade Industrial cit.*, p. 103, só se aplicando "na transmissão do estabelecimento como universalidade". COUTINHO DE ABREU, últ. ob. cit., p. 281 aponta todavia em sentido contrário, invocando o disposto no art. 304.° do CPI.

[336] A exigência de documento escrito poderá operar, como é possível que decorra da lei (cfr. o n.° 2 do art. 364.° do CCiv), apenas *ad probationem*, embora não se assemelhe ser esta a melhor solução. Por outro lado, como se retira da parte final do preceito, o documento deverá, por via de regra, ser assinado somente pelo cedente, e não pelo cessionário, derrogando assim os princípios gerais estabelecidos. A referida solução não decorre porém do art. 297.°, que, paralelamente ao previsto no art. 279.°, não se refere à forma mas a formalidades. Por seu turno, a desnecessidade de preceito paralelo no CPI anterior (art. 243.°) já havia sido sublinhada (cfr. COUTINHO DE ABREU, últ. ob. cit., p. 345).

4.5.3. Licenças

I. As licenças de marcas fizeram a sua aparição no ordenamento jurídico português através Dec.-Lei n.º 27/84, de 18 de Janeiro, que veio conferir uma nova redacção ao art. 119.º do CPI 1940.

Através destas foi atribuído um especial relevo à denominada função publicitária da marca, sobretudo na associação desta a um determinado produto, o que corporiza a actividade de *"merchandising"*[337].

Embora não reúnam o consenso de toda a doutrina[338], e a sua configuração dogmática se apresente duvidosa[339], as licenças de marcas encontram-se expressamente previstas nos arts. 32.º e 264.º do CPI vigente, normas que coincidem no essencial com o disposto pelos arts. 30.º e 213.º do CPI 1995 e que são conformes ao estatuído pelo art. 8.º da DM[340].

---

[337] O *"merchandising"* é definido por COUTO GONÇALVES, *Função Distintiva da Marca cit.*, p. 232, 269 com base num triplo elemento causal, formal e finalístico, consistindo na actividade de exploração comercial do valor publicitário ou atractivo de uma coisa incorpórea (objecto da propriedade autoral ou industrial) e/ou de um bem de personalidade (direito ao nome e à imagem), pela qual o titular do bem concede a outrem a sua utilização como sinal distintivo de produtos ou serviços, ou como elemento integrante do produto ou respectivo continente, com um objectivo promocional. COUTINHO DE ABREU, *últ. ob. cit.*, p. 390 é mais restritivo ao circunscrever o fenómeno à concessão a outrem, pelo titular da marca de grande prestígio, do direito de usar o signo para distinguir produtos não idênticos nem afins. Particularmente relevante é a distinção elaborada por COUTO GONÇALVES, *últ. ob. cit.*, p. 237, nota 457, entre o *"corporate merchandising"* e o *"residual merchandising"*, versando o primeiro os sinais distintivos do comércio, e o último sinais ligados a pessoas jurídicas não societárias ou a grandes acontecimentos desportivos e culturais. Este poderá assumir uma particular relevância no tema em análise, admitindo COUTO GONÇALVES, *últ. ob. cit.*, p. 254 a prática de registar marcas para uso indirecto através de terceiro neste âmbito (cfr. ainda, do mesmo autor, *Merchandising desportivo* in SI, tomo LII, n.º 295, 2003, p. 129 a 143).

[338] PINTO COELHO, *últ. ob. cit.*, p. 498 pronunciava-se expressamente contra a figura.

[339] COUTO GONÇALVES, *últ. ob. cit.*, p. 205; e PUPO CORREIA, *ob. cit.*, p. 357 qualificam-na como locação do sinal distintivo. A questão é igualmente versada por SILVA CARVALHO, *últ. ob. cit.*, p. 419.

[340] Nos termos dos n.ºs 5 e 6 do art. 32.º, as licenças são qualificadas em exclusivas e não exclusivas, consoante o titular do direito renuncie ou não "à faculdade de conceder outras licenças para os mesmo direitos objecto de licença, enquanto esta se mantiver em vigor". Esta classificação diz apenas respeito às relações do licenciante com terceiros, uma vez que, de acordo com o n.º 7 do mesmo art. 32.º, "a concessão de licença de exploração exclusiva não obsta a que o titular possa, também, explorar directamente o direito objecto de licença, salvo estipulação em contrário". Deste modo, a lei adopta, apesar da referência vocabular a "exploração", uma terminologia distinta da nomenclatura de tradição germânica proposta por COUTO GONÇALVES, *últ. ob. cit.*, p. 97 e 197, que distingue entre licença

II. Apesar da generosa permissão legiferante presente na alínea e) do n.º 1 do art. 3.º da LAL, ociosamente repetida na alínea d) do n.º 2 da mesma disposição, verifica-se, atento o teor do n.º 1 do art. 32.º, uma aparente exclusão do aludido fenómeno contratual no que respeita a sinais distintivos que não a marca[341].

Não obstante, a doutrina tende a admitir que a locação de estabelecimento comercial abranja a licença de exploração do nome e insígnia do mesmo estabelecimento[342], pelo que, ao menos neste aspecto, verificar-se--ia um alargamento da teia legal gizada pelo art. 32.º do CPI.

Em simultâneo, a figura da autorização do uso da "firma, denominação social, logótipo e nome ou insígnia de estabelecimento" é reconhecida pela alínea b) do n.º 2 do art. 234.º, bem como pela alínea f) do art. 239.º, sendo admitida a comercialização destas figuras através da licença de marca que contenha os seus elementos[343].

---

exclusiva, única e simples. A licença exclusiva constitui aquela que é denominada de licença única pelo referido autor, ou de licença exclusiva reforçada por COUTINHO DE ABREU, últ. ob. cit., p. 390, nota 147. A justeza das soluções legais presentes nos n.ºs 5 e 7 do art. 32.º foi questionada por OLIVEIRA ASCENSÃO, *O projecto de Código da Propriedade Industrial e a Lei de autorização legislativa (parecer) cit.*, p. 59.

[341] Cfr. neste sentido MENEZES LEITÃO, últ. ob. cit., p. 172; e JORGE CRUZ, últ. ob. cit., p. 15, 45 e 47, versando especificamente o logótipo em *Código da Propriedade Industrial* cit., p. 313. O facto da tabela de taxas da propriedade industrial anexa à Portaria n.º 699//2003, de 31 de Julho, admitir expressamente a possibilidade de licença de exploração do logótipo não constitui um argumento decisivo no sentido da sua admissibilidade, dado o carácter não técnico da disposição em presença. A mesma possibilidade é, aliás, referida conjuntamente com o nome e insígnia de estabelecimento e a recompensa. O âmbito da licença foi analisado em Espanha por DE MIGUEL ASCENSIO, *Contratos Internacionales sobre Propiedad Industrial*, 2.ª edición, Madrid, Civitas, 2000, p. 43 e 56, nota 66, que considera ser a figura aplicável ao "*nombre comercial*" e ao "*rótulo de establecimiento*", ainda que sublinhe o papel limitado destes no contexto da contratação.

[342] FERRER CORREIA, ob. cit., p. 177, 199, nota 1, considerava, no silêncio do § 2.º do art. 118.º do CPI 1940, que mesmo nas alienações temporárias os sinais individualizadores do estabelecimento poderão acompanhá-lo. No mesmo sentido se pronunciaram, agora perante o CPI 1995, COUTINHO DE ABREU, *Curso de Direito Comercial vol. I, 3.ª edição* cit., p. 341, nota 19, ao advogar que a hipótese se encontrava a coberto do n.º 4 do art. 29.º, aplicável a transmissões definitivas ou temporárias; CARLOS OLAVO, últ. ob. cit., p. 101; PUPO CORREIA, ob. cit., p. 403 e 409 por recurso à analogia; e CASTRO ROSA, ob. cit., p. 26. O entendimento referido é mantido por COUTINHO DE ABREU, *Curso de Direito Comercial vol. I, 4.ª edição* cit., p. 345, nota 23, perante o CPI vigente.

[343] COUTO GONÇALVES, últ. ob. cit., p. 251, ainda que não se refira expressamente ao logótipo.

Assim sendo, e tendo presente a proximidade funcional entre o usufruto de sinais distintivos e a licença "de exploração" dos mesmos, afigura-se que, ainda que não se verifique uma permissão normativa expressa para esta, o sistema possibilitará resultados semelhantes por outras vias.

O mesmo ocorre sem que se verifique qualquer desvio ao princípio da tipicidade dos sinais distintivos, ou extensivamente, à tipicidade dos factos constitutivos, modificativos ou extintivos que a estes respeitem.

4.5.4. Extinção

I. Como qualquer outro sinal distintivo do comércio, o direito exclusivo outorgado pelo logótipo pode ser susceptível de extinção, verificando-se algumas especificidades neste domínio.

O logótipo pode, desde logo, nos termos do n.º 1 do art. 30.º do CPI, ser alvo de renúncia por parte do seu titular, a qual será averbada no registo, como dispõe a alínea a) do n.º 1 do art. 30.º do mesmo normativo.

Mais duvidosa se afigura todavia a possibilidade de renúncia parcial, que o n.º 2 do art. 38.º condiciona à não colisão com a "natureza do direito". A mesma não será, em princípio, admissível, pois funcionando o logótipo para além do que o princípio da especialidade permite, não será sequer configurável a figura do logótipo multiclasse em que uma ou mais classes poderiam ser renunciadas. Por outro lado, identificando o logótipo uma pessoa, dificilmente se poderá compreender o funcionamento da renúncia parcial de um sinal a esta afecto[344].

II. O direito concedido pode igualmente caducar, nos termos dos arts. 37.º e 300.º do CPI, normas em que se divisam, respectivamente, casos de caducidade automática e potestativa.

Acrescem às hipóteses de ultrapassagem do prazo de duração do direito e de não pagamento de taxas aplicáveis em geral, situações que deverão ser "necessariamente adaptadas" à específica natureza do logótipo.

---

[344] A renúncia parcial seria pelo contrário admissível se se entendesse compartimentável o âmbito de actuação da pessoa, podendo o titular renunciar ao âmbito de identificação pessoal, mas não à identificação comercial que o logótipo proporciona. Parece porém ficciosa esta possibilidade, sendo ainda de notar que as funções de identificação pessoal não deverão ser desempenhadas pelo logótipo, mas mais correctamente pela firma.

Sem necessidade de adaptação, o registo caducará, nos termos da alínea b) do n.º 1 do art. 300.º, "por falta de uso do logótipo durante cinco anos consecutivos, salvo justo motivo"[345], assim como, nos termos da alínea c), e em articulação com os n.º 3 e 4 do art. 289.º, se "em relação ao mesmo sujeito, existir mais de um logótipo" e o seu titular, "depois de devidamente notificado, não escolher apenas um, renunciando aos restantes". Considerar-se-à nesta hipótese apenas o primeiro registo, declarando-se a caducidade dos restantes.

Admitida a unicidade do logótipo, e considerada a tipicidade social de comportamentos a ela contrários, o referido fundamento de caducidade assumirá a maior relevância prática.

III. Mais problemática se afigura a aplicação da alínea a) do n.º 1 do art. 300.º, ao estatuir a caducidade por "motivo de encerramento e liquidação do estabelecimento respectivo".

A exemplo do que foi referido a propósito da transmissão do logótipo *naturaliter* com o estabelecimento, também aqui se afigura não poder a norma em causa ser aplicável nos seus exactos contornos.

Podendo o mesmo sujeito possuir vários estabelecimentos, seria incompreensível que uma vicissitude extintiva num destes pudesse afectar a subsistência de um sinal que identifica o primeiro. Aliás, é admitida uma interpretação lata da referida alínea, que possibilita a manutenção do nome e insígnia de estabelecimento para um estabelecimento a constituir ou em vias de aquisição[346].

IV. A questão fundamental a resolver reside porém em saber se a caducidade do logótipo poderá operar automaticamente por falecimento da pessoa singular ou extinção da pessoa colectiva à qual pertença, sendo a mesma interrogação colocada para a hipótese de cessação voluntária da actividade por parte do sujeito titular do sinal.

A situação de falecimento do comerciante ou empresário em nome individual têm efeitos diversificados na firma, figura cujas soluções não

---

[345] É de dez anos o prazo estabelecido pela alínea b) do n.º 1 do art. 61.º do RRNPC para a "perda do direito ao uso de firma", não se possibilitando todavia qualquer invocação de "justo motivo". Apesar de desarmónica com a referida norma, a alínea b) do n.º 1 do art. 300.º do CPI não colide, em termos valorativos, com o estabelecido para a caducidade da marca no n.º 1 do art. 269.º do CPI.

[346] COUTINHO DE ABREU, *Curso de Direito Comercial vol. I, 3.ª edição cit.*, p. 343.

poderão ser obnubiladas, tendo sido entendido que a distinção fundamental reside na existência ou não de um estabelecimento comercial aquando da morte do titular da firma.

Não existindo estabelecimento comercial a extinção da firma será automática, o que não sucederá na hipótese de este se encontrar em funcionamento. Nesta segunda hipótese abrem-se quatro sub-hipóteses: a adopção de uma firma pela herança indivisa, nos termos do art. 41.° do RRNPC; a transmissão do estabelecimento comercial sem a firma, extinguindo-se esta; a transmissão do estabelecimento comercial com a firma, em que esta se extingue na medida em que, nos termos do n.° 3 do art. 44.°, se integra na firma do adquirente; e a liquidação do estabelecimento, com a consequente extinção também da firma.

Se a cessação da actividade mercantil do comerciante ou do empresário em nome individual ocorrer voluntariamente, o regime a aplicar à firma será determinado pelo próprio sujeito, podendo a firma extinguir-se com a sua inclusão no âmbito do estabelecimento trespassado, ou manter-se na titularidade do sujeito, nos casos de inexistência de estabelecimento, liquidação ou transmissão do estabelecimento sem a firma[347].

No que respeita às pessoas colectivas, em especial às sociedades comerciais, é de salientar a manutenção da firma durante a sua dissolução e mesmo depois desta, ainda que, no último caso, nos termos do n.° 3 do art. 146.° do CSC, lhe deva ser aditada a menção "sociedade em liquidação" ou "em liquidação".

A sociedade só será considerada extinta, como resulta do n.° 2 do art. 160.° do CSC e da alínea s) do n.° 1 do art. 3.° do CRC, com o registo de encerramento de liquidação, devendo o intérprete raciocinar em termos análogos aos que presidem à cessação voluntária da actividade por parte do comerciante ou do empresário em nome individual.

V. O regime de extinção aplicável ao logótipo em virtude dos factos descritos deve beneficiar não apenas da remissão do art. 304.° para o disposto na a) do n.° 1 do art. 300.°, mas também dos elementos ponderados a propósito da firma, sinal com que mantém inegáveis conexões.

---

[347] Cfr. COUTINHO DE ABREU, *Curso de Direito Comercial* vol. I, 4.ª edição cit., p. 167. Aparentemente contra o último raciocínio *cfr.* CARLOS OLAVO, *últ. ob. cit.*, p. 141. FERNANDO OLAVO, *últ. ob. cit.*, p. 317 aludia ainda à falência como causa de extinção da firma.

Interpretado o disposto na alínea a) do n.º 1 do art. 300.º, afigura-se que o logótipo caducará na hipótese de falecimento da pessoa singular que seja o seu titular, embora se possa sufragar a permanência deste no mundo jurídico, na hipótese de existência de um estabelecimento, continuando os herdeiros do *de cuius* a sua exploração, ou concretizando-se a transmissão do estabelecimento com o logótipo.

O sinal não deixará porém de desempenhar uma função distintiva para a qual não se encontra primordialmente vocacionado, sem que na primeira hipótese seja aplicável o art. 41.º do RRNPC, destinado apenas a sinais nominativos.

Não se verificará qualquer caducidade baseada na alínea a) do n.º 1 do art. 300.º, para o caso de o sujeito decidir abandonar a sua actividade empresarial ou profissional *lato sensu*, antes se abrindo a possibilidade de aplicação da alínea b) do n.º 1 do mesmo artigo[348].

O raciocínio concretizador a partir do primeiro normativo deverá ficar assim circunscrito à hipótese de falecimento, e não de abandono da actividade, pois o sujeito conservará, em princípio, interesse na manutenção do sinal distintivo. Esse interesse materializa-se numa posterior retoma da mesma actividade, ou de outra qualquer actividade económica, pelo que apenas a caducidade pelo decurso do tempo será justamente operante neste domínio.

A caducidade operará ainda, por recurso aos princípios gerais, com o registo de encerramento de liquidação das sociedades comerciais.

4.6. Articulação com outras figuras

4.6.1. Articulação com os demais sinais distintivos do comércio

I. As dificuldades de delimitação entre os vários sinais distintivos de comércio são desde há muito conhecidas, suscitando imbricados problemas quanto à sua articulação recíproca.

Ainda na vigência do CPI 1940, PINTO COELHO aludia a situações de interpenetração da garantia do exclusivismo de sinais distintivos de espécie diferente, resolvendo a questão através da remissão para o acto de con-

---

[348] Cfr. CARLOS OLAVO, *últ. ob. cit.*, p. 28 em relação à alínea b) do art. 245.º do CPI 1995.

fusão tipificado como manifestação de concorrência desleal, nos termos do n.º 1 do art. 212.º do mesmo normativo[349].

A mesma "tendência social para esbater fronteiras" foi reconhecida por OLIVEIRA ASCENSÃO[350], referindo CARLOS OLAVO[351] que a lei estabeleceria que os sinais distintivos não se deveriam integrar noutros sinais distintivos pertencentes a outrem, em termos que pudessem dar origem a confusão ou erro.

O fenómeno a que se pretende aludir não é outro que o da *interfungibilidade dos diversos sinais distintivos do comércio*.

Apesar de serem objecto de definições legais que auxiliam o intérprete na fixação dos seus contornos, não se pode pretender que seja exacto efectuar uma fixa e hermética delimitação dos mesmos, sob pena de se espartilhar a realidade social pelo recurso a preconceitos normativos.

Os diversos sinais acabam por desempenhar na vida social funções distintas daquelas para as quais foram criados, absorvendo e sendo absorvidos por outros que com eles directa ou indirectamente concorrem[352].

Encontram-se manifestações desta realidade ao compulsar o BPI de 1995 até ao presente. Não são poucos os exemplos da prática social de apresentação da mesma composição gráfica como marca e como logótipo, como insígnia e como logótipo ou mesmo, cumulando as três figuras, enquanto marca, insígnia e logótipo.

---

[349] Cfr. PINTO COELHO, *O "nome comercial" na Convenção da União de Paris (1883) e no Código da Propriedade Industrial cit.*, p. 100. Nas suas *Lições de Direito Comercial 1.º volume cit.*, p. 237, 334 e 483 considerou expressamente a hipótese da firma funcionar, desviada da sua função própria, como individualização ou designação do próprio estabelecimento.

[350] OLIVEIRA ASCENSÃO, *Direito Comercial volume I – Institutos Gerais cit.*, p. 298.

[351] CARLOS OLAVO, *últ. ob. cit.*, p. 137, com base no CPI 1995. Em *A firma das sociedades comerciais e das sociedades civis sob forma comercial cit.*, p. 382 reconhece novamente a existência de um "campo comum de actuação entre os vários sinais distintivos".

[352] O mesmo é confirmado pelo ac. do STJ de 23 de Abril de 1998 in www.stj.pt, processo 98A272, que postulando uma igual dignidade dos sinais distintivos do comércio e negando qualquer prevalência ou prioridade entre a firma e o nome do estabelecimento, reconhece afinal que o nome de estabelecimento quase sempre identifica o próprio comerciante, pelo que embora os dois sinais assumam funções juridicamente diferentes acabam, na prática, por se confundir.

II. A lei acolhe igualmente o referido fenómeno da interfungibilidade dos sinais, ao qual repetidamente se refere em termos de aparente tolerância[353].

Afigura-se assim que a alínea c) do art. 338.º do CPI, ao estabelecer uma coima para quem "sendo titular de um direito de propriedade industrial, dele fizer *uso para produtos ou serviços diferentes daqueles que o registo protege*", deverá abranger apenas a utilização de uma marca fora da classe, ou classes, para as quais foi atribuída, não visando impedir que qualquer sinal distintivo possa funcionar fora do seu âmbito natural, nomeadamente obstar a que um logótipo possa funcionar enquanto marca de facto.

Todos os dados que se colhem do sistema apontam nesse sentido, *maxime* o carácter facultativo genérico da adopção de um sinal distintivo. As soluções dos outros ordenamentos jurídicos são também no sentido do reconhecimento da interpenetração aludida[354].

---

[353] Cfr., por exemplo, os arts. 237.º n.º 1 *in fine*, 323.º alínea f) *in fine*, 327.º, 333.º, art. 334.º alínea b), art. 340.º n.º 1 do CPI e o art. 33.º n.º 5 do RRNPC. A alínea d) do n.º 2 do art. 9.º do art. 4.º do RMC e a alínea d) do n.º 3 do art. 5.º da DM pressupõem o fenómeno quando se referem à utilização da marca "em documentos comerciais e na publicidade".

[354] O § 12 da *MarkenG* possibilita na Alemanha o cancelamento de uma marca registada anterior a um sinal distintivo cuja prioridade assente no uso no comércio, pelo que, para além da relevância do modo aquisitivo do sinal, é patente a interpenetração de figuras que são de si já algo fluidas. Na Itália, com base no disposto no art. 13.º e 14.º da *LegM*, DI CATALDO, *ob. cit.*, p. 6, sustenta a independência dos diversos direitos de utilização exclusiva referentes a um mesmo sinal limitado pela inexistência de confusão entre as diversas actividades da empresa, sendo o "*principio di circolarità*" sublinhado por CRISTINA CERASANI, *ob. cit.*, p. 648, na base do qual qualquer signo é idóneo a violar e a ser violado por um outro signo de tipo diverso. A fungibilidade de signos é sublinhada em França por CHAVANNE/BURST, *ob. cit.*, p. 450, 777 e POLLAUD-DULIAN, *ob. cit.*, p. 484, colocando-se a questão com particular acuidade dada a contraposição entre a necessidade de registo da marca e a desnecessidade de registo do "*nom commercial*" e da "*enseigne*", que acarreta a impossibilidade do seu conhecimento por parte de quem pretenda efectuar o registo da marca. O *CPInt* resolve a questão na alínea c) do art. 711-4 ao impossibilitar a adopção como marca de um nome comercial ou de uma insígnia conhecidos em todo o território nacional se existir risco de confusão aos olhos do público, sendo idênticos requisitos também exigidos na alínea b) do mesmo artigo, a propósito da denominação ou razão social. Segundo referem CHAVANNE/BURST, *ob. cit.*, p. 534, possuindo a insígnia um âmbito local, a mesma não anulará, em princípio, a marca, pelo que os dois signos, insígnia anterior não registada e marca posteriormente registada coexistiram naturalmente. Na resolução dos problemas de prova da anterioridade dos dois direitos deverá ser adoptada uma regulamentação entre ambos a fim de evitar riscos de confusão. Os conflitos no que respeita ao

Para concretizar o que se afirmou como princípio geral, cumpre analisar as concretas proibições e limites que a lei introduziu na articulação entre cada um dos diversos sinais distintivos, ainda que não se perca de vista o logótipo como fundamento da análise efectuada.

III. A colisão entre o logótipo e a marca deve ser analisada de acordo com os dados colhidos do sistema.

Ainda que o art. 258.º se afigure fechado a "produtos e serviços" não abarcando "entidades" no seu teor literal, a questão do respeito da marca por parte de logótipo posterior é resolvida pela alínea g) do n.º 1 do art. 285.º, em paralelo ao que se estabelecia na alínea f) do n.º 1 do art. 231.º do CPI 1995 (embora se possam colocar algumas interrogações quanto ao que sejam os "elementos constitutivos da marca"). A solução é aliás confirmada pela alínea f) do art. 323.º, que estendendo o âmbito do sinal distintivo em questão, criminaliza o seu uso em "estabelecimentos ou empresa". Idêntica resposta é consensual na doutrina e na jurisprudência[355].

A questão inversa, do respeito pela marca de logótipo anterior, ou da faculdade de aglutinação por esta de logótipo pré-existente deve também

---

"*nom commercial*" já serão de maior gravidade, havendo que distinguir entre a sua implantação local ou nacional, embora tal distinção não seja levada a cabo pela jurisprudência (cfr. POLLAUD-DULIAN, *ob. cit.*, p. 484 e 550). É de salientar contudo que o registo da marca não impede o uso por terceiro de boa fé de "*nom commercial*" ou de "*enseigne*" que sejam compostos pelo seu nome patronímico, nos termos da alínea a) do art. 713-6 do *CPInt*, igualmente aplicável à difusão local destes signos (cfr. CHAVANNE/BURST, *ob. cit.*, p. 536). A mesma realidade surge finalmente em Espanha, afirmando BERCOVITZ RODRIGUEZ--CANO, *últ. ob. cit.*, p. 25 e 96 que dada a interferência contínua entre signos distintivos, deve impedir-se a confusão mesmo que a colisão se produza entre modalidades de signos distintivos teoricamente diferentes, concebendo o ordenamento jurídico como um conjunto de normas harmónicas (cfr. RÍO BARRO, *ob. cit.*, p. 140 no confronto do extinto "*rótulo del establecimiento* com o "*nombre comercial*"). AREÁN LALÍN, *Marca registrada "versus" denominación social* in CJPI, Barcelona, CEFI, 1993, p. 261 afirma mesmo que tal consubstanciará não apenas uma tutela dos interesses privados do empresário mas também uma defesa do interesse público.

[355] Como salienta CARLOS OLAVO, *Propriedade Industrial cit.*, p. 71 aludindo a um fenómeno de confusão de actividades, "um terceiro não poderá utilizar um sinal que constitua a marca de outrem em termos de lesar o correspondente direito, mesmo que este sinal integre outro tipo de direito de propriedade intelectual", sustentando na nota 110 a desnecessidade, em relação ao nome e insígnia de estabelecimento, que neste se fabriquem ou vendam os próprios produtos. O ac. do TCL de 4 de Outubro de 2002, in BPI, ano 2003, n.º 3, p. 829, abordou expressamente a colisão entre um logótipo e marca anterior, considerando verificar-se uma imitação grosseira desta por parte do primeiro.

ser colocada, sobretudo tendo presente que, como sublinha OLIVEIRA ASCENSÃO[356], o logótipo tem condições particularmente favoráveis para ser adoptado como marca.

Embora diversos dados do sistema apontem no sentido do respeito da figura por parte da marca posterior[357], a alínea f) do art. 239.º do CPI pode induzir o intérprete a considerar que se exige a susceptibilidade de indução do consumidor em erro ou confusão, para que o logótipo anterior deva ser respeitado. Idêntica dúvida verifica-se a respeito do nome e insígnia de estabelecimento, perante as dificuldades paralelas suscitadas pela alínea b) n.º 1 do art. 285.º do CPI.

Segundo se afigura defensável, a não confundibilidade deve ser exigida enquanto requisito geral de tutela de qualquer sinal distintivo, não podendo ser simplesmente considerada como uma restrição da protecção outorgada. Esta solução retira-se *ab initio* da finalidade distintiva que pontifica neste domínio, ainda que se não proceda a qualquer alargamento do disposto na alínea b) do n.º 1 do art. 245.º do CPI. Um argumento relevante encontra-se na (distinta) redacção da alínea m) do art. 239.º, a respeito do conflito entre duas marcas, sendo equívoco que a solução do respeito do logótipo apenas em caso de confusão ou susceptibilidade de indução do consumidor em erro fosse defensável pela faculdade de remoção deste obstáculo mediante a autorização do seu titular, dado que não será esta a remover a possibilidade de confusão ou de erro do consumidor[358-359].

---

[356] OLIVEIRA ASCENSÃO, *Marca comunitária e marca nacional (Parte II – Portugal)* cit., p. 582.

[357] Cfr., por exemplo, o art. 234.º alínea b), o art. 239.º alínea h), o art. 261.º n.º 4 *in fine*, o art. 243.º e, sobretudo, o art. 295.º n.º 2 do CPI (na defesa da interpretação restriva deste cfr. COUTINHO DE ABREU, *últ. ob. cit.*, p. 342).

[358] A discussão gerada pelo n.º 6 do art. 93.º do CPI 1940 no que respeita a saber se a proibição abrangia a inclusão de parte apenas dos elementos versados foi expressamente solucionada pelo CPI 1995 no sentido de ser suficiente a reprodução de uma parte característica, havendo transitado subsequentemente para o normativo agora em vigor (cfr. COUTO GONÇALVES, *Função Distintiva da Marca* cit., p. 242, nota 476, *Direito de Marcas*, 2.ª edição cit., p. 122, notas 274 e 275; JUSTINO CRUZ, *ob. cit.*, p. 193).

[359] A leitura da norma em análise como protecção da indução do consumidor em erro ou confusão, "ainda que o requerente esteja autorizado a utilizar tais sinais" foi sufragada por OLIVEIRA ASCENSÃO, *últ. ob. cit.*, p. 572, que, baseando-se no n.º 2 do art. 189.º do CPI 1995, considerou não apenas que a referência ao consumidor abarcaria todos os sinais distintivos mencionados, mas também que a autorização não poderia valer se por ela o público fosse induzido em erro. Nas suas palavras, "o interesse geral em evitar a indução

A solução que decorre da lei será assim a de protecção indiscriminada do logótipo no seu confronto com marca posterior[360], sendo a possibilidade de autorização por parte do seu titular em absoluto alheia à possibilidade de confusão[361].

do público em erro prevalece sobre o interesse particular, subjacente à autorização do uso de qualquer sinal distintivo como marca", sendo que "a oposição pelo titular de um sinal distintivo ao uso deste como marca tem de se fundar na susceptibilidade de indução do público em erro, salvo concorrendo aspectos particulares como a tutela do direito ao nome". Aliás, já anteriormente ao CPI 1995 o mesmo autor defendera que a marca confundível só deveria ser autorizada quando o titular fosse o mesmo ou se integrasse no mesmo grupo económico (cfr. OLIVEIRA ASCENSÃO, *O projecto de Código da Propriedade Industrial e a Lei de autorização legislativa (parecer) cit.*, p. 52). Em sentido idêntico, COUTO GONÇALVES, *Direito de Marcas cit.*, p. 144 considerava que a autorização só seria válida em caso de semelhança mas não de identidade de sinais, devendo ser adoptadas as medidas necessárias para evitar o risco de confusão dado que a validade da autorização encontrar-se-ia subordinada a um uso não enganoso da marca. O quadro legal foi, não obstante, alterado, admitindo o art. 243.º do novo CPI que, através de uma declaração de consentimento, vigorem duas marcas ou dois sinais distintivos confundíveis (por exemplo uma marca e um logótipo), afastando-se do anteriormente previsto pelo n.º 2 ao art. 189.º do CPI 1995. A autorização de utilização de sinais distintivos coincidentes revela-se, no entanto, uma inovação problemática do novo diploma legal (cfr., na sua concretização, as alíneas b) e g) do n.º 2 do art. 234.º, bem como o art. 288.º). A sua contradição valorativa com a alínea l) do art. 239.º é flagrante, uma vez que será meramente formal pretender que não se induz "*o público*" em erro quando as expectativas dos consumidores podem ser legitimamente defraudadas. O princípio do uso não enganoso de marcas, consagrado na alínea b) do n.º 2 do art. 269.º sofrerá, sem margem para dúvidas, uma injustificada restrição por esta via (cfr. COUTO GONÇALVES, *Direito de Marcas, 2.ª edição cit.*, p. 144 e *A protecção da marca e a concorrência desleal* in CDP, n.º 5, Janeiro/Março de 2004, p. 4, nota 3). Sublinhe-se contudo que este novo entendimento não constitui uma verdadeira inovação para a jurisprudência, que mediante uma interpretação lata dos anteriores preceitos já parecia adoptá-lo (o ac. do TCL de 14 de Novembro de 2002, in BPI, ano 2003, n.º 3, p. 828 e 829 admitiu a concessão de um nome de estabelecimento confundível com uma marca anteriormente registada mediante a autorização do seu titular).

[360] COUTO GONÇALVES, *Função Distintiva da Marca cit.* p. 242, nota 476, e *Direito de Marcas, 2.ª edição cit.*, p. 123 entende que a protecção concedida só deverá operar, por regra, em relação a actividades concorrentes, à excepção da firma ou denominação social, dado o carácter potencialmente mais versátil e penetrante deste sinal em comparação com o nome e insígnia de estabelecimento. O entendimento poderá todavia não se revelar exacto, uma vez que o CPI em vigor não sujeita a protecção do nome e insígnia de estabelecimento ao princípio da especialidade. Por outra via, atenta a proximidade funcional entre o logótipo e a firma, afigura-se que a protecção reclamada para esta deverá ser igualmente aplicável àquele.

[361] A mesma solução vigora para a marca comunitária, nos termos dos arts 8.º n.º 4, 52.º n.º 2 e 106.º n.º 1 do RMC, podendo conduzir à sua invalidade (cfr. OLIVEIRA ASCENSÃO *Marca comunitária cit.*, p. 103, 104).

IV. No que respeita ao cruzamento do logótipo com o nome e insígnia de estabelecimento anteriores e destes sinais com um logótipo anterior, a alínea h) do n.º 1 do art. 285.º é incisiva na estatuição do respeito mútuo que deve presidir às relações entre tais figuras.

Sendo comummente afirmada a proibição do uso de nome ou de insígnia alheios como elementos de outro qualquer sinal distintivo[362], constatam-se todavia hesitações na jurisprudência na definição concreta do seu âmbito de protecção[363].

V. Embora seja dificilmente configurável a sua colisão com a firma, o que poderá no entanto ocorrer na hipótese de um logótipo misto, o n.º 4 do art. 4.º do CPI estatui que o registo de logótipo, bem como de outros sinais distintivos, constitui "fundamento de recusa ou anulação de firmas ou denominações sociais posteriores com eles confundíveis", estabelecendo-se no seu n.º 5 um prazo de dez anos para que a acção de anulação seja intentada[364].

Não existe uma norma paralela para a resolução da questão inversa, de saber se o logótipo deve respeitar a firma anteriormente registada, ainda que a resposta deva ser análoga. Poder-se-ia argumentar em sentido contrário com o disposto na alínea b) do n.º 1 do art. 285.º e na alínea c) do n.º 2 do art. 287.º do CPI, que inculcariam que o exclusivo atribuído pela firma cederia perante o outorgado por lei a outros sinais distintivos do comércio. Todavia, deverá ser novamente sublinhado que o requisito da não confundibilidade constitui uma exigência geral de tutela de qualquer

---

[362] CARLOS OLAVO, últ. ob. cit., p. 98.

[363] A colisão entre um logótipo e um nome de estabelecimento foi alvo de análise pelo ac. do 12.º Juízo Cível da Comarca de Lisboa, in BPI, ano 2001, n.º 1, p. 28 a 31, bem como pelo ac. da RL de 12 de Outubro de 1999, in BPI, ano 2001, n.º 1, p. 28 a 31. Concluíu-se na 1.ª instância pela possibilidade de conflito entre o nome de estabelecimento e um logótipo posterior uma vez que a tutela operaria independentemente "da circunstância de afinidade de actividades" (empresa de pesca vs uma escola pré-universitária), ou seja, sem submissão ao império do princípio da especialidade. Todavia, a RL entendeu que a confusão não se verificaria dada a distinta composição dos sinais, o diferente âmbito de actividade dos sujeitos e, sobretudo, atenta à diversa finalidade das figuras. Salvo o devido respeito, assemelha-se que a razão se encontra na 1.ª instância (cfr. *supra* 4.4.3. – Âmbito de protecção).

[364] Ainda que JORGE CRUZ, *Comentários ao Código da Propriedade Industrial cit.*, p. 59, sublinhe a desrazoabilidade da extensão da lei às insígnias, ponderado o seu aspecto meramente figurativo, não deve ser ignorada a possibilidade de tanto nestas como no logótipo se combinarem elementos nominativos e figurativos.

sinal distintivo e não uma restrição à protecção destes sinais. Mesmo sem fazer apelo ao exclusivo atribuído à firma pelo n.º 1 do art. 35.º do RRNPC, a submissão do confronto entre esta e o nome de estabelecimento ao critério da prioridade registal, pelo art. 57.º do mesmo normativo, constitui um argumento decisivo para a orientação sufragada, sendo igualmente de ponderar a remissão da alínea f) do n.º 1 do art. 285.º do CPI para a alínea h) do n.º 1 do seu art. 239.º, a qual, em interpretação extensiva, abarcará seguramente a firma[365].

A jurisprudência parece adoptar idêntico entendimento, embora não se tenha pronunciado ainda num conflito entre o logótipo e uma firma anteriormente registada[366].

VI. Em conclusão, afigura-se legítimo afirmar, como OLIVEIRA ASCENSÃO a respeito do nome e da insígnia de estabelecimento[367], que o logótipo não poderá contender com a marca, com a firma ou, em geral, com qualquer outro sinal distintivo do comércio, sendo também verdadeira a sua recíproca[368].

---

[365] Será questionável se esta norma não consubstanciará uma mera repetição legal no que respeita aos sinais distintivos do comércio, aplicando-se apenas às criações industriais (cfr. OLIVEIRA ASCENSÃO, *Marca comunitária e marca nacional (Parte II – Portugal)* cit., p. 580; e COUTO GONÇALVES, *Direito de Marca, 2.ª edição* cit., p. 129). Não obstante, ainda que se não considere a mesma directamente aplicável, sempre dela se poderá retirar uma directriz interpretativa para a descoberta da *ratio legis* da alínea b) n.º 1 do art. 285.º do CPI.

[366] O ac. do STJ de 7 de Outubro de 1986, in BMJ, n.º 360, p. 625 a 629 apreciou a confundibilidade entre o nome de estabelecimento "*Sapataria Teresinha*" e a firma posterior "*Sapataria Teresinha Lda*". A hipótese de colisão de uma firma anterior com um nome de estabelecimento posterior ("*Saratoga*") foi abordada pelo ac. do STJ de 7 de Dezembro de 1973, in BMJ, n.º 232, p. 147 a 151, que estabeleceu idêntica doutrina.

[367] OLIVEIRA ASCENSÃO, *últ. ob. cit.*, p. 571.

[368] Poderá ser equacionada a colisão do logótipo com a protecção conferida aos desenhos e modelos *ex vi* art. 203.º do CPI, uma vez que, segundo se dispõe nos arts. 173.º e 174.º do CPI, estes abrangem "os símbolos gráficos e os caracteres tipográficos", sendo apenas as "*expressões* de fantasia" excluídas pelo n.º 2 do art. 184.º e pelo n.º 3 do art. 214.º. Um logótipo anterior poderá assim ser fundamento de recusa ou anulabilidade de um desenho ou modelo industrial (cfr. a alínea e) do n.º 1 do art. 197.º e a alínea a) do n.º 1 do art. 209.º).

4.6.2. *Articulação com o Direito de autor*

I. Tal como outros sinais distintivos do comércio, o logótipo pode corporizar uma obra original em si mesmo.

Embora a situação referida seja marcadamente excepcional, a mesma coloca questões conexas não apenas com a possibilidade de uma dupla protecção do mesmo signo pelo Direito industrial e pelo Direito de autor, mas que se situam também ao nível da articulação do logótipo enquanto sinal distintivo com a obra nele inserida[369-370].

---

[369] Os direitos de autor e os direitos da propriedade industrial surgem muitas vezes unificados sob a designação genérica de *"propriedade intelectual"*, constituindo esta a orientação dogmática seguida por parte da doutrina. A tendência adquire foros de cidade no Direito francês, onde o *CPInt* regula unitariamente o direito de autor, as criações industriais e os sinais distintivos do comércio (forçando POLLAUD-DULIAN, *ob. cit.*, p. 18 a estabelecer duas *"summas divisio"* na propriedade intelectual: entre o direito de autor e a propriedade intelectual e, nesta última, entre as criações industriais e os sinais distintivos do comércio), não devendo ser negados alguns argumentos que existem para a mesma no Direito português. Assim, para além da unificação administrativa internacional (mediante a Organização Mundial de Propriedade Intelectual – OMPI), é fundamental a referência a normas como as constantes dos arts. 48.º e 1303.º do CCiv, que conduzem à pressuposição de uma unidade no domínio dos direitos absolutos.

São contudo manifestas as diferenças estruturais entre as duas categorias, não se verificando entre elas uma "comunidade de regime jurídico que permita o estabelecimento de princípios comuns" (cfr. OLIVEIRA ASCENSÃO, *Direito Comercial volume II – Direito Industrial cit.*, p. 17).

De facto, mesmo irrelevando a autonomia formal entre os dois ramos de Direito que o ordenamento jurídico português consagra (actualmente vigoram o CDADC, aprovado pelo Dec.-Lei n.º 63/85, de 14 de Março, e o CPI, aprovado pelo Dec.-Lei n.º 36/2003, de 5 de Março), não se poderão ignorar oposições fracturantes entre as duas realidades. Como ponto de partida verifica-se uma diferença funcional entre os dois direitos, visando o direito de autor proteger e impulsionar a criatividade (pelo que assume um sentido necessariamente cultural), enquanto a propriedade industrial, *maxime* os signos distintivos de comércio, visa a diferenciação de produtos ou serviços no mercado. Consequentemente, se a obra é protegida em si mesma, por virtude da exigência de originalidade na criação (cfr. os arts. 1.º n.º 1 e 2.º n.º 1 do CDADC), os sinais distintivos não beneficiam senão de uma protecção indirecta, que se traduz na sua relação com os produtos ou serviços, independentemente de qualquer juízo de originalidade.

Nestes termos, existem diferenças de regime assinaláveis. Assim, se a protecção do direito de autor nasce com a criação em si mesma (cfr. os arts. 1.º n.º 3, 12.º e 213.º do CDADC), o registo constitui um dado incontornável para a protecção da propriedade industrial (cfr. *supra* 4.4. Registo); no âmbito de protecção, a mundialização do direito de autor contrapõe-se à territorialidade estrita da marca (ainda que com ressalva dos regimes específicos do Acordo de Madrid, do RMC e do *"domain name"*); o conteúdo do direito é

II. Principiando pelo tratamento da primeira questão, tem sido entendido que a sobreposição da tutela em termos de um direito absoluto proveniente dos direitos industrial e de autor não possuirá em rigor sentido, atentas a maior abrangência e menor formalidade presentes neste último, só cedendo tal raciocínio se, procedendo "à cautela", o intérprete precaver a hipótese da situação jurídica não ser reconhecida como de Direito de autor[371].

Verifica-se porém uma considerável abertura na lei em sentido contrário, quer nos normativos que especificamente regulam o Direito de autor, como a alínea i) do n.º 1 do art. 2.º do CDADC e o n.º 7 do art. 2.º da Convenção de Berna, quer nas normas do art. 200.º e do n.º 2 do art. 222.º do CPI vigente[372]. Por outra via, é de sublinhar que não foi trans-

---

dissonante, na medida em que os direitos morais de autor (cfr. arts. 9.º n.º 3 e 56.º a 62.º do CDADC) não serão transponíveis para o âmbito dos sinais distintivos, que seguramente não "reflectem nem prolongam a personalidade do seu titular"; a caducidade por não uso (cfr. por exemplo o art. 269.º n.º 1 do CPI) opõe-se à caducidade por entrada no domínio público (cfr. o art. 38.º do CDADC); e finalmente, à protecção de setenta anos *post mortem* do direito de autor (cfr. art. 31.º do CDADC) corresponde uma tendencial perpetuidade dos sinais distintivos por via da possibilidade de sucessivas renovações (cfr. OLIVEIRA ASCENSÃO, *últ. ob. cit.*, p. 16 a 18, *Direito Civil – Direito de Autor e Direitos Conexos*, Coimbra, Coimbra Editora, 1992, p. 23, 27 a 31; e *Título, marca e registo de imprensa cit.*, p. 1230 a 1234; OEHEN MENDES, *Direito Industrial I cit.*, p. 194 a 196; POLLAUD-DULIAN, *ob. cit.*, p. 18 a 20; e BERCOVITZ RODRIGUEZ-CANO, *últ. ob. cit.*, p. 105 a 107 e *Marcas y derecho de autor* in RDM, n.º 240, Abril/Junio, 2001, p. 405 a 407).

[370] A configuração material das duas formas de tutela no caso do logótipo é relativamente simples, bastando considerar que o sinal emblemático a utilizar pode, se original, beneficiar de protecção ao nível dos direitos de autor, nos termos dos arts. 2.º n.º 1 alíneas g), h) e m) e 157.º a 168.º do CDADC. O mesmo acontecerá com o logótipo sonoro, nos termos dos arts. 2.º n.º 1 alínea e) e 141.º a 148.º do CDADC, podendo a sobreposição verificar-se ainda no âmbito dos sinais nominativos, quando estes coincidam, por exemplo, com títulos de obras ou nomes de personagens de ficção igualmente protegidos, de acordo com o disposto nos arts. 2.º n.º 1 alínea a), e 4.º n.º 1 do CDADC (cfr. OLIVEIRA ASCENSÃO, *últ. ob. cit.*, p. 1127).

[371] OLIVEIRA ASCENSÃO, *Direito Comercial volume II – Direito Industrial cit.*, p. 227 e *A segunda versão do projecto de Código da Propriedade Industrial cit.*, p. 89, considerando, ainda antes da promulgação do CPI 1995, a propósito dos desenhos e modelos, que a duplicação da protecção não se justificaria devido à evolução do Direito de autor para níveis elevados de protecção e à distinção entre os desenhos e modelos ornamentais (que não possuem um valor representativo autónomo) e a obra de arte aplicada à indústria.

[372] Norma que apenas aparentemente versará as frases publicitárias. A sua protecção cinge-se à marca enquanto tal, que pode ser constituída por qualquer sinal susceptível de representação gráfica, numa configuração que, como foi referido, pode estender-se ao logótipo.

posta, nem no CPI 1995, nem no CPI vigente, a parte final do § único do art. 143.º do CPI 1940, que corporizava o princípio de que a protecção nos termos da propriedade industrial cessava onde houvesse tutela do direito de autor[373], encontrando-se aparentemente ultrapassada a presunção de que o bem protegido como modelo ou desenho industrial não possui carácter artístico[374].

Não obstante, como sublinham CHAVANNE/BURST[375], a cumulação da tutela pode configurar-se como um modo de escapar à natureza temporária da protecção conferida pelo Direito de autor, sendo admitida desde que se verifique o respeito da finalidade de cada figura, existindo abuso de direito no caso contrário.

III. A questão da articulação do logótipo enquanto sinal distintivo com a obra original que nele pode estar inserida recebe um contributo relevante com a reflexão de BERCOVITZ RODRIGUEZ-CANO a propósito da marca no Direito espanhol[376]. Aproveitando a mesma, segue-se a distinção tripartida efectuada por aquele entre as hipóteses de independência dos titulares do direito ao signo distintivo e do direito de autor, de identidade entre estes, ou de existência de um vínculo de qualquer ordem, ainda que os dados normativos não sejam obviamente coincidentes.

Pressupondo a independência dos titulares do direito ao signo distintivo e do direito de autor, a primeira situação a considerar será a de se verificar a existência de um direito de autor prioritário. Segundo o disposto na alínea h) do art. 239.º do CPI, o desrespeito pelo direito de autor – que encontrará tradução essencial na não obtenção de uma autorização junto do seu titular – constitui fundamento de recusa da marca, conduzindo ainda, nos termos da alínea a) do n.º 1 do art. 266.º, à anulabilidade do respectivo registo (sendo estas disposições aplicáveis ao logótipo através da cadeia de remissões dos arts. 304.º e 285.º n.º 1 alínea f) do CPI)[377]. Idêntica solu-

---

[373] OLIVEIRA ASCENSÃO, *Direito Comercial volume II – Direito Industrial cit.*, p. 121 e 342, nota 2.
[374] OLIVEIRA ASCENSÃO, *últ. ob. cit.*, p. 229.
[375] CHAVANNE/BURST, *últ. ob. cit.*, p. 493.
[376] BERCOVITZ RODRIGUEZ-CANO, *Introducción a las marcas y otros signos distintivos en el tráfico económico cit.*, p. 107 a 115, e em *Marcas y derecho de autor cit.*, p. 408 a 419.
[377] O título de obra protegida não pode ser invocado como fundamento para a recusa de marca tendo por base a alínea h) do n.º 1 do art. 189.º do CPI 1995 (cfr. OLIVEIRA ASCENSÃO, *Marca comunitária e marca nacional (Parte II – Portugal) cit.*, p. 577).

ção vigorará, nos termos dos arts. 185.º n.º 1 alínea d), 197.º n.º 1 alínea f) e n.º 3 e 209.º n.º 1 alínea b) do CPI, para os desenhos e modelos, de acordo com uma orientação comum a outros ordenamentos jurídicos[378].

Sendo prioritário o direito emergente do sinal distintivo, quer mediante o seu registo, quer através do uso, o problema encontrará solução na existência de um direito de autor do titular do sinal com prioridade sobre o direito de autor posteriormente invocado. Condensar-se-ão numa única manifestação dois direitos de distinta natureza (um direito de propriedade industrial e um direito de autor), podendo o seu titular impedir o registo do mesmo signo para quaisquer outros produtos. O princípio da especialidade que rege sinais distintivos como a marca poderá, em conformidade, ser vítima de uma séria erosão.

Na sequência, poder-se-á concluir que, na hipótese do signo original se consubstanciar num logótipo, o registo de pouco adiantará, constituindo apenas uma segurança adicional para o caso do mesmo signo não vir afinal a ser protegido por um direito de autor (nomeadamente por insuficiência da sua originalidade), ou relevar utilidade no suprimento de eventuais dificuldades de prova da prioridade da criação (que datará pelo menos da data de apresentação do pedido de registo). A real vantagem que o registo do logótipo apresenta neste âmbito residirá na inexistência de um limite temporal da sua eficácia, dada a indefinida renovabilidade do exclusivo atribuído aos sinais distintivos, o que pressupõe porém o pagamento de taxas. A realização de um exame oficioso das características dos sinais distintivos pode, não obstante, constituir um índice indirecto de originalidade.

IV. O enquadramento dogmático da situação dos direitos de propriedade industrial e de autor serem encabeçados por um único titular não diverge substancialmente do enquadramento referido a respeito da prioridade do direito emergente do sinal distintivo, embora as hipóteses de obra

---

[378] A solução consta do Direito francês, com a ressalva dos direitos morais de autor mesmo sendo o comerciante proprietário *ab initio* da obra (cfr. CHAVANNE/BURST, *ob. cit.*, p. 493). No Direito espanhol a autorização é necessária, nos termos do art. 9.º n.º 1 alínea c) da *LeyM*, impondo o art. 52.º n.º 1 da mesma lei a sanção da nulidade (cfr. BERCOVITZ RODRIGUEZ-CANO, *Introducción a las marcas y otros signos distintivos en el tráfico económico cit.*, p. 98, que avança a possibilidade de invocação do direito de autor contra o titular da marca registada sem necessidade da invocação da sua nulidade, devendo dar-se a conhecer a este a existência do mesmo direito e exigir-lhe a cessação do seu uso antes do exercício de qualquer acção, dado ser possível que este ignore o direito de autor violado).

criada com autonomia para outrem, *maxime* por recurso a um contrato de empreitada ou a outro contrato de prestação de serviços, já revistam algumas especificidades.

Segundo BERCOVITZ RODRIGUEZ-CANO[379], pressupondo a manutenção da titularidade da obra no seu criador, a utilização da mesma como sinal distintivo do comércio carece, em princípio, de uma autorização do autor que especifique o tipo de produtos e serviços em causa, solução que é defensável perante o ordenamento jurídico português através do disposto no n.º 1 do art. 15.º e no n.º 3 do art. 41.º do CDADC.

A hipótese da obra ser elaborada com autonomia pode contender todavia com a própria titularidade da obra, levantando outro tipo de questões. Encontrará então aplicação o art. 14.º do CDADC, com remissão para autonomia privada e para uma presunção fáctica de titularidade do direito de autor que beneficia o destinatário da obra. O mesmo poderá, nos termos do n.º 2 do art. 15.º do CDADC, efectuar todas as utilizações possíveis da obra salvo proceder à sua modificação[380].

4.7. Meios de tutela

I. Embora se limite a reproduzir o previsto pelos arts. 257.º do CPI 1995, 211.º do CPI 1940 e 88.º da Lei n.º 1972, de 21 de Junho de 1938, não se apresenta de contornos muito claros a solução constante do art. 316.º do CPI quando reclama para a propriedade industrial "as garantias estabelecidas por lei para a propriedade em geral", traduzindo-se estas, nos termos dos arts. 1311.º, 336.º e 1314.º do CCiv, na acção de reivindicação e na acção directa.

A estranheza da remissão – aparentemente tributária de uma específica concepção de direitos industriais – reside no facto de, dada a insus-

---

[379] BERCOVITZ RODRIGUEZ-CANO, *últ. ob. cit.*, p. 112.

[380] Os n.ºs 2 e 3 do art. 14.º do CDADC estabelecem duas presunções contraditórias, sendo comum o entendimento que a prevalência caberá à última presunção. No caso da titularidade do direito de autor pertencer ao criador intelectual o n.º 1 do art. 15.º do CDADC remete para o que tiver sido acordado pelas partes, sendo subsidiariamente aplicável um critério de praticabilidade e boa fé essencialmente conexo com a finalidade da encomenda (cfr. OLIVEIRA ASCENSÃO, *Direito Civil – Direito de Autor e Direitos Conexos* cit., p. 143 a 147 e 418 a 424). Conclusivamente, na omissão da vontade das partes quanto à finalidade da encomenda, exigir-se-á uma autorização do autor nesse sentido, encontrando-se fora de questão a admissibilidade genérica da utilização do objecto enquanto sinal distintivo.

ceptibilidade de posse dos direitos industriais, dificilmente se conceber a aplicação da acção de reivindicação neste âmbito[381], ao mesmo tempo que o instituto da acção directa funcionaria, verificados os seus pressupostos, independentemente do redireccionamento referido.

II. A aplicação do instituto da responsabilidade civil no âmbito versado apresenta-se incontestada. A violação do direito exclusivo emergente do logótipo inclui-se na previsão da violação de *"um direito de outrem"* do n.º 1 do art. 483.º do CCiv, pelo que este será um meio privilegiado de tutela do seu titular.

Ao lado da responsabilidade civil por danos causados, é ainda pacífica a possibilidade de interdição do uso legal de um sinal idêntico ou confundível com o logótipo, quer através de uma acção inibitória ou de cessação de actividade, quer através de uma acção de eliminação ou remoção do sinal distintivo violador do anterior exclusivo, nos termos da alínea b) do n.º 2 do art. 4.º do CPC[382]. A mesma possibilidade, que traduz a dimensão negativa do Direito industrial, resulta expressamente do disposto no art. 295.º do CPI, ao impedir terceiros de usar o nome ou insígnia de estabelecimento sem o consentimento do seu titular, aplicável ao logótipo através da eterna remissão do art. 304.º do mesmo normativo. Paralela às soluções previstas para a marca no art. 258.º do CPI, e para a firma no art. 62.º do RRNPC, a sanção funcionará independentemente da consideração da boa ou má fé do lesante[383].

Também o instituto do enriquecimento sem causa, se adequadamente preenchidos os pressupostos do n.º 1 do art. 473.º do CCiv, parece sus-

---

[381] O art. 1315.º do CCiv não parece ser decisivo ao alargar a acção de reivindicação aos direitos reais (de gozo), pois seria sempre consumido pela estatuição ampla do art. 316.º do CPI. Decisiva será a necessidade de harmonização com a "natureza" dos direitos de propriedade intelectual prevista no n.º 2 do art. 1303.º do CCiv, aparentemente obnubilada pelo legislador subsequente.

[382] Cfr. FERRER CORREIA, *ob. cit.*, p. 201; OLIVEIRA ASCENSÃO, *Direito Comercial volume II – Direito Industrial cit.*, p. 368 e *Marca comunitária e marca nacional (Parte II – Portugal) cit.*, p. 591; CARLOS OLAVO, *últ. ob. cit.*, p. 100; e MENEZES LEITÃO, *últ. ob. cit.*, p. 174.

[383] Como meio preventivo de oposição administrativa a lei possibilita igualmente, de acordo com o critério de prejudicialidade estabelecido no art. 290.º do CPI, a "reclamação" contra o pedido de registo de logótipos que violem um exclusivo anterior, sendo ainda de ponderar as acções de anulação e de declaração de nulidade do registo referidas nos arts. 299.º e 298.º do mesmo diploma.

ceptível de aplicação, pese embora a possível inexistência de um dano em concreto na hipótese de boa fé do enriquecido[384].

A lei admite ainda, no n.º 1 do art. 340.º, e na sequência do art. 9.º da LAL, o arresto de objectos que desrespeitem o exclusivo concedido pelo logótipo, sufragando a doutrina o recurso complementar à sanção pecuniária compulsória, consagrada pelo art. 829.º-A do CCiv[385].

III. Aos meios civis de tutela acresce a específica tutela penal e contra-ordenacional que é estatuída no CPI a propósito dos sinais distintivos do comércio[386].

Encontrando-se a concorrência desleal fora do escopo visado, ponderada a sua distinção da concorrência ilícita ou por violação de direitos privativos, o novo CPI consagra, de forma inovadora, uma sanção contra-ordenacional específica para a violação do direito de exclusivo outorgado pelo logótipo[387].

A sanção encontra-se consagrada na alínea b) do art. 334.º do CPI, que pune com coima quem, sem o consentimento do titular do direito, "usar em impressos, no seu estabelecimento, em produtos ou por qualquer outra forma, sinal que constitua reprodução ou imitação de logótipo já

---

[384] Cfr. OLIVEIRA ASCENSÃO, *Direito Comercial volume II – Direito Industrial cit.*, p. 374; PEREIRA COELHO, *O enriquecimento e o dano*, Coimbra, Almedina, 1999 p. 19, nota 31; e MENEZES LEITÃO, *últ. ob. cit.*, p. 174 e *O enriquecimento sem causa no Direito Civil*, Lisboa, CEF, 1996, p. 740 aplicando o enriquecimento por intervenção ao reconhecer, a propósito da marca, um conteúdo de destinação positivo cujo montante será a remuneração adequada pelo uso da marca. FERNÁNDEZ-NÓVOA, *El enriquecimiento injustificado en el Derecho Industrial*, Marcial Pons, Madrid, 1997 p. 70 associa a questão à concorrência desleal no ordenamento jurídico espanhol.

[385] OLIVEIRA ASCENSÃO, *Marca comunitária e marca nacional (Parte II – Portugal) cit.*, p. 589; e PUPO CORREIA, *ob. cit.*, p. 276, 348 e 480.

[386] A violência e gratuidade da sanção penal são, desde há muito, salientadas pela doutrina, sendo legítimo questionar se o conjunto de ilícitos tipificados na lei se integram no núcleo de bens fundamentais da vida em sociedade que a justificam (cfr. OLIVEIRA ASCENSÃO, *Direito Comercial volume II – Direito Industrial cit.*, p. 358). A derrogação do princípio constitucional da necessidade da pena parece haver sido todavia adquirida pelo costume.

[387] Era através da concorrência desleal, desenhada pelo novo CPI como ilícito meramente contra-ordenacional (cfr. os arts. 317.º e 331.º do CPI e a alínea a) do n.º 1 do art. 6.º da LAL), que no CPI anterior se exercia a tutela de direitos privativos desprovidos de sanção específica, nos quais se incluía o logótipo (cfr. CARLOS OLAVO, *últ. ob. cit.*, p. 20 e 104). Esta omissão da lei foi considerada uma falha do CPI 1995 (cfr. JORGE CRUZ, *últ. ob. cit.*, p. 54 e 56).

registado por outrem", sanção paralela à prevista no art. 333.º para a violação dos direitos exclusivos conferidos pelo nome e insígnia de estabelecimento e à prevista, em termos penais, para a violação da marca pela alínea f) do art. 323.º do mesmo texto legal.

A lei pune também contra-ordenacionalmente a utilização de um logótipo em contradição com as regras para a sua composição previstas nas alíneas a) a g) do n.º 1 do art. 285.º, ainda que o faça em termos inexplicavelmente mais severos do que os previstos para a violação do nome e insígnia de estabelecimento, tal como resulta da aplicação conjugada da alínea c) do art. 334.º e do art. 337.º do CPI.

A solução legal chega a ser mais violenta do que a adoptada, no n.º 1 do art. 336.º do CPI, para a marca, ao mesmo tempo que actua, pelo menos no âmbito previsto no art. 337.º, independentemente do registo do logótipo. Verifica-se assim a possibilidade de aplicação de uma coima após os serviços do INPI não haverem oportunamente recusado o registo em causa, inculcando a aparente irresponsabilização daquele organismo[388-389].

Como terceira previsão contra-ordenacional, a lei sanciona, na alínea a) do art. 334.º do CPI, quem, sem consentimento do titular do direito, "alegar, falsamente, a existência de uma entidade, nos termos previstos no

---

[388] A alínea f) do n.º 1 do art. 285.º – expressamente mencionada pela alínea c) do art. 334.º – remete para o regime de composição da marca, ficando apenas excluída a previsão da alínea g) do art. 239.º. Em contrapartida, são abrangidas as alíneas h) e j) do art. 239.º, além das previsões constantes das alíneas a) a e) e g) do n.º 1 do art. 285.º para o nome e insígnia de estabelecimento. Sendo a marca o sinal distintivo alvo de uma tutela legal mais intensa, a contradição valorativa afigura-se intransponível.

[389] A lei apresenta discrepâncias dificilmente justificáveis. Desde logo, é questionável que o art. 336.º, como refere a sua epígrafe, verse apenas marcas, uma vez que, no texto do n.º 1, referem-se "sinais distintivos não registados". Todavia, se o âmbito da norma for, de facto, mais vasto, abrangendo outros sinais distintivos que não a marca, nomeadamente o nome e insígnia de estabelecimento, seguramente que o logótipo terá de ficar excluído, sob pena de se verificar uma desnecessária sobreposição com já previsto na alínea c) do art. 334.º (salvo no que respeita à alínea g) do art. 239.º). Mas mesmo estendendo a tutela contra-ordenacional da composição do nome e insígnia de estabelecimento, esta não é ainda paralela à conferida por lei ao logótipo, cuja contradição com as alíneas a) e g) do n.º 1 do art. 285.º e com as alíneas h) e j) do art. 239.º é expressamente sancionada. Finalmente, afigura-se discutível a qualificação de ilicitude da marca na epígrafe do art. 336.º, quando o art. 337.º apenas refere o seu "uso indevido", fundado numa aparente "ilegitimidade". Seria desejável uma unificação legal com base na ilicitude, nomeadamente por o uso indevido de direitos privativos ser já alvo das previsões das alíneas b) e c) do art. 338.º do CPI.

artigo 302.°, para obter o registo de um logótipo ou com fins meramente especulativos ou de concorrência desleal". A previsão só será compreensível, no que à concorrência desleal diz respeito, se esta não tiver de facto ocorrido, uma vez que, a verificar-se aquela, o art. 317.° encontrará imediata aplicação. Contrapondo-se esta contra-ordenação à que atinge, nos termos da alínea f) do n.° 1 do art.° 75.° do RRNPC, aqueles que "usem firma sem previamente ter obtido certificado da respectiva admissibilidade", é a mesma paralela à que sanciona os que tendo obtido o certificado de admissibilidade de firma, "não tenham promovido a constituição da sociedade ou do estabelecimento individual de responsabilidade limitada"[390].

Finalmente, mantendo uma absoluta identidade de patamares sancionatórios, a lei reprime, através das alíneas a) e b) do art. 338.°, quer a invocação, quer o uso indevido do logótipo[391].

IV. Beneficiando de uma específica tutela contra-ordenacional, o logótipo não é objecto da sanção mais grave do ordenamento, a sanção penal. Esta é reservada, como resulta das previsões dos arts. 323.°, 325.° e 327.° do CPI, para a marca, nome comercial, denominações de origem e indicações geográficas, sendo os actos preparatórios destes ilícitos punidos enquanto contra-ordenações, nos termos do art. 335.° do mesmo normativo.

5. Natureza jurídica

I. Cumpre agora tomar posição na definição da natureza jurídica do logótipo.

Partindo dos pressupostos da prolixidade dos direitos privativos emergentes dos sinais distintivos do comércio e da interfungibilidade dos mesmos direitos na *praxis* social, o primeira conclusão a retirar consiste na afirmação do logótipo como um *direito de exclusivo criado ex novo por iniciativa do legislador nacional contra tudo e contra todos*.

---

[390] O enquadramento contra-ordenacional referido encontra previsão expressa nas alíneas d), g) e h) do n.° 1 do art. 6.° da LAL.
[391] A alínea c) do mesmo artigo coloca as interrogações referidas em 4.6.1. – Articulação com os demais sinais distintivos do comércio.

Mais do que ter nascido em "dia aziago"[392], o logótipo surge num momento de condensação dos sinais distintivos do comércio em torno da marca e em que apenas manifestações inerentes à sociedade de informação – como a figura do nome de domínio – tendem a ser aceites. Na verdade, enquanto meio de identificação dos produtos oferecidos, a marca tenderá a consumir a utilidade da identificação e distinção da própria pessoa que os produz, tendo em larga medida já absorvido o interesse de sinais distintivos de base estática, como o nome e a insígnia de estabelecimento[393].

Por outro lado, não resultou provado que a função desempenhada pelo logótipo não possa ser eficazmente desempenhada através de uma extensão quer da insígnia de estabelecimento, quer da própria marca. Não se deverá olvidar a ponderação da aplicação da insígnia de estabelecimento na correspondência, publicidade, facturas ou mesmo na lapela ou no uniforme dos trabalhadores afectos a um estabelecimento, empresa ou sociedade. O emprego da marca na correspondência e na publicidade constitui, de igual modo, um dos elementos que se encontra presente em vários dos ordenamentos jurídicos passados em revista.

II. A consagração do logótipo enquanto sinal distintivo do comércio no ordem jurídica portuguesa é todavia incontornável, acarretando como consequências não apenas a limitação da capacidade expansiva de alguns sinais distintivos do comércio, como a necessária compressão dos sinais que com ele concorrem.

O logótipo assumirá a *função de identificar e distinguir um sujeito no tráfego, mediante a utilização de um sinal não nominativo*, possuindo a virtualidade de se aplicar independentemente da qualificação empresarial daquele. A sua função não passa pela garantia de uma qualquer qualidade, sendo a sugestividade que ao sinal possa estar associada, pese embora a utilização socialmente típica do logótipo na publicidade, igualmente lateral[394].

A função que este assume perante o ordenamento jurídico português será a típica função atribuída a um sinal distintivo de comércio: ele indi-

---

[392] JORGE CRUZ, *últ. ob. cit.*, p. 131.
[393] BERCOVITZ RODRIGUEZ-CANO, *últ. ob. cit.*, p. 23, 24, 36, 231, 236, 242, 246, 258, 273; MONTIAGO MONTEAGUDO, *ob. cit.*, p. 186; e GÓMEZ MONTERO, *ob. cit.*, p. 100. A supressão do *"rótulo de establecimiento"* no Direito espanhol e a flutuabilidade dos *"geschäftliche Bezeichnungen"* no Direito alemão são paradigmáticos neste sentido.
[394] RÍO BARRO, *ob. cit.*, p. 144 referindo-se ao *"rótulo de establecimiento"* espanhol.

cará qual o sujeito que se encontra a actuar no tráfego, informando e garantindo a sua transparência não apenas no mercado[395], mas perante a sociedade em geral. Numa palavra, distinguirá[396].

III. Apesar dos seus contornos dogmáticos não se encontrarem integralmente estabilizados, aspecto em que a sua proximidade com a firma não pode deixar de se salientar como decisiva, é de sublinhar a satisfatória recepção e assimilação da figura pela prática comercial, como se demonstra através dos numerosos pedidos de logótipo publicados mensalmente no BPI, em número consideravelmente superior, por exemplo, aos pedidos de nomes ou insígnias de estabelecimento.

Assim, ainda que o legislador enverede futuramente por um alargamento funcional da marca (extensível à identificação e distinguibilidade dos sujeitos), ou por uma modificação da configuração externa da firma (possibilitando-lhe a assunção de um carácter figurativo), afigura-se que a realidade *sub judice* tenderá a ser sempre reconhecida no mundo dos negócios, sendo a sua tutela efectuada em termos de exclusivo, e não mediante uma remissão genérica para o instituto da concorrência desleal.

Afinal, a pessoa constitui o núcleo de toda a protecção jurídica, e uma imagem vale mais do que mil palavras.

---

[395] BOCCHINI, *ob. cit.*, p. 40, 46, referindo uma cláusula geral de verdade, clareza e correcção que enforma todo o campo dos sinais distintivos de comércio.

[396] São bastante díspares as funções apontadas pela doutrina para os sinais distintivos em geral, e para a marca em particular. Ponderam-se diversos desdobramentos da função distintiva, bem como a inclusão de uma função de garantia directa da qualidade dos produtos e de uma função publicitária (cfr. *inter alius* JUSTINO CRUZ, *ob. cit.* p. 139; NOGUEIRA SERENS, *Marcas de forma cit.*, p. 62; CARLOS OLAVO, *ob. cit.*, p. 39 e 40; COUTINHO DE ABREU, *últ. ob. cit.*, p. 354, *Marcas (noção, espécies, funções, princípios constituintes) cit.* p. 133; COUTO GONÇALVES, *Função Distintiva da Marca cit.*, p. 25 a 34, 109 a 113, 174, 215 a 218, 259, 260, 262, 264 a 270 e *Direito de Marcas, 2.ª edição cit.*, p. 17 a 31, 156; PUPO CORREIA, *ob. cit.* p. 385; ALEXANDRE DIAS PEREIRA, *A liberdade de navegação na internet: "browsers", "hyperlinks", "meta-tags"* in ECD, Coimbra, 2002, p. 253; SILVA CARVALHO, *Concepção jurídica de uma marca nova?* in Estudos em Homenagem ao Professor Doutor Raúl Ventura, FDUL, Coimbra, Coimbra Editora, 2003, p. 311; e *Direito de Marcas cit.*, p. 154; e, na doutrina estrangeira, HUBMAN/GÖTTING, *ob. cit.*, p. 255; NORDEMANN, *ob. cit.*, p. 339; DI CATALDO, *ob. cit.* p. 29; CAMPOBASSO, *ob. cit.* p. 170; POLLAUD-DULIAN, *ob. cit.* p. 514; FERNÁNDEZ-NÓVOA, *Tratado sobre Derecho de Marcas cit.*, p. 64; e BERCOVITZ RODRIGUEZ-CANO, *últ. ob. cit.*, p. 62). A função desempenhada pelo logótipo não parece alvo de tão numerosos desencontros: a identificação do sujeito e sua distinção de outros sujeitos constituirão o paradigma.

Bibliografia consultada

AA. VV., *Dicionário da Língua Portuguesa*, 8.ª edição, Porto, Porto Editora, 1999.
— *Dicionário da Língua Portuguesa Contemporânea – Academia das Ciências de Lisboa, I e II volumes*, Lisboa, Verbo, 2001.
ABELL, MARK e MARK ANTINGHAM, *Trademarks in the European Community* in CLYIB, vol. XIV, 1992, p. 279 a 309.
ABREU, JOSÉ MANUEL COUTINHO DE, *Curso de Direito Comercial vol. I*, 4.ª edição, Coimbra, Almedina, 2003.
— *Curso de Direito Comercial vol. I*, 3.ª edição, Coimbra, Almedina, 2002.
— *Curso de Direito Comercial vol. II*, Coimbra, Almedina, 2002.
— *Marcas (noção, espécies, funções, princípios constituintes)* in BFD, ano LXXIII, 1997, p. 121 a 147.
— *Da empresarialidade (As empresas no direito)*, Coimbra, Almedina, 1996.
ABREU, MADALENA, *Marcas tridimencionais* in REPI, Coimbra, Almedina, 1997, p. 23 a 27.
ALONSO ESPINOSA, FRANCISCO, *Las prohibiciones de registro en la Ley 17/2001, de 7 de Diciembre, de Marcas* in RDM n.° 245, Jullio/Setembre, 2002, p. 1185 a 1231.
ANTERO, ADRIANO, *Comentario ao Codigo Commercial Portuguez I volume*, 2.ª edição, Porto, Companhia Portuguesa Editora.
ARAÚJO, ANTÓNIO, *A nação e os seus símbolos* in Dir n.° 133, tomo I, 2001, p. 197 a 224.
AREÁN LALÍN, MANUEL, *Marca registrada "versus" denominación social* in CJPI, Barcelona, CEFI, 1993, p. 257 a 267.
— *La Transacción sobre Marcas* in CJPI, Barcelona, CEFI, 1993, p. 221 a 232.
ARROYO MARTÍNEZ, IGNACIO, *Consideraciones sobre algunas novedades de la ley 17/2001, de 7 de Diciembre, de Marcas* in RDM n.° 243, Enero/Marzo, 2002, p. 15 a 43.
ASCENSÃO, JOSÉ DE OLIVEIRA, *Concorrência Desleal*, Coimbra, Almedina, 2002.
— *Direito industrial, exclusivo e liberdade* in ROA, ano 61, III, 2001, p. 1195 a 1217.
— *A reforma do Código da Propriedade Industrial* in DInd, vol. I, Coimbra, Almedina, 2001, p. 481 a 504.
— *A situação da propriedade intelectual em Macau* in RFDUL, 2001, n.° 2, p. 691 a 734.
— *A liberdade de referências em linha e os seus limites* in RFDUL, 2001, n.° 1, p. 7 a 29.
— *Marca comunitária* in EDC, 2001, n.° 3, p. 93 a 130 e DInd, vol. II, Coimbra, Almedina, 2002, p. 5 a 38.
— *Marca comunitária e marca nacional (Parte II – Portugal)* in RFDUL, 2000, n.° 1, p. 563 a 594 e DInd, vol. II, Coimbra, Almedina, 2002, p. 39 a 79.
— *Parecer sobre a "Proposta de alteração ao Código da Propriedade Industrial"* in RFDUL, 2000, n.° 1, p. 317 a 335.
— *Direito Comercial volume IV – Sociedades Comerciais Parte Geral*, Lisboa, 2000.
— *Direito Comercial volume I – Institutos Gerais*, Lisboa, 1998.
— *Observações ao projecto de alterações ao Código da Propriedade Industrial da CIP e CCI* in RFDUL, 1998, n.° 2, p. 653 a 679.
— *Relatório final de actividade da comissão de acompanhamento do Código da Propriedade Industrial* in RFDUL, 1997, n.° 1, p. 347 a 356.

- *O projecto de Código da Propriedade Industrial – Patentes, Modelos de Utilidade e Modelos e Desenhos Industriais* in RFDUL, 1997, n.° 1, p. 133 a 229.
- *Título, marca e registo de imprensa* in ROA, ano LVII, tomo III, 1997, p. 1223 a 1281.
- *A aplicação do art. 8.° da Convenção da União de Paris nos países que sujeitam a registo o nome comercial* in ROA, 1996, tomo II, p. 439 a 475.
- *O projecto de Código da Propriedade Industrial e a Lei de autorização legislativa (parecer)* in RFDUL, 1995, n.° 1, p. 35 a 213.
- *A segunda versão do projecto de Código da Propriedade Industrial* in RFDUL, 1992, p. 37 a 252.
- *Direito Civil – Direito de Autor e Direitos Conexos*, Coimbra, Coimbra Editora, 1992.
- *Direito Comercial volume II – Direito Industrial*, Lisboa, 1988.

AURELIANO, NUNO, *A obrigação de não concorrência do trespassante de estabelecimento comercial no Direito português* in Estudos em homenagem ao Professor Doutor Inocêncio Galvão Telles, volume IV, Coimbra, Almedina, 2003, p. 717 a 815.

BARRERO RODRÍGUEZ, ENRIQUE, *Algunos aspectos de la reforma del Derecho español de los signos distintivos. Consideraciones sobre la Ley 17/2002, de marcas* in RDM n.° 245, Jullio/Setembre, 2002, p. 1425 a 1460.

BERCOVITZ RODRIGUEZ-CANO, ALBERTO, *Introducción a las marcas y otros signos distintivos en el tráfico económico*, Navarra, Aranzadi, 2002.
- *Marcas y derecho de autor* in RDM n.° 240, Abril/Junio, 2001, p. 405 a 419.

BERTRAND, ANDRÉ, *Le Droit des Marques et des Signes Distinctifs*, Paris, Cedat, 2000.

BOCCHINI, ERMANNO, *Lezioni di Diritto Industriale, 2.ª edizione*, Padova, Cedam, 1995.
- *Il diritto industriale nella società dell'informazione* in RDI, 1994, parte I, p. 23 a 49.

BONOMO, GIOVANNI, *Il nome di dominio e la relativa tutela. Tipologia delle pratiche confusorie in Internet*, in RDI, 2001, parte I, p. 247 a 273.

CAMPOBASSO, GIAN FRANCO, *Diritto Commerciale 1 – Diritto dell'impresa, terza* edizione, Torino, Utet, 1997.

CARBAJO CASCÓN, FERNANDO, *Conflictos entre signos distintivos y nombres de dominio en internet*, Navarra, Aranzadi, 1999.

CARVALHO, AMÉRICO DA SILVA, *Direito de Marcas*, Coimbra, Coimbra Editora, 2004.
- *Concepção jurídica de uma marca nova?* in Estudos em Homenagem ao Professor Doutor Raúl Ventura, FDUL, Coimbra, Coimbra Editora, 2003, p. 293 a 325.

CARVALHO, ORLANDO DE, *Anotação ao acordão do STJ de 11 de Dezembro de 1979*, in RLJ, ano 113 (1980), n.° 3675, p. 285 a 288, e n.° 3676, p. 290 a 291.

CARVALHO, SANDRA LEITÃO DE, *Grupo no Direito Industrial*, FDUL, Tese 2959, Lisboa, 1999/2000.

CASADO CERVIÑO, ALBERTO, *La nueva ley española de marcas: análisis desde la perspectiva del derecho comunitário* in ADIDA 2001, Madrid, Marcial Pons, 2002, p. 23 a 49.

CERASANI, CRISTINA, *Il conflitto tra domain names e marchi d'impresa nella giurisprudenza italiana* in DCI, 13.3, Luglio-Settembre, 1999, p. 645 a 662.

CHAVANNE, ALBERT e JEAN-JACQUES BURST, *Droit de la propriété industrielle*, 4.ª édition, Paris, Dalloz, 1993.

COELHO, FRANCISCO MANUEL PEREIRA, *O enriquecimento e o dano*, Coimbra, Almedina, 1999.
COELHO, JOSÉ GABRIEL PINTO, *A protecção do "nome do estabelecimento" estrangeiro*, in RLJ, ano 97 (1964), n.º 3266, p. 65 a 67, n.º 3267, p. 81 a 82, n.º 3268, p. 97 a 100 e n.º 3270, p. 129 a 131.
– *O "nome comercial" na Convenção da União de Paris (1883) e no Código da Propriedade Industrial*, in RLJ, ano 95 (1962), n.º 3219, p. 81 a 85, e n.º 3220, p. 97 a 101.
– *Lições de Direito Comercial 1.º volume*, 3.ª edição, Lisboa, 1957.
CORDEIRO, ANTÓNIO MENEZES, *Manual de Direito Comercial II vol.*, Coimbra, Almedina, 2001 (pré-edição).
– *Manual de Direito Comercial I vol.*, Coimbra, Almedina, 2001.
CORREIA, ANTÓNIO ARRUDA FERRER, *Lições de Direito Comercial*, Lisboa, Lex, 1994 (Reprint 1973).
– *Propriedade Industrial. Registo do nome de estabelecimento. Concorrência desleal* in Estudos de Direito Civil, Comercial e Criminal, 2.ª edição, Coimbra, Almedina, 1985, p. 235 a 253.
CORREIA, MIGUEL PUPO, *Direito Comercial*, 8.ª edição, Lisboa, Ediforum, 2003.
CRUZ, JORGE, *Código da Propriedade Industrial*, Lisboa, Pedro Ferreira Editor, 2003.
– *Comentários ao Código da Propriedade Industrial*, edição do autor, 1995.
CRUZ, JUSTINO, *Código da Propriedade Industrial (anotado)*, 2.ª edição, Lisboa, Livraria Arnado, 1985.
DE MIGUEL ASCENSIO, PEDRO, *Contratos Internacionales sobre Propiedad Industrial*, 2.ª edición, Madrid, Civitas, 2000.
DI CATALDO, VINCENZO, *I segni distintivi*, Milano, Giuffrè, 1985.
DI SABATO, FRANCO, *Manuale delle Società*, sesta edizione, Torino, Utet, 1999.
FERNANDES, LUÍS CARVALHO, *A nova disciplina das invalidades dos direitos industriais* in ROA, ano 63, I/II, p. 95 a 155.
FERNÁNDEZ-NÓVOA, CARLOS, *Tratado sobre Derecho de Marcas*, Madrid/Barcelona, Marcial Pons, 2001.
– *El enriquecimiento injustificado en el Derecho Industrial*, Madrid, Marcial Pons, 1997.
FERRI, GIUSEPPE, *Manuale di Diritto Commerciale*, 11.ª edizioni, Torino, Utet, 2001.
FRANCESCHELLI, REMO, *Cognomi e denominazioni sociali* in Studi Riuniti di Diritto Industriale, Milano, Giuffrè, 1972, p. 187 a 190.
– *Contenuto e limiti del Diritto Industriale* in Studi Riuniti di Diritto Industriale, Milano, Giuffrè, 1972, p. 3 a 35.
– *Essence et protection en Italie du nom commercial ou "ditta"* in Studi Riuniti di Diritto Industriale, Milano, Giuffrè, 1972, p. 167 a 186.
– *Sul diritto d'insegna* in Studi Riuniti di Diritto Industriale, Milano, Giuffrè, 1972, p. 153 a 166.
FRANCESCHELLI, VINCENZO, *Le fonti del diritto industrialle cinquant'anni dopo* in RDI, 2002, parte I, p. 354 a 364.
FUDONG, LIU e ZHU XUEZHONG, *Estudo comparativo sobre os regimes jurídicos do interior da China e de Macau* in RAPM, n.º 55, Macau, 2002, p. 229 a 244.
FURTADO, PINTO, *Curso de Direito das Sociedades*, 4.ª edição, Coimbra, Almedina, 2001.

GALLOUX, JEAN-CHRISTOPHE, *Droit de la Propriété Industrielle*, Paris, Dalloz, 2000.
GARCIA VIDAL, ÁNGEL, *A recomendação conjunta da União de Paris e da OMPI sobre protecção das marcas e outros direitos de propriedade industrial sobre sinais na Internet (tradução de Luís Couto Gonçalves)* in SI, tomo LII, n.º 296, 2003, p. 317 a 340.
GATTI, SERAFINO, *Verso un Marchio di fraganza o di aroma?* in RDCDGO, 1989, parte I, p. 651 a 654.
GÓMEZ LOZANO, MARIA DEL MAR, *Los signos distintivos en la promoción de destinos turísticos*, Navarra, Aranzadi, 2002.
GÓMEZ MONTERO, JESÚS, *El régimen del rótulo de establecimiento en la nueva ley de marcas de 2001* in ADIDA 2001, Madrid, Marcial Pons, 2002, p. 99 a 109.
GONÇALVES, LUÍS COUTO, *A protecção da marca e a concorrência desleal* in CDP, n.º 5, Janeiro/Março de 2004, p. 3 a 9.
– *Merchandising desportivo* in SI, tomo LII, n.º 295, 2003, p. 129 a 143.
– *Direito de Marcas*, 2.ª edição, Coimbra, Almedina, 2003.
– *Marca olfactiva e o requisito da susceptibilidade de representação gráfica (anotação ao Ac. do Tribunal de Justiça de 12.12.2002)* in CDP, n.º 1, Janeiro/Março de 2003, p. 14 a 26.
– *A "marca" do Tribunal de Justiça no Direito das Marcas* in Estudos em Homenagem à Professora Doutora Isabel de Magalhães Collaço vol. II, Coimbra, Almedina, 2002, p. 79 a 93.
– *A Protecção da Marca* in SI, tomo LI, n.º 294, 2002, p. 545 a 555.
– *Direito de Marcas*, Coimbra, Almedina, 2000.
– *Função Distintiva da Marca*, Coimbra, Almedina, 1999.
– *Sociedades profissionais* in SI, tomo XXXIX, n.º 223, 1990, p. 157 a 185.
HEATH, CHRISTOPHER, *Trademark rights in Europe* in ERPL, vol. IV, n.º IV, 1996, Kluwer Law International, 289 a 338.
HOFMANN, PAUL, *Handelsrecht*, 10. auflage, Luchterand, 2000.
HUBMANN, HEINRICH e HORST-PETER GÖTTING, *Gewerblicher Rechtsschutz*, 6. auflage, München, Beck, 1998.
HÜBNER, ULRICH, *Handelsrecht*, 4. auflage, Heidelberg, C.F. Müller, 2000.
KUR, ANNETTE, *Harmonization of the Trade Mark Laws in Europe: Results and Open Questions* in RDI, 1996, parte I, p. 227 a 246.
LEHMANN, MICHAEL, *Il nouvo marchio europeo e tedesco* in RDI, 1995, parte I, p. 267 a 280.
LEMA DAPENA, MARIA ALBA, *La proteccíon del nombre comercial através del artículo 8 del CUP* in ADIDA 2000, Madrid/Barcelona, Marcial Pons/Universidad de Santiago de Compostela, 2001, p. 339 a 360.
LEITÃO, LUÍS MENEZES, *Nome e insígnia de estabelecimento* in DInd, vol. I, Coimbra, Almedina, 2001, p. 157 a 175.
– *O enriquecimento sem causa no Direito Civil*, Lisboa, CEF, 1996.
LIMA, PIRES DE e JOÃO ANTUNES VARELA, *Código Civil Anotado vol. III*, 2.ª edição, Coimbra, Coimbra Editora, 1987.
LLOBREGAT, MARÍA LUISA, *Caracterización Jurídica de las Marcas Olfactivas como Problema Abierto* in RDM n.º 227, Enero/Marzo, 1998, p. 51 a 116.
MAIA, JOSÉ MOTA, *A protecção da Propriedade Industrial em Portugal face às últimas reformas da lei* in Propriedade Industrial, 1996, p. 65 a 79.

– *Aspectos fundamentais sobre a licença de marcas* in Propriedade Industrial, 1996, p. 331 a 338.
– *Novo Código da Propriedade Industrial* in Propriedade Industrial, 1996, p. 99 a 102
– *Secção pública de apresentação do Código da Propriedade Industrial* in Propriedade Industrial, 1996, p. 91 a 97.

MANSANI, LUIGI, *Marchi Olfattivi* in RDI, 1996, parte I, p. 262 a 275.
MARTINEZ, PEDRO ROMANO, *Direito do Trabalho*, Coimbra, Almedina, 2002.
MENDES, MANUEL OEHEN, *Direito Industrial I*, Coimbra, Almedina, 1983/4.
– *Da protecção do nome comercial estrangeiro em Portugal*, Coimbra, Almedina, 1982.
– *Breve apreciação e desenvolvimento do Direito Industrial em Portugal no último decénio* in ADI 8, 1982.

MONTEAGUDO, MONTIAGO, *La tutela del nombre comercial no registrado* in ADIDA 2001, Madrid, Marcial Pons, 2002, p. 181 a 193.
MONTEIRO, CÉSAR BESSA, *Marca de base e marca colectiva* in DInd, vol. I, Almedina, 2001, p. 335 a 347.
NORDEMANN, WILHELM e AXEL NORDEMANN e JAN BERND NORDEMANN, *Wettbewerbs und Markenrecht*, Baden-Baden, Nomos, 2002.
OLAVO, CARLOS, *A firma das sociedades comerciais e das sociedades civis sob forma comercial* in Estudos em Homenagem ao Professor Doutor Raúl Ventura, FDUL, Coimbra Editora, 2003, p. 379 a 419.
– *Propriedade Industrial*, Coimbra, Almedina, 1997.
– *Propriedade Industrial – Noções Fundamentais (parecer)* in CJ 1987, ano XII, tomo I, p. 13 a 17.

OLAVO, FERNANDO, *O nome comercial e o artigo 8.º da Convenção da União de Paris* in CJ, ano IX, 1984, tomo V, p. 19 a 23.
– *Direito Comercial vol. I*, 2.ª edição, edição do autor, 1974.

OTERO LASTRES, JOSÉ MANUEL, *La definición legal de marca en la nueva ley española de marcas* in ADIDA 2001, Madrid, Marcial Pons, 2002, p. 195 a 213.
PALAZZOLO, ANDREA, *Il "domain name"* in NGCC, ano XVI, n.º 2, Marzo-Aprile, 2000, p. 167 a 180.
PEREIRA, ALEXANDRE DIAS, *A liberdade de navegação na internet: "browsers", "hyperlinks", "meta-tags"* in EDC, Coimbra, 2002, p. 227 a 260.
– *Arte, tecnologia e propriedade intelectual* in ROA, ano 61, n.º 2, Abril 2002, p. 467 a 485.

PERON, SABRINA, *Brevi osservazioni in tema di ditta e di circolazione di segni distintivi (anotação ao acordão da Corte di Cassazione de 13 de Junho de 2000)* in RDI, 2001, parte II, p. 3 a 14.
PEROT-MOREL, MARIE ANGELE, *Les difficultes relatives aux marques de forme et a quelques types particuliers de marques dans le cadre communautaire* in RDI, 1996, parte I, p. 247 a 261.
PETTITI, PRISCILLA, *La directiva CEE sul ravvicinamento delle legislazioni degli stati membri in materia di marchi d'impresa: apunti per alcune riflessioni sulla normativa italiana* in RDCDGO, Maggio-Giugno, 1991, n.º 5, p. 331 a 369.
POLLAUD-DULIAN, FRÉDÉRIC, *Droit de la propriété industrielle*, Paris, Montchrestien, 1999.

PULIDO, ANA TERESA, *A protecção da marca* in FIDS, ano I, n.º 9 (Março), 2000, p. 49 e 50.
RÉMY, ANDRÉ, *La propriété industrielle*, Paris, Dunod, 1971.
RÍO BARRO, JOSÉ LUIS, *Concepto, functión económica y clases de rótulo del establecimiento* in ADI, tomo X, 1984/85, Madrid, CUEF/CSB, 1985, p. 133 a 158.
ROSA, PATRÍCIA LOPES E CASTRO, *Nome e insígnia de estabelecimento – Tutela industrial e tutela penal*, FDUL, Tese 988, Lisboa, 1995.
ROTH, GÜNTER, *Handels- und Gesellschaftsrecht*, 6. auflage, München, Verlag Franz Vahlen, 2001.
ROTONDI, MARIO, *Projet d'une loi type pour les marques, les brevets et les modeles*, Padova, Cedam, 1970.
– *Per un Sistema di Diritto Industriale* in RDCDGO, Gennaio-Febbraio, 1956, n.º 1, p. 1 a 9.
SENDIM, PAULO MELERO, *Uma unidade do direito da Propriedade Industrial?* in DJ, 1981/86, p. 161 a 200.
SERENS, NOGUEIRA, *Notas sobre a sociedade anónima*, 2.ª edição, Coimbra, Coimbra Editora, 1997.
– *Marcas de forma* in CJ 1991, ano XVI, tomo IV, p. 57 a 79.
SERRÃO, RUY, *As marcas: sua importância no contexto dos mercados nacionais e internacionais incluindo o mercado europeu* in REPI, Coimbra, Almedina, 1997, p. 15 a 21.
SOUSA, RUY PELAYO DE, *A protecção em Portugal de marcas em língua estrangeira* in REPI, Coimbra, Almedina, 1997, p. 39 a 42.
SPADA, PAOLO, *Domain names e dominio dei nomi* in RDC, ano XCLI, n.º 6, 2000, p. 713 a 736.
VANZETTI, ADRIANO, *Marchi di numeri e di lettere dell'alfabeto* in RDI, 2002, parte I, p. 640 a 651.
VENTURA, RAÚL, *Sociedades por Quotas vol. I*, 2.ª edição, Coimbra, Almedina, 1989.
VICENTE, DÁRIO MOURA, *Problemática internacional dos nomes de domínio* in Direito da Sociedade da Informação vol. IV, Coimbra, Coimbra Editora, 2003, p. 213 a 239.
VIGUERA RUBIO, JOSÉ, *En torno al nombre comercial de fantasia en Derecho Español* in ADI, tomo V, 1978, Editorial Montecorvo, p. 123 a 191.
VOHLAND, LUDWIG, *La legge tedesca sulla riforma del diritto dei marchi e di attuazione della prima direttiva 89/104 del Consiglio del 21 Diciembre 1988 per l'armonizzazione delle norme degli stati membri in materia di marchi di impresa del 25 ottobre 1994* in RDI 1995, parte III, p. 158 a 166.
WAGRET, JEAN-MICHEL, *Propriété industrielle*, Paris, Que sais-je, PUF, 1964.

Jurisprudência consultada

Tribunal de Justiça das Comunidades:

Ac. de 12 de Dezembro de 2002, in Cadernos de Direito Privado n.º 1, Janeiro/Março de 2003, p. 14 a 22.

Supremo Tribunal de Justiça:

Ac. de 27 de Março de 2003, in www.stj.pt, processo 03B322;

Ac. de 30 de Janeiro de 2001, in CJ (STJ) 2001, tomo I, p. 87 a 89.
Ac. de 21 de Setembro de 2000, in BMJ n.° 499, p. 264 a 269.
Ac. de 16 de Maio de 2000, in CJ (STJ) 2000, tomo II, p. 69 a 72.
Ac. de 17 de Junho de 1999, in CJ (STJ) 1999, tomo II, p. 157 a 159.
Ac. de 29 de Outubro de 1998, in BMJ n.° 480, p. 498 a 505.
Ac. de 23 de Abril de 1998, in www.stj.pt, processo 98A272.
Ac. de 26 de Setembro de 1996, in BMJ n.° 459, p. 562 a 571.
Ac. de 23 de Maio de 1991, in BMJ n.° 407, p. 571 a 578.
Ac. de 7 de Outubro de 1986, in BMJ n.° 360, p. 625 a 629.
Ac. de 11 de Dezembro de 1979, in RLJ, ano 113, n.° 3675, p. 282 a 285.
Ac. de 7 de Dezembro de 1973, in BMJ n.° 232, p. 147 a 151.
Ac. de 3 de Outubro de 1972, in BMJ n.° 220, p. 186 a 188.
Ac. de 4 de Maio de 1971, in BMJ n.° 207, p. 200 a 204.
Ac. de 11 de Julho de 1961, in RLJ, ano 95, n.° 3219, p. 91 a 96.
Ac. de 21 de Março de 1961, in BMJ n.° 105, p. 651 a 654.

Relação de Lisboa:
Ac. de 12 de Outubro de 1999, in BPI, ano 2001, n.° 1, p. 28 a 31.
Ac. de 26 de Fevereiro de 1991 (sumário), in BMJ n.° 404, p. 501.
Ac. de 26 de Fevereiro de 1991 (sumário), in BMJ n.° 404, p. 500.
Ac. de 13 de Julho de 1989, in CJ 1989, ano XIV, tomo IV, p. 129 a 131.
Ac. de 9 de Fevereiro de 1988 (sumário), in BMJ n.° 374, p. 528.

Relação do Porto:
Ac. de 20 de Janeiro de 1999, in CJ 1999, ano XXIV, tomo I, p. 233 a 235.

Tribunal de Comércio de Lisboa:
Ac. de 14 de Novembro de 2002, in BPI, ano 2003, n.° 3 p. 828 e 829.
Ac. de 4 de Outubro de 2002, in BPI, ano 2003, n.° 3 p. 829.

12.° Juízo Cível da Comarca de Lisboa:
Ac. de 23 de Novembro de 1998, in BPI, ano 2001, n.° 1, p. 28 a 31.

ABUSO DO DIREITO E BOA FÉ EM PROPRIEDADE INDUSTRIAL

AMÉRICO DA SILVA CARVALHO
Advogado e A.O.P.I.

SUMÁRIO:
Parte I – 1. Introdução 2. Abuso do Direito e Boa Fé. 3. O Anteprojecto Vaz Serra. 4. A Doutrina e o Direito. 5. O Direito Positivo. 6. A Posição de Josserand. 7. Doutrina de Vaz Serra. 8. Doutrina de Antunes Varela. 9. Doutrina da Confiança Pura: Carneiro da Frada. 10. Breve Observação. 11. O Abuso do Direito, pelo Exercício Manifestamente Excessivo dos Limites Impostos pelos Bons Costumes ou pelo Fim Social ou Económico do Direito. 12. A Doutrina de Menezes Cordeiro. 13. *A Exceptio Doli.* 14. *Venire contra Factum Proprium.* 15. Inalegabilidades Formais. 16. *Supressio* e a *Surrectio.* 17. *Tu Quoque.* 18. Posição Adoptada. 19. Alteração das Circunstâncias. 20. Observações Gerais. 21. O Facto Ilícito. 22. A Boa Fé na Responsabilidade Obrigacional e Aquiliana. 23. Desenvolvimento da Posição Defendida. 24. A Responsabilidade Obrigacional. 25. A Responsabilidade Obrigacional, mas Extracontratual. 26. A Responsabilidade Aquiliana. 27. A Boa Fé no Abuso do Direito será Distinta da Boa Fé noutro Contexto?
Parte II – 28. Generalidades. 29. Transmissão e Licenças. 30. A Articulação entre a Boa Fé e a Confiança. 31. A Culpa *in Contrahendo.* 32. A Responsabilidade Extra-Obrigacional. 33. Licenças Contratuais. 34. *A Boa Fé.* 35. *Os Bons Costumes.* 36. *Fim Social ou Económico do Direito.* 37. A Transmissão da Licença de um Direito Emergente de Pedido. 38. *Abuso do Direito.* 39. *Contrato a favor de Terceiro.* 40. O Contrato de Licença de Exploração e a Culpa *Post Factum Finitum.* 41. O Contrato com Eficácia de Protecção para Terceiros. 42. A Má Fé e a Boa Fé. 43. O Conceito Legal. 44. O Fundo da Questão: A Boa Fé e o Direito Comunitário. 45. Ainda a Confiança e

a Boa Fé. 46. A Directiva sobre Marcas. 47. Visão Geral do Problema. 48. E Quanto aos demais Direitos Industriais? 49. As Figuras (consequências) do Procedimento Contrário à Boa Fé. 50. O Mínimo Ético--Juridico. 51. O Abuso do Direito é Aplicável em Propriedade Industrial? Remissão. 52. As Infracções. 53. Breve Referencia aos Deveres de Prestar e de Indemnizar. 54. A Possibilidade de Aplicação do Abuso de Direito em Propriedade Industrial, Quanto aos Bons Costumes e ao Fim do Direito. 55. E Quanto à Boa Fé? O Abuso de Direito é Aplicável, nos Direitos Industriais?. 56. Conclusão.

1. **Introdução**

A figura do abuso do direito abrange a boa fé, mas esta não se esgota naquele.

Com efeito, é possível haver abuso de direito sem que haja um comportamento contrário aos princípios da boa fé, da mesma forma que a ausência desta última não implica, necessariamente, que haja abuso de direito.

O objecto do presente trabalho é, como resulta da epígrafe, a figura do abuso do direito, que pode basear-se na inexistência da boa fé, mas noutras figuras, como se dirá. Daí que por vezes nos referiremos a elas ainda que tal referência seja feita, preferencialmente, à boa fé *per se*.

Tentaremos dar em termos gerais, numa primeira parte, um panorama tanto quanto possível restrito do abuso do direito e também da boa fé.

Numa segunda parte, tentaremos ver, ou melhor, tratar de aplicação de qualquer destas figuras aos direitos industriais.

Assim, começaremos por

PARTE I
Abuso do Direito e Boa Fé

2. **Abuso do Direito e Boa Fé**

A primeira destas figuras tem sido objecto de atenção dos nossos autores: com efeito, já VAZ SERRA no anteprojecto do actual Código Civil, que é justo que se intitule, Código de VAZ SERRA, devido à importância, influência e estudos do citado autor, como, aliás, já se referia o Código anterior, como Código de Seabra.

3. O Anteprojecto Vaz Serra

Este insigne mestre, num trabalho intitulado precisamente "Abuso do Direito" (em matéria de responsabilidade civil),[1] como resulta do próprio titulo, aparentemente consideraria o abuso do direito como uma figura enquadrada, ou que deveria sê-lo, na responsabilidade civil.

O articulado que culminava o profundo trabalho de Vaz Serra, estabelecia no n.º 1 do art. 1.º, epigrafado "abuso do direito, acto intencionalmente causador de danos, contrários aos bons costumes, que:

"Aquele que, intencionalmente, ainda que a pretexto de exercício de um direito especial, causa danos a outrem por factos manifestamente contrários à consciência jurídica dominante na colectividade social, é obrigado a repará-los. As concepções do meio em que actua o agente podem ser tidas em consideração, desde que não contrariem as da consciência social dominante".

Após várias revisões, incluindo as ministeriais, tal figura chegou aos nossos dias com a seguinte redacção:

"E ilegítimo o exercício de um direito, quando o titular exceda manifestamente os limites impostos pela boa fé, pelos bons costumes ou pelo fim social ou económico desse direito" (art. 334.º do C.C.).

E o articulado que continha oito extensos artigos ficou apenas com um, artigo esse enquadrado, não na responsabilidade civil, mas num subtítulo (IV), epigrafado "do exercício e tutela dos direitos".

No citado anteprojecto, já se previa a aquisição ou o exercício contrário à boa fé (art. 8.º), bem como, os "actos clamorosamente ofensivos da consciência jurídica dominante" e "actos contrários ao fim do direito" (art. 3.º).

Os actos que excedessem "manifestamente" os limites que lhe são impostos pelo actual art. 334.º passou a entender-se como clamorosamente ofensivos.

Também se não pode dizer que a segunda figura apontada (a boa fé), não tenha sido objecto de estudo e aprofundamento, muito pelo contrário, dos cultores do nosso e de outros direitos.

---

[1] *In* B.M.J., n.º 85, 243, e ss.

4. A Doutrina e o Direito

Entre nós, o conceito de abuso de direito tem sido objecto de observações negativas, a começar, desde logo, pelo emprego da expressão "ilegítimo".

Na verdade, nota MENEZES CORDEIRO, que "a ilegitimidade tem, no Direito Civil, um sentido técnico: exprime, no sujeito exercente, a falta de uma específica qualidade que o habilite a agir no âmbito de certo direito. No presente caso, isso obrigaria a perguntar se o sujeito em causa, uma vez autorizado ou, a qualquer titulo, "legitimado", *já poderia exceder manifestamente os limites impostos pela boa fé, pelos costumes ou pelo fim social ou económico* (itálicos do autor) do direito em causa. "A resposta – acrescenta – é obviamente, negativa: nem ele nem ninguém"[2].

E conclui que a expressão não está usada em sentido técnico. O legislador pretendeu dizer "é ilícito ou não é permitido".

Todavia, aparentemente discordando desta posição propugnando pela manutenção do termo ilegítimo e não ilícito encontra-se CARNEIRO DA FRADA, a cuja tese voltaremos quando nos referirmos ao acto *manifestamente* contrário aos limites impostos pela boa fé[3].

Contudo, parece que não será descabida a seguinte observação que consiste em notar que no articulado do Anteprojecto VAZ SERRA, sobressaía o conceito de que o acto era ilícito e não "apenas" ilegítimo (art. 1.º/1)[4].

5. O Direito Positivo

Estatui o art. 334.º, epigrafado Abuso do Direito, que "é ilegítimo o exercício de um direito, quando o titular exceda manifestamente os limites impostos pela boa fé, pelos bons costumes ou pelo fim social desse direito".

---

[2] Tratado de Direito Civil Português, I, Parte Geral Tomo IV, Almedina, 2005, pág. 239.

[3] Por ora, remete-se apenas para Teoria da Confiança e Responsabilidade Civil, do autor *cit*, Almedina, Ed. em, 2004, 860-861.

[4] B.M.J., 85, pág. 335.

Temos, portanto, que, na nossa lei, os limites no exercício do direito, para que o acto não seja abusivo, consistem em não serem ultrapassados manifestamente os limites impostos à

- Boa fé
- Aos bons costumes e
- Ao fim social ou económico desse direito.

Vamos portanto abordar estes três limites começando pelo primeiro, referindo, no entanto, ainda que sumariamente algumas das principais doutrinas que se têm defendido a este respeito.

6. A Posição de JOSSERAND

Para este Autor, o abuso está intimamente ligado à ideia de que os direitos, cuja compreensão, são socialmente indispensáveis, é assegurada, não apenas pelos elementos concretos traçados (pelos instrumentos legislativos ou regulamentares), mas também por fronteiras menos aparentes que se deduzem da função social, *função social essa das diversas* prerrogativas que se baseiam num motivo legítimo. Daí que tenha que ser posta uma barreira social, grande moralizadora, ou pedra social do exercício ou como processo de adaptação do direito às necessidades sociais[5].

Esta concepção encontra-se espelhada, de algum modo, no Anteprojecto VAZ SERRA: «actos manifestamente contrários à consciência jurídica dominante na colectividade (art. 1.º/1)», bem como no seu art. 3.º (actos clamorosamente ofensivos[6] da consciência jurídica dominante, «acto contrário ao fim do direito», embora este tenha sido considerado a titulo excepcional).

---

[5] LOUIS JOSSERAND, De l'Esprit des Droits et de leur Relativité. Théorie dite de l'Abus des Droits, 98 e ss.

[6] Era a expressão utilizada por MANUEL DE ANDRADE, Teoria Geral das Obrigações, com a colaboração de RUI DE ALARCÃO, 1958, 63, CUNHA DE SÁ utiliza as expressões, *indiscutível, franco, claro,* Abuso do Direito, Almedina, 2005, 2.ª reimpressão da edição de 1973, 139. Segundo informa este Autor o citado trabalho foi distinguido pela Ordem dos Advogados com o prémio ALVES DA SÁ.

7. Doutrina de Vaz Serra

A doutrina deste Autor pode sintetizar-se: os efeitos do abuso do direito são idênticos aos da falta de direito.

A lei visa certos fins e, se os direitos são exercidos para fins diferentes, não pode dizer-se que se trata de um exercício de um direito, mas falta do direito. E ainda que há abuso do direito, *legítimo* (itálico nosso) (razoável) o qual em princípio é exercido, em determinado caso, de maneira a constituir clamorosa ofensa do sentimento jurídico socialmente dominante; e a consequência é a do titular ser tratado como se não tivesse tal direito ou a de contra ele se admitir um direito de indemnização baseado em *facto ilícito extracontratual* (itálico nosso)[7].

E acrescenta "o facto de o procedimento do titular se mostrar clamorosamente chocante para o sentimento jurídico dominante pode revelar que esse procedimento é ilegal, por não ser de crer que a lei queira um efeito de tal ordem..."[8].

Não deixa de ser curioso notar que Vaz Serra emprega indiferentemente as expressões acto ilícito e acto ilegítimo. Porventura, terá sido esta a causa de o art. 334.º começar pela expressão "É ilegítimo"[9].

Também, Vaz Serra, Antunes Varela[10] e Almeida Costa, "vêem", no abuso do direito um acto ilícito.

8. Doutrina de Antunes Varela

Segundo este Autor,[11] "a noção legal de *dano injusto* (itálico do autor) deu [...] azo a interpretações divergentes na literatura jurídica italiana".

"Mas o seu principal defeito, como justamente observa Petrocelli, está em ela colocar o acento tónico da *ilicitude* sobre o dano (o efeito da

---

[7] B.M.J., 85, 253 e 254.
[8] Loc. *cit.*, 254-255.
[9] Carneiro da Frada, aparentemente apresenta outra justificação, como diremos.
[10] Respectivamente *in* Das Obrigações em Geral, I, 10.ª edição, 3.ª reimpressão da edição de 2000, Almedina, 2005, 344 e ss. Direito das Obrigações, 9.ª edição, revista e actualizada, Almedina, 2005, 101.
[11] Itálicos do Autor.

conduta) e não sobre o *facto* (a *conduta*, em si mesma considerada)"[12] (itálicos do Autor)[13].

E continua "uma coisa é, com efeito, a calúnia ou a injúria que causou o despedimento do empregado; a perda de clientela; o rompimento do noivado; etc. E a ilicitude reporta-se ao *facto* do agente, à sua actuação, não ao *efeito* (danoso) que dele promana, embora a *ilicitude* do facto possa provir (e provenha até as mais vezes do resultado *lesão* ou *ameaça* de lesão de certos valores tutelados pelo direito que ele produz" (itálicos do Autor).

9. Doutrina da Confiança Pura: CARNEIRO DA FRADA[14]

Muito interessante é a posição de CARNEIRO DA FRADA que entende que "é ilegítimo e não simplesmente" ilícito o acto abusivo porque a contrariedade às exigências do Direito é susceptível de derivar de outros factores que não da adopção dos comportamentos contrários aos ditames da ordem jurídica". Acrescentando que "o exercício de um direito pode ser abusivo por contrariar manifestamente a boa fé (enquanto expressão de uma justa composição dos interesses entre os sujeitos), mesmo quando não haja (por isso não releva) propriamente uma violação de condutas por parte do seu titular. É precisamente o que acontece no *venire* que frustra a confiança alheia através do abuso. A ordem jurídica reage aí [...], à *injustiça da situação de facto* que se produziria em virtude de um comportamento inconsequente. Fá-lo preventivamente, pois preclude (*ex ante*) o surgimento dessa injustiça, neste aspecto se distinguindo da feição *correctiva* e *compensatória* com que a protecção indemnizatória da confiança intervém. Certamente pela razão de que, como sugere a linguagem do art. 334.°, a injustiça resultante do exercício da posição jurídica pelo sujeito é "excessiva", isto é, não pode ser adequadamente removida mediante o ressarcimento dos danos. E acrescenta que "onde uma conduta não se apresenta à partida valorada como *ilícita* (itálico nosso), há que ponderar, em nome da proporcionalidade, os meios que menos atingem a liberdade do sujeito para obviar à injustiça que ela possa gerar. A preclusão do exercí-

---

[12] Das Obrigações em Geral, 10.ª edição revista e actualizada, 3.ª reimpressão da edição de 2000, Almedina, 2005, 532. No mesmo sentido CUNHA DE SÁ, *ob. cit.*, 496 e ss.
[13] Cfr. ANTUNES VARELA, *ob. cit.*, transcrevendo de Devoto.
[14] Teoria da Confiança e Responsabilidade Civil, Almedina, 2004, 861.

cio de um direito constitui efectivamente um recurso último, apenas qualificável em situações extremas. É este o sentido da proibição da conduta abusiva..."[15].

Pode dizer-se, em breves palavras, que, "o exercício de uma posição jurídica é «ilegítimo» e não simplesmente «ilícito», porque a contrariedade às exigências do Direito é susceptível de derivar de outros factores que não da adopção de comportamentos contrários aos ditames da ordem jurídica".

Deste modo, arredando-se uma concepção do Direito normativa – positivista há que procurar a perda e/ou dano, através do critério da determinação do sujeito e da auto responsabilidade – do seu agir num quadro *praeter legem*.

Todavia, sem desconhecer o interesse desta posição e da bondade a argumentação apresentada, eventualmente, a mesma ocorrerá em contradição ao afirmar-se que "existe responsabilidade pela confiança quando a criação-de-fraudação da confiança constitua o vero fundamento da obrigação de indemnizar".

Este Autor nota ainda que, "a preclusão do exercício de um direito constitui efectivamente um recurso último, *apenas justificável em situações extremas*. É este o sentido da proibição da conduta abusiva"[16]. E escreve ainda que "*a invocação pois do abuso por desrespeito da boa fé* alicerça a responsabilidade pela confiança na medida em que aquela, independentemente de enunciar certas *prescrições de comportamento*, expressa a necessidade de respeitar determinadas *exigências de justiça* "*objectiva*" (os itálicos são nossos)[17].

Conclui este aspecto afirmando que "esta acepção [a exposta] da boa fé que reputamos presente no abuso, longe de se poder considerar estranha à ordem jurídica portuguesa..."[18].

De qualquer forma, concorde-se ou não com a tese defendida, há, ao menos, que a manter, quanto à sua autoridade e para encontro de "compensação", que de outro modo não é alcançada.

Como sugere a linguagem do art. 334.º, a injustiça resultante da posição jurídica pelo sujeito é " excessiva", isto é, não pode ser adequadamente removida mediante o ressarcimento dos danos".

---

[15] *Ob.*, e pág. *cits*.
[16] Cfr. ainda PEREIRA COELHO, O Enriquecimento e o Dano, Reimpressão 1999, 50 e ss.
[17] 861-862.863-864.
[18] *Ob.* e pág. *cits*.

E acrescenta que isso acontece quando uma conduta não se apresenta à partida valorada como ilícita "há que ponderar, em nome da proporcionalidade, os meios que menos atingem a liberdade do sujeito para obviar à injustiça que ela possa gerar".

E em nota de rodapé observa que assim se explica, portanto, no contexto da responsabilidade pela confiança, a exigência de que excedam manifestamente os limites decorrentes da confiança. E mais diz que "o abuso representa um instrumento destinado a obviar injustiças manifestas".

10. Breve Observação

Sem embargo de concordarmos inteiramente com a "fundamentação" da doutrina exposta, não queremos deixar de observar, que, por virtude de assim ser e por não ser um dano que se tem obrigação de não produzir, o facto é que o sujeito passivo tem o direito de ser reparado.

E com efeito, se o sujeito activo comete um acto ilícito que não ocasionou qualquer dano, não há que repará-lo, porquanto... este não se verificou. Mas se o ilícito provocou um dano, então o sujeito activo é abrangido pelo instituto da responsabilidade civil, ou criminal ou contra-ordenacional.

Daí a importância do *dano* para o mundo jurídico, pois, como aliás observa Antunes Varela, é este que vem violar o direito ou interesse alheio, ainda que seja, sem dúvida, uma consequência da conduta.

Consequentemente, a tendência (ou porventura a necessidade) que há em verificar se o acto provocou ou não dano.

Deixando de banda, a responsabilidade objectiva e a responsabilidade pelo risco que não tem interesse (para já) para a matéria em causa, o dano actual ou potencial, ao menos indicia a verificação de um ilícito.

É manifesto, porém, que, pelo facto de existir um dano, não se pode concluir, sem mais, que o acto que o ocasionou é ilícito. O acto pode ter provocado um dano, mas há que verificar se *o acto* é ou não ilícito.

E como consequência do que dissemos, se os actos ou comportamentos podem ocasionar danos a outrem, há que averiguar se tais actos são sancionados pela ordem jurídica, ou se eles são indiferentes para ela.

Assim, é lógico e facilita mais a abordagem da questão olhar-se, antes de mais, para o dano do que para o acto ilícito, pois só no caso deste ter provocado um dano é que há que valorar, ética e juridicamente aquele, porquanto só após a determinação deste é que há necessidade de apreciar a autenticidade (ou não) do comportamento, que é o elemento mais difícil de se concluir ou não pela existência ou inexistência de responsabilidade civil.

Os bons costumes podem assumir a feição de cláusula de salvaguarda do mínimo ético-jurídico reclamado pelo Direito e exigível a todos os membros das comunidades.

Parte-se do princípio que o acto pode não ser ressarcível pela sanção indemnizatória. E não o sendo, como se parte doutro princípio que é o de que só é ilícito o acto que é ressarcível pela indemnização, se o acto não for ressarcível, portanto não pode ser ilícito, mas meramente ilegítimo.

Porém, devemos notar que este artigo refere-se tão somente à responsabilidade contratual (obrigacional), e não parece que seja extensível à responsabilidade aquiliana, isto pela razão que é de aceitar que, como afirma MENEZES CORDEIRO, naquela responsabilidade a culpa, refere-se não só a esta mas também ao acto ilícito. Ao passo que na responsabilidade aquiliana deve distinguir-se a culpa do acto ilícito[19].

É certo que CARNEIRO DA FRADA, no excelente trabalho citado, observando para indicar o local da confiança na descrição legal de situação abusiva, diz que interessa considerar particularmente aquela que se traduz no exercício de uma posição jurídica *excedendo manifestamente os limites impostos pela boa fé* (itálicos nossos). E abordando, primeiro, a boa fé no abuso por ofensa da função económica ou social da posição exercida, entende que, "há dificuldade de admitir uma funcionalização generalizada dos *direitos subjectivos* (itálico nosso) e outras posições activas reconhecidas pelo ordenamento, pois tal não se compatibiliza agilmente com o âmbito de liberdade protegido por essas posições". E acrescenta que "a defraudação das expectativas [geradas pela confiança] integra a previsão da norma de imputação de dano, a responsabilidade pela confiança não se contenta com um desvio em relação à finalidade desse nome". E, conclui, coerentemente, que "seria portanto, infrutífera a tentativa de sedear essa responsabilidade [pela confiança] na primeira situação do abuso prevista no art. 334.º"[20].

Para este Autor a boa fé mencionada no art. 334.º, *para que ela releve tem que ser ultrapassados manifestamente os limites que lhe são*

---

[19] Cfr. Litigância de Má Fé, Abuso do Direito, Do Direito de Acção e Culpa "*In Agendo*", Almedina, 2005, edição 2006, em especial 127.

[20] *Ob. cit.,* 842 -855.

impostos, é a boa fé excepcional e subsidiária. Os limites que a lei indica, e que portanto é ao interprete-aplicador que compete descortiná-los, *rectius*, indicar em que consistem tais limites.

CARNEIRO DA FRADA nota (o que parece contrapor-se ao que sustentámos) que "A dificuldade que encontramos na doutrina para prescindir da violação do *venire* à violação dos deveres de comportamento radica, em nosso entender, em não se desembaraçar ela do dogma de que a frustração da expectativa se tem de valorar como ilícito. *Neste aspecto, prejudica, mais do que facilita, vincular o venire à regra da conduta de boa fé.*(itálico nosso) Ora, não vislumbramos nenhum obstáculo decisivo a que a tutela da confiança não possa conduzir a uma *responsabilidade objectiva, independentemente da culpa e de qualquer juízo de desconformidade da conduta com a ordem jurídica*".[21]

A tutela justifica-se numa ideia de protecção adequada dos sujeitos de acordo com o princípio da responsabilidade que a actuação individual engendra no meio social[22].

"Para nós", diz, "o que é mister assegurar é que ninguém fique injustificadamente prejudicado por uma alteração de conduta quando acreditou na constância ou coerência de outros. Concebemos portanto a responsabilidade por *venire* enquanto *ordem de compensação (não retributiva) do desequilíbrio provocado por uma conduta em si não ilícita (e, logo, licita)*. Neste aspecto como que decantamos nela uma responsabilidade "pura", não mesclada de qualquer proibição ou imposição. *O que significa naturalmente o sem sentido do perguntar pela culpa para fundamentar a relevância do "venire"* (itálico nosso)[23] culpa que, como é sabido, consiste num estado de consciência do sujeitou-exercente, o qual se consubstancia num juízo de responsabilidade da conduta do agente, que tem várias modalidades que não vamos aqui abordar por estar fora do âmbito deste trabalho.

Porém para este autor, em relação a um número muito significativo de situações valoráveis como infracções dos deveres impostos pela boa fé pode reconhecer-se que, deste modo, a protecção da confiança se encontra deslocada.

---

[21] Autor *ob*. e local *cits*.

[22] Cfr. FERREIRA DE ALMEIDA (Texto e Enunciado na Teoria do Negócio Jurídico, Almedina, 1992,50, n.° 35 em nota, baseando-se no art. 762.°, n.° 2 afirma que não existe nenhum instituto autónomo de responsabilidade pela confiança mas tão-somente uma ou várias exigências relativas à boa fé).

[23] CARNEIRO DA FRADA, *ob. cit.*, 420-422.

Há todavia um aspecto que temos que abordar, desde já, ainda que adiante voltaremos ao mesmo: segundo MENEZES CORDEIRO, no domínio contratual, a responsabilidade civil assenta na culpa = à faute francesa que consiste num misto de culpa e ilicitude. No domínio aquiliano, a estrutura da responsabilidade civil assenta em pressupostos distintos: a culpa e a ilicitude[24].

Dando por assente que assim é, notar-se-á que na responsabilidade aquiliana pode pôr-se em dúvida que, não havendo culpa, mas somente acto ilícito, se a responsabilidade pode ser englobada na teoria da confiança.

Quanto à responsabilidade contratual (obrigacional) a lei é expressa na exigência da boa fé (art. 762.°).

Mas na responsabilidade aquiliana será possível exigir-se a boa fé do infractor-exercente?

Prima facie não se vê qualquer razão para não exigir a boa fé (arts. 899.° e 909.°).

E igual forma se deve entender no que concerne à responsabilidade pré-contratual (art. 227.°).

CUNHA DE SÁ,[25] expondo a doutrina de Ripert, nota "que desta nos fica a percepção fundamental de que o abuso transcende um mero problema de responsabilidade civil, que é como quem diz, o nascimento da obrigação de indemnizar pelo próprio exercício de um direito subjectivo e daí a sua critica à fundamentação do abuso do direito como uma manifestação de responsabilidade sem culpa ou pelo risco".

11. O Abuso do Direito, pelo Exercício Manifestamente Excessivo dos Limites Impostos pelos Bons Costumes ou pelo Fim Social ou Económico do Direito

Debruçámo-nos até agora essencialmente sobre os limites impostos pela boa fé.

Importa agora fazer referência aos restantes dois últimos limites.

---

[24] Litigância de Má Fé, Abuso do Direito de Acção e Culpa, "*in* Agendo", 2005, Almedina 2006,127.
[25] CUNHA DE SÁ, Abuso do Direito, 2.ª reimpressão da edição de 1973, Almedina, 2005, 513-514.

a) *Limites impostos pelos bons costumes.*

Estes tal como a boa fé fazem apelo às concepções ético-jurídicas vigorantes e dominantes numa sociedade[26]. Deste modo, os bons costumes devem aferir-se por padrões éticos, (jurídicos) que naturalmente podem variar em função do tempo e do lugar. Assim, os bons costumes que numa determinada sociedade podem ser considerados bons ou maus, podem ser considerados, noutra sociedade, exactamente ao contrário. Também se devem aferir os bons costumes tendo em conta o tempo em que os actos, melhor, os comportamentos foram exercitados.

ANTUNES VARELA,[27] escreve que "a fórmula do manifesto excesso dos limites impostos pela *boa fé* abrange, por seu turno, de modo especial, os casos que a doutrina e a jurisprudência condenam sob a rubrica do *venire contra factum proprium*". Parece, porém, que não é somente perante tal condicionalismo.

b) *Limites impostos pelo fim social ou económico.*

Reportando-nos, agora, ao fim social e/ou económico do direito limitar-nos-emos a notar que, como cada direito tem um fim social ou/e económico, e se o exercício do direito for *manifestamente* contrário àquele ou a este, a ordem jurídica não reconhece tal direito.

A doutrina e a jurisprudência apontam vários exemplos.

12. A Doutrina de MENEZES CORDEIRO

MENEZES CORDEIRO, tem-se debruçado com muita atenção e estudos muito extensos e profundos, quer sobre o abuso do direito, quer sobre a boa fé, a qual aliás, para o mesmo está contida no abuso do direito mas também para além e independentemente dele. Daí o não podermos deixar de expor, embora tão sucintamente quanto possível, embora não seja fácil expor sucintamente uma opinião exposta em vários e extensos estudos.

Vamos seguir, adoptando as figuras que este Autor entende que devem estar abrangidas pelo abuso e/ou pela boa fé.

---

[26] Cfr. ANTUNES VARELA, *ob. cit.,* 456.
[27] *Ob. cit.,* 547. Este Autor considera mais imprecisa do que a nossa fórmula a usada no art. 2.º do Código Suíço: "O abuso manifesto de um direito não goza de nenhuma protecção".

Estas figuras são:

a) *O venire contra factum proprium*
b) *A exceptio doli*
c) *As inalegabilidades formais*
d) *A suppressio e a surrectio*
e) *O tu quoque*[28]

13. A *Exceptio Doli*

Esta faz apelo ao dolo, na sua dupla vertente

a) Vícios nas declarações negociais, em que o dolo consiste "em qualquer sugestão ou artifício que alguém empregue com a intenção ou a consciência de induzir ou manter em erro o autor da declaração, bem como a dissimulação, pelo declaratário ou terceiro, do erro do declarante – art. 253.º/1".

b) "No campo da responsabilidade civil, o dolo significa a situação do agente que, directa, necessária ou eventualmente dirija a sua conduta contra uma norma jurídica"[29].

Assim a *exceptio doli* ou excepção de dolo traduziria o poder, reconhecido a uma pessoa, de paralisar a pretensão de certo agente, quando este pretendesse prevalecer-se de sugestões ou conduta ou artifícios não permitidos pelo direito[30].

14. *Venire contra Factum Proprium*

Este instituto consiste em o agente contradizer o seu próprio comportamento[31].

MENEZES CORDEIRO ressalva a possibilidade de o *venire* assentar numa circunstância justificativa e, designadamente, no surgimento ou na

---
[28] Cfr. Tratado de Direito Civil Português, I, Parte Geral, Tomo IV, Almedina, 2005, 264-339.
[29] Autor e *Ob. cit.*, 267.
[30] Idem, 265, ainda Da Boa Fé, no Direito Civil, 2.ª reimpressão, Almedina, 2001, 723, e Tratado *cit.*, I/IV, 275.
[31] Autor e loc. *cit.*, 275.

consciência de elementos que determinam o agente a mudar de atitude, o que bem se compreende, pois em tais circunstâncias, o agente não procedeu *contra factum proprium*, pois houve um factor que justifica a sua mudança de atitude[32].

Esta situação pode ter um papel extremamente importante para o abuso do direito[33].

MENEZES CORDEIRO, acrescenta que "no campo do Direito, *venire contra factum proprium* poderia ser proibido. E assim seria, designadamente quando a conduta contraditória se aproxime do instituto em estudo: Do Abuso do Direito[34].

15. Inalegabilidades Formais

Esta terminologia é aplicada, como explica o próprio autor, «a situação em que a nulidade derivada da falta de forma legal de determinado negócio não poder ser alegado sob pena de se verificar um "abuso de direito", contrário à boa fé»[35].

16. *Suppressio* e a *Surrectio*

MENEZES CORDEIRO, emprega o termo *suppressio* para "designar a posição do direito subjectivo – ou, mais latamente, a de qualquer situação jurídica – que, não tendo sido exercida, em determinadas circunstâncias e por um certo lapso de tempo, não possa mais sê-lo por, de outro modo, se contrariar a boa fé.

Num trabalho muito recente[36], este autor após afirmar que "mau grado o seu alcance vocabular imediato, não há, no abuso do direito, abuso, nem necessariamente direito subjectivo"[37], escreve que o *venire* só é proibido em circunstâncias especiais. Para as explicar, surgiram duas grandes fundamentações dogmáticas:

---

[32] Autor e loc. *cit*.
[33] Da Boa Fé, 749 ss e 752-755.
[34] Loc. e pág. *cits*.
[35] Tratado.,*cit*., 299..
[36] Litigância de Má Fé, Abuso do Direito de Acção e Culpa, *"In Agendo"*, Almedina, impr.2005, Dist. 2006, 45 e ss.
[37] *Ob. cit.*, 33 e ss.

"Doutrinas da confiança (Canaris);
Doutrinas negociais (Wielling)"

E acrescenta, "para as doutrinas da confiança, o *venire* seria proibido quando viesse defrontar inadmissivelmente uma situação de confiança[38] legitima gerada pelo *factum proprium*.

Para as negociais, o agente ficaria vinculado, em termos negociais, pelo *factum proprium* em causa; ao perpetuar o *venire* estaria a violar a vinculação daí derivada"[39].

Escreve ainda: "prevalecem hoje as doutrinas da confiança, as quais têm obtido o apoio da literatura interessada".

Na verdade – diz – o princípio da confiança surge como uma mediação entre a boa fé e o caso concreto.

17. *Tu Quoque*[40]

As doutrinas exemplificativas deste, podem ver-se em MENEZES CORDEIRO[41].

Apenas nos referiremos a duas passagens tiradas de MENEZES CORDEIRO"... o venire é proibido em homenagem à protecção da confiança da pessoa que se fiou no *factum proprium*[42].

A segunda, refere-se à posição adoptada por este autor "o titular-exercente excede-se por recorrer às potencialidades regulativas de um contrato que ele próprio violou". "Põe-se, agora, o problema num nível de generalidade maior: é admissível, fora do fenómeno contratual o exercício de posições jurídicas em cuja base tinha havido actuações incorrectas? E MENEZES CORDEIRO acrescenta que se manifesta no *tu quoque* e que, de modo repetitivo aflora, em termos delineados [anteriormente], responde negativamente[43].

---

[38] Exemplos Jurisprudenciais, indicados por MENEZES CORDEIRO, *in* Tratado I/IV, 281.
[39] Litigância, *cit.*, 50-51.
[40] Como é sabido, terá sido a expressão de espanto e indignação, proferida por Júlio César aquando do seu assassinato: *Tu quoque Brutus*? (protegido e filho adoptivo de César. Shakespeare – Júlio César).
[41] Tratado e vol. *cits.*, 333.
[42] Loc. *cit.*, 333.
[43] Loc., *cit.* 335.

O *tu quoque*, segundo refere Menezes Cordeiro, poderia em leitura apressada estar abrangido pelo *venire*: "a pessoa que desrespeita um contrato e exige, depois, a sua observância à contraparte parece incorrer em contradição". "Essa interpretação pressuporia um alargamento prévio do *venire*, uma vez que, no *tu quoque*, a contradição não está no comportamento do titular-exercente em si, mas nas bitolas valorativas por ele utilizadas para julgar e julgar-se"[44].

Em, princípio portanto nada impediria que o *tu quoque* representasse um subtítulo mais concreto, com especificidade bastante para incluir princípios próprios. Mas, ainda que se utilizasse uma concepção ampla do *venire*, as especificidades do *tuo quoque*, não recomendaria tal doutrina, pois tais especifidades não permitiriam uma integração coerente e produtiva.

De resto, o *venire* é proibido em homenagem *à protecção da confiança da pessoa que se fiou no factum proprium*[45].

E termina (praticamente) esta matéria com a afirmação de que "por tudo isto [o que foi explicado] entendemos que, no *tu quoque*, já não está em jogo uma manifestação de tutela da confiança: antes um outro princípio mediante, concretizador da boa fé e a que damos o nome da *primazia da materialidade subjacente*[46].

18. Posição adoptada

Expostas que foram, em linhas muito gerais, as doutrinas antes referidas, que podem conter inclusivamente inexactidões, que desde já assumimos, já por tal exposição ter sido efectuada em termos muito gerais, já por deficiências próprias, cumpre-nos apenas referimo-nos à posição que adoptámos. O que faremos imediatamente a seguir.

I – Em termos muito gerais, pode dizer-se que a confiança contratual (obrigacional) nasce com os primeiros contactos negociais e prolonga-se até à concretização da *confiança transmitida* (assim, arts. 227.°e 762.°, n.° 2 do C.C.).

---

[44] Tratado, I/IV, 333.
[45] Menezes Cordeiro, *ob. cit.*, 333. É recomendável v.g. a consulta das págs. 332 a 337.
[46] Loc. *cit.*, 337.

Dado por assente o princípio que resulta com toda a clareza, do art. 334.º temos antes de mais de proceder à exegese do citado artigo do C.C.

Estabelece tal artigo que "é ilegítimo o exercício de um direito, quando o titular exceda manifestamente os limites impostos pela boa fé, pelos bons costumes ou pelo fim social ou económico do direito.

A nosso ver, a dificuldade resulta sobretudo da referência à boa fé. Com efeito, os bons costumes serão aqueles que vigorarem em determinado momento numa sociedade e o fim social ou económico do direito, atinge-se através de uma interpretação teleológica, que culminará, se, bem efectuada, na determinação dos correspondentes fins do direito.

Daí que se compreenda perfeitamente que o agente-exercente possa ultrapassar de modo manifesto ou clamoroso os bons costumes e o fim social e económico do direito.

Mas quanto à boa fé, como é possível violar manifestamente esta?

Parece que esta sendo um conceito impregnado de uma forte carga, além de subjectiva, que por ora não interessa apreciar, de um princípio equitativo, que o interprete-aplicador terá que determinar. Mas a equidade não é passível de mediação. Ou há boa fé ou não há. Neste último caso, teria que dizer-se que há má fé.

Retomando a questão que vínhamos a apreciar, socorrer-nos-emos da pertinente observação de MENEZES CORDEIRO, que escreve "a boa fé, em homenagem a uma tradição bimilenária, exprime os valores fundamentais do sistema. Trata-se de uma visão que, aplicada ao abuso do direito, dá precisamente a imagem propugnada. Dizer que, no exercício do direito, se deve respeitar a boa fé, equivale a exprimir a ideia de que, nesse exercício, se devem *observar vectores fundamentais do próprio sistema que atribui os direitos em causa*"[47] (itálico nosso).

Ora, neste contexto, não se vê como possa haver um uso manifestamente abusivo de um direito.

Será que teremos que "*isolar*" o conceito de boa fé, de entre os demais limites estabelecidos no art. 334.º do C.C.?

A resposta tem que ser afirmativa.

É que se o não fizermos, tal normativo estará em contradição com o sistema jurídico civilista.

---

[47] MENEZES CORDEIRO, Litigância de Má Fé, Abuso do Direito de Acção e Culpa "*in* Agendo" 2005, ed. 2006,Almedina, 75-76. E para maiores desenvolvimentos, o citado Autor, Tratado do Direito Civil Português, I/IV, 2005, 257, Tratado *cit.,* I, 2.ª edição 2000, 569, Da Boa Fé, *cit.,*711.

Assim, desde logo, aquele estaria em conflito com as regras relativas aos preliminares nos contratos. Na verdade, estabelece o art. 227.º do C.C., epigrafado "culpa na formação dos contratos que:

"Quem negoceia com outrem para a conclusão de um contrato deve, tanto nos preliminares como na formação dele, proceder segundo as regras da boa fé, sob pena de responder pelos danos que culposamente causar à outra parte".

Neste normativo perspectiva-se, não uma presunção *iuris et de jure*, mas uma equiparação da má fé à actuação culposa. Dizendo de outra forma, mas que é o mesmo, a ausência de boa fé corresponde ou concretiza a noção de culpa. Tenha ou não o exercente actuado com "simples" má fé, a qual, que verdadeiramente não se sabe em que consiste.

Logo, aquele que negoceia com outro tem que actuar de boa fé (sem a existência de um abuso clamoroso dos limites impostos pela boa fé, que aliás é figura, difícil ou de preferência, impossível de conceber).

Mas se tal não fosse assim, como o n.º 2 do art. 227.º, estabelece *expressamente* que o exercente, sem boa fé, é responsável civilmente, como resulta do disposto naquele normativo, em que se estatui que a responsabilidade prescreve, nos termos do art. 498.º: se a responsabilidade pode prescrever, é porque houve acto ilícito e culposo que lhe deu origem.

Quando já ultrapassada a fase negocial, estando consequentemente, a parte e a contraparte já ligadas por um acordo, a solução é idêntica, porquanto de acordo com o art. 762.º, n.º 2 "no cumprimento da obrigação, assim como no exercício do direito correspondente, devem as partes proceder de boa fé". Assim sendo, isto é, como o normativo citado se "limita" a falar de boa fé, também na responsabilidade contratual não pode haver uso do direito manifestamente contrário à boa fé. Pode não haver boa fé *tout court*, ou haver.

II – E a questão pode colocar-se em termos diferentes, quanto à responsabilidade extra-contratual?

a) Antes de encararmos de frente a pergunta, temos que nos debruçar, sumariamente, sobre o negócio unilateral[48]. O C.C. é

---

[48] Esta questão, bem como a anterior, reflectir-se-ão na propriedade industrial nas figuras das licenças concedidas pelo titular do direito. Tratar-se-á de um contrato (inclusi-

expresso ao declarar que a promessa unilateral de uma prestação só obriga nos casos previstos na lei (art. 457.°).Neste, poder-se-á aplicar analogicamente as regras relativas à boa fé, não havendo, portanto lugar a falar-se de excesso manifesto da boa fé. No decurso da situação jurídica, poderá haver ou não boa fé *tout court*.

b) Em relação à responsabilidade extracontratual, a solução é idêntica à que indicámos para a responsabilidade contratual. Nesta podemos alicerçarmo-nos no disposto 239.° que estabelece que "na falta de disposição especial, a declaração negocial deve ser interpretada de harmonia com a vontade que as partes teriam tido se houvessem previsto o ponto omisso, ou de acordo com os ditames da boa fé".

Quer dizer, portanto, que se houver um ponto omisso e se se tiver de recorrer à boa fé esta deve ser entendida de acordo com os ditames que um indivíduo normal, imputável e moralmente são teria adoptado. É óbvio que não há que buscar qualquer uso *manifestamente* abusivo da boa fé.

19. Alteração das Circunstâncias

Há todavia um normativo que não podíamos deixar de lado: É o art. 437.° do C.C., subordinado a uma subsecção epigrafada, "resolução ou modificação do contrato por alteração das circunstâncias".

Estatui o mencionado art. 437.°: "Se as circunstâncias em que as partes fundaram a decisão de contratar tiverem sofrido uma alteração anormal, tem a parte lesada direito à resolução do contrato, ou à modificação dele segundo juízos de equidade, desde que as exigências das obrigações por ela assumidas afecte gravemente os princípios da boa fé e não esteja coberta pelos riscos próprios do contrato".

MENEZES CORDEIRO, escreve a este respeito que "a boa fé manda atender à confiança que as partes tenham depositado no fundamento e na adequação do contrato. A vontade hipotética *objectiva* (itálico nosso), não pode fixar soluções que defrontem essa confiança. Trata-se, naturalmente e de acordo com as regras gerais, duma confiança efectiva e legitima, que

---

vamente a favor de terceiro no caso de sub-licenças) ou de um negócio unilateral? No momento próprio (2.ª Parte) retomaremos o assunto.

tenha ocasionado um investimento de confiança e que seja imputável às partes. A confiança em causa terá de alicerçar-se no próprio contrato e não em factores a ele estranhos: neste último caso, ao abuso do direito caberia intervir"[49].

Mas acrescenta "a confiança assim tutelada resulta do conjunto de declarações contratuais interpretadas. Temos deste modo, um prolongamento natural do contrato"[50].

Obviamente que aqui a lei refere-se à boa fé em termos semelhantes aos que constam do art. 334.º (gravemente e manifestamente), e que em consonância com o citado autor, poderá haver abuso de direito. Mas trata-se de uma *hipótese excepcional*, que não parece afectar o que dissemos anteriormente. Para nós o excesso *manifesto* dos limites impostos pela boa fé e afectação em *termos graves*, constituem dois enigmas. No caso em apreciação, mais correcto seria falar-se apenas em "princípios de boa fé".

Todavia, deve observar-se que, o ante-projecto VAZ SERRA, no artigo correspondente ao art. 437.º, o art. 640.º/1[51], estabelece que: " se se alterassem as circunstâncias, em que as partes fundaram a sua decisão de contratar, e daí resultar o *desaparecimento da base* do contrato, em tais condições que seria gravemente contrário à boa fé, vista no seu conjunto, a situação do caso e tendo em conta os usos dos negócios, exigir o cumprimento dele, pode a parte, que é vítima da alteração das circunstâncias, obter a resolução ou modificação do mesmo contrato".

E num número 2 estatuía-se que "a parte, contra a qual se pretende a resolução do contrato, pode requerer que, em vez dela, o contrato seja modificado".

Parece assim que o normativo do ante-projecto VAZ SERRA foi acolhido de forma diferente no actual C.C. Naquele refere-se ao *desaparecimento da base do contrato*. Neste, exige-se "apenas" que as circunstâncias em que as partes *fundaram a decisão tivessem sofrido uma alteração anormal*. Daí pode, porém, concluir-se que a *mens legislatoris* foi a de pretender que as bases do contrato tenham desaparecido.

---

[49] Tratado *cit.*, I/I, 2.ª edição 2000, 569.
[50] Loc. *cit.*, nota, anterior, 570.
[51] B.M.J., 101, 39-40.

20. Observações Gerais

Segundo escreve MENEZES CORDEIRO, a base legal para uma aplicação da doutrina da confiança no Direito português, por forma a vedar o *venire contra factum proprium* nas suas manifestações mais correntes reside no art. 334.º e, de entre os elementos previsíveis nele enunciados na boa fé"[52].

"A recondução laboriosa do *venire contra factum proprium* à doutrina da confiança e ao princípio da boa fé não é pacífica. Na base da sua natureza, coloca-se um problema de regime, com as questões deste tipo: pode um incapaz *venire contra factum proprium*?. E se houver simulação, reserva mental, falta de seriedade, falta de consciência, ou coacção moral ou incapacidade acidental, aquando da produção do *venire contra factum proprium*? A doutrina é uniforme em tomar a previsão do *venire contra factum proprium* por meramente objectiva: não se requer culpa, por parte do titular exercente, na ocorrência da contradição".

21. O Facto Ilícito

Já indicámos como deve ser entendido o termo ilegítimo, que consta do art. 334.º do C.C. A expressão não deve ser ilegítimo, mas ilícito. De resto os trabalhos preparatórios do actual C.C. apontam neste sentido: a começar por VAZ SERRA que subordina o respectivo Ante-projecto ao título de "Abuso do Direito (em Matéria de Responsabilidade Civil)", donde se concluiria que o Abuso do Direito deveria ser incluído na Responsabilidade Civil. O próprio articulado diz no art. 1.º, n.º 1 que "aquele que intencionalmente, ainda que a pretexto de exercício de um direito especial, causa danos a outrem por factos manifestamente contrários à consciência jurídica dominante na colectividade social, é obrigado a repará-los"[53].

No mesmo sentido se pronunciam MANUEL DE ANDRADE[54], ANTUNES VARELA[55], CUNHA DE SÁ[56], ALMEIDA COSTA[57] e outros autores e a própria

---

[52] Da Boa Fé, no Direito Civil, 2.ª reimpressão, Almedina, 2001, 760-761.
[53] B.M.J.,85, 253.
[54] Teoria Geral das Obrigações, I, com a colaboração de RUI ALARCÃO, Almedina, 1958, 63.
[55] Das Obrigações em Geral, Vol. I, 10.ª edição, Almedina, 2005, 545.
[56] Abuso do Direito, 1973, reimpressão da edição de 1973, Almedina, v.g. 523.

jurisprudência, referem-se ao abuso do direito, partindo do princípio que se trata de um acto ilícito.

E já PIRES DE LIMA E ANTUNES VARELA escreviam: que "a ilegitimidade do abuso do direito pode dar lugar à obrigação de indemnizar..."[58].

Daí que possamos concluir que a *mens legislatoris* era no sentido de considerar o acto como ilícito.

MENEZES CORDEIRO é que, como se viu, pôs a questão no seu devido lugar.

De qualquer forma é ponto assente, para nós, que onde está ilegítimo deveria estar ilícito.

22. A Boa Fé na Responsabilidade Obrigacional e Aquiliana

O abuso do direito é aplicável à responsabilidade obrigacional: logo se um dos obrigados ultrapassar manifestamente os limites impostos pela boa fé, pelos bons costumes ou pelo fim social ou económico do direito que lhe assiste, a contraparte pode invocar o abuso do direito. Mas a parte pode opor à contraparte a falta de boa fé (se a houver).

Porém, a questão não é assim tão simples. Não temos qualquer dúvida que no direito obrigacional, vigora, *independentemente do abuso do direito*, a boa fé e a doutrina da confiança (art. 762.º, n.º 2 e 227.º, n.º 1 do C.C.)[59]. Mas a questão está em saber se o abuso do direito poderá ser invocado.

Mas a boa fé só por si vigorará também na responsabilidade aquiliana?

Poder-se-ia dizer que não, fundamentando ou tentando fundamentar tal doutrina nas situações emergentes dos arts. 334.º, 227.º e 762.º, n.º 2 do C.C.

A sua fundamentação, poderia estar no facto de o art. 334.º se referir à boa fé subjectiva[60] e o art. 762.º, n.º 2, consagrar a doutrina da con-

---

[57] Direito das Obrigações, 9.ª edição revista e aumentada, 2001 e edição 2005, Almedina, 75-77.

[58] Código Civil Anotado, Vol. I, 217.

[59] Cfr. MENEZES CORDEIRO, Tratado de Direito Civil Português, Tomo I, 2.ª edição, Almedina, 2000, 406-407.

[60] Neste sentido MENEZES CORDEIRO, Da Boa Fé, *cit.*, 24 no entanto, a consagração do abuso do direito, adoptou a concepção objectiva deste (do abuso do direito).

fiança. Porém, não é assim. A confiança constitui um dos factores materiais da boa fé[61].

Todavia, cremos que a boa fé deveria estar acolhida, bem como a confiança, de um modo mais pressionante, embora, a nosso ver, a boa fé (e a confiança) deva estar presente, não só na formalização dos contratos, como na fase pré-negocial (art. 227.º/1, C.C.).

Porém, a partir de certo momento, a distinção entre culpa e ilícito passam a ser uma realidade. Este último bastava-se com a antijuridicidade

23. Desenvolvimento da Posição Defendida

Esta vamos fazê-lo, distinguindo os actos que se dirigem à responsabilidade obrigacional e dos que são dirigidos à responsabilidade extra-obrigacional.

Começaremos pelos primeiros.

24. A Responsabilidade Obrigacional

A primeira observação que deveremos fazer é que a boa fé a que se refere *o abuso do direito* (art. 334.º do C.C.), só subsidiariamente se relaciona com este.

O abuso do direito poderá ter (e tem) incidência na responsabilidade obrigacional, mas, dir-se-á somente na medida em que sejam excedidos *manifestamente* os limites impostos pelos bons costumes e pelo fim social ou económico do direito em causa.

Mas quanto à boa fé, tais limites não têm qualquer incidência sobre ela para além (ou para aquém) do abuso do direito.

Isto, pela razão de que tanto a responsabilidade pré-negocial, como a responsabilidade negocial estão sujeitas à boa fé (arts. 227.º/1 e 762.º/2). Dizendo de outro modo, o exercente deve actuar, tanto naquela, como nesta, de acordo com os ditames da boa fé, se ultrapassou os limites, de forma manifesta, isso é irrelevante para o direito, no que concerne à responsabilidade civil obrigacional. Esta basta-se com a conduta contrária pura e simplesmente à boa fé.

---

[61] Autor citado, na nota anterior, 1251, 1298.

Perguntar-se-á, para que serve a figura do abuso do direito em relação à responsabilidade *obrigacional*, por terem sido excedidos *manifestamente* os limites impostos pela boa fé?

Para muito pouco, porquanto, como resulta do já expusemos, se os limites forem *manifestamente excedidos*, ou o comportamento do sujeito já os ultrapassou sem ser em termos manifestos, e consequentemente por tal comportamento é responsável, ou ainda não ultrapassou tais limites de modo manifesto, mas, não obstante essa situação, já actuou de modo contrário à boa fé. Esta conclusão que resulta com toda a clareza dos arts. 227.°, n.° 2 e 762.°, n.° 2 do C.C.

Concretizando: Na responsabilidade pré-contratual o sujeito-exercente deve proceder de boa fé, *sem necessidade* de que esta exceda (manifestamente) os limites impostos pela boa fé (arts. 227.°/1 e 798.°).

Na responsabilidade obrigacional, mas não contratual, o sujeito-exercente deve obedecer igualmente ao princípio da boa fé *sem necessidade* de que esta exceda (manifestamente) os limites impostos pela boa fé (art. 762.°).

Quanto à responsabilidade aquiliana a conclusão é idêntica e até por maioria da razão, pois nesta não se deve ser tão exigente[62], como refere BAPTISTA MACHADO.

Consequentemente, a ilicitude prevista no abuso do direito, que exige que sejam excedidos de *forma manifesta* os limites impostos pela boa fé (art. 334.° do C.C.), constitui uma realidade residual, ou, se se preferir o normativo em que a mesma se integra é *aplicável subsidiariamente*.

Na verdade, fica muito pouco espaço para a aplicação do abuso do direito na responsabilidade obrigacional, visto que as relações pré-contratuais, contratuais e obrigacionais, sancionam já de si a falta de boa fé nas mesmas. E para a responsabilidade aquiliana também, porquanto nesta não existe qualquer relação anterior, entre os sujeitos da mesma.

E não só isso. A própria doutrina da confiança, nalgumas cambiantes desta, não repugna aceitar; (terá ainda assento na boa fé?) a confiança[63], que consistiria, v.g. numa responsabilidade "por culpa simples na violação de um dever de conduta (não de protecção)[64], argumentando-se que entre a "culpa *in contrahendo* e a relação de negócios e com isso a legitimidade

---

[62] Cfr. BAPTISTA MACHADO, Tutela da Confiança e «*venire contra factum proprium*», *in* Obra Dispersa, Vol. I, 371, também publicado, conforme informação no próprio trabalho citado, na R.L.J., n.° 3726 e ss.

[63] Tem muito interesse consultar BAPTISTA MACHADO, *ob. cit.,* 372, ss.

[64] SINDE MONTEIRO, Responsabilidade por Recomendações ou Informações, Almedina, 1989, 514.

formal para lhe estendermos o pensamento legal expresso no art. 227.º (que apenas nos obriga à aplicação do prazo de prescrição), é mais marcada do que a responsabilidade do segundo instituto. Ali estamos sempre perante um «contacto negocial» não gerado de deveres de prestação, quer vise a preparação de um negócio ou resulte de uma conexão de negócios com alguma conexão entre si"[65].

A nosso ver, vem muito a propósito um exemplo dado por OLIVEIRA ASCENSÃO, relativo à *culpa incontrahendo*, relativo ao princípio da boa fé: Diz o citado autor "O princípio da liberdade não implica que o pré-contrato seja uma base abandonada à malícia dos negociadores".

"Imaginemos que a sociedade *A*, ao saber que a sua concorrente *B* se prepara para fazer um negócio muito favorável com o fornecedor *C*, se dirige a *C* oferecendo condições aliciantes. Perante isso, *B* tem de reconverter a sua actividade. *A* protege as negociações até à conversão de *B* estar completa, dizendo a *C* que não tem o menor interesse no negócio. Ficou desta maneira livre de um concorrente".

"*C* não terá maneira de reagir? (continua o citado autor). O art. 227.º responde expressamente. Quem negoceia está obrigado às regras da boa fé. O Código diz-nos pois que o dever de boa fé não é algo que represente só uma manifestação de obrigações já constituídas, pois surge mesmo quando o agente não está vinculado, por nenhuma obrigação, modelando juridicamente as condutas negociais"[66].

Este mesmo exemplo mostra bem até onde pode conduzir, a teoria da confiança no nosso direito.

OLIVEIRA ASCENSÃO não reconhece que o nosso Direito se possa apoiar na teoria da confiança. Esta não seria aplicável no nosso Direito[67], por, embora esta seja muito importante na doutrina germânica, não tem cabimento naquele[68].

Acresce ao que dissemos em relação na aparente adesão à doutrina da confiança, que esta vai buscar *elementos fundamentais* para se alicerçar, *praepter legem*[69]. No estado actual do nosso direito não parece aconselhável este procedimento.

---

[65] SINDE MONTEIRO, *ob. cit.*, 529.
[66] OLIVEIRA ASCENSÃO, Direito Civil Teoria Geral, III, 1992 Acções e Factos Jurídicos, 367-368.
[67] OLIVEIRA ASCENSÃO, *ob. cit.*, 366.
[68] Autor e loc. *cits.*, em especial 366-386.
[69] Neste sentido SINDE MONTEIRO, *ob. cit.*, 529 e CARNEIRO DA FRADA, *ob. cit.*, 865 e ss.

E não só isso. A doutrina e a jurisprudência ficariam com uma latitude, que não se afigura aconselhável.

Mas a boa fé, *per se*, cremos que será de acolher inteiramente.

Com efeito, parece-nos que a tutela da confiança só tem razão de ser se a conduta causar (ou for susceptível de o fazer). danos a outrem.

Ora na fase pré-negocial se uma das partes não proceder de boa fé ela terá de responder pelo dano que culposamente causar à outra parte (art. 227.°).

Mas quanto à culpa esta já se coloca no campo dos danos. Se estes forem causados culposamente, o seu autor tem que indemnizar a outra parte.

Logo o *punctum saliens* reside na boa fé. A responsabilidade pelos danos coloca-se quando e se a parte ocasionou danos. Mas daí não se pode concluir que se a outra parte *confiou* e a sua confiança foi frustrada, a parte pode responsabilizar a contraparte por não ter respeitado a confiança que a primeira depositou nesta.

25. A Responsabilidade Obrigacional, mas Extracontratual

Quanto a esta não há muito a dizer.

Neste caso não cabe recorrer ao art. 227.°/1, do C.C., pois não se trata de efectuar qualquer contrato. Todavia, a responsabilidade continuará a basear-se na boa fé (art. 762/2, do C.C.).

Deve apenas notar-se, que "a culpa dos arts. 798.° e 799.°, do C.C. não é a culpa do art. 453.°/1[70], do citado Código é a *faute* do Direito francês.

26. A Responsabilidade Aquiliana

BAPTISTA MACHADO, entende que esta "pelo lado do fim visado ou «funcionalmente», a responsabilidade pela confiança se aproxima mais da responsabilidade civil extracontratual, pelo lado do fundamento da impu-

---

[70] MENEZES CORDEIRO, Litigância, *cit.*, 126.

tação ela tem um ténue parentesco com a responsabilidade contratual, daí que, pelo menos no que respeita à maioria das suas hipóteses, ela apareça designada como uma responsabilidade «quase negocial»"[71].

Também cremos que assim é. A questão da fundamentação da responsabilidade extra-obrigacional na confiança, afigura-se mais difícil.

Este tipo de responsabilidade, como afirma o citado Autor[72], trata-se de prevenir ou ressarcir um dano, logo a teoria da confiança dificilmente será aplicável, mas já o mesmo não acontece, a nosso ver, com a boa fé, o que resulta do que antes dissemos. Com efeito, a boa fé tem de estar presente na actuação do sujeito exercente (art. 762.º/2).

No campo contratual ou mais latamente obrigacional, lidamos com vínculos específicos: o direito de uma pessoa equivale ao dever de outra. Por isso, mera ausência de cumprimento tem maior gravidade, por parte do inadimplente, quer também em matéria de ilicitude, ou quer de culpa, sendo tudo isso transmitido pela ideia de *culpa* alargada ou *faute*[73].

"No campo aquiliano, lidamos com situações genéricas, que podem ser imperfeitamente apreendidas pelos agentes, dentro do campo jurídico. A existência de deveres genéricos tolhe a liberdade. A essa luz, havendo dano, compreende-se que o lesado deva, *separadamente*, fazer a prova da *ilicitude* e da *culpa*" (itálicos nossos)[74].

27. A Boa Fé no Abuso do Direito será Distinta da Boa Fé noutro Contexto?

A questão tem toda a pertinência, pois enquanto no abuso do direito se exige que o titular exceda *manifestamente* os limites impostos pela boa fé (art. 334.º), no art. 762.º/2, refere-se que "no cumprimento da obrigação, assim como no exercício do direito correspondente, devem as partes proceder de boa fé," não se exigindo que os limites impostos à boa fé tenham sido ultrapassados de forma manifesta. Portanto, há nitidamente uma distinção entre a boa fé simples e a boa fé no abuso do direito.

---

[71] *Ob.* e loc. *cits.*, 366. Cfr. também a continuação da exposição deste Autor, que tem o maior interesse.
[72] *Ob.*, loc. e págs. *cits.*
[73] MENEZES CORDEIRO, Litigância *cit.*, 128.
[74] Autor, *ob.*, e loc. *cits.*, n.º anterior.

Parte II
Propriedade Industrial

28. Generalidades

I – Cabe agora aplicar os princípios expostos na I Parte.

Mas como fazer?

O primeiro caminho, aparentemente, poderia ser o de se "simularem" hipóteses. Mas tal solução é inviável, porquanto seria necessário a "simulação" de tantos casos, que se torna inadequado tal caminho.

Mas uma exposição casuística, também não parece recomendável: a Propriedade Industrial, é um campo fértil para a boa e má fé, mas já não o é para o abuso de direito, a nosso ver.

O nosso Código da Propriedade Industrial, contém muitas referências àquelas figuras. E o mesmo se passa com a Directiva[75] sobre o Direito de Marcas e também com o Regulamento[76].

Neste e naquela, supomos ter sido adoptada a técnica germânica. Se, naturalmente, nada temos contra esta técnica, bem pelo contrário, já o mesmo não pode dizer-se quanto à transposição para o nosso Direito, do Direito Comunitário.

II – Efectivamente, no momento de implementação do Direito Comunitário no nosso Direito encontram-se erros que urge, não só corrigir, mas há também que prevenir as implementações futuras, para que os mesmos não sejam verificados.

Apresentamos apenas um exemplo do que acabamos de dizer.

SOUSA E SILVA (num excelente trabalho)[77] observa que o art. 213.°/1 do Código de 95, indica a *titulo exemplificativo* os direitos conferidos pelo registo, de que o licenciante pode invocar contra o licenciado, como resulta da expressão em *especial*. Deve acrescentar-se que esta mesma expressão consta da D.M. (art. 8.°/2).

---

[75] Primeira Directiva do Conselho, de 21 de Dezembro de 1988, que harmoniza as legislações dos Estados- Membros em matéria de Marcas (89/104/CEE).

[76] Regulamento (CE) n.° 40/94 do Conselho, de 20 de Dezembro de 1993, sobre a Marca Comunitária.

[77] O Direito Comunitário e Propriedade Industrial, O Princípio do Esgotamento do Direito, Coimbra Editora, 240-241.

Daí tira a conclusão de que o que terá querido dizer-se é que produtos fabricados pelo licenciado em violação de certas clausulas contratuais deverão ser tratados como produtos *contrafeitos*, com tudo o que isso implica, designadamente, quanto à possibilidade apreensão (enquanto estejam no mercado) e quanto à ilicitude da respectiva comercialização. Assim, um terceiro, designadamente um revendedor que tenha adquirido produtos ao licenciado faltoso, poderá ser objecto de medidas repressivas (arresto das mercadorias) e *procedimento criminal*, se forem reunidos os pressupostos do art. 213.º do Código revogado bem como *assim*, acrescentamos nós, no seguimento do raciocínio de SOUSA E SILVA, do Código actual que contém idêntica expressão: "em especial". E a confirmar este entendimento, pode invocar-se o art. 8.º/2 da D.M. Porém, o art. 22.º/2 do Regulamento não contém a expressão "em especial". Consequentemente, as violações mencionadas neste normativo são efectuadas a título taxativo.

Como resolver a questão? Os Regulamentos são de aplicação directa, mas não o são as Directivas. Logo, porque o Direito Comunitário prima sobre os direitos nacionais (excepto em questões de Direito Constitucional) dever-se-ia aplicar o Regulamento. Porém, as versões francesa, inglesa, alemã, italiana e espanhola, não contém tal expressão: em especial.

E o que é mais curioso é que a versão "oficial" portuguesa também *não contém tal expressão*. Todavia há uma impressão, que circula, que a contém.

Como exemplo, cremos que chega, mas outros se poderiam indicar.

III – Dada a impossibilidade, pelos motivos indicados, "da simulação" de hipóteses, vamos seguir o caminho de analisar, não exaustivamente, e, por isso, apenas alguns preceitos do C.P.I: E para tal vamos começar pelo direito contratual: transmissão e licenças.

29. Transmissão e Licenças

Estabelece o art. 31.º do C.P.I., epigrafado transmissão dos direitos emergentes de patentes, modelos de utilidade, de registos de topografias de produtos semicondutores, de desenhos, modelos e marca podem ser transmitidos, total ou parcialmente, a título gratuito ou oneroso. E o n.º 2 do mesmo artigo, que o disposto no número anterior é aplicável aos direitos emergentes dos respectivos pedidos.

O problema que encontramos, desde logo, é que os direitos emergentes dos respectivos pedidos, são poucos. Isto pela simples razão de que a exploração desses direitos só conferem aos cessionários os direitos dos cedentes, que a bem pouco se reduzem. Com efeito, a sua exploração só pode ser efectuada a título exclusivo (ou provisório), após a sua concessão, ou da sua publicação, sendo neste último caso para um fim específico (arts. 4.° e 5.° do C.P.I.).

Ora se não fora a transmissão efectuada por motivos económicos, v.g., *pela liberdade* de tráfego económico, bem se poderia dizer que o legislador se tinha respaldado num *venire*, preferentemente e/ou num *tu quoque*.

Coerentemente, uma vez que os direitos industriais gozam de um exclusivo de exploração, não faria sentido permitir a transmissão de expectativas, dado que se está a proceder *contra a função de garantia da lealdade da concorrência pela atribuição de direitos privativos*. Coerentemente, repita-se, os direitos industriais só deveriam poder ser transmitidos após a sua concessão.

Note-se que neste aspecto não estaria em causa a questão de haver ou não abuso de direito. Bastaria para fundamentar tal doutrina a existência de boa fé *tout court*[78].

Porém, uma vez que estamos a tratar de transmissão contratual serão aplicáveis as disposições legais relativas à boa fé no domínio contratual (art. 227.°, 324.° e 762.° do C.C.).

30. A Articulação entre a Boa Fé e a Confiança

O facto de não termos aderido à teoria da *confiança* pura, não significa que esta seja de desprezar. Muito pelo contrário. A confiança consiste num estado de espírito em que a contraparte se encontra, porque tendo confiado ou porque não confiou, mas a falta de confiança pode ter sido motivada pela falta de boa fé, com que um dos sujeitos – o que induziu o outro a confiar – actuou, tratando-se de responsabilidade pré-contratual, contratual ou post-contratual. Se a responsabilidade se encontra no domínio extracontratual ou, extra pré-negocial, mas é obrigacional, *mutatis mutandis* poderão ser aplicáveis princípios idênticos.

---

[78] Terminologia usada por CARNEIRO DA FRADA.

Como refere, muito bem, EVA MOREIRA DA SILVA[79], "o princípio da boa fé é um princípio de concretização. Recorrer à ideia da confiança que as partes depositaram justificadamente no comportamento leal da outra é uma forma de ajudar a densificar a vaguidade de que o princípio da boa fé pode sofrer".

Mas verifiquemos os vários tipos de responsabilidade obrigacional, começando pela *culpa in contrahendo*

31. A Culpa *in Contrahendo*

De uma maneira geral, pode dizer-se que aquela visa proteger a confiança depositada por cada uma das partes na boa fé da outra, a fim de proteger as correspondentes expectativas que se vão gerando ao longo das negociações[80].

OLIVEIRA ASCENSÃO, como dizemos em nota de rodapé, é contra a teoria da confiança escrevendo que "consideramos improfícuas as tentativas de outorgar um lugar cimeiro à confiança na ordem jurídica portuguesa". "A referência, acrescenta, acorda imediatamente uma conotação subjectiva, que leva a uma pesquisa de êxito quase impossível".

E diz mais: "só tem sentido pesquisar um princípio da confiança se estiver em causa a confiança individual posta por uma parte na actuação da outra"[81].

A questão não é simples. *Porém, vamos admitir por ora e para efeitos de exposição,* que a confiança pode existir nos termos antes expostos.

No sentido de que não basta aos contraentes uma atitude negativa, exige-se-lhes uma colaboração no sentido das expectativas alheias, mas que se lhes exige, "através da responsabilidade pré-contratual [uma tutela] de confiança fundada por cada uma das partes em que a outra conduza as

---

[79] Da Responsabilidade Pré-Contratual por Violação dos Deveres de Informação, Almedina, 2006, reimpressão da edição de Setembro de 2003, 44-45, (Dissertação de Mestrado em Ciências Jurídico-Civilistas).

[80] Neste sentido, ALMEIDA COSTA, A Responsabilidade Pré-Contratual pela Ruptura das Negociações Preparatórias de um Contrato *in* R.L.J. Ano 116, n.º 3708, 89 e EVA MOREIRA DA SILVA, *ob. cit.*, 44. Em sentido contrário, OLIVEIRA ASCENSÃO, Teoria Geral do Direito Civil, (Lições) III, Acções e Factos Jurídicos Lisboa 1993, 373.

[81] *Ob. cit.*, 372.

negociações segundo a boa fé", princípio em que se baseia, entre outros, ALMEIDA COSTA[82].

Também BAPTISTA MACHADO entende que no *venire* predominam por um lado um certo recorte autónomo da conduta geradora da confiança[83], que possa sem justo motivo justificado fundar uma responsabilidade pré-contratual. E, continua, ora no âmbito de casos abrangidos pela proibição do «*venire contra factum proprium*» nunca se suscita este problema de uma possível restrição à liberdade de contratar já que aí se trata apenas, em princípio, de inibir o exercício de um direito.

E mais adiante acrescenta que: "importa que o dano que provocaria a conduta violadora da *fides* não seja removível através de outro meio jurídico capaz de conduzir a uma solução satisfatória. Se essa solução satisfatória pode ser alcançada mediante um direito de indemnização, ou mediante num recurso aos preceitos sobre gestão de negócios ou sobre o enriquecimento sem causa não tem que intervir a proibição da conduta contrária à *fides*. O que significa que o recurso a esta última proibição é sempre um último recurso".

Este Autor entende que "existe uma espécie de «autovinculação», uma particular relação de confiança, e a violação da *fides* constituiria fundamento suficiente de *ilicitude*"[84].

E mais adiante nota que "há uma importante diferença entre a responsabilidade civil por confiança e os arts. 483.º e seguintes do Código Civil. Estes danos (dos ressarcimento ou prevenção dos danos) só chegam a colocar-se depois de constituído esse particular contexto relacional"[85].

Ora bem. Seguindo o pensamento de EVA MOREIRA DA SILVA, com o qual concordamos, "a responsabilidade pré-contratual serve para imputar a obrigação de indemnizar os danos provenientes de um dever nascido do princípio da boa fé no decurso do contrato só por si não chega. Será no decurso das negociações que se irá gerar (eventualmente) a confiança"[86].

---

[82] ALMEIDA COSTA, Direito de Obrigações, 9.ª edição, 2005, 275 e EVA MOREIRA DA SILVA, *ob. cit.*, 44-45.

[83] Trabalho *cit.*, 405-406.

[84] 374.

[85] Esta afirmação, *prima facie*, daria razão a OLIVEIRA ASCENSÃO, quando diz que "... nada adianta falar de dano de confiança que se contraporia ao dano no cumprimento. *Ob. cit.*, 373. Para maiores desenvolvimento da aceitação e contraproposta, cfr MENEZES CORDEIRO, Tratado *cit.*, I/I, 241 e I/IV, 249 e ss.

[86] *Ob. cit.*, 51.

Quer a boa fé quer a confiança, a nosso ver, devem ser apreciadas, *in casu* atendendo à figura do *bonus pater famílias*. A boa fé, precederá (se tiver força para tal para incutir) a confiança na contraparte.

32. A Responsabilidade Extra-Obrigacional

Em relação a esta, tal-qualmente como na responsabilidade pela confiança, CARNEIRO DA FRADA[87] já citado, diz que "um individuo pode ter um comportamento padrão, e não o respeitar conduziria a ignorar a tutela que postula a confiança. Mas, por um lado, deve notar-se que a confiança é uma consequência ou final do *iter* boa fé-confiança e deve fazer apelo a esta, com a maior circunspecção. Haja em vista o exemplo que demos transcrito de OLIVEIRA ASCENSÃO.

Já CARLOS MOTA PINTO escrevia que "independentemente do interesse do comportamento em relação ao contrato e em especial ao seu cumprimento, [trata-se] de comportamentos impostos pela boa fé em vista do fim do contrato (arts. 239.° e 762.°) dada a relação de confiança que o contrato fundamenta[88]. Isto apreciando a questão numa óptica, agora diferente, isto é, no domínio dos preliminares do contrato e no cumprimento deste" (arts. 227.° e 762.° do C.C.).

33. Licenças Contratuais

O que foi dito no número anterior, aplica-se com as devidas adaptações às licenças contratuais, se for caso disso.

Vamos apenas aflorar o n.° 8 do art. 32.°, que estabelece que: "salvo estipulação em contrário, o direito obtido por meio de licença de explo-

---

[87] CARNEIRO DA FRADA escreve que "a invocação do abuso por desrespeito da boa fé alicerça a responsabilidade pela confiança na medida em que aquela independentemente do comportamento expressa a necessidade de respeitar determinadas exigências de justiça objectiva". "A boa fé transcende uma mera regra de boa fé, acepção essa (da boa fé) que por ausência de boa fé é presente no abuso. Mas, a nosso ver, não é esta que está ínsita neste instituto. Para a responsabilidade por ausência de boa fé é suficiente que esta seja infringida não sendo necessário que aquela seja excedida de forma manifesta, como se exige para o abuso.

[88] Cessão da Posição Contratual, Atlântida Editora, Coimbra 1970, 335.

ração não pode ser alienado sem consentimento escrito do titular do direito"(C.P.I.).

Esta disposição, presta-se a várias observações.

A primeira é a de que se o direito pudesse ainda não ser obtido de outra forma cairíamos no *venire*.

Acresce a *suppressio*, que, segundo MENEZES CORDEIRO, abrange manifestações típicas do "abuso do direito" nas quais uma posição jurídica que não tenha sido exercida em circunstâncias e por certo lapso de tempo não mais possa sê-lo por, de outro modo, se contrariar a boa fé.

Finalmente, devemos observar que não obstante, nos dois casos citados, dizermos que, a eles, poderiam ser aplicáveis, no primeiro o *venire*, no segundo este e/ou *suppressio*, como é óbvio, tais institutos não tem aplicação em normativos legais, pois, de outro modo, o legislador *não poderia estabelecer excepções*!

Mas encaremos agora de frente as licenças contratuais.

Embora seja aplicável, se for caso disso, o art. 334.°, relativo a abuso de direito, dificilmente (ou mesmo é impossível) este instituto terá lugar em relação às licenças, e, podemos desde já adiantar, que nas afirmações feitas e a fazer, o mesmo se poderá afirmar dos demais direitos relativos a propriedade industrial. E a razão é simples e já a indicámos atrás.

Não é pelo facto de, em abstracto, este instituto não ser aplicável. Só que na prática não se descortina como poderá ser aplicável, *pelo menos no que se refere à boa fé.*

Já quanto aos demais limites poder-se-ão eventualmente aplicar.

O abuso do direito, refere-se à não observância de forma *manifesta* ou *clamorosa* dos limites impostos pela

- boa fé
- pelos bons costumes
- pelo fim social ou económico, do direito em causa.

Vejamos de novo separadamente cada um dos limites referidos.

34. A Boa Fé

Tratando-se de um contrato, são aplicáveis os arts. 227.° (culpa na formação do contrato), 762.° (cumprimento da obrigação), 239.° (integração da vontade das partes) e 498.º e 799.º. Todos os artigos citados são do Código Civil[89].

Ora daqui colhe-se, como a doutrina é unânime, que na formação do contrato (art. 227.º) no seu cumprimento, bem como no cumprimento das obrigações, e até na integração (em caso de omissão) da vontade das partes, (art. 237.º) estas devem proceder de boa fé[90].

Consequentemente, pouco espaço ou nenhum fica disponível para se recorrer ao princípio que impõe que as partes não podem exercer de forma manifesta «manifestamente» os limites *impostos pela boa fé,* isto é para o recurso ao abuso de direito (art. 334.º). Se, é suficiente que a parte que não procedeu de boa fé, seja sancionada, parece óbvio que não há que recorrer ou verificar se os *limites* impostos pela boa fé foram manifestamente ultrapassados.

Daí o termos afirmado que o instituto do abuso do direito constituía uma figura residual, ou melhor, subsidiária.

35. Os Bons Costumes

Estes, como já notámos, são aqueles considerados como bons num certo local e num determinado tempo. Estão, portanto, subordinados ao tempo e ao lugar. Se eles forem *ultrapassados de forma manifesta*, então haverá que recorrer à figura do abuso do direito.

36. Fim Social ou Económico do Direito

Todo o direito, ou melhor, qualquer figura jurídica tem, por suposto, um fim social ou económico. A questão de saber qual a atitude a adoptar, se o direito não tiver alcançado, este fim, é questão que está fora do âmbito deste trabalho.

---

[89] MENEZES CORDEIRO, Do Abuso do Direito: Estado Questões e Perspectivas, *in* R.O.A., Ano 65, Setembro 2005, 330, refere que "Os limites impostos pela boa fé, têm em vista a boa fé objectiva. Aparentemente, lidamos com a mesma realidade presente noutros preceitos, com relevo para os arts. 227/1, 239.º, 437/1 e 762/2. Não é vulgar citar-se o art. 437/1 que se refere a exigência das obrigações por ela [a parte] assumidas afecte *gravemente* os princípios da boa fé".

[90] Cfr. CARLOS MOTA PINTO, Cessão da Posição Contratual, Atlântica Editora, Coimbra 335.

Porém. se qualquer destes fins não for alcançado, ou o sujeito-exercente não procedeu de acordo com ele (ou eles) então poder-se-á lançar mão da figura do abuso do direito (art. 334.º do C.C.), com a dúvida que indicámos antes e a que voltaremos.

Deve também notar-se que dificilmente, no caso de um contrato de licença de exploração, bem como de transmissão de um direito, será ultrapassado o fim social ou económico do contrato de licença.

37. A Transmissão da Licença de um Direito Emergente de Pedido

Duas observações prévias hão-de fazer-se:

a) A primeira, é que não se trata de transmissão ou licença de um direito, mas apenas de uma expectativa. O direito só nasce após o direito ser (definitivamente) concedido. Porventura, o legislador ter-se-ia referido a direito para deixar mais claro, o que se transferia (?).

b) A segunda, de que, eventualmente, poder-se-ia dizer que a transmissão de um direito emergente de um pedido, deveria ter sido abordada, antes da licença, por a preceder nos dispositivos legais. Todavia, parece-nos que ficaria mais claro, sendo portanto mais lógico, tratar a transmissão do "direito" emergente da licença após termos abordado a licença.

Vejamos agora o n.º 4 do art. 32.º do C.P.I.

Estabelece o mesmo: "salvo estipulação em contrário, o licenciado goza, para todos os efeitos legais, das faculdades conferidas ao titular do direito objecto de licença, com ressalva no disposto nos números seguintes"[91].

---

[91] A fundamentação com base no art. 437.º/1 do C.C., afigura-se extremamente duvidosa, já que aí se diz que "desde que as exigências das obrigações por ela [a parte] assumidas afecte *gravemente* os princípios da boa fé e não esteja coberta pelos riscos próprios do contrato". Será que a ultrapassagem *manifesta* dos limites da boa fé é mais grave do que a afectação grave dos princípios da boa fé são conceitos idênticos? Não se trata da boa fé *tout court*. Mas a responder-se afirmativamente, teríamos que este condicionalismo deveria ser absorvido pelo abuso do direito (art. 334.º do C.C.).Em nosso entender os dois princípios não são idênticos. Mas de qualquer forma, neste normativo a lei é mais exigente do que nos outros que fundamentam a liberdade pré-contratual e contratual. Parece-nos preferível deixar de lado tal normativo. É claro que a afectação *grave* da boa fé e não a boa fé *tout court*, constitui um terceiro enigma. Quanto ao primeiro e segundo cfr. n.º 19.

Deixando de lado esta ressalva, que não nos interessa para a exposição a fazer, surge-nos um problema que se afigura óbvio e porventura contrário aos fins mais elementares do direito. Com efeito, não havendo estipulação em contrário a que se refere o n.º 4 do citado art. 32.º, o licenciado passa a ter direito à exploração em exclusivo. E então, aparentemente, uma de duas: ou se trata de abuso de direito ou de uma figura que, de certo modo, tem algo a ver com o contrato a favor de terceiros.

Vejamos mais de perto a questão.

38. Abuso do Direito

Se o licenciado pode explorar em exclusivo o direito objecto de licença, dir-se-á que se trata de um acto ilícito, porque o licenciado ultrapassou manifestamente os limites impostos pela boa fé, porque os terceiros em geral não têm conhecimento desse facto, pelos bons costumes, porque não compadecem com eles uma "transmissão" feita encapotadamente, pelo fim social ou económico do direito, porque não constitui fim social, nem económico, a licença de exploração que, afinal, acaba por atribuir a um terceiro um direito exclusivo: o direito industrial que atribui ao licenciado um direito de exclusivo.

Porém, a lei ressalva, como se viu, esta situação, e, só por isso, o direito pode ser explorado em exclusivo.

E por a lei prever tal solução, a mesma constitui uma situação lícita, caso contrário não o seria.

39. Contrato a favor de Terceiro

Nos termos do art. 443.º/1 do C.C. pode, por meio de contrato, uma das partes assumir perante outra, que tenha na promessa um interesse digno de protecção legal, a obrigação de efectuar uma prestação a favor de terceiro, estranho ao negócio; diz-se promitente a parte que assume a obrigação e promissário a contraente a quem a promessa é feita.

Mas só aparentemente, como referimos, a situação em causa, pode considerar-se como um contrato a favor de terceiro, que seria o *licenciado*. Cremos que seria suficiente esta qualificação para não podermos considerar o *licenciado* como um terceiro. O licenciado não é estranho ao negócio. Pode efectivamente ser-lhe feita qualquer promessa pelo promitente (licenciante), mas isso em nada modificaria a questão.

40. O Contrato de Licença de Exploração e a Culpa Post Factum Finitum

Como nota Luis Teles de Menezes Leitão[92], "o fundamento desta responsabilização reside nos deveres acessórios da boa fé".A justificação, como refere o citado Autor, encontra-se não já numa relação obrigacional, pois o vínculo a ela inerente extingue-se. Porém, pode ter sido criada uma situação de confiança, e caso esta seja violada, haverá responsabilidade de uma das partes, aquela que violou tal dever.

Aponta como exemplo, entre outros, o caso de, após a extinção do contrato, a parte que violou a confiança e porque a violação consiste no condicionalismo a seguir indicado a revelação dos segredos do negócio, cuja fundamentação positiva se encontraria, de acordo com o referido A, no art. 239.º do C.C.

Não nos parece, todavia, de aceitar a fundamentação positiva *in casu* no art. 239.º. A razão é simples. Em primeiro lugar, deve observar-se que a fundamentação só poderia ter lugar, se o lesante tivesse utilizado ilicitamente os segredos do negócio para efectuar concorrência, noutras palavras, se o lesante tivesse *ocasionado dano* à outra parte ou esse comportamento *pudesse ocasionar dano*. Ora se esta situação pudesse ser prevista não encontraria o fundamento positivo do art. 239.º do C.C., pois se ela tivesse sido prevista não iria ser remediada pelos ditames da boa fé. Na verdade, a situação omissa a ser prevista, já não faria sentido enquadrá-la no princípio da boa fé, já que pelo menos umas das partes, tinha actuado *com manifesta má fé*.

Por outro lado, a situação *per se* encontraria a sua fundamentação positiva no art. 318.º do C.P.I. e nas alíneas a), b) e c).

O Autor no seu trabalho, aliás excelente, apoia-se em Menezes Cordeiro[93] e Rui de Alarcão. Mas não parece que o apoio naquele Autor forneça qualquer base para a fundamentação apontada.

---

[92] Direito das Obrigações, 4.ª edição, Almedina, 2005, 340.
[93] Da Boa Fé, *cit.*, 625.

Com efeito, MENEZES CORDEIRO, começa por referir que"a *culpa post factum finitum* corresponde à projecção simétrica da *culpa in contrahendo* no período pós-contratual". E acrescenta que "a regra na formação de institutos jurídicos baseados na boa fé, *a culpa post factum finitum* derivou não das lucubrações teoréticas centradas em postulados centrais, mas sim na necessidade vivida de solucionar situações"[94].

Este Autor, vai mais longe afirmando que a "pesquisa jurisprudencial de manifestações de pós-eficácia – revelou que extinta uma obrigação, podem subsistir, a cargo das antigas partes, deveres de protecção, de informação e de lealdade, continuando as partes vinculadas, em termos específicos a não provocarem danos mútuos nas pessoas e nos patrimónios uma da outra"[95].

Devemos ainda fazer referência à fundamentação positiva na boa fé prevista no art. 762.º/2 do C.C., uma vez que, a nosso ver, a boa fé estende-se para além do cumprimento.

Finalmente, quanto aos demais exemplos indicados por TELES DE MENEZES LEITÃO, como seja o caso do senhorio do escritório de advogado se recusar a revelar, após a extinção do arrendamento, o novo domicilio do advogado aos clientes que lá se dirigem (violação de um dever de informação), não temos dúvida em fundamentá-las, de forma positiva, no art. 239.º ou, para nós, também no art. 762.º/2 do C.C., o que resulta do que deixámos dito[96].

41. O Contrato com Eficácia de Protecção para Terceiros[97]

Será que pode dizer-se o disposto no n.º 4 do art. 32.º do C.P.I. se enquadra nesta categoria?

---

[94] *Ob. cit.*, 626.

[95] Para maiores desenvolvimentos e fundamentação, cfr. MENEZES CORDEIRO, Da Boa Fé *cit.*, 627-631 e 636 e ss. Naturalmente que a justificação em que nos baseámos tem (essa justificação ou fundamentação), de ser entendida *in casu cum grano salis*, já que a matéria tratada no texto não se refere «apenas» a bens ou patrimónios das *partes*. Quanto ao recurso do art. 483.º/1 do C.C., cfr. Autor e *ob. cit.*,em especial 539, relativamente à fundamentação positiva no art. 762.º/2, 635.

[96] Em sentido, aparentemente contrário, TELES DE MENEZES LEITÃO, Obrigações, *cit.*, 34.º – 341.

[97] Quanto a esta qualificação, cfr. v.g. MOTA PINTO, *cit.*, 419. TELES DE MENEZES LEITÃO, Obrigações, *cit.*, 341.

Dispõe tal normativo: "salvo estipulação em contrário, o licenciado goza, para todos os efeitos legais, das faculdades conferidas ao titular do direito objecto da licença, com ressalva do disposto nos números seguintes".
A resposta não é inócua.
O nosso Código Civil, estabelece, no seu art. 443.º/1 que:

"Por meio de contrato pode uma das partes assumir perante outra, que tenha na promessa um interesse digno de protecção legal, a obrigação de efectuar uma prestação a favor de terceiro estranho ao negócio; diz-se promitente a parte que assume a obrigação e promissário o contraente a quem a promessa é feita".

CARLOS MOTA PINTO, entende que "a compatibilização com o sistema assenta na circunstância de estarmos perante um tipo atenuado duma excepção formalmente consagrada na lei ao princípio da relatividade das conveniências"[98].

TELES DE MENEZES LEITÃO, defende que "esta situação ocorre sempre que o terceiro apresente uma posição de tal proximidade com o credor que se justificará em relação a ele do circulo de protecção do contrato"[99].

E acrescenta que "não se trata nestes casos de um contrato a favor de terceiro, uma vez que o terceiro não adquire qualquer direito à prestação, sendo apenas tutelado pelos deveres de boa fé, que a lei impõe em relação às partes e cuja violação lhe permite reclamar indemnização pelos danos sofridos".

Não curamos de saber, se estamos perante um caso de responsabilidade delitual, ou obrigacional, ou *da terceira via*, porquanto tal averiguação não nos interessa para o tema que é objecto deste trabalho.

Parece-nos óbvio que o contrato só inadvertidamente se poderá enquadrar no n.º 4 do art. 32.º.

Porém, igualmente nos parece óbvio que, dentro da liberdade de estipulação contratual, é possível efectuar um contrato com eficácia em relação a terceiros.

Por exemplo, se A, detentor de um direito industrial, celebra com B um contrato em que as partes acordam que se B se impossibilitar por morte

---

[98] Cessão, *cit.*, 425.
[99] Direito das Obrigações, *cit.*, 341. Cfr. também o caso indicado por este Autor em nota de rodapé da pág 341, nota 749.

ou qualquer outra razão de explorar o direito objecto da licença, C passará a ter direito de explorar tal direito, e o contrato é válido[100].

Porém, de acordo com os ensinamentos da doutrina, nos contratos com eficácia de protecção para terceiros, há que perguntar quando há contrato com eficácia de protecção a terceiros.

O exemplo que demos está longe de poder ser enquadrado, dogmaticamente, nesta categoria.

Segundo CARLOS MOTA PINTO, "a admissibilidade de tais contratos, *fundamentado*, em face de uma pessoa, "não participante na conclusão do contrato, certos deveres de protecção, e portanto, uma relação obrigacional complexa sem deveres primários de prestação gera necessariamente, uma pergunta: quando tem lugar esta inclusão de terceiros no circulo de protecção dum contrato?". Acrescentando que a esta pergunta respondem a doutrina e a jurisprudência alemãs no sentido de só ter legitimidade uma tal figura quando a inclusão de terceiro *é exigido pela boa fé*, dado o fim do contrato ou a eficácia reconhecível da prestação contratual por terceiros. Este círculo de terceiros _ acrescenta ainda _ não deverá ser imprevisível e abrange aquelas pessoas que, segundo a natureza da prestação estão, duma forma em mais ou menos quase inevitável, e que, segundo a fórmula do Tribunal Federal Alemão, está de tal forma próxima do credor que este, em termos cognoscíveis pelo devedor, «confia na segurança dessas pessoas tanto como na sua». E cita vários exemplos de pessoas que estariam nestas condições: num contrato de arrendamento os familiares ou os empregados inseridos na comunidade doméstica ou familiar"[101].

CARLOS MOTA PINTO, questionando-se sobre a relevância desta doutrina no nosso direito, entende que os danos devem ser ressarcidos nos termos dos arts. 798.° e segs., portanto, na responsabilidade obrigacional, doutrina que se nos afigura de acolher inteiramente.

Vejamos, porém, se este tipo de contrato é aplicável aos direitos industriais, em particular, aos contratos de licença.

Apreciamos o asserto, em particular, quanto às invenções.

Efectuado um contrato de licença de determinada patente, esta pode referir-se a matéria susceptível de ocasionar um dano e, por vezes, grave se não forem observados os princípios que a cautela exige, para que não se verifique qualquer dano.

---

[100] Deve notar-se, no entanto, que este contrato está longe de poder ser considerado pela doutrina como um caso de «contrato com eficácia de protecção de terceiros».
[101] *Ob. cit.*, 423.

A questão pode apresentar-se de vários modos

O modo, a nosso ver, por que a questão se pode apresentar será, desde logo, a do titular da patente ter ocasionado, ele próprio, ao pôr em prática a invenção, danos a terceiros, que resultaram da exploração da invenção. Parece-nos que nesta hipótese não há qualquer situação com alguma especificidade. O titular da patente será responsável, nos termos do art. 483.º, n.º 1 do C.C., se a hipótese se puder enquadrar neste normativo.

O mesmo se passa, caso tenha havido transmissão da invenção.

E quanto à licença? É óbvio que também se o licenciado, ocasionar prejuízos a terceiros terá que os indemnizar se o condicionalismo em causa for abrangido pela citada disposição legal.

Mas a questão que eventualmente se pode pôr é a de saber se o licenciante terá que indemnizar terceiros, caso o licenciado tenha provocado, nos termos referidos, danos para terceiros. Tratando-se de licença *não exclusiva*, parece-nos óbvio que o licenciante não poderá ser responsável pelos danos ocasionados. Mas já no caso de licença exclusiva, cremos que o licenciante bem como o licenciado actuam e são responsáveis nos termos em que o seria o titular da patente, até porque aquele o é. Logo, deve responder-se, afirmativamente nos termos do art. 798.º e segs. do C.C. Há, no entanto, que fazer uma ressalva, como vimos: se a licença for exclusiva e o licenciador renunciar à exploração da patente o único responsável é o licenciado.

42. A Má Fé e a Boa Fé

43. O Conceito Legal

Já referimos que o nosso Código Civil não dá um conceito uniforme da má fé, nem da boa fé.

Apenas estabelece referências pontualmente.

Uma delas, encontra-se no art. 1260.º o qual estabelece que:

1. "A posse diz-se de boa fé quando o possuidor ignorava, ao adquiri-la, que lesava o direito de outrem.

2. A posse titulada presume-se de boa fé, e a não titulada, de má fé.

44. O Fundo da Questão: A Boa Fé e o Direito Comunitário

I – Já noutro local, concebemos que a boa fé deveria ser entendida como uma figura compreendida entre o dolo (ainda que eventual) e a culpa[102]. Mas não parece que esta dicotomia, nos termos referidos, seja de aceitar.

II – O Direito Comunitário, especialmente o Direito de Marcas, refere-se em várias disposições legais, à má fé, tirando desta consequências.
E as consequências são, v.g., as seguintes:
A boa fé pode estar incluída no abuso do direito. Ou dizendo doutra forma, o que é diferente, a ideia de abuso do direito pode muitas vezes estar incluída na violação da boa fé. "É o que se dará em regra, no domínio contratual, onde as partes devem proceder de boa fé: aí, o abuso do direito será frequentemente uma ofensa da boa fé devida", no dizer de VAZ SERRA[103]. Mas não parece que seja assim. No domínio contratual e, em geral, no domínio obrigacional, o abuso do direito não tem praticamente lugar. É que a boa fé, *sem ultrapassar manifestamente* os limites que lhe são impostos, é suficiente para impor que neste domínio *o abuso* seja desnecessário, como melhor veremos. A questão reside antes de mais na redacção do próprio art. 334.° do C.C.
Bastaria que se dissesse que "é ilícito o exercício de um direito que exceda os limites impostos pela boa fé, pelos bons costumes ou pelo fim social ou económico do direito" (suprimindo, portanto, o termo manifestamente).

45. Ainda a Confiança e a Boa Fé

MENEZES CORDEIRO diz que o princípio da confiança surge como uma mediação entre a boa fé e o caso concreto[104].
Na base da doutrina e com significativa consagração jurisprudencial, a tutela da confiança, apoiada na boa fé, ocorre perante quatro proposições. Assim:

---

[102] Direito de Marcas, Coimbra Editora, 2004, 473 e ss.
[103] Neste último sentido VAZ SERRA, Abuso do Direito, *cit.*, Boletim 85, 265-266.
[104] Litigância de Má Fé, *cit.*, 52, Tratado, I/IV, 239 e ss., em especial 371 e ss.

"1.ª – *Uma situação de confiança* conforme com o sistema e traduzida na boa fé subjectiva e ética, própria da pessoa que, sem violar os deveres de cuidado que ao caso caibam, ignore estar a lesar posições alheias;

2.ª – *Uma justificação para essa confiança*, expressa na presença de elementos objectivos capazes de, em abstracto, provocar uma crença plausível;

3.ª – *Um investimento de confiança* consistindo em, da parte do sujeito, ter havido um assentar efectivo de actividades jurídicas sobre a crença consubstanciada;

4.ª – *A imputação da situação de confiança criada* à pessoa que vai ser atingida pela protecção dada ao confiante: tal pessoa, por acção ou omissão, terá dado lugar à entrega do confiante em causa ou ao factor objectivo que a tanto conduziu.

Estas quatro proposições devem ser entendidas dentro da lógica de um sistema móvel.

Não há entre elas, uma hierarquia e o modelo funciona mesmo na falta de alguma (ou algumas) delas: desde que a intensidade assumida pelas restantes seja tão impressiva que permita, valorativamente, compensar a falha".

Parece efectivamente que a doutrina da confiança só será de seguir, em casos, não diremos excepcionais, pelas razões que já apontámos, que são referidas por OLIVEIRA ASCENÇÃO, mas em que haja um ou mais factores (referidos antes) que relevem de tal forma que o interprete seja induzido a optar pela teoria da confiança.

Mas na generalidade dos casos, bastamo-nos com a boa fé. É que esta, a nosso ver, constitui o cerne ou o fundo da questão.

Assim, a Directiva Comunitária sobre Marcas (Primeira Directiva do Conselho, de 21 de Dezembro de 1988, que harmoniza as legislações dos Estados-membros em matéria de marcas – 89/104/CEE), bem como o Regulamento sobre Marcas (Regulamento 40/94) referem-se nalguns aspectos à existência da má fé.

Também o nosso Código da Propriedade Industrial se refere à má fé, fazendo depender o regime dos institutos ou das situações referidas da existência ou da ausência da boa fé ou de má fé (anulabilidade, art. 266.º, n.º 4 C.P.I.).

Assim, o art. 51.º do Regulamento, considera como causa de *nulidade absoluta*, o facto de o titular da marca não ter agido de boa fé, no acto do depósito.

Também o art. 53.º do Regulamento, artigo esse epigrafado "prescrição por tolerância" se refere à má fé, se o depósito da marca posterior tiver sido efectuado de má fé.

O objecto deste artigo consiste na tolerância pelo titular de uma marca de um terceiro durante o prazo de cinco anos consecutivos, com conhecimento desse uso, não se opor ao uso pelo terceiro da marca idêntica ou semelhante sendo os produtos idênticos ou semelhantes aos do primeira, não pode opor-se ao uso da segunda, salvo se o depósito da marca posterior tiver sido efectuado de má fé[105].

A nossa lei regula esta situação no art. 267.º do C.P.I. (preclusão por tolerância).

A nossa lei não é totalmente conforme com o art. 53.º do Regulamento.

E pode (porventura, deve) levantar-se a questão de saber se, em Direito Comunitário, o abuso do direito tem lugar.

Prima facie, a resposta parece negativa.

Isto porque o Direito Comunitário, excepto em Direito Constitucional, prima sobre o Direito dos Estados-membros da U.E. e porque os Regulamentos Comunitários são de aplicação directa[106].

Portanto, seguindo estes princípios, o abuso do direito,. sobre o qual o Direito Comunitário é omisso não terá aplicação neste Direito.

Esta questão leva-nos a confirmar a opinião que já referimos anteriormente.

Repetimos, no entanto, o que já ficou dito, ainda que eventualmente de modo não totalmente directo.

---

[105] A doutrina já se pronunciou no sentido de saber se, no caso de interrupção pelo titular da primeira marca antes do decurso do prazo de cinco anos a que se refere a lei, e posteriormente continua pacificamente a tolerar que o titular ou requerente da marca posterior continue a usá-la, o prazo deve considerar-se *interrompido*, para efeito do citado artigo, ou se o decurso do novo prazo se deve somar ao primeiro ou se a interrupção leva a considerar-se que começou a correr um novo prazo. No primeiro sentido, MATHÉLY, Le Nouveau Droit Français des Marques, J.N.A., Paris, 1994. Em sentido contrário, ALBERT CHAVANNE E JEAN-JACQUES BURST, Droit de la Propiété Industrielle (Précis), 5.ª edição, Dalloz 1998, com base em que a lei é expressa ao exigir a interrupção pelo prazo *consecutivo* de cinco anos. Cfr. também nosso Direito de Marcas, Coimbra Editora, 2004, 554 e ss.

[106] Cfr., por todos JOÃO MOTA DE CAMPOS E JOÃO LUIZ MOTA DE CAMPOS, Manual de Direito Comunitário, 4.ª edição, Fundação Calouste Gulbenkian, 2004, 319 e ss.

Segundo o nosso Direito, pelo que concerne a boa fé, o abuso de Direito só tem lugar se forem ultrapassados de forma *manifesta ou clamorosa* os limites da boa fé.

Ora *antes* de estes limites terem sido ultrapassados de *forma manifesta* já foram ultrapassadas os limites impostos pela boa fé, mas não de modo manifesto.

Portanto, a lei (comunitária) contenta-se com a boa fé *tout court* não havendo, portanto, um excesso manifesto dos limites impostos pela lei.

46. A Directiva sobre Marcas

Devemos agora voltar a esta com o fim de averiguar se a ela é aplicável o abuso de direito, ou dizendo doutra forma, mas que é o mesmo, se a Directiva faz apelo ou nela se insere o abuso do direito.

Por outro lado, a citada Directiva refere no Considerando, n.º 3 que "actualmente não se afigura necessário proceder a uma aproximação total das legislações dos Estados-membros em matéria de marcas e que basta limitar a aproximação às disposições nacionais que tenham uma incidência mais directa sobre o mercado interno", pode parecer, *prima facie,* que se deveria concluir que os Estados-membros poderão aplicar o abuso do direito de acordo com o direito de cada um dos Estados; e, em igual sentido, aponta o considerando n.º 4 que estabelece que:

Considerando que a presente directiva não retira aos Estados-membros a faculdade de continuar a proteger as marcas adquiridas pelo uso, mas que regula apenas a sua relação com as marcas adquiridas pelo registo.

Daí os Estados-membros poderem continuar a aplicar a doutrina do abuso do direito de acordo com as legislações dos seus países. É certo que os Direitos de cada um dos países podem ser diferentes (e são quanto ao abuso). Porém, o que a Directiva tem em vista é apenas unificar o *direito marcário*. A sua finalidade extingue-se alcançado o seu objectivo.

47. Visão Geral do Problema

Posta assim a questão, (quanto a nós decidida) como não temos pretensão de abordar cada um dos Tratados (Portugal – U.E. ou Directiva) *per se*, vejamos a título exemplificativo, o que devemos entender, quanto ao abuso do direito, relativamente à marca.

Quanto a esta tal figura é desnecessária, porquanto se forem ultrapassados os limites impostos pela boa fé, não tendo tais limites carácter quase de escândalo (manifestamente, clamorosamente) basta-nos pura e simplesmente o recurso à boa fé.

48. E Quanto aos demais Direitos Industriais?

A nosso ver, a conclusão é idêntica. Quanto à Patente Europeia, à patente comunitária, modelos e demais direitos industriais, pois dos Tratados e/ou Directiva não consta qualquer normativo, ou normativos, que nos levem a alterar a nossa posição.

49. As Figuras (consequências) do procedimento Contrário à Boa Fé

Já atrás nos referimos a elas e são: *a exceptio doli, a suppressio e surrectio venire contra factum proprium, inalegalidades formais e o tu quoque*[107].

Porém, antes de mais, há duas observações que não podemos deixar de fazer.

    a) A primeira é a de que tais figuras também consideradas consequências, ou, quanto a nós, concretizações da ausência da boa fé, logo podendo ser consideradas como tais, isto é, como consequências ou concretizações desta última e não só do abuso do direito. O que redunda automaticamente na conclusão de que para que a boa fé não exista dispensa-se que os limites de que a boa fé tenham sido excedidos de forma manifesta, o que vem simplificar, os problemas inerentes[108] a esta.

    b) A segunda é a de que para os defensores da teoria da confiança pura, como é o caso de CARNEIRO DA FRADA, teoria essa já

---

[107] A distinção ou qualificação é a de MENEZES CORDEIRO, cfr. v.g., Tratado I/IV, 256.

[108] Dando de barato, que na responsabilidade obrigacional, o abuso do direito (limites, manifestamente contrários à boa fé), não é aplicável em outros tipos de direitos (extra-obrigacionais), o abuso tem ou pode ter lugar. Voltaremos ao assunto.

indicada, o *venire*, mais do que facilita ou apoia tal doutrina, antes dificulta a mesma. Na verdade, tendo sido induzida (de boa fé) a contraparte a uma confiança (total), não se concebe, nem sobretudo na prática, nem em teoria, que o sujeito-indutor possa *venire contra factum proprium*.

Dever-se-á notar que a lei não dá uma noção geral de boa fé.

Poder-se-á dizer que a má fé consiste na inexistência da boa fé? É óbvio que, ainda que fosse admissível tal conceito, este não adiantaria nada. Tratar-se-ia de uma mera questão semântica. Nada mais.

A verdade, porém, é que os normativos citados do Código Civil (arts. 227.º, 239.º, 762.º/2, 437.º[109], 243.º), não dão lugar a qualquer dúvida sobre *a não necessidade* de *serem ultrapassados de forma manifesta* os limites impostos pela boa fé. É suficiente, portanto, para tal, que os limites sejam ultrapassados.

E em relação à responsabilidade obrigacional, mas extra-contratual a doutrina é no sentido de aplicar as mesmas regras que disciplinam a violação duma obrigação contratual.

Esta doutrina, em face do entendimento de MENEZES CORDEIRO, que defende a tese de que presentemente, no domínio contratual, encontramos uma estrutura unitária da responsabilidade civil, assente num pressuposto único: a culpa; esta à imagem da *faute* francesa traduz um misto de culpa e ilicitude.

No domínio aquiliano, a estrutura da responsabilidade civil é dualista; exige dois pressupostos distintos: a culpa e a ilicitude, no estilo alemão[110-111], o que a nosso ver, é de aceitar inteiramente, até pelo ónus da prova que recai sobre os sujeitos, segundo o tipo de responsabilidade.

50. O Mínimo Ético-Jurídico

O que para nós é insustentável é que havendo má fé, daí não advenham consequências sancionatórias. Portanto, que a "simples" violação da boa fé não tenha tais consequências.

---

[109] Com muitas dúvidas.

[110] MENEZES CORDEIRO, Litigância de Má Fé, *cit.*, 127.

[111] Cfr. ANTUNES VARELA, Das Obrigações em Geral, 10.ª edição, 3.ª reimpressão da edição 2000, *cit.*, 533 e ss., ALMEIDA COSTA; Direito de Obrigações, 9.ª edição, 494 e ss., INOCÊNCIO GALVÃO TELLES, Direito das Obrigações, 7.ª edição Revista e Actualizada, 2005, 334 e ss., CARLOS MOTA PINTO, Cessão da Posição Contratual, *cit.*,351 e ss.

Porém, a lei, é expressa, *em direito obrigacional*, em sancionar a "simples" violação da boa fé.

Mas nos restantes direitos?

A *salvaguarda do mínimo ético-jurídico reclamado pelo Direito é exigível a todos os membros da comunidade, como diz* CARNEIRO DA FRADA[112], devendo, portanto, haver uma cláusula nesse sentido.

O que nos leva à abordagem da seguinte questão que é a de saber se em outros tipos de direito que não os obrigacionais, a lei se debruça sobre a questão da boa fé, ou, se se prefere, se preocupa em sancionar um comportamento de má fé

Aparentemente, e, como exemplo, indicámos o art. 1594.º/1 do C.C., que estabelece que se alguns dos contraentes romper a promessa sem justo motivo ou, por sua culpa, der lugar a que outro se retracte, deve indemnizar o esposado inocente, bem como o pais deste, ou terceiros que tenham agido em nome dos pais,quer das despesas feitas, quer das obrigações contraídas na previsão de casamento, contém uma referencia "a danos de confiança"[113].

E a nosso ver, a doutrina da confiança, por isso e por mais razões, não deve ser posta de lado, mas a aplicar-se será em termos muito moderados.

51. O Abuso do Direito é Aplicável em Propriedade Industrial? Remissão

VAZ SERRA aborda a questão, no que concerne à boa fé, em termos um pouco vagos.

Com efeito, este distinto Professor escreve que há direitos que são conferidos de modo "mais ou menos absolutos e, então, no domínio em que o forem, o abuso não pode intervir"[114]. Mas como entender a expressão mais ou menos absolutos?

O direito de propriedade é considerado, em geral, como um direito absoluto. E no entanto, o abuso do direito pode intervir neste[115].

---

[112] Teoria da Confiança e Responsabilidade Civil, 845, e ss.

[113] Neste sentido e citando a mesma disposição legal, CARNEIRO DA FRADA, na sua excelente dissertação, 849, como fundamento positivo indica, além de mais, os arts. 227.º/1, 275.º/1, 475 e 762.º/2.

[114] B.M.J., *cit.*, 85, 261.

[115] Um direito que pela sua própria estrutura tem interesse é o da posse, cujo objecto pode passar por várias mãos. Porém, OLIVEIRA ASCENSÃO nota que a posse não é um dircito

OLIVEIRA ASCENSÃO, pergunta: "que tipo de direitos subjectivos representam os direitos industriais?.E este Autor acrescenta que os direitos industriais são direitos a *propósito* de bens imateriais. Mas de um direito subjectivo não pode ser configurado pelo padrão dos direitos reais, como tem preexistente ao direito sobre que recai.

Mas conclui que todo o direito de exclusivo – como é o caso dos direitos industriais e os direitos de autor que – "são direitos de exclusão"[116]. E finalmente afirma que "o bem imaterial se caracteriza pelo objecto, enquanto os restantes direitos subjectivos são caracterizados pelo conteúdo"[117].

Há muito tempo que seguimos a doutrina de OLIVEIRA ASCENSÃO, neste aspecto.

Na verdade, sem nos pretendemos alongar sobre o assunto, que não constitui objecto do presente trabalho, não há dúvida que o conteúdo dos direitos industriais, consiste no direito exclusivo de o seu titular, os utilizar. Não se trata, a nosso ver, de um direito de monopólio, nem de fazer apelo aos direitos de personalidade. Os direitos industriais caracterizam-se pela *exclusividade do uso*, que é atribuída *ao respectivo titular*. Naturalmente, que terceiros não os poderão utilizar, pois se, por definição, só o titular os pode usar, a terceiros não é permitida esta faculdade[118].

OLIVEIRA ASCENSÃO, conclui que todos os direitos industriais "são direitos empresariais, destinam-se a uma exploração económica"[119].

Já quanto a esta última afirmação, pode haver, de certo modo, dúvidas em a aceitar. Todos os direitos empresariais se destinam a uma exploração económica? Mas parece que a resposta tem de ser afirmativa. O titular dos direitos industriais é uma empresa (em sentido lato) que tem o exclusivo do seu uso.

Quanto à resposta à pergunta formulada, remetemos para o n.º 57.

---

real. Era no Código de SEABRA. Mas no actual constitui uma figura híbrida, não é um direito relativo. Também não é um direito absoluto, cfr. Direito Civil, Reais, 5.ª edição (reimpressão) Coimbra Editora, 2000 em esp. 130-132.

[116] Autor e *ob. cits*, 405.
[117] Cfr. Direito Industrial, II, Lisboa 1988, 386.
[118] Salvo, obviamente, a autorização dada pelo titular.
[119] *Ob. cit.*, 408. De qualquer forma tem muito interesse consultar este Autor, na *ob. cit.*, 411 e ss, quanto à sua inclusão na Enciclopédia Jurídica.

52. As Infracções

Uma breve referência a estas.

O art. 327.º do C.P.I., é epigrafado de " registo obtido ou mantido com abuso de direito".

Não vamos transcrever o artigo citado, pois tal é desnecessário. Notaremos apenas que tal artigo pune com pena de prisão até três anos, quem incorrer em qualquer dos comportamentos no mesmo indicados.

Mas será que a epígrafe se refere ao abuso de direito consagrado no art. 334.º do C.C.?

A responder-se afirmativamente, teríamos de concluir que o acto teria de ser praticado, tratando-se de boa fé, como excedendo manifestamente os limites impostos pela boa fé. E tratando-se de bons costumes ou do fim económico ou social dos direitos que igualmente os tinham ultrapassado.

Trata-se porém de um lapso do legislador: a epígrafe não está correcta. O normativo em causa não se enquadra no abuso do direito.

Parece que não existe qualquer dúvida de que o intérprete não tem de ficar vinculado à epígrafe que o legislador entendeu, se o conteúdo do normativo em causa não corresponder à respectiva epigrafe.

Ora, a nosso ver, é precisamente, o que acontece no caso em exame.

Para tentar interpretar, ou melhor aplicar o conteúdo deste preceito, ter-se-ia que começar por fazer apelo ao direito penal e, neste, à má fé.

Acontece que para este, a má fé não releva. Aí são contempladas as figuras de dolo e negligência, cujo conceito é dado, respectivamente, pelos arts. 14.º e 15.º do correspondente Código (Penal).

Ora será, recorrendo a tais conceitos, que o condicionalismo apontado pelo citado art. 327.º do C.P.I., será aplicável. Será, portanto, ao interprete-aplicador que caberá averiguar se o sujeito actuou com dolo ou com negligência.

Porém, as complicações não se ficam por aí.

Com efeito, o art. 327.º do C.P.I. termina com estas palavras: "com a finalidade comprovada[120] de constranger essa pessoa a uma disposição patrimonial que acarrete para ela um prejuízo, ou para obter dela uma ilegítima vantagem".

Quererá esta disposição final referir-se ao enriquecimento sem causa?

Afigura-se que não.

---

[120] Que teria de ser.

GALVÃO TELLES ensina que, para que esta figura exista, são necessários a verificação *cumulativa* (itálico nosso) dos três seguintes requisitos: que alguém obtenha um enriquecimento; que o obtenha à custa de outrem; e que o enriquecimento não tenha causa justificativa[121].

Poderia dizer-se que o art. 327.º do C:P.I. se referia ao enriquecimento sem causa se se tivesse escrito "uma disposição patrimonial que acarrete para ela (para o terceiro) um enriquecimento *obtendo* dela uma ilegítima vantagem patrimonial".

Naturalmente que pode acrescentar-se que subjacente se encontra a obtenção de uma ilegítima vantagem económica, que fosse obtida através de um prejuízo daquele que o sofre. Porventura, assim será. Mas parece que, além do mais, constituindo o enriquecimento *sem causa, para mais, uma figura subsidiária* não pode aplicar-se a mesma com o fundamento de que o prejuízo está subjacente à situação de a vantagem económica ser obtida à custa do empobrecido. Seria uma elasticidade, ou interpretação, que a figura de enriquecimento em causa não comporta.

Também o art. 326.º do C.P.I. estatui no seu n.º 1, que "é punido com pena de prisão até um ano ou com pena de multa até 120 dias, quem, de *má fé*, conseguir que lhe seja concedida patente, modelo de utilidade ou registo de desenho ou modelo que legitimamente não lhe pertença, nos termos dos arts. 58.º, 121.º, 122.º,156.º, 157.º,181.º e 182.º. Estes últimos artigos não têm qualquer interesse para a matéria em observação.

Melhor fora, porém, que tanto neste artigo (326.º), como no outro indicado (327.º), se tivesse omitido a frase "má fé" e o interprete-aplicador, decidiria se o acto tinha sido praticado com negligência ou com dolo. E o mesmo se deverá fazer se, eventualmente, existir outro ou outros normativos em termos idênticos ou semelhantes.

---

[121] Direitos das Obrigações, 7.ª edição Revista e Actualizada, Coimbra Editora, 1997, 195 e ss. Cfr. também ANTUNES VARELA, Das Obrigações *cits.*, 470 e ss., em especial 479, que aparentemente adopta um conceito mais lato do enriquecimento sem causa. Cfr. ainda a Dissertação de TELES DE MENEZES LEITÃO, O Enriquecimento sem Causa no Direito Civil, 2005, que conclui que a fórmula unitária da cláusula geral do art. 473.º, n.º 1 esconde uma profunda diversidade estrutural entre as diversas categorias de enriquecimento, 663 e ss. em especial 963 e ss. Ver também PEREIRA COELHO, quanto ao enriquecimento por intervenção, Enriquecimento e Dano, 99, e LEITE DE CAMPOS, A Subsidiariedade da Obrigação de Restituir o Enriquecimento, Almedina, 1974, 316 e ss.

53. Breve Referência aos Deveres de Prestar e de Indemnizar

Se não estamos em erro, quem introduziu, ao menos no nosso direito, esta dicotomia foi o saudoso Professor GOMES DA SILVA. A mesma tem sido objecto de atenção por parte dos nossos autores e desenvolvimentos pelos mesmos.

Ora de entre as circunstâncias susceptíveis de contrariarem a boa fé, ou se se preferir, desvinculados da confiança, vários tipos têm sido apresentados.

Já vimos quais os tipos que elege MENEZES CORDEIRO e para aquele lugar remetemos, pois afigura-se-nos de perfilhar tal tipologia[122].

Para este fim temos de recorrer, uma vez mais à boa fé, e, dentro desta, aos seus deveres acessórios.

Quanto a estes, podemos e devemos, perfilhar a concepção adoptada por MENEZES CORDEIRO, que os subdivide em deveres acessórios de protecção de esclarecimento, de lealdade (de assistência, quando a cargo do empregador)[123].

Os primeiros têm por escopo evitar que as partes possam causar uma à outra danos nas suas pessoas ou nos seus patrimónios, enquanto existir uma vinculação contratual, pré-contratual (culpa *in contrahendo*) ou post-contratual.

A prova de culpa competirá ao devedor (arts. 227.º, 798.º e 799.º do C.C.).

Os deveres de esclarecimento "obrigam as partes a, na vigência do contrato que as une, informarem-se (mutuamente) de todos os aspectos atinentes ao vinculo, de ocorrências que com ele tenham certa relação e, ainda, de todos os efeitos que, *da execução contratual* (itálico nosso) possam advir"[124].

Deixando de lado o primeiro dos direitos acessórios, bem como o *dever de indemnizar*, que não nos interessam para a questão em causa, concentremo-nos no segundo e terceiro dos requisitos apontados.

Não será difícil verificar que estes últimos têm um papel muito relevante, em direitos industriais.

---

[122] Quanto às tipologias adoptadas, cfr, por todos, PAIS DE VASCONCELOS, Contratos Atípicos, Almedina, 1995, 400 e ss.

[123] Cfr. MENEZES CORDEIRO, Da Boa Fé, *cit.*, respectivamente, 604, 605, 606, 607 e ss.

[124] Autor e *ob. cit.*, 604 e MOTA PINTO, Cessão *cit.*, 351.

Na verdade, especialmente em matéria de patentes e modelos de utilidade os dois últimos requisitos apontados, têm uma importância gritante. Pense-se no caso de uma patente em que o titular da mesma não informou o cessionário ou o licenciado dos inconvenientes e até dos perigos que podiam advir dessa falta de informação. E de igual forma na realização ou produção do objecto da patente podiam advir danos para ambas as partes. Numa patente química, ou química- -farmacêutica os produtos últimos, poderão inclusivamente causar a morte de terceiros. Noutro tipo de patentes, v.g., para construção civil ou, por hipótese, para a montagem linhas-férreas, a omissão de informação, pode causar descarrilamentos, com a correspondente obrigação de o cessionário ou licenciado ter que reparar os prejuízos havidos.

Nos modelos de utilidade, a situação é idêntica.

Já quanto a marcas e demais direitos industriais as consequências podem não ser tão gritantes, mas, por exemplo, no caso daquelas podem os prejuízos ser muito elevados.

Na verdade, a marca não se limita a ser um mero sinal para contradistinguir produtos ou serviços.

A marca constitui um elemento de certificação, por excelência, fazendo a ponte entre uma qualificação genérica e uma qualificação concreta, a qualificação que deve ter cada objecto em particular e que o produto assegura para cada objecto em particular[125].

Assim, ainda que em princípio, a perigosidade de um advir fatal ou economicamente desastroso se projectará na maioria dos casos no cessionário (ou licenciado). Mas nada nos garante, antes pelo contrário, que, tal efeito, não se possa reflectir no cedente.

Mas esse efeito, pode ser consequência da falta de boa fé do cedente, mas nunca de excesso *manifesto* dela, pois anteriormente já teria o *iter*, sido atingido pela *simples* boa fé.

---

[125] Cfr. FERREIRA DE ALMEIDA, Texto e Enunciado na Teoria do Negócio Jurídico, cit.,II, 1992, 1065. Sobre a Importância da Marca, nos Aspectos Económicos, cfr. nosso Direito de Marcas, Coimbra Editora, 2004, *cit.,* 115-124.

54. A Possibilidade de Aplicação do Abuso de Direito em Propriedade Industrial, Quanto aos Bons Costumes e ao Fim do Direito

Pergunta que nos cumpre responder: será a figura do direito aplicável aos direitos industriais (leia-se propriedade industrial)?

No que concerne aos bons costumes e ao fim social ou económico do direito, a resposta é negativa. No entanto, fica um espaço em que não é aplicável o abuso do direito. Na verdade, se um direito excede os limites impostos a estas duas figuras, *mas não excede de forma manifesta*, ter-se-á que chegar à conclusão que o sujeito exercente pode exercer um direito de modo contrário aos bons costumes ou ao fim económico ou social de um direito, sem que sofra qualquer sanção, desde que tal exercício não viole de *forma manifesta* os limites daqueles. Dir-se-ia que pode violar, mas dentro de certos limites. Os que não sejam manifestamente excessivos.

Já no direito alemão se escreve que "um concorrente está autorizado a exercer um direito, mesmo quando o seu exercício provoca *danos* (itálicos do Autor) a um concorrente[126]. Isso encontra fundamento na natureza da concorrência. Já será de ajuizar de modo diferente o exercício do direito, quando existe uma infracção aos bons costumes ou quando o interessado infringe a boa fé. Neste caso existe *abuso do direito* o que torna ilegítimo o exercício de direito abusivo…".

"…Consequentemente, todo o exercício de direito abusivo é também *objectivamente ilícito…*" (itálico do Autor).

No direito italiano, o art. 833.º do C.C. limita-se a referir aos actos de emulação, estabelecendo que: "O proprietário não pode efectuar actos os quais não tenham outro escopo do que o de prejudicar ou provocar prejuízos a outros"[127].

É óbvio que esta disposição não tem interesse para o nosso tema.

---

[126] BAUMBACH-HEFERMEL, Verlag C.H. Beck München, 1999, 21.ª edição, actualizada de 1 de Março de 1999, 372.

[127] O comentário a este artigo não tem interesse para nós, contudo pode ver-se GAMBARO, *in* Comentário al Códice Civile, diretto da Paolo Cendon, UTET, Torino, III, 1991, 101 e ss.

55. E Quanto à Boa Fé? O Abuso de Direito é Aplicável, nos Direitos Industriais?

A resposta tem de ser negativa.

A aplicação do acto que ultrapasse *manifestamente* os limites impostos pela boa fé só prejudicaria. Aconteceria o mesmo do que em direito civil. Ficaria um espaço em que se o sujeito-exercente tivesse actuado de má fé, mas não ultrapassasse os limites àquela impostos, poderia o exercente praticar actos de má fé desde que não fossem *manifestamente* ultrapassados os limites impostos à boa fé. Seria admitir que o sujeito--exercente poderia praticar actos de má fé desde que estes não fossem praticados clamorosamente de má fé.

A própria lei nos impõe esta solução. Na verdade, o art. 437.º, relativo à alteração das circunstâncias, admite que o contrato pode ficar sujeito à sua *resolução* se a alteração das circunstâncias afectar *gravemente* os princípios que não se trata da boa fé simples, ou *tout court*, mas de um caso de afectação grave das circunstâncias, ainda que uma das partes não queira resolver ou modificar o contrato, está de má fé, sem que por isso, haja abuso do direito.

Podemos assim concluir que, em propriedade industrial, na matéria pré-negocial, ou post-negocial se devem aplicar os princípios atinentes à boa fé. Porém, para o abuso do direito, neste sector ficaria um *espaço* muito reduzido para aplicação da figura do abuso do direito, dado que este não é preenchido pela boa fé *tout court*, se os seus limites não forem excedidos de forma manifesta.

Na restante matéria também não poderá ter lugar a aplicação do abuso do direito ainda que tenham sido excedidos os limites indicados no art. 334.º do C.C. Pois mesmo aí, não seria fácil aplicar-se aquela figura, pois, em termos genéricos, a lei ou leis indicam expressamente quando há lugar à má fé, o que corta a possibilidade de introdução da figura do abuso do direito, por aquela não ter excedido *manifestamente* os limites que lhe são impostos.

Exigir-se que o exercício da boa fé ultrapassasse de forma *manifesta* os respectivos limites, afigura-se-nos um contra senso. É que assim sendo haveria um grave hiato entre a boa fé *tout court* e aquela forma de exercício. Donde resultaria claramente que havendo má fé, mas que o direito não tinha sido exercido de modo a ultrapassar *manifestamente* os limites que são impostos ao seu exercício, haveria um espaço entre esta forma de má fé (ou da boa fé) e a boa fé *tout court*. É que pode perfeitamente admitir-se a hipótese de não haver boa fé, mas esta não ter ultrapassado *manifestamente* os limites que são impostos ao seu exercício.

56. Conclusão

I – A questão de haver um espaço jurídico em que não pode ser preenchido, nem pela boa fé, cujos limites foram excedidos de forma manifesta, nem pela boa fé simples, a que temos vindo chamar boa fé *tout court*, parece-nos irrefutável. Dizendo doutra forma, o sujeito-exercente pode praticar actos de má fé, *que não estejam incluídos*, na responsabilidade obrigacional, sem que o instituto da boa fé possa intervir, designadamente em relação aos direitos industriais.

Como resolver a questão a que vimos aludindo?

A nossa proposta é a de alterar o art. 334.º do C.C. porventura com a seguinte redacção: "é ilícito o exercício de um direito, quando o titular exceda os limites impostos pela boa fé, pelos bons costumes ou pelo fim social ou económico desse direito", ou eventualmente incluir no C.P.I. um artigo com esta redacção.

Se nos propuséssemos exprimir, no direito privado, com excepção da propriedade industrial, quanto à boa fé, em termos de geometria, poderíamos servir-nos de um rectângulo e que este seria dividido em três partes sendo a primeira e a terceira preenchidas, respectivamente pela boa fé exercida em termos manifestamente contrários aos limites que lhe são impostos (abuso do direito) a terceira pela boa fé simples e a parte intermédia estaria vazia, ou quando muito uma pequena parte, não conteria nem o abuso do direito, em princípio, nem a boa fé simples.

Em propriedade industrial tal rectângulo estaria totalmente preenchido pela boa fé simples, ou por mera cautela, atendendo a que é possível não contemplarmos por lapso nosso, o abuso do direito, a parte inicial estaria extensamente preenchida pela boa fé e a segunda parte por um espaço muito pequeno dedicado ao abuso do direito.

Na verdade, o sujeito-exercente pode ter um comportamento ou praticar actos de má fé, os quais não podem ser considerados ilícitos, desde que não ultrapassem *manifestamente* os limites impostos à boa fé.

É que, note-se, quanto maiores forem as condições impostas por uma norma, para que ela seja infringida, maiores probabilidades tem o exercente de não a infringir.

II – Resta-nos notar, que o sujeito-exercente actuando nos termos que acabámos de referir não ficará impune, mas para isso temos de recorrer ao instituto da responsabilidade civil, por factos ilícitos, (art. 483.°, n.° 1 do C.C.), se o seu acto ou comportamento for subsumível a este normativo legal.

MARCAS COLECTIVAS – BREVES CONSIDERAÇÕES[*]

MARIA MIGUEL CARVALHO
Assistente da Escola de Direito da Universidade do Minho

SUMÁRIO:
Introdução. I. Conceito de marca de associação e de marca de certificação. Distinção de figuras próximas. 1. As marcas de associação e de certificação; 2. As marcas colectivas "geográficas" e outros sinais geográficos; 3. As marcas colectivas e os *labels*; 4. As marcas colectivas e as "marcas de qualidade" nacionais e comunitárias; II. Regulamentação jurídica. 1. A regulamentação jurídica na Convenção da União de Paris para a Protecção da Propriedade Industrial, de 20 de Março de 1883 (CUP) e no Acordo sobre os Aspectos dos Direitos de Propriedade Intelectual relacionados com o Comércio (ADPIC); 2. A regulamentação jurídica na 1.ª Directiva de marcas; 3. A regulamentação jurídica no nosso Código da Propriedade Industrial: 3.1. Breves notas sobre a evolução da tutela das marcas colectivas no nosso direito; 3.2. O regime jurídico das marcas colectivas no actual CPI; 3.2.1. A "separação permanente e institucional" entre o titular da marca e os seus usuários; 3.2.2. Legitimidade para o registo das marcas colectivas; 3.2.3. O processo de registo como marca colectiva; 3.2.4. Efeitos do registo; 3.2.5. Extinção do registo de marca colectiva; 4. A regulamentação jurídica no Regulamento da Marca Comunitária n.° 40/94, de 20 de Dezembro de 1993 (RMC)

---

[*] Este texto foi entregue para publicação nos *Estudos em Homenagem ao Prof. Doutor Manuel Henrique Mesquita* e encontra-se actualizado até Setembro de 2004.

Abreviaturas: *ADI* – Actas de Derecho Industrial; *E.I.P.R.* – European Intellectual Property Review; *RDComm.* – Rivista del Diritto Commerciale e del Diritto Generale delle Obbligazioni; *RDI* – Rivista di Diritto Industriale e *TMR* – The Trade Mark Reporter.

Introdução

As marcas colectivas, e em especial as marcas de garantia ou de certificação[1], assumem cada vez mais importância, especialmente em países industrializados.

É inegável que a competitividade das empresas, que operam num mercado global, é hoje fortemente influenciada por factores como o respeito pelo ambiente e saúde e segurança de produtos e/ou serviços. Daí o recurso crescente a sinais que permitam aos consumidores diferenciar, e preferir, os produtos (ou serviços) que os observem[2].

Não obstante, se observarmos a realidade esta demonstra um (ainda) escasso recurso às marcas colectivas[3]. Por um lado, parece que se recorre ao registo destes sinais como marcas *individuais* por causa das exigências relativas ao regime jurídico das marcas colectivas, que teremos oportunidade de referir mais adiante[4]. Por outro lado, e desta feita como tentativa

---

[1] Cfr. ROBERTO ROZAS E HERBERT JOHNSTON, «Impact of certification marks on innovation and the global market-place», in: [1997], *E.I.P.R.*, n.° 10, p. 598.

[2] As marcas colectivas podem também proporcionar uma protecção mais efectiva do que outros sinais distintivos (como é o caso das denominações de origem e indicações geográficas, que teremos ocasião de referir *infra* (v.I.2.)), bem como uma maior segurança contra a sua violação, dado que, normalmente, há algum controlo dos produtos ou serviços oferecidos sob a marca colectiva. Por outro lado, as marcas colectivas permitem aos usuários algumas economias, designadamente relativas às taxas de registo como marcas individuais e à publicidade. Sobre estas vantagens, cfr. STEPHEN LADAS, *Patents, Trademarks, and Related Rights – National and International Protection*, vol.II, Cambridge, Massachusetts, Harvard University Press, 1975, pp. 1289 e 1291.

[3] Da análise dos dados, gentilmente cedidos pelo Instituto Nacional da Propriedade Industrial (INPI), podemos concluir que existem pouquíssimos pedidos de registo destas marcas no nosso país. Veja-se, a este propósito, o seguinte gráfico relativo aos últimos cinco anos:

n.° de pedidos de registo de marcas colectivas	1999	2000	2001	2002	2003
Marcas de Associação	1	0	5	2	4
Marcas de Certificação	16	7	11	10	2

Devemos, no entanto, acrescentar que estes números se inserem na tendência da maioria dos países. Cfr., entre outros, JEFFREY BELSON, *Certification Marks*, London, Sweet & Maxwell, 2002, p.1.

[4] Como MONGE GIL salienta, na marca individual não existem as limitações quanto à legitimidade para requerer o registo de marca estabelecidas para a marca colectiva; não há necessidade de juntar ao pedido de registo o regulamento de uso da marca e, sobretudo, há liberdade de transmitir a marca («Las marcas colectivas», in: *ADI*, Tomo XVI, 1994-95, pp.204 e s.). Sobre o regime jurídico das marcas colectivas, v. *infra* II. e esp. 3.2.

de explicação do número ainda mais reduzido de marcas (colectivas) de associação, existem outras formas, aparentemente mais vantajosas e práticas, de conseguir o mesmo fim que podem passar pelo registo como marcas colectivas de certificação ou, mais frequentemente, pelo recurso a acordos de uso da marca (individual)[5].

Talvez por isso não seja um tema muito aflorado pela doutrina, apesar de as suas raízes remontarem à Idade Média[6], surgindo, muitas vezes, associado aos nomes geográficos.

No nosso ordenamento jurídico é referida a marca colectiva em sentido amplo, comportando dois tipos: a marca colectiva (em sentido estrito) e a marca de garantia ou, para usar a nomenclatura do Código da Propriedade Industrial (CPI[7]), a marca de associação e a marca de certificação, respectivamente[8].

---

[5] Cfr. JULIUS JOSEPH, «Certification marks, collective marks or guarantee marks», in: [1979], *E.I.P.R.*, n.° 1, June, p.161.

[6] Têm sido constantemente referidas pela doutrina como antecedentes das marcas colectivas as marcas das corporações da Idade Média. Como refere FRANCESCHELLI (*Sui Marchi d'Impresa*, 4.ª ed. revista, Milano, Dott. A. Giuffrè Editore, 1988, pp.24 e ss.), as marcas corporativas eram colectivas (eram apostas para certificar que o produto observava as regras técnicas prescritas pela corporação) e eram obrigatórias (por questões de responsabilidade).

As marcas colectivas hodiernas são colectivas e podem ter carácter de certificação como teremos ocasião de desenvolver no texto, mas são facultativas. Sobre a evolução histórica destas marcas, cfr., entre outros, JEFFREY BELSON, *op.cit.*, pp.5 e ss. e JEAN CHRISTOPHE GALLOUX, *Droit de la Propriété Industrielle*, 2.ª ed., Paris, Dalloz, 2003, pp.524 e ss.

[7] Referimo-nos ao Código da Propriedade Industrial vigente, aprovado pelo DL n.° 36/2003, de 5 de Março. Doravante as disposições legais que aparecerem citadas sem outra indicação devem considerar-se feitas em relação a este Código.

[8] Esta nomenclatura, parecida com a usada pelo legislador francês (v. L 715-1 e ss. da *Loi n.° 92-597 du 1er juillet 1992 relative au Code de la Propriété Intellectuelle*), que refere as marcas colectivas e as marcas colectivas de certificação, não coincide com a que é usada noutros ordenamentos. Sobre a definição no direito francês, cfr., por todos, MATHÉLY, *Le Nouveau Droit Français des Marques*, Paris, Éditions du J.N.A., 1994, pp. 385 e ss. e CHAVANNE/BURST, *Droit de la Propriété Industrielle*, 4.ª ed., Paris, Dalloz, 1993, pp.740 e ss.

Assim, não se referindo a uma categoria de marcas colectivas em sentido amplo, mas diferenciando expressamente as marcas colectivas (em sentido estrito) das marcas de garantia ou certificação, v., p.e., a *Ley 17/2001, de 7 de diciembre, de Marcas* de Espanha, que regula as marcas colectivas e as marcas de garantia (título VII); o *Trade Marks Act* de 1994 do Reino Unido, onde estão previstas as *collective marks* e as *certification marks* (v. §§ 49. e 50. e *Schedules* 1 e 2); o *Trade Marks Act* de 1996, da Irlanda, que nos §§ 54.

A marca colectiva *latu sensu*[9] é uma marca cujo registo é titulado por uma *única* pessoa (que, no nosso ordenamento jurídico[10], é obrigatoria-

---

e 55. também diferenciam *collective marks* e *certification marks*, e o *Lanham Act* dos EUA (que no 15 U.S.C. § 1054 regula as *collective marks and certification marks*). No mesmo sentido, v. ainda a Resolução do Comité Executivo e do Conselho de Presidentes da Associação Internacional para a Protecção da Propriedade Industrial (adoptada na reunião de Moscovo, entre 19 e 24 de Abril de 1982, sobre a questão Q 72 relativa à protecção das marcas colectivas e de certificação, in: *Yearbook 1982/III*, pp. 107 e 108, ponto I, consultável na Internet, no sítio: *www.aippi.org*).

Noutros ordenamentos, apesar de não ser feita uma referência expressa às marcas de certificação, tem-se entendido que, atenta a noção ampla de marca colectiva, é possível considerar abrangidas quer as marcas colectivas em sentido estrito, quer as marcas de certificação. É o que sucede, p.e., na Lei de Marcas Italiana (v. art. 2.° do *Regio Decreto 21 Giugno 1942, n.929*, e o art. 2570 c.c. italiano) e na LUB (art. 19.° da *Loi Uniforme Benelux sur les marques signée à Bruxelles*). Neste sentido, cfr., respectivamente, GIUSEPPE SENA, *Il Nuovo Diritto dei Marchi: Marchio Nazionale e Marchio Comunitário*, 3.ª ed., Milano, Dott. A. Giuffrè Editore, 2001, pp.257 e ss., SILVIA MAGELLI, «Marchio e nome geografico», in: *Il Futuro dei Marchi e le Sfide della Globalizzaione*, Studi Parmensi, Padova, CEDAM, 2002, p.59; ANTOINE BRAUN, *Précis des Marques*, 3.ª ed., Bruxelles, Maison Larcier, S.A., 1995, pp.472 e ss. [sublinhamos, no entanto, que *de lege ferenda* este autor julga conveniente operar uma distinção entre a *marque collective* e a *marque de certification*].

Na Alemanha, na *MarkenG* (§§ 97. e ss. da *Gesetz über den Schutz von Marken und sonstigen Kennzeichen Vom 25.Oktober 1994*) estão previstas as *Kollektivmarken*. A definição parece abranger apenas as marcas de associação, contrariando um aparente sinal de alargamento da noção dado pela alteração da designação de *Verbandszeichen* (sinais de associação) da anterior lei de marcas (§§ 17. e ss. da *Warenzeichengesetz* (WZG), de 5 de Maio de 1936) para as *Kollektivmarken*. Saliente-se, no entanto, que mesmo na vigência da WZG, e não obstante a sua falta de previsão expressa, o Instituto Alemão para a garantia da qualidade e das marcas instituiu os *Gütezeichen* (certificados ou emblemas de garantia). Sobre este tema, cfr. BUSE/STARCK, *Warenzeichengesetz*, 6.ª ed., Berlin/New York, De Gruyler, 1990, 17-3 e ss. (*apud* RITA LARGO GIL, *Las Marcas de Garantia*, Madrid, Editorial Civitas, S.A., 1993, p.37) e, relativamente à *MarkenG*, WILHELM NORDEMANN/ AXEL NORDEMANN/ JAN BERND NORDMANN, *Wettbewerbs- und Markenrecht*, 8.ª ed., Baden-Baden, Nomos Verlagsgesellschaft, 1996, pp.253 e ss.

[9] No mesmo sentido, cfr., entre outros, ALISON FIRTH, «Collectivity, control and joint adventure – observations on marks in multiple use», in: *Perspectives on Intellectual Property Series: Trade Marks Retrospective*, London, Sweet & Maxwell, 2000, p.175 e RITA LARGO GIL, *op.cit.*, p.16.

Em sentido diferente, cfr. STEPHEN LADAS, *op.cit.*, p.1290, que utiliza o termo *association marks* (para designar o que apelidamos de marca colectiva em sentido amplo) abrangendo as *collective marks* e as *certification marks*.

[10] O mesmo não sucede, p.e., em Itália onde o art. 2.°, n.° 1, do *Regio Decreto 21 Giugno 1942, n.929*, modificado pelo *D.Lg. n. 480/92*, atribui legitimidade aos *sujeitos*

mente uma *pessoa colectiva*) e cujo uso é feito por qualquer pessoa (singular ou colectiva) por aquela autorizada, daí que, ao contrário do que à primeira vista se poderia pensar, não seja a titularidade da marca que é colectiva, mas antes o seu uso[11].

Consoante a sua finalidade[12] podemos distinguir a marca colectiva *stricto sensu* ou marca de associação – que visa dar a conhecer que o produto ou serviço sobre a qual é afixada provém de um membro de uma determinada associação – e a marca de garantia ou de certificação – que tem por objectivo atestar que o produto ou serviço sobre o qual é afixada foi objecto de controlo e/ou observa as normas fixadas pelo titular da marca.

Julgamos que estes sinais se integram ainda na categoria das marcas[13], i.e., são *sinais distintivos* de produtos ou serviços[14], diferenciando-se das marcas individuais no aspecto relativo à titularidade e por algumas diferenças de regime jurídico inteiramente justificadas pelas funções sócio-económicas que visam realizar[15].

(pessoas singulares ou colectivas) que desenvolvam a função de garantir a origem, a natureza ou a qualidade de determinados produtos ou serviços para requerer o registo como marcas colectivas. Cfr. neste sentido, entre outros, ADRIANO VANZETTI/ CESARE GALLI, *La Nuova Legge Marchi*, 2.ª ed. actualizada, Milano, Dott. A. Giuffrè Editore, 2001, pp.57 e s.

[11] No mesmo sentido, cfr. COUTINHO DE ABREU, *Curso de Direito Comercial*, vol.I, 4.ª ed., Coimbra, Livraria Almedina, 2003, pp.351 e s., e FERRER CORREIA, *Lições de Direito Comercial*, Vol.I, Universidade de Coimbra, 1973, p.319.

Em sentido diferente, cfr. PINTO COELHO, *Lições de Direito Comercial*, 1945, p.330.

[12] Segundo um outro critério, o da natureza jurídica do titular da marca colectiva que, como referimos, no nosso ordenamento jurídico tem de ser necessariamente uma pessoa colectiva, podemos ter marcas colectivas de direito privado e marcas colectivas de direito público, consoante o titular seja uma pessoa colectiva de direito privado (p.e., uma associação) ou uma pessoa colectiva de direito público (p.e., um Instituto Público).

[13] A discussão deste assunto excede, porém, o objectivo deste estudo e, por isso, não pode aqui ser desenvolvido.

[14] A doutrina italiana refere-se tradicionalmente a estes sinais como *marchi d'impresa*, e alguns autores defendem que no caso das *marchi collettivi* não se trata de *marchi d'impresa* mas de *marchi di categoria*. Neste sentido, cfr. VITO MANGINI, «Il marchio nei sistema dei segni distintivi», in: *Trattato di Diritto Commerciale e di Diritto Pubblico dell'Economia* (diretto da Francesco Galgano), Volume quinto (La Proprietà Industriale nel Mercato Comune) Padova, CEDAM – Casa Editrice Dott. Antonio Milani, 1982, p.125, e, chamando-lhes *segno di qualificazione di una serie di* prodotti, mas mantendo a ideia principal, cfr. MARIO LIBERTINI, «Indicazioni geografiche e segni distintivi», in: *RDComm.*, anno XCIV (1996), parte prima, p. 1041.

[15] Afastamo-nos, por isso, da opinião dos autores que recusam a qualificação de marcas a estes sinais, como sucede, entre nós, com CARLOS OLAVO, *Propriedade Indus-*

Vamos reservar a expressão marca colectiva para referirmos de forma abrangente as marcas de associação e as marcas de certificação, aderindo desta forma à terminologia usada no nosso direito positivo, pois julgamos que atenta a diferença de funções de ambas (v. *infra* I.1.) se justifica a utilização de um *nomen* diverso. Por outro lado, preferimos a designação de marcas de certificação à de marcas de garantia para evitar conotá-las com um significado que não têm. De facto, não existe nestas, como não

---

trial, Coimbra, Livraria Almedina, 1997, pp.40 e s. e, num registo mais moderado, Pupo Correia, que defende que só as marcas de associação são verdadeiras marcas, pelo facto de as marcas de certificação não exercerem a função distintiva (Direito *Comercial*, 7.ª ed. revista e actualizada, Lisboa, Ediforum, 2001, pp.335 e s.), e Ribeiro de Almeida, *Denominação de Origem e Marca*, Stvdia Ivridica 39, Coimbra, Coimbra Editora, 1999, p.365.

Como referimos no texto, não concordamos com esta leitura. Julgamos, seguindo Coutinho de Abreu, que o facto de nestas marcas, ou pelo menos numa das duas espécies, assumir grande relevância a função de garantia de qualidade, fazendo sombra à tradicional função de indicação de proveniência, não é suficiente para excluir estes sinais da classificação de marcas.

Como teremos ocasião de salientar, estes sinais continuam a desempenhar uma função de indicação de origem. "As marcas colectivas (de associação ou de certificação) individualizam certos produtos, distinguindo-os dos que são lançados no mercado por sujeitos não-membros das associações respectivas e/ou dos que não possuem determinadas qualidades" (Coutinho de Abreu, *op.cit.*, p.352, nota 44, e, no mesmo sentido, Américo da Silva Carvalho, *Direito de Marcas*, Coimbra, Coimbra Editora, 2004, pp.103 e s.).

No sentido defendido, cfr. ainda, entre outros, Monge Gil, anotação aos arts. 62.º a 67.º da Ley de Marcas, in: *Comentarios a la Ley de Marcas* (Dir. Bercovitz Rodriguez--Cano), Cizur Menor (Navarra), Thomson/Aranzadi, 2003, pp. 949 e ss. e Laura Quattrini, «Marchi collettivi, di garanzia e di certificazione», in: *RDI*, 1992, parte I, pp.126 e s.

Por outro lado, mesmo que assim não fosse, como é referido por Coutinho de Abreu, ter-se-ia de "(...) provar que apenas os sinais com a função distintiva típica das hodiernas marcas individuais merecem tal qualificação – prova (no mínimo) hoje difícil, prova impossível ontem (...)", já que sabemos que é, actualmente, tutelada juridicamente a função publicitária em relação a algumas marcas (as marcas de prestigio) e que era protegida, antigamente, a função de garantia de qualidade de algumas marcas.

Sobre a evolução da função distintiva da marca e o seu significado actual, cfr., entre nós, Luís Couto Gonçalves, *Função Distintiva da Marca*, Coimbra, Livraria Almedina, 1999, *passim*.

Finalmente, no que respeita às diferenças de regime encontradas, que teremos ocasião de abordar *infra*, elas "não são incompatíveis com a qualificação destes sinais como marca"(Coutinho de Abreu, *op.cit.*, p.352, nota 44), pois mesmo as marcas individuais já foram objecto destas limitações e nem por isso se pôs em causa a sua classificação como marca.

existe na marca individual, uma verdadeira garantia em sentido técnico-jurídico[16].

O dualismo que se verifica no plano da definição legal de marca colectiva parece chocar com o regime jurídico unitário que lhe é aplicável. Iremos, por isso, aprofundar um pouco mais o conceito de marca colectiva e, em seguida, analisar o seu regime jurídico para podermos aferir a necessidade de distinção dos dois sub-tipos de marca colectiva[17].

I. Conceito de marca de associação e de marca de certificação. Distinção de figuras próximas.

1. *As marcas de associação e de certificação*

Como tivemos oportunidade de referir, estes dois tipos de marcas (colectivas) distinguem-se, antes de mais, pela função que desenvolvem primordialmente.

A marca de associação visa *distinguir*[18] um produto ou serviço de outros do mesmo género por referência à sua proveniência empresarial

---

[16] Neste sentido, cfr. JEFFREY BELSON, *op.cit.*, p.73.

Não podemos, por razões que se prendem com a economia deste trabalho, discutir aqui a eventual responsabilidade civil do certificador. Sobre o tema, tendendo a exclui-la cfr., por todos, JEFFREY BELSON, *op.cit.*, pp.45 e ss. e «Certification Marks, Guarantees and Trust», in: [2002] *E.I.P.R.*, n.º 7, pp. 340 e ss. Interessante é também a análise feita da perspectiva civilista por CARLOS FERREIRA DE ALMEIDA (*Texto e Enunciado na Teoria do Negócio Jurídico*, Vol.II, Coimbra, Livraria Almedina, 1992, p.1068), de acordo com a qual "quando o produtor faz inserir nos seus produtos uma marca de conformidade com normas nacionais ou internacionais e, em geral, uma marca de qualidade, incluindo nesta categoria aquelas que atestam a proveniência do produto" pode existir uma promessa de garantia de qualidade.

[17] Até porque, como referimos, as marcas de certificação podem satisfazer, pelo menos algumas, necessidades que, em princípio, caberiam às marcas de associação e, por isso, podem conduzir à defesa da abolição das marcas de associação. Cfr., neste sentido, FREDERICK BREITENFELD, «Collective Marks – Should they be abolished?», in: Vol. 47, *TMR*, pp.1 e ss.

[18] Este objectivo é bem frisado na definição legal adoptada nalguns sistemas jurídicos. V., p.e., o § 49 (1) do *Trade Marks Act* 1994 do Reino Unido; o § 54 do *Trade Marks Act* 1996 da Irlanda; o art. 62.º, n.º 1 da *Ley de Marcas* espanhola ou o § 19 da *LUB*.

específica: o produto ou serviço com esta marca indica que a empresa de que provém é membro de uma determinada colectividade[19].

Aliás, em princípio, não existe aqui nenhuma função de garantia *directa*, embora o facto de o produto (ou serviço) provir de uma associada de uma determinada colectividade, em termos práticos, possa suscitar uma impressão positiva, até pela ideia de qualidade que a rodeie junto dos consumidores. Porém, no plano jurídico ela encontra a mesma tutela que existe para as marcas individuais[20].

As marcas de certificação, como o nome indica e por diversas vezes referimos, atestam («certificam») que o produto ou serviço marcado foi objecto de controlo por parte do titular da marca ou respeita as normas impostas por este.

Estas marcas, mais do que identificar e distinguir o produto ou serviço marcado de outros do mesmo género de diferente proveniência empresarial, visam certificar a qualidade, a composição, a origem geográfica (do produto ou serviço; da matéria-prima), o processo ou método de fabrico, ou qualquer outra característica dos produtos ou serviços em questão[21].

Há aqui uma inversão no que respeita à importância da protecção jurídica das funções económicas desempenhadas pelas marcas, especialmente se comparada com as da marca individual.

A marca individual tem, tradicionalmente, como protagonista a função de indicação de proveniência[22].

---

[19] É o caso, p.e., da APFAC, Associação Portuguesa dos Fabricantes de Argamassas de Construção, cujo registo foi pedido por esta Associação, relativamente aos produtos referidos na classe 19 do Acordo de Nice, de 15 de Junho de 1957 (materiais de construção não metálicos, nomeadamente argamassas). V. *Boletim da Propriedade Industrial* n.º 2/2004, p.636.

[20] Cuja existência é bastante discutida. Mais uma vez, por razões que se prendem com a economia deste estudo, não nos é possível abordar aqui esta questão. Para uma síntese da problemática referida, cfr., entre outros, MARIA MIGUEL CARVALHO, *Merchandising de Marcas (A Comercialização do Valor Sugestivo das Marcas)*, Coimbra, Livraria Almedina, 2003, pp. 226 e ss.

[21] É o caso, p.e., das marcas de certificação de protecção integrada de produtos agrícolas e de géneros alimentícios da Madeira, cujo registo foi requerido pela Comissão Técnica de Controlo e Certificação de Produtos Agrícolas e de Géneros Alimentícios (CTC – RAM), para produtos inseridos na classe 31 do Acordo de Nice, de 15 de Junho de 1957 (produtos agrícolas, hortícolas florestais e grãos, não compreendidos noutras classes; animais vivos, frutas e legumes frescos; sementes, plantas e flores naturais; alimentos para animais; malte). V. *Boletim da Propriedade Industrial* n.º 1/2003, p.256.

[22] Mas esta "estrela" tem perdido brilho graças à projecção de outras funções. Sobre o enfraquecimento da função distintiva da marca, cfr., MARIA MIGUEL CARVALHO, *op.cit.*,

Por seu turno, na marca de certificação o papel principal é atribuído à função de garantia de qualidade, relegando-se para um papel secundário a função distintiva.

Entre estes dois extremos surge a marca de associação quando também certifica[23]. Na verdade, parece resultar do art. 228.°, n.° 3 a possibilidade de coexistência destas funções, dado que também o titular da marca de associação pode disciplinar a comercialização dos respectivos produtos (ou serviços). Mas, como MONGE GIL destaca[24], "o que acontece é que no caso da marca colectiva [marca de associação na nomenclatura do nosso CPI] esta referência à qualidade não é uma característica definidora, mas meramente circunstancial; um elemento ligado ao acesso ao uso da marca e não à caracterização como marca, nesse caso, de garantia".

As diferentes finalidades das marcas de associação e das marcas de certificação justifica, por si, um regime jurídico diferenciado. Não é isso, todavia, o que sucede entre nós, como teremos oportunidade de verificar[25].

2. As marcas colectivas "geográficas" e outros sinais geográficos

As marcas colectivas podem ser constituídas por "sinais ou indicações utilizados no comércio para designar a origem geográfica dos produtos ou serviços" (art. 228.°, n.° 2) [26].

Nos casos em que a marca colectiva seja composta de um sinal geográfico podem surgir dúvidas quanto à sua delimitação relativamente a outros sinais também compostos por sinais geográficos[27]. É o caso espe-

---

pp. 214 e ss. e, interpretando a actual função distintiva, cfr. LUÍS COUTO GONÇALVES, op. cit., passim.

[23] Cfr. JEFFREY BELSON, Certification Marks, cit., p.21.
[24] MONGE GIL, «Marcas Colectivas», cit., p.214.
[25] V. infra II, 3.2.
[26] Esta estipulação corresponde a uma faculdade que a 1.ª Directiva do Conselho, de 21 de Dezembro de 1988, que harmoniza as legislações dos Estados-membros em matéria de marcas, n.° 89/104/CE (DM) concedeu, no art. 15.°, aos Estados-membros (in: JO L 40/1, de 11 de Fevereiro de 1989, pp. 1 e ss.).
[27] Com uma imagem muito feliz, GIAN MARIA FERRARIO refere, a este propósito, que "(...) a distinção entre marca (...) [individual], marca colectiva, denominação de origem, indicação de proveniência parece quase assinalar uma progressiva passagem de círculos, não necessariamente concêntricos, na área comum dos sinais distintivos lato sensu" («Denominazione d'origine, indicazioni di provenienza e ... dintorni», in: RDI, 1990, parte II, p.224).

cialmente das indicações de proveniência, denominações de origem e indicações geográficas.

A indicação de proveniência é "(...) uma simples menção do lugar em que um produto foi produzido, fabricado, extraído, etc. (...) Ela não constitui uma garantia de qualidade do produto (...)"[28].

Por isso, em relação a esta não parece existir grande dificuldade na delimitação de conceitos. A indicação de proveniência não indica que a empresa de que provém o produto é membro de uma determinada associação, logo não se confunde com a marca de associação. E, como foi referido, também não atesta a qualidade ou outras características do produto em questão, diferenciando-se desta forma da marca de certificação[29-30].

A denominação de origem é o nome de uma região, de um local determinado ou, em casos excepcionais, de um país, bem como certas denominações tradicionais (geográficas ou não), que serve para designar ou identificar um produto originário dessa região, desse local determinado ou desse país e cuja qualidade ou características se devem, essencial ou exclusivamente, ao meio geográfico, incluindo os factores naturais e humanos, e cuja produção, transformação e elaboração ocorrem na área geográfica delimitada (art. 305.°, n.os 1 e 2). A denominação de origem garante a qualidade destes produtos[31].

A indicação geográfica é o nome de uma região, de um local determinado ou, em casos excepcionais, de um país que serve para designar ou identificar um produto originário dessa região, desse local determinado ou desse país, cuja reputação, determinada qualidade ou outra característica podem ser atribuídas a essa origem geográfica e cuja produção, transformação ou elaboração ocorrem na área geográfica delimitada (art. 305.°, n.° 3).

Como podemos observar, a diferença entre denominação de origem e indicação geográfica é sobretudo de grau. Daí que sejam aplicáveis, com

---

[28] RIBEIRO DE ALMEIDA, «Indicação geográfica, indicação de proveniência e denominação de origem (os nomes geográficos na propriedade industrial)», in: *Direito Industrial*, vol.I, Associação Portuguesa de Direito Intelectual, Coimbra, Livraria Almedina, 2001, pp.10 e s.

[29] No mesmo sentido, cfr. ANDRÉ BERTRAND, *Le Droit des Marques et des Signes Distinctifs*, Paris, CEDAT, 2000, pp. 216 e ss.

[30] Sem prejuízo de ter de respeitar o princípio da verdade, i.e., não indicar falsa proveniência.

[31] Cfr., neste sentido e por todos, RIBEIRO DE ALMEIDA, *ult. op.cit.*, p. 13.

as devidas adaptações, todas as considerações aqui elaboradas relativamente às denominações de origem.

A delimitação de conceitos parece mais fácil no que respeita à marca de associação, já que no plano funcional a diferença é óbvia: a marca de associação pretende distinguir um produto ou um serviço de outros, referindo que ele provém de uma empresa sua associada. Nas denominações de origem o objectivo não é este, mas antes atestar que um produto apresenta determinada qualidade (ou outra característica) porque provém de determinado local. Desta diferença principal decorrem as inerentes diferenças de regime, de que destacamos uma: o titular de uma marca de associação limita a sua utilização aos seus membros. No caso das denominações de origem tal não é possível. O uso tem de ser reconhecido a qualquer pessoa que fabrique/produza os produtos nas condições exigidas[32].

Já no que respeita à distinção das marcas de certificação a questão não é tão simples de resolver. Na verdade, verifica-se uma certa sobreposição de funções entre as denominações de origem e as marcas de certificação compostas por nomes geográficos[33]. Como RITA LARGO GIL refere[34], ambas são indicadoras das características e do nível de qualidade do produto que acompanham. Não obstante, existem algumas diferenças.

Desde logo quanto ao âmbito de aplicação. As denominações de origem abrangem quase exclusivamente produtos agro-alimentares enquanto que as marcas de certificação se podem aplicar a quaisquer produtos ou serviços.

Por outro lado, o legislador considera-os sinais distintivos diferentes. Os primeiros estão previstos nos arts.305.° e ss. e as marcas de certificação gozam do regime jurídico estabelecido para as marcas individuais com algumas especialidades.

Assim, as denominações de origem geram direitos colectivos, i.e., "quando registadas, constituem propriedade comum dos residentes ou estabelecidos na localidade, região ou território, de modo efectivo e sério

---

[32] No entanto, quando a marca de associação for composta por um nome geográfico vale aqui a restrição, explicitada mais à frente no texto, para o uso exclusivo.

[33] Porém, todas estas considerações devem ser feitas sem perder de vista que ambas podem ser perfeitamente diferenciadas se a marca colectiva (de associação e/ou de certificação) não for composta por um nome geográfico. Por outro lado, sublinhamos que nem sempre as denominações de origem são compostas de nomes geográficos (cfr. ANDREA NERVI, «Le denominazioni di origine protetta ed i marchi: spunti per una ricostruzione sistematica», in: *RDComm.*, anno XCIV (1996), parte prima, p.963).

[34] RITA LARGO GIL, *op.cit.*, p.76.

e podem ser usadas indistintamente por aqueles que, na respectiva área, exploram qualquer ramo de produção característica, quando autorizados pelo titular do registo" (art. 305.°, n.° 4), embora o exercício deste direito não dependa da importância da exploração, nem da natureza dos produtos (art. 305.°, n.° 5).

Ao invés, como sucede em qualquer marca individual, na marca colectiva o registo confere a propriedade e os direitos exclusivos ao seu titular (art. 224.°, n.° 1 *ex vi* art. 232.°). Embora, no caso de a marca ser composta por um nome geográfico, por imposição da DM[35], esta não confira ao seu titular o direito de proibir um terceiro de usar no comércio esses sinais ou indicações, desde que esse uso se faça em conformidade com práticas honestas em matéria industrial ou comercial, não podendo, designadamente, uma marca deste género ser oposta a um terceiro habilitado a usar uma denominação geográfica (art. 15.°, n.° 2 da DM).

Por outro lado, também em relação às marcas colectivas não é suficiente qualquer uso que seja feito da mesma a fim de evitar a declaração de caducidade do registo da marca por falta de uso: exige-se um uso sério e efectivo, que não seja meramente simbólico[36].

Outra diferença respeita aos interesses prioritariamente protegidos. No caso das marcas de certificação é o interesse dos consumidores que releva, enquanto as denominações de origem tendem à protecção dos interesses dos produtores e fabricantes de maneira imediata, só indirectamente protegendo os consumidores.

Consequência disto é que, como muito claramente é referido por EMANUELE MONTELIONE[37], "o elemento que (...) diferencia a marca (seja a individual ou a colectiva) da denominação/indicação protegida é a natureza publicista destas últimas que não têm como único objectivo a tutela das empresas particulares que usam a denominação/indicação mas, sobretudo, a valorização do produto típico contradistinguido por tais sinais, de modo a garantir uma espécie de «garantia» institucional sobre a proveniência e, por conseguinte, da boa qualidade do produto".

---

[35] V. *infra* 3.2.3.

[36] Sobre os requisitos para o uso ser considerado relevante, cfr. MARIA MIGUEL CARVALHO, «O uso obrigatório da marca registada», in: *Estudos em Comemoração do 10.° Aniversário da Licenciatura em Direito da Universidade do Minho* (coord. António Cândido Oliveira), Universidade do Minho/Livraria Almedina, 2003, pp.668 e ss. Atendendo às especificidades do uso das marcas colectivas, voltaremos a este tema *infra*, v. II. 3.2.4.

[37] EMANUELE MONTELIONE, *Loghi, Luoghi e Non-Luoghi*, Milano, Dott. A. Giuffrè Editore, 2003, p.151.

Inegável é que a sobreposição entre ambas é de tal ordem que se levantam hoje dúvidas quanto à conveniência de registar uma denominação de origem como marca de certificação[38] e mesmo quanto à própria subsistência das denominações de origem[39].

3. As marcas colectivas e os labels

Como tivemos ocasião de referir, desde há muito se recorre a um sinal específico daquele que produz um artigo para o diferenciar. Aliás, no Código da Propriedade Industrial de 1940 foram previstas, no art. 76.°, n.° 4, as marcas de artífice[40].

Próxima destas[41] estão as chamadas marcas operárias ou *labels* para assinalar que os produtos distinguidos com aquelas resultam do trabalho sindical organizado em certas condições[42].

---

[38] Pois a figura da marca de certificação pode ser um meio eficiente para a protecção internacional das denominações de origem e, por outro lado, não está sujeita aos problemas que o reconhecimento das indicações geográficas podem levantar. Para maiores desenvolvimentos, cfr. MARIA DEL MAR GÓMEZ LOZANO, comentando o art. 68.° da nova Ley de Marcas espanhola, in: *Comentarios a la Ley de Marcas* (dir. Bercovitz Rodriguez-Cano), Cizur Menor (Navarra), Thomson/Aranzadi, 2003, p.976, ANDREA NERVI, *op.cit.*, p.979, e, entre nós, RIBEIRO DE ALMEIDA, *Denominação de Origem, cit.*, pp.382 e ss.

[39] Cfr. RIBEIRO DE ALMEIDA, *Denominação de Origem, cit.*, p.384, que levanta esta questão, afirmando que "(...) a utilização abusiva que tem sido feita da figura da DO [denominação de origem] (transformada em simples instrumento de monopólio), isto é, a sua aplicação em produtos que podem ser produzidos em qualquer local (não são produtos típicos, não existe uma ligação intima com a região), e, por outro lado, a actual possibilidade tecnológica de quase todos os produtos poderem ser produzidos em qualquer local (o «Champagne» pode ser de «Champagne» sem ser de Champagne), coloca a questão da subsistência da própria DO (no seu conceito rigoroso) face à marca de certificação (com um conceito mais amplo e não sujeito a esta falência da DO)".

[40] Referimo-nos ao CPI aprovado pelo Decreto n.° 30 679, de 24 de Agosto de 1940 (CPI'40).

Segundo FERRER CORREIA (*op.cit.*, p.318) o legislador pretendeu "(...) conceder ao operário que trabalha por conta do patrão o direito de assinalar os produtos do seu trabalho". Em sentido próximo, PINTO COELHO, *op.cit.*, pp.344 e ss.

[41] Mas sem se confundirem, v. o n.° 64 do Parecer da Câmara Corporativa, in: *Diário das Sessões*, n.° 147, de 26 de Novembro de 1936, p. 100.

[42] Cfr. PINTO COELHO, *op.cit.*, p.329.

A inclusão destes sinais no domínio das marcas, mais especificamente no âmbito das marcas colectivas, foi vivamente discutido[43]. Não obstante, é uma realidade nalguns ordenamentos jurídicos, como é o caso dos EUA[44].

Não deixa de ser curioso verificar que, actualmente, esta matéria está de novo no centro das atenções, embora a ênfase recaia agora não tanto sobre as exigências dos trabalhadores, mas, de uma forma mais alargada, envolvendo também preocupações ambientais e com os consumidores, naquilo a que se convencionou chamar "responsabilidade social das empresas"[45] e ligado à ideia de crescimento económico sustentável.

Por outro lado, esta questão continua associada às marcas, porque estas, e em especial as marcas de prestígio, têm sido usadas como armas para conseguir obter melhores condições de trabalho, qualidade ambiental e informação do consumidor[46].

4. *As marcas colectivas e as "marcas de qualidade" nacionais e comunitárias*

As marcas colectivas, e em especial as de certificação, distinguem-se ainda de outros sinais usados para atestar determinada qualidade ou características. Pense-se, p.e., nas marcas de contraste[47], que são sinais obrigatórios em metais preciosos ao contrário das marcas colectivas que são facultativas.

---

[43] Cfr., entre nós, os n.ᵒˢ 64 e ss. do Parecer da Câmara Corporativa *cit.*, e PINTO COELHO, *op.cit.*, pp.334 e ss.

[44] V. *Lanham Act* § 4, 15 U.S.C. § 1054 e § 45, 15 U.S.C. § 1127.
Cfr. ainda THOMAS MCCARTHY, *Trademarks and Unfair Competition*, 4.ª ed., 1998, vol.3, § § 19:91, p.19-163 e § 19:101, pp. 19-179 e ss.

[45] A responsabilidade social das empresas consiste "(...) na integração voluntária de preocupações sociais e ambientais por parte das empresas nas suas operações e na sua interacção com outras partes interessadas" (Livro Verde, apresentado pela Comissão das Comunidades Europeias, intitulado «Promover um quadro europeu para a responsabilidade social das empresas», de 18 de Julho de 2001 (COM (2001) 366 final, p.7).

[46] Sobre esta "luta", cfr. a interessante análise de NAOMI KLEIN, *No Logo* (tradução de Pedro Miguel Dias), Relógio D'Água Editores, 2002, *passim*.

[47] V. o Regulamento da Contrastaria constante do DL n.º 391/79, de 20 de Setembro, com as sucessivas alterações que lhe foram sendo introduzidas. Integrando as marcas de contraste nas marcas de certificação, cfr. PUPO CORREIA, *op.cit.*, p.336, nota 316.

Mais difícil é a delimitação entre marcas colectivas e os sinais, cada vez mais frequentes, que indicam a conformidade dos produtos com determinadas normas. Pensamos, p.e., no "rótulo ecológico" (*ecolabel*) comunitário e na "marca de conformidade com as normas" portuguesa.

Esta última é a "(...) que tem por finalidade certificar que os produtos que a têm aposta correspondem às prescrições estabelecidas por normas portuguesas, europeias ou internacionais ou a especificações técnicas indicadas pelo (...) [Instituto Português de Qualidade, I.P. (IPQ)[48]]" (art. 1.º, n.º 2 do DL n.º 184/93, de 19 de Maio).

Da definição legal e do regime jurídico fixado neste diploma julgamos poder inferir que se trata de uma marca de certificação[49].

Estamos perante um sinal distintivo de produtos (tal como em qualquer marca de certificação, distingue-se um produto por referência a determinadas características, que são atestadas por este sinal, de outros produtos do mesmo género que não têm essas características certificadas), titulado pelo Estado através de um Instituto Público – o IPQ, registado recorrendo à via nacional (INPI) ou à via internacional relativamente aos países onde é presumível que a marca venha a ser usada.

O diploma legal referido prevê também o regulamento de uso da marca, onde é explicitado que pode usar a marca quem for autorizado pelo IPQ, e aí são indicadas as obrigações dos utentes da marca (v. art. 9.º), de entre as quais destacamos a de se submeter a controlo (v. as als. b), c), g) e h) do art. 9.º e art. 10.º) e a proibição de ceder o uso da marca, sem autorização do IPQ.

Já em relação ao rótulo ecológico (também conhecido por *ecolabel* ou marca de qualidade ecológica) temos bastantes dúvidas sobre a sua qualificação como marca de certificação.

O sistema comunitário de atribuição de rótulo ecológico foi instituído pelo Regulamento (CE) n.º 880/92 do Conselho, de 23 de Março de

---

[48] Resulta do disposto no DL n.º 125/2004, de 31 de Maio, que é o Instituto Português de Acreditação, I.P. (IPAC) o organismo nacional de acreditação (v. esp. o art. 4.º, al.ª c)).

[49] No mesmo sentido, cfr. PUPO CORREIA, *op.cit.*, p.336, nota 316 e RAYMOND DUSOLIER, «Les marques collectives et les marques de qualité dans l'ancien droit et dans le droit moderne», in: *Melanges en l'honneur de Daniel Bastian*, T.2, Paris, Librairie Techniques, p.36.

1992[50], entretanto revogado pelo Regulamento (CE) n.º 1980/2000 do Parlamento Europeu e do Conselho, de 17 de Julho de 2000[51] (RRE).

O seu objectivo, confessado no art. 1.º, n.º 1, do RRE, "consiste em promover produtos [e serviços[52]] susceptíveis de contribuir para a redução de impactos ambientais negativos, por comparação com outros produtos do mesmo grupo, contribuindo deste modo para a utilização eficiente dos recursos e para um elevado nível de protecção do ambiente. Para atingir este objectivo, serão facultadas aos consumidores desses produtos orientações e informações correctas, não enganadoras e assentes em bases científicas"[53].

A atribuição de um rótulo ecológico, como é referido por EMANUELE MONTELIONE, é o resultado de um processo de certificação que verifica a conformidade de um produto ou serviço com determinados requisitos ecológicos para a área merceológica a que o produto ou serviço pertence[54].

Deste propósito do rótulo ecológico parece derivar a incerteza quanto à sua classificação jurídica. Na verdade, muitos autores associam-no às marcas de certificação, caracterizando-o como marca de garantia *sui generis*[55].

Apesar do ponto comum – que consiste precisamente no facto de ambos certificarem determinada característica de um produto ou serviço[56] – julgamos que são figuras distintas.

---

[50] *JO L* 99, de 11 de Abril de 1992, pp.1 e ss.

[51] *JO L* 237, de 21 de Setembro de 2000, pp.1 e ss.

[52] Uma das novidades do RRE, comparativamente com o Regulamento (CE) 880/92, é justamente o alargamento aos serviços (v. o art. 1.º, n.º 1, parte final). Mas convém ter presente que foram excluídos do âmbito de aplicação do RRE vários produtos (v. art. 2.º, n.ºˢ 4 e 5 do RRE).

[53] Existem estudos que demonstram a importância destes sinais para os consumidores e, por conseguinte, para os produtores. Não obstante, por vezes, a influência opera pela negativa, i.e., evitando a aquisição de produtos mais agressivos para o ambiente. Sobre a importância de instituir sistemas que contenham três tipos de sinais diferentes (vermelhos, amarelos e verdes de acordo com a sua "compatibilidade" ecológica) cfr. GUNNE GRANKVIST, ULF DAHLSTRAND E ANDERS BIEL, «The impact of environmental labelling on consumer preference: negative vs. positive labels», in: *Journal of Consumer Policy*, 2004, n.º 27, pp.213 e ss.

[54] EMANUELE MONTELIONE, *op.cit.*, p.168.

[55] É a posição assumida por EMANUELE MONTELIONE, *op.cit.*, p.177, embora refira, mais adiante na p.187, que se está a delimitar um novo direito privativo industrial.

[56] Embora o façam de forma diferente. Como é referido por EMANUELE MONTELIONE (*op. cit.*, p.177), enquanto a marca de certificação verifica a conformidade do produto (ou

Em primeiro lugar, distinguem-nas o facto de uma marca de certificação ser constituída validamente pelo seu registo junto da entidade competente para registar marcas (que no nosso caso, como é sabido, é o INPI), o que não acontece com o rótulo ecológico[57].

Por outro lado, julgamos muito relevante o facto de o legislador comunitário – o mesmo que anteriormente aprovou uma Directiva relativa a *marcas* e que instituiu a *marca* comunitária pelo RMC – ter, deliberadamente, adoptado a expressão "rótulo ecológico" e não *marca*, parecendo querer indicar que não se trata de uma marca[58].

Também a consideração dos interesses protegidos parece indicar o mesmo caminho: se o interesse dos consumidores impera na marca de certificação, o interesse primordial no rótulo ecológico é o interesse geral na tutela do ambiente[59].

Julgamos, por tudo isto, que marca de certificação e rótulo ecológico são figuras diferentes[60]. O que não significa, porém, que elas não possam imiscuir-se. Julgamos que, tal como referimos a propósito da relação entre denominação de origem e marca de certificação, também aqui pode haver lugar à protecção do rótulo ecológico a título de marca, desde que haja lugar ao seu registo como marca de certificação[61-62].

---

serviço) por referência a *standards* pré-determinados, a atribuição do rótulo ecológico corresponde a critérios ecológicos específicos, comparando os produtos (ou serviços) para os quais é pedido com outros produtos (ou serviços) da mesma categoria.

[57] O RRE determina, no art. 14.º, que o pedido de concessão do rótulo ecológico será apresentado a um *organismo competente* de acordo com as regras estabelecidas no n.º 3 do art. 7.º do RRE, que decidem da sua atribuição.

[58] Em sentido contrário, cfr. EMANUELE MONTELIONE (*op.cit.*, p.175) que critica a adopção pelo legislador da expressão rótulo ecológico porque, segundo o autor, está a designar uma verdadeira marca, ou seja, um sinal que desenvolve a função de indicar uma qualidade precípua do produto sobre o qual é aposto.

[59] Por isso, EMANUELE MONTELIONE (*op.cit.*, p.177) afirma que a marca de certificação esgota-se na relação empresa-consumidor, ao invés do que sucede no rótulo ecológico em que a referida relação passa a ser triangular pela intervenção da tutela do ambiente.

[60] Em sentido próximo, cfr. GIUSEPPE SENA, *op.cit.*, p.264, que afirma que é uma particular forma de sinal colectivo comunitário, não propriamente qualificável como marca e mais próximo das indicações descritivas e dos sinais de identificação da qualidade dos produtos. Na página anterior, porém, afirmara que "se trata de uma marca colectiva europeia, destinada a garantir no território da comunidade a qualidade ecológica dos produtos assinalados, cuja constituição é disposta por lei (independentemente do registo) e cujo uso é consentido às empresas, sob licença dos organismos nacionais competentes".

[61] O que, de resto, parece ser possível. Uma pessoa colectiva (o organismo competente do Estado-membro em causa) solicita o registo como marca de certificação da figura

Expostas em traços amplos as principais características das marcas de associação e de certificação vamos passar à análise do seu regime jurídico, nos tratados e acordos celebrados a nível internacional, no plano comunitário e no nosso direito interno.

II. Regulamentação jurídica

1. *A regulamentação jurídica na Convenção da União de Paris para a Protecção da Propriedade Industrial, de 20 de Março de 1883 (CUP) e no Acordo sobre os Aspectos dos Direitos de Propriedade Intelectual relacionados com o Comércio (ADPIC)*

A CUP introduziu o art. 7.° *bis* na Conferência de Washington de 1911[63], sendo estabelecido que os países da União se comprometem a admitir a registo e a proteger as marcas colectivas[64] pertencentes a colectividades cuja existência não seja contrária à lei do país de origem, ainda que essas colectividades não possuam estabelecimento industrial ou comercial e reservando a cada país a consideração das condições particulares em que a marca colectiva será protegida.

Consagra ainda a possibilidade de ser recusada a protecção se a marca for contrária ao interesse público e estabelece como impossibilidade

---

que compõe o rótulo ecológico, para os produtos (ou serviços) para os quais aquele pode ser atribuído, estipulando no regulamento de uso as condições de atribuição, de uso, bem como os direitos e obrigações dos usuários.

[62] EMANUELE MONTELIONE (*op.cit.*, p.177) sugere ainda a possibilidade de registo como marca individual.

[63] Anteriormente o tema tinha sido discutido, sem resultados, nas Conferências de Madrid (1890) e Bruxelas (1900). Mais tarde volta a ser objecto de análise na Conferência de Londres (1934). Sobre o tema, cfr., G. H. C. BODENHAUSEN, *Guia para la aplicación del Convenio de Paris para la Proteccion de la Propriedad Industrial*, Oficinas Internacionales reunidas para la Proteccion de la Propiedad Intelectual (BIRPI), pp.141 e ss. e STEPHEN LADAS, *op.cit.*, pp.1289 e s.

[64] Repare-se que, no texto da CUP, não se faz referência expressa aos dois tipos de marcas colectivas. Aliás, no plano internacional a primeira referência expressa às marcas de garantia ou de certificação surge no art. 2.° (v) do Tratado de Viena, de 12 de Junho de 1973, relativo ao Registo Internacional de Marcas, a que Portugal, como a esmagadora maioria dos membros da Organização Mundial da Propriedade Intelectual, não está vinculado. Alertando para a escassa relevância deste Tratado, cfr. RITA LARGO GIL, *op. cit.*, p.27.

de recusa de tutela do pedido por parte de qualquer colectividade cuja existência não contrarie a lei do país de origem pelo motivo de ela não se achar estabelecida no país em que a protecção é requerida ou de não se ter constituído nos termos da legislação desse país.

Também aquele que é considerado o tratado internacional mais relevante do século XX no que concerne à propriedade intelectual – o ADPIC –, assenta, no que nos interessa no âmbito deste estudo, no art. 7.º *bis* da CUP[65], alargando a obrigação daquela norma aos membros da Organização Mundial do Comércio que não sejam simultaneamente membros da União de Paris e que, por isso, não seriam afectados pela mesma[66].

Por outro lado, e dada a forte ligação entre marcas colectivas e nomes geográficos, que anteriormente tivemos ocasião de referir, relevam também as disposições do ADPIC a propósito das "indicações geográficas" (v. arts. 22.º e 23.º do ADPIC).

2. A regulamentação jurídica na 1.ª Directiva de marcas

A 1.ª Directiva de marcas não incluiu entre os temas sujeitos a harmonização o que designa de "marcas colectivas ou marcas de garantia ou de certificação"[67]. Significa isto que os Estados-membros têm inteira liberdade quanto à decisão de regularem, ou não, estas figuras. Porém, se o fizerem ficarão sujeitos a alguns limites imperativamente fixados pela DM. Referimo-nos às causas de recusa, de anulação e de caducidade do registo previstas nos arts. 3.º, 4.º e 12.º da DM (art. 15.º, n.º 1, da DM).

---

[65] Na verdade o art. 2.º, n.º 1, do ADPIC remete expressamente para os arts. 1.º-12.º e 19.º da CUP e o art. 2.º, n.º 2 do ADPIC esclarece que as obrigações decorrentes da CUP não são derrogadas.

[66] Referindo-se à CUP em geral e no mesmo sentido, cfr. DANIEL GERVAIS, *The TRIPS Agreement: Drafting History and Analysis*, London, Sweet & Maxwell, 2.ª ed., 2003, p.95.

[67] Transcrevemos a expressão usada no art. 15.º, n.os 1 e 2 da DM, sublinha-se, no entanto, que certamente por lapso (que se verifica pelo menos nas versões portuguesa, inglesa, francesa, espanhola e italiana) na epígrafe do mencionado artigo a nomenclatura usada é diferente ("marcas colectivas, marcas de garantia e marcas de certificação"). Assim, julgamos que também na DM há lugar à consideração de marcas colectivas em sentido amplo abrangendo os dois tipos: marcas colectivas em sentido estrito e marcas de garantia ou de certificação.

Em termos facultativos, a DM dispõe que os Estados-membros poderão estabelecer "com base em motivos adicionais" outras causas de recusa, de anulação e de caducidade do registo, "quando a função dessas marcas o exigir" (art. 15.º, n.º 1, da DM) e, derrogando o disposto no art. 3.º, n.º 1, al. c) da DM, podem estipular que os sinais ou indicações utilizados no comércio para designar a origem geográfica dos produtos ou serviços possam constituir marcas colectivas ou marcas de garantia ou marcas de certificação (art. 15.º, n.º 2, da DM).

Nesta última hipótese, é ainda esclarecido que uma marca deste género não confere ao titular o direito de proibir um terceiro que use no comércio esses sinais ou indicações, desde que esse uso se faça em conformidade com práticas honestas em matéria industrial ou comercial, nomeadamente, uma marca deste género não pode ser oposta a um terceiro habilitado a usar uma denominação geográfica (art. 15.º, n.º 2, da DM) e esta disposição é imperativa.

Para terminar, resta-nos referir que a DM permite que os Estados-membros estabeleçam um prazo bloqueador do uso da marca colectiva após a sua extinção[68]. Esta previsão prende-se com a possível confusão que o uso da marca em questão após a sua extinção pode suscitar junto dos consumidores[69].

3. A regulamentação jurídica no nosso Código da Propriedade Industrial

3.1. Breves notas sobre a evolução da tutela das marcas colectivas no nosso direito

Bem antes da inclusão na CUP, já no direito português eram admitidas as marcas colectivas, ainda que de forma muito ampla e, praticamente,

---

[68] O art. 4.º, n.º 4, al.d) da DM estipula, para as marcas colectivas de associação, que "os Estados-membros podem (...) prever que o pedido de registo de uma marca seja recusado ou, tendo sido efectuado, que o registo de uma marca fique passível de ser declarado nulo sempre e na medida em que: a marca seja idêntica ou semelhante a uma marca colectiva anterior que tenha conferido um direito que haja expirado dentro de um prazo máximo de três anos antes da apresentação do pedido". Já para as marcas de colectivas de certificação ou de garantia a liberdade dos Estados-membros é total: não só podem estabelecer este prazo-bloqueio, como a escolha do prazo em si é inteiramente livre (art. 4.º, n.º 4, al.ª e)).

[69] Por isso, alguns legisladores prevêem esta hipótese (v., p.e., o art. 28.º da *LUB*). Não é, todavia, o caso do direito português.

sem regulamentação jurídica específica (v. o art. 66.° da Lei de 21 de Maio de 1896[70]), não se impondo qualquer alteração à lei portuguesa então vigente, atento o teor vago do art. 7 bis CUP.

O CPI'40 também previa esta matéria, de uma forma mais detalhada do que a Lei de 1896, estabelecendo as restrições que, normalmente, caracterizam o seu regime jurídico. Referimo-nos à legitimidade, ao regulamento do uso, à intransmissibilidade destas marcas e à previsão de causas específicas de caducidade[71].

Entretanto, no Código da Propriedade Industrial, aprovado pelo DL n.° 16/95, de 24 de Janeiro (CPI'95), que procedeu à transposição da DM, o legislador aproveitou para introduzir algumas alterações relevantes e a regulamentação, então instituída, foi mantida praticamente intacta no actual Código.

Por um lado, não podemos deixar de assinalar uma "inovação" quanto à nomenclatura usada e à sua definição. Passam a ser referidos os dois sub-tipos de marca colectiva: as marcas de associação e as marcas de certificação (art. 175.°, n.° 1 CPI'95).

Por outro lado, no que respeita à sistematização da matéria, notamos que esta deixou de estar prevista na norma que estabelece, em geral, quem tem legitimidade para pedir o registo de marca e passou a constar de uma subsecção (II) da secção (I) relativa às disposições gerais do capítulo IV respeitante às marcas[72], o que é de saudar[73].

No que toca ao regime jurídico estabelecido, podemos afirmar o seu desenvolvimento global comparativamente ao que vigorava antes.

Para além das disposições das marcas individuais que são aplicáveis, com as devidas adaptações, às marcas colectivas (art. 176.° do CPI'95), o legislador optou por prever normas específicas, desenvolvendo de forma mais detalhada as previsões do CPI'40[74].

---

[70] *Diário do Governo* n.° 119, de 28 de Maio de 1896. O referido artigo limitava-se a estabelecer que "As marcas podem ser registadas a favor de uma pessoa, de uma firma social, de uma sociedade anonyma, de uma corporação ou collectividade".

[71] V. arts. 76.°, 5.°, §1.°; 120.° e 124.°, 7.° do CPI'40.

[72] Dentro dessa subsecção, como veremos, foi reservado um artigo para a questão da legitimidade para requerer o registo de marca colectiva.

[73] Mas julgamos que seria preferível diferenciar o regime específico de cada um dos sub-tipos de marcas colectivas, pois, como veremos, corresponde-lhes, pelo menos nalguns aspectos, um regime jurídico distinto.

[74] Nomeadamente, prevendo uma disposição mais cuidada concernente à legitimidade (art. 175.° CPI'95). No que respeita aos motivos de recusa do registo, acolheu a pos-

Como tivemos ocasião de referir, foram poucas as alterações efectuadas nesta matéria no Código actualmente em vigor, embora a manutenção de dois sub-tipos de marcas colectivas diferentes justificassem alterações no que respeita ao regime jurídico que, *formalmente*, se mantém unitário.

Na verdade, as disposições do Código em vigor correspondem às do anterior, com tudo de positivo e negativo que isso acarreta. No último caso pensamos, em especial, no "esquecimento"[75] da contrapartida da derrogação do art. 223.°, n.° 1, al. c), pelo art. 228.°, n.° 2.

Há, no entanto, duas alterações que julgamos benéficas e, por isso, não deixamos de as referir[76]. Uma respeita à marca de associação. No art.

---

sibilidade conferida pela DM no seu art. 15.°, n.° 2, daí que, derrogando a proibição do art. 166.°, n.° 1, al.ª b) CPI'95, tenha admitido expressamente que os sinais ou indicações utilizados no comércio para designar a origem geográfica dos produtos ou serviços podem constituir uma marca colectiva (art. 172.°, n.° 2 CPI'95). Mas "esqueceu-se" da condição que a DM, na mesma norma, estabelece para esta derrogação, i.e, prever que uma marca deste género não confere ao titular o direito de proibir que um terceiro use no comércio esses sinais ou indicações, desde que esse uso se faça em conformidade com práticas honestas em matéria industrial ou comercial, nomeadamente, uma marca deste género não pode ser oposta a um terceiro habilitado a usar uma denominação geográfica (art. 15.°, n.° 2 *in fine* da DM).

Relativamente às causas de caducidade do registo, o art. 216.°, n.° 3 CPI'95 continua a contemplar duas causas específicas de caducidade do registo de marcas colectivas e, evitando a caducidade por falta de uso da marca, reconhece expressamente a relevância do uso efectuado por alguém com o consentimento do titular (art. 216.°, n.° 6 CPI'95) e o uso por *pessoa habilitada* para as marcas de garantia ou de certificação (art. 216.°, n.° 7 CPI'95).

Resta sublinhar ainda que desapareceu a previsão expressa relativa à fixação de preços que constava do art. 76.°, § 3.° do CPI'40 ("a marca colectiva dá ao seu titular o direito de fixar o preço dos respectivos produtos, nas condições estabelecidas na lei ou nos estatutos"), sendo substituída pelo art. 172.°, n.° 3 CPI'95 ("o registo da marca colectiva dá ainda ao seu titular o direito de disciplinar a comercialização dos respectivos produtos, nas condições estabelecidas na lei ou nos estatutos"). Obviamente, esta regulamentação tem de obedecer ao disposto no art. 81.° do Tratado da Comunidade Europeia.

[75] Este "esquecimento" fora, de resto, assinalado ainda na vigência do CPI'95 por RIBEIRO DE ALMEIDA, *Denominação de Origem e Marca*, cit., p.363.

[76] Uma outra novidade deste Código foi a introdução da referência aos regulamentos internos, ao lado da menção à lei, diplomas orgânicos e aos estatutos (v. arts. 228.°, n.° 3; 231.°, n.ᵒˢ 2 e 3; 234.°, n.° 2, al.ª c)). De acordo com a noção de regulamento interno (JORGE MIRANDA avança com a seguinte: "por regulamento entende-se o acto normativo da função administrativa, o acto criador de normas de execução permanente emanada de um órgão da Administração Pública, no exercício de um poder específico (o poder regulamentário) (...)", adiantando ainda que os regulamentos internos visam a disciplina interna da admi-

229.º, na definição deste tipo de marca, acrescenta-se na parte final a exigência de que tal marca se destine a ser usada em produtos ou serviços *relacionados com o objecto da associação*[77]. A outra tem a ver com as alterações ao regulamento de uso. O art. 231.º, n.º 3, esclarece agora que estas alterações têm de ser comunicadas ao INPI, sob pena de ineficácia em relação a terceiros. Esta sanção não estava expressa no art. 175.º, n.º 3 do CPI'95, parecendo-nos que a opção do legislador no novo Código é mais adequada à exigência de segurança jurídica. Isto não invalida, porém, que seja uma solução insuficiente para acautelar, em especial no caso de marcas de certificação, a função de garantia de qualidade que estas devem desempenhar.

Passemos agora a uma breve análise dos principais aspectos do regime jurídico vigente das marcas colectivas.

3.2. O regime jurídico das marcas colectivas no actual CPI

Como referimos, a distinção conceptual operada pelo nosso legislador na matéria, e que defendemos atenta a diversidade de funções jurídicas subjacentes às marcas de associação e de certificação, não deu lugar, pelo menos aparentemente, a um regime jurídico diferenciado para cada uma delas[78]. Daí que nos refiramos a este de forma unitária, sem prejuízo de, sempre que julgarmos conveniente, sublinharmos as diferenças que deviam ter sido estabelecidas de forma mais clara.

3.2.1. A "separação permanente e institucional" entre o titular da marca e os seus usuários

Apesar de o nosso legislador não o estabelecer *expressamente*, a verdade é que da definição legal das marcas colectivas (de associação e de certificação), bem como do regime instituído (especialmente do que respeita ao regulamento de uso), parece ser evidente que estas marcas não se

---

nistração, «Regulamento», in: *Polis – Enciclopédia VERBO da Sociedade e do Estado*, vol. 5, Lisboa, VERBO, pp.266 e s.) a previsão parece-nos razoável dado que se referirá às hipóteses de marca colectiva titulada por uma pessoa colectiva de direito público.

[77] Ainda nesta disposição congratulamo-nos com a substituição da menção de pessoas físicas ou morais (que constava da norma correspondente no CPI'95) pela referência a pessoas singulares ou colectivas.

[78] Ao contrário do que se verifica nalguns ordenamentos jurídicos, como é o caso do Reino Unido (v. *Trade Marks Act* 1994, § 49. e § 50. e *Schedules* 1. e 2.).

destinam a ser usadas (directamente) pelo titular, mas antes por determinados terceiros: pessoas autorizadas, pessoas que preenchem as condições estabelecidas para o uso da marca. Há uma "separação permanente e institucional" entre a titularidade e o uso da marca[79].

Esta questão assume especial acuidade no caso das marcas de certificação, em que, por causa da principal função jurídica desenvolvida por estas marcas – a função de garantia de qualidade –, se torna necessário que o titular da marca em questão seja imparcial[80-81].

Isto também explica por que é que é suficiente que uma pessoa preencha os requisitos (objectivos) estabelecidos no regulamento de uso para poder usar a marca de certificação, ao contrário do que sucede com as marcas de associação, em que, normalmente, será exigida a filiação na referida associação (requisito subjectivo)[82].

3.2.2. *Legitimidade para o registo das marcas colectivas*

O art. 231.º regula esta matéria e da sua leitura resulta evidente uma primeira conclusão: o leque de legitimados para o registo como marca colectiva é muito mais restrito do que os legitimados para o registo como marca individual (v. art. 225.º). Só pessoas *colectivas* podem requerer

---

[79] A expressão é de AUTERI, *Territorialità del diritto di marchio e circolazione di prodotti «originali»*, Studi di diritto industriale (raccolti da Remo Franceschelli) 13, Milano, Dott. A. Giuffrè Editore, 1973, p.405.

[80] Como refere RITA LARGO GIL, "esta separação é exigida pela função de garantia no plano jurídico das marcas com este nome em relação aos consumidores, bem como pelo facto de o controlo em relação ao uso da marca que a lei impõe ao titular de uma marca desta índole. Esse desmembramento impõe-se para que os consumidores confiem com certeza em relação à segurança que uma marca de garantia reporta. A imparcialidade do titular da marca em questão é a chave para a implantação destas marcas entre o público dos consumidores" (*op.cit.*, p.99).

[81] JEFFREY BELSON (*op.cit.*, p.3) sublinha, no entanto, que a afirmação deste princípio às marcas de certificação pode vir a ser discutido, já que a aplicação rígida deste pode limitar a versatilidade e a potencial utilidade inerentes às marcas de certificação. Aliás, relembrando a razão de ser da dissociação entre titular e usuário, confronta-a com a política de auto-certificação que tem sido seguida na U.E. Sobre este último ponto, cfr. ainda JEFFREY BELSON, *op.cit.*, p.46, esp. nota 8.

[82] Este aspecto é bem frisado por MONGE GIL (comentário aos arts. 62 a 67 da Lei de Marcas Espanhola, in: *Comentarios a la Ley de Marcas*, cit., p.947) que, por isso, defende que não é adequado, em numerosas situações, o estabelecimento de um regime comum com idênticas previsões e soluções para as marcas de associação (*marcas colectivas*) e para as marcas de certificação (*marcas de garantia*).

o registo de marcas colectivas e nem todas. É preciso que preencham ainda mais requisitos.

Apesar de não diferenciar, expressamente, a legitimidade para requerer o registo de marca de associação e de certificação, parece-nos resultar do art. 231.º que as pessoas referidas na al.ª b) estão legitimadas para pedir o registo de ambos os tipos de marca colectiva, enquanto que as mencionadas na al.ª a) só o poderão fazer para marcas de certificação. Ou seja, "as pessoas colectivas a que seja legalmente atribuída ou reconhecida uma marca de garantia ou de certificação e possam aplicá-la a certas e determinadas qualidades dos produtos ou serviços" podem requerer o registo como marca colectiva de certificação (al.ª a) do art. 231.º, n.º 1), e as "pessoas colectivas que tutelam, controlam ou certificam actividades económicas, para assinalar os produtos dessas actividades, ou que sejam provenientes de certas regiões, conforme os seus fins e nos termos dos respectivos estatutos ou diplomas orgânicos" podem requerer o registo como marca colectiva de certificação ou de associação (al.ª b) do art. 231.º, n.º 1).

3.2.3. O processo de registo como marca colectiva

Decorre da remissão genérica do art. 232.º que se aplicam as mesmas regras previstas para o registo das marcas individuais, vamos, por isso, destacar as diferenças e especificidades que se verificam nesta matéria.

O pedido de registo é feito em requerimento que observe as disposições do art. 233.º indicando, especificamente, se a marca é de associação ou de certificação (n.º 1, al.ª c)), e instruído com os documentos indicados no art. 234.º.

De entre a documentação a apresentar, realçamos pela sua importância, a "indicação das disposições legais e estatutárias ou dos regulamentos internos que disciplinam o seu uso" (art. 234.º, n.º 2, al.ª c)), a que a doutrina costuma chamar regulamento de uso.

A exigência deste documento prende-se com o disposto no art. 231.º, n.º 2, já referido, que estabelece que as pessoas colectivas que tutelam, controlam ou certificam actividades económicas devem promover a inserção nos respectivos diplomas orgânicos, estatutos ou regulamentos internos, de disposições em que se designem as pessoas que têm o direito de usar a marca, as condições em que deve ser utilizada e os direitos e obrigações dos interessados no caso de usurpação ou contrafacção. Mas também se aplica aos legitimados para o registo ao abrigo da al.ª a) do n.º 1 do art. 231.º, pois a referência a "disposições legais" (no art. 234.º, n.º 2, al.ª c)) parece visar "as pessoas colectivas a que seja *legalmente* atribuída ou reconhecida uma marca de garantia ou de certificação (...)" (art. 231.º, n.º 1, al.ª a) (itálicos nossos)).

Este regulamento de uso assume uma importância inegável. E, como refere RITA LARGO GIL[83], é o eixo sobre o qual gira todo o regime jurídico das marcas colectivas. Dele depende a constituição do direito de marca e a própria subsistência desse direito, pois não só é exigido para ser concedido o direito de marca (arts. 231.º, n.º 2 e 234.º, n.º 2, al.ª c)), como também poderá, se o titular da marca permitir ou tolerar o seu desrespeito, conduzir à caducidade do registo da marca colectiva (v. art. 269.º, n.º 3, al.ª b)).

A liberdade do requerente do registo destas marcas está algo limitada no que respeita à elaboração do regulamento de uso. Há um conteúdo mínimo legal obrigatório que tem de ser respeitado, sob pena de recusa do pedido de registo. Assim, tem de ser feita referência: (1) às pessoas que têm o direito de usar a marca; (2) às condições em que a marca deve ser usada; e (3) aos direitos e obrigações dos interessados no caso de usurpação ou contrafacção.

Mas também aqui se justificava uma distinção entre marcas de associação e marcas de certificação. Assim, deveria ainda ter sido estabelecida para estas últimas, e seguindo o exemplo, entre outros, espanhol[84], a exigência de ficarem estipuladas no regulamento de uso as características que a marca certifica; o modo como se procederá à certificação e os meios de a entidade certificadora controlar o uso da marca.

Sublinhamos ainda, e uma vez mais, que dada a importância do regulamento de uso, este não poderá sofrer alterações sem que estas sejam comunicadas ao INPI, sob pena de não produzirem efeitos em relação a terceiros (art. 231.º, n.º 3). Esta solução – que, como referimos, é uma novidade do actual Código – positiva da perspectiva da segurança jurídica, não é isenta de críticas. Em especial, tratando-se de alterações ao regulamento de uso de uma marca de certificação a exigência de uma mera comunicação ao INPI parece-nos ser insuficiente para acautelar a função jurídica de garantia de qualidade. Julgamos que deveria ter sido previsto

---

[83] Referindo-se apenas às marcas de garantia, que constituem o objecto do estudo da autora, cfr. RITA LARGO GIL, *op.cit.*, p.91.

[84] V. art. 69.º, n.º 1 da *Ley 17/2001, de 7 de diciembre, de Marcas.*

um esquema que assegurasse a publicidade desta alteração de forma a possibilitar a oposição de terceiros[85].

Voltando ao processo de registo, após a apresentação do pedido seguem-se os trâmites normais, depois de uma primeira análise, há lugar à publicação do aviso do pedido no Boletim da Propriedade Industrial, para efeitos de reclamação por parte de quem se julgar prejudicado pela eventual concessão do mesmo (art. 236.°), a que se segue um estudo do processo e das eventuais reclamações.

Relativamente aos fundamentos de recusa são aplicáveis os que constam dos arts. 24.°, 238.° e ss., mas com a derrogação estabelecida pelo art. 228.°, n.° 2 ("podem constituir marca colectiva os sinais ou indicações utilizados no comércio para designar a origem geográfica dos produtos ou serviços").

Nesta última hipótese, há que ressalvar, todavia que esta marca "não confere ao seu titular o direito de proibir a um terceiro que use no comércio esses sinais ou indicações, desde que esse uso se faça em conformidade com práticas honestas em matéria industrial ou comercial; nomeadamente, uma marca deste género não pode ser oposta a um terceiro habilitado a usar uma denominação geográfica" (art. 15.°, n.° 2 da DM, que julgamos poder ser aplicável directamente[86]).

---

[85] Aliás, esta é a solução adoptada, p.e., nas legislações britânica (11. *Schedule 2 Trade Marks Act 1994*) e espanhola (art. 71.°, n.° 1 da *Ley 17/2001, de 7 de diciembre, de Marcas*), que inclusivamente vão mais além, exigindo a aprovação, respectivamente, pelo *registrar* e pelo órgão administrativo competente.

[86] A nossa Constituição admite, no art. 8.°, a hipótese de aplicabilidade directa, isto é, a possibilidade de particulares invocarem, directamente, perante tribunais nacionais, as normas de acordos internacionais, ainda que em conflito com a lei nacional, sem necessidade da sua implementação na legislação nacional. Todavia, o art. 249.° do Tratado CE estabelece que a directiva comunitária vincula o Estado-membro destinatário quanto ao resultado a alcançar, deixando, no entanto, às instâncias nacionais a competência quanto à forma e quanto aos meios.

Com base nesta norma, foi sufragada a impossibilidade de aplicabilidade directa das disposições de directivas comunitárias. Mas o Tribunal de Justiça da União Europeia bem cedo modificou esta interpretação (v. o Acórdão, de 4 de Dezembro de 1974, proferido no caso VAN DUYN (processo n.° 41/74, consultável no sítio: *http://europa.eu.int/smartapi/cgi/sga_doc?smartapi/celexplus!prod!CELEXnumdoc&lg=en&numdoc=61974J004 1*) que foi confirmado por diversos acórdãos posteriores), passando a admiti-la desde que as normas em questão sejam claras, precisas, incondicionais, e permitam que os interessados as invoquem perante tribunais nacionais se nisso tiverem interesse legítimo.

Parece-nos ser o caso do disposto no art. 15.°, n.° 2 da DM. Esta norma concedeu uma faculdade aos Estados-membros, mas que implicava (imperativamente) uma contrapartida

3.2.4. Efeitos do registo

Como qualquer registo de marca, durante dez anos, indefinidamente renováveis por períodos iguais, o registo de uma marca colectiva confere ao seu titular o direito de impedir terceiros de usar, sem o seu consentimento, no exercício de actividades económicas, qualquer sinal igual, ou semelhante, em produtos ou serviços idênticos ou afins daqueles para os quais a marca foi registada, e que, em consequência da semelhança entre os sinais e da afinidade dos produtos ou serviços, possa causar um risco de confusão, ou associação, no espírito do consumidor (arts.255.° e 258.°).

O titular de uma marca colectiva tem ainda o direito de reclamar do pedido de registo que o prejudique (p.e., por existir um dos fundamentos de recusa previstos no art. 239.°), bem como de requerer a anulação do registo concedido nos termos do disposto nos arts. 265.° e 266.°[87].

O seu direito exclusivo enfrenta, porém, algumas limitações. Designadamente, e para além das limitações dos direitos conferidos pelo registo previstos para as marcas individuais e que lhe são também aplicáveis *ex vi* art. 232.°, há que atender, no caso de marcas colectivas compostas por sinais ou indicações utilizados no comércio para designar a origem geográfica dos produtos ou serviços, à limitação resultante da parte final do art. 15.°, n.° 2 da DM, que, como tivemos ocasião de referir *supra*, julgamos ser directamente aplicável apesar da falta da sua previsão.

Passando agora para a esfera positiva que o direito exclusivo também comporta, não podemos deixar de assinalar as diferenças que aqui se verificam relativamente às marcas individuais.

(v. a parte final do art. 15.°, n.° 2 da DM), redigida de forma clara, completa e incondicional.

Não obstante, como é destacado por MOTA DE CAMPOS (*Manual de Direito Comunitário*, 2.ª edição, Lisboa, Fundação Calouste Gulbenkian, 2001, p.372) "(...) no que respeita às directivas: estas, impondo obrigações apenas ao Estado (*art. ° 249.° CE*) não podem ser invocadas por um particular contra outro particular para fazer valer um direito subjectivo a que não corresponderia qualquer obrigação da parte demandada (...)". Mas, como o mesmo autor acrescenta, "isto não prejudica (...) a invocação por um particular contra outro das disposições de uma directiva comunitária, a título de *defesa por excepção*, nos litígios em que alguém pretenda opor ao excipiente uma norma nacional contrária a essa directiva (...)".

[87] O titular da marca poderá ainda lançar mão de institutos como a concorrência desleal e de outras acções ao abrigo, p.e., do Código da Publicidade. Neste sentido, relativamente ao ordenamento espanhol, cfr. RITA LARGO GIL, *op.cit.*, p.109.

Desde logo o titular da marca colectiva não tem o direito de a usar directamente. A lei atribui-lhe o direito e o dever de controlar o uso que é feito da marca, com o seu consentimento, mas não o direito de a usar directamente[88]. Isto prende-se com a questão, por diversas vezes abordada, da "separação permanente e institucional" do titular da marca e dos seus usuários.

Mas atenção: isto não significa que a marca colectiva possa não ser usada. Na verdade, ela está sujeita à "obrigação" de uso que impende sobre as marcas individuais. O seu titular tem de apresentar ciclicamente a declaração de intenção de uso (art. 256.º ex vi art. 232.º) e o art. 268.º, n.ᵒˢ 2 e 3, estabelece o que é considerado uso de marca colectiva de associação e de certificação, para o efeito de evitar a declaração de caducidade por falta de uso (art. 269.º, n.º 1 ex vi art. 232.º).

Por outro lado, uma das faculdades normalmente reconhecidas ao titular das marcas individuais – a livre transmissibilidade da marca – no que respeita a, pelo menos algumas, marcas colectivas impõe algumas restrições.

Entre nós, o art. 263.º preceitua que "as marcas registadas a favor dos organismos que tutelam ou controlam actividades económicas não são transmissíveis, salvo disposição especial de lei, estatutos ou regulamentos internos".

A redacção adoptada neste preceito torna muito difícil uma interpretação segura da lei, suscitando dúvidas sobre a eventual exclusão da sua aplicação às marcas de certificação[89-90]. Na verdade, é comum, atentas as

---

[88] Mas, como é sublinhado por LARGO GIL/MONGE GIL («Marcas comunitarias colectivas», in: *Comentarios a los Reglamentos sobre la Marca Comunitaria* (coord. Alberto Casado Cerviño/ M.ª Luísa Llobregat Hurtado), vol.I, 1.ª ed. revista, Universidad de Alicante, 1996, p.742) a propósito da marca colectiva comunitária, a utilização que fica vedada ao titular da marca colectiva é a que respeita à comercialização dos produtos ou serviços marcados e não já outros usos (p.e., uso na publicidade).

[89] Repare-se que a expressão usada no art. 263.º ("organismos que tutelam ou controlam actividades económicas") diferencia-se da utilizada no art. 231.º, n.º 1, al.ª b), relativo à legitimidade para requerer o registo de marcas colectivas, e que julgamos aplicáveis às marcas de associação e às marcas de certificação, pois neste último preceito a fórmula usada é: "pessoas colectivas que tutelam, controlam ou *certificam* actividades económicas" (itálicos nossos).

[90] Mas mesmo que o art. 263.º não se lhes aplique, tal não significa que elas possam ser livremente transmissíveis. Só poderão ser transmitidas se não induzirem o público em erro quanto à proveniência do produto ou serviço ou aos caracteres essenciais para a sua apreciação (art. 262.º ex vi art. 232.º).

especificidades das marcas de associação reservar-lhes um regime de transmissão muito restrito.

Como refere FERNÁNDEZ-NÓVOA, relativamente à anterior lei de marcas espanhola, "a *ratio* desta proibição (...) deve procurar-se na intima conexão existente entre a marca colectiva [de associação] e a Associação titular e as empresas que são membros dela. Esta conexão é incindível: a Associação não pode, por um lado, ceder a marca a terceiros; e, por outro lado, se a Associação se extingue, a sua extinção implica automaticamente a caducidade e subsequente desaparecimento da marca colectiva" e, acrescenta, "o princípio da intransmissibilidade da marca colectiva está justificado, além disso, da perspectiva da protecção dos interesses das empresas que são membros da Associação titular. As empresas integradas na Associação titular podem considerar-se – num plano sócio-económico – co-titulares da marca colectiva: as empresas que são membros da Associação, têm a legítima expectativa de poder usar a marca colectiva sempre que cumpram as condições para o efeito estabelecidas pelo Regulamento de uso. Esta legítima expectativa frustrar-se-ia facilmente se a Associação titular tivesse a faculdade de transmitir a marca a um terceiro"[91-92].

No que tange à transmissibilidade das marcas de garantia, em vários ordenamentos jurídicos estão igualmente previstas limitações à sua transmissão[93-94].

Passando agora ao debate sobre a relação entre o titular da marca colectiva e os seus usuários, podemos afirmar que também aqui há um tratamento unitário no CPI, e algo diferente do que é instituído nos restantes ordenamentos jurídicos, incluindo o RMC.

De facto, tem sido defendida na doutrina estrangeira a proximidade à licença obrigatória não exclusiva da marca individual[95-96]. Por um lado,

---

[91] FERNÁNDEZ-NÓVOA, *op.cit.*, pp.571-572.

[92] Em sentido diferente e defendendo que as limitações à transmissão das marcas colectivas (de associação e mesmo de certificação) não são necessárias e muito menos derivadas da função que estas marcas desempenham, cfr. MARIA DEL MAR GOMÉZ LOZANO, *op.cit.*, pp.1024 e ss.

[93] P.e., no *Trade Marks Act* de 1994, do Reino Unido, faz-se depender a eficácia da transmissão das *certification marks* do consentimento do *registrar* (v. Schedule 2, 12.).

[94] Relativamente à anterior lei de marcas espanhola, RITA LARGO GIL defendia que, para as marcas de garantia, a intervenção da administração possibilitava este negócio (*op.cit.*, pp.112 e s.).

[95] Em sentido diferente, cfr. FERNÁNDEZ-NÓVOA, *op.cit.*, pp.572 e s., que defende que "(...) a legitimação dos empresários membros para usar a marca colectiva [de associação] baseia-se – de maneira imediata – no *status socii*, isto é, na posição jurídica que ocupam

porque, pelo menos no que respeita à marca de certificação, e desde que estejam preenchidos os requisitos objectivos fixados no regulamento de uso, a autorização pelo titular do seu uso é, de facto, obrigatória[97]. Por outro lado, e dado que estas marcas visam, por definição, ser usadas por várias pessoas, terão de ser não exclusivas[98].

E esta tese encontra fundamento, entre outras, na previsão de algumas normas que remetem, quanto à questão de determinar quem tem legitimidade para agir em acção de contrafacção, para as disposições relativas às licenças (ou melhor, para os licenciados não exclusivos), ressalvando a possibilidade de ser consagrada uma disposição diferente no regulamento de uso. É o que acontece, p.e., no RMC, como teremos oportunidade de verificar em seguida.

Entre nós, a solução encontrada é, porém, diferente, seguindo a redacção adoptada nas leis anteriores. O art. 231.°, n.° 2 refere imperativamente que uma das menções obrigatórias do regulamento de uso respeita aos "direitos e obrigações dos interessados no caso de usurpação ou contrafacção". Nada é adiantado quanto à solução a adoptar e há um afastamento significativo da orientação estabelecida a propósito das licenças. O art. 32.°, n.° 4, preceitua que "salvo estipulação em contrário, o licenciado goza, para todos os efeitos legais, das faculdades conferidas ao titular do direito objecto da licença, com ressalva do disposto nos números

---

como membros da Associação. Não é necessário (…) recorrer à figura da licença para explicar a possibilidade de que os empresários membros utilizem a marca colectiva. Porque – bem vistas as coisas – a faculdade de usar a marca colectiva [de associação] é um dos direitos que derivam da condição jurídica de ser membro da Associação titular. O que sucede é que a faculdade de usar a marca colectiva [de associação] está sujeita ao fiel cumprimento dos requisitos estabelecidos no Regulamento de uso".

Já em relação às chamadas *marcas de garantia* o autor defende tratar-se de licença não exclusiva (*op.cit.*, pp.559 e s.).

[96] Defendendo a primazia das licenças, mas deixando a porta aberta a outros instrumentos, cfr. ALISON FIRTH, *op.cit.*, pp.180 e ss.

[97] Sê-lo-á também para as marcas de associação, relativamente aos seus associados, se não estiverem estipulados outros requisitos no regulamento de uso ou, caso estes existam, se os interessados em usar a marca os observarem.

[98] Note-se, porém que, como BRAUN afirma, "(…) a diferença mais importante entre os (…) [contratos que regulam o uso das marcas colectivas e as licenças] é que a marca colectiva é empregue simultaneamente por concorrentes, enquanto que no caso da licença de uma marca individual, as duas partes têm interesse na produção e na venda de certo produto" (*op.cit.*, p.476).

seguintes"[99]. Todavia, e atendendo ao facto de ser o titular da marca o responsável pela elaboração do regulamento de uso, é natural que este se reserve o direito de agir contra os contrafactores[100].

3.2.5. Extinção do registo de marca colectiva

Por força da remissão do art. 232.° aplicam-se nesta matéria as disposições respeitantes à extinção do registo da marca individual. Mas o legislador também aqui estabeleceu normas específicas para as marcas colectivas.

Uma dessas respeita à caducidade por falta de uso que será evitada mediante o uso sério da marca. A propósito das marcas colectivas, como tivemos oportunidade de referir, e dado que estas não se destinam a ser usadas pelo seu titular, mas por terceiros com o seu consentimento, o legislador teve de reconhecer expressamente a relevância do uso por estes. Daí o disposto no art. 268.°, n.ºs 2 e 3[101].

Por outro lado, e para além das causas de caducidade gerais (arts. 37.° e 269.°, n.° 2, als. a) e b)), o n.° 3 do art. 269.° estabelece dois fundamentos de caducidade específicos do registo das marcas colectivas ("a) se deixar de existir a pessoa colectiva a favor da qual foi registada; b) se essa pessoa colectiva consentir que a marca seja usada de modo contrário aos seus fins gerais ou às prescrições estatutárias").

O primeiro surge na sequência das restrições estabelecidas para a transmissão destas marcas e, no que concerne às marcas de certificação, também encontra justificação no facto de desaparecer a entidade a quem foi reconhecida competência para atestar a certificação e controlar o uso da marca.

---

[99] Repare-se que também esta previsão é diferente da que está prevista a propósito da licença de marca comunitária. V. *infra* 4.

[100] Sem prejuízo dos direitos que caibam aos usuários previstos no Código Civil.

[101] Para MONGE GIL (no comentário que faz dos arts. 62.° a 67.° da nova lei de marcas espanhola, in: *Comentarios a la Ley de Marcas,* cit., p.957), com quem concordamos, o facto de um dos usuários não cumprir a obrigação de usar a marca não pode levar à caducidade da marca, porque tal significaria sancionar os restantes usuários e, por isso, nestas situações só se pode pensar numa sanção interna ao usuário-infractor, prevista no regulamento de uso da marca. Mas, divergindo agora do referido autor, não nos parece que seja suficiente para evitar a caducidade o uso sério por apenas *uma* pessoa, dado que, por definição, as marcas colectivas destinam-se a ser usadas por mais do que uma pessoa. No sentido defendido, cfr. FERNÁNDEZ-NÓVOA, *op.cit.,* p.573.

O último justifica-se pelo ónus de controlar o uso que é feito da marca colectiva que incumbe sobre o seu titular, sob pena de omitindo-o, se o uso for contrário ao regulamento de uso, o registo da marca colectiva dever ser declarado caducado[102].

Por outro lado, concordamos com VANZETTI/GALLI que defendem que a caducidade operará não só nos casos de falta de controlo, mas também na hipótese de, sendo o controlo efectuado, as diferenças constatadas nos produtos não serem congruentemente sancionadas com a norma do regulamento. Uma interpretação puramente literal da norma a este respeito seria injustificadamente redutora e trairia a *ratio* da própria norma[103].

Para terminar a abordagem do regime jurídico das marcas colectivas estabelecido no CPI, gostaríamos de sublinhar a incoerência da sistematização adoptada.

O legislador distingue, justificadamente, dois sub-tipos de marcas colectivas. Mas prevê algumas disposições diferenciadas para cada um deles (e, como referimos, outras deveriam ter sido estabelecidas) sem o assumir frontalmente, camuflando-as na amálgama de normas aplicáveis a ambas.

Julgamos que teria sido preferível adoptar uma sistematização mais clara. Aproveitando a que foi escolhida, parece-nos aconselhável reservar uma Secção na parte final do Capítulo IV (Marcas) para as marcas colectivas e, dentro desta, diferenciar três sub-secções: uma específica para as marcas de associação; outra para as marcas de certificação e uma última que estabelecesse as disposições comuns, incluindo a remissão genérica para as normas relativas às marcas individuais, em tudo que não contrarie estas disposições especiais.

4. *A regulamentação jurídica no Regulamento da Marca Comunitária n.° 40/94, de 20 de Dezembro de 1993 (RMC)*[104]

O RMC optou por regulamentar as marcas colectivas[105] esclarecendo, no art. 64.°, n.° 1 do RMC, que "podem constituir marcas comuni-

---

[102] Como é referido por VANZETTI/GALLI (*La Nuova Legge Marchi*, cit., p.229), a falta de exercício do controlo esvazia o conteúdo da garantia fornecida pela marca colectiva, que se torna, na falta desse, em instrumento de engano do público e é isso que esta norma pretende evitar, impondo o exercício de controlo sob pena de caducidade.

[103] VANZETTI/ GALLI, *op. cit.*, p.229.

[104] JO L 11, de 14 de Janeiro de 1994, pp.1 e ss.

[105] Os arts. 86.° e 87.° da Proposta de Regulamento de 1980 distinguiam as marcas

tárias colectivas as marcas comunitárias assim designadas aquando do seu depósito e próprias para distinguir os produtos ou serviços dos membros da associação que delas é titular dos de outras empresas (...)". Isto significa que quando no RMC são referidas as marcas colectivas a expressão é usada em sentido estrito como sinónimo de marca de associação[106].

De acordo com o preceituado na DM, o RMC estipula que o registo das marcas colectivas comunitárias pode ser recusado, ferido de caducidade ou declarado nulo, com base no disposto nos arts. 66.°, 71.° e 72.° do RMC.

Para além disso, e adoptando também a faculdade conferida pelo art. 15.°, n.° 2 da DM, prevê no art. 62.° a derrogação do n.° 1, alínea c) do artigo 7.° do RMC, admitindo a constituição de marcas comunitárias colectivas compostas por nomes geográficos, sem olvidar a limitação estabelecida imperativamente pela DM a esse propósito.

O RMC estatui ainda quem tem legitimidade para requerer o registo de marca colectiva comunitária (art. 64.°, n.° 1 *in fine*[107]), bem como as especificidades do processo de registo deste sinal, de que destacamos a exigência do *regulamento de utilização da marca*.

---

comunitárias de garantia das marcas colectivas. De acordo com informação colhida em LARGO GIL/ MONGE GIL (*op.cit.*, p.719) esta orientação foi quebrada em 1988 (na Posição Comum do Conselho), concretizando-se numa nova Proposta de Regulamento de 1991 e, mais tarde, no texto definitivo do RMC, apontando a delegação francesa como uma das que se opôs à inclusão das marcas de garantia no RMC.

No entanto, tal facto não impede que os Estados-membros prevejam as marcas de garantia e que estas granjeiem tutela como marcas comunitárias colectivas, neste sentido cfr. LARGO GIL/MONGE GIL, *op.cit.*, p.745.

[106] Neste sentido, cfr. ALISON FIRTH, *op.cit.*, p.179, FERNÁNDEZ-NÓVOA, *op.cit.*, p.551 e JEFFREY BELSON, *Certification Marks,* cit., p.25. Militam a favor desta solução o argumento literal (v. para o efeito os preceitos relativos à definição de marca colectiva, da legitimidade e do regulamento de uso), bem como o argumento histórico referido na nota anterior. Acresce ainda o facto de a adopção de uma marca comunitária de certificação poder levantar problemas nos Estados-membros que não as prevejam no seu direito interno. Esta última asserção é efectuada por RITA LARGO GIL, *op.cit.*, pp.31 e s.

Entendendo a marca colectiva comunitária em sentido amplo, cfr. LARGO GIL/ MONGE GIL, *op. cit.*, pp. 714.

[107] Da leitura deste preceito parece resultar que o leque de legitimados é ainda mais restrito do que o consagrado no nosso CPI, dado que só têm legitimidade as pessoas colectivas de direito público e, no que toca às pessoas colectivas de direito privado, apenas as que forem associações de fabricantes, de produtores, de prestadores de serviços ou de comerciantes com capacidade para serem titulares de direitos e obrigações de qualquer natureza, para celebrar contratos ou realizar outros actos jurídicos e para comparecer em juízo.

Relativamente a este, parece certo que a liberdade dos requerentes do pedido de registo está bastante limitada quer no momento da sua elaboração, pelo facto de o conteúdo estar parcialmente previsto na lei de forma imperativa (art. 65.°), quer na altura da sua modificação. Com efeito, a alteração deste implica uma (re)apreciação por parte do Instituto de Harmonização do Mercado Interno (IHMI)[108-109].

Um destaque especial merece ainda a previsão do art. 70.°, que regulamenta expressamente uma das questões mais discutidas sobre marcas colectivas – a legitimidade para o exercício da acção de contrafacção.

Na verdade, o legislador comunitário remete para o regime que definiu a propósito das licenças de marca, com uma especificidade. Assim, só se houver uma disposição no regulamento de uso nesse sentido ou se obtiverem o consentimento do titular, é que os usuários podem instaurar um processo por contrafacção da marca colectiva comunitária[110]. Caso contrário é o titular da marca comunitária colectiva quem tem legitimidade para o fazer (art. 22.°, n.° 3 *ex vi* art. 70.°, n.° 1) e, nesta hipótese, "(...) pode reclamar, em nome das pessoas habilitadas a utilizar a marca, a reparação das perdas e danos por elas sofridos em virtude da utilização não autorizada da marca" (art. 70.°, n.° 2 do RMC).

---

[108] E fica sujeito às observações de terceiros previstas no art. 67.°.

[109] Temos algumas dúvidas sobre a eficácia desta previsão, pois parece-nos que fazer incidir sobre o IHMI a obrigação de controlar (em que termos?) a alteração que se propõe introduzir no regulamento de uso poderá ser excessivo. Não desconhecemos, porém, que esta solução não é uma originalidade do RMC. O mesmo se passa na *Ley de Marcas espanhola* (art. 69.°, n.° 2). Mas repare-se que de acordo com esta, como já era sublinhado por RITA LARGO GIL (*op.cit.*, p.95) em relação à lei anterior, "o parecer favorável em relação ao regulamento de uso da marca [é] emitido pelo Organismo administrativo *que seja competente em atenção à natureza dos produtos ou serviços* aos quais se refere a marca de garantia. (...) . A concessão de uma marca de garantia depende da Administração específica, não da Oficina Española de Patentes y Marcas" (itálicos nossos).

[110] Se se tratar de um usuário exclusivo, este poderá instaurar o processo por contrafacção desde que, tendo notificado o titular da marca para o fazer, ele não o tenha feito num prazo adequado (art. 22.°, n.° 3 *ex vi* art. 70.°, n.° 1). Porém, esta hipótese é pouco provável dado que estamos a falar de marcas colectivas em sentido estrito, i.e., em marcas de associação e uma associação (pres)supõe mais do que *um* membro... Cfr. ainda, no mesmo sentido, GIUSEPPE SENA, *op.cit.*, p.261.

A INVENTIVIDADE[1]

TERESA SILVA GARCIA
Advogada. Mestre em Direito Intelectual

SUMÁRIO:
1. Introdução e delimitação. 2. Inventividade e actividade inventiva. 3. Invenção, descoberta e inovação. 4. O acordo ADPIC e o TLSP. 5. Os requisitos de patenteabilidade: 5.1. A novidade; 5.1.1. O estado da técnica; 5.2. A actividade inventiva; 5.2.1. O estado da técnica; 5.2.2. O perito na especialidade; 5.2.3. A não evidência; 5.3. A aplicação industrial; 5.4. As exclusões. 6. A suficiência da descrição – divulgação e reprodutibilidade. 7. Casos particulares; 7.1. Modelo de utilidade ou patente de curta duração?; 7.2. Segundo uso médico; 7.3. Âmbito de protecção da patente – a equivalência; 7.4. As patentes de selecção; 7.5. As patentes de revalidação; 7.6. A nanotecnologia e as patentes. 8. Conclusão

1. Introdução e delimitação

I – A inventividade como requisito fundamental de patenteabilidade de uma invenção tem que ser enquadrada no contexto geral da patenteabilidade como sistema.

II – Todos os sistemas de patentes de invenção visam disciplinar a atribuição de patentes de invenção, disponibilizando critérios legais para

---

[1] O presente texto constitui uma versão adaptada e actualizada do relatório apresentado em Julho de 2003, subordinado ao tema "Inventividade", no âmbito do Seminário de Direito Comercial IV – Direito Industrial, do Curso de Mestrado em Direito Intelectual da Faculdade de Direito de Lisboa, sob regência e coordenação do Professor Doutor José de Oliveira Ascensão.

tal. De país para país, os critérios de patenteabilidade variam. Mesmo quando são idênticos, varia a valoração da invenção realizada pelo examinadores e a aplicação pelos tribunais[2]. O sistema de patentes não deixa por isso de apresentar a flexibilidade necessária para conter fórmulas de protecção diferentes e tal não contraria os seus fundamentos devendo constituir instrumento de desenvolvimento e não de paralisação. A atribuição de direitos industriais pelos países deve ser ditada pelo interesse nacional. Porém, a harmonização internacional que se pretende é total.

III – O ordenamento jurídico de referência é o português. Visaremos problemas gerais da patenteabilidade para precisar o contexto da actividade inventiva. Serão levantados problemas específicos da actividade inventiva e casos especiais de que suscitam particulares problemas ao nível deste requisito de patenteabilidade.

IV – Será tida em consideração, além da legislação nacional e comunitária, a Convenção sobre a Patente Europeia, a Convenção da União de Paris e o Acordo ADPIC[3]. A referência a "pedido de patente", deve ser tomada como feita ao primeiro pedido de patente de invenção nos termos do art. 4.º da Convenção da União de Paris. Não se consideram situações em que o direito de prioridade seja um factor a ter em conta. A data de um pedido ulterior apresentado noutro país da União (dentro dos 12 meses de prioridade) não releva em termos de fixação do estado da técnica. Em geral, a concessão de patente implica a realização de um exame preliminar, formal, e outro exame, substantivo ou de fundo, de qualidade. O exame dos pedidos de patente realizado em Portugal é predominantemente formal. A jurisprudência nacional é escassa e esparsa. Atender-se-á ao regime e fundamentos. Não serão referidos aspectos históricos.

V – Reflectindo sobre os tipos de sistemas de patenteabilidade disponíveis, compreende-se como os requisitos de patenteabilidade podem ser modelados em sistemas que atribuem mais poderes e outros que são mais restritivos, conservando-se maior liberdade. Esta modelação pode

---

[2] Este problema é particularmente visível nos casos de litígios com patentes europeias validadas nos diferentes países que são apreciadas pelos tribunais nacionais de forma diferente. Em particular, o requisito actividade inventiva é aquele que maiores problemas suscita devido à aplicação do art. 69.º da CPE e do Protocolo interpretativo, como se verá.

[3] *Convenção sobre a Concessão de Patentes Europeias*, Munique, 5 de Outubro de 1973; *Convenção de Paris para a Protecção de Propriedade Industrial* de 20 de Março de 1883; *Acordo sobre os Aspectos dos Direitos de Propriedade Intelectuais Relacionados com o Comércio* (anexo IC-GATT).

proteger interesses privados e públicos num equilíbrio desejável. Também ao nível dos países deverá haver equilíbrio na conjugação de interesses. Em consequência, para além do ordenamento português, serão referidos outros, principalmente o Reino Unido e os Estados Unidos da América. Igualmente será referido ainda o Tratado sobre a Lei de Patentes (TLP) e o Projecto de Tratado sobre a Lei Substantiva de Patentes (TLSP)[4].

2. Inventividade e actividade inventiva

I – "Uma pessoa deve possuir aquilo que produz, aquilo que traz à vida. Se aquilo que produz lhe for retirado, não é mais do que um

---

[4] *Substantive Patent Law Treaty* (SPLT) e *Patent Law Treaty* (PLT) (daqui em diante TLSP e TLP, respectivamente). O TLP foi adoptado na Conferência Diplomática sobre o Tratado relativo à Lei de Patentes (TLP) de 1 de Junho de 2000. Em Maio de 2001 tiveram início os debates sobre o projecto do TLSP. Nessa fase, as questões mais relevantes que estavam em discussão prendiam-se em geral com a concessão das patentes e, em particular, com as questões que se têm revelado mais problemáticas na harmonização e que são a definição de estado da técnica, novidade, actividade inventiva/não evidência, aplicação industrial/utilidade, a redacção e interpretação das reivindicações (questão também com extrema relevância no âmbito da invalidade/infracção à patente), a suficiência da divulgação da invenção. Está ainda prevista a discussão das questões relativas ao sistema primeiro a inventar/primeiro a depositar, ao período de 18 meses sobre o primeiro pedido para publicação e ao sistema de oposição pós-concessão. Outros aspectos a considerar serão a unidade da invenção, ligação das reivindicações, número de reivindicações, o requisito de clareza e concisão das reivindicações, a previsão de procedimentos especiais para tratamento de pedidos complexos. Em 2004, a Assembleia-Geral da OMPI declarou que não havia sido conseguido consenso relativamente à proposta conjunta apresentada pelos EUA e Japão (Documento WO/GA/31/10). Actualmente as questões consideradas prioritárias são seis: estado da técnica, período de graça, novidade, actividade inventiva, suficiência da divulgação e recursos genéticos. Este Tratado sobre a Lei Substantiva de Patentes foi um pouco ultrapassado pela entrada em vigor do Acordo ADPIC, menos harmonizador, e que reflecte opções dos maiores sistemas de patentes, Patente Europeia e EUA. Apenas dois sistemas imporão o seu modelo à maioria dos países. As negociações continuam, mas sem dúvida que o resultado deverá proporcionar um modelo em que prepondere a concessão de direitos pelos critérios mais exigentes, e não dos facilitadores de direitos sem contrapartidas. Quanto ao TLP, entrou em vigor em 28 de Abril de 2005 para dez estados, sendo actualmente catorze os Estados contratantes (Moldova, Quirguízia, Eslovénia, Eslováquia, Nigéria, Ucrânia, Estónia, Dinamarca, Croácia, Roménia, Bahrain, França, Reino Unido e Usbequistão). Portugal assinou este tratado em 2 de Junho de 2000.

escravo"[5]. Esta posição tem por base a visão da invenção como resultado do trabalho, como uma propriedade; é a visão clássica do séc. XIX, plasmada no Código Civil de 1867. A qualificação como direito de exclusivo, actualmente mais aceitável, aponta a patente como um direito limitado à exploração industrial e comercial, de exclusão de outros da exploração, limitado no tempo e no espaço.

II – A inventividade precede a invenção. É o facto gerador da invenção. A inventividade pode ser considerada como uma potência, um poder, a capacidade de inventar. Concretiza-se então na actividade inventiva, que tem como resultado uma invenção. Pode tomar-se a expressão actividade inventiva por inventividade.

III – A invenção pressupõe acção. A inventividade é uma vertente, uma característica da actividade intelectual humana, a vertente técnica, de solução de problemas práticos. Tal actividade produz resultados que podem coincidir, em princípio com as invenções protegíveis, mas que podem igualmente ser invenções excluídas da obtenção de patente.

IV – A noção de inventividade, mais subjectiva, foi reconduzida na sua expressão legal a actividade inventiva, por se considerar esta mais concreta, objectivável e directamente produtora da invenção. Podemos mesmo considerar que a actividade inventiva é a expressão da inventividade. De facto, a expressão inventividade comportando alguma ideia de qualidade da invenção, de merecimento, de nível inventivo, centra-se mais no inventor do que na invenção. Por este motivo a expressão adoptada, por sugestão da França, foi a de actividade inventiva. CHAVRIER em 1961, considerava que actividade inventiva e nível inventivo não se confundiam na medida em que este era relativo ao mérito e importância da invenção, sem influência, em princípio, na patenteabilidade e que a actividade inventiva tende a invenção da técnica corrente por aquilo que tem de inesperado – o *"quid imprevisum"*[6].

---

[5] BAINBRIDGE – *Intellectual Property*, Fifth Ed. Harlow: Pearson Education Limited, 2002, p. 1.

[6] CHAVRIER, *L'Activité Inventive dans les Brevets d'Invention* in Mélanges en l'Honneur de Paul Roubier, Droit de la Popriété Industrielle, Literaire et Artistique, t. II; Paris: Dalloz et Sirey, 1961, p. 397/8.

3. Invenção, descoberta e inovação

I – A inventividade distingue a descoberta da invenção. O Tratado de Genebra[7], que não chegou a entrar em vigor, definia descoberta científica como "o reconhecimento de um fenómeno, propriedade ou leis do universo material até então não reconhecidas ou capazes de verificação". Este é o domínio da ciência: o que existindo era desconhecido[8].

Segundo MATHÉLY[9], a invenção tanto pode consistir na descoberta de um objecto desconhecido como na criação de um objecto novo. Não nos parece que seja de aceitar esta dualidade. Desde logo, levar-nos-ia a pensar que a actividade inventiva seria requisito apenas de um tipo de invenções: as resultantes da inventividade. Em consequência, teríamos invenções de um primeiro nível – as invenções propriamente ditas, resultantes de actividade inventiva e invenções de segundo nível – as descobertas, resultantes não da actividade inventiva, mas da actividade investigadora. De facto não é de aceitar porque *a invenção tem que resultar necessariamente da inventividade*, da actividade inventiva.

A descoberta em nenhuma circunstância pode ser confundida com invenção: a sua natureza é ontologicamente diferente. Mesmo intuitivamente se entende a diferença. Contudo, não prescinde de um critério. Segundo uma fórmula breve e consagrada, uma invenção é uma solução técnica para um problema técnico. Passa-se do conhecimento científico para a sua aplicação – a tecnologia. O conhecimento da Natureza serve então as necessidades humanas. A invenção é Técnica. A descoberta é Ciência[10].

---

[7] Cfr. art. 1.º, n.º 1 (i) *Tratado de Genebra sobre o Registo Internacional de Descobertas Científicas*; 1967.

[8] Segundo o *Parecer da Câmara Corporativa*: "*A descoberta é o facto de se conhecer uma coisa já existente, mas cuja existência não tinha ainda sido verificada*". E mais adiante: "*Mas há casos em que concede-se patente, não por causa da descoberta, mas pelo resultado técnico obtido com a aplicação da descoberta, pela sua introdução na indústria, a fim de satisfazer necessidades humanas.*" As descobertas "*revelam o conhecimento de fenómenos ou leis naturais que somente interessam à ciência*". *Propriedade Industrial*, in Parecer da Câmara Corporativa, Assembleia Nacional, 1937, p. 94.

[9] MATHÉLY, ob. cit., p. 98.

[10] A invenção distingue-se ainda da inovação. A inovação pode ser considerada num sentido amplo, em que abrange tudo o que é novo num sentido substancial, incluindo outras realidades do direito industrial para além das invenções, como os desenhos ou modelos e num sentido estrito, em que a inovação está situada no campo do melhoramento, e não da

II – Estabelecida a diferença, também se entenderá que haverá situações de charneira. Por critérios de patenteabilidade estritos cada vez é mais difícil delimitar descoberta de invenção. Em parte, porque é preciso descobrir para inventar. Torna-se essencial que o legislador qualifique juridicamente o que já está identificado cientificamente, o que nem sempre sucede. As invenções biotecnológicas evidenciam este problema.

III – Pelo Código da Propriedade Industrial (CPI) em vigor e pela Convenção de Munique, só pode obter-se patente para as invenções novas apresentando actividade inventiva e que sejam susceptíveis de aplicação industrial; excluem-se nomeadamente as descobertas e as criações do espírito. Serão então requisitos[11]: invenção, novidade, actividade inventiva e aplicação industrial. Como refere MATHÉLY, estas condições são distintas, cumulativas e ordenadas; e exclusivas[12].

O CPI dispõe que uma invenção implica actividade inventiva se, para um perito na especialidade, não resultar de uma maneira evidente do estado da técnica[13]. Verifica-se que no Reino Unido se exige igualmente que o objecto da patente seja uma invenção, nos mesmos termos da CPE, e ainda que a invenção não caia numa das categorias excluídas[14]. A lei norte-americana prescreve que *"Whoever invents or discovers any new and useful process, machine, manufacture, or composition of matter, or any new and useful improvement thereof, may obtain a patent therefor, subject to the conditions and requirements of this title"*[15]. São patenteáveis, neste pais, invenções e descobertas, com novidade relativa, que sejam não óbvias e tenham utilidade[16].

---

inventividade. Neste sentido, ao inovar, o homem usa aquilo que tem à mão, que está disponível com recurso a operações habituais, de rotina. Este homem é um homem inteligente e é interessado, tenta resolver alguns problemas, melhora, mas este homem é uma pessoa comum, inovadora sim, até imaginativa, mas não possui inventividade.

[11] Art. 52.° §1 CPE e arts. 51.°, n.° 1 e 55.°, CPI.
[12] MATHÉLY, ob. cit., p. 98.
[13] Art. 55.°, n.° 2 do CPI.
[14] Section 1(1) do *Patent Act de 1977* – patentable inventions.
[15] *US Patents Act*, Section §100 e §101.
[16] No caso das patentes de biotecnologia, para evitar uma aplicação especulativa, desdobra-se em: *utilidade credível* (uma utilidade em particular para uma pessoa com experiência normal na técnica), *utilidade específica* (em contraste com uma utilidade geral, que é específica da matéria reivindicada) e *utilidade substancial* (a que define uma utilidade do mundo real e concreto e que uma pessoa com experiência normal na técnica percebe imediatamente que é útil). A *utilidade bem estabelecida* é aquela que reúne as três utilidades parcelares: é bem conhecida, imediatamente evidente ou implícita apenas na des-

A actividade inventiva é um requisito fundamental da invenção patenteável, é o cerne da invenção, pois o facto de ser nova não basta.

4. O acordo ADPIC e o TLSP

A actual tendência é de o direito nacional, regional e mesmo internacional e mundial caminharem para a uniformização. O espaço de independência legislativa dos países torna-se assim cada vez menor.

O acordo ADPIC incorporando as matérias da propriedade intelectual no âmbito do comércio mundial, secundarizou o papel da OMPI[17] como centro da propriedade intelectual a nível internacional, e da Convenção da União de Paris. No que concerne as patentes de invenção, por força do ADPIC, alargou-se grandemente a matéria patenteável, tanto mais que regula o que considera serem níveis mínimos de protecção.

O art. 27.1 do Acordo ADPIC dispõe que podem ser obtidas patentes para quaisquer invenções, quer se trate de produtos ou processos, em todos os domínios da tecnologia, desde que essas invenções sejam novas, envolvam actividade inventiva e sejam susceptíveis de uma aplicação industrial. O art. 27.2 prevê ainda a possibilidade de não serem atribuídas patentes nos casos em que a exploração da invenção seja contrária à ordem pública e aos bons costumes. São estes os critérios de patenteabilidade que uma invenção deve satisfazer para alcançar protecção. Eram já exigidos em alguns ordenamentos, mesmo antes do ADPIC. Colocam-se, contudo, novas questões sobre o seu âmbito, dado que o próprio ADPIC considera actividade inventiva e não evidência, por um lado, e aplicação industrial e utilidade, por outro, como sinónimos. Esta situação é agravada por a sua aplicação abranger todos os domínios da tecnologia (incluindo-se o domínio da tecnologia da vida, dos seres vivos ou biotecnologia) e pela crescente complexidade das invenções.

Por outro lado, ao não discriminarem entre invenções e descobertas, não as considerando não invenções, concedem a possibilidade de regras

---

crição das propriedades do material, tomado isoladamente ou em conjugação com o conhecimento de um perito. As utilidades de *"deitar fora"* (*"throw away"*) são as que não satisfazem os testes de utilidade específica ou substancial e opõem-se à utilidade bem estabelecida.

[17] Organização Mundial para a Propriedade Intelectual.

como a norte-americana que consagra expressamente que "invenção significa invenção ou descoberta"[18]. Ora é inaceitável que a Natureza possa ser objecto de direitos exclusivos.

A finalidade do direito de patentes deve continuar a ser o progresso técnico. O equilíbrio entre o interesse do inventor e o interesse social deve ser preservado. O sistema de patente deve constituir um meio de recuperação do investimento, mas o interesse particular não deverá dominar. O alargamento dos mercados e a globalização não constituem finalidades das patentes de invenção.

Além do alargamento da protecção por patente a todos os campos da tecnologia (como a biotecnologia) discute-se se devem ou não ser abrangidas pela patente áreas até agora consideradas não técnicas, como é o caso dos métodos de fazer negócio. Os países devem proceder à alteração da respectiva legislação em conformidade com esses padrões de protecção, e que relativamente aos países pouco desenvolvidos e em desenvolvimento deverão estar concluídas até 2016.

Por isso, as leis modelo, quer versem aspectos substantivos quer formais, são propostas para obtenção de direitos exclusivos nacionais que sejam homogéneos, rápidos de obter e de longa duração. Visa-se a obtenção de direitos comparáveis, económicos e com um número muito limitado de línguas de trabalho: idealmente apenas o inglês. Normativos uniformes, sem relação com o desenvolvimento industrial dos países envolvidos, com um único nível de patenteabilidade e idênticos critérios e exclusões, não poderão servir igualmente os interesses de países com desenvolvimentos industriais e comerciais que vão dos mais avançados aos países menos desenvolvidos do mundo: a harmonização simplesmente não reflecte, não serve realidades tão díspares e o direito de patentes deve ser uma projecção da realidade a que se destina[19].

Os países devem por isso conferir protecção às invenções, adequando a protecção dos interesses privados com o interesse nacional. Estas são aliás as recentes conclusões do trabalho desenvolvido pela *Commission on Intellectual Property Rights*, uma comissão governamental do Reino Unido, que reuniu especialistas independentes, de vários países, para estu-

---

[18] Section 101 – *"definitions"* do US Patent Act.

[19] Sobre este assunto veja-se CORREA, *An agenda for patent reform and harmonization for developing countries; "Intellectual Property and Sustainable Development: Revising the agenda in a new context"*, International Center for Trade and Sustainable Development (ICTSD), 24 – 28 Setembro 2005, Bellagio, Itália.

dar a integração das políticas de propriedade intelectual e de desenvolvimento.[20]

5. Os requisitos de patenteabilidade

Em Portugal, a valoração dos requisitos de patenteabilidade é temporalmente marcada pela data dos pedidos e pretende resolver o problema da atribuição de patentes situada no tempo. O princípio que rege esta matéria no direito de patentes português é o *princípio da prioridade de apresentação* ou *"first-to-file"*[21], que tem implícita a sucessão de pedidos e o direito à patente do primeiro apresentante. São os problemas suscitados pela atribuição de direitos nestas circunstâncias que nos ocuparão. O referido princípio só pode ser afastado quando concorra com uma reivindicação de direito de prioridade, nos termos do art. 4.º A – 1 da CUP e art. 12.º do CPI.

Os problemas suscitados pela verificação de pedidos simultâneos não serão tratados na medida em que se exige aqui a determinação prévia do momento da invenção, como regulado no art. 11.º n.º 3 do CPI, como critério de definição de prioridade no direito à patente; igualmente os problemas de pedidos com a mesma prioridade, não serão tratados neste trabalho.

O primeiro requisito de uma invenção patenteável é haver uma invenção na medida em que seja uma solução técnica para um problema técnico, isto é que a invenção seja concreta e técnica. A invenção, deve satisfazer os requisitos positivos – ser nova, apresentar actividade inventiva e ser susceptível de aplicação industrial e como requisito negativo – não estar numa categoria excluída da patenteabilidade. Analisaremos sucessivamente estes requisitos, nos seus elementos e critérios de valoração.

---

[20] *Integrating Intelectual Property Rights and Development Policy*; Report of the Commission on Intellectual Property Rights; London, 2002.

[21] Deste princípio difere o princípio da prioridade da invenção ou "first-to-invent", aplicado no ordenamento norte-americano.

5.1. A Novidade

A novidade é um requisito essencial da invenção, pois não faria qualquer sentido atribuir um exclusivo sobre, por exemplo, uma invenção de produto, que já fosse conhecido ou usado por todos. Em tempos mais recuados a novidade era aferida apenas em relação ao que era conhecido a partir de material divulgado antes da data do pedido de patente, de acordo com o chamado *princípio da acessibilidade ao público*.

A invenção que não está compreendida no estado da técnica é considerada nova, diz-nos a lei[22].

5.1.1. O estado da técnica

No estado da técnica inclui-se o acervo de conhecimento tecnológico reportado a um certo momento, momento esse que é o da apresentação do primeiro pedido de patente para aquela invenção. O estado da técnica afere-se portanto ao momento do pedido. O estado da técnica é elemento da novidade e da actividade inventiva.

A lei define estado da técnica como constituído por tudo o que, dentro ou fora do País, foi tornado acessível ao público antes da data do pedido de patente, por descrição, utilização ou qualquer outro meio, *incluindo ainda os conteúdos dos pedidos de patente e de modelo de utilidade requeridos em data anterior à do pedido de patente, para produzir efeitos em Portugal e ainda não publicados*[23].

Este artifício, que considera pedidos não publicados como fazendo parte do estado da técnica[24] justifica-se, como forma de evitar a dupla protecção, como veremos.

Determinação do conteúdo ou composição do estado da técnica

I – Em Portugal, o estado da técnica é elemento de apreciação quer da novidade quer da actividade inventiva. O estado da técnica é constituído pelo estado da técnica divulgado e pelo estado da técnica não divulgado[25]. O estado da técnica divulgado compreende tudo o que, dentro ou

---

[22] Art. 55.º, n.º 1 CPI.
[23] Art. 56.º, n.º 1 CPI.
[24] Designados em língua inglesa por *"secret prior art"*.
[25] Cfr. respectivamente n.º 1 e n.º 2 do art. 56.º do CPI. Neste sentido também o teor do art. 54.º, n.ºs 2 e 3 da CPE.

fora do País, foi tornado acessível ao público antes da data do pedido de patente, por descrição, utilização ou qualquer outro meio. O estado da técnica não divulgado inclui o conteúdo dos pedidos de patentes e de modelos de utilidade requeridos em data anterior à do pedido de patente, para produzir efeitos em Portugal e ainda não publicados. O apuramento do estado da técnica é o passo essencial da determinação da novidade.

GALLOUX[26] considera que é uma ficção a inclusão de pedidos não publicados no estado da técnica, na medida em que derroga o *princípio da acessibilidade ao público* como princípio orientador do conteúdo do estado da técnica. Esta foi a solução encontrada para o sistema que previa a limitação do segundo pedido à matéria não reivindicada no primeiro pedido como meio de evitar a dupla protecção de uma mesma invenção.

II – Dupla protecção – Os problemas da *dupla protecção* têm origem na definição do estado da técnica e retira-se a proibição da dupla protecção do art. 11.º. A dupla protecção era consequência da não inclusão dos pedidos não publicados no estado da técnica. A solução para a dupla protecção passava assim por incluir os pedidos não publicados no estado da técnica, que se designam no seu conjunto por estado da técnica não divulgado, como referido. Efectivamente, pode acontecer, e acontece, que sejam apresentados dois pedidos de patente, independentes, sucessivos, para a mesma invenção[27]. Se a matéria do primeiro pedido não fosse incorporada no estado da técnica relevante para apreciação do segundo pedido[28], pelo facto de não estar publicada, verificar-se-ia, satisfeitos os demais requisitos, a atribuição de duas patentes para uma mesma invenção (dupla protecção) por um lado, e a atribuição da segunda patente a uma

---

[26] GALLOUX, *Droit de la propriété industrielle*; Paris: Éditions Dalloz; 2000, p. 77. Vd. ainda SCHMIDT-SZALEWSKI E PIERRE, *Droit de la Propriété Industrielle*, 3e ed., Paris: Litec, 2003, p. 44.

[27] É evidente que este problema se põe apenas quando entre os dois pedidos medeia um lapso temporal inferior a 18 meses contados da data do primeiro pedido apresentado (prazo para publicação do pedido, previsto na maior parte dos ordenamentos). Este prazo de 18 meses protege o requerente: tendo deixado caducar o direito de prioridade, poderá ainda validamente pedir a patente, pois a invenção ainda gozará de novidade durante os 6 meses seguintes (sem prejuízo do direito de terceiros). Ressalva-se a situação em que é solicitada a antecipação da publicação.

[28] Primeiro e segundo pedidos, em termos temporais, pela data de apresentação dos mesmos, que é a relevante, e supondo que ambos são para fazer efeito em Portugal; não sendo o primeiro desses pedidos para fazer efeito, o problema não se coloca – e ambas serão concedidas – o direito de patentes é um direito territorial.

invenção sem novidade e sem actividade inventiva, por outro, por estar antecipada pela primeira. Ambas as situações são proibidas pela lei[29]. Mais ainda, tornaria as pesquisas do estado da técnica relativas à novidade incertas, falíveis e mesmo inúteis.

III – Estado da técnica não divulgado – Têm sido consideradas duas abordagens relativamente ao *estado da técnica não divulgado*: a *"prior claim approach"*[30] ou *abordagem da reivindicação anterior* e a *"whole content approach"* ou *abordagem do conteúdo total*. A *abordagem da reivindicação anterior* impedia a atribuição de patente ao segundo pedido na medida em que a invenção estivesse reivindicada; não abrangia a matéria da invenção divulgada na descrição e que não tivesse sido reivindicada. Nesta situação, ainda poderia verificar-se dupla protecção, pois possibilitava-se que fosse atribuída uma patente a matéria já divulgada numa descrição de pedido anterior, ainda que não reivindicada, por uma certa equivalência e portanto carecida de novidade.

A *abordagem do conteúdo global* veio impedir que um segundo pedido viesse a obter patente sobre qualquer matéria contida no pedido anterior não publicado. É a situação actual em Portugal[31]. Já a CPE e a maioria dos Estados contratantes, entre os quais o Reino Unido e a França, seguem uma forma mitigada da abordagem do conteúdo total. Actualmente o estado da técnica inclui portanto os direitos anteriores ou com prioridade[32] e tem por objectivo evitar a dupla protecção[33].

No entanto deve notar-se que o estado da técnica não publicado segundo a CPE, tem apenas em consideração os pedidos não publicados europeus, não levando em linha de conta os pedidos nacionais não publicados quer dos Estados contratantes em conjunto quer apenas dos Estados contratantes designados. De facto, pelo confronto entre os arts. 54.º, n.º 3 da CPE e o art. 56.º, n.º 2 do CPI, verifica-se que uma patente europeia pode ser concedida para fazer efeito num determinado país no qual a invenção objecto dessa patente fazia parte do estado da técnica não publicado à data do pedido de patente europeia, e não foi considerado na determinação da novidade, podendo originar igualmente uma situação de dupla protecção, a qual foi resolvida pelos arts. 139.º e 140.º CPE e 88.º CPI.

---

[29] Art. 113.º a) e 34.º CPI.
[30] POLLAUD-DULIAN, *Droit de la Propriété industrielle*, Montchrestien, 1999, p.121.
[31] Art. 56.º/2 CPI.
[32] *"Prior rights"* veja-se KROHER IN SINGER/STAUDER, ob. cit., p. 144.
[33] SPANGENBERG IN SINGER/STAUDER, ob. cit., p.124.

IV – Segundo CORNISH, a *abordagem do conteúdo global* aplica-se a pedidos concorrentes (sucessivos e com requerentes diferentes) e também a pedidos sucessivos da mesma pessoa, nos chamados casos de *auto-colisão*[34]. Fala-se de *auto-colisão* quando o estado da técnica não publicado é constituído por outras invenções do mesmo requerente, todas relacionadas. Alguns ordenamentos prevêem neste caso uma excepção que corrige esta situação[35].

A auto-colisão será mais provável em Portugal, uma vez que estes pedidos não publicados não são excluídos do estado da técnica para a avaliação da actividade inventiva, aumentando o seu conteúdo.

V – A abordagem do conteúdo global é extremamente importante ainda noutro aspecto. Diz-nos a lei que a protecção provisória para efeitos de cálculo de indemnização, só tem início a partir da publicação dos pedidos de patente. Caso um terceiro inicie a exploração da invenção neste período que medeia entre a apresentação do pedido e a sua publicação, para que tal publicação seja oponível terá o requerente que notificar o terceiro que executa a invenção, ou que o pretenda fazer, da apresentação do pedido e de protecção provisória de que goza. Constata-se, pois, que até à publicação se verifica uma situação de grande vulnerabilidade para o requerente, em particular no que se refere à inoponibilidade da exploração de invenção por terceiro, Esta notificação implica contudo a divulgação da invenção pois tem de ser acompanhada pelo menos das reivindicações[36].

Os pedidos não publicados gozam apenas de protecção quanto à constituição de outros direitos com objecto idêntico. Quer isto dizer que terceiro que chegue à invenção pelos seus próprios meios se pedir patente, esta será recusada por falta de novidade com base em pedido anterior não publicado – está no estado da técnica, mas se iniciar a exploração nesse mesmo período não poderá ser considerada essa exploração como violadora do direito, a menos que seja notificado.

A AIPPI[37] na Resolução relativa à questão Q126 reconhecia em 1995 a necessidade de evitar a dupla protecção e para tal ter de se ter em consideração o estado da técnica não divulgado. Nesta ocasião, confirmou uma resolução anterior relativa à auto-colisão segundo a qual *"excluding the*

---

[34] CORNISH E LLEWELYN, *Intellectual Property – Patents, Copyright, Trade Marks ans Allied Rights*; Fifth Edition, London: Sweet & Maxwell; 2004, p. 181.
[35] AIPPI QUESTION 89 C "Self-Collision".
[36] Vd. Art. 5.º/2 CPI.
[37] Associação Internacional para a Protecção da Propriedade Intelectual.

possibility of double patenting, the disclosure of the unpublished prior patent application should not affect the novelty of the subsequent patent application where there is total or partial indentity between applicants at the time of filing the subsequent application"[38]. A determinação do estado da técnica é feita pesquisando a existência ou não de divulgação da invenção ao público antes da data do pedido de patente.

No *Summary Report* sobre a questão Q168 relativa aos *"Current standards for prior art disclosure in assessing novelty and inventive steps requirements"* é referido que *"In most countries, such prior art only affects novelty but not inventive step. The Portuguese report states that pending applications which are published later affect the assessment of novelty and inventive step, given the fact that they are included in the prior art according to the Portuguese Industrial Property Code"*[39].

VI – São elementos do estado da técnica a forma, a data, o local e o agente de divulgação e o público.

Forma – Qualquer forma, escrita ou outra forma gráfica, oral, pelo uso e por qualquer meio, incluindo a Internet[40], que de modo claro e completo permita a realização da invenção[41]. Deve notar-se que a invenção só é considerada antecipada se for revelada integralmente e por um só documento, constituindo-se então uma anterioridade[42]. A novidade só pode ser destruída por um meio único. Não é possível combinar documentos para demonstrar a falta de novidade.

Em especial – a divulgação defensiva

A divulgação defensiva é um meio de incorporação no estado da técnica do conhecimento ecológico e tradicional. As divulgações defensivas consistem em informação, artigo ou outro meio descritivo impresso que sejam disponibilizados a um Instituto de Patentes para serem usadas como estado da técnica relevante para a patenteabilidade de uma invenção, e

---

[38] *AIPPI*, Sydney 1988, Question 89C, Yearbook 1988/II.

[39] Disponível em *www.aippi.org*.

[40] Sob a situação portuguesa cfr. MOREIRA RATO (Relator) *in Opinião do Grupo Português da AIPPI sobre a questão Q167 "Current Standards for prior art disclosure in assessing novelty and inventive step"*, AIPPI, 2002.

[41] Com esta questão prende-se a suficiência da divulgação que será tratada adiante.

[42] Se o documento é uma patente com vários conjuntos de reivindicações independentes, pode considerar-se, se for caso disso, para constituição de anterioridade apenas o conjunto de uma reivindicação independente e de todas as suas dependentes e não as reivindicações na sua totalidade.

alargam o estado da técnica, disponibilizando ao público conhecimentos de acesso mais difícil, seja por exemplo pelo território ou pela língua.

As divulgações defensivas para serem validamente consideradas devem em primeiro lugar satisfazer os requisitos gerais do estado da técnica, serem acessíveis aos examinadores de patentes e por fim estarem publicamente acessíveis.

A Internet é cada vez mais usada como ferramenta privilegiada de divulgação defensiva, tal como as bases de dados electrónicas, pelo alcance que tem. Contudo também este tipo de divulgação obedece a critérios para poder ser considerada como parte do estado da técnica. Em particular, no âmbito do projecto de harmonização da lei substantiva de patentes[43]:

"A disponibilidade de informação divulgada via uma base de dados electrónica ou pela Internet será considerada da mesma forma do que as outras formas de divulgação, i.e. quando for razoavelmente possível para o público ter acesso ao conhecimento da informação em causa ou não. Assim, quando a informação divulgada na Internet for disponibilizada a um número limitado de pessoas, é considerado tornado disponível ao público desde que não haja sido imposta a obrigação de manter segredo."

O "razoavelmente possível" implica que não seja exigido ao público esforços excessivos para aceder à informação. Semelhantemente, implica que o acesso do público à informação seja legítimo. Por outras palavras, se o público necessitar de violar a lei para ter acesso à informação, essa informação não será considerada como razoavelmente acessível ao público[44].

De modo a determinar se a informação divulgada na Internet foi disponibilizada ou não numa data em particular, os seguintes factores, em particular, serão tomados em consideração:

(i) Disponibilidade pública do URL;
(ii) Possibilidade de pesquisa por um motor de busca;
(iii) Credibilidade do sítio Web.

---

[43] Standing Committee on the Law of Patents, *Draft Regulations and Practice Guidelines under the Substantive Patent Law Treaty*; Doc. SCP/7/4, OMPI, 2002, p. 20.

[44] STANDING COMMITTEE ON THE LAW OF PATENTS – *Practice Guidelines under the Substantive Patent Law Treaty*, § 76 d), Doc. SCP/9/4; OMPI, 2003.

O United States Patent and Trademark Office (USPTO) publicou um relatório branco no qual:

"*An electronic publication, including an on-line database or Internet publication, is considered to be a "printed publication" within the meaning of 35 U.S.C. 102(a) and (b), provided the publication was accessible to persons concerned with the art to which the document relates.*"

Isto significa que a publicação na Internet é equiparada a publicações impressas em papel, as únicas até então relevantes para determinação do conteúdo do estado da técnica e do domínio público.

A mais importante divulgação defensiva feita até agora foi, sem dúvida, a sequenciação do genoma humano: o consórcio *Human Genome Project* a quem foi entregue este trabalho de investigação depositava continuamente todas as sequências genómicas que ia obtendo numa base de dados pública, o GenBank, livremente acessível a qualquer pessoa com ligação à Internet.

Data – Segundo o requisito de novidade absoluta, qualquer data anterior à data do pedido de patente de invenção. A invenção encontra-se marcada temporalmente e a data relevante para apreciação do estado da técnica – o passado da invenção – é o momento da apresentação do pedido[45]. É este o momento em que o texto, o conteúdo, das reivindicações, onde se define o objecto da invenção, "congela" a matéria da invenção que virá a ser examinada quanto aos critérios positivos de patenteabilidade – novidade, actividade inventiva e aplicação industrial. É o momento de referência, é o pivot temporal.

Local – Segundo o requisito de novidade absoluta, em qualquer lugar do mundo (donde a expressão legal "dentro ou fora do país"), em que esteja acessível (mesmo que remotamente acessível: existe e pode ser consultado[46].

Agente – Por qualquer pessoa não obrigada a segredo, incluindo o inventor ou terceiros. Põe-se a questão de quais de entre estas pessoas estão obrigadas a segredo determinando assim se uma divulgação feita

---

[45] Sobre este aspecto veja-se GUTIERREZ-LACOUR, *Le temps dans les propriétés intellectuelles*, tome 65, Litec, 2004.

[46] Cfr. CPE – art. 54.°(2); nos EUA o critério é diferente cfr. Section 102(b); veja-se ainda o art.8.° do projecto TLSP.

por elas constituirá ou não divulgação abusiva da invenção e em consequência destruição ou não da novidade. Portanto em Portugal e na Patente Europeia, o princípio é o de que a divulgação destrói a novidade, incluindo a feita pelo próprio inventor, colocando a invenção no estado da técnica. As excepções são as previstas na lei e encontram fundamento no facto de certos tipos de divulgação, pela sua natureza, apresentarem uma acessibilidade ao público considerada insuficiente para se constituir uma divulgação – tal é o caso das divulgações feitas em exposições[47].

Público – O público relevante para efeito de destruição de novidade não é o público em geral, mas sim o público especializado, os homens com competência ou experiência normal naquela área, que podem entender e realizar a invenção; é perante estes que a invenção pode perder a novidade. No entanto, e como visto anteriormente, no estado da técnica incluem-se pedidos de patente e de modelo de utilidade não disponíveis ao público.

Em resumo, a conjugação destes factores conduz-nos a um requisito de novidade absoluta, que é o adoptado pela Convenção de Munique e por todos os Estados contratantes da mesma.

VII – A novidade é aferida relativamente ao estado da técnica, mas o estado da técnica pode ter conteúdo diferente de país para país. Há ordenamentos que não impõem a novidade absoluta[48]. É bastante a novidade relativa[49]. O estado da técnica é um dos meios possíveis de graduar o

---

[47] Nos Estados Unidos, ao contrário da Europa, *qualquer divulgação* feita nos 12 meses que precedem a apresentação o pedido de patente, incluindo as realizadas pelo inventor, não destroem a novidade: é o tão discutido *delai de grace* ou *grace period*.

[48] A Austrália p.e. alterou recentemente a sua lei passando a exigir a novidade absoluta: os pedidos apresentados a partir de 1 de Abril de 2002 estarão sujeitos à novidade absoluta; até lá só relevava a informação tornada pública por *documento escrito* em qualquer parte do mundo ou através do uso dentro do país.

[49] Historicamente, a novidade relativa vigorou, por exemplo no Reino Unido até ao *Patents Act* de 1977. Considerava-se que o estado da técnica se restringia ao conhecimento disponível dentro do território do Reino Unido nos últimos 50 anos anteriores ao pedido de patente. COLSTON, *Principles of Intellectual Property Law* (Principles of Law Series), p. 88. Esta relatividade da novidade encontra-se presente ainda em vários ordenamentos, e sendo menos exigente, é mais favorável à obtenção de direitos exclusivos, e deveria ser abandonada por conduzir a uma novidade de natureza territorial e/ou temporal. Nesta modalidade distinguem-se dois aspectos: a divulgação e o uso. A divulgação destrói a novidade quer se verifique dentro ou fora do território; já quanto ao uso, só o uso dentro do território destrói a novidade. Nos Estados Unidos, com requisito de novidade relativa, o estado da técnica compreende apenas a matéria (invenção ou descoberta) que seja conhecida, dentro ou fora do respectivo território, por meio de documento *impresso,* ou por uso

padrão de exigência de concessão de patentes, afectando igualmente a avaliação da presença de actividade inventiva e da não evidência (no caso dos EUA).

A novidade relativa possibilita a obtenção de patentes para invenções que, por um critério de novidade absoluta, nunca poderiam obter protecção. Está na origem de abusos internacionais ao permitir a patenteação de realidades sem qualquer novidade ou inventividade.

Recorrendo aos Estados Unidos como caso paradigmático de país em que vigora a novidade relativa, verifica-se relativamente aos dois tipos de patentes que concedem e que são a patente de utilidade (*utility patent*) e a patente de plantas (*plant patent*), que pelas primeiras se concede patente a qualquer pessoa que invente ou descubra qualquer processo, máquina, artigo de manufactura ou composições de substâncias novas e úteis, ou qualquer seu melhoramento útil, e pela segunda, a qualquer pessoa que invente ou descubra e reproduza qualquer variedade de planta nova e distinta.

Conhecimento com séculos, como os princípios farmacêuticos da medicina indiana, ou as plantas medicinais usadas pelos índios sul-americanos e que não se encontram documentadas sob forma impressa podem obter direitos de exclusivo nos EUA. O problema avoluma-se se se tiver em conta, por exemplo, os milhares de variedades de plantas cultivadas imemorialmente, em todo o mundo, e que podem ser consideradas novas porque não estão descritas e impressas e não são usadas dentro do território, sendo novas, não evidentes e úteis, e patenteáveis portanto, pelo USPTO.

Pode constatar-se de que maneira o conhecimento técnico tradicional pode chegar a ser considerado uma invenção, nova e não óbvia num sistema de novidade relativa pela comparação seguinte[50]:

---

público ou venda dentro do seu território, mais de 12 meses antes do pedido de patente. Isto tem como consequência que, se a matéria, independentemente do tempo que tenha, não for usada publicamente nem vendida nos EUA, nem publicada sob forma impressa fora dele, é considerada nova (permite a protecção de conhecimento técnico tradicional, não impresso). O estado da técnica relativo afecta naturalmente a valoração que se fará em termos de evidência.

[50] HANSEN, *Traditional Ecological Knowledge and Prior Art*, Conference on the International Patent System, WIPO, 2002.

Conhecimento Tradicional	Protecção por Patente
Colectivo por natureza	Requer um inventor ou descobridor (no caso dos EUA) individual
Partilhado oralmente e não documentado	Documentação necessária para o pedido de patente Documentação necessária para determinar o estado da técnica (EUA)
Limitado a indivíduos seleccionados na comunidade	Torna-se conhecimento público após atribuição de patente ou a publicação do pedido
Necessário para a sobrevivência	Interesses comerciais
Considerado parte do domínio público	Domínio público não patenteável

Em síntese, a novidade é apreciada de forma a garantir que a invenção não existe ainda.

Mas este requisito por si só é claramente insuficiente para concluirmos estar perante uma invenção patenteável. Não permite, por exemplo, que o estado da técnica possa ser tomado como um todo, como é o caso da actividade inventiva; procura-se apenas uma referência: é quanto basta para a constituição da uma anterioridade.

Verificada que seja a novidade da invenção, é necessário preencher outro requisito: a actividade inventiva. Se a invenção não tiver novidade, não é necessário verificar os outros requisitos, a apreciação é sucessiva.

5.2. *A Actividade Inventiva*

I – A actividade inventiva é o critério de patenteabilidade mais complexo e mais difícil de preencher. A posição do inventor, os conhecimentos técnicos de que dispunha, o resultado que subjectivamente alcançou não são ponderados. A valoração da actividade inventiva é objectiva. Isto mesmo dispõe o art. 55.°, n.° 2 do CPI: uma invenção implica actividade inventiva se, para um perito na especialidade, não resultar de uma maneira evidente do estado da técnica[51]. Esta é também a fórmula europeia[52]. Não deixa contudo de levantar dificuldades de objectivação, que a jurisprudên-

---

[51] Também na CPE, art. 56.°.

[52] Nos Estados Unidos o requisito paralelo à actividade inventiva é a não evidência. Tal como na geometria onde duas rectas paralelas nunca se intersectam, também aqui não há contacto de critérios: a não evidência abre a porta grande à patenteabilidade da inovação, sem nível inventivo, e da descoberta, que não é uma invenção.

cia e a doutrina, principalmente da patente europeia, inglesa e alemã, têm sido chamadas a analisar com maior regularidade e profundidade, pois a noção de actividade inventiva é vinculativa tanto na apreciação da actividade inventiva, como em caso de violação da patente ou de declaração de nulidade[53].

II – O requisito actividade inventiva permite estabelecer o grau de inventividade exigido num determinado sistema ou ordenamento. Através da modulação do estado da técnica e do perito na especialidade ou do homem médio é possível determinar o tipo de invenções patenteáveis, o seu distanciamento da evidência, o valor das patentes como instrumento de promoção do conhecimento e da investigação; e ainda o grau de litigiosidade que decorre de baixos padrões de actividade inventiva. Segundo CORREA[54], a actividade inventiva deve possuir parâmetros que promovam a investigação e que premeiem as contribuições genuínas, incluindo os modelos de utilidade para inovações menores, evitando o risco de universalização de um PHOSITA[55] medíocre e a proliferação de patentes, menos competição e inovação.

Do normativo legal podem distinguir-se três elementos da actividade inventiva: o estado da técnica, o perito na especialidade e a não evidência.

5.2.1. O estado da técnica

I – A situação em muitos países europeus, que se encontra actualmente ultrapassada, era a do estado da técnica não publicado ser relevante também para a actividade inventiva[56]. Assim era por exemplo, na vigência da versão inicial da lei francesa de 1968[57]. Assim é em Portugal na vigência do actual Código da Propriedade Industrial.

Precisamente na CPE, existem dois conteúdos para o estado da técnica, consagrando a abordagem do conteúdo global sob forma mitigada.

---

[53] SPANGENBERG in SINGER/STAUDER, *The European Patent Convention a Commentary: Substantive Patent Law – Preamble Articles 1 – 89*, Sweet & Maxwell, 2003, p. 142.

[54] CORREA, *Prior-art related issued: definition of prior art, novelty and inventive step*, Open Forum on the Draft Substantive Patent Law Treaty (TLSP), Genebra, 2006.

[55] "PHOSITA" é o acrónimo usado nos EUA para designar a ficção legal que é a pessoa com experiência média na arte (Person Having Ordinary Skill in the Art).

[56] A matriz das modernas leis de patentes europeias é a Convenção de Estrasburgo de 1963 – *Convenção para a Unificação de Certos Aspectos da Lei Substantiva sobre Patentes de Invenção de 27 de Novembro de 1963* – KROHEr in SINGER/ STAUDER, *ob. cit.*, p. 142.

[57] SCHMIDT-SZALEWSKI e PIERRE, ob. cit., p. 65.

O conteúdo global é aplicável apenas à novidade e não à actividade inventiva[58]. Contudo, no CPI não se verifica esta mitigação para a actividade inventiva, pois não foi excluído do estado da técnica para a determinação da actividade inventiva[59], o conteúdo do estado da técnica não divulgado, como já referido, pelo que deve ser tomado em conta para determinar a evidência da invenção para um perito na especialidade.

Um dos contra-argumentos à aplicação da abordagem do conteúdo global relativamente à actividade inventiva, é que o perito na especialidade nunca teve acesso a esse material tecnológico para fins de evidência. Tão grave como não ser acessível é o facto de no caso da actividade inventiva, e diferentemente da novidade, em que se exige uma única referência para a constituição de anterioridade destruidora da novidade, estas informações tecnológicas não disponíveis serem combinadas com outras referências, para fins de determinação de evidência para o perito na especialidade. O critério é, assim, muito mais rigoroso do que o verificado em sede de novidade e com consequências negativas. De facto, podem inutilizar-se muitas invenções de outro modo protegíveis, por falta de actividade inventiva por equivalência, originando uma diferença assinalável entre os requisitos de patenteabilidade das invenções obtidas por via nacional e por via europeia.

II – MOTA MAIA, em anotação aos arts. 55.º e 56.º do seu *Código da Propriedade Industrial Anotado*[60], a propósito dos diferentes conteúdos do estado da técnica em Portugal e na CPE, defende que não devem ser tidos em consideração, na apreciação da actividade inventiva, os pedidos não publicados, como forma de eliminar a *indefinição jurídica* e *a divergência de critérios de apreciação* desse requisito de patenteabilidade, relativamente aos pedidos de patente feitos para serem válidos em Portugal.

É certo que o estado da técnica deveria ter conteúdo mitigado para efeito de actividade inventiva, tal como se verifica na CPE. No entanto, cremos não haver indefinição ou divergência jurídicas. O CPI determina um conteúdo único do estado da técnica e uma vez que a interpretação da

---

[58] Vd. art. 54.º/3 e 56.º CPE.

[59] Aliás, esta situação já se verificava na vigência do CPI/95, art. 50.º e 51.º. O legislador propunha-se alterar a legislação então em vigor também em consequência da recente adesão de Portugal à Convenção de Munique. Por sua vez, também o CPI de 2003 não logrou cumprir este objectivo, tendo ficado consagrado o mesmo regime.

[60] MOTA MAIA – *Propriedade Industrial – Código da Propriedade Industrial Anotado*, vol. II, Coimbra: Almedina, 2005, p. 158.

lei não é actividade administrativa, mas jurisdicional[61], o INPI, em obediência ao principio da legalidade a que se encontra adstrito, deverá observar os termos da lei. De facto, como refere OLIVEIRA ASCENSÃO[62] este é um dos casos em se verifica a chamada *administração pública de interesses particulares* em domínio que não pode ser subtraído ao Direito Administrativo. E mais adiante, o mesmo autor nota que é necessário destrinçar administração e jurisdição, chamando a atenção para o facto de tal decorrer da Constituição, que impede que a administração invada as funções dos tribunais. Assim e no caso vertente, a função de interpretação da lei em caso de litigio é da competência dos tribunais[63].

III – O estado da técnica de que o inventor dispôs e que reconhece como tal é o que consta da descrição e do preâmbulo das reivindicações[64]. Pela subjectividade que representa, não tem relevância para apreciação da novidade, estado da técnica e da actividade inventiva, mas tem relevância para a identificação do problema objectivo a resolver. Parte-se de um estado da técnica objectivo, o existente à data do pedido de patente[65] e não do do inventor, das suas condições pessoais e do conhecimento de que dispunha. "O factor decisivo é o avanço objectivo do novo ensinamento sobre o estado da técnica"[66], pois é certo que o estado da técnica completo, mais próximo, nem sempre é conhecido à data da apresentação do pedido, em consequência do estado da técnica não divulgado.

IV – O *Regulamento de Execução da CPE*[67] na Regra 44 prescreve que o relatório de pesquisa tem que citar os documentos de que o IEP dis-

---

[61] FREITAS DO AMARAL, *Curso de Direito Administrativo*, Lisboa, vol. II, 1988, p. 44 e seg.

[62] OLIVEIRA ASCENSÃO – *O Projecto de Código da Propriedade Industrial: Patentes. Modelos de Utilidade e Modelos e Desenhos Industriais*, RFDL, XXXVIII (1997), n.° 1, p. 148.

[63] A este propósito veja-se ainda os arts. 8.°, n.° 2 e 266.°, n.° 2 da *Constituição da República Portuguesa*; arts. 2.° e 3.° do *Código do Procedimento Administrativo* (DL 6/96 de 31 de Janeiro, e DL 400/98 de 17 de Dezembro – *Estatuto do Instituto Nacional da Propriedade Industrial*. Cfr. MIRANDA, Jorge; MEDEIROS, Rui, *Constituição Portuguesa Anotada*, Coimbra Editora, vol. I, 2005, p. 86-95; ESTEVES DE OLIVEIRA, *Código do Procedimento Administrativo*, Coimbra: Almedina, 1997, p. 62-96; MACHADO, Jónatas, *Direito Internacional, do paradigma clássico ao pós-11 de Setembro*, Coimbra Editora, 2.ª ed., 2004.

[64] De acordo com o art. 62.°/2 a) do CPI, o preâmbulo deve mencionar o objecto da invenção e as características técnicas necessárias à definição dos elementos reivindicados que, combinados entre si, fazem parte do estado da técnica.

[65] Vd. Art. 56/1 CPI.

[66] KROHER in SINGER/STAUDER, ob. cit., p. 143 e GUTIERREZ-LACOUR, ob. cit. p. 76.

[67] *Regulamento de Execução da Convenção sobre a Concessão de Patentes Europeias*, de 5 de Outubro de 1973.

põe à data da elaboração do relatório e que podem ser tidos em consideração para apreciar a novidade da invenção, o objecto do pedido de patente europeia e a actividade inventiva. Tal citação é feita em relação com as reivindicações a que respeita e os documentos citados devem ser agrupados consoante tenham data anterior à da prioridade, a data se situe entre a data da prioridade e a data do pedido ou seja posterior ao pedido. Também aqui não se encontra regra paralela no CPI. O art. 68.º dispõe que o exame "considera todos os elementos constantes do processo". Não obriga aparentemente a considerar o estado da técnica, mas tal decorre de outras disposições do CPI[68]. A pesquisa do estado da técnica é indispensável para a valoração da novidade e actividade inventiva, realiza-se na fase de exame da invenção[69].

V – Outra diferença relevante entre a novidade e a actividade inventiva reside no facto de, em sede de apreciação da actividade inventiva, a consideração do estado da técnica ser global, permitindo que os documentos do estado da técnica possam ser combinados para avaliar a evidência. Podem ser também usados outros documentos que não de patentes, de conhecimento geral e os usos. Na Patente Europeia, a combinação que surge mais frequentemente, por ser suficiente, é a estabelecida entre dois documentos: no primeiro documento é identificado o problema que a nova invenção se propõe resolver e o segundo documento revela a solução proposta na invenção. A evidência para o perito na especialidade decorre então do facto de que este fazendo uma pesquisa identificaria através do primeiro documento o problema e procurando depois uma solução possível encontraria o segundo. Estes dois documentos encontrados suscitariam no perito a possibilidade de combinação aplicando a solução à resolução do problema identificado. Verificar-se-ia então a evidência para o perito e consequentemente a ausência de actividade inventiva. O estado da técnica é portanto considerado globalmente quanto aos conhecimentos que disponibiliza.

---

[68] MOTA MAIA ob. cit., p. 183 defende que a regra constante do art. 68.º é obsoleta e que o exame não pode deixar de apoiar-se também na análise do estado da técnica da invenção. Concordamos com a indispensabilidade de verificação do estado da técnica, não pelo fundamento invocado, mas porque tal é o que se retira da conjugação dos arts. 51.º/1, 55.º e 56.º do CPI. A não satisfação destes requisitos implicará, de acordo com o art. 73.º, n.º 1 alínea a) a recusa de patente. E o momento adequado para esta apreciação, não havendo relatório de pesquisa, é a fase de exame.

[69] Neste sentido COUTO GONÇALVES, *Manual de Direito Industrial*, Coimbra: Almedina, 2005, p. 84.

VI – Em resumo, o estado da técnica para a actividade inventiva:

• Evita totalmente a dupla protecção fotográfica, como em certa medida, por equivalente, como ainda não permite patentear invenções triviais para pequenos melhoramentos (porque são evidentes evita "invenções sempre-verdes" (*evergreening*).

• Segue a *abordagem do conteúdo global* – a descrição define o objecto da invenção e as reivindicações o objecto da patente. Portanto matéria não reivindicada mas divulgada na descrição também constitui estado da técnica. Nesta medida estabelece a auto-colisão de direitos, pelo que quando o mesmo inventor tem várias invenções ou matéria divulgada mas não reivindicada no primeiro pedido esta não pode ser objecto de patente e resta-lhe a hipótese de fazer pedidos divisionários, quando tal seja permitido.

• Impede invenções triviais.

• É objectiva, pois não interessa o conhecimento que o inventor tinha do estado da técnica.

• Invenções dependentes, principalmente de melhoramentos, restringe-as a invenções com boa actividade inventiva.

• Invenções simultâneas – o conceito de novidade é restritivo em relação ao estado da técnica não publicado – apenas abrange os pedidos que se destinam a fazer efeito em Portugal – o que está ajustado à *ratio legis* da norma, estas invenções terão que ser decididas relativamente ao direito à invenção.

• Estrita apreciação das invenções de selecção.

5.2.2. O perito na especialidade

I – Quem é perito na especialidade? Pode ser um inventor? Ou é um técnico de competência mediana na especialidade? Em Portugal, e pela Convenção da Patente Europeia, é através do perito que se afere a actividade inventiva.

II – Perito na especialidade e inventor. Há diferenças entre o perito na especialidade e o inventor. Na invenção, os inventores perante um problema encontram uma solução que vai para além da mera inovação. As soluções não são obtidas através de meras operações de execução, atinge-se o inesperado, dá-se um salto no conhecimento tecnológico, e por vezes, necessariamente subjaz-lhe um avanço no conhecimento científico. O perito na especialidade não deve ser confundido com o inventor. O perito é um especialista na área em que se coloca o problema que a invenção pretende resolver; tem qualificações académicas adequadas; tem acesso e conhece toda a literatura da sua área e as referências citadas (na descrição da invenção); exerce profissionalmente a actividade correspondente; dispõe de meios e de capacidade trabalho, rotina e experimentação; conhece os domínios vizinhos do seu; mas não é nem um sábio, nem um inventor. Com a determinação do perito na especialidade em relação a uma determinada invenção, o estado da técnica pertinente circunscreve-se à área de especialidade do perito.

Dos tempos dos inventores de oficina às actuais equipas de investigação multidisciplinares das grande empresas industriais, as questões interiores que se colocam aos inventores individualmente são obsessiva e essencialmente as mesmas: encontrar uma solução para aquele problema. Talvez por isso haja uma ideia do inventor como uma pessoa diferente. De facto, pois com o mesmo nível académico e os mesmos conhecimentos do perito na especialidade, tem no entanto a capacidade, para além da do perito, de usar esses conhecimentos de forma diferente, moldando-os, testando-os, encontrando-lhes novas possibilidades, e principalmente ultrapassando-os, encontra a solução do problema: inventa.

Tecnicamente, o perito na especialidade é a pessoa que se encontra no limiar a actividade inventiva: domina o conhecimento, mas não inventa. Esta abstracção pode ser usada como personagem de referência, a pessoa em relação à qual se pode apurar o mais rigorosamente possível a evidência ou actividade inventiva. Como refere TORREMANS[70] o perito na especialidade nunca falha o evidente, mas também nunca vê o inventivo.

Em França, o "homme du métier" é um especialista médio tanto para a doutrina e como para jurisprudência[71]. Naquele ordenamento, a técnica jurídica usada para excluir os pedidos não publicados do estado da técnica para a actividade inventiva foi sob a forma da inoponibilidade da divulgação[72].

---

[70] TORREMANS e HOLYOAK – *Intellectual Property Law*; London: Butterworths; 3rd Edition, 2001, p. 68.
[71] GUTIERREZ-LACOUR, ob. cit., p. 72.
[72] Art. L. 611-13 conjugado com o art. L. 611-11 do Code de la Propriété Intellectuelle.

III – Sendo uma figura de ficção é por vezes necessário, como alguém disse, "dar alguma carne a este esqueleto" pois levantam-se várias questões que exigem ajustes no conceito de perito na especialidade:

a) No caso de invenções complexas, em que estão em causa vários campos técnicos, a selecção do perito na especialidade torna-se muito crítica porque sendo necessário determinar se a invenção envolve actividade inventiva conjugando várias áreas, o especialista a considerar poderá ser uma equipa multidisciplinar de peritos; o Instituto Europeu de Patentes e o Reino Unido aceitam como perito na especialidade uma equipa multidisciplinar de peritos (dois a três, no máximo), a França não.

b) Põe-se o problema de quem é em concreto o perito da especialidade nas áreas das tecnologias de ponta em que perito tenha alguma capacidade inventiva porque ainda não se verificou o descolamento entre aquele que descobre, digamos um cientista, o inventor e o perito na especialidade. Nesta situação ele é a pessoa que tem o conhecimento comum nessa área, mas é também quem descobre e inventa. Como delimitar a evidência necessária para invalidar a actividade inventiva?

c) Estes peritos trabalham na prática e a resolução de problemas que se espera – excepto em tecnologias de ponta, em que serão professores e/ou cientistas – não inclui o recurso à investigação. Este é um dos critérios de determinação dos chamados "campos vizinhos": se o perito considerar que pode usar meios de um campo vizinho através de operações de rotina, não haverá actividade inventiva; mas se considerar necessária investigação estaremos então em presença de actividade inventiva, havendo casos até em que será necessário reformular o problema e mudar de perito, elegendo um perito daquela área vizinha.

d) A determinação do estado da técnica mais próximo pode levar à situação em que o perito na especialidade seleccionado já não pertence ao campo técnico da invenção mas a outro campo técnico. Neste caso a invenção não deve ser considerada evidente, visto a evidência não poder ser determinada a partir de uma área tecnológica diferente da invenção; evidência e inventividade, tem que ser apreciada dentro da área tecnológica da invenção.

IV – Perito na especialidade e pessoa competente na matéria. O perito na especialidade é usado em sede de determinação da actividade inventiva, para a atribuição de patente; já a pessoa competente na especialidade basta para a recusa da patente por insuficiência da descrição.

A pessoa competente na matéria faz também a sua aparição no Código. Nos arts. 73.°1/ d) e 113.° d) do CPI é sancionada com recusa e nulidade, respectivamente, a invenção, ou patente, cujo objecto não seja descrito de maneira que permita a execução da invenção por qualquer pessoa competente na matéria. Estes artigos referem respectivamente a "execução da invenção" e "a execução do objecto da patente", que vamos considerar aqui por facilidade de exposição como tendo o mesmo significado.

A pessoa competente na matéria pode ser capaz de inovar, pois a mera inovação atinge-se com recurso a procedimentos de rotina, banais na especialidade. Na inovação, melhora-se, mas não se atinge a inventividade. Estamos no domínio de actuação do técnico, talvez chegue por vezes, em certas áreas, a coincidir com perito, mas não em regra.

V – Se juridicamente a qualificação deste homem, fosse baixada, de perito para pessoa/técnico competente, como sucede nos EUA, a consequência, em termos de avaliação da inventividade, seria o alargamento – inaceitável – da patenteabilidade. De facto, a não evidência para um técnico é muito mais ampla do que para um perito. Em sistemas que usam o técnico, invenções novas mas com um grau de evidência já bastante elevada, e mesmo meras inovações – sem inventividade, são patenteáveis. Também para SILVA CARVALHO[73] se o perito médio na matéria pode realizar a invenção, é porque a criação não ultrapassa a técnica industrial corrente.

Ora, o direito de patente tem como fim reservar, conferir exclusivo de exploração sobre a invenção que, sendo nova, demonstra ultrapassar o conhecimento adquirido e não àquela, que não sendo conhecida, é de constatação imediata, é óbvia. O inventor não realiza invenções em função da preparação académica técnica ou da experiência que tem. Vai mais além. O perito tem uma preparação técnica especializada, acima da preparação académica massificada para a sua área, e a invenção não pode ser evidente para ele; pelo contrário tem de o surpreender. O homem competente na matéria não é o perito na especialidade que vai avaliar a actividade inventiva, é um técnico médio[74].

---

[73] SILVA CARVALHO, *O Objecto da Invenção*, Coimbra Editora, 1970; p. 14.
[74] A este tema voltaremos a propósito da suficiência da descrição.

5.2.3. *A não evidência*

Como avaliar a inventividade de uma invenção? Através do requisito da não evidência. A não evidência revela o afastamento entre o estado da técnica e a nova solução encontrada, a invenção. A não evidência tem ínsita a inventividade e o perito é o padrão de avaliação. Os métodos de apreciação seguidos são vários e não conduzem aos mesmos resultados. A actividade inventiva é vista como "nível inventivo" na Alemanha e como "inventividade" na Holanda e Suíça. A expressão "actividade inventiva" foi proposta pela França[75] tendo vindo a ser a maioritariamente aceite.

A maior evidência de que à mesma invenção pode ser concedida patente num ordenamento e recusado noutro, é-nos revelado pelo confronto entre requisitos paralelos: actividade inventiva e evidência, respectivamente. Os casos paradigmáticos são entre a Patente Europeia e os Estados Unidos da América, ainda que consideremos o caso do Reino Unido.

A) *Patente Europeia – Abordagem Problema/Solução*[76]

O método de determinação da actividade inventiva seguido pelos

---

[75] *Convenção para a Unificação de certos aspectos da Lei Substantiva de Patentes de Invenção*, de 27 de Novembro de 1963.

[76] *"Problem Solution Approach"* – Regra 27 do *Regulamento de Execução da Convenção sobre a Concessão de Patentes Europeia*; veja-se ainda *Guidelines for Examination*, Part C-IV, e *Case Law of the Boards of Appeal* disponíveis em http://www.european-patent--office.org. Na decisão T 24/81 que foi fundamental no estabelecimento da abordagem problema/solução, determinou-se que *"Objectivity in the assessment of inventive step is achieved by starting out from the objectively ruling state of the art, in the light of which the technical problem is determined which the invention addresses and solves from an objective point of view, and consideration is given to the question of the obviousness of the disclosed solution to this problem as seen by the man skilled in the art and having those capabilities which can be objectively expected of him. In contrast a mere investigation for indications of the presence of inventive step is no substitute for the technically skilled assessment of the invention vis-a-vis the state of the art, pursuant to Article 56 EPC. Where such indications are present, the overall picture of the state of the art and consideration of all significant factors may show that inventive step is involved, but will not necessarily do so. A process developed in the light of a need which arose relatively shortly before the application is not deemed to involve inventive step if this need could be readily met by an obvious combination of teachings from the state of the art. II. When examining for inventive step, the state of the art must be assessed from the point of view of the man skilled in the art at the time of priority relevant for the application. Consequently all previously published embodiments must be taken into consideration which offered a suggestion to the skilled practitioner for solving the problem addressed, even where those embodiments were not particularly emphasised"*.

examinadores da Convenção da Patente Europeia é o método chamado *abordagem problema/solução*[77].

Sabemos que das reivindicações deve constar toda a matéria que se pretende proteger e só esta. De facto, as reivindicações devem ser redigidas de modo a conterem na sua parte caracterizante apenas a matéria nova e com actividade inventiva. Toda a restante matéria que, embora fazendo parte da invenção num sentido amplo, é já conhecida, não pode ser reivindicada[78]. Isto significa que se permitem reivindicações que vão para além do novo efeito técnico exposto na descrição da patente – as chamadas reivindicações amplas[79].

A invenção, tal como exposta na descrição, tem que fornecer uma solução para o problema contido no estado da técnica e o novo efeito técnico obtido pela invenção.

Este método é objectivo e de base predominantemente técnica, pois os critérios de base não técnica como o sucesso comercial, são pouco ou nada valorizados. Centra-se na comparação entre o estado da técnica e a invenção. Por esta razão é conhecido por abordagem problema/solução: no estado da técnica identifica-se o problema, na invenção, a solução e consiste nos seguintes passos:

Passo 1 – A identificação da peça do "estado da técnica mais próximo" (documento, uso ou outro) – não serve todo o estado da técnica disponível como era a prática antiga na Alemanha e a actual nos EUA (o estado da técnica mais próxima é aquele que tem maiores semelhanças nas propriedades ou nos resultados com a invenção, pelo que é conside-

---

[77] *Guidelines for Examination in the European Patent Office*, European Patent Office, 2005. As *Guidelines* são extremamente importantes para a compreensão precisa da CPE. Deve notar-se contudo que a Grande-Câmara de Recursos (*Enlarged Boards of Appeal*) não está vinculada às mesmas, nem mesmo ao Regulamento de Aplicação, mas tão só à CPE.

[78] Mas pode e deve, em particular, constar do preâmbulo das reivindicações e da descrição, até para que se possa considerar a divulgação da invenção suficiente para poder ser realizada por um perito na matéria ou pessoa competente na matéria, – art. 83.° CPE. Cfr. art. 73.°, n.° 1 d) CPI.

[79] De acordo com a CPE, as reivindicações amplas são uma forma incorrecta de redacção porque, por um lado, aumentam o âmbito de protecção da patente, pressupõem que a invenção é avaliada contra o estado da técnica como um todo e não em relação a um específico campo técnico, e por outro, podem ter como consequência avaliações erróneas da evidência.

rado o mais relevante), identificando o ponto de partida da invenção, e se na determinação do estado da técnica mais próxima se põe o problema de haver documentos antigos – aqui põe-se uma questão de tempo: devem privilegiar-se os documentos mais recentes, se estes bastarem não é necessário recorrer a documentos mais antigos.

Passo 2 – A determinação do "problema técnico objectivo" a ser resolvido

Há vários modos de determinar o problema técnico, sendo sempre proibidas análise ex post facto ou de retrospectiva[80] Usando a invenção como descrita e o estado da técnica verificar se houve:

- Reformulação – O problema estava mal formulado e como tal não era susceptível de obter uma solução eficaz. A reformulação do problema permite, de forma por vezes evidente, vislumbrar a solução. Ao ser reformulado, a solução torna-se evidente – a inventividade reside então na reformulação ou
- Solução alternativa para um problema conhecido, ou
- Solução para um problema desconhecido, é a descoberta pura, que não é patenteável de per si, mas inventada uma aplicação industrial é nesta que consiste a actividade inventiva.

Eventual uso dos índices positivos e negativos

- A invenção tem valor técnico ou comercial?
- A invenção envolve o novo uso de uma coisa conhecida? Se a invenção é uma simples extensão de uma coisa conhecida não há actividade.
- A invenção satisfaz uma necessidade há muito sentida? A existência de várias tentativas anteriores falhadas pretendendo alcançar um objectivo global poderá provar o passo inventivo, mesmo que a invenção seja simples.
- A invenção é um sucesso comercial? Este factor não é determinante porque o sucesso pode ser imputável a uma campanha publicitária ou de marketing. Mesmo que não seja o caso é um índice secundário. Quando o critério seja o da utilidade em vez da actividade inventiva, como nos EUA, já o sucesso comercial tem peso indiciário mais importante,

---

[80] *"Hindsight"*.

• O mesmo resultado foi conseguido por vários investigadores independentes?

• O problema foi identificado e a sua solução enunciada a partir de aspectos conhecidos? Este factor pode manifestar inventividade.

• De que forma foi a área de pesquisa seleccionada? Esta selecção pode provar capacidade inventiva se, um perito na especialidade, usando o estado da técnica, tivesse chegado à mesma solução; este requisito suscita problema de interpretação nos diferentes países e.g. o grau de conhecimento e criatividade atribuído ao perito na especialidade.

Passo 3 – Evidência. Considera-se se, sim ou não, a invenção reivindicada, partindo do estado da técnica mais próximo, e considerando o problema técnico objectivo, teria sido evidente para um perito na especialidade, ou seja se teria chegado à mesma solução; este requisito suscita muitos problemas de interpretação por vezes divergentes nos diferentes países em consequência, por exemplo, do grau de conhecimento e criatividade atribuídos ao perito na especialidade, variar de país para país. Conclui-se haver evidência se se demonstrar que um perito **"faria"** de facto a invenção ("would") e não apenas que **"poderia ter feito"** ("could") a invenção perante a arte anterior citada[81].

Uma das críticas feitas a esta metodologia é precisamente a dificuldade em avaliar correctamente a evidência quando a invenção se baseia na compreensão do problema técnico e não na respectiva resolução (que pode depois parecer evidente ao perito e portanto sem actividade inventiva e logo não patenteável).

B) *Reino Unido*

No caso *Windsurfing International v Tabur Marine* de 1985[82], relativo a uma prancha de navegação veio a definir-se aquele que é actualmente o teste mais moderno para determinar a presença de passo inventivo. É o teste "Windsurf"; e compreende quatro fases:

---

[81] A decisão T 2/83 foi importante para a análise da questão *could-would* (poderia-faria) para determinar se o perito pode combinar duas referências do estado da técnica "*I. The discovery of an unrecognised problem may in certain circumstances give rise to patentable subject-matter in spite of the fact that the claimed solution is retrospectively trivial and in itself obvious ("problem-inventions"). II. In a case where the applicant had supplemented a known layered tablet by the provision of a barrier between the layers, the Board held that the proper question to be asked was not whether the skilled man could have provided the barrier but whether he would have done so in expectation of some improvement or advantage*".

[82] *Windsurfing International Inc. v Tabur Marine (GB) Ltd.* [1985] RPC 59.

1. identificar o conceito inventivo na patente (mais precisamente a partir da reivindicação 1);

2. perguntar ao destinatário, perito normal, mas não imaginativo, qual o conhecimento geral comum do estado da técnica na data da prioridade,

3. identificar as diferenças, se as houver, entre a matéria citada e a alegada invenção,

4. decidir se essas diferenças, excluindo o benefício de uma análise *ex post facto*[83], teria levado a passos que o destinatário especialista teria dado ou se seria necessário ir mais além, num passo inventivo.

Em conclusão:

1. conceito inventivo
2. conhecimento geral comum do perito
3. diferenças entre a invenção e o conhecimento geral
4. se as diferenças são evidentes ou se é necessário um salto mental[84].

C) *Estados Unidos da América*

Nos EUA a determinação da não evidência rege-se pelos factores de Graham[85]:

1. Âmbito e conteúdo do estado da técnica[86]
2. Diferenças entre as reivindicações e o estado da técnica

---

[83] Veja-se o que foi referido a propósito da abordagem *poderia ter feito/faria* (could-would).

[84] Os tribunais britânicos na decisão *Pozzoli SPA v BDMO SA [2007] EWCA Civ 588* (22.06.07) vieram actualizar este teste, sem contudo o substituir, devendo mesmo ser associados na determinação da evidência.

Nesta nova abordagem os passos a dar são os seguintes:

"1.
a) Identificar a "pessoa perita na matéria" em abstracto;
b) Identificar o conhecimento geral comum dessa pessoa, que é relevante;

2. Identificar o conceito inventivo da reivindicação em causa ou se tal não puder ser feito, interpretá-la.

3. Identificar quais as diferenças, caso existam, entre a matéria citada como fazendo parte do "estado da técnica" e o conceito inventivo da reivindicação interpretada.

4. Vistas sem qualquer conhecimento da alegada invenção tal como reivindicada, essas diferenças constituem passos que teriam sido evidentes para a pessoa perita na matéria ou exigem algum grau de invenção?".

[85] *Graham v. John Deere Co.*, 383 U.S. 1 (1966).

[86] A qual o inventor conhece toda e presume-se que a emprega.

3. Nível do homem normalmente experiente no estado da técnica
4. Abordagem da *nonobviouness*, considerando como índices que o evidenciam:
   a. sucesso comercial
   b. necessidade há muito sentida e não solucionada
   c. cópia por outros, caso a determinação da evidência não seja possível.

8. Os documentos do estado da técnica podem ser combinados, incluindo pedidos não publicados ou arte anterior secreta[87] e o campo técnico para demonstrar a evidência tem de ser um campo técnico análogo (que se determina como aquele que um homem normalmente experiente ainda consulta).

9. O homem normalmente experiente nunca é uma equipa.

10. A combinação de documentos só é permitida se a arte anterior ou o conhecimento do homem normalmente experiente sugerirem a combinação ou modificação das referências citadas para alcançar o resultado da invenção.

11. A invenção é considerada não evidente se tem um resultado inesperado ou se não há um perspectiva razoável de sucesso. O sucesso comercial e a necessidade há muito sentida podem ser apreciados para determinação da não evidência.

Em resumo, as diferenças entre a actividade inventiva europeia e a não evidência norte-americana são:

IEP	EUA
Só estado da técnica mais próximo	Arte anterior ampla (pode abranger indevidamente campos em que a invenção não é evidente)
Determinação do problema objectivo (só interessam as características que contribuírem para a solução, impedindo reivindicações amplas)	Diferenças entre a arte anterior e a invenção como um todo – todas as características – são permitidas reivindicações amplas.
A solução conseguida é evidente para um perito na especialidade?	A invenção é evidente para um homem com experiência normal?
Admite equipas de peritos	Não admite equipas de homens com experiência normal
O estado da técnica não inclui material não publicado	O estado da técnica inclui material da arte anterior secreta
Os indícios secundários por não terem uma base técnica são pouco valiosos	Os indícios secundários se forem invocados pelo requerente têm que ser tomados em consideração

---

[87] *"Secret prior art."*

Estas diferenças podem levar, e levam, a que a mesma invenção obtenha patente nos EUA e não obtenha no IEP, em virtude:

- da *definição da arte anterior*, que vai determinar qual
- o *campo técnico a que pertence o perito* e consequentemente
- o *grau de evidência*.

De facto, o que é evidente num determinado campo técnico pode não ser noutro. Por este motivo o campo técnico da invenção tem que ser correctamente definido para avaliação da actividade inventiva sob pena de a inventividade ser incorrectamente avaliada.[88]

5.3. *A aplicação industrial*

I – A aplicação industrial ou industrialidade traduz-se na susceptibilidade de uma invenção ser executada sob a forma de um produto e/ou usada como um processo pela indústria, incluindo o uso na agricultura. A lei define aplicação no art. 55.°/1 como a possibilidade do objecto da invenção ser fabricado ou utilizado em qualquer género de indústria ou na agricultura.

Segundo GALLOUX[89], "industrial" abrange todas as actividades humanas, mesmo artesanais, no quadro das quais a matéria e a natureza são utilizadas e trabalhadas. Aplicar uma invenção significará fabricar, utilizar.

A apreciação da aplicação industrial é objectiva. Por isso a aplicação industrial não pode ser tomada como simples utilidade (não obstante a equivalência conferida pelo art. 27 do ADPIC) e com a noção de progresso ou mérito.

Nos Estados Unidos, a invenção ou descoberta tem que ter utilidade. Este requisito é muito diferente da europeia aplicação industrial; a mera utilidade, não é industrialidade. A utilidade como critério não é mais do que um artifício para permitir que as descobertas, os processos de tratamento médicos e os métodos de fazer negócios, entre outros, ultrapassas-

---

[88] MATHÉLY, ob.cit., p.122, refere como exemplo: *"..si l'invention revendique une canne à pêche, faite de fibres de verre, la technique de l'invention est celle des cannes à pêche; mais si l'invention revendique une fibre de verre, susceptible d'être appliquée à la fabrication d'une canne de pêche, la technique en cause est celle des fibres de verre."*.

[89] GALLOUX, ob. cit., p. 90-92.

sem a limitação que lhes advém da sua natureza: não serem industrializáveis – ultrapassando deste modo o terceiro requisito de patenteabilidade aplicação industrial. A utilidade não tem natureza técnica.

II – Como exemplo de invenção não patenteável por falta de industrialidade, constituindo mesmo uma exclusão, encontram-se os métodos de tratamento e diagnóstico cirúrgico ou terapêutico de seres humanos ou de animais. Como fundamento verifica-se que a execução destes métodos carece da intervenção de um paciente como meio para a realização do método, para mais, eventualmente uma pessoa doente; torna-se portanto difícil de conceber que o médico e o seu paciente, enquanto meios do processo tenham industrialidade e a inerente reprodutibilidade; ressaltam igualmente de modo imediato problemas éticos e legais de direitos fundamentais como o direito à vida, à saúde, à dignidade, à privacidade. Por outro lado pretende-se assim deixar a maior liberdade possível ao médico no diagnóstico e/ou tratamento dos seus pacientes. Já num âmbito de intervenção puramente estética não se aplica esta exclusão.

III – Levantam-se problemas relativamente aos intermediários e às invenções imperfeitas que necessitam de outras para as completar (*continuation-in-part* nos EUA). Às invenções de produtos que não têm emprego senão como ferramentas de investigação falta a aplicação industrial directa. Como qualificar a aplicação industrial?

Veremos que no domínio das aplicações biotecnológicas, as hesitações conduziram o legislador a reforçar a exigência de aplicação industrial.

IV – Em especial. as patentes de vida – inutilização ou a inversão dos critérios? O art. 54.º, n.º 1 do CPI apresenta casos de invenções que não alcançariam patente, pelas regras gerais da patenteabilidade, mas que por força desta disposição, a obtêm.

Assim, por exemplo, a alínea b) da referida norma dispõe que:

uma invenção nova que implique actividade inventiva e seja susceptível de aplicação industrial, que incida sobre qualquer elemento isolado do corpo humano ou produzido de outra forma por um processo técnico, incluindo a sequência parcial de um gene, ainda que a estrutura desse elemento seja idêntica à de um elemento natural, desde que seja observada expressamente e exposta concretamente no pedido de patente a aplicação industrial de uma sequência ou de uma sequência parcial desse gene.

Ou seja:

Art. 54.°, n.° 1 b)	Significado
uma invenção nova que implique actividade inventiva e seja susceptível de aplicação industrial,	uma invenção patenteável (art. 51.°, n.° 1)
que incida sobre qualquer elemento isolado do corpo humano ou produzido de outra forma por um processo técnico, incluindo a sequência parcial de um gene, ainda que a estrutura desse elemento seja idêntica à de um elemento natural,	mas cuja simples descoberta não pode ser objecto de patente (53.°, n.° 3 a)
desde que seja observada expressamente e exposta concretamente no pedido de patente a aplicação industrial de uma sequência ou de uma sequência parcial desse gene.	pode ser protegida se indicar a aplicação industrial concreta

Verifica-se uma inversão da ordem de preenchimento dos requisitos, com a consequente inversão da precedência:

– Havendo **aplicação industrial** para um elemento obtido do corpo humano, incluindo a sequência parcial de um gene, quer isolada *in vivo* ou *ex vivo* quer produzido *in vitro* – se há um solução técnica é porque existia um problema técnico.

– Já não se estará perante uma descoberta mas sim perante uma invenção – que será patenteável desde que

– Se verifique que não foi ainda tornada acessível ao público por qualquer meio e em qualquer parte – **novidade** e

– Se verifique a não evidência para o perito na especialidade – **actividade inventiva**.

Até aqui poderia haver realmente um mecanismo de inversão dos factores no exame de patenteabilidade, mas a redacção revela a contradição incontornável de que sofre:

"mesmo que a estrutura desse elemento seja idêntica à de um elemento natural"

ainda assim o elemento é patenteável – depois de elevar a descoberta a invenção, depois de todos os artifícios legais permanece uma descoberta, expressamente excluída da patenteabilidade, com a agravante de estar em causa o corpo humano.

Noutra perspectiva, há quem oponha que ainda que tal elemento exista na Natureza, não sendo novo, a novidade reside no facto de tal elemento ter sido isolado, pois como estava no seu estado natural, não havia possibilidade de o distinguir[90].

5.4. *As exclusões*

I – De uma maneira geral as exclusões à patenteabilidade previstas na lei portuguesa, no art. 52.º, do CPI/3, são em substância, as mesmas que se encontram na Convenção da Patente Europeia e na legislação de outros Estados contratantes da CPE. Há uma abordagem ética e moral do direito de patente. Uma das manifestações é a exclusão de certas matérias.

II – Nos Estados Unidos, a abordagem é moralmente neutra. De tal forma, que no relatório da Comissão do Congresso de 1952, refere que o Congresso considera que a matéria legalmente patenteável

"*.'include(s) anything under the sun that is made by man.*'"[91]

Pode dizer-se que nos EUA, praticamente tudo é patenteável. O Supreme Court, contudo, decidiu que a única matéria excluída seriam

"*laws of nature, physical phenomena, and abstract ideas are not patentable.*"

Pois,

"*Einstein could not patent his celebrated law that E=mc2; nor could Newton have patented the law of gravity. Such discoveries are 'manifestations of... nature, free to all men and reserved exclusively to none.' [Cites Funk.]*"[92]

O Acordo ADPIC apenas aborda as exclusões de uma maneira geral, porém a liberdade dos Estados na determinação da matéria excluída não é total[93].

---

[90] GALLOCHAT, *The Criteria for Patentability: Where Are the Boundaries?*, University Pantheon-Assas Paris II.

[91] *Diamond v. Chakrabarty*, 447 U.S. 303 (1980) citando S. Rep. No. 1979, 82d Cong., 2d Sess., 5 (1952); H. R. Rep. No. 1923, 82d Cong., 2d Sess., 6 (1952).

[92] *Ibidem*.

[93] *Cfr.* art. 30.º ADPIC – O *teste dos três passos* para a determinação da adequação de uma excepção: 1.º serem excepções limitadas; 2.º que não colidam de modo injustificável

III – Exclusões verdadeiras. Previamente, distinguiremos o seguinte: Há realidades que não são invenções, como as criações do espírito e as descobertas, por exemplo, e realidades que são invenções.

Dentro das invenções, distinguem-se as patenteáveis – as admitidas – e as não patenteáveis – as excluídas. O fundamento de exclusão varia consoante a natureza do objecto de tais invenções:

- ordem pública, segurança pública e saúde pública, bons costumes e os fundamentos éticos – exemplos: a carta bomba; o corpo humano;
- falta de algum requisito:
    - novidade – como é o caso das invenções independentes, sejam sucessivas ou simultâneas;
    - actividade inventiva[94] – como é o caso das inovações ou de invenções com algum grau de evidência;
    - industrialidade – como os métodos de tratamento[95].

IV – Levantam-se vários problemas na redacção e sistemática do novo CPI, em parte como consequência da transposição da chamada directiva das patentes de vida ou das patentes de biotecnologia[96].

Retirando ensinamento de OLIVEIRA ASCENSÃO[97], na sistemática do CPI estaria em primeiro lugar o que é a invenção, depois o que não é uma invenção (com a crítica de que não há "limitações quanto ao objecto", mas sim realidades que não são invenções: é o caso das descobertas). Depois, há outras realidades que sendo invenções, excepcionalmente, não podem

---

com a normal exploração da patente; e 3.º que não prejudiquem de forma injustificável os legítimos interesses do titular da patente tendo em conta os legítimos interesses de terceiros.

[94] O requisito da lei portuguesa é o da não evidência para o perito na especialidade, frente ao estado da técnica.

[95] O critério é o corpo humano: a partir do "ponto" em que um processo necessita para ser posto em prática da participação do corpo humano, deixa de ser protegível e cai nesta exclusão. A reforma da CPE, a chamada *CPE 2000*, em vigor desde Dezembro de 2007, continuando a não permitir a patenteabilidade, altera a sua arrumação sistemática no texto da Convenção com evidentes fundamentos e consequências jurídicas: os métodos de tratamento passarão a ser tratados como exclusão à patenteabilidade.

[96] *Directiva 98/44/CE do Parlamento Europeu e do Conselho, de 6 de Julho de 1998, relativa à protecção jurídica das invenções biotecnológicas*; JO L 213 de 30.7.1998.

[97] OLIVEIRA ASCENSÃO, *A Reforma do Código de Propriedade Industrial*, in "Direito Industrial", vol. I, Coimbra: APDI/Almedina, 2001, p. 492.

ser objecto de patente e aqui considera que o corpo humano, não só por questões de patenteabilidade, nunca poderá ser considerado uma invenção. Finalmente teríamos as excepções às excepções os "casos especiais de patenteabilidade".
Os maiores problemas são suscitados pelos arts. 52.°, 53.° e 54.° do Código. Passando a incorrecção da epígrafe, verifica-se que o corpo do art. 52.° cobre realidades sem conexão, sucedendo o mesmo nos arts. 53.° e 54.°. O objecto das patentes são as invenções, patenteáveis; as limitações serão, no máximo, invenções que tendo objecto patenteável são por lei exceptuadas, pelos motivos já referidos. Em particular,
V – "Limitações quanto ao objecto" – O art. 52.°
Os casos enumerados n.° 1 deste artigo não são limitações, nem excepções, ao objecto de patente. Não se referindo a invenções patenteáveis, em nenhum dos casos, não se poderá excepcioná-las da atribuição de patente; na verdade nem sequer estamos perante invenções e por isso não serão verdadeiras excepções:

– **as descobertas** assim como **as teorias cientificas e os métodos matemáticos** – apesar de estar qualificada como excepção – alínea a); não representam uma resultado técnico e concreto e não são novas – eram apenas desconhecidas, não são inventivas, e a sua aplicação técnica na maioria das vezes não é feita directamente – "tal e qual".

– **os materiais ou as substâncias já existentes na natureza e as matérias nucleares** – alínea b);– aplica-se o que foi referido a propósito das descobertas.

– **as criações estéticas** – porque sendo criações humanas, concretas, não têm natureza técnica, não são criações industriais, e não têm industrialidade– alínea c);

– **os projectos, os princípios e os métodos de exercício de actividades intelectuais** em matéria de jogo ou no domínio das actividades económicas, assim como **os programas de computadores**, como tais[98], sem qualquer contributo são criações humanas, não são técnicas, são científicas, não são concretas, são abstractas – alínea d);

– **as apresentações de informação** – em si mesmas, mas já não quanto ao dispositivo de apresentação – alínea e).

---

[98] *"As such"*.

Já o n.º 2, proíbe a protecção dos métodos de tratamento cirúrgico ou terapêutico do corpo humano ou animal e os métodos de diagnóstico aplicados ao corpo humano ou animal, que sendo invenções, são excluídas por falta de um requisito de patenteabilidade – a aplicação industrial. Neste sentido, também não será uma verdadeira exclusão por não reunir os requisitos exigidos. Obviamente, os novos produtos, substâncias ou composições neles usados podem ser protegidos de *per si*, e mesmo que até já sejam conhecidos, o que significa mesmo não tendo novidade[99-100].

O n.º 3 do mesmo artigo, pretende ser uma excepção às descobertas, mas o que faz é distinguir, indirectamente, invenção e descoberta. Não há uma excepção à suposta excepção do n.º 1. Estamos no domínio das invenções novamente, porque a invenção pode ter por base uma descoberta (ninguém inventa a partir do nada); o que não pode é limitar-se aos elementos "nela mencionados[101], passando então à categoria de solução técnica para um problema técnico, uma invenção concreta e técnica. Uma aplicação específica de uma descoberta ou de um programa de computador pode ser uma invenção patenteável.

VI – Limitações quanto à patente – O art. 53.º

O n.º 1 visa verdadeiras invenções patenteáveis que são excluídas da obtenção da patente, por razões de ordem pública, saúde pública e bons costumes, Constituem por isso verdadeiras excepções à patenteabilidade e são exemplificadas no n.º 2.

Quanto ao n.º 3, está deslocado. O corpo humano não é concebível como uma invenção não patenteável. O corpo humano não é uma invenção; estará no máximo na categoria das descobertas. Na realidade, o corpo humano é evidentíssimo. Como descoberta, só na medida em que represente realidades que escapam à capacidade perceptiva natural do homem, como o genoma por exemplo. Nada mais. Para cada pessoa, o corpo humano é até uma descoberta cuja compreensão se prolonga pela vida fora. Relativamente às variedades vegetais por um lado está em causa a protecção conferida pela UPOV às obtenções vegetais e por outro porque os processos envolvidos na obtenção de variedades são processos

---

[99] Cfr. com o art. 54.º 1 a) CPI.

[100] Como já referido esta visão é considerada ultrapassada por parte da doutrina e será mesmo consagrada na nova qualificação destes métodos na CPE, na sequência da entrada em vigor da reforma da mesma (EPC 2000); vd. anotação 97.

[101] Deficiência tradução da cláusula "as such" – talvez mais correctamente "como tal" ou "enquanto tal"; a cláusula "as such" refere-se à passagem da ideia e da descoberta para a aplicação.

essencialmente biológicos. Este último fundamento é aplicável igualmente às raças animais.

VII – Casos especiais de patenteabilidade – O art. 54.°

No n.° 1 referem-se casos de invenções que não alcançariam protecção por falta de algum requisito de patenteabilidade, mas que por força desta disposição, obtêm patente. E por isso são designados caso especiais de patenteabilidade. Assim, e por alíneas:

a) Consagra a possibilidade de proteger o segundo uso médico de um composto ou composição sem novidade, que veremos adiante.

b) Esta realidade foi já foi analisada a propósito da inversão do preenchimento dos requisitos de patenteabilidade. É uma excepção a uma exclusão.

c) Prevê-se a patenteabilidade de vegetais e animais, desde que não sejam variedades – É uma excepção a uma das exclusões do 53.°/3 b).

d) Neste sentido por "matéria biológica" deve entender-se microrganismos, plasmídeo, célula humana, fragmentos de ADN, etc.

e) Os processos microbiológicos são patenteáveis, como se referiu atrás, porque mesmo sendo essencialmente biológicos, podem produzir produtos à escala industrial.

6. A suficiência da descrição – divulgação e reprodutibilidade

I – A obtenção de patente não prescinde da divulgação da invenção. Com a divulgação, "sai do segredo e fica adquirida para a comunidade após o período de exclusivo"[102].

II – O inventor não tem o dever de revelar as invenções a que tenha chegado. No exercício da sua liberdade, pode optar por divulgar a invenção ou por mantê-la em segredo, sendo certo que sem poder opor direito de patente, a utilização das invenções é livre. Portanto uma maneira de manter a invenção fora do alcance da exploração por terceiro é pelo segredo.

---

[102] OLIVEIRA ASCENSÃO – *O Projecto de Código da Propriedade Industrial: Patentes. Modelos de Utilidade e Modelos e Desenhos Industriais*, RFDL, XXXVIII (1997), n.° 1, p. 143.

Mas há que ter em consideração que nem sempre, atento o tipo de invenção, o segredo é uma medida eficaz para a não divulgação da invenção. De facto, por vezes para manter a invenção secreta, o inventor não poderá explorá-la. É o que se passa em relação a certas invenções de produto, em que o resultado da exploração revelará a invenção imediatamente. Verificada a divulgação da invenção e a reprodutiblidade pelo homem competente na matéria que a ela tenha acesso, o inventor não tem poder de exclusão. Já quando a invenção seja um processo, a exploração e a manutenção do segredo são mais compatíveis.

III – A exigência legal de suficiência da descrição deriva da sua natureza a um tempo jurídica e técnica. A descrição da patente apresenta três valências: como documento jurídico tem que ser apta ao apuramento dos requisitos de patenteabilidade e à delimitação do objecto da invenção; é um documento jurídico de divulgação da invenção; e, por fim, é um documento técnico que possibilita ao homem competente a execução da invenção. A exigência legal de suficiência da descrição escora-se assim na obrigação legal de revelar a invenção. E a suficiência de tal revelação é avaliada em concreto: tem que ser a necessária e suficiente para que qualquer homem competente na matéria possa executá-la – a invenção tem que ser reprodutível. A não satisfação desta exigência constitui fundamento de recusa. A descrição tem ainda relevância na definição do âmbito de protecção da patente[103].

IV – O art. 62.°/4 estipula o conteúdo da descrição. Nesta, o objecto da invenção deve ser indicado de maneira breve e clara, sem reservas nem omissões. A exigência de ausência de reservas e omissões destina-se a salientar que o inventor tem que expor todos os meios a utilizar e ainda que esses devem ser os verdadeiros meios[104]. Descrevendo o objecto da invenção alcança-se a divulgação.

A descrição deve ainda comportar, no mínimo, um modo de realização ou exemplo de concretização que possibilite a qualquer pessoa competente na matéria a execução da invenção; este é o parâmetro da reprodutibilidade. A lei não exige que seja a melhor concretização da invenção, como em alguns ordenamentos, nomeadamente no norte-americano que segue o "*best mode rule*"; o que tem é que permitir que qualquer pessoa

---

[103] A este assunto voltaremos ainda a propósito da equivalência.

[104] Não se deve confundir com know-how, que o homem competente ou perito na especialidade deve dominar.

competente na matéria realize a invenção. Estes serão os parâmetros da suficiência da descrição. Regulam ainda esta matéria os arts. 73.º e 113.º do CPI.

V – É de notar que a contrapartida para a divulgação da invenção pelo requerente da patente não é necessariamente a atribuição de patente. Apenas a divulgação de invenção patenteável alcança aquela contrapartida. Caso a invenção não seja patenteável o requerente aceitou uma divulgação da sua invenção sem retorno em exclusivo. Há inovações que sendo sub-patenteáveis têm interesse comercial e cuja divulgação, caso o requerente não venha a obter patente, pode ser prejudicial aos interesses do requerente. Ainda assim, o sistema de patentes possibilitando a obtenção de um direito de exclusivo continua a exercer um forte poder atractivo sobre os inventores (ou seus sucessores por qualquer título).

Em resumo, a descrição que acompanha o pedido de patente, e que é exigida legalmente em quase todos os ordenamentos, tem que ser suficiente em termos de divulgação e de reprodutibilidade, sob pena de recusa do pedido ou de nulidade da patente.

7. Casos particulares

Finalmente, serão considerados alguns casos particulares e problemáticos de atribuição de direitos industriais em que a actividade inventiva reveste uma importância fundamental.

7.1. *Modelo de Utilidade ou Patente de Curta Duração?*

Os modelos de utilidade são um direito industrial já com alguma história. Tiveram origem na Alemanha, em 1891, e pretendia-se, então como agora, proteger as pequenas invenções, situando-os a meio caminho entre as patentes e os modelos industriais de então[105].

---

[105] Vd. CRUZ, JUSTINO – *Código da Propriedade Industrial*, Coimbra: Livraria Arnado, 2.ª edição, 1983, p. 102 e seg anotações aos arts. 37.º e seg.. sobre os modelos de utilidade.

Já nesse tempo muitas das características que têm hoje estavam presentes: procedimento simplificado, menores custos e menor duração do que para as patentes.

Destinavam-se à protecção de objectos utilitários como as ferramentas e os utensílios e apresentavam alguma inovação, no sentido de maior utilidade (que como se referiu nos EUA foi guindada às alturas de requisito de patente, equivalendo segundo o ADPIC à actividade inventiva). Então, não se protegiam processos, estavam fora do objecto destes direitos; agora mesmo os processos são protegíveis como modelos, excepto se se referirem a substâncias químicas ou farmacêuticas, que também não são protegíveis per se, tal como aliás a matéria biológica.

No aspecto exterior aproximavam-se dos modelos industriais mas na funcionalidade técnica abeiravam-se das patentes.

Em Portugal, como refere OLIVEIRA ASCENSÃO aos modelos de utilidade estiveram sempre ligadas as características de tridimensionalidade e a inovação/utilidade, mas não com a noção de tipo de invenção.

Na vigência do CPI de 1940, o modelo de utilidade protegia pelo art. 37.º *"...os modelos de ferramentas, utensílios, vasilhame, e demais objectos destinados a uso prático, ou os de qualquer parte dos mesmos, que, por nova forma, disposição, ou novo mecanismo, aumentem ou melhorem as condições de aproveitamento de tais objectos"*, sendo protegida *"...a forma específica e nova que torna possível o aumento da sua utilidade ou a melhoria do seu aproveitamento"*.

Com a entrada em vigor do CPI de 1995 os requisitos dos modelos de utilidade passaram a ser a novidade, a actividade inventiva e a aplicação industrial, requisitos estes completados com o conceito remodelado de modelo de utilidade do código de 1940 e a adição da condição *"de que lhe resulte o aumento da sua utilidade ou a melhoria do seu aproveitamento"*.

No seu projecto de revisão do Código de 1940, OLIVEIRA ASCENSÃO[106] referia que o modelo de utilidade *"é caracterizado pelo seu objecto por um lado, e por um nível inventivo inferior, por outro"* e que *"o modelo de utilidade é uma criação menor, em confronto com a invenção"*. Com toda a razão.

Mas a concepção que viria a ser adoptada no CPI/95 foi a de considerar o modelo de utilidade como uma invenção. Basicamente, esta solução permaneceu no CPI de 2003, onde porém os modelos de utilidade

---

[106] OLIVEIRA ASCENSÃO, *Projecto de Código de Propriedade Industrial*; Lisboa; 1994, p.84, 88.

apresentam requisitos ainda mais confusos. Quis-se transpor a Proposta de Directriz sobre a protecção de invenções por modelos de utilidade[107] e passou a proteger-se:

"invenções novas, implicando actividade inventiva se forem susceptíveis de aplicação industrial" (art. 117.°, n.° 1).

Ora este é precisamente o objecto das patentes, ao passo que na Proposta de Directriz lia-se:

"as invenções novas que implicando uma actividade inventiva e sendo susceptíveis de aplicação industrial incidam sobre produtos ou processo" (art. 1.°).

Mais ainda, ao definir-se a actividade inventiva, o art. 120.° acrescenta à condição da não evidência, considerado o estado da técnica, para um perito na especialidade, uma segunda condição: *"se apresentar uma vantagem prática ou técnica para o fabrico ou utilização do produto ou do processo em causa"*.

Se estes requisitos forem entendidos cumulativamente, como devem, então para os modelos de utilidade exige-se actividade inventiva mais abrangente do que para as patentes; se forem entendidos disjuntivamente, como é a interpretação administrativa do INPI (e tal não decorrerá da letra da lei) não é de aceitar a contradição que existe entre estes critérios: aplicando a alínea a) estamos no terreno das patentes; pela alínea b) encontramos, sem a exigência de tridimensionalidade, um modelo sem qualidade inventiva. Esta interpretação é de repudiar ainda também porque o art. 117.°, n.° 4 prescreve que "a mesma invenção pode ser objecto simultâneo ou sucessivamente de um pedido de patente ou de um pedido de modelo de utilidade". E o n.° 5 do mesmo artigo impõe que o modelo de utilidade deixa de produzir efeitos após a concessão de uma patente relativa à mesma invenção. Daqui se retira que nunca poderá a actividade inventiva dos modelos de utilidade bastar-se com a mera constatação de uma vantagem prática ou técnica.

A deficiente adaptação da *Proposta*, revela-se ainda noutros pontos. Naquela *Proposta* – art. 6.° – a invenção implica actividade inventiva:

"n.° 1 – se ela representar uma vantagem e relativamente ao estado da técnica, não for muito evidente para um perito na especialidade;

---

[107] *Proposta alterada COM(1999) 309 final*; JO CE 248 de 29.08.2000.

n.° 2 – A vantagem referida no n.° 1 consiste numa vantagem prática ou técnica para a utilização ou o fabrico do produto ou processo em causa ou noutra vantagem para o utilizador como por exemplo uma vantagem educativa ou um valor em termos de entretenimento".

considerando o modelo de utilidade um direito para protecção exclusiva de invenções técnicas, lhes atribui contudo um grau de inventividade inferior ao exigido para uma patente. A Proposta indicava que os critérios a que deveriam corresponder a protecção seriam:

– Protecção de invenções técnicas que representam pequenos avanços tecnológicos
– Protecção de invenções técnicas com um ciclo de vida curto
– Obtenção rápida da protecção
– Simplicidade do procedimento
– Custos reduzidos
– Publicação rápida para rápida informação do público

Outros problemas:

a) perda do requisito de tridimensionalidade por forma a permitir a protecção dos processos – Pergunta-se: como categoria não deixa de surpreender que um processo seja protegido na categoria de "modelo". Se o objectivo é consagrar um novo tipo de patentes, diferindo apenas na tramitação mais rápida, por não obrigar ao exame de fundo, perdendo-se assim o espaço próprio dos modelos, então porque não adoptar uma designação que traduzisse mais realisticamente o objecto como "patente de curta duração"?[108]

b) Sendo o modelo para manter, nunca a actividade inventiva exigível deveria ter o mesmo nível das patentes. Neste sentido ia como vimos a já referida proposta de directiva sobre os modelos, que reconhecendo as potencialidades de protecção dos modelos de utilidade, passando por vantagens económicas e sociais, pretende estender este tipo de protecção a toda a EU, mas com um requisito de actividade inventiva muito menor: uma actividade inventiva e agora sim esclarecendo que esta "uma actividade inventiva" significa – art. 6.° da proposta – relativamente ao estado da técnica:

• quer uma eficácia específica, tal como uma finalidade de aplicação ou de utilização;
• quer uma vantagem prática ou industrial

---

[108] Esta é a designação adoptada por exemplo na Bélgica.

Como refere MOURA E SILVA[109], este *entorse* jurídico deve-se à intervenção do INPI: podendo o requerente optar por apresentar o seu pedido para patente ou modelo, os técnicos do INPI tinham "dificuldade em discernir quando estavam perante o quê", seria patente, seria modelo. Pelo novo código consagrou-se o inaceitável: igualaram-se as patentes e os modelos de utilidade, estes com critérios sem nexo entre si, por cumulação das alíneas a) e b) do n.º 1 do art. 120.º. A disjunção destas alíneas permitiria modelos sem actividade inventiva, possibilidade que o art. 117.º afasta.

A inventividade dos modelos de utilidade seria naturalmente menor do que a exigida para as patentes: também por isto o formalismo e custos são menores e jurídica e tecnicamente não haverá mérito para uma protecção exclusiva superior a 10 anos.

O sentido do *Projecto de directiva* referido é mesmo este: uma menor actividade inventiva, mas alguma actividade inventiva. Sem cair na evidência, pouco ultrapassando a inovação: de qualquer forma nunca igualando a natureza inventiva das invenções protegidas por patente. Encontrariam aqui protecção os melhoramentos que mais rapidamente são ultrapassados. Destinar-se-iam também as proteger as PME. Estas possuindo menor capacidade económica podem fazer um diferimento de custos com a protecção, dando-lhes tempo para avaliar a viabilidade económica.

Assim, e como advertia OLIVEIRA ASCENSÃO[110], a propósito do então Projecto de reforma do CPI de 1995 e da transformação dos modelos de utilidade em patentes sem necessidade de exame: isto "significa que com toda a facilidade se instalariam em Portugal falsas patentes – quer dizer, monopólios atribuídos sem contrapartida na revelação de um progresso técnico".

7.2. *Segundo uso médico*

A patenteabilidade das chamadas invenções de segundo uso médico resulta da conjugação dos art. 52.º, n.º 2 e 54.º, n.º 1 a) do CPI. Desta conjugação resulta que pelo art.. 52.º, n.º 2 os abreviadamente designados

---

[109] MOURA E SILVA, *Modelos de Utilidade – Breves Notas sobre a Revisão do Código da Propriedade Industrial*; AAVV, Direito Industrial, vol. III, Coimbra: Almedina, 2003, p.229-241

[110] OLIVEIRA ASCENSÃO, *A Reforma do Código da Propriedade Industrial;* AAVV, Direito Industrial, vol. I, Coimbra: Almedina, 2001, p. 495.

métodos de tratamento não são patenteáveis por falta de aplicação industrial (porque se considera que o interesse público neste caso é garantir ao médico a liberdade de tratamento e o direito à saúde). Ainda assim são patenteáveis:

– os produtos novos (sejam substâncias ou composições) para uso nos referidos métodos, de acordo com o mesmo preceito e
– o uso de produtos, substância ou composição, que fazendo parte do estado da técnica (e que portanto de per si nunca poderiam satisfazer quer o requisito da novidade quer da actividade inventiva, pelo art. 54.°n.° 1 a) – protege-se a nova aplicação.

A protecção de produtos exige a sua novidade absoluta. Conceder uma patente de produto, sendo este já conhecido é um absurdo na lógica dos requisitos da patente, que pretende precisamente impedi-lo.

Relativamente às invenções de uso o que sustenta a sua patenteabilidade não é apenas uma nova aplicação industrial encontrada para um produto conhecido. Habilidosamente, convertendo o objecto da invenção num uso, transformando a redacção da reivindicação de produto – que como se viu seria inaceitável – numa reivindicação de uso, podemos desfiar novamente os requisitos de patenteabilidade.

Nesta perspectiva poderemos encontrar já

– novidade – o uso não está no estado da técnica,
– actividade inventiva – se o novo uso não resultar evidente para o perito e a já referida
– aplicação industrial.

O IEP considera que estas reivindicações devem ser tidas como cobrindo todos os usos terapêuticos do produto, tal como no caso de reivindicações de composição farmacêutica. A infracção destas reivindicações apenas terá lugar quando o produto seja comercializado para uso terapêutico directo e não a granel.

De certa forma, é como se o produto, em termos de patente, pudesse renascer para a protecção – ter sempre presente a excepcionalidade deste situação – só e apenas quando se esteja perante uma aplicação a um método de tratamento ou diagnóstico cirúrgico ou terapêutico do corpo humano ou animal.

A abordagem mesmo assim pode ser considerada discriminatória em relação a outras áreas tecnológicas, embora se possa argumentar que do ponto de vista legal constituem uma excepção a uma exclusão.

O âmbito destas reivindicações não abrange qualquer protecção relativamente ao produto *per se*.

Este tipo de redacção de reivindicações é conhecido como o "formato suíço" e consiste numa fórmula fixa: "Utilização da substância X no fabrico de uma composição para tratamento de Y"[111].

7.3. *Âmbito de protecção da patente – A Equivalência*

I – "Equivalência"? Equivalente significa "que vale a mesma coisa"[112].

Nas invenções, sejam de produto, sejam de processo, pode verificar-se a substituição de um meio por outro diferente estruturalmente mas funcionalmente igual, sendo o resultado obtido idêntico. A um certo meio corresponde uma certa função. A outro meio, estruturalmente diferente, poderá corresponder, ou não, uma função diferente. Se este segundo meio, ainda que estruturalmente diferente, tiver a mesma função quanto ao resultado obtido, pode substituir o primeiro meio sem problema: são equivalentes; valem o mesmo.

II – A definição do âmbito de protecção conferida pela patente é feita com referência ao conteúdo das reivindicações, servindo a descrição e os desenhos para as interpretar[113]. A equivalência não se reporta primariamente à apreciação da inventividade; surge principalmente no âmbito da violação de patente anterior. Estão em causa duas invenções: relativamente à mais antiga temos já um direito constituído, na outra estaremos, eventualmente, na fase histórica do pedido. A solução do conflito reside na interpretação das reivindicações e da determinação da actividade inventiva.

Neste caso, os problemas de infracção à patente estão em contacto com os problemas da inventividade, com a delimitação da invenção, com a redacção das reivindicações, com a função da memória descritiva. Todos problemas jurídicos.

III – Não há disposição no ADPIC relativa à "doutrina dos equivalentes" ou à "equivalência". É matéria da competência dos países. A posi-

---

[111] Também relativamente a este aspecto a EPC 2000 trará novidades.
[112] GOMEZ SEGADE, *Actividad Inventiva y Doctrina de los Equivalentes*, AAVV, Direito Industrial, vol. IV, Coimbra: Almedina, 2005, p. 41.
[113] Art. 97.° CPI.

ção dos países quanto à doutrina dos equivalentes varia com o desenvolvimento da sua indústria – um país mais desenvolvido tem interesse na equivalência ampla, um país pouco desenvolvido tecnologicamente tem interesse em deixar mais espaço livre e deverá realizar uma interpretação mais literal. Nesta linha, há autores que defendem que uma interpretação literal promove o desenvolvimento tecnológico e uma interpretação ampla por equivalência desmotiva a inovação, por falta de certeza jurídica.

IV – Em Portugal, a determinação do âmbito de protecção das patentes é feita através de interpretação das reivindicações, servindo a descrição e os desenhos para as interpretar (art. 97.º/1)[114]. Não existe referência legal à equivalência. As reivindicações são a peça própria para caracterizar a invenção, para expor a matéria nova e com actividade inventiva; e só estas.

Não havendo porém, norma para interpretação do citado artigo, deve considerar-se como referencial o Protocolo de interpretação do art. 69.º CPE, segundo o qual:

*"não deve ser interpretado como significando que o âmbito de protecção conferida pela patente europeia é determinado no sentido restrito e literal do texto das reivindicações e que a descrição e os desenhos servem unicamente para dissipar as ambiguidades que poderiam ser encontradas nas reivindicações. Também não deve ser interpretada como significando que as reivindicações servem unicamente como linha orientadora e que a protecção se estende igualmente sobre aquilo que, na opinião do perito na especialidade que tenha examinado a descrição e os desenhos, o titular da patente pretendeu proteger. Pelo contrário o art. 69.º deve ser interpretado como definindo entre estes dois **extremos uma posição que assegure simultaneamente uma protecção justa ao requerente e um grau de certeza razoável a terceiros.**"*

Segundo SILVA CARVALHO[115] podiam ser identificadas as condições seguintes:

– identidade da ideia base;
– os meios empregados devem desempenhar a mesma função;

---

[114] Em consonância também com o art. 69.º, n.º 1 da CPE.
[115] SILVA CARVALHO, ob. cit., p. 73 e ss.

– os meios empregados devem servir para se obter o mesmo resultado técnico.

V – A jurisprudência europeia não é homogénea. Na prática jurisprudencial do Instituto Europeu de Patentes (IEP), a Câmara de Recurso considerou que "dois meios são equivalentes se, apesar de terem estruturas/formas diferentes cumprirem a mesma função em relação ao mesmo resultado". Mais ainda "dois meios realizam a mesma função quando partilham a mesma ideia de base i.e. se aplicam o mesmo princípio da mesma maneira".

VI – As questões que se põem relativamente à segunda invenção:

a) A equivalência não pode ser usada para apreciar a novidade, porque a novidade só é destruída por uma anterioridade;

b) Quanto à actividade inventiva: a invenção consiste numa solução alternativa à primeira invenção para um problema técnico. O nível de actividade inventiva, de não evidência para o perito, está no mínimo: se não chegar à actividade inventiva boa para patentear, ficará no campo da evidência. A concessão de direitos nesta base bloqueia o progresso técnico, e possibilita a violação de patente por terceiros sem qualquer actividade inventiva. É uma forma de defraudar os reais inventores nos seus legítimos direitos. Pelo contrário se o meio não for equivalente haverá actividade inventiva. Como vimos, o conteúdo do estado da técnica para apreciação da actividade inventiva limita de alguma forma a equivalência.

c) O momento de referência para apreciação da equivalência de meios é, tal como para a actividade inventiva, a data da apresentação do pedido. O meio equivalente tem que já existir à data da apresentação do pedido de patente, tem que fazer parte do estado da técnica. Se não existir, surgindo posteriormente, ainda que constituindo um novo meio que vale o mesmo, não é equivalente, goza de novidade e mesmo de actividade inventiva. Independentemente do resultado ser o mesmo.

d) Os meios equivalentes devem conduzir ao mesmo tipo e qualidade de resultado. Caso o resultado seja igual mas de qualidade diferente, em função da diferença estrutural do meio, já não será considerada equivalência.

e) Permitindo determinar o exacto âmbito de protecção de uma patente, a doutrina dos equivalentes desempenha uma função na determinação de infracções à patente.

f) Noutra perspectiva, esta teoria pode ter efeitos inesperados como considerar-se que desde que verificadas as condições de aplicabilidade, todos os meios, mesmo que não previstos pelo inventor, carecem de actividade inventiva. Esta interpretação extensiva é perigosa e portanto de evitar. Portanto, como refere o Protocolo as reivindicações não devem ser interpretadas no seu sentido literal mas também não se deve ser tão liberal que sejam consideradas uns meros "guidelines" e que incluam tudo o que o titular tivesse contemplado na descrição e desenhos – de forma a proteger os equivalentes.

Esta doutrina dos equivalentes tem especial aplicabilidade nas invenções de processo.

A doutrina e a jurisprudência têm estado especialmente activas na construção dogmática desta figura tanto na americana doutrina dos equivalentes como na europeia equivalência, destacando-se aqui a abordagem inglesa, mais literalista, e a abordagem alemã, mais ampla e considerando a equivalência. A este assunto voltaremos em futuro trabalho.

7.4. As patentes de selecção

A selecção permite escolher de entre um grupo mais ou menos extenso, determinado por uma estrutura comum, um só elemento ou um pequeno grupo, segundo um critério específico, que pode ser uma função, característica ou propriedade[116].

Um caso notável em que a selecção se coloca são as invenções de produtos químicos (sejam compostos ou composições) porque apresentam particularidades que lhes advêm da natureza da química. Tais invenções raramente se reportam a um único composto pois a semelhança estrutural

---

[116] Segundo AZEMA, *Essai de démystification du brevet de sélection*, in Mélanges en l'honneur de Daniel Bastian, tome II, Paris: Librairies Technique, p. 144 "a invenção de selecção é aquela que consiste em escolher de entre um conjunto de entidades apresentando propriedades determinadas, uma entidade particular que apresenta essa propriedade no mais alto grau ou em condições óptimas." Este autor refere que a protecção destas invenções são um incentivo à investigação em numerosos sectores mas, por outro lado, estas invenções podem ser utilizadas pela indústria como um meio pouco escrupuloso de fugir às patentes, com invenções pouco diferentes, ainda que através da obtenção de uma patente que ficará na situação de patente dependente. Ob.cit. p. 144.

determina propriedades, comportamentos e funções semelhantes, constituindo famílias de compostos; por isto é habitual a protecção incidir sobre um grupo amplo de compostos afins, chegando a abranger milhares de compostos. Contudo, o problema da selecção pode colocar-se em qualquer campo tecnológico.

Reportando-nos às invenções no domínio químico, a possibilidade de proteger por patente uma selecção coloca-se quando se identifica dentro de um grupo amplo de compostos afins, já conhecidos, e até protegidos por patente anterior, um ou alguns com propriedades específicas de relevo, não conhecidas e não evidentes. Coloca-se um problema: os produtos estão protegidos. Neste sentido, não é possível protegê-los de novo, são conhecidos, constituem estado da técnica. Levanta-se então outro problema: saber se é possível obter a protecção para os compostos seleccionados de entre o grupo protegido, pois a selecção pode ter subjacente uma actividade inventiva e uma nova aplicação industrial. Pode opor-se que a ausência de novidade remete toda a matéria protegida, liminarmente, para o estado da técnica, tornando inútil toda a apreciação da actividade inventiva. É com este fundamento que a Alemanha não aceita patentes de selecção[117].

No fundo, a questão é se uma selecção pode ser ou não uma invenção. Habitualmente, a doutrina é favorável à selecção e a jurisprudência rejeita-a, por falta de requisitos de patenteabilidade.

A nosso ver, a resolução da questão não passa pela apreciação da novidade. Sabe-se que esse composto é conhecido e até se encontrará protegido por patente, como tal é pertence ao estado da técnica; mas não pode ignorar-se que a configuração do problema técnico se apresenta de modo diverso, pretende solucionar-se outra situação: a questão surge em termos de actividade inventiva ou seja na demonstração da não evidência das propriedades apuradas para o perito na especialidade em vista do estado da técnica e na solução efectiva do problema técnico. Sendo verificada a actividade inventiva (e depois a industrialidade) não se vê como não reconhecer estar perante uma invenção susceptível de protecção.

Por outro lado, a questão também não deve ser colocada como se uma mera aplicação de composto conhecido se tratasse, porque a actividade inventiva tem que ser validada antes da aplicação industrial.

---

[117] GRUBB, *Patents for chemicals, pharmaceuticals and biotechnology. Fundamentals of global law, practice and strategy*, Oxford: Clarendon Press, 2004, p. 217.

7.5. As patentes de revalidação

A patente de importação ou de revalidação ressurge. Embora sem consagração em Portugal este tipo de patente constitui uma excepção que permite ultrapassar a ausência de novidade absoluta, quer por ter havido uma publicação anterior (o requerente não apresentou o pedido nem dentro do prazo da prioridade, nem nos 6 meses seguintes (dentro do prazo dos 18 meses da publicação)) quer por haver patentes concedidas noutros países para a mesma invenção, com o mesmo inventor.

Estas patentes caracterizam-se por:

– Falta de novidade[118];

– Incidirem sobre a mesma invenção e terem o mesmo inventor do pedido de patente publicado ou patente de invenção que está na sua base;

– Serem sujeitas a publicação imediata para salvaguarda de direitos de terceiros.

Por outro lado, o exame para avaliação da patenteabilidade estaria facilitado neste tipo de patentes visto existirem exames anteriores noutros países.

Surgem pela primeira vez em 1889, no Tratado de Patentes de Montevideu (Argentina, Bolívia, Paraguai, Peru e Uruguai)[119]. O ADPIC não regula. A Convenção de Paris refere estas patentes no artigo 1(4) e os países têm competência para as conceder. Refere-se que têm como finalidade estimular o investimento, nos países em que não existe uma protecção por patente adequada e para ancorar a transferência de tecnologia para os países em desenvolvimento. Visam agora principalmente o campo dos produtos farmacêuticos.

Do ponto de vista jurídico, face aos actuais critérios de patenteabilidade, são um anacronismo, encerram uma aparente e completa contradição do sistema de patentes. Esta patente foi concebida para outros tempos,

---

[118] Já num sistema de estado da técnica limitado temporal e territorialmente, a questão pode assumir outros contornos; podendo mesmo chegar a ser uma invenção patenteável.

[119] Art. 1.º: "Qualquer pessoa que obtenha uma patente ou privilégio em um dos países signatários, gozará, nos restantes Estados, dos direitos do inventor, desde que registe o seu/a sua patente no prazo máximo de um ano, de acordo com as leis do país no qual pretende reconhecimento".

para realidades em que os Estados tinham uma estrutura administrativa e industrial incipiente. Podia ser então um instrumento de modernização. Ainda assim só para conceder direitos a titulares estrangeiros. Mas pode talvez ter sentido em situações muito excepcionais de promoção do desenvolvimento em certos países, ainda que à custa da concessão de exclusivos sobre invenções no domínio público.

Neste sentido, como é que se revalida uma patente? A patente é um direito que vive no tempo, tem um momento. E o tempo só avança. Juridicamente, as patentes nunca podem recomeçar; caducam.

7.6. *A nanotecnologia e as patentes*

I – FEYNMAN fez o anúncio do que viria a ser a nanotecnologia com a pergunta *"Why cannot we write the entire 24 volumes of the Encyclopedia Britannica on the head of a pin?"*[120]. Concluiu que além de possível, não seria surpreendente na medida em que a Biologia já havia demonstrado, através da Genética, que vasta e complexa informação e funcionalidades estão armazenadas num espaço ínfimo. Quase cinco décadas depois, as zonas geográficas de onde provêm os maiores titulares de patentes investem fortemente na nanotecnologia incluindo a Europa[121] e os EUA.

A nanotecnologia permite a utilização e aplicação de produtos, conhecidos na escala normal, em dimensões nanométricas[122] ou seja à nano-escala, o que se traduz na manipulação directa de átomos e moléculas – as nanopartículas. Esta tecnologia envolve novos materiais (nanomateriais), aparelhos (nanomáquinas), processos e aplicações[123].

---

[120] FEYNMAN, Richard P. – *There's Plenty of Room at the Bottom – An Invitation to Enter a New Field of Physics*, December 29th 1959, Annual Meeting of the American Physical Society at the California Institute of Technology (Caltech) disponível em http://www.zyvex.com/nanotech/feynman.html.

[121] Relativamente à Europa veja-se:
http://europa.eu.int/smartapi/cgi/sga_doc?smartapi!celexplus!prod!DocNumber&lg=pt&type_doc=COMfinal&an_doc=2004&nu_doc=338

[122] Nanometro – 10^{-9} metro.

[123] A nanoelectrónica: destinada aos computadores, a fim de criar máquinas mais eficientes, mais potentes e adaptadas à vida doméstica e industrial. A nanobiotecnologia: o seu uso no domínio médico e sanitário destina-se ao fabrico de biossensores, biomateriais e outras máquinas para o tratamento,nomeadamente,do cancro e das doenças cardiovasculares. Os nanomateriais: destinam-se ao fabrico de materiais solares, ópticos, etc.

Qual o objecto destas invenções? Que dificuldades suscitam quanto à patenteabilidade? Qual o estado da técnica? Quem são os peritos?

II – O Instituto Europeu de Patentes (IEP) define nanotecnologia como a tecnologia que envolve:

– entidades com um tamanho geométrico controlado com pelo menos um componente funcional inferior a 100 nm numa ou mais dimensões susceptível de disponibilizar efeitos físicos, químicos ou biológicos que são intrínsecos a esse tamanho.

– equipamento e métodos para análise, manipulação, processamento, fabrico e medição controlados, com uma precisão inferior a 100 nm.

O IEP criou um grupo de trabalho sobre nanotecnologia e uma secção da classificação especial para invenções nanotecnológicas – a Y01N[124]. Isto porque sendo a nanotecnologia interdisciplinar, varre toda a Classificação Internacional de Patentes. As pesquisas relativas ao estado de técnica são feitas com base também em outra literatura para além das patentes.

Nos EUA, desenvolve-se a Iniciativa Nacional para a Nanotecnologia cuja a definição consta da classificação 977 do USPTO[125].

---

[124] Conta com 6 subclasses (Y01N2: Nano-biotecnologia; Y01N4: Nanotecnologia para o processamento, armazenagem e transmissão de informação; Y01N6: Nanotecnologia da ciência dos materiais e superfícies; Y01N8: Nanotecnologia para interagir, medir ou operar; Y01N10: Nano-óptica; Y01N12: Nano-magnetos).

[125] *"Classification 977 – This class provides for disclosures:*

a. related to research and technology development at the atomic, molecular or macromolecular levels, in the length of scale of approximately 1-100 nanometer range in at least one dimension, and

b. that provides a fundamental understanding of phenomena and materials at the nanoscale and to create and use structures, devices, and systems that have novel properties and functions because of their small and/or intermediate size.

In addition, disclosures in this class may be defined by one or more of the following statements.

a. The novel and differentiating properties and functions of disclosures in this class are developed at a critical length scale of matter, typically under 100 nanometers.

b. Nanotechnology research and development includes manipulation, processing, and fabrication under control of the nanoscale structures and their integration into larger material components, systems and architectures. Within these larger scale assemblies, the control and construction of their structures and components remains at the nanometer scale.

IV – As questões que se colocam sobre a patenteabilidade de invenções utilizando esta tecnologia são múltiplas e importantes, tanto no campo vida como não vida.

• **Descobertas** – Desde logo, a simples verificação de novas propriedades não é em si mesma patenteável. De facto, sendo certo que o direito industrial visa promover novas soluções industriais, não são atribuíveis exclusivos sobre descobertas.

• **Actividade inventiva** – a determinação do perito na especialidade constitui um dos principais problemas de patenteabilidade destas invenções por combinarem várias áreas tecnológicas. O IEP admite, por isso mesmo, como perito na especialidade, uma equipa multidisciplinar.

• **Divulgação** – problemas de suficiência da descrição e de reprodutibilidade dos resultados da invenção pela pessoa competente na especialidade.

• **Reivindicações** – a matéria das reivindicações tem que ser toda suportada na descrição[126] e a amplitude das reivindicações. Classicamente, a reivindicação de um produto – na área química ou não – abrange todas as aplicações desse produto, previstas já na patente ou ainda por encontrar. No campo da biotecnologia a situação é diferente. Tende-se a limitar o exclusivo concedido às aplicações

---

c. In some particular cases, the critical length scale for novel properties and phenomena may be less than 1 nanometer or be slightly larger than 100 nanometers.
d. The novel properties or functions, e.g., special effects, are attributed to and are intrinsic at the nanoscale.
Such nanoscale materials are infinitesimally minute arrangements of matter (i.e. nano-structural assemblages) have particularly shaped configurations formed during manufacture and are distinct from both naturally occurring and chemically produced chemical or biological arrangements composed of similar matter.
a. Also, encompassed within this collection are disclosures related to the controlled analysis, measurement, manufacture or treatment of such nano-structural assemblages and their associated processes or apparatus specially adapted for performing at least one step in such processes.
b. Novel and differentiating properties and functions relate to the altering of basic chemical or physical properties of the nano-structural assemblage attributed at the nanoscale.
http://www.uspto.gov/web/patents/classification/uspc977/defs977.htm

[126] Cfr. SCHEU; VEEFKIND,; *Nanotechnology in Chemistry and Electrophysics – Emerging Technologies: the EPO approach,* Special Edition; EPO Seminar on Search and Documentation Working Methods; 4-7 April, 2005 – The Hague.

efectivamente verificadas pelo inventor e não mais. Igualmente, no campo das nanotecnologias, e até porque estão também presentes na biotecnologia, a redacção muito ampla das reivindicações teria como consequência uma protecção excessivamente abrangente, conduzindo, como classicamente, a um exclusivo sobre todas as utilizações futuras do produto.

O requisito mais dificil de preencher é o da actividade inventiva. Não se considera haver actividade inventiva se esta residir na mera redução de dimensão. Mas haverá actividade inventiva se se verificar uma função inesperada à nano-escala e se o preconceito, a dificuldade técnica em reduzir a dimensão tiver sido ultrapassado.

A principal virtualidade da nanotecnologia, a mudança de dimensão para uma dimensão "nano", é que pode ter implicações ao nível funcional dos materiais, decorrentes de propriedades exibidas àquela escala e portanto das suas aplicações industriais – novas soluções para problemas conhecidos. Inclusivamente, muito importante é que algumas das propriedades desses materiais só têm expressão numa escala nano.

8. Conclusão

Nas actuais e diversas configurações que o direito de patente assume pelo mundo, pressionado pelos interesses comerciais, a liberdade e o interesse público continuam ser os valores fundamentais em causa, promovendo a disseminação do conhecimento e da inovação.

Tal não significa incompatibilidade com a protecção das invenções. Pelo contrário, os direitos de exclusivo sobre as invenções devem ser direitos fortes, válidos e aplicáveis efectivamente. Mas é imprescindível que tenham por objecto verdadeiras invenções e não invenções triviais, que a todos prejudicam, criando espaços de exclusivo que obstam à livre concorrência e à normal exploração das patentes realmente válidas.

Manter "o espaço de liberdade" é por conseguinte um objectivo da comunidade enquanto tal, ao defender-se colectivamente, defende os indivíduos, defende o inventor; defende um valor essencial da nossa natureza – a injuntividade.

A actividade inventiva surge como expressão jurídica, no sistema de patentes, da inventividade. Verificamos, que o século XXI, os requisitos de patenteabilidade, se pretendem cada vez mais objectivos, como condição de maior justiça na atribuição de patente. Não deixam por isso de ser conformáveis e modeláveis às necessidades dos Estados que concedem este tipo de direitos. Aliás, essa é a essência do direito industrial: a atribuição da patente reconhece a invenção e concede um exclusivo de exploração.

No já longo caminho do direito industrial, há muito que se procura a harmonização substantiva, tendo sido possível já alguma. Pretende-se atingir a uniformidade dos critérios legais entre os países, por forma a tornar cada vez mais simples e acessível a protecção. Na realidade, sendo os países desenvolvidos os maiores requerentes de patentes a nível mundial, pois concentram o conhecimento e os meios de investigação, esta uniformidade e acessibilidade, não resultará em mais do que uma forma fácil de obter globalmente direitos exclusivos, mesmo nos países pobres que assim alienam espaços de liberdade que, no seu interesse, deveriam conservar livres.

Pelo ADPIC, consagraram-se mínimos de protecção, que não deixaram de levantar problemas gravíssimos relativamente às patentes nomeadamente e a título de exemplo, quanto ao acesso aos medicamentos. No futuro TLSP, não podem ignorar-se as diferenças de desenvolvimento entre os países e consequentemente diversos interesses relativamente à I&D. A harmonização é desejável, mas deverá ser flexível.

Não existirá apenas uma solução, sob pena da harmonização ficar reduzida a agente de regulação do comércio internacional, reproduzindo-se em direitos exclusivos, mais abrangentes, mais fáceis e mais baratos. Mas não melhores. As soluções possíveis devem ter em consideração os interesses de todos os intervenientes e não devem ser impostas soluções contra os próprios interesses.

A distinção entre invenção e descoberta não perdeu a actualidade, em virtude, nomeadamente, das chamadas patentes sobre a vida, ganhando mesmo uma nova profundidade.

Mas é no contraponto jurídico entre os requisitos de patenteabilidade que está, e estará, a chave do direito de patentes e da sua evolução. Há que escolher de entre dois grandes modelos de patenteabilidade: o modelo **novidade absoluta – inventividade objectiva** (abordagem problema/solução) com referência a um perito na especialidade **– industrialidade**, como na Patente Europeia, e o modelo **novidade relativa – não evidência** com referência a uma pessoa com conhecimentos normais na especialidade – **utilidade** adoptado nos Estados Unidos da

América. Não são apenas dois modelos de patenteabilidade, reflectem dois modelos de sociedade.

A definição do conteúdo do estado da técnica e do perito/técnico na especialidade, como elementos que são dos requisitos de patenteabilidade, são incontornáveis na modelação de qualquer sistema de patentes.

O perito na especialidade, homem hipotético, virtual que é, tem que acompanhar a evolução do homem real: sempre com maior preparação, maior conhecimento, mas fundamentalmente neste novo século, com muito maior acesso à informação: também ela melhor, mais rápida e económica. Na verdade o nosso perito assume por vezes forma real e concreta: é o examinador que estuda o pedido, é o perito chamado ao tribunal, pode ser um juiz.

Também as exclusões devem ser determinadas sem ceder a pressões: a neutralidade do direito de patentes é uma ficção e os imperativos éticos não podem ser ignorados. O homem parte da Natureza, é Natureza. Como poderá "inventar-se"?

Os problemas suscitados pela actividade inventiva são muitos e ilustrámos alguns deles com recurso a casos que têm sido largamente discutidos na doutrina e na jurisprudência. A nanotecnologia, em particular, emerge no direito de patentes, invocando a capacidade de adaptação e resposta do sistema de patentes a novos tipos de invenções.

Os critérios de novidade relativa, evidência e utilidade e a não distinção entre descoberta e invenção, conduzem à concessão de exclusivos sobre as descobertas, sobre a Natureza, sobre as fontes de alimentos e agricultura, sobre a vida humana, assumindo formas intoleráveis e consequências indesejáveis para o bem estar das sociedades.

É desejável um modelo jurídico de atribuição de patentes de invenção subordinado a padrões de patenteabilidade de elevado rigor e qualidade, objectivos, do tipo actualmente em vigor em Portugal, efectivamente realizado.

A MARCA PRESTIGIADA NO DIREITO COMUNITÁRIO DAS MARCAS – A PROPÓSITO DA OPOSIÇÃO À MARCA COMUNITÁRIA[1]

JORGE NOVAIS GONÇALVES
Jurista no I.H.M.I.

SUMÁRIO:
1. Introdução. 1.1. Direito das marcas na União Europeia; 1.2. Parâmetros tradicionais de protecção da marca: a função primordial da marca, o "risco de confusão" e o princípio da especialidade; 1.3. Superação do modelo tradicional de tutela da marca; 1.4. A marca prestigiada como motivo relativo de recusa de um pedido de marca comunitária. 2. A noção de marca prestigiada; 2.1. Razão de ser da protecção do prestígio; 2.2. Marca prestigiada – Noção; 2.3. O Caso Chevy: a) As conclusões do advogado-geral; b) Apreciação; c) A decisão do Tribunal de Justiça; 2.4. Conclusão. 3. Pressupostos da protecção ao prestígio; 3.1. A marca anterior; 3.2. O prestígio e a sua prova: i. Prestígio e território; ii. Prestígio e tempo; iii. Produtos ou serviços e público relevante; 3.3. Similitude das marcas; 3.4. Produtos e serviços; 3.5. Violação do prestígio: a) A marca subsequente retira benefício do carácter distintivo ou do prestígio da marca anterior; b) A marca subsequente prejudica o carácter distintivo da marca anterior; c) A marca subsequente prejudica o prestígio da marca anterior; d) Demonstração da violação do prestígio; 3.6. Ausência de justo motivo. 4. Conclusão

---

[1] O conteúdo deste estudo não possui natureza oficial e exprime apenas o entendimento do autor relativamente as matérias nele abordadas.

1. Introdução

1.1. *Direito das marcas na União Europeia*

A Primeira Directiva do Conselho de 21 de Dezembro de 1988 que harmoniza as legislações dos Estados-membros em matéria de marcas[2] determinou a convergência das legislações nacionais em torno dos princípios aí consagrados[3]. Este passo tornou possível concretizar o projecto, há muito gizado, de criar uma marca para todo o espaço comunitário[4], o que foi efectuado através do Regulamento (CE) N.º 40/94 do Conselho, de 20 de Dezembro de 1993[5]. Constituindo-se apenas através do registo[6], a marca comunitária apresenta-se como um novo título conferidor de direitos sobre marcas desenhado para ter eficácia no conjunto do mercado interno da Comunidade Europeia, segundo um regime legal único definido pelo Regulamento. A marca comunitária é gerida pelo Instituto para a Harmonização do Mercado Interno (Marcas, Desenhos e Modelos)[7], também criado pelo mesmo diploma.

---

[2] JOCE n.º L40, de 11.02.1989, adiante designada apenas por "Directiva" ou "DM".

[3] A Directiva não procurou obter a harmonização total do Direito das marcas em todos os seus aspectos. A título de exemplo, a Directiva não procurou harmonizar a forma como as marcas não registadas são tuteladas nos Estados-Membros, campo onde existiam, e subsistem, acentuadas diferenças.

[4] Repare-se que a Directiva teve em conta a figura eminente da marca comunitária, nomeadamente aquando da enunciação dos motivos de recusa ou de nulidade relativos a conflitos com direitos anteriores – al.a) do n.º 2 e n.º 3 do artigo 4.º DM.

[5] JOCE n.º L011, de 14.01.1994, p. 1-36. O Regulamento da Marca Comunitária será adiante designado apenas por "Regulamento" ou "RMC".

[6] Já o desenho comunitário não necessita de ser registado. Note-se no entanto que o seu registo proporciona ao respectivo titular uma protecção mais alargada, quer em termos dos poderes de exclusividade atribuídos, quer em termos de período de validade, para além, é claro, da segurança resultante da presunção de titularidade – cfr. artigos 11.º, n.º 1, 12.º, 17.º e 19.º do Regulamento (CE) n.º 6/2002 do Conselho, de 12 de Dezembro de 2001, relativo aos desenhos ou modelos comunitários, Jornal Oficial n.º L 003 de 05//01/2002 p. 1-24.

[7] O Instituto para a Harmonização do Mercado Interno (marcas, modelos e desenhos), adiante designado apenas por Instituto ou IHMI, com sede em Alicante, é a pessoa colectiva criada pela Comunidade Europeia para gerir o registo das marcas comunitárias, procedendo nomeadamente ao exame dos pedidos de marcas comunitárias, mantendo o registo das marcas comunitárias e exercendo as demais competências que lhe são atribuídas no Regulamento, as quais incluem, por exemplo, a competência para examinar e decidir dos pedidos de anulação de marcas comunitárias. O Instituto é ainda responsável pelo registo do desenho e modelo comunitários.

A protecção da marca na Europa comunitária passou assim a desenvolver-se em dois planos distintos: o plano nacional (ou sub comunitário) abrangendo os sistemas nacionais de marcas e o sistema de marcas do Benelux[8], e o plano comunitário. Apesar de distintos, estes planos encontram-se intimamente relacionados entre si. O plano nacional ou sub comunitário, tendo como fonte conformadora a Directiva, possui uma forte componente comunitária. Com efeito, as várias legislações sub comunitárias foram adaptadas às exigências da Directiva que fixou, com algum pormenor, as bases essenciais sobre as quais se desenvolve qualquer sistema de marcas incluindo, nomeadamente, os requisitos para o seu registo, os motivos da sua recusa, os poderes conferidos pela marca e as causas da sua extinção. O sistema da marca comunitária foi, naturalmente, erigido na base dos princípios estabelecidos na Directiva, pelo que a trave mestra destes dois sistemas é idêntica.

Os sistemas comunitário e nacional não se limitam a partilhar os mesmos princípios estruturais. Ambos assentam nas organizações judiciais nacionais dos Estados-membros[9], ao mesmo tempo que se encontram sob a alçada do Tribunal de Justiça das Comunidades Europeias, embora por vias distintas e em contextos diferentes[10]. De facto, ao Tribunal de Justiça compete fixar a correcta interpretação das disposições da Directiva, o que lhe confere um papel determinante na interpretação das legislações nacionais elaboradas sob a égide daquela. Por outro lado, é ao Tribunal que compete fiscalizar a legalidade das decisões do Instituto nomeadamente no que respeita ao registo da marca comunitária, à sua recusa, e à sua extinção. O Tribunal de Justiça desempenha portanto um papel de referência no direito das marcas na União Europeia, em ambos planos em que este se desdobra.

---

[8] Com efeito, os países membros da Benelux não possuem sistemas nacionais de marcas. Ao utilizar a expressão "sistemas sub comunitários" pretende-se assim abranger com um só termo realidades diferentes como o sejam o sistema de marcas da Benelux, vigente na Holanda, na Bélgica e no Luxemburgo, e os sistemas de marcas nacionais dos restantes Estados-membros da UE.

[9] A criação dos tribunais de marcas comunitárias, com competência nomeadamente para acções de contrafacção de marcas comunitárias, foi imposta pelo artigo 91.º do Regulamento da marca comunitária. Estes tribunais pertencem à respectiva organizações judiciárias nacionais, não constituindo assim entidades de natureza comunitária.

[10] Ao Tribunal de Justiça das Comunidades Europeias se referirá, de ora em diante, apenas por "Tribunal de Justiça" ou "TJCE".

O forte cunho comunitário das legislações dos Estados-Membros e do Benelux neste campo, a criação da marca comunitária, a complementaridade dos sistemas nacionais e comunitário, a comunhão dos seus princípios basilares e o papel de referência desempenhado pelo Tribunal de Justiça parece justificar que se fale de um corpo jurídico denominado direito comunitário das marcas que abarcaria o conjunto de princípios e normas estabelecidos pelo legislador comunitário na Directiva e no Regulamento. Na interpretação e aplicação deste corpo normativo intervêm o TJCE, os tribunais dos Estados-membros, incluindo nomeadamente os tribunais de marca comunitária, e as diversas entidades administrativas com competência em matéria de marcas, entre as quais se encontram o IHMI e o INPI.

1.2. *Parâmetros tradicionais de protecção da marca: a função primordial da marca, o "risco de confusão" e o princípio da especialidade*

A marca é um sinal distintivo do comércio que tem como função primeira garantir a identificação da origem empresarial do produto que a exibe, permitindo ao consumidor diferenciar as várias proveniências empresariais dos produtos oferecidos em cada sector do mercado[11]. Naturalmente, a marca apenas pode cumprir esta sua função se for suficientemente distinta das demais. De outro modo, existe o risco de a marca actuar como um elemento gerador de confusão.

Tendo como pano de fundo a função essencial da marca, a compatibilidade entre duas marcas semelhantes afere-se assim em função da noção de risco de confusão por parte dos consumidores. Tal confusão traduz-se num estado de incerteza ou mesmo de erro, por parte do consumidor, quanto à origem comercial de um determinado produto ou serviço. Se a semelhança for de molde a criar um tal risco a marca mais antiga deve prevalecer sobe a marca mais recente.

O conceito de "risco de confusão", que pode ser definido como a probabilidade séria de o público crer que os produtos ou serviços oferecidos por duas empresas distintas provêm da mesma empresa ou, eventualmente, de empresas economicamente ligadas entre si[12], tornou-se assim numa fer-

---

[11] Ver, nomeadamente, o Acórdão do TJCE de 17 de Outubro de 1990, HAG II, C--10/89, Colect., p. I-3711, n.ºs 14 e 15, art. 2.° DM, art. 4.° RMC, e art. 222.° CPI.

[12] Ver, neste sentido, Acórdão do TJCE de 11 de Novembro de 1997, SABEL, C--251/95, Colect., p. I-6191, n.ºs 16 a 18. 1997 11 11 TJCE, SABEL, C-251/95

ramenta jurídica central do direito das marcas ao ser determinante na definição do campo de exclusividade conferido pela marca.

O conceito de "risco de confusão" encontra-se intrinsecamente ligado ao princípio da especialidade. Segundo este princípio, a identidade ou semelhanças entre duas marcas só gera confusão, ou risco de confusão, se os respectivos produtos ou serviços forem idênticos ou afins. É neste contexto típico que a semelhança entre duas marcas tende a gerar confusão junto do público consumidor.

Fora deste campo restrito, isto é, quando os produtos identificados por duas marcas semelhantes ou idênticas não tenham qualquer semelhança entre si (ex.: gravatas e alimentos para animais) o risco de confusão ou não é concebível[13] ou, a existir, não é merecedor de tutela jurídica. Para Pedro Sousa e Silva, "se, entre dois utilizadores de uma mesma marca, não puder haver competição no mercado – por serem absolutamente distintas as respectivas clientelas – nada haverá a proibir, pois nada haverá que proteger"[14]. Já a concorrência num mesmo sector de mercado de duas marcas de difícil distinção é nefasta para um mercado que se pretende livre e esclarecido[15], isto é, um mercado no qual o consumidor perante um leque variado de produtos concorrentes tem a possibilidade de optar de forma consciensiosa por aquele que melhor se ajusta às suas preferências e necessidades.

Assim, caso exista um risco de confusão, o titular da marca mais antiga (também denominada "marca anterior") tem direito a impedir a entrada e de retirar do mercado (e do registo) a marca mais recente (também denominada "marca subsequente"). A prevalência da marca anterior sobre a marca subsequente e o consequente desaparecimento desta ultima, permite à primeira cumprir a sua função primordial, possibilitando aos potenciais consumidores distinguir a origem empresarial do produto em causa face aos produtos idênticos ou afins de diferente proveniência[16].

---

[13] Com efeito, a presença no mercado de duas marcas idênticas ou semelhantes para serviços de contabilidade e para produtos de limpeza, respectivamente, não gera em princípio no consumidor a expectativa de uma mesma origem empresarial.

[14] *O princípio da especialidade das marcas. A regra e a excepção; as marcas de grande prestígio*, ROA, Janeiro 1998, I, pág. 393.

[15] Ver, nomeadamente, o Acórdão de 17 de Outubro de 1990, HAG II, C-10/89, Colect., p. I-3711, n.os 14 e 13.

[16] Sobre as várias funções da marca e a distinção entre as funções económicas da marca e as funções da marca juridicamente protegidas veja-se Pedro Sousa e Silva, *O princípio da especialidade das marcas. A regra e a excepção; as marcas de grande prestígio*, ROA, Janeiro 1998, I, p.378-392.

Desta forma, protegem-se simultaneamente os titulares da marca e os consumidores.

O risco de confusão e o princípio da especialidade encontram-se, assim, intrinsecamente relacionados. O princípio da especialidade delimita o âmbito de protecção da exclusividade da marca e o risco de confusão determina, dentro desses limites, a sua compatibilidade perante as demais marcas.

1.3. *Superação do modelo tradicional de tutela da marca*

Com a aprovação da Directiva surge, pelas mãos do legislador comunitário, a "marca prestigiada" à qual é dispensada uma tutela especial. O artigo 5.º da Directiva, após definir, no seu n.º 1, o conteúdo essencial dos direitos conferidos pela marca segundo os parâmetros tradicionais do princípio da especialidade e do risco de confusão[17], dispõe, no seu n.º 2, o seguinte:

"Qualquer Estado-membro poderá também estipular que o titular fique habilitado a proibir que terceiros façam uso, na vida comercial, sem o seu consentimento, de qualquer sinal idêntico ou semelhante à marca para produtos ou serviços que não sejam semelhantes àqueles para os quais a marca foi registada, sempre que esta goze de prestígio no Estado-membro e que o uso desse sinal, sem justo motivo, tire partido indevido do carácter distintivo ou do prestígio da marca ou os prejudique"[18].

---

[17] Nos termos do n.º 1 do artigo 5.º da Directiva:
A marca registada confere ao seu titular um direito exclusivo. O titular fica habilitado a proibir que um terceiro, sem o seu consentimento, faça uso na vida comercial:
a) De qualquer sinal idêntico à marca para produtos ou serviços idênticos àqueles para os quais a marca foi registada;
b) De um sinal relativamente ao qual, devido à sua identidade ou semelhança com a marca e devido à identidade ou semelhança dos produtos ou serviços a que a marca e o sinal se destinam, exista, no espírito do público, um risco de confusão que compreenda o risco de associação entre o sinal e a marca.

[18] O artigo 4.º da Directiva contém, no seus números 3 e 4, disposições paralelas no âmbito dos motivos de recusa ou de nulidade de registo de marcas, nomeadamente quando resultantes da incompatibilidade da marca com uma marca prestigiada anterior comunitária (n.º 3) ou nacional (n.º 4).

Sem pretender desde já adiantar muito sobre os contornos desta figura – cuja noção, pressupostos e efeitos constituem o tema central deste estudo – resulta desde já claro que o regime previsto na Directiva permite ao titular de uma marca com prestígio, uma vez reunidos certos requisitos, proibir o uso de marcas[19], que lhe sejam idênticas ou semelhantes, independentemente da existência de uma semelhança entre os respectivos produtos ou serviços e independentemente da existência ou não de um risco de confusão por parte dos consumidores.

A introdução desta figura constituiu assim uma inovação significativa no direito das marcas da União Europeia ao alargar substancialmente os direitos de exclusividade conferidos pela marca, até então delimitados, como se viu, pelo pr. da especialidade[20].

Note-se que a Directiva não impôs aos Estados-membros a protecção do prestígio, limitando-se a oferecer tal possibilidade[21] – excepto no que respeita à marca comunitária, então ainda em projecto, caso em que tal protecção foi desde logo prevista como obrigatória. Significa isto que, independentemente da sua opção relativa à protecção do prestígio para as marcas registadas no plano nacional, os Estados-membros foram obrigados a adoptar disposições especiais concedendo protecção alargada à marca comunitária, nos casos em que esta goze de prestígio (art. 4.º, n.º 3 da Directiva)[22].

---

[19] Ou outros sinais distintivos do comércio.

[20] Anteriormente à Directiva a protecção legislativa da marca para além do princípio da especialidade apenas existia nos países escandinavos (Luís M. Couto Gonçalves, Direito das Marcas, Almedina, 2.ª Edição, 2003, pág. 29, nota 33) e na Benelux, embora fosse admitida a nível jurisprudencial, por exemplo, na Alemanha. A protecção da marca para além do princípio da especialidade tem alguma tradição nos Estados Unidos, tendo as respectivas bases sido estabelecidas por F.J. Schechter, *The rational basis of trademark protection*, 40 Harvard Law Review, 1927 (referido por António Côrte-Real Cruz, *O conteúdo e extensão do direito à marca: a marca de grande prestígio*, Direito Industrial, vol. I, Almedina, 2001, pág. 107), e encontra hoje consagrada a nível legislativo e federal através do *Federal Trademark Dilution Act* de 1995.

[21] Todos os Estados-membros, à data da Directiva, fizeram uso desta possibilidade, embora não ao mesmo tempo e não necessariamente nos mesmos exactos termos. Tal circunstância levou a que se discutisse o grau de liberdade dos legisladores nacionais na conformação da tutela à marca prestigiada. Conforme se verá adiante, a jurisprudência do Tribunal de Justiça limita a liberdade do legislador nacional à mera possibilidade acolher ou não a figura da "marca prestigiada" para as marcas nacionais, encontrando-se-lhe vedada a possibilidade de estabelecer condições de protecção mais exigentes ou limitar o respectivo campo de aplicação.

[22] Naturalmente, a consagração desta protecção suplementar à marca comunitária

A marca comunitária veio a surgir em finais de 1993. Construído na base dos princípios definidos na Directiva, o sistema da marca comunitária acolheu, nos moldes ali previstos, a figura da "marca prestigiada"[23].

Em Portugal, só em 1995 foram efectuadas as alterações necessárias ao cumprimento da Directiva[24], tendo o legislador português feito uso da faculdade de proteger as marcas registadas em Portugal com prestígio[25].

---

funcionou como forte incentivo ao reconhecimento generalizado de igual protecção para as marcas sub comunitárias.

[23] Cfr. artigos 8.°, n.° 5, 9.°, e 52.°, n.° 1, al.a) do RMC. Existe na versão portuguesa do Regulamento alguma imprecisão, se não mesmo manifesta confusão, no uso dos conceitos de *nulidade* e *anulabilidade*. A existência de direitos anteriores incompatíveis, nomeadamente uma marca prestigiada, constitui causa de nulidade relativa da marca comunitária (por oposição às causas de nulidade absoluta, relacionadas com os motivos de recusa absolutos consagrados no artigo 7.° RMC, como por exemplo, a ausência de carácter distintivo, o carácter descriptivo ou genérico da marca, etc.). Tanto as causas de nulidade absoluta como as causas de nulidade relativa podem ser arguidas pelos respectivos interessados mediante a utilização de um procedimento denominado "processo de anulação". Ora, parece manifesto que às causas de nulidade deveriam corresponder processos de declaração da nulidade. Em alternativa, o procedimento pelo qual se invoca a invalidade do registo da marcas poderia ser "de anulação", se tais causas fossem qualificadas como causa de anulabilidade.

As causas de invalidade da marca comunitária, isto é, o conjunto formado pelas causas de nulidade absoluta e relativa, poderiam e, eventualmente, deveriam ser qualificadas, respectivamente, como causas de nulidade e causas de anulabilidade, tal como sucede em Portugal (cfr. Artigos 265.° e 266.° CPI). O que parece totalmente incorrecto é qualificá-las de forma indistinta como "causas de nulidade" a invocar em "processo de anulação". Um exemplo particularmente elucidativo da incongruência conceptual da versão portuguesa é nos oferecido pelo n.° 5 do artigo 56.° RMC onde se estipula que "se do exame do pedido (...) de *anulação* resultar que o registo da marca deveria ter sido recusado (...) será declarada a *nulidade* da marca (...)" (sublinhado nosso).

Infelizmente, a versão portuguesa do RMC apresenta várias outras imprecisões de ordem terminológica (que não cabe aqui identificar de forma sistemática). Tal se deve ao carácter multinacional e multilinguístico do legislador comunitário, circunstância que na prática confere às várias versões linguísticas a natureza de textos traduzidos.

[24] O prazo inicialmente previsto para implementar a Directiva terminava a 28 de Dezembro de 1991, prevendo-se a possibilidade da sua prorrogação até 31 de Dezembro de 1992. A implementação da Directiva em Portugal operou-se por via do Decreto-Lei n.° 16/95, de 24 de Janeiro que aprovou um novo Código da Propriedade Industrial, entretanto substituído pelo código actualmente em vigor (aprovado pelo Decreto-Lei n.° 36//2003 de 5 de Março).

[25] Num primeiro momento, o legislador português ao implementar a Directiva, mais do que acolher a figura da marca prestigiada, pareceu querer criar uma nova figura: *a marca de grande prestígio* (art. 191.° do Código da Propriedade Industrial de 1995). Com

Igual tratamento é conferido pela nossa legislação à marca comunitária, como de resto impunha a Directiva – artigos 242.°, n.° 1, 266.° n.° 1 e 323.°, al.e) do CPI.

Assim, o prestígio de uma marca registada em Portugal permite ao seu titular, uma vez cumpridos os demais requisitos pertinentes, impedir o registo de uma marca nacional (artigo 242.°, n.° 1, CPI) ou comunitária (artigo 8.°, n.° 5 RMC) que lhe seja idêntica ou semelhante, bem como lograr a respectiva anulação (artigos 266.° n.° 1 CPI e 52.°, n.° 1, al.a), RMC), independentemente da existência de uma semelhança entre os respectivos produtos ou serviços e independentemente da existência ou não de um risco de confusão por parte dos consumidores.

Note-se que a protecção da marca prestigiada, face a pedidos ou registos de marcas, encontra-se sujeita às mesma condições, quer se trate de uma marca anterior nacional ou comunitária. Assim, se o pedido ou o registo subsequente for nacional relevam os artigos 242.°, n.° 1, e 266.°, n.° 1 CPI, aplicáveis quer a marca anterior seja nacional ou comunitária. Do mesmo modo, caso seja comunitário o pedido ou registo subsequente, relevam os artigos 8.°, n.° 5 e artigo 52.°, n.° 1, al.a) do RMC, independentemente de ser comunitária ou nacional a marca anterior.

As mesmas condições são ainda aplicáveis à protecção da marca prestigiada face ao uso no mercado por terceiros de uma marca igual ou semelhante à marca anterior. Neste contexto, a violação da marca prestigiada nacional ou comunitária constitui, nos termos do art. 323.°, al. e) do CPI, crime punível com prisão até três anos ou com pena de multa até 360 dias.

A protecção alargada às marcas prestigiadas encontra-se assim regulada de forma uniforme nos dois planos em que se desdobra o direito das marcas na União Europeia. Quer se trate de uma marca registada em Portugal, quer se trate de uma marca comunitária e seja qual for o contexto em que o prestígio da mesma é invocado (oposição, reclamação, procedimento de anulação, acção de contrafacção, etc.), a protecção do "prestígio" depende da verificação de um conjunto de condições, definido em termos idênticos pela Directiva, pelo CPI e pelo RMC.

O presente texto propõe-se abordar o tema da "marca prestigiada", prestando particular atenção à definição do conceito e à análise dos vários

---

a aprovação do novo CPI, em 2003, desapareceu qualquer referência à *marca de grande prestígio* que foi substituída pela designação "*marca de prestígio*", mais conforme à Directiva.

pressupostos de que depende a respectiva protecção. A este propósito procurar-se-á identificar as principais questões levantadas por esta figura e as respostas que têm sido adiantadas, fazendo uso da jurisprudência do Tribunal de Justiça[26], da literatura especializada, e da experiência adquirida ao longo dos últimos anos no seio do IHMI.

O tema da "marca prestigiada" será aqui analisado à luz do Regulamento da marca comunitária. Dentro deste contexto tomar-se-á como ponto de partida a protecção conferida às marca de prestígio, nacionais ou comunitárias, no âmbito do procedimento de oposição perante a tentativa de registo de uma marca comunitária subsequente. Não obstante, sendo a marca de prestígio objecto de uma protecção unitária no conjunto da União Europeia, não existem diferenças de tratamento nos planos comunitário e nacional. Significa isto, portanto, que os princípios referidos ao longo desta exposição, as questões e as dúvidas, bem como as possíveis respostas e conclusões, são igualmente válidos para a interpretação do regime da marca prestigiada saído da Directiva e transposto para o CPI.

1.4. *A marca prestigiada como motivo relativo de recusa de um pedido de marca comunitária*

Os motivos que determinam a recusa do registo de uma marca como comunitária estão agrupados em dois preceitos distintos do Regulamento, os artigos 7.° e 8.°, consoante se trate de motivos de recusa absolutos ou motivos de recusa relativos. Os primeiros respeitam à "inabilidade natural" de certos sinais para constituírem marcas ou à protecção de determinados bens e interesses públicos; os segundos têm por objecto a incompatibilidade da marca solicitada com direitos subjectivos ou interesses juridicamente protegidos anteriores.

O que verdadeiramente caracteriza o sistema da marca comunitária, não é tanto a distinção entre dois tipos diferentes de motivos de recusa, mas sim o diferente regime a que uns e outros se encontram, respectivamente, sujeitos. Com efeito, enquanto os motivos absolutos são analisados

---

[26] Como se referiu já, o TJCE ao mesmo tempo que fixa a interpretação das disposições da Directiva e, portanto, dos regimes nacionais de protecção à marca prestigiada, fiscaliza ainda a legalidade das decisões do Instituto no que respeita à marca comunitária, incluídas nomeadamente as decisões em matéria de marca prestigiada enquanto motivo relativo de recusa da marca comunitária ou como fundamento da sua anulação.

ex oficio pelo Instituto, já os motivos relativos apenas são examinados em sede do procedimento de oposição, o qual depende exclusivamente da iniciativa dos titulares de direitos anteriores[27]. O motivo respeitante à marca prestigiada pertence, naturalmente, a este último grupo e encontra-se previsto no n.º 5 do artigo 8.º, o qual dispõe o seguinte: "após oposição do titular de uma marca anterior será recusado o pedido de registo quando este tenha por objecto uma marca idêntica ou semelhante à marca anterior e, se essa marca se destinar a ser registada para produtos ou serviços que não sejam semelhantes àqueles para os quais a marca anterior foi registada, sempre que, no caso de uma marca comunitária anterior, esta goze de prestígio na Comunidade e, no caso de uma marca nacional anterior, esta goze de prestígio no Estado-membro em questão[28], e sempre que a utilização injustificada e indevida da marca para a qual foi pedido o registo beneficie do carácter distintivo ou do prestígio da marca anterior ou possa prejudicá-los".

É com base neste preceito que se irão analisar os diferentes requisitos de que depende a protecção do prestígio da marca. Decorridos mais de quinze anos sobre a publicação da Directiva, a marca prestigiada continua hoje a suscitar fundado interesse, sendo ainda relativamente escassa a jurisprudência sobre a matéria.

Desde logo, não existe absoluto consenso no que respeita ao conceito que lhe está na base, isto é, o *prestígio* enquanto qualidade acrescida de que deverão gozar as marcas cuja protecção se reforça. Uma das questões centrais tem por objecto saber em que consiste a marca prestigiada e de que modo se relaciona com a figura da marca notoriamente conhecida consagrada no artigo 6 *bis* da Convenção de Paris. Tratar-se-á da mesma realidade? Em caso negativo, quais são as diferenças entre os dois conceitos?

De igual modo, a inaplicabilidade do princípio da especialidade gerou enormes dúvidas e grandes equívocos. Interpretado à letra, o n.º 2 do artigo 5.º da Directiva e o n.º 5 do artigo 8.º do RMC, que lhe equivale, parecem limitar a sua aplicação aos casos em que as marcas em confronto

---

[27] Assim sendo, o IHMI não levanta qualquer objecção ao registo da mesma marca por duas pessoas distintas, mas recusará o segundo pedido, se, e na medida em que, tal lhe for requerido pelo titular da marca comunitária solicitada em primeiro lugar.

[28] Repare-se que o n.º 5 do artigo 8.º estende a protecção própria das marcas prestigiadas às marcas nacionais independentemente de a legislação nacional respectiva conhecer ou não tal figura. Ou seja o Regulamento, destinando-se a instituir e regular a figura da marca comunitária acaba por ter incidência no próprio conteúdo dos direitos atribuídos pelas marcas nacionais ao abrigo das legislações dos respectivos Estados-Membros.

se destinem a distinguir produtos ou serviços dissimilares. Houve de facto quem defende-se este entendimento, assegurando vigorar aqui um princípio oposto ao da especialidade: a especial protecção ao prestígio estaria excluída sempre que a marca subsequente protegesse bens e serviços idênticos ou similares aos da marca prestigiada.

A todas estas questões far-se-á, a seu tempo, devida referência. Primeiro, no entanto, haverá que delinear o conceito de marca prestigiada. O demais será posteriormente abordado a propósito da análise dos vários pressupostos de aplicabilidade do n.º 5 do artigo 8.º, acima transcrito.

2. A noção de marca prestigiada

2.1. *Razão de ser da protecção do prestígio*

A pedra de toque do regime da marca de prestígio reside, como se viu, na circunstância da sua protecção operar à margem dos limites tradicionalmente impostos pelo princípio da especialidade e pelo conceito de *risco de confusão*. Note-se, no entanto, que a protecção da marca segundo o princípio da especialidade continua a constituir a regra e, deste modo, a protecção típica conferida à generalidade das marcas. Neste contexto, a marca prestigiada apresenta-se portanto como uma marca qualificada, distinta do comum das marcas.

A circunstância da marca prestigiada poder prevalecer sobre uma marca subsequente, ainda que não exista qualquer risco de confusão por parte dos consumidores, sugere que esta forma de protecção não está associada à função primordial da marca. Tudo indica que o bem juridicamente protegido por este regime de excepção é o próprio valor comercial da marca, nomeadamente, a sua aptidão para manter e gerar negócio. Com efeito, a marca de prestígio é acima de tudo uma marca especialmente valiosa, sendo o seu especial valor que a torna merecedora de uma protecção reforçada por comparação com as demais. Como adiante se verá melhor aquando da análise das várias condições de que depende a aplicabilidade do n.º 5 do art. 8.º, a protecção do prestígio parece ter como objectivo último mais a preservação da marca em si mesma – enquanto activo patrimonial – do que propriamente a sua função distintiva [29].

---

[29] Segundo Graham Arthur a protecção conferida às marcas de prestígio, dirige-se

Note-se que o propósito não é beneficiar os grandes operadores económicos, "o grande capital"[30], mas sim dar resposta à necessidade de proteger de forma efectiva marcas detentoras de uma especial projecção pública e possuidoras de um acentuado poder atractivo (*"selling power"*). Esta protecção justifica-se na medida em que as características acima apontadas fazem destas marcas alvos preferenciais de tentativas de aproveitamento ou abuso por parte de terceiros. Tais acções, ainda que não pondo necessariamente em risco a função essencial da marca[31] (indicação da origem comercial dos respectivos produtos ou serviços) podem, no entanto, ainda que a longo prazo, fazer diminuir substancialmente o seu valor comercial. Note-se que o sucesso da marca, a sua popularidade, e a sua capacidade para gerar vendas, são em regra resultado de investimentos consideráveis. Naturalmente, quanto mais elevado for o valor comercial de uma determinada marca, mais numerosas tenderão a ser as acções "predadoras" e maiores serão os prejuízos resultantes do deterioramento da marca. É esta a razão última da extensão da protecção para além do princípio da especialidade[32].

---

contra ameaças aos interesses comerciais do titular da marca prestigiada. O uso da marca subsequente poderá ser inofensivo para o consumidor – já que não existe risco de confusão – mas é prejudicial para o negócio do titular da marca prestigiada (*Ready, set, go – Famous brands set to reap the benfits of UK amendments*, Trademark World 10/2004, N.º 171, pág. 20).

[30] Ao que parece, a consagração em 1958, no âmbito da União de Paris, de uma protecção especial reservada às marcas de *reputação excepcional* ou *alto renome*, deparou com a objecção da antiga Jugoslávia que, "não escondendo a sua motivação político-económica, sustentou que não havia nenhum ideal ético que reclamasse esta extensão da protecção à marca, por entender que a grande reputação da marca era afinal atingida, não por especial mérito, mas por grandes despesas em publicidade e portanto, tudo se traduziria afinal numa tutela *capitalista* dos grandes potentados económicos contra os mais fracos", António Côrte-Real Cruz, *O conteúdo e extensão do direito à marca: a marca de grande prestígio, Direito Industrial*, vol.I, Almedina, 2001, pág. 105..

[31] A disparidade dos respectivos produtos e serviços afastará em muitos casos a possibilidade de se gerar um estado de confusão no que respeita às suas diferentes origens comerciais.

[32] A propósito do bem juridicamente protegido pelo n.º 5 do artigo 8.º RMC, referiu a 1.ª Câmara de Recurso do I.H.M.I.: "dicha norma no sirve como mera prolongación – o sea, a productos no similares – de la defensa contra el riesgo de confusión sino que protege algo diferente, concretamente la imagen que la marca ha llegado a representar para los consumidores, como consecuencia de su considerable presencia en el mercado. El bien jurídico que protege dicha norma es, por lo tanto, el poder atractivo (no en vano la jurisprudencia habla de "renombre") de la marca, es decir su función de comunicación más que

2.2. Marca prestigiada – Noção

Segundo Fernández-Novoa[33] a marca prestigiada constitui uma subespécie da *marca notória* (ou *marca notoriamente conhecida*) protegida independentemente do seu registo por força da Convenção de Paris para a Protecção da Propriedade Industrial[34]. Para este autor, a marca prestigiada é uma marca notória caracterizada pelo elevado *goodwill*. A marca prestigiada é, portanto, uma marca conhecida nos círculos relevantes, como todas as marcas notórias[35], e que, em relação àquelas, goza da qua-

---

su papel tradicional de indicar el origen comercial de unos productos (cuyo papel ya protege el apartado 1 del artículo 8 del RMC). En otras palabras, la marca renombrada en el sentido del artículo 8, apartado 5 del RMC es la que el público ha llegado a asociar a una imagen positiva más que a un producto determinado. Ello explica por qué la norma desvincula la protección de la marca de los productos: la marca no se protege en cuanto indicador de procedencia empresarial, sino por algo diferente que representa, o sea la imagen y su poder de comunicación. Esta imagen acrecienta lógicamente el valor de la marca, y de forma considerable, pues le añade otro papel a su función tradicional, y es precisamente este valor añadido que, a juicio de la Sala, merece la protección excepcional del artículo 8, apartado 5 del RMC" – decisão da 1.ª Câmara de Recurso do IHMI de 1 de Abril de 2004, INVESTEC v INVES, Caso R 703/2003-1, par. 16. No mesmo sentido veja-se a decisão da 1.ª Câmara de Recurso do IHMI de 8 de Setembro de 2004, Skova/Skoda, Caso R 710/2003-1, par. 16: "The asset protected by Article 8(5) CTMR consists of the image conveyed by the earlier mark, namely the highly positive values it transmits to the relevant public and which therefore represents goodwill for the trade mark owner, something which is intangible but still worthy of protection". A mesma decisão acrescenta (par. 18): "The purpose of that article is not to prevent likelihood of confusion (Article 8(1)(b) CTMR is the relevant norm), but the particular asset consisting of the image and prestige it has achieved on the market. The purpose of Article 8(5) CTMR is less to stretch the notion of likelihood of confusion by extending it to unrelated goods than to protect the mark's image per se and thus prevent it from being abused".

[33] Fernández-Novoa *El sistema comunitário de marcas*, Editorial Montecorvo S.A., Madrid 1995, pág. 180.

[34] Artigo 6.º – bis da Convenção de Paris e art. 241.º CPI.

[35] A doutrina portuguesa tende a defender uma visão mais restritiva da marca prestigiada exigindo-lhe um grau de reconhecimento superior àquele que se espera de uma marca notória. Assim, para M. Nogueira Serens estas marcas teriam de gozar de uma hiper notoriedade por referência ao conjunto da população e não apenas, como sucederá no caso das marcas notórias, junto dos respectivos círculos interessados – A *"Vulgarização" da Marca na Directiva 89/104/CEE, Sep. BFDC – Estudos em homenagem ao Prof. Doutor António de Arruda Ferrer Correia*, 1984, pag. 9. No mesmo sentido veja-se Pedro Sousa e Silva, *O princípio da especialidade...*, pág. 416. Há no entanto que ter em conta que as obras acima citadas foram publicadas em momento anterior ao Acórdão do TJCE no caso "Chevy", adiante analisado, e ainda durante a vigência do CPI 1995, que utilizava o termo

lidade acrescida de suscitar fundadas e razoáveis expectativas sobre o elevado nível de qualidade dos produtos ou serviços por si diferenciados. A imagem que estas marcas gozam junto do público e a respectiva capacidade de gerar vendas tornam estas marcas especialmente valiosas. Reconhecendo que o poder de atracção destas marcas pode ser danificado ou objecto de aproveitamento indevido independentemente da existência de um risco de confusão, o legislador comunitário permitiu que as mesmas possam, mediante certas condições, prevalecer sobre marcas posteriores utilizadas em produtos ou serviços dissimilares.

A visão da marca prestigiada como uma marca que goza de uma imagem positiva junto dos consumidores encontra largo acolhimento na doutrina portuguesa. Segundo Sousa e Silva a marca prestigiada deve gozar de "especial estima, pela elevada qualidade geralmente reconhecida aos produtos que assinala"[36]. Também Luís M. Couto Gonçalves defende que a marca para possuir prestígio deve gozar de excepcional atracção e/ou satisfação junto dos consumidores[37].

Segundo este entendimento, portanto, a marca prestigiada reúne dois elementos-chave: à circunstância de ser bem conhecida do público consumidor (elemento de natureza quantitativa) alia-se a boa imagem que a mesma goza junto do mesmo (elemento de natureza qualitativa)[38]. A cons-

---

marca de grande prestígio, expressão hoje desaparecida, que de facto sugeria a aplicabilidade de critérios mais exigentes (art. 191.° CPI 1995). Já Fernández-Novoa não estabelece, como se viu, qualquer distinção entre a marca prestigiada e a marca notória no que respeita ao grau de reconhecimento exigível.

[36] *O princípio da especialidade...*, pág. 418

[37] *A função distintiva da marca*, Almedina, 1999, pág. 169 e *Direito das marcas*, Almedina, 2.ª Edição, 2003pág. 155. Ver ainda, no mesmo sentido, António Côrte-Real Cruz, *O conteúdo e extensão...*, pág.113.

[38] Alguns autores acrescentam ainda que a marca prestigiada deve ser única e original. Entre nós, Pedro Sousa e Silva refere que a marca de prestígio "deverá possuir uma *individualidade* acentuada – não se tratando pois de um sinal já usado por outrem noutros ramos de actividade económica – a par de um elevado cunho de *originalidade ou peculiaridade*, não podendo consistir naquilo que é designado por *marca fraca* (intrinsecamente dotada de reduzida eficácia distintiva) – *O princípio da especialidade...*, pag. 417. Já Luís M. Couto Gonçalves refere que estas características não integram o conceito de marca prestigiada, embora admita ser difícil a uma marca comum, pouco original e expressiva, alcançar tal estatuto – Direito das Marcas, pág. 157 Repare-se que existe uma distinção, porventura subtil, entre originalidade e individualidade. A primeira característica refere-se à qualidades intrínsecas da configuração da marca, ao passo que a segunda, depende da existência ou não de outras marcas iguais ou semelhantes no mercado.

trução da figura à volta destes dois elementos oferece, de resto, o conforto de corresponder de forma natural à letra da lei, nomeadamente ao sentido literal da palavra "prestígio".

A questão complica-se quando se atenta nas restantes versões linguísticas da Directiva e do Regulamento. A versão inglesa não utiliza a expressão equivalente, *"prestige"*, mas antes *"reputation"*, o mesmo sucedendo com as versões francesa, espanhola e italiana que empregam as expressões *"renommée"*, *"renombre"* e *"notorietà"*, respectivamente. Verdadeiramente distantes relativamente à versão portuguesa são as versões alemã e holandesa, que se referem à marca de prestígio simplesmente como marca "conhecida" (*"bekannt"* e *"bekend"*, respectivamente).

O TJCE teve já oportunidade de se pronunciar sobre o conceito de marca prestigiada, tendo para o efeito tomado em consideração, entre outros aspectos, as diferenças terminológicas evidenciadas pelas várias versões linguísticas da Directiva. O caso CHEVY[39] teve origem num processo instaurado pela General Motors, titular da marca de automóveis *"chevy"*, que pretendia impedir uma empresa belga de usar a mesma designação *"chevy"* para identificar produtos de limpeza e detergentes. Face à entrada em vigor das alterações à lei uniforme de marcas do Benelux, destinadas a implementar a Directiva relativa às marcas, o tribunal belga decidiu solicitar ao TJCE que precisasse o sentido da expressão "goze de prestígio".

2.3. O Caso Chevy

a) *As conclusões do advogado-geral*[40]

Ouvido sobre as questões colocadas ao TJCE pelo tribunal belga, o advogado-geral Jacobs começa por referir que o propósito das disposições da Convenção de Paris e do Acordo TRIPs[41] relativas às marcas

---

[39] Acórdão de 14 de Setembro de 1999, CHEVY, C-375/99, por vezes também denominado *General Motors* por ter sido esta quem iniciou a acção judicial a que respeita o reenvio prejudicial.

[40] Conclusões do advogado geral Sr. F.G. JACOBS de 26 de Novembro de 1998, CHEVY, C-375/99.

[41] Trade-Related Aspects of Intellectual Property Rights. Este acordo vincula os membros da OMC às disposições da Convenção de Paris nomeadamente no que respeita à protecção das marcas notórias (art. 6 *bis* CP).

notórias é o de lhes conferir uma protecção especial nos países onde as mesmas não se encontrem ainda registadas. Para o advogado-geral, a notoriedade da marca, enquanto condição de outorga de uma protecção excepcional, exige níveis de reconhecimento relativamente elevados, sendo que tais considerações não têm aplicabilidade no caso das marcas de prestígio.

Com base nestas premissas, e após atentar nas diferenças entre as várias versões linguísticas da Directiva, o advogado-geral conclui que, independentemente de se tratar de um conceito de natureza quantitativa ou qualitativa, a marca prestigiada não necessita de ser tão conhecida como a marca notoriamente conhecida. Não obstante reconhecer que o próprio conceito de marca notória não se encontra claramente definido, o advogado-geral acaba por concluir que, "a ter algum significado", a noção de marca prestigiada exige que a marca seja conhecida de uma parte significativa dos sectores relevantes do público. Dada a dificuldade em encontrar uma definição geral, a tarefa de definir com detalhe as condições a satisfazer pela marca prestigiada é considerada de utilidade duvidosa, devendo o apuramento do conceito ser relegado para os tribunais. Para esse efeito, os tribunais deverão tomar em consideração as circunstâncias específicas de cada caso, em vez de recorrer a critérios fixos que podem revelar-se arbitrários quando aplicados a casos concretos.

Com todas as dúvidas e reticências acima apontadas, o certo é que o advogado-geral, contrariamente à posição defendida por Novoa, preconiza uma concepção eminentemente quantitativa da figura. A questão do elemento qualitativo do conceito de prestígio – a boa imagem da marca – não é considerada pertinente. A marca é, ou não, prestigiada em função do número de pessoas que dela tenham conhecimento, sendo certo, no entanto, que não necessita de ser tão conhecida como a marca notória.

b) *Apreciação*

O método escolhido pelo advogado-geral para determinar o conceito de marca prestigiada consistiu basicamente em encontrar um sentido comum às várias versões linguísticas da Directiva e correlacionar esta figura com a da marca notoriamente conhecida. A afinidade dos dois conceitos é evidente, já que em ambos os casos estão em causa marcas especiais às quais é reconhecido um tratamento de excepção. A tentativa de comparação entre as duas figuras, nomeadamente no que respeita aos respectivos fundamentos e funções, parece assim constituir uma aproximação válida à tarefa de determinar o que seja uma marca prestigiada.

Infelizmente, porém, no meu modesto entender, o advogado-geral não tomou em devida consideração as diferenças linguísticas da Directiva e não levou a cabo uma comparação séria e completa das duas figuras.

Quanto ao primeiro ponto, o advogado-geral na impossibilidade de extrair um sentido comum às várias versões, ficou-se pelo seu mínimo denominador comum, opção sem dúvida fácil mas de duvidoso acerto. Com efeito, esta via confere um peso determinante, e nessa medida privilegia, as versões que apontam para uma noção de prestígio assente exclusivamente no grau de reconhecimento da marca junto do público (a alemã e a holandesa e, possivelmente, a sueca) em prejuízo das versões que indiciam ou que são compatíveis com a presença de um elemento qualitativo (possivelmente todas as restantes). As fragilidades inerentes a esta opção resultam patentes na forma pouco convicta como o advogado-geral conclui que "a ter algum significado", a noção de marca prestigiada exige que a marca seja conhecida de uma parte significativa dos sectores relevantes do público, o que realmente pouco adianta ao que já era comummente aceite.

No que respeita ao segundo ponto, o advogado-geral, chega, como se viu, à conclusão tão surpreendente quão infundada de que a marca prestigiada não necessita de ser tão conhecida como a marca notória. Para o efeito, baseia-se na natureza excepcional da marca notória, esquecendo o carácter singular do regime da marca prestigiada.

É certo que o regime da marca notória constitui um regime de excepção ancorado no elevado grau de reconhecimento da marca. A criação desta figura teve por objectivo proteger os titulares de marcas cuja projecção internacional as tornava alvos fáceis de actos de usurpação e extorsão, por parte de terceiros que se antecipavam a requerer o respectivo registo em países ainda não explorados pelo seu legítimo titular. Nestas circunstâncias, razões de justiça material justificam alterar o normal funcionamento das regras do registo. Acresce que o carácter notório da marca torna de algum modo prescindível o cumprimento de uma formalidade cuja função primeira é, precisamente, a de conferir publicidade[42]. Contudo,

---

[42] António Côrte-Real Cruz refere a propósito da figura da marca notória que existe "uma equiparação aos direitos adquiridos por via do registo" nomeadamente porque "há na notoriedade um padrão relativamente seguro e objectivo que pode ser considerado em substituição do procedimento formal do registo" – António Côrte-Real Cruz, *O conteúdo e extensão do direito à marca: a marca de grande prestígio, Direito Industrial*, vol.I, Almedina, 2001, págs. 92 e 93.

a excepcionalidade do regime da marca notória limita-se à sua capacidade de suprir a falta de registo. Ultrapassado este obstáculo, a marca notória confere, no plano substantivo, os mesmos poderes que são conferidos pela generalidade das marcas registadas, em particular o de evitar o registo ou uso de marcas subsequentes que sejam idênticas ou confundíveis segundo os parâmetros tradicionais do pr. da especialidade[43].

Já a marca prestigiada confere ao respectivo titular poderes negados ao comum das marcas e consubstancia uma importante excepção a um princípio estrutural do direito comunitário das marcas[44]. Mais do que relevar o incumprimento de uma formalidade, o regime específico da marca prestigiada atribui poderes para lá dos limites impostos pelo princípio da especialidade e o risco de confusão, poderes estes que estão reservados a um género qualificado de marcas.

Assim, enquanto que a figura da marca notória apenas vem incorporar novas marcas ao conjunto das marca protegidas num determinado território, o regime da protecção do prestígio interfere com o próprio conteúdo e extensão dos poderes que a marca confere. De facto, com este regime, os direitos de exclusividade inerentes à marca são alargados para além do exigido pela sua função essencial, limitando em igual medida a liberdade de adopção e utilização de sinais distintivos do comércio, ou seja, o espaço de livre iniciativa[45].

---

[43] Art. 6.°-*bis*, da CP; art.° 4.°, n.° 1 e n.° 2, al. d) da DM, e art. 8.° n.° 1 e n.° 2 do RMC. Entre nós, ver art. 241.° CPI. Apenas não será assim caso se entenda beneficiarem as marcas notórias do regime da marca de prestígio, independentemente de não se encontrarem registadas. Este ponto será abordado mais adiante. De todas as formas o que importa aqui assinalar é que o regime próprio das marcas notórias não as privilegia relativamente às marcas comuns no que respeita ao respectivo escopo de protecção. Limita-se apenas a evitar que estas marcas sejam ignoradas ou desconsideradas por não se encontrarem registadas no território onde a sua protecção se revela necessária.

[44] Neste sentido veja-se, a título de exemplo, a Decisão de 8 de Novembro de 2001 da 2.ª Cam. Rec., MAGEFESA/MAGEFESA, R 303/2000-2, par. 17: "...la protección frente a productos o servicios no similares es una excepción a uno de los principios fundamentales del Derecho europeo de marcas. Las disposiciones aplicables deben interpretarse, por tanto, en sentido estricto y a la luz de su finalidad".

[45] A questão ganha grande acuidade se atentarmos no facto de se terem vindo a multiplicar os registos de marcas compostas exclusivamente por formas, cores ou sons, e que são protegidas de forma autónoma, isto é, independentemente de qualquer elemento denominativo ou figurativo. A título de exemplo os fabricantes de calçado e vestuário desportivo poderão estar impedidos de utilizar faixas paralelas, tradicionalmente utilizadas meramente como elemento decorativo, caso estas se assemelhem às três faixas paralelas

Deste modo, sendo certo que existem diferenças substanciais entre as duas figuras, não existe razão aparente para sustentar que a marca prestigiada não necessita de ser tão conhecida como a marca notória[46].

Por outro lado, e atentando agora a razões de ordem prática, refira-se que a figura da marca notória possui, por natureza, um carácter residual já que se destina a solucionar os raros casos (possivelmente mais frequentes em épocas passadas) em que uma marca, sendo notória, não foi objecto das medidas adequadas a garantir a sua protecção nomeadamente através do seu registo. Assim, a marca notória apenas é relevante dentro de um circunstancialismo muito específico, pouco frequente e, portanto, residual.

Ao invés, a protecção especial conferida pelo n.º 5 do artigo 8.º é potencialmente aberta a todas as marcas. Os titulares de marcas obtêm benefícios substanciais do reconhecimento da sua marca como prestigiada. É assim compreensível a tendência para invocar este tipo de protecção contra uma marca posterior semelhante sempre que a existência de um risco de confusão resulte duvidosa, nomeadamente por força de alguma distância entre os respectivos produtos e serviços. A perspectiva de obter uma protecção reforçada funciona assim como incentivo natural à invocação generalizada do respectivo regime[47].

Atentas as circunstâncias acima referidas e sublinhando uma vez mais que a protecção conferida à marca prestigiada supera o estritamente necessário ao cumprimento da sua função essencial, não parece aconselhável ou justificado conferir mais fácil acesso ao estatuto de marca prestigiada por comparação ao estatuto de marca notória. Não será, de resto, artificial distinguir as duas figuras em função do número de pessoas que conhecem a marca em questão, número esse que, em qualquer dos casos, deverá sempre ser elevado?

---

utilizadas pela Adidas, as quais constituem, em si mesmas, uma marca. Ora, sendo a Adidas uma marca prestigiada, o uso de tais faixas poderá, em teoria, vir a ser proibido no que respeita a produtos não relacionados com o vestuário ou calçado.

[46] Pelo contrário, a singularidade do regime da marca prestigiada leva muitos autores a defender que a marca, para ser prestigiada, deve usufruir níveis de reconhecimento ainda mais elevados daqueles exigíveis à obtenção do estatuto de marca notória. Neste sentido, M. Nogueira Serens, A *"Vulgarização" da Marca na Directiva 89/104/CEE*, Sep. BFDC – Estudos em homenagem ao Prof. Doutor António de Arruda Ferrer Correia, 1984, pag. 9; e Pedro Sousa e Silva, *O princípio da especialidade...*, pág. 416.

[47] António Côrte-Real Cruz também aflora esta problemática ao assinalar que um baixo limiar de conhecimento exigido para a marca com prestígio, tornará mais difícil distinguir as "marca vulgares" das marcas com prestígio – *O conteúdo e extensão do direito à marca: a marca de grande prestígio*, Direito Industrial, vol.I, Almedina, 2001, pág. 112.

Em minha opinião, portanto, a afirmação do advogado-geral no que respeita aos diferentes níveis de reconhecimento exigíveis para a marca notória e para a marca prestigiada, apesar de estabelecer uma diferenciação com consequências práticas relevantes, não parece suficientemente fundamentada. Tanto assim é que a nota predominante das conclusões do advogado-geral consiste na incerteza que gira à volta do conceito de marca prestigiada, figura que se nos é apresentada com contornos vagos. É o que resulta, nomeadamente, do reconhecimento da imprecisão do conceito de marca notoriamente conhecida, da forma inacabada como é abordada a questão da natureza quantitativa e/ou qualitativa do prestígio, da constatação das contradições linguísticas do Regulamento e, enfim, do reconhecimento da dificuldade em definir um conceito cuja determinação se relega para o labor jurisprudencial. Neste contexto, defender que a marca, para ter prestígio, deve ser conhecida por um sector significativo do público, parece mais uma condição mínima, comum a todas as possíveis interpretações, do que uma definição acabada do conceito.

c) *A decisão do Tribunal de Justiça*

O Tribunal após comparar as várias expressões utilizadas nas diferentes versões linguísticas do diploma, assinala que enquanto as versões alemã, neerlandesa e sueca utilizam expressões que significam que a marca dever ser "conhecida", sem outros esclarecimentos relativamente ao alcance do conhecimento exigível, já as outras versões utilizam expressões que implicam, no plano quantitativo, determinado grau de reconhecimento pelo público[48]. Para o Tribunal esta diferença não permite negar a exigência de um limiar mínimo de conhecimento, adiantando que a associação entre duas marcas aplicadas a produtos ou serviços dissimilares só pode ocorrer quando o público possua um grau suficiente de conhecimento da marca anterior[49].

Repare-se que o Tribunal nada adianta no que respeita à relação entre as marcas prestigiadas e as marcas notórias, o mesmo sucedendo a propósito da possível presença, no conceito de prestígio, de um elemento de natureza qualitativa.

O Tribunal esclarece, no entanto, que o público a ter em consideração não é o público em geral mas apenas o público interessado pelos pro-

---
[48] Par. 21.
[49] Par. 22 e 23.

dutos ou serviços distinguidos pela marca: "o público perante o qual a marca anterior goza de prestígio é o interessado nessa marca, quer dizer, determinado em função do produto ou do serviço comercializado, nuns casos o grande público, noutros um público mais especializado, por exemplo determinado meio profissional"[50].

O Tribunal esclarece ainda que não se pode exigir que a marca seja conhecida de uma determinada percentagem do público, devendo antes entender-se que o grau de conhecimento exigido é atingido quando a marca é conhecida de parte significativa do público relevante[51]. Por outro lado, o prestígio não tem que existir na totalidade do território em causa, bastando que ocorra numa parte substancial do mesmo[52].

O Tribunal de Justiça termina respondendo à questão que lhe fora colocada pelo tribunal belga do seguinte modo: "para beneficiar de uma protecção alargada a produtos ou serviços não semelhantes, uma marca registada deve ser conhecida de uma parte significativa do público interessado pelos produtos ou serviços por ela abrangidos".

2.4. Conclusão

Resulta do acima exposto que o Tribunal optou por corroborar, no essencial, a opinião do advogado-geral. É, no entanto, especialmente significativa a ausência de qualquer referência à marca notória, tendo o TJCE evitado especular sobre uma possível diferença entre as duas categorias em análise no que respeita ao grau de difusão exigível. A meu ver, esta omissão significa que as diferenciações propostas pelo advogado-geral não receberam acolhimento junto do Tribunal de Justiça. Não obstante, parece ter se formado em alguns sectores da comunidade jurídica a convicção generalizada de que, para considerar-se como prestigiada, uma marca não necessita de ser tão conhecida como uma marca notória[53].

---

[50] Par. 24.

[51] Par. 25 e 26.

[52] Par. 28. Este ponto era essencial ao reenvio prejudicial em causa, dado que a marca cujo prestígio se invocava encontrava-se registada na Benelux. Uma das questões colocadas pelo tribunal belga ao Tribunal de Justiça era precisamente se o prestígio deveria abranger a totalidade do território Benelux ou se bastaria que existisse numa parte deste.

[53] Veja-se neste sentido, por exemplo, Lisa Pontoppidan, *General Motors Corporation v Yplon SA, The European Court of Justice's Interpretation of Reputation*, Trademark World # 122, pag. 15. A autora chega a sustentar que Tribunal deixou claro que a exigên-

O que o Tribunal afastou de forma clara foi o entendimento segundo o qual a marca prestigiada teria de atingir níveis de reconhecimento ainda mais elevados do que aqueles exigíveis às marcas notoriamente conhecidas. Por um lado, ficou claro que o público a ter em conta é apenas aquele interessado pelos produtos ou serviços abrangidos pela marca, e não o público em geral como vinha sendo sustentado por vários autores. Por outro lado, dentro desse público específico, a marca não necessita atingir níveis de reconhecimento excepcionalmente altos, já que não necessita sequer de ser conhecida da maioria dos consumidores em causa, bastando-lhe ser conhecida de uma parte significativa dos mesmos[54].

O Tribunal omite também qualquer referencia à presença de um elemento de carácter qualitativo no conceito de *marca prestigiada*. Tal omissão tem sido interpretada como indicando que o prestígio depende única e exclusivamente da dimensão de reconhecimento da marca. Na minha opinião, o Tribunal optou, como já o fizera o advogado-geral, por uma aproximação prudente à determinação do conceito de prestígio. Com efeito, ao referir que a exigência de um limiar mínimo de conhecimento "não pode ser contestada", o Tribunal parece querer sublinhar que não se propõe formular uma definição completa e acabada da marca de prestígio. Neste contexto, a exigência de um certo grau de reconhecimento da marca não parece ter sido formulada tanto como condição única caracterizadora do conceito, mas como condição necessária para aceder a tal estatuto, ficando em aberto a possibilidade de o conceito integrar requisitos de ordem diversa, como, por exemplo, o favor do público em causa[55].

---

cia de "prestígio" corresponde a um requisito de conhecimento menos estrito relativamente à noção de notoriedade". Mais recentemente, também Anna Carboni refere ser tradicionalmente entendido que as marca notórias exigem um limiar de reconhecimento público mais alto do que as marcas que se limitam a gozar de prestígio – *Two stripes and you're out!* – *Added protection for trade marks with a reputation*, European Intellectual Property Review EIPR 5/2004, vol. 26, pág. 231.

[54] Não obstante, já após o supra citado Acórdão, há ainda quem defenda a visão da marca como uma marca célebre. Entre nós, Luís M. Couto Gonçalves refere que a marca prestigiada deverá gozar de excepcional notoriedade e portanto "ser, espontânea, imediata e generalizadamente conhecida do grande-público, e não apenas dos correspondentes meios interessados" Direito das Marcas, pág. 155.. No mesmo sentido, embora a título incidental, veja-se Luís Miguel Pedro Domingues, *A função da marca e o princípio da especialidade*, Direito Industrial vol. IV (APDI), Almedina, 2005, nota 42, pág. 464.

[55] Repare-se que o Tribunal refere a determinada altura que a maioria das versões linguísticas da Directiva utilizam expressões que implicam, no plano quantitativo, deter-

A verdade, porém, é que a decisão tem vindo a ser interpretada como comportando uma definição final do conceito. Significa isto que, na prática, a marca prestigiada tende a ser encarada na sua dimensão puramente quantitativa[56].

Isto não significa que o sentido primeiro e natural da palavra "prestígio", (o prestígio-qualidade ou prestígio-imagem) seja de todo irrelevante. Com efeito, e como adiante se verá, esta forma especial de protecção só tem lugar caso se conclua que o uso da marca subsequente tira partido do carácter distintivo ou do prestígio da marca ou lhes causa prejuízo. Obviamente, tais requisitos verificam-se com maior facilidade se a acrescer a um elevado nível de reconhecimento, a marca gozar de prestígio, no sentido corrente do termo[57].

Se, ao invés, a marca anterior não gozar de qualquer favor junto do público, mais difícil será justificar a rejeição de uma marca subsequente insusceptível de causar confusão. No limite, uma marca conhecida pela falta de qualidade dos seus produtos, hipótese sem dúvida marcadamente académica mas ilustrativa, preenche a condição mínima de carácter quantitativo para aceder ao estatuto de marca prestigiada, mas não possui qualquer valor acrescentado capaz de justificar a protecção reforçada para além dos limites tradicionais delineados pelo princípio da especialidade. Isto porque a razão última desta protecção extraordinária parece residir precisamente no elevado valor comercial da marca resultante da condição de favor de que a mesma goza junto público[58]. É esse elevado valor que carece de protecção. O grau de difusão de uma marca pode constituir um forte indício de prestígio, mas não parece constituir, em si mesmo, o valor essencial inspirador do regime excepcional da marca prestigiada.

---

minado grau de reconhecimento pelo público (par. 21). Esta referência ao plano quantitativo só faz sentido se for equacionável a existência de um plano qualitativo.

[56] A qual, de resto, não é isenta de vantagens pelo facto de oferecer um critério de análise de pendor objectivo.

[57] O Tribunal também assinala que "quanto mais significativas forem a natureza distintiva e o prestígio desta, mais facilmente será de admitir a existência de violação" (par. 30).

[58] Nas palavras da 1.ª Câmara de Recurso do I.H.M.I.: "the asset protected by Article 8(5) CTMR consists of the image conveyed by the earlier mark, namely the highly positive values it transmits to the general public and which therefore represents goodwill for the trade mark owner which is something intangible but still worthy of protection" – decisão de 20 de Outubro de 2003 da 1.ª Cam. Rec., KINDER CARE/KINDER, R 1004/2000-1, par. 24. No mesmo sentido veja-se a decisão, já citada, da 1.ª Câmara de Recurso do IHMI de 8 de Setembro de 2004, SKOVA/SKODA, Caso R 710/2003-1, par. 16.

Cabe ainda salientar que o n.º 5 do artigo 8.º utiliza o termo *prestígio* num segundo momento para identificar os danos que se procuram evitar ao titular da marca prestigiada, nomeadamente quando se refere ao prejuízo a causar pelo uso da marca subsequente ao *prestígio* da marca anterior. Claramente, o termo prestígio não é agora utilizado para indicar um determinado nível de reconhecimento da marca anterior junto do público[59]. De onde se conclui que, pelo menos neste segundo momento, o termo "prestígio" pretende indicar a boa imagem ou goodwill da marca anterior.

Assim, na lógica do n.º 5 do artigo 8.º o prestígio, na sua dimensão quantitativa, coexiste com uma noção de prestígio de pendor qualitativo. Esta "bipolarização" do conceito de prestígio parece ter sido reconhecida pela 3.ª Câmara de Recurso no caso HOLLYWOOD v HOLLYWOOD[60]. Na sua decisão a Câmara refere que o facto de a marca anterior ser prestigiada, significa simplesmente que a mesma é conhecida de uma parte significativa do público. Tal facto, adianta a Câmara, nada adianta sobre o prestígio, no sentido de imagem, que se supõe ser prejudicado pela marca solicitada[61].

3. Pressupostos da protecção ao prestígio

3.1. *A marca anterior*

A primeira condição de aplicabilidade do n.º 5 do artigo 8.º consiste, naturalmente, na titularidade de uma marca anterior. Com efeito, aí se

---

[59] Na verdade, a única forma concebível de prejudicar o prestígio – na sua acepção meramente quantitativa – seria precisamente a diminuição palpável do nível de reconhecimento da marca, isto é, em última análise, a diminuição do número de pessoas que a conhecem. Ora, dificilmente poderá o uso de uma marca subsequente tornar a marca anterior menos conhecida. Pode, sem dúvida, prejudicar a sua aura de exclusividade, prejudicar a sua boa imagem, ou tirar proveito indevido dessas qualidades, mas dificilmente poderá levar a marca anterior a ser conhecida por menos pessoas do que até então.

[60] Decisão de 25 de Abril de 2001 da 3.ª Câm. Rec., HOLLYWOOD/HOLLYWOOD, R 283/1999-3.

[61] HOLLYWOOD/HOLLYWOOD, R 283/1999-3, par. 61 e seguintes. Ver ainda a decisão, já citada, da 1.ª Câmara de Recurso do IHMI de 1 de Abril de 2004, INVESTEC v INVES, Caso R 703/2003-1, par. 16.

refere: "Após oposição do *titular de uma marca anterior na acepção do n.° 2*, será igualmente recusado o pedido de registo...". Por sua vez, o mencionado n.° 2 dispõe que o conceito de marca anterior engloba as marcas registadas no espaço da UE, os pedidos de registo de marcas no espaço da UE e as marcas notoriamente conhecidas num ou mais Estados Membros da UE.

Tratando-se de uma marca registada ou com pedido de registo pendente, a data do respectivo depósito (ou, sendo caso disso a data da respectiva prioridade) deverá ser anterior à data do pedido de registo da marca solicitada (ou respectiva prioridade).

No que respeita às marcas notórias, também incluídas na supra citada norma, dir-se-ia que a notoriedade da marca deveria existir à data do depósito da marca contestada (ou respectiva prioridade). Esta é, porém, uma questão controversa, dado que o referido n.° 5 estabelece que a marca solicitada será recusada se os seus produtos ou serviços não forem "semelhantes àqueles para os quais a marca anterior *foi registada*". A referência ao registo da marca anterior parece excluir a possibilidade desta não se encontrar registada. Ora, destinando-se a figura da marca notória precisamente a proteger marcas não registadas, é possível entender-se que lhes está vedada a possibilidade de aceder à protecção especial conferida pelo n.° 5 do artigo 8.°. É esta, de facto, a orientação seguida pelo Instituto.

A meu ver, esta não é necessariamente a interpretação mais correcta. Com efeito, é no início do n.° 5 que o legislador procede à identificação do tipo de marcas relativamente às quais o regime por si estabelecido pode ser invocado. É este, de facto, o único propósito da remissão para o n.° 2 do mesmo preceito. Tal remissão é efectuada sem qualquer ressalva o que necessariamente significa que as marcas notórias também se encontram incluídas na remissão. Já ao referir-se à circunstância de os produtos ou serviços da marca solicitada não serem "semelhantes àqueles para os quais a marca anterior foi registada", o legislador não está a proceder, de novo, à delimitação do que possa constituir uma marca anterior; está, apenas a esclarecer que, nesta forma específica de protecção, o princípio da especialidade não tem aplicabilidade. Ou seja, esta parte da norma em análise, o legislador esclarece que os produtos e serviços distinguidos pelas marcas não necessitam de ser idênticos ou similares. Assim, a referência aos produtos ou serviços para os quais a marca anterior se encontra registada parece ser meramente acidental. A meu ver, esta menção não autoriza, por si só, a ignorar a remissão para o n.° 2 do mesmo preceito que, como se viu, se destina precisamente a definir as realidades abarcadas no conceito de marca anterior.

Por outro lado, no meu entender, o espírito que presidiu ao artigo 6.° *bis* da Convenção de Paris terá sido o de proporcionar às marcas não registadas mas notoriamente conhecidas a protecção própria das marcas registadas. Por via da sua notoriedade a marca não registada adquire um estatuto idêntico ao de uma marca registada. A atribuição de um tal estatuto a este tipo especial de marcas permitiu evitar nos casos mais chocantes as ineficiências de um sistema ancorado no Pr. da territorialidade[62]. A ser correcta esta premissa, não vejo qualquer razão para negar às marcas notórias uma parte substancial da protecção hoje em dia conferida às marcas registadas. Tal exclusão terá tanto menos sentido quanto é certo que as figuras da marca notória e da marca prestigiada partilham a característica de serem especialmente conhecidas, coincidência que, como vimos, gera as maiores incertezas na hora de as distinguir[63].

Esta questão não foi ainda objecto de qualquer decisão por parte do Tribunal de Justiça. Assim, de momento, nos procedimentos perante o Instituto, o regime da marca prestigiada é entendido como limitado às marcas que tenham sido registadas ou cujo registo tenha sido solicitado[64], em data anterior ao do pedido de marca[65].

3.2. *O prestígio e a sua prova*

Vimos já que o conceito de prestígio assenta essencialmente num especial grau de difusão da marca junto do público e que o grau de conhe-

---

[62] O Pr. da territorialidade exprime a limitação geográfica inerente à própria natureza dos direitos de propriedade industrial, os quais apenas existem dentro dos limites territoriais da jurisdição de que emanam, ao contrário do que sucede, por exemplo, com o direito de propriedade sob coisas móveis.

[63] Por estas razões parece-me de aplaudir a opção expressamente adoptada pelo legislador português de aplicar às marcas notórias o regime da marca prestigiada – cfr. n.° 2 do art. 242.° CPI.

[64] Encontrando-se pendente o pedido de registo da marca prestigiada a outorga da protecção fica sujeita à obtenção do respectivo registo.

[65] Cabe referir que o titular de uma marca notória não se encontra absolutamente impedido de obter protecção para além do pr. da especialidade. Caso tal protecção lhe seja conferida pela respectiva legislação nacional, como sucede no caso português, o titular de uma marca notória pode invocar tal protecção, accionando para o efeito o n.° 4 do Artigo 8.° do RMC, devendo, claro está, observar os requisitos próprios deste motivo relativo de recusa.

cimento exigível é atingido quando a marca anterior é conhecida de parte significativa do público interessado nos produtos ou serviços abrangidos por essa marca. Veremos agora de que forma é que o prestígio da marca deve ser apreciado.

Segundo o TJCE não é possível fixar, à *priori* e em abstracto, um patamar de reconhecimento da marca junto do público, nomeadamente uma percentagem, que uma vez obtido implicaria a concessão do estatuto de marca prestigiada, com exclusão de todas as marcas que não lograssem alcançar tal valor. De acordo os ensinamentos do Tribunal de Justiça haverá que tomar em consideração todos os elementos pertinentes, nomeadamente "a parte do mercado detida pela marca, a intensidade, o alcance geográfico e a duração da sua utilização, bem como a importância dos investimentos efectuados pela empresa para a promover"[66].

É ao titular da marca alegadamente prestigiada que cabe apresentar os meios de prova que contenham as supra mencionadas indicações[67]. Por mais famosa que seja a marca cujo prestígio é invocado, incumbe ao respectivo titular o ónus de provar os factos que permitem qualifica-la como prestigiada[68].

---

[66] Acórdão de 14 de Setembro de 1999, CHEVY, C-375/99, par. 27. O nível de reconhecimento passível de ser considerado como satisfatório pode inclusivamente variar de mercado para mercado, em função, por exemplo, do tipo de produtos e/ou serviços em causa.

[67] No quadro do procedimento de oposição perante o I.H..M.I., toda a prova documental que não se encontre redigida no idioma do procedimento deverá ser acompanhada de uma tradução, que não precisa de ser certificada ou ajuramentada. A tradução deverá no entanto apresentar-se claramente como tradução, identificar o documento a que respeita e reproduzir a sua estrutura e conteúdo.

[68] Nos termos do art. 74.º, o Instituto ao examinar motivos relativos de recusa encontra-se limitado "às alegações de facto e aos pedidos apresentados pelas partes". É portanto ao oponente que compete escolher os motivos de recusa a analisar, bem como alegar e provar os factos necessários à rejeição da marca solicitada. A versão inglesa é ainda mais clara ao referir-se especificamente à prova apresentada pelas partes: "the Office shall be restricted in this examination to the facts, evidence and arguments provided by the parties and the relief sought". Naturalmente, seria possível entender que no exame do prestígio da marca, o Instituto poderia tomar em consideração factos notórios (como por exemplo o facto de a marca COCA COLA gozar de elevadíssimos índices de reconhecimento junto do público em geral) para a partir daí responder à questão da existência do prestígio. Não é essa a prática do Instituto (v.g. Decisão da 2.ª Câmara de Recurso de 23 de Setembro de 2003, NIKE/NIKE, Caso R 212/1999-2), embora existam casos isolados em que se decidiu de forma diferente. Ver nomeadamente Decisão da 4.ª Câmara de Recurso do IHMI de 17 de Novembro de 2004, TOT I A CASA!/EL CORTE INGLÉS, Caso R 936/2002-4. Já no caso CITY/CITYBANK a 1.ª Câmara de Recurso, na ausência de prova, recuou-se a considerar

Feito este reparo, faz-se ainda notar que os elementos adiantados a título exemplificativo pelo TJCE (intensidade, extensão territorial e duração da utilização da marca, quota de mercado e esforços dispendidos na sua promoção) constituem indicações indirectas do prestígio da marca. Reduzindo-se este conceito à sua faceta quantitativa, nada obsta a que se faça uso de sondagens, inquéritos e estudos de mercado relativos ao grau de conhecimento da marca junto do público relevante, os quais poderão provar, de forma directa, o prestígio da marca. Convém, no entanto, sublinhar que a apresentação de sondagens e afins não sendo imprescindível tão pouco é necessariamente suficiente. Com efeito, a fiabilidade de tais estudos e respectivo valor probatório varia, entre outros factores, em função do número de pessoas inquiridas, do perfil dos entrevistados, do tipo de questões efectuadas e dos métodos utilizados[69]. A título de exemplo, no Caso VITACOAT/Vitakraft[70], o oponente apresentou, juntamente com listas de preços dos produtos em causa, duas sondagens alegadamente demonstrativas de um elevado grau de reconhecimento da sua marca "Vitakraft" e do elemento "Vita", em particular. Tanto a Divisão de Oposição como a Câmara de Recurso do IHMI consideraram que as referidas sondagens não eram convincentes, nomeadamente devido ao tipo de perguntas utilizadas e ao modo como os entrevistados foram inquiridos. Como consequência, o Instituto considerou não ter ficado provado ser a marca "Vitakraft" ou o prefixo "Vita" especialmente conhecidos do público relevante[71].

---

famosa a marca "citybank" por entender não ser tratar este de um facto notório – Decisão de 1 de Março de 2005 da 1.ª Câm. Rec., CITY/CITYBANK, R 173/2004-1, par. 29.

[69] Ver, neste sentido, a decisão de 30 de Agosto de 2004 da 2.ª Cam. Rec., M&M's MINIS/Smarties, R 506/2003-2, par. 65: "In relation to the level of recognition of a trade mark on the market, polls can be very convincing and a solid means of evidence, depending on the circumstances of the survey, the questions asked, the number of participants, the neutrality of the company conducting the survey etc. (decision of the Boards of 14 November 2001 in Case R 0235/2001-3 – APAGARD/GARD, DENTAGARD, at paragraph 16)".

[70] Decisão da 3.ª Câmara de Recurso do IHMI de 19 de Junho de 2001, VITACOAT/ /VITAKRAFT, Caso R 377/2000-3. Este caso tem um recurso pendente no Tribunal de Primeira Instância das Comunidade Europeias (C-277/04).

[71] Também na decisão de 21 de Junho de 2005 da 4.ª Câm. Rec., GOSS/BOSS, R 543/2003-4, a sondagem apresentada pela HUGO BOSS foi considerada inadequada para provar o grau de reconhecimento da marca BOSS, nomeadamente por não existirem informações relativamente à base sobre a qual a sondagem recaiu, nem sobre os métodos nela utilizados.

Neste contexto, é aconselhável que a prova seja o mais diversificada possível, podendo incidir sobre o volume de vendas[72], as quotas de mercado, a publicidade efectuada, a atenção dispensada pelos meios de comunicação, o valor associado à marca, o número e diversidade de marcas utilizadas (no caso de uma série ou família de marcas) e respectivos registos, dentro e fora do território relevante, eventuais prémios obtidos, etc. Esta prova pode efectuar-se por vários meios, nomeadamente por intermédio de facturas relativas a vendas, listas de preços e catálogos, relatórios anuais da empresa titular da marca[73], cópias de artigos de imprensa relatando factos relativos à marca (comentando, por exemplo, a sua popularidade ou o seu valor comercial) ou à qualidade dos respectivos produtos, facturas e/ou outros elementos demonstrativos de despesas relativas a publicidade, cópias de anúncios publicados, material promocional, documentação relativa à organização, participação em eventos, ou seu patrocínio, eventuais acções de *merchandising* e respectivas receitas, etc..

Um outro meio de prova de grande utilidade é a declaração ajuramentada por parte dos responsáveis da empresa titular da marca (directores financeiros, directores de marketing, etc.). Tais declarações, sendo insuficientes quando desacompanhadas de qualquer outra prova, assumem, por vezes, uma importância determinante na avaliação do conjunto da prova apresentada. Muito utilizados em certas jurisdições, nomeadamente o Reino Unido e a Alemanha, e frequentemente apresentados junto do IHMI pelos oponentes vindos deste países, estes depoimentos podem proporcionar uma visão global e coerente de todos os dados relevantes. Com efeito, estas declarações podem contextualizar e completar as indicações fornecidas pelos restantes meios de prova, e, assim, optimizar o seu valor probatório. Ao confirmar, com conhecimento de causa, a veracidade dos dados fornecidos pela restante documentação, o signatário responsabiliza-se pelos mesmos, reforçando assim a credibilidade da prova apresentada. Em princípio, quanto mais pormenorizados forem os dados for-

---

[72] O volume de vendas, que deve reflectir apenas as vendas geradas pela marca em questão, possuí um valor relativo já que, exceptuando os casos raros em que os valores são manifestamente altos, para obter uma percepção clara da sua importância e significado real é necessário ter em conta a dimensão do mercado e a situação relativa das marcas concorrentes.

[73] Na Decisão de 3 de Junho de 2005 da 2.ª Cam. Rec., NATIONWIDE/IRISH NATION WIDE, R 236/2004-2, foi considerado que os relatórios anuais de contas não são meras declarações emitidas pelas partes interessadas, como havia entendido a Divisão de Oposição, já que são emitidas dentro de um determinado quadro legal regulador (par. 38).

necidos por estes depoimentos maior será o seu valor probatório. Outras declarações que podem ser utilizadas como meio de prova, e que apresentam a vantagem de uma acrescida independência, são as declarações provindas de terceiros, nomeadamente de associações empresariais ou câmaras de comércio, embora o seu valor efectivo seja bastante variável.

Por fim, e sem pretender efectuar uma enumeração exaustiva do tipo de prova a apresentar, o número de registos detidos noutros países e sobretudo, o historial das acções levadas a cabo para proteger o prestígio da marca e efectivar os respectivos direitos, evidenciado através de decisões judiciais ou administrativas favoráveis, podem também fornecer indicações úteis sobre o prestígio da marca.

Todos estes elementos probatórios deverão referir-se à marca em causa e não ao oponente. O facto de a empresa titular da marca ser amplamente conhecida e prestigiada, não significa necessariamente que a marca sob a qual ela comercializa os produtos ou serviços em causa, seja ela própria prestigiada. A prova deverá assim dizer especificamente respeito à marca cujo prestígio se pretenda demonstrar.

Acresce que ao planear a prova a apresentar, o titular da marca prestigiada não deverá nunca perder de vista as várias coordenadas que necessariamente devem estar presentes nos dados e indicações a fornecer pela mesma. Com efeito, o prestígio de uma marca tem que ser demonstrado tendo por referência a um determinado momento temporal e um dado espaço geográfico. Simultaneamente, o prestígio da marca deve estar associado determinados produtos ou serviços, os quais são dirigidos a um leque mais ou menos alargado de consumidores[74]. Analisaremos em seguida cada um destes aspectos.

i. *Prestígio e território*

A prova deve ser capaz de situar o prestígio da marca no território onde esta produz efeitos. A este respeito já foi referido não ser necessário que o prestígio da marca se projecte sobre a «totalidade» do território em causa, bastando que ocorra numa parte substancial do mesmo[75].

---

[74] A prova deverá ainda respeitar à marca tal como esta se encontra registada. As facturas, por exemplo, deverão se possível não apenas identificar o tipo de produtos a que se referem, mas também, conter menção expressa da respectiva marca. É precisamente a dificuldade em fazer confluir todos estes vectores em cada elemento de prova apresentado que torna os depoimentos escritos especialmente valiosos.

[75] Caso CHEVY, parágrafo 29.

A questão da dimensão territorial do prestígio é particularmente sensível quando está em causa uma marca comunitária. Aplicando o princípio acima, dir-se-á que uma marca comunitária é prestigiada quando goze de prestígio numa parte substancial do território abrangido pela UE. Porém, a transposição pura e simples deste critério para o caso da marca comunitária, além de complexa[76], parece levar a resultados inadequados.

Na verdade, existem razões de fundo que aconselham a proteger como prestigiadas, marcas comunitárias que gozam de prestígio num só Estado-Membro da UE. Não se trata aqui de procurar favorecer as marcas comunitárias relativamente às marcas registadas a nível nacional ou sub comunitário, mas sim, pelo contrário, de assegurar que umas e outras recebam a mesma protecção.

Os titulares de marcas de prestígio registadas a nível nacional têm todo o interesse em registá-las como marcas comunitárias. Porém, na esmagadora maioria dos casos, tais marcas não logram obter, para o conjunto do mercado comunitário ou parte substancial deste, o prestígio de que gozam em casa, dado não ser fácil conquistar prestígio internacional[77].

Por outro lado, a capacidade de um mercado gerar e absorver marcas de prestígio é limitada. Assim, o número de marcas com prestígio ao nível comunitário é consideravelmente mais reduzido do que a totalidade de marcas que no interior do espaço comunitário possuem prestígio em, pelo menos, um Estado-membro[78]. Pode assim concluir-se que a grande maioria das marcas comunitárias que aspiram a receber a protecção acres-

---

[76] Na verdade, não parece fácil determinar o que possa constituir uma "parte substancial" de uma área geográfica tão extensa e diversificada como o território da UE. Deverá este requisito depender do número de Estados-Membros abarcados pelo prestígio da marca? Deverá atentar-se à fatia da população comunitária abrangida pelo Estados-Membros em causa? Deverão aplicar-se critérios de natureza económica, tomando em consideração o peso do conjunto desses Estados-membros no mercado comunitário para os produtos e serviços em causa?

[77] À barreira, por vezes intransponível, das marcas solidamente implantadas nos mercados do destino podem eventualmente somar-se a existência de entraves culturais e/ou diferenças de perfil do consumidor médio (em termos de hábitos, preferências, poder de compra, etc.).

[78] Tome-se, como exemplo, o sector das publicações editoriais. Parece impossível enunciar 50 marcas com prestígio à escala europeia. Não obstante, no território da União Europeia existirão seguramente mais de 50 marcas que possuem prestígio "meramente" nacional nesse ramo.

cida para além do princípio da especialidade, gozam de prestígio num único Estado-Membro da UE[79].

Imagine-se agora que o proprietário da marca "X" registada na Grécia, obtém o registo comunitário da mesma. Esta marca, apesar de gozar de um enorme prestígio na Grécia, é totalmente desconhecida nos restantes Estados-Membros. Subsequentemente é solicitada, por um terceiro, uma marca comunitária similar, "XX", para produtos dissimilares. O proprietário da marca "X" opõe-se a tal pedido, com base no n.º 5 do artigo 8.º, fazendo uso do seu registo comunitário. Caso se entenda que a marca comunitária só pode ser qualificada como prestigiada se o seu prestígio se estender, como mínimo, a uma parte substancial da UE, a oposição estaria votada ao fracasso. No entanto, sendo a mesma oposição baseada no registo grego para a mesma marca "X", a oposição já poderia ser procedente, dado que a marca goza de prestígio na Grécia. Deste modo, a circunstância de o oponente se basear no registo comunitário ou, em alternativa, no registo nacional da marca "X" acaba por ser determinante no possível sucesso da oposição. Neste caso, portanto, a marca comunitária estaria em desvantagem relativamente à marca nacional e os proprietários ver-se-iam, na prática, obrigados a manter registos paralelos (isto é nos sistemas comunitário e nacional), de forma a não perderem a protecção reforçada conferida às marcas de prestígio. Tal resultado contraria, de forma clara, os objectivos que levaram à criação da marca comunitária incluindo os de proporcionar aos agentes económicos uma ferramenta eficaz para a internacionalização dos seus negócios, melhorar e simplificar a protecção das marcas no território da UE e, assim, reforçar o mercado interno da UE.

Parece assim inteiramente justificado tratar as marcas comunitárias como prestigiadas em tudo o que diga respeito aos territórios onde tais marcas gozem de prestígio, independentemente de tal território corresponder ou não a uma parte substancial da UE. Deste modo, no exemplo acima indicado o registo comunitário da marca "XX" seria recusado devido à violação do prestígio gozado na Grécia pela marca "X". Note-se que nada obstará a que o titular do depósito rejeitado registe a mesma marca em todos os países da comunidade, onde tal obstáculo – o prestígio da marca anterior – não se verifique, ou seja, todos os países à excepção da Grécia.

---

[79] Basta pensar nas marcas de origem portuguesa que gozam de prestígio junto do público português e tentar determinar quantas dessas marcas gozarão de prestígio numa parte substancial da UE.

O que a meu ver não pode aceitar-se é o entendimento segundo o qual uma marca comunitária com prestígio num Estado-Membro deve ser protegida como tal para o conjunto da UE[80]. A ser assim, assistiríamos ao resultado insólito de ver uma marca solicitada em Portugal ser rejeitada com base no prestigio de uma marca comunitária na Grécia ou em qualquer outro Estado-Membro. Uma tal interpretação conduziria a uma multiplicação artificial das marcas de prestígio e à aplicação generalizada de uma forma de protecção que se pretende excepcional.

No entanto, cabe notar que o princípio enunciado pelo TJCE permanece válido. Uma marca comunitária pode ser protegida como prestigiada em todo o espaço comunitário desde que o seu prestígio exista numa parte substancial da EU e não na sua totalidade. Portanto, apesar do que foi referido acima, a protecção excepcional proporcionada pelo prestígio nem sempre se encontra geograficamente limitada aos Estados-Membros onde esse prestígio exista. Já o que possa ser considerado uma parte substancial da UE é uma questão a que a jurisprudência não ofereceu ainda resposta.

ii. *Prestígio e tempo*

Tanto a marca, como o prestígio por si conquistado, devem ser anteriores à marca contestada (isto é, devem existir à data do pedido da marca contra o qual a oposição se dirige). Assim, a prova do prestígio deve ter como referência a data do depósito da marca contestada.

Sucede, no entanto, que a junção da prova do prestígio se faz muito depois data do depósito da marca contestada. Deste modo, a prova deve permitir localizar no tempo os factos a que respeita. Para este efeito, é

---

[80] Esta tese, que parece ser dominante no I.H.M.I., é, muitas vezes, defendida com base no carácter unitário da marca comunitária consagrado no n.º 2 do Artigo 1.º RMC. Note-se porém que o alcance exacto desta característica é nos fornecido pela própria norma que dispõe o seguinte: "A marca comunitária tem carácter unitário. A marca comunitária produz os mesmos efeitos em toda a Comunidade: só pode ser registada, transferida, ser objecto de renúncia, de decisão de extinção de direitos do titular ou de anulação, e o seu uso só pode ser proibido, para toda a Comunidade". A enumeração dos efeitos resultantes do carácter unitário dever ser entendida como exaustiva e obedece a uma lógica clara: a marca comunitária só pode existir como tal se abarcar todo o espaço comunitário. Nada obsta porém a que ela obtenha diferentes níveis de protecção em diferentes pontos da EU, dado que as circunstâncias relevantes à sua protecção podem diferir substancialmente de país para país (nomeadamente a sua capacidade distintiva, o seu prestígio, etc....).

aconselhável que os documentos a juntar estejam devidamente datados ou que resulte claro do respectivo conteúdo o período a que respeitam[81].

Note-se que os documentos podem ser posteriores à data relevante (a data do depósito) desde que respeitem a factos ocorridos anteriormente à data relevante[82], ou que, tendo ocorrido posteriormente, sejam suficientemente próximos da mesma para poderem ser tomados em devida consideração. Assim, um estudo de mercado ou um artigo de jornal publicados poucos meses depois da data do depósito da marca contestada não devem ser pura e simplesmente ignorados pelo simples facto de serem posteriores à data do depósito contestado[83].

Conforme se verá adiante, a necessidade de uma referência temporal é ainda relevante na medida em que um dos factores a tomar em consideração para determinar se a marca é prestigiada consiste, precisamente, na antiguidade do seu uso. Quanto mais longo for o historial da marca, quanto mais consolidada a mesma estiver no mercado, mais fácil será admitir que ela é conhecida de uma parte significativa do público. Sendo possível, há toda a vantagem em que a prova evidencie a longevidade da implantação da marca no mercado em causa.

iii. *Produtos ou serviços e público relevante*

Na grande maioria do casos, as marcas são utilizadas com respeito a uma gama mais ou menos diversificada de produtos ou serviços, podendo adquirir renome relativamente a todos ou parte desses produtos. Nesta medida, ao avaliar-se o prestígio de uma determinada marca haverá que atentar no tipo de produtos ou serviços relativamente aos quais o prestígio se verifica, de forma a identificar e tomar em devida consideração o

---

[81] No Caso MOONSPELL/MOONSPELL, tanto a Divisão de Oposição como a Câmara de Recurso rejeitaram a oposição com fundamento, entre outros, no facto de a grande maioria dos artigos de imprensa juntos ao processo com o objectivo de provar a notoriedade da marca não se encontrarem devidamente datados ou ostentarem datas inseridas manualmente – decisão da 4.ª Câmara de Recurso do IHMI, de 17 de Março de 2004, Caso R 682/2001-4. Este caso respeita a uma marca notória e não a uma marca prestigiada no sentido do n.º 5 do artigo 8.º e tem um recurso pendente junto do Tribunal de Primeira Instância das Comunidade Europeias (T-290/04).

[82] Decisão da 1.ª Câmara de Recurso do IHMI, de 11 de Março de 2005, REED/ /REED, Caso R 144/2003-1, Par. 62.

[83] Ver, neste sentido, a título de exemplo, a decisão n.º 2778/2004, de 20/08/2004, emitida pela Divisão de Oposição do Instituto no caso Easyonline / Easy.com, pág.12.

público relevante e, em particular, o perfil do respectivo consumidor médio. Com efeito, o público junto do qual a marca deve gozar de prestígio não é o público em geral[84] mas sim o público interessado nos produtos ou serviços a propósito dos quais o prestigio se invoca[85]. Assim sendo, o público relevante pode envolver um número mais ou menos reduzido de pessoas, nomeadamente, por exemplo, os profissionais de um particular ramo de engenharia[86].

Acresce que, como adiante se verá melhor, a relação que possa existir entre os produtos ou serviços a propósito dos quais a marca é prestigiada e os produtos designados pela marca subsequente é um dos factores a ter em conta na apreciação global da violação daquele prestígio.

Concluindo, é absolutamente necessário que a prova a apresentar permita identificar os produtos ou serviços relativamente aos quais a marca anterior é prestigiada. Sem essa indicação, a condição primeira do n.º 5 do art. 8.º – o prestígio da marca anterior – não se pode considerar verificada.

3.3. *Similitude das marcas*

A marca anterior e a marca subsequentes devem ser semelhantes. Na grande maioria dos casos, as marcas em confronto seriam confundíveis, não fosse a dissimilitude dos respectivos bens e serviços. Se tais bens e serviços forem idênticos ou similares, haverá em princípio um risco de confusão, o que, naturalmente, não impede a aplicabilidade do n.º 5 do

---

[84] Conforme vinha sendo entendido por numerosos autores, incluindo, entre nós, Luís M. Couto Gonçalves, *A função distintiva da marca*, Almedina 1999, pág. 168. Couto Gonçalves, no entanto, referia-se, na supra citada obra, à marca de prestígio, tal como esta se encontrava prevista no Código de Propriedade Industrial então vigente, isto é, como *marca de grande prestígio*, também denominada, por este autor, "marca célebre".

[85] Caso CHEVY já citado. A indicação dos produtos ou serviços relativamente aos quais a marca goza de prestígio constituí de resto um requisito de admissibilidade do requerimento de oposição, sempre que seja invocado o motivo relativo de recusa constante do n.º 5 do artigo 8.º – ver al. g) do n.º 2 do artigo 15.º RE.

[86] Nem sempre é fácil, no entanto, determinar o público relevante. O caso MOONSPELL v MOONSPELL opõe os elementos de banda portuguesa que actua sob o nome Moonspell a um ex-elemento da mesma que solicitou para si o registo da marca Moonspell. Neste caso, discute-se perante o Tribunal de Primeira Instância (T-290/04) se o público a tomar em consideração para aferir da notoriedade da marca é constituído pelos consumidores de música em geral ou pelos apreciadores de um determinado estilo musical, mais precisamente o *heavy metal*.

artigo 8.°. Convém recordar, porém, que a comparação das marcas não tem, nesta sede, como finalidade determinar se existe um risco de confusão mas averiguar se a marca subsequente é susceptível de retirar proveito do carácter distintivo ou prestígio da marca ou prejudicá-los. No caso Adidas/Fitness[87] o TJCE referiu ser necessária a existência de elementos de similitude visual, fonética ou conceptual, resultando a violação de um certo grau de semelhança que leva os consumidores a estabelecerem uma ligação entre as marcas. Segundo este acórdão "a protecção conferida pelo artigo 5.°, n.° 2, da directiva não depende da verificação de um grau de semelhança tal entre a marca de prestígio e o sinal que exista, no espírito do público em causa, um risco de confusão entre estes. Basta que o grau de semelhança entre a marca de prestígio e o sinal leve o público em causa a estabelecer uma ligação entre o sinal e a marca"[88].

Esta decisão parece, assim, sugerir que o grau de semelhança entre as marcas para os efeitos do n.° 5 do artigo 8 não necessita de ser tão elevado como o exigível para efeitos da apreciação da existência de um risco de confusão no âmbito da al. b), do n.° 1, do mesmo preceito[89]. Será, por-

---

[87] Acórdão do TJCE de 23 de Outubro de 2003, ADIDAS/FITNESS, C-408/01.

[88] ADIDAS-FITNESS, parágrafo 31. Um dos motivos de interesse deste caso prende-se com a questão da natureza do sinal contestado. Com efeito, a Adidas opôs-se à comercialização, por parte da Fitness, de roupa desportiva apresentando duas tiras paralelas, de igual largura, aplicadas sobre as costuras laterais. Segundo a ADIDAS, a aposição destas tiras violava a sua marca constituída por três tiras paralelas, a qual goza de reconhecimento geral. Numa das instâncias holandesas a pretensão foi rejeitada, tendo sido referido, nomeadamente, que o distintivo constituído por duas tiras verticais paralelas sobre as costuras laterais, contrastantes com a cor de fundo, tem sido regularmente utilizado nos Países Baixos ao longo dos anos no adorno de vestuário (de desporto).

O Tribunal de Justiça, por sua vez, considerou que o facto de um sinal ser visto pelo público como um elemento decorativo não constitui, por si, um obstáculo à protecção da marca anterior. Tal obstáculo só existiria se o público entendesse tal sinal exclusivamente como uma decoração e não estabelecesse nenhuma ligação com uma marca registada.

Comentando este acórdão Georges Bonet expressa a sua inquietude perante a possibilidade de apropriação e monopolização de *géneros figurativos* de uso corrente, como será o caso das tiras paralelas no vestuário desportivo ou a representação de um urso de peluche em artigos de alimentação para bebés – *L'arrêt de la Cour de justice: du nouveau sur la protection de la marque renommée?*, Propriétés Intelectuelles, Avril 2004, n.° 11, pags. 597 e seg.

[89] Note-se que uma tal leitura vem permitir que numa mesma decisão se possa considerar dois sinais como dissimilares entre si para efeitos de avaliar a existência de um risco de confusão e, mais adiante, considerar os mesmos sinais similares para efeitos de avaliar a existência de uma violação da prestígio. Não foi este o entendimento seguido pela Câm

tanto, suficiente que se estabeleça uma associação, no sentido estrito do termo tal como descrito pelo TJCE no caso Sabel, isto é, que a marca subsequente traga à memória do consumidor a recordação da marca anterior, ainda que não exista qualquer confusão quanto à diferente origem empresarial dos respectivos produtos[90]. A ser assim, tal associação – irrelevante para efeitos da al. b) do n.º 1 do artigo 8.º – vem a assumir relevo no âmbito do n.º 5 do mesmo preceito.

3.4. Produtos e serviços

Como se referiu, o principal traço caracterizador da protecção do prestígio reside na dispensa da existência de risco de confusão. Sendo assim, não faria sentido condicionar a sua aplicação aos casos em que as marcas distingam produtos ou serviços idênticos ou similares.

Não faltou quem interpretasse o n.º 5 do artigo 8.º como exigindo a dissimilitude dos produtos e serviços abrangidos pelas marcas em confronto[91]. Tal interpretação, ancorada no teor literal do preceito[92], era

---

Rec. no caso GOSS / BOSS, R 543/2003-4, já citado, em que o resultado da comparação dos sinais, no âmbito do risco de confusão, foi transposto, sem mais, para a avaliação da violação do prestígio. Entre nós Couto Gonçalves sustenta dever exigir-se aqui um maior grau de semelhança entre as marcas que "devem ser muito semelhantes e não apenas semelhantes", ob. cit., pág. 172.

[90] Neste sentido veja-se Anna Carboni, *Two stripes and you're out! – Added protection for trade marks with a reputation*, European Intellectual Property Review EIPR 5/2004, vol. 26, pág. 233. Segundo esta autora, parece poder concluir-se, à luz deste acordão, que existirá uma semelhança suficiente entre a marca Adidas e as duas tiras paralelas da Fitness caso se conclua que os consumidores, quando confrontados com as duas tiras, pensam na Adidas, embora saibam que a roupa em causa não é da Adidas dado que apresenta um número diferente de tiras (duas e não três). Tal semelhança já não existirá quando se conclua que os consumidores vêem as duas tiras somente como um mero elemento decorativo, não estabelecendo qualquer conexão com as tiras da Adidas.

[91] Foi esta a posição inicialmente adoptada pelo Instituto, tendo sido também esta a interpretação defendida pelo Governo Britânico e pelo advogado-geral Jacobs no caso Davidoff.

[92] Nos termos do n.º 5 do artigo 8.º do RMC, será recusado o pedido de registo quando este tenha por objecto uma marca idêntica ou semelhante à marca anterior "se essa marca se destinar a ser registada para produtos ou serviços que não sejam semelhantes àqueles para os quais a marca anterior foi registada".

defendida com base na desnecessidade e na inconveniência em suprimir a concorrência nos casos em que não existe risco de confusão[93].

A questão encontra-se hoje ultrapassada. No caso Davidoff / Gofkid o TJCE esclareceu que a protecção reforçada conferida às marcas de prestígio é aplicável tanto nos casos em que os bens e serviços da marca subsequente sejam dissimilares como nos casos em que sejam idênticos ou similares aos da marca prestigiada[94]. Não obstante, houve quem defendesse que, dada a natureza facultativa da protecção às marcas prestigiadas que permite aos Estados-Membros optar por não conceder qualquer protecção especial às marcas prestigiadas, sempre estaria aberta a possibilidade de os Estados-Membros consagrarem uma protecção menos generosa do que aquela prevista na Directiva, tal como interpretada no acórdão Davidoff / Gofkid, nomeadamente afastando a sua aplicabilidade nos casos de produtos ou serviços idênticos ou semelhantes. Porém, no caso ADIDAS / FITNESS, o TJCE afastou esta possibilidade esclarecendo que se encontra vedado aos Estados–Membros a possibilidade de desenhar uma protecção menos intensa do que aquela visada pela Directiva[95]. O regime da marca prestigiada apresenta-se assim como um "pacote" indivisível, que apesar de ser facultativo, só pode ser transportado pelos Estados-Membros para os respectivas ordenamentos jurídicos nos termos exactos em que foi desenhado pelo legislador comunitário[96].

---

[93] Poderia, por exemplo, considerar-se legítimo o surgimento de marcas concorrenciais que não sendo confundíveis com a marca líder, utilizariam certas semelhanças com a mesma por forma a apresentarem-se aos consumidores como uma versão barata dos produtos distinguidos pela marca prestigiada. A possibilidade de utilizar este tipo de marcas favorece o surgimento de concorrência, com vantagens para os consumidores, nos casos em que a marca anterior tenha sido a primeira a colocar no mercado um produto até então inexistente.

[94] Acórdão de 9 de Janeiro de 2003, DAVIDOFF/GOFKID, C-292/00.

[95] Acórdão de 23 de Outubro de 2003, ADIDAS/FITNESS, C-408/01, parágrafos 17 a 22. Este acórdão obrigou o Reino Unido a modificar as suas provisões relativas à protecção da marca prestigiada, até então apenas aplicável no casos em que os produtos em causa fossem dissimilares (Graham Arthur, *Ready, set, go – Famous brands set to reap the benfits of UK amendments*, Trademark World 10/2004, N.º 171, págs. 18 e segs).

[96] A este propósito refira-se que no caso francês o n.º 2 do Artigo 5.º da Directiva foi transportado em termos que permitem concluir que a protecção da marca para além do princípio das especialidade em virtude do seu prestígio se encontra limitada às marcas ou sinais subsequentes idênticos, excluindo-se assim, a protecção da marca prestigiada face a marcas similares. Parece ter sido a forma como os tribunais franceses têm interpretado o Artigo L. 713-5 do código da propriedade industrial francês, o que aparentemente colide com a interpretação fornecida pelo Tribunal de Justiça no caso ADIDAS/FITNESS. Veja-se

Em conclusão, o regime da marca prestigiada estabelece uma protecção desvinculada do pr. da especialidade, aplicando-se igualmente aos casos em que os produtos ou serviços da marca subsequente são idênticos ou semelhantes ao produtos abrangidos pelo prestígio da marca anterior. No entanto, como adiante se verá, o facto de estes produtos serem idênticos, semelhantes ou dissimilares não é de todo irrelevante podendo mesmo ser determinante para o desfecho da oposição.

3.5. *Violação do prestígio*

Na maioria dos casos em que o n.° 5 do artigo 8.° é invocado em sede de procedimento de oposição a um pedido de marca comunitária, os benefícios para a marca subsequente e os prejuízos para a marca anterior são frequentemente apresentados, de forma indistinta, como consequências inelutáveis da semelhança entre as marcas e do prestígio da mais antiga[97]. Porém, a violação do prestígio constituí uma condição autónoma que necessita de ser examinada de forma separada.. Como tal, a violação do prestígio pode não se verificar apesar da semelhança das marcas e do prestígio da marca anterior. De outro modo, a protecção da marca prestigiada estender-se-ia, de forma automática, a qualquer marca que se lhe assemelhasse. Nas palavras do Tribunal de Justiça, uma vez satisfeito no que respeita ao grau de difusão da marca, "o órgão jurisdicional nacional (...) deve proceder ao exame da segunda condição estabelecida no artigo 5.°, n.° 2, da directiva, a saber, a existência de violação injustificada da marca anterior"[98].

---

neste sentido Georges Bonet, *L'arrêt de la Cour de justice: du nouveau sur la protection de la marque renommée?*, Propriétés Intelectuelles, Avril 2004, n.° 11, págs. 593 e segs.

[97] Veja-se, a título de exemplo a decisão de 8 de Setembro de 2004 da 1.ª Câm. Rec., SKOVA/Skoda, R 710/2003-1, par. 10: "In the notice of opposition the opponent claimed that the sign of the application was 'detrimental to the distinctiveness/repute' of the earlier marks or 'takes unfair advantage' of them. However, the Board observes that no satisfactory reasoning has been supplied, either at the opposition stage, or before the Board of Appeal, in support of that claim. The opponent merely argued, in substance, that the mark(s) enjoy recognition on the market and that the public would, therefore, attribute the sign of the application to the opponent's SKODA brand. This argument may play a role in relation to the issue of likelihood of confusion but is, in the Board's view, largely irrelevant as regards Article 8(5) CTMR".

[98] Caso CHEVY. No caso SPA/SPA-FINDERS o Tribunal de Primeira Instância, após ter reconhecido o prestígio da marca SPA e a similitude das marcas em questão, decla-

A violação do prestígio pode traduzir-se no deterioramento do prestígio da marca anterior ou na obtenção de vantagens indevidas por parte da marca subsequente. No primeiro caso, a violação verifica-se quando a marca subsequente prejudica o prestígio ou a capacidade distintiva da marca anterior (fenómeno que é denominado, nos sistemas anglo-saxónicos, por *dilution*). No segundo caso, a marca subsequente retira proveito indevido do prestígio da marca anterior (fenómeno que é denominado, nos sistemas anglo-saxónicos, por *free riding*).

a) *A marca subsequente retira benefício do carácter distintivo ou do prestígio da marca anterior*

A marca subsequente beneficia do carácter distintivo, ou do prestígio, da marca anterior quando em virtude da semelhança entre as mesmas, usufrui do poder atractivo desta. A semelhança entre as marcas permite à marca subsequente usar, em proveito próprio, o elevado grau de reconhecimento da marca anterior (carácter distintivo) e a sua eventual boa imagem (prestígio). Esta associação beneficiará a marca subsequente na medida em que o consumidor possa ser influenciado, na sua percepção desta última, pelas conotações positivas sugeridas pela marca prestigiada. Além do efeito positivo sobre as vendas, o utilizador da marca subsequente realiza poupanças substanciais em promoção e publicidade[99].

---

rou improcedente o recurso com base na ausência de prova relativamente à violação do prestígio. Segundo o TPI, o oponente tem de apresentar prova de um risco futuro de prejuízo para o carácter distintivo ou prestígio da sua marca (ou de aproveitamento indevido dos mesmos) – acórdão de 25 de Maio de 2005, SPA/SPA-FINDERS, T-67/04. No mesmo sentido veja-se, a título de exemplo, a decisão da 1.ª Câmara de Recurso do IHMI de 1 de Abril de 2004, no caso, já citado, INVESTEC v INVES (R 703/2003-1), par. 18.

[99] Veja-se, por exemplo, a decisão de 17 de Novembro de 2004 da 1.ª Câm. Rec., OPIUM/OPIUM, R 237/2004-1 e R 299/2004-1caso este em que a marca de perfumes Opium se opôs, com sucesso, ao registo da marca Opium para artigos de vestuário. Ver ainda a decisão de 12 de Março de 2004 da 1.ª Câm. Rec., MANGO/MANGO, R 308/2003-1, par. 19., em que, de novo, as marcas são idênticas distinguindo respectivamente vestuário e capacetes protectores (par. 19) e a decisão da Câm. Rec. no caso SKOVA/Skoda, já citado, par. 14. Na decisão de 22 de Outubro de 2004 da 1.ª Câm. Rec., PREMIO INTEL DESIGN/INTEL, R 769/2002-1, parágrafo 58, diz-se o seguinte: "Unfair advantage is taken where another undertaking is able to minimise its marketing efforts as a direct result of the link which the public makes to the distinctive character or repute of the earlier mark. In that situation that undertaking effectively uses the renowned mark as a vehicle for generating consumer interest in its own products. The advantage for the third party arises in the substantial saving

Entre os factores que favorecem tal aproveitamento contam-se o grau de semelhança entre as marcas, os graus de difusão e o carácter distintivo inato da marca anterior bem como o possível prestigio-qualidade da associado à mesma[100].

Outro factor com especial relevância é a relação que possa existir entre os produtos ou serviços distinguidos pelas marcas em confronto. A proximidade entre os produtos pode levar os consumidores a acreditar que existe alguma conexão entre as marcas. Tal circunstância permite à marca posterior tirar partido do *goodwill* da marca prestigiada[101].

Se a possibilidade de estabelecer uma conexão entre as duas marcas estiver à partida excluída, dificilmente poderá sustentar-se que a marca subsequente retira vantagens do prestígio da marca anterior. A título de exemplo, poucos consumidores[102] se deixarão impressionar por uma marca de acendalhas que ostente a palavra "Mercedes" [103]. Note-se, no entanto, que o aproveitamento indevido do prestígio não existe apenas nos casos em que os produtos em causa são iguais ou semelhantes. Os produtos podem até apresentar diferenças acentuadas e, ainda assim, induzir o consumidor, se não a presumir, pelo menos a admitir a possibilidade de uma qualquer relação de parentesco entre as marcas. É o caso, por exemplo, de artigos de cosmética quando comparados com revistas dirigidas a um público feminino[104], de charutos quando comparados com bebidas

---

on investment in promotion and publicity for its own goods, since it is able to 'free ride' on that already undertaken by the earlier reputed mark. It is unfair since the reward for the costs of promoting, maintaining and enhancing a particular trade mark should belong to the owner of the earlier trade mark in question".

[100] Com efeito, é aqui que o plano qualitativo do conceito de "prestígio" adquire relevo. Quanto melhor for a imagem da marca junto do público mais apetecíveis são os respectivos produtos ou serviços, e maior será a capacidade da marca para captar e fidelizar clientela, assegurando vendas. Em tal caso será necessariamente maior a probabilidade de a marca subsequente retirar proveito do prestígio da marca anterior.

[101] "The greater the proximity between the goods and the circumstances in which they are marketed, the greater is the risk that the public in question will make a link between the mark and the sign in question, and the greater is the risk that unfair advantage will be taken of the earlier mark" – Câm. Rec., PREMIO INTEL DESIGN/INTE (R 769/2002-1, já citado, pág. 61).

[102] O consumidor é para este efeito uma pessoa razoavelmente bem informada e circunspecta.

[103] O que pode sim é existir uma violação do prestígio na modalidade de prejuízo para o carácter distintivo da marca anterior.

[104] Decisão de 8 de Fevereiro de 2002 da 1.ª Câm. Rec., BIBA/BIBA, R 472/2001-1.

espirituosas[105], de artigos de perfumaria quando comparados com artigos de vestuário[106] ou de serviços bancários quando comparados com serviços de mediação imobiliária.

A associação e a consequente retirada de benefícios "à boleia" do prestígio da marca anterior pode ainda advir de outras circunstâncias. No caso ABBSOLUTE/ABSOLUT, por exemplo, o aproveitamento do *goodwill* associado à famosa marca de vodka advinha da estratégia de marketing utilizada por esta, a qual envolvia a utilização da forma da garrafa *absolut* como motivo em peças de vestuário desenhadas por costureiros famosos. A Câmara de Recurso considerou que esta particular política de marketing tornava verosímil que a marca *Abbsolute*, solicitada para produtos totalmente distintos de vodka mas relacionados com moda (óculos) retirasse proveito do prestígio da marca de vodka *Absolut*[107].

O campo de eleição desta modalidade de violação é, no entanto, constituído pelos casos em que a marca subsequente surge a ocupar um espaço de expansão natural da marca prestigiada. Constitui um fenómeno frequente a utilização de marcas de prestígio a tipos de produtos totalmente distintos daqueles a propósito dos quais o prestígio se gerou. Os titulares das marcas prestigiadas têm consciência de que a confiança depositada pelos consumidores e a sua predisposição a adquirir os respectivos produtos é transportável para outro tipo de produtos, ainda que estes últimos envolvam um *know-how* totalmente distinto. Assim sendo, tais titulares, procurando explorar todas as potencialidades da marca prestigiada, estão muitas vezes dispostos a alargar o campo da sua actividade ou a licenciar a terceiros a utilização da marca em causa. É o que sucede, nomeadamente, quando o titular de uma marca famosa de automóveis

---

[105] Decisão da Divisão de Oposição do I.H.M.I., N.º 314/2004, ROMEO & JULIET//ROMEO Y JULIETA.

[106] Decisão da Câm. Rec., OPIUM/OPIUM, já citada.

[107] Decisão de 12 de Julho de 2005 da 1.ª Câm. Rec., ABBSOLUTE/ABSOLUT, R 1204/2004-1, par. 38. Também no caso TDK / TDK o Instituto concedeu relevância ao facto de a TDK (dedicada a um sector totalmente alheio ao vestuário) patrocinar eventos desportivos, onde eram utilizadas roupas ostentando a marca em causa (decisão de 7 de Outubro de 2004 da 1.ª Câm. Rec., TDK / TDK, R 364/2003-1). De acordo com esta decisão, a actividade patrocinadora levada a cabo pela TDK permitia que se estabelecesse um elo de ligação entre esta e a marca contestada (solicitada para artigos de vestuário), possibilitando à "nova" TDK retirar proveito indevido do prestígio ou do carácter distintivo da primeira, tendo em conta, nomeadamente, a circunstância de as marcas em confronto serem idênticas.

autoriza a utilização da mesma em relação a relógios, óculos ou isqueiros. Embora os produtos sejam totalmente distintos o consumidor relaciona-os porque tem a percepção de que esta "extensão" do uso da marca de automóveis é natural e está conforme aos usos do comércio. O mesmo já não sucederia se a mesma marca de automóveis surgisse aplicada em pacotes de leite.

Para o consumidor é irrelevante que os a relógios, óculos ou isqueiros provenham do fabricante de automóveis identificado pela marca ou de um terceiro licenciado por aquele. Baseado no prestígio da marca em causa, e confiando que a sua utilização só poderá ter lugar sob a autorização e o controlo do titular da marca prestigiada, o consumidor basta-se com a garantia de que os óculos sejam desenhados e fabricados sob a alçada de critérios de exigência comparáveis aos demonstrados na produção de automóveis. O consumidor confia, assim, no critério e competência do titular da marca anterior, o primeiro interessado em não deixar danificar o prestígio adquirido. Na medida em que a comercialização desta segunda classe de produtos beneficia do prestígio que a marca possui num dado sector de produtos, verifica-se uma transferência do *goodwill* da marca prestigiada para produtos que podem ser totalmente distintos. Deste modo, quando o uso da marca subsequente possa ser interpretado pelo consumidor médio como um fenómeno de expansão da marca prestigiada, verifica-se um aproveitamento do prestígio da marca anterior. Tal aproveitamento é indevido sempre que desacompanhado da autorização do titular da marca prestigiada[108].

O uso de uma marca semelhante à marca prestigiada permite ao titular da marca subsequente usufruir, sem custos, do poder atractivo inerente à marca anterior, retirando benefício do esforço de marketing dispendido pelo respectivo titular[109]. Trata-se, assim, de uma exploração do prestigio

---

[108] Repare-se que nestes casos de ocupação de uma área natural de expansão de uma marca prestigiada, verifica-se uma espécie de confusão, que é em muitos casos irrelevante para os efeitos da al. b) do n.º 1 do artigo 8.º dada a dissimilitude dos produtos. Esta confusão e o consequente aproveitamento indevido por parte da marca subsequente depende em grande medida do grau de semelhança desta com a marca prestigiada. No entanto, frisamos que a relação entre os produtos é decisiva podendo em certos casos tal relação, ou a inexistência de uma qualquer relação, excluir a possibilidade aproveitamento. No caso Visa!/Visa (Decisão da DO N.º 725/2001) considerou-se que o prestígio da marca "visa" no âmbito de serviços financeiros (nomeadamente, cartões de crédito), não era transferível para o sector da cosmética, por via da marca contestada "visa!".

[109] Os autores norte-americanos referem-se a este fenómeno utilizando a expressão "free ride".

por parte de um terceiro que arrecada receitas sem justificação (uma espécie de enriquecimento sem causa), receitas estas que caberiam por direito ao titular da marca anterior. De facto, é a este que compete a decisão de "exportar" o prestigio da sua marca para outros campos do comércio, retirando os respectivos benefícios[110], ou renunciar à exploração intensiva do prestígio apostando em preservar a aura de exclusividade da marca[111].

b) *A marca subsequente prejudica o carácter distintivo da marca anterior*

A segunda modalidade de violação da marca prestigiada pode assumir duas formas. Como resulta do teor do n.° 5 do artigo 8.° existe violação da marca prestigiada quando o uso da marca subsequente causar prejuízo (1) ao carácter distintivo das marca anterior, ou, (2) ao respectivo prestígio. Na primeira hipótese o uso da marca subsequente enfraquece a capacidade distintiva da marca prestigiada na medida em contribui para a sua progressiva banalização; na segunda hipótese, o uso da marca subsequente denigre o prestígio da marca anterior.

Para analisar devidamente a primeira modalidade acima mencionada convém recordar que o carácter distintivo de uma marca depende da sua capacidade para identificar os respectivos produtos ou serviços como provindo de uma particular empresa, distinguindo-os dos produtos das demais empresas. Todo o sinal candidato a constituir uma marca tem necessariamente de possuir um grau mínimo de capacidade distintiva para poder ser registado como tal[112]. O grau de capacidade distintiva é, no entanto, variável, existindo diferenças significativas entre as marcas que se limitam a atingir esse patamar mínimo e aquelas que gozam de um elevado poder distintivo. Estas últimas tendem a obter uma protecção mais forte na medida em que gozam de um campo de exclusividade

---

[110] A "Virgin" por exemplo, estendeu a sua marca de discos para diversos sectores incluindo transportes aéreos e vinhos.

[111] A "Coca-Cola", por exemplo, limita-se a apresentar ténues variações do seu produto original, mantendo-se no sector restrito das bebidas cola.

[112] A falta de carácter distintivo constituí um motivo absoluto de recusa do pedido de marca comunitária, art. 7.°, n.° 1, al. b) RMC, e do pedido de registo de uma marca nacional, art. 3.°, n.° 1, al. b) DM – em Portugal *v.g.* art. 238.°, n.°1, al. b) CPI. Por exemplo, uma marca exclusivamente composta pela palavra "cerveja" é destituída de carácter distintivo no que respeita a cervejas

mais alargado comparativamente às marcas que possuem um carácter distintivo débil[113].

O prejuízo para o carácter distintivo da marca prestigiada consiste assim na diminuição da sua capacidade distintiva. A proliferação de marcas idênticas ou muito semelhantes, ainda que relativamente produtos ou serviços totalmente distintos, tende a banalizar progressivamente a marca que vai perdendo, deste modo, a sua capacidade de estabelecer no espírito do consumidor uma associação clara e inequívoca com uma única empresa. Nas palavras de Carlos Fernández-Novoa, a aura de exclusividade inerente à marca prestigiada ir-se-á paulatinamente extinguindo à medida que proliferem em diversos sectores de mercado produtos ou serviços portadores de um sinal idêntico ou confundível[114].

O exemplo clássico é nos dado por Schechter, citado pelo advogado-geral F.G. Jacobs no caso Adidas/Fitnessworld: "se forem autorizados restaurantes e cafés com a marca Rolls Royce, calças com a marca Rolls Royce, e rebuçados Rolls Royce, no prazo de dez anos a marca Rolls Royce deixará de existir"[115]. O exemplo é suficientemente ilustrativo para proporcionar uma imagem clara do fenómeno. Com a crescente vulgarização da marca apaga-se a imagem individualizada de que esta goza junto do público. Este fenómeno de erosão do carácter distintivo da marca é designado na América do Norte por "dilution by blurring".

Existe alguma tendência para afirmar que existe diluição do carácter distintivo da marca anterior sempre que exista uma marca posterior que se lhe assemelhe. Este entendimento não é correcto. O prejuízo para o carác-

---

[113] Acórdão do TJCE de 11 de Novembro de 1997, SABEL (C-251/95, Colect., p. I--6191, n.os 22 e 23). O carácter distintivo de uma marca depende de vários factores. As marcas que sejam caracterizadas pela sua especial originalidade gráfica, conceptual ou mesmo fonética, tomando por referência nomeadamente a prática corrente no respectivo mercado, possuem em princípio um elevada capacidade distintiva. Esta capacidade pode ser posteriormente fortalecida através do uso da marca. Assim, a presença efectiva da marca no mercado ao longo de um extenso período de tempo, bem como o esforço investido na sua promoção, constituem factores que tendem a reforçar o carácter distintivo da marca. De igual modo a capacidade distintiva da marca pode diminuir com o tempo, podendo mesmo desaparecer. Neste último caso, a marca pode caducar precisamente por já não estar apta a exercer a sua função enquanto sinal distintivo do comércio, nomeadamente quando passa a ser correntemente utilizada para designar um tipo de produto.

[114] El sistema comunitário de marcas, Editorial Montecorvo, S.A. 1995, pág. 206.

[115] Conclusões do advogado-geral de 10 de Julho de 2003, apresentadas no Caso C--408/01 "Adidas-Salomon AG e Adidas Benelux BV v. Fitness Trading Ltd".

ter distintivo constitui um requisito adicional, e portanto um limite, à protecção da marca prestigiada perante as marcas semelhantes. Assim, haverá forçosamente que concluir que só em alguns casos haverá diluição do carácter distintivo da marca anterior[116]. A diluição poderá ou não ocorrer dependendo das circunstâncias concretas de cada caso, circunstâncias estas que têm de ser avaliadas tendo em atenção um determinando número de factores.

Ao apreciar a probabilidade séria de diluição deverá ter-se em conta, primeiro, a capacidade distintiva inata da marca prestigiada em causa. A marca anterior pode, de facto, ser conhecida e apreciada do publico em geral mas ser composta por uma denominação vulgar, sem qualquer toque de originalidade; seria o caso por exemplo de um jornal denominado "Internacional". Não obstante o prestígio do jornal, o seu proprietário dificilmente poderia alegar que o uso por terceiros da palavra "Internacional" (por exemplo, como parte da marca "Banco Internacional de Crédito") enfraqueceria o carácter distintivo da sua marca[117].

Um outro factor relevante é o próprio produto em causa e o segmento de mercado ocupado pela marca. Suponhamos, a título de exemplo, que à marca "FTI," famosa no âmbito das lâmpadas eléctricas, se sucede a marca "F.T.I." para roupa ou serviços de imediação imobiliária. Ainda que as marcas possam ser consideradas quase idênticas é difícil encontrar aqui uma diminuição da capacidade distintiva da primeira. O mero facto da marca FTI se destinar a distinguir lâmpadas eléctricas em vez de, por

---

[116] Veja-se, a título de exemplo, o caso DUPLO/DUPLO: "The opponent contends that the detriment to the distinctive character of its trade mark would, in view of its strong reputation, be a necessary consequence flowing automatically from the use of an identical trade mark in relation to the goods claimed in the application. The Board cannot accept that contention. It amounts to saying that any trade mark which has a reputation, in the sense that a high percentage of consumers recognize it, is entitled to blanket protection against the use of an identical or very similar trade mark in relation to virtually any kind of product. Reputation, instead of being one of several conditions which define when a trade mark enjoys protection in respect of dissimilar goods, would become the sole condition. Such an interpretation would be inconsistent with the wording of Article 8(5) CTMR and the related provisions" – Decisão de 5 de Junho de 2000 da 1.ª Cam. Rec., DUPLO/DUPLO, R 802/1999-1, par. 23.

[117] No Caso Duplo / Duplo, já citado (R 802/1999-1, par. 24 e 25), o Instituto considerou que o detrimento do carácter distintivo da marca pressupõe, como requisito prévio, que esta goze de um forte carácter distintivo inato. Também no caso Nationwide / Irish Nation Wide (R 236/2004-2), já citado, um dos factores que pesaram na rejeição da oposição foi precisamente o fraco poder distintivo intrínseco da expressão "nationwide".

exemplo, automóveis não é destituído de relevância. Há um elemento de prestígio ou visibilidade social inerente aos automóveis que simplesmente não se encontra presente no caso das lâmpadas eléctricas. No caso dos automóveis, o tipo de produto em causa é por si só capaz de gerar paixões, fenómeno que dificilmente se verifica a propósito de lâmpadas. Por outro lado, e voltando ao exemplo fornecido por Schechter, o segmento de mercado a que se destinam os automóveis Rolls Royce, acessíveis apenas a uma ínfima minoria, fazem com que a marca seja associada pelos consumidores a um determinando estatuto social, circunstância que inevitavelmente impregna a marca de uma aura de exclusividade. Tal aura dificilmente poderá estar presente numa marca destinada ao sector das lâmpadas eléctricas ou dos detergentes, por melhores que sejam os respectivos produtos.

Por vezes, os esforços dispendidos com vista a preservar ou fortalecer o carácter distintivo da marca (nomeadamente através de campanhas publicitárias, que podem ser importantes não apenas pela sua dimensão mas também pelo respectivo conteúdo, e também através de acções dirigidas contra o uso por terceiros de marcas semelhantes) por oposição a uma atitude permissiva, podem ter o seu peso na hora de proceder a uma avaliação global do risco ou probabilidade séria de a marca subsequente prejudicar o carácter distintivo da marca prestigiada.

Em suma, a apreciação deste motivo relativo de recusa, na modalidade agora em análise, depende, como as demais, das circunstâncias específicas do caso concreto a ponderar em função de um certo número de factores, tais como as características inerentes da marca anterior, o grau do seu prestígio, o grau de semelhança entre as marcas em causa, o tipo de produtos em causa, etc.

c) *A marca subsequente prejudica o prestígio da marca anterior*

A marca solicitada deve igualmente ser rejeitada quando o seu uso prejudique o prestígio da marca anterior, danificando a boa imagem de que a mesma goza junto do respectivo público[118].

---

[118] Vimos já que o n.º 5 do artigo 8.º comporta duas acepções de prestígio. A primeira assenta no número de consumidores familiarizados com a marca e é determinante para que a mesma possa ser considerada como prestigiada. A segunda acepção refere-se à especial imagem de que a marca goza junto dos consumidores, a qual pode ser objecto de aproveitamento ilegítimo ou ser prejudicada através do uso, por terceiro, de uma marca igual ou semelhante.

Um argumento recorrente, no contexto do n.º 5 do artigo 8.º, é o de que o prejuízo para o prestígio da marca anterior advém da circulação no mercado de produtos de qualidade inferior ou cuja qualidade escapa ao controlo do titular da marca prestigiada. Este argumento é irrelevante. Na verdade, não é a baixa qualidade dos produtos da marca posterior, nem tão pouco a impossibilidade do controlo de tal qualidade por parte do proprietário da marca prestigiada, que justifica a recusa da marca subsequente ou a proibição do seu uso. De outro modo, o titular da marca subsequente poderia iludir a oposição provando a boa qualidade dos seus produtos[119] ou oferecendo ao oponente a possibilidade de inspeccionar e controlar a qualidade da produção dos produtos em causa. Naturalmente, nada disto importa ao titular da marca prestigiada, o qual está sobretudo empenhado em impedir a utilização do prestígio da sua marca por qualquer terceiro que não disponha da sua autorização.

O que aqui está verdadeiramente em causa é o princípio segundo o qual a faculdade de explorar economicamente o prestígio da marca anterior deve estar reservada, em exclusivo, ao respectivo titular.

A suposta má qualidade dos produtos ou serviços comercializados sob a marca subsequente só afecta a imagem da marca prestigiada se o público associar as duas marcas admitindo a existência de alguma relação entre as mesmas. Só nesse caso poderá a má qualidade dos produtos manchar a reputação da marca anterior. Ora, o facto de o público associar as duas marcas admitindo a existência de um vínculo entre as mesma significa forçosamente que a marca subsequente está a beneficiar indevida-

---

[119] O resultado de uma oposição ou de uma acção de contrafacção não pode estar dependente da apreciação da qualidade dos produtos da marca subsequente. Repare-se que no âmbito específico do procedimento de oposição a marca solicitada não se encontra, sequer, a ser utilizada. Por outro lado, a comparação da qualidade dos produtos sendo já de si difícil de efectuar em termos objectivos para produtos idênticos ou similares, careceria de sentido tratando-se de produtos dissimilares, afinal o campo de eleição do n.º 5 do Artigo 8.º. Num caso em que estava assente a similitude das marcas e o prestígio da marca anterior, a 1.ª Câmara de Recurso do I.H.M.I. referindo-se ao argumento da fraca qualidade dos produtos da marca subsequente refere o seguinte: "these assertions are little more than standard generalisations. The opponent has not shown how its undoubted reputation in the field of publicity might be damaged by the applicant's use of a similar mark in the entirely different field of retail or in what way the applicant might take advantage. For instance, it is not clear how the applicant's services could be of 'lower quality' than the opponent's, since the services are different and therefore, any comparison of like with like is out of the question" – Decisão de 22 de Setembro de 2005 da 1.ª Câm. Rec., TESTA/ARMANDO TESTA, R 1198/2004-1, par. 28.

mente do prestígio ou do carácter distintivo da marca anterior. Em tais casos é este aproveitamento, e não a alegada má qualidade dos produtos, que constitui o verdadeiro fundamento da proibição do uso e /ou registo da marca subsequente.

Nesta modalidade, a violação do prestígio verifica-se quando o uso da marca subsequente denigre, enfraquece ou destrói a especial imagem de que a marca anterior goza junto dos consumidores[120].

É o que sucede quando a marca prestigiada é reproduzida ou parodiada de uma forma ofensiva e inapropriada aos interesses do seu titular. Outras vezes, a violação do prestígio resulta, não da forma como a marca é reproduzida mas do contexto em que esta é utilizada, nomeadamente do tipo de produtos ou serviços em que é aplicada. Note-se que é a própria natureza dos produtos ou serviços em causa, e não a sua boa ou má qualidade, que afecta o prestígio da marca anterior. Imagine-se, por exemplo, uma marca de serviços financeiros altamente cotada na praça pela sua elevada fiabilidade e pelo profissionalismo dos seus colaboradores, e à qual o público se habituou a associar uma imagem de sobriedade, discrição e competência. Esta imagem seria altamente prejudicada se a mesma marca fosse adoptada como título de revistas de humor obsceno ou de pornografia. Com o tempo, a marca prestigiada passaria a ser alvo de galhofa e a sua simples menção poderia em determinados contextos ser causa de constrangimento. Outro exemplo, seria o do lançamento no mercado de uma lixívia sob a marca semelhante a uma reputada marca de vinho. A marca de vinho correria o risco de passar a suscitar junto dos seus apreciadores associações de todo inapropriadas e prejudicais à imagem até então projectada pela marca prestigiada.

Em situações como as acima referidas, a marca subsequente, mais do que retirar qualquer benefício palpável da sua semelhança com a marca anterior, prejudica o prestígio desta última. Independentemente de qualquer benefício (que é aqui de difícil demonstração), o que nestes casos sobressai é sobretudo o dano causado ao prestígio da marca anterior. A imagem que resulta afectada não necessita de estar relacionada com a boa qualidade dos respectivos produtos. A marca possui um prestígio susceptível de ser danificado quando suscita nos consumidores um conjunto de associações que a torna especialmente atraente aos seus olhos. Tais associações variam consoante o tipo de produto, a estratégia de marketing delineada e o tipo de consumidor alvejado. Elas podem assentar na qualidade

---

[120] Ver, neste sentido, HOLLYWOOD/HOLLYWOOD, R 283/1999-3, par. 85 e 86.

superior dos respectivos produtos, no status social a eles associado, na ideia de charme ou de bom gosto, mas também na imagem de uma vida activa e saudável, ou de uma atitude irreverente ou contestatária, ou qualquer outro conceito, imagem ou valor que o mercado adopte ou seja levado a adoptar como positivo em função do consumidor alvo. O essencial é que o surgimento da marca subsequente seja de molde a despertar associações que choquem com a imagem até então cultivada pelo titular da marca prestigiada[121].

d) *Demonstração da violação do prestígio*

Conforme se referiu já, quer o aproveitamento do prestígio ou do carácter distintivo da marca anterior, quer o respectivo prejuízo, podem não se verificar ainda que a marca anterior seja prestigiada e a marca subsequente lhe seja semelhante. É portanto necessário demonstrar a violação do prestígio em qualquer uma das suas modalidades.

Tratando-se de um procedimento de oposição ao registo de uma marca comunitária este ónus recai naturalmente sobre o oponente. Repare-se contudo que os benefícios para a marca subsequente ou os prejuízos para a marca prestigiada não necessitam, neste contexto específico, de ser efectivos ou de estar contabilizados; bastando uma probabilidade séria da sua ocorrência. Tal probabilidade será tanto maior, e portanto mais facilmente demonstrável, quanto mais elevado for o grau de semelhança entre as marcas em causa, quanto mais fortes forem a capacidade distintiva da marca anterior e o prestígio gerado na sequência do seu uso no mercado. Assim, dependendo das circunstâncias do caso concreto, o risco de violação do prestígio da marca anterior pode ser mais ou menos verosímil. Em determinados casos a violação do prestígio pode ser de tal modo manifesta

---

[121] Vejam-se a este propósito as considerações feitas na decisão HOLLYWOOD/ /HOLLYWOOD (R 283/1999-3), par. 67. Este caso opôs a marca anterior "Hollywood", utilizada na comercialização de pastilhas elásticas, ao pedido de marca comunitária "Hollywood", cujo registo foi solicitado para cigarros e tabaco. A Câmara considerou provado que, fruto de um esforço de marketing estrategicamente planeado e executado ao longo de várias décadas, os consumidores se tinham habituado a associar marca anterior aos conceitos de saúde, dinamismo e juventude. Tal imagem, concluiu a Câmara, seria afectada negativamente se a mesma marca fosse utilizada para cigarros e tabaco, produtos que são especialmente danosos para a saúde. Já no caso TIC TAC TOTAL / TIC TAC (DO No 3671/2002) foi considerado que a marca anterior, apesar de prestigiada, não estava associada a qualidade ou a uma qualquer imagem em particular.

que dispensa a apresentação de prova. Não obstante, regra geral, a violação do prestígio necessita de ser devidamente argumentada e, sendo possível, demonstrada através de prova. Segundo a prática seguida pelo Instituto, o interessado deverá, como mínimo, apresentar uma linha de argumentação coerente que permita concluir que a vantagem indevida, ou o prejuízo, é, mais do que possível, provável no decurso normal dos acontecimentos[122].

A prova a apresentar será tanto mais útil quão variada, aplicando-se nesta sede as considerações efectuadas quanto à prova do prestígio. A prova deverá agora centrar-se noutros aspectos que não propriamente a notoriedade da marca, nomeadamente, nos aspectos qualitativos do prestígio da marca, no tipo de imagem transmitida, na estratégia de marketing adoptada, na especial relação entre os produtos ou serviços cobertos pelas marcas (concorrência, complementaridade ou total incompatibilidade), na transmissibilidade do *goodwill* e *know-how*, nas características dos mercados em causa e respectivo consumidor-tipo, etc.

3.6. Ausência de justo motivo

Nos termos do n.º 5 do artigo 8.º apenas será recusado o pedido de registo quando "a utilização injustificada e indevida da marca em causa beneficie do carácter distintivo ou do prestígio da marca anterior ou possa prejudicá-los". A aplicação deste requisito reveste-se de alguma dificuldade já que em lado algum se esclarece o que possa constituir justificação para a utilização da marca subsequente.

Em princípio, existirá justificação sempre que o solicitante tenha direito ao uso da marca solicitada. Tal direito poderá advir, por exemplo, de uma prévia autorização por parte do titular da marca prestigiada ou dos limites aos efeitos da marca comunitária previstos no artigo 12.º [123].

---

[122] Caso contrário a oposição é rejeitada. Ver decisão de 1 de Abril de 2003 da 3.ª Câm. Rec., VIPS / VIPS, R 1127/2000-3 (contra a qual foi interposto recurso que se encontra pendente no TPI). Ver ainda as decisões da 1.ª Câm. Rec. nos casos KINDER CARE/KINDER (R 1004/2000-1), SKOVA/SKODA (R 710/2003-1) já citados, bem como nas decisões praticamente idênticas de 3 de Dezembro de 2004., EUROPOLY/MONOPOLY, R 288/2003-1e, na mesma data pela mesma Câmara, EUROPOLY/MONOPOLY, R 290/2003-1.

[123] Nos termos do art. 12.º o direito conferido pela marca comunitária não permite ao seu titular proibir a um terceiro a utilização, na vida comercial

a) do seu nome ou endereço;

O uso da marca similar subsequente poderá ainda ser justificado quando se demonstre que a oposição por parte do titular da marca prestigiada consubstancie, por algum motivo, um abuso de direito. Poder-se-á eventualmente considerar ainda como justificado o uso da marca solicitada quando se verifique o circunstancialismo próprio da preclusão por tolerância (o qual impede o titular da marca anterior de proibir o uso ou de requerer a anulação marca posterior quando tiver tolerado o uso desta durante cinco anos consecutivos)[124].

Não existe ainda jurisprudência que nos permita avançar muito a respeito deste requisito. Parece no entanto existir consenso no que respeita ao ónus da prova. Segundo a prática do Instituto cabe ao titular da marca subsequente (o solicitante da marca contestada no âmbito do procedimento de oposição) a demonstração da existência de uma causa justificativa para o uso da sua marca. Caso o solicitante não invoque qualquer justificação ou, invocando-a, esta venha a ser considerada irrelevante, a condição relativa ao uso indevido da marca solicitada considera-se, sem mais, preenchida[125]. Tal se deve à impossibilidade de provar a inexistência de uma causa justificativa do uso da marca, causa esta que, constituindo um conceito indeterminado, apenas pode ser apurada caso a caso. Assim, é ao titular da marca solicitada que compete apresentar o motivo ou os motivos que possam eventualmente justificar o respectivo uso[126].

---

b) de indicações relativas à espécie, à quantidade, ao destino, ao valor, à proveniência geográfica, à época de fabrico do produto ou da prestação do serviço ou a outras características destes;

c) da marca, sempre que tal seja necessário para indicar o destino de um produto ou serviço, nomeadamente como acessórios ou peças separadas;
desde que essa utilização seja feita em conformidade com os usos honestos em matéria industrial ou comercial.

Note-se, no entanto, que a al. a) deste preceito não atribuí por si só o direito a qualquer pessoa de usar o seu nome como marca – Decisão de 3 de Setembro de 2003 da 4.ª Câm. Rec., TECNOFERRARI/FERRARI, R 155/2002-4, par. 27. O CPI estabelece estas mesmas limitações no art. 260.º.

[124] Art. 53.º RMC e art. 276.º CPI. Já a mera coexistência das marcas no mercado, quando não se verifique a preclusão por tolerância, não parece que possa constituir um motivo justificado.

[125] Decisão de 1 de Março de 2004 da 2.ª Câm. Rec., T CARD OLYMPICS/OLYMPIC, R 145/2003-2, par. 23 a 25.

[126] É raro o solicitante alegar a existência de um justo motivo. No entanto, os motivo mais frequentemente alegados são o direito ao uso do nome (por vezes o nome da empresa requerente ou do seu fundador), e a existência de uma marca ainda anterior à marca prestigiada. No que respeita a esta última justificação recorde-se que a titularidade de uma

4. Conclusão

Ao longo deste texto foram analisados o surgimento e consagração da figura da marca prestigiada nos vários planos em que se desdobra o direito das marcas na UE, bem como as diferentes formas como este conceito tem vindo a ser interpretado, prestando especial atenção ao papel neste campo desempenhado pelo Tribunal de Justiça das Comunidades Europeias. O labor interpretativo do Tribunal de Justiça levado a cabo no âmbito do mecanismo do reenvio prejudicial constitui uma referência incontornável, obrigando o Instituto e as demais autoridades com competências neste campo a um esforço constante de acompanhamento e adaptação. Foi o que sucedeu, nomeadamente, a respeito da questão da dissimilitude dos bens e serviços, tendo o TJCE esclarecido que a protecção da marca prestigiada, mais do que dirigida contra produtos e serviços dissimilares, limita-se a prescindir da semelhança dos produtos como requisito base, o que obrigou, por exemplo, o Reino Unido a modificar a sua legislação.

Neste campo existe por parte dos tribunais de muitos Estados-Membros alguma relutância em submeter questões prejudiciais ao Tribunal de Justiça, uma instrumento que outros Estados-membros têm utilizado com frequência e, em certos casos, com intuito mais ou menos claro de influenciar ou pôr à prova a jurisprudência do Tribunal de Justiça em pontos sensíveis do regime comunitário das marcas[127].

Como consequência da acção interpretativa desenvolvida a partir do Luxemburgo, a figura da marca prestigiada veio a distanciar-se do que possa ser entendido por marca célebre ou famosa (quer no que respeita ao público considerado relevante, quer no que diz respeito aos níveis de reconhecimento exigíveis). Por outro lado, ao centrar o conceito de prestígio na sua dimensão quantitativa, pondo de lado quaisquer aspectos de ordem qualitativa, resultou simplificado o modo de aferição do que possa consti-

---

marca não confere ao seu titular o direito ao seu uso. Por outro lado, as marcas anteriores do solicitante são em regra irrelevantes na medida em que são exteriores ao conflito a dirimir, o qual abrange apenas a marca do oponente e o pedido de marca contestado por este. Ao titular da marca subsequente compete invocar no lugar próprio qualquer direitos anteriores que possam neutralizar a marca anterior prestigiada. Enquanto tal não suceda, porém, a marca do oponente mantém-se validamente em vigor, devendo ser reconhecida e protegida como tal.

[127] É o que por vezes parece suceder quanto aos sucessivos pedidos de esclarecimento respeitantes à controversa questão do âmbito comunitário ou universal do esgotamento do direitos conferidos pela marca.

tuir uma marca prestigiada. Em ambos estes aspectos a jurisprudência comunitária veio impor uma via bastante diferente daquela que tem vindo a ser defendida entre nós.

Esta desmistificação do conceito de marca prestigiada acarreta o perigo da sua vulgarização e, consequentemente, do seu abuso, em prejuízo de um mercado livre e concorrencial estabelecendo novas dificuldades e barreiras ao aparecimento de novas marcas no mercado. Note-se que as buscas prévias para averiguar da disponibilidade de uma determinada designação com vista à sua adopção como marca não detectam a existência de marcas eventualmente incompatíveis quando registadas relativamente a classes de produtos ou serviços totalmente distintos e que possam gozar de prestígio num determinado Estado-Membro. De todas as formas, coube realçar que os elementos de ordem qualitativa tradicionalmente associados ao conceito de marca prestigiada, mormente a sua boa reputação e a boa imagem da marca junto do público, assumem particular relevo na determinação da existência ou não da violação do prestígio.

A análise das decisões das salas de recurso do IHMI revela a aplicação de critérios especialmente exigentes no que respeita à probabilidade de a marca posterior retirar benefício do carácter distintivo ou do prestígio da marca anterior ou prejudicar os mesmos. A experiência revela que uma aplicação criteriosa dos vários requisitos da protecção à marca prestigiada pode compensar as eventuais insuficiências de uma visão redutora do conceito de marca prestigiada, conduzindo a soluções equilibradas, quer neutralizando, quando devido, as colagens parasitárias ou maldosas ao prestígio gerado em torno das marcas de elevado valor comercial, quer estabelecendo limites que impedem o uso inapropriado e abusivo desta forma excepcional de protecção da marca.

Portugal aderiu desde o primeiro momento à figura da marca prestigiada mas a plena implementação não esteve isenta de problemas. Ao já apontado distanciamento entre os entendimentos que vêem fazendo vencimento nas instâncias comunitárias relativamente aos preconizados pela nossa doutrina, somou-se, num primeiro momento, uma transposição algo *suis generis* das disposições da Directiva felizmente corrigida com a aprovação do novo CPI em 2003. Com efeito, no código anterior, a protecção do prestígio era limitadas às marcas ditas "de grande prestígio" e apenas no que respeita às marcas subsequentes que apresentassem semelhanças gráficas ou fonéticas (excluindo portanto qualquer relevância ao aspecto conceptual). Verdadeiramente insólito, porém, era a consagração de uma protecção direccionada apenas contra o registo de marcas subsequentes e não já contra o seu uso no mercado; uma opção que amputava substancialmente a protecção à marca prestigiada e que revelava uma visão dificilmente compreensível da função do registo e da sua relação com a realidade do mercado.

De todas as formas, não existe ainda um consenso generalizado à volta das respostas que têm vindo a ser adiantadas pelo Tribunal de Justiça e que subsistem questões carentes de uma resposta harmonizada ou cujas soluções não se encontram ainda suficientemente solidificadas e maduras. É o que sucede, por exemplo, com a exigência do registo como condição de acesso à protecção da marca prestigiada, com a questão da extensão geográfica do prestígio exigível a uma marca comunitária, o conceito de semelhança entre as marcas para os efeitos específicos da violação do prestígio, ou o conceito de justo motivo para o uso da marca subsequente, entre outras.

Neste contexto, o máximo a que pude aspirar foi a identificar as principais questões levantadas pela figura da marca prestigiada e reunir, a propósito de cada uma, um número suficiente de exemplos retirados dos casos que me estão mais próximos (os submetidos à apreciação do IHMI e do Tribunal de Justiça), tendo ficado de fora qualquer incursão no terreno da jurisprudência nacional sobre a matéria, o que constituí sem dúvida uma lacuna importante do presente trabalho. Não obstante, e no que ao sistema da marca comunitária respeita, espero ter oferecido alguns pontos de referência que se podem revelar úteis para os profissionais que a partir de Portugal representam os interesses dos nossos empresários no campo das marcas ao nível comunitário. É a eles que este trabalho em primeira mão se dirige.

Alicante, Março 2006

Abreviaturas e siglas

Câm. Rec. – Câmara de Recurso do Instituto para a Harmonização do Mercado Interno (marcas, modelos e desenhos)

Convenção de Paris – Convenção de Paris para a Protecção da Propriedade Industrial de 1883

CPI – Código da Propriedade Industrial, aprovado pelo Decreto-Lei n.º 36/2003, de 5 de Março

CPI 1995 – Código da Propriedade Industrial, aprovado pelo Decreto-Lei n.º 16/1995, de 24 de Janeiro (revogado).

DM ou Directiva – Primeira Directiva do Conselho de 21 de Dezembro de 1988 que harmoniza as legislações dos Estados-membros em matéria de marcas
DO – Divisão de Oposição do Instituto para a Harmonização do Mercado Interno (marcas, modelos e desenhos)
IHMI ou Instituto – Instituto para a Harmonização do Mercado Interno (marcas, modelos e desenhos)
OMC – Organização Mundial de Comércio
RMC, Regulamento da Marca Comunitária ou Regulamento – Regulamento (CE) N.°40/94 do Conselho, de 20 de Dezembro de 1993, sobre a marca comunitária
RE, Regulamento de execução – Regulamento (CE) n.° 2868/95 da Comissão de 13 de Dezembro de 1995 relativo à execução do Regulamento (CE) n.° 40/94 do Conselho, sobre a marca comunitária
ROA – Revista da Ordem dos Advogados
TJCE ou Tribunal de Justiça – Tribunal de Justiça das Comunidades
UE – União Europeia

Bibliografia

ANNA CARBONI, *Two stripes and you're out! – Added protection for trade marks with a reputation*, European Intellectual Property Review EIPR 5/2004, vol. 26, págs. 229 a 233..24, 39
ANTÓNIO CÔRTE-REAL CRUZ, *O conteúdo e extensão do direito à marca: a marca de grande prestígio, Direito Industrial*, vol.I, Almedina, 2001..................10, 15, 20, 22
F.J. SCHECHTER, *The rational basis of trademark protection*, 40 Harvard Law Review, 1927...10
FERNÁNDEZ-NOVOA *El sistema comunitário de marcas*, Editorial Montecorvo S.A., Madrid 1995,...16
GEOGES BONET, *L'arrêt de la Cour de justice: du nouveau sur la protection de la marque renommée?*, Propriétés Intelectuelles, Avril 2004, n.° 11, pags. 593 e segs 38, 40
GRAHAM ARTHUR, *Ready, set, go – Famous brands set to reap the benfits of UK amendments*, Trademark World 10/2004, N.° 171, págs 18 e segs..........................15, 40
LUÍS M. COUTO GONÇALVES, *Direito das Marcas*, Almedina, 2.ª Edição, 2003 ..10, 17, 25
M. NOGUEIRA SERENS, *A "Vulgarização" da Marca na Directiva 89/104/CEE, Sep. BFDC – Estudos em homenagem ao Prof. Doutor António de Arruda Ferrer Correia*, 1984..16, 21
PEDRO SOUSA E SILVA, *O princípio da especialidade das marcas. A regra e a excepção; as marcas de grande prestígio*, ROA, Janeiro 1998, I.................................8, 16, 17, 21

Jurisprudência do TJCE

1990 10 17 TJCE, HAG II, C-10/89 ....7, 8
1998 11 26 Conclusões do Advogado Geral F.G. JACOBS, CHEVY, C-375/99............18
1999 09 14 TJCE, CHEVY, C-375/99...16, 18, 29, 33, 37, 41
2003 01 09 TJCE, DAVIDOFF / GOFKID, C-292/00 40
2003 10 23 TJCE, ADIDAS / FITNESS, C-408/01..38, 40

Decisões das Câmaras de Recurso do IHMI

2000 06 05 Câm. Rec., DUPLO / DUPLO, R 802/1999-1 47
2001 04 25, Câm. Rec., HOLLYWOOD / HOLLYWOOD, R 283/1999-3 .... 27, 50, 51
2001 06 19, Câm. Rec., VITACOAT / VITAKRAFT, R 377/2000-3 30
2001 11 08 Câm. Rec., MAGEFESA / MAGEFESA, R 303/2000-2 21
2002 02 08 Câm. Rec., BIBA / BIBA, R 472/2001-1 43
2003 04 01, Câm. Rec., VIPS / VIPS, R 1127/2000-3 52
2003 09 03 Câm. Rec., TECNOFERRARI / FERRARI, R 155/2002-4 53
2003 09 23, Câm. Rec., NIKE / NIKE, R 212/1999-2 30
2003 10 20, Câm. Rec., KINDER CARE / KINDER, R 1004/2000-1 .... 26, 52
2004 02 12, Div. Opo., ROMEO & JULIET / ROMEO Y JULIETA, Dec. 314/2004 43
2004 03 01, Câm. Rec., T CARD OLYMPICS / OLYMPIC, R 145/2003-2 53
2004 03 12, Câm. Rec., MANGO / MANGO, R 308/2003-1 42
2004 03 17, Câm. Rec., MOONSPELL v MOONSPELL, R 682/2001-4 36
2004 04 01, Câm. Rec., INVESTEC v INVES, Caso R 703/2003-1 .... 16, 41
2004 08 20, Div. Opo., EASYONLINE / EASY.COM, Dec. 2778/2004 36
2004 08 30 Câm. Rec., M&M's MINIS / Smarties, R 506/2003-2 30
2004 09 08, Câm. Rec., SKOVA / SKODA, R 710/2003-1 .... 16, 41, 42, 52
2004 10 07, Câm. Rec., TDK / TDK, R 364/2003-1 43
2004 10 22, Câm. Rec., PREMIO INTEL DESIGN / INTEL, R 769/2002-1 42
2004 11 07, Câm. Rec., TOT I A CASA! / EL CORTE INGLÉS, R 936/2002-4 30
2004 11 17, Câm. Rec., OPIUM / OPIUM, R 237/2004-1 e R 299/2004-1 .... 42, 43
2004 12 03 Câm. Rec., EUROPOLY / MONOPOLY, R 288/2003-1 52
2004 12 03 Câm. Rec., EUROPOLY / MONOPOLY, R 290/2003-1 52
2005 03 01, Câm. Rec., CITY / CITYBANK, R 173/2004-1 30
2005 03 11, Câm. Rec., REED / REED, R 144/2003-1 36
2005 06 03 Câm. Rec., NATIONWIDE / IRISH NATION WIDE, R 236/2004-2 .... 31, 47
2005 06 21, Câm. Rec., GOSS / BOSS, R 543/2003-4 31
2005 07 12, 1.ª Câm. Rec., ABBSOLUTE / ABSOLUT, R 1204/2004-1 43
2005 09 22, Câm. Rec., TESTA / ARMANDO TESTA, R 1198/2004-1 49

O USO DA MARCA*

LUÍS M. COUTO GONÇALVES
*Professor Associado, com Agregação, na Escola de Direito
da Universidade do Minho*

SUMÁRIO:
1. O uso e a constituição do direito de marca. 2. O uso e a manutenção do direito de marca registada. 2.1. Uso obrigatório. 2.2. Uso sério. 2.3. Uso não enganoso. 3. O uso e a capacidade distintiva da marca. 3.1. *Secondary meaning*. 3.2. Conversão da marca na denominação usual do produto ou serviço. 4. O uso notório e a protecção da marca.

1. O uso e a constituição do direito de marca

No plano dos princípios, o direito de marca, de acordo com o disposto no Código da Propriedade Industrial de 2003, nasce com o registo (art. 224.º[1]).

Ao titular de uma marca não registada é concedido um direito de prioridade de registo durante o período de seis meses (art. 227.º).

O titular de uma marca livre ou não registada, durante o período de seis meses a contar do uso inicial, tem, para além do direito a registar em

---

* O presente trabalho, que se encontra actualizado até Março/2004, corresponde ao texto que serviu de base à intervenção que efectuámos, em 11 de Dezembro de 2003, no âmbito do V Curso de Pós-Graduação em Propriedade Industrial, organizado pela Faculdade de Direito de Lisboa e a Associação Portuguesa de Direito Intelectual.

[1] Salvo indicação em contrário, todas as disposições legais citadas são do Código da Propriedade Industrial (CPI), aprovado pelo Decreto-Lei n.º 36/2003 de 5/3.

primeiro lugar a sua marca, o direito a reclamar do pedido do registo feito por outrem dentro daquele prazo ou a recorrer judicialmente contra a decisão de concessão desse registo (arts. 227.º, 236.º n.º 1, 17.º n.º 1 e 41.º). Fora do período de seis meses, o usuário tem o direito de se opor ao registo de marca posterior desde que o requerente pretenda fazer concorrência desleal ou que esta seja possível independentemente da sua intenção e ainda (o que corresponde a uma solução inovadora do actual CPI) o direito de anular o registo da marca conflituante com o mesmo fundamento (art. 24.º n.º 1 al. d) e art. 266.º n.º 1 al. b)).

A referida possibilidade de o usuário poder passar a invalidar o registo de uma marca com fundamento em concorrência desleal objectiva (art. 266.º n.º 1 al. b)) aumenta substancialmente o conteúdo de protecção da marca não registada e não deixa de fazer perigar seriamente a lógica de um sistema de aquisição do direito de marca baseado no registo, de acordo com o princípio legal enunciado.

A proibição de que o requerente do registo de uma marca pretende fazer concorrência desleal ou que esta é possível independentemente da sua intenção (cfr. art. 24.º n.º 1 al. d)) devia continuar a ser considerada uma proibição *sui generis* (como nos CPI anteriores de 1940 e de 1995) na medida em que à sua inobservância não devia corresponder uma causa de invalidade do registo. Valeria como meio preventivo, mas não como meio repressivo do registo[2].

Antes do registo a concorrência desleal não é convocada em sentido próprio e directo, como um instituto repressivo de actos desleais *concretos* e *actuais*. A concorrência desleal actua, de modo impróprio e indirecto, como um instrumento *excepcional* destinado a evitar registos que possam pôr em causa posições de concorrência conquistadas no mercado por terceiros de boa fé. Na sua lógica, ao lado, por exemplo, da atribuição ao usuário de um direito prioritário para efectuar o registo, durante um período de seis meses (art. 227.º n.º 1), está a preocupação de atenuar os efeitos jurídicos resultantes de um sistema de aquisição do direito de marca baseado no registo. Mas uma coisa é *atenuar* o sistema e outra, bem diferente, é *perverter* o sistema. Ora, é disso que se trata na hipótese de ser

---

[2] Na jurisprudência, nesse sentido, *vide* Ac. Relação do Porto de 25/01/1983, Colectânea de Jurisprudência (CJ), XVIII, t.1, p. 213 e Ac. STJ de 1/2/2000, CJ (Acs. STJ), ano VIII, t.1, p. 56-I. Embora com dúvidas, OLIVEIRA ASCENSÃO, *A marca comunitária*, in "O Direito", 2001, p. 536, propendia a admitir a solução da anulabilidade face ao CPI anterior.

possível invalidar o registo de uma marca com o fundamento único em concorrência desleal objectiva. O titular de uma marca de facto acaba por ter um direito tão forte ou mesmo, na medida em que o possa vir a anular, um direito mais forte que o do titular de uma marca registada. Por esta "janela" acaba por *cair* (com *fracturas* graves) o sistema de aquisição do direito baseado no registo que havia entrado pela "porta" *aberta* pelo disposto no art. 224.º. Tudo agravado pela circunstância de o interessado na invalidade nem sequer ter de provar que o titular da marca registada teve uma actuação desleal intencional (art. 266.º n.º 1 al. b).

Isto não significa que sejamos insensíveis à conduta daquele que pretenda servir-se do registo para prejudicar terceiros. Mas o meio mais adequado não devia ser o da concorrência desleal pós-registo. A solução não deveria ser o de aferir um acto de registo público a *normas e usos honestos*. Então o acto de registo de uma marca junto de um instituto público de acordo com um procedimento rigoroso de controlo de validade não é um acto conforme as normas e usos honestos?

A solução, na nossa opinião, deveria ser outra, mais exigente, tecnicamente mais adequada e mais coerente. Essa solução seria a de permitir a invalidade do registo de uma marca que tivesse sido efectuado de má fé, em circunstâncias particularmente graves e chocantes reveladoras de uma actuação consciente e intencional do titular da marca em prejudicar terceiros. Por tudo isto melhor fora considerar como fundamento autónomo de causa de invalidade o registo efectuado de má fé[3].

2. O uso e a manutenção do direito de marca registada

2.1. *Uso obrigatório*

O registo da marca confere ao seu titular o direito exclusivo de usar a marca nos produtos ou serviços a que se destina (conteúdo positivo) e o direito de impedir terceiros, sem o seu consentimento, de a usar em produtos ou serviços idênticos ou afins àqueles para os quais a marca foi re-

---

[3] À semelhança da lei espanhola de 2001 (art. 51.º n.º 1 al. b)), italiana, após a reforma de 1992 (arts. 22.º n.º 2 e 47.º n.º 1 al. b) e alemã de 1994 (§ 50 I 4). Para mais desenvolvimentos *vide* o nosso *Direito de Marcas*, 2.ª ed., Almedina, 2003, pp. 164 e ss.

gistada, se desse uso resultar um risco de confusão, ou associação, no espírito do consumidor (conteúdo negativo) – cfr. arts. 224.º e 258.º[4].

Todavia, o titular da marca não tem apenas o direito de usar a marca, mas também o dever de a usar, embora não imediatamente. Isto é, não há a possibilidade legal de obrigar o titular da marca, pela positiva, a usar a marca depois do registo; o que há é um conjunto de normas que sancionam a falta de uso cinco anos após o registo, verificadas determinadas condições[5].

O efeito central da falta de uso por mais de cinco anos é o da caducidade do registo. De acordo com o disposto no art. 269.º n.º 1 o registo da marca fica sujeito a ser declarado caduco se a marca não tiver sido objecto de uso sério pelo seu titular ou por terceiro autorizado num prazo de cinco anos a contar da data da concessão do registo, ou se, antes de ser requerida a declaração de caducidade, esse uso não tiver sido iniciado ou reatado (art. 268.º n.ºs 1 e 4).

No entanto, foi estabelecido um "período de suspeição", correspondente aos três meses imediatamente anteriores à apresentação do pedido de

---

[4] Sem prejuízo da protecção ultramerceológica conferida às marcas de prestígio, prevista no art. 242.º.

[5] Na medida em que é a própria lei a impor a necessidade de o titular usar a marca parece não estarmos perante um simples ónus. O uso da marca registada não confere apenas a manutenção de uma vantagem ao titular do direito, confere-lhe, antes, a manutenção do próprio direito. Nessa medida, é um requisito que contende com a existência do direito de marca e não apenas com o conteúdo do direito. Por outro lado, o risco de caducidade por não uso é um risco *certo* imposto legalmente e não apenas um risco *incerto* e *eventual*. O ónus, para citarmos ANTUNES VARELA (*Das Obrigações em Geral*, vol. I, 7.ª ed., Liv. Almedina, Coimbra, Almedina, p. 57), consiste "na necessidade de observância de certo comportamento, não por imposição da lei, mas como meio de obtenção ou de manutenção de uma vantagem para o próprio onerado". É certo que a declaração de caducidade não é efectuada oficiosamente pelo Instituto Nacional da Propriedade Industrial (INPI) sendo necessário o pedido de qualquer interessado, de acordo com o disposto nos arts. 256.º n.º 3 e 270.º n.º 1. No entanto, este aspecto, que se refere à legitimidade procedimental, não é suficiente para pôr em causa, no nosso entendimento, a regra substancial da obrigatoriedade do uso. Apenas nos diz que a caducidade não opera automaticamente ou oficiosamente, mas a possibilidade de ser accionada mantém-se incólume para qualquer interessado a menos que o titular da marca faça prova de uso da marca (art. 256.º n.º 6 e art. 270.º n.º 6). Não há nenhum prazo cominatório para a apresentação do pedido de caducidade enquanto se mantiver o não uso da marca. Qualquer interessado pode apresentar o pedido de caducidade directamente ou quando requerer o registo da marca em causa a seu favor (art. 256.º n.º 3). O registo de uma marca não usada é um registo *a termo final incerto resolutivo*, isto é, sujeito, no futuro, a uma caducidade certa, mas num momento incerto.

declaração de caducidade, contados a partir do fim do período ininterrupto de cinco anos de não uso, se as diligências para o início ou reatamento do uso só ocorrerem depois de o titular ter tido conhecimento[6] de que poderia vir a ser efectuado o pedido de declaração de caducidade (art. 268.º, n.º 4)[7].

A invocação fundada de *justo motivo* para a falta de uso também pode suster a caducidade. Seguramente configura *justo motivo* tudo que diga respeito a causas de força maior ou casos fortuitos e todas as situações não imputáveis ao titular da marca (v.g., por consequência de uma disposição legal ou administrativa ou por impossibilidade de obtenção de matéria prima, etc.). Já se mostram mais duvidosas as situações imputáveis ao titular como, por exemplo, a mudança de política empresarial razoável e justificada[8]. A causa justificativa deve ter, por via de regra, efeitos suspensivos[9].

---

[6] O que se pretende com a norma do art. 268.º n.º 4 é que o titular de uma marca, que não a tenha usado durante cinco anos consecutivos, possa evitar a caducidade deste registo desde que tenha a intenção verdadeira de a usar para distinguir os seus produtos ou serviços. Já não faz sentido a protecção no caso de a sua única intenção ser a de impedir a procedência do pedido de declaração de caducidade do registo da marca.

[7] O Tribunal de Justiça teve oportunidade de se pronunciar sobre a interpretação do art. 12.º n.º 1 da Primeira Directiva Comunitária de Marcas, de 21/12/1988 (idêntico aos preceitos nacionais dos arts. 268.º n.º 4 e 269.º n.º 1) tendo esclarecido que a directiva não exclui expressamente que a apreciação do carácter sério do uso possa ter em conta eventuais circunstâncias posteriores à apresentação do pedido de caducidade, desde que o uso, em qualquer caso, haja começado antes deste pedido. "Tais circunstâncias podem permitir confirmar ou apreciar melhor o alcance da utilização da marca no decurso do período pertinente assim como as reais intenções do titular no decurso do mesmo período" (n.º 31), e acrescenta que "compete a órgão jurisdicional nacional analisar se eventuais circunstâncias posteriores à apresentação do pedido de caducidade confirmam a conclusão segundo a qual o uso da marca no período pertinente era sério ou se, pelo contrário, as mesmas traduzem uma vontade do titular de evitar a apresentação desse pedido" (n.º 32) (v. Despacho do Tribunal de Justiça, de 27 de Janeiro de 2004, Proc. C-259/02, in: *http://curia.eu.int/jurisp/cgi-bin/gettext.pl?lang=pt*).

[8] No sentido favorável a esta solução, *vide* DI CATALDO, *I segni* distintivi, 2.ª ed., Giuffrè ed., Milano, 1993, p. 143, A. VANZETTI, *La nuova legge marchi*, Giuffrè ed., Milano, 1993, p. 138, VANZETTI/GALLI, *La nuova legge marchi*, Giuffrè ed., Milano, 2001, p. 223. Contra, D'YVES MARCELIN, *Code annoté des marques*, Cedat, Paris, 1996, pp. 128 e ss. Em sentido contrário, tem-se pronunciado alguma jurisprudência espanhola – cfr. PALAU RAMIREZ, "El uso obligatorio de la marca nacional", in *Derecho de marcas* (AA.VV.-Coordenador Bayón Cobos), ed. Bosch, 2003, p. 479 e respectivas notas.

[9] Salvo se a causa justificativa existir já no momento em que começa a correr o prazo de cinco anos.

A solução da caducidade foi imposta pela Primeira Directiva Comunitária de Marcas de 21/12/1988[10] (DM) aos Estados membros (art. 12.º n.º 1). No oitavo considerando da Directiva pode ler-se "(...) que, a fim de reduzir o número total de marcas registadas e protegidas na Comunidade e, por conseguinte, o número de conflitos que surgem entre elas, importa exigir que as marcas registadas sejam efectivamente usadas sob pena de caducidade (...)".

O controlo do uso obrigatório é regulado de acordo com dois sistemas possíveis: a intervenção administrativa *ex officio*[11] e o controlo por terceiros interessados.

O sistema português adopta um regime misto, algo confuso, complexo e contraditório.

Por um lado, aproximando-se do controlo administrativo, o CPI estabelece a necessidade de o titular do registo da marca apresentar no Instituto Nacional da Propriedade Industrial (INPI), de cinco em cinco anos a contar o registo, uma declaração de intenção de uso da marca para o futuro (art. 256.º). Este ónus não tem lugar quando forem devidas taxas relativas à renovação (cfr. n.º 1).

Por outro lado, aproximando-se do sistema de oposições de terceiros, o registo de uma marca confundível não pode ser anulado se a marca anterior usurpada não satisfizer a condição de uso sério (art. 266.º n.º 3) procedendo-se, desta forma, à transposição da norma imperativa da DM (art. 11.º n.º 1)[12]. A referida falta de apresentação da declaração de intenção de uso implica igualmente que a marca para a qual a declaração não foi apresentada não é oponível a terceiros sendo declarada a caducidade do respectivo registo pelo INPI, a requerimento de qualquer interessado ou

---

[10] N.º 89/104/CEE (JO n.º L 40/1 de 11/2/1989).

[11] O sistema assente na intervenção administrativa *ex officio* é, por excelência, o norte-americano. A entidade administrativa (*Patent and Trademark Office-PTO*) controla, após o registo, se a marca foi ou é usada em dois momentos: até ao 6.º ano de vida do registo, o titular da marca tem de entregar no *PTO* uma declaração jurada (*affidavit*) em que demonstre, apresentando as provas pertinentes, o uso da sua marca ou as causas justificativas da falta de uso (§ 8 a) e b) *Lanham Act*), e no 10.º ano de vida da marca (na renovação do registo) o titular tem de demonstrar a sua utilização efectiva (§ 9 *Lanham Act*). Sobre o direito americano *vide*, para mais desenvolvimentos, MCCARTHY, *Trademarks and Unfair Competition*, vol. II, § 17:9, West Group, USA, 1998.

[12] A alegação da falta de uso é feita na contestação ao pedido de anulação, por excepção peremptória.

quando se verifique prejuízo de direitos de terceiros no momento da concessão de outros registos (cfr. art. 256.º n.º 3).

Voltando ao controlo administrativo, a declaração de intenção de uso deve ser apresentada no prazo de um ano, que tem início seis meses antes e finda seis meses após o termo do período de cinco anos a que respeita (cfr. n.º 2). A caducidade só pode ter lugar após a notificação do titular da marca (cfr. n.º 6)[13].

O conteúdo do aludido n.º 3 do art. 256.º, que se refere aos efeitos da não apresentação da declaração, é o mais importante embora não seja de interpretação fácil[14].

Na nossa opinião, há lugar para distinguir duas situações: uma, refere-se ao direito do terceiro não ser prejudicado com o registo da marca anterior cujo titular não haja apresentado a declaração de intenção de uso; outra, reporta-se ao pedido de declaração de caducidade.

A primeira significa a impossibilidade de o titular da marca não poder efectuar oposição ao pedido de registo posterior de marca conflituante ou interpor uma acção de contrafacção contra um terceiro. Se, entretanto, o INPI houver recusado o novo registo da marca, com fundamento em risco de confusão, será possível ao requerente recorrer judicialmente da decisão (nos termos do art. 39.º) invocando que o titular da marca não cumpriu com a apresentação da declaração de intenção de uso e que, por esse motivo, a marca anterior não lhe é oponível (256.º n.º 3)[15].

A segunda significa que a caducidade do registo da marca obstativa só deve operar se esta não for efectivamente usada (arts. 256.º n.º 3, 269.º

---

[13] Face ao CPI anterior, não obstante a falta de uma norma expressa equivalente à do actual art. 256.º n.º 6, a jurisprudência, socorrendo-se da aplicação analógica do Código do Procedimento Administrativo (CPA), propendia a não aceitar a declaração de caducidade sem que antes tivesse sido observado o direito de audiência prévia do titular da marca (art. 100.º CPA de 1991). Nesse sentido: 13.º Juízo Cível de Lisboa (JCL) de 21/12/1998, in "Boletim da Propriedade Industrial" (BPI)-4/1999, p. 1335; 17.º JCL de 1/12/1998, BPI--6/1999, p. 2291; 2.º Tribunal de Comércio, (sem data), BPI-7/00, p. 3301; Tribunal de Comércio de 2/3/2001, BPI-4/2000, p. 1422.

[14] Este n.º 3 também se aplica ao caso de renovação do registo, por força do disposto no n.º 5. Isto significa que a marca renovada (10 em 10 anos após o registo – art. 255.º) será inoponível a terceiros e o respectivo registo passível de ser declarado caduco se o titular não puder fazer prova de uso sério nos últimos cinco anos.

[15] É claro que também pode, em simultâneo, apresentar no INPI um pedido de declaração de caducidade do registo da marca anterior e aguardar que o respectivo titular faça prova do uso da marca.

n.º 1 e 37.º n.º 2). Pensamos que uma sanção tão grave como a caducidade só deve ser aplicável se a marca não tiver sido usado de modo sério.

É certo que, formalmente, o art. 256.º n.º 3 abrange a situação da falta de declaração, seja de marca anterior registada não usada, seja de marca anterior registada usada. No entanto, neste último caso, a caducidade deve ser afastada se o titular provar o uso efectivo da marca não obstante não ter apresentado aquela formalidade. Esta é a solução mais adequada face à interpretação de um conjunto de normas legais: a do n.º 6 do art. 256.º, que estabelece a necessidade de notificação do titular do registo; a do n.º 2 do art. 270.º, que prevê o pedido de caducidade por indício de falta de uso da marca (decorrente da falta de entrega da declaração) e a inoponibilidade desta a terceiros; e a do n.º 6 do art. 270.º, que permite a possibilidade de prova de uso por parte do titular da marca ou do licenciado. É ainda a solução mais razoável tendo em conta que a causa legal de caducidade do direito é a falta de uso *passado* da marca (cfr. art. 269.º n.º 1) e não a falta de declaração de intenção de uso *futuro* da marca. A caducidade por razões formais contra a verdade material afigura-se uma solução aberrante e contraditória. De todo o modo, a falta de apresentação da declaração não deixa de implicar para o titular da marca usada o risco sério e grave de não poder opor o seu direito a um terceiro que pretenda registar ou usar marca confundível[16].

Isto significa, como é óbvio, a possibilidade de coexistência de duas marcas confundíveis. Obtemperar-se-á que esta solução não é muito harmoniosa nem muito favorável aos interesses dos consumidores, mas a interpretação tem de ter o mínimo de correspondência verbal e a solução acaba por não ser muito diferente, no efeito, daqueloutra que permite ao titular da marca anterior autorizar, sem restrições, um terceiro a registar uma marca confundível (art. 243.º).

Este regime jurídico da caducidade do registo da marca previsto no CPI não corresponde, inteiramente, como é bom de ver, ao conceito civilista de caducidade, pois não actua automaticamente ou de pleno direito.

---

[16] Estas sanções laterais gravosas decorrem do simples incumprimento administrativo e da tutela de terceiros. No entanto, afiguram-se-nos excessivas e com consequências nocivas no mercado por permitirem, no limite, como diremos de seguida no texto, a coexistência de marcas confundíveis. Pensamos que o incumprimento administrativo, na hipótese de o titular fazer prova do uso da marca, deveria apenas acarretar uma sanção pecuniária em montante razoável.

O direito de marca não se extingue até que o registo seja declarado caducado, após um processo administrativo cujos termos correm, não oficiosamente, no Instituto Nacional da Propriedade Industrial (art. 270.º).

As razões de ordem prática justificativas da solução da proibição do não uso cinco anos após o registo são por demais evidentes evitando-se desse modo que os registos de marcas sejam ocupados por *cimiteri e fantasmi di marchi*[17]. O fundamento substancial é menos pacífico. Um autor, em discordância com uma posição anterior que relacionava esse fundamento com o facto de o uso ser um elemento constitutivo do direito de marca, atenta a realização da função distintiva[18], considerou o uso como um «instituto dotado de própria e autónoma finalidade (...) reconduzível ao princípio geral da lealdade de concorrência», um limite ao direito de marca e não um seu elemento constitutivo[19].

É também essa a nossa posição, embora não concordemos com o autor na parte em que rejeita qualquer ligação da solução com a finalidade distintiva da marca. Só pensando na marca especialmente como um sinal de identificação de produtos ou serviços se pode justificar, de modo mais consistente, a solução da proibição do não uso e se pode afirmar que, com essa limitação legal, se contemplam igualmente os interesses dos demais concorrentes subjacentes a uma leal concorrência. Na verdade, se a marca fosse essencialmente apreciada como um valor *em si*, independentemente dos produtos ou serviços aos quais se destina, não se justificaria, com a

---

[17] Para citarmos uma sugestiva expressão de R. FRANCESCHELLI, *Cimiteri e fantasmi di marchi*, in "Rivista di Diritto Industriale" (RDI), 1974, I, pp. 5 e ss.

[18] P. AUTERI, *Territorialità del diritto di marchio e circolazione di prodotti originali*, Giuffrè ed., Milano, 1973, pp. 152 e ss. Para o autor, a *facti-species* da marca registada engloba, unitariamente, o acto de registo, a publicação da concessão do direito e o uso da marca. Também para DE LA FUENTE GARCIA, *El uso de la marca y sus efectos jurídicos*, Marcial Pons, Madrid, 1999, pp. 17 e ss e SAIZ GARCIA, *El uso obligatorio de la marca (nacional y comunitaria)*, Tirant la Blanch, Valência, 1997, pp. 45 e ss, o uso obrigatório deriva, em última instância, da própria essência do direito de marca na medida em que, no processo de formação desta, enquanto bem imaterial, é indispensável a associação por parte dos consumidores da marca ao produto ou serviço. Reportando o uso a razões de ordem teleológica e prática, *vide* ainda PALAU RAMIREZ, *El uso obligatorio de la marca nacional* cit., pp. 460 a 462.

[19] Referimo-nos a CARLO MAYR, *L'onere di utilizzazione del marchio d' impresa*, CEDAM, Padova, 1991, pp. 102/118. Parecendo reconduzir a solução a princípios da legislação antimonopolística, *vide* VITO MANGINI, "Il marchio e gli altri segni distintivi" in *Trattato di Diritto Commerciale*, vol. V, CEDAM, Padova, 1982, p. 37.

mesma intensidade, uma solução que pressupõe o efectivo, ainda que não imediato, uso da marca.

2.2. Uso Sério

O uso relevante, para o efeito de permitir a manutenção do registo da marca, é o uso *sério*, de acordo com o disposto nos arts. 268.° n.°1 e 269.° n.° 1.

O Tribunal de Justiça das Comunidades (TJ) (Ac. *Ansul* de 11/ /03/2003, Proc. C-40/01[20]) teve oportunidade de se pronunciar sobre o conceito considerando que a marca é objecto de uso sério «quando é utilizada em conformidade com a sua função essencial que é garantir a identidade de origem dos produtos ou serviços para os quais foi registada, a fim de criar ou conservar um mercado para estes produtos e serviços, com exclusão de usos de carácter simbólico que tenham como único objectivo a manutenção dos direitos conferidos pela marca».

Nesta acepção, com a qual concordamos, o uso sério pressupõe, necessariamente, dois requisitos essenciais: o uso comercial e o uso típico de marca, ou seja, por um lado, a utilização efectiva da marca, de um modo quantitativamente suficiente[21], no mercado dos produtos ou serviços a que se destina e, por outro, a capacidade de identificar e distinguir uma origem[22]. O uso estritamente simbólico ou artificial (apenas para procurar

---

[20] http://curia.eu.int/jurisp/cgi-bin/gettext.pl?lang=pt.

[21] Como se pode ler no n.° 22 do despacho do TJ citado na nota 7.

[22] Durante a trigésima sexta série de reuniões das Assembleias dos Estados membros da Organização Mundial da Propriedade Intelectual (OMPI), celebrada de 24 de Setembro a 3 de Outubro de 2001, a Assembleia da União de Paris para a Protecção da Propriedade Industrial e a Assembleia-Geral da OMPI, aprovaram uma "Recomendação conjunta sobre a protecção das marcas e outros direitos de propriedade industrial sobre sinais na Internet". Os artigos 2.° e 3.° da Recomendação conjunta estabelecem os casos em que o uso de um sinal distintivo na Internet constitui um uso do mesmo num Estado membro da União de Paris ou da OMPI. O critério adoptado é o de considerar que a presença de um sinal na rede só implica uma utilização num determinado Estado quando o uso tenha *efeito comercial* nesse Estado membro (art. 2.°). Por sua vez, o artigo 3.° encarrega-se de enumerar alguns dos factores orientadores que as autoridades competentes podem ter em conta para determinar se o uso de um sinal na Internet produz um efeito comercial num Estado membro.

Estes factores exemplificativos são os seguintes:

1) As circunstâncias indicativas de que o usuário de um sinal está realizando ou está

evitar a caducidade), interno[23], privado[24], experimental *(test sales)*, preparatório, meramente publicitário (a não ser que este preceda a sua comercialização efectiva[25]) e esporádico não preenche estes requisitos.

A propósito da interpretação uniforme do conceito de uso sério, a referida decisão do TJ referiu que "a apreciação do carácter sério do uso da marca deve assentar na totalidade dos factos e das circunstâncias adequados para provar a existência da exploração comercial, da mesma, em especial, nos usos considerados justificados no sector económico em questão para manter ou criar partes de mercado em benefício dos produtos ou serviços protegidos pela marca, na natureza destes produtos ou serviços, nas características do mercado, na extensão e na frequência do uso da marca"[26].

em vias de realizar operações comerciais no Estado membro relacionadas com os produtos ou serviços idênticos ou similares aqueles para os quais usa o sinal na Internet.

2) O nível e carácter da actividade comercial do usuário em relação com o Estado membro.

3) A conexão de uma oferta de produtos ou serviços pela Internet com o Estado membro.

4) A conexão existente entre a maneira como se utiliza o sinal na Internet e o Estado.

5) A relação do uso do sinal na Internet com um direito sobre esse sinal no Estado membro.

O uso de um sinal na Internet, que em virtude do artigo 3.º da Recomendação conjunta produza efeitos comerciais num determinado Estado, "deve ter-se em consideração em todos os casos para determinar se foram respeitados os requisitos estabelecidos pela legislação aplicável do Estado membro para adquirir ou manter direitos sobre o sinal" (art. 5.º).

Sobre o uso da marca na Internet *vide* GARCIA VIDAL, *Derecho de marcas e Internet*, Tirant lo Blanch, Valência, 2002 e *A Recomendação Conjunta da União de Paris e da OMPI sobre a Protecção das Marcas e outros Direitos de Propriedade Industrial sobre Sinais na Internet*, (com tradução da nossa autoria) in "Scientia Iuridica" (SI), LII, pp. 317 e ss.

[23] O Acórdão do Tribunal de Justiça de Primeira Instância das Comunidades (TJPI), de 12/03/2003, P. T-174/01, caso *Cocoon*, em processo de recurso de uma decisão do Instituto de Harmonização do Mercado Interno (IHMI), refere expressamente (ponto 39): "(...) há que considerar que a condição relativa à utilização séria da marca exige que esta (...) seja utilizada publicamente e com relevância exterior, para se obter um lugar no mercado para os produtos ou os serviços que representa" (http://curia.eu.int/jurisp/cgi-bin/gettext.pl?lang=pt.).

[24] Por exemplo, a distribuição de produtos na esfera interna da empresa ou entre empresas do mesmo grupo. Cfr. DE LA FUENTE GARCIA, *ob. cit.*, p. 245, e ainda SAIZ GARCIA, *ob. cit.*, p. 141.

[25] Sobre o uso publicitário *vide* FERNÁNDEZ-NÓVOA, *Tratado sobre derecho de marcas*, Marcial Pons, Madrid, 2001, pp. 469 e ss.

[26] Acórdão do TJ de 11/03/2003 citado, ponto 43.

Pela dificuldade da tarefa de interpretação e aplicação do conceito de uso sério mostra-se mais ingente o recurso à doutrina e jurisprudência de países com mais larga experiência no sistema de regulação do uso obrigatório, como são os casos da Alemanha[27], Reino Unido[28], França[29] e EUA[30].

Noutro plano, o uso da marca que difira em elementos distintivos essenciais dos da marca registada não é considerado um uso sério (art. 268.º n.º 1 al. a), 1.ª parte).

O princípio da inalterabilidade da marca consta do art. 261.º n.º 1. No entanto, o princípio consente excepções. Para além das previstas nos números 2 e 3 do mesmo artigo, as excepções mais importantes são as previstas no seu n.º 4 e no art. 268.º n.º 1 al. a).

O art. 261.º n.º 4 permite que a marca nominativa possa ser usada com qualquer aspecto figurativo, desde que não ofenda direitos de terceiro.

O art. 268.º n.º 1 al. a) permite *usar* uma marca com ligeiras alterações à respectiva composição originária, desde que essas alterações não sejam substanciais do ponto de vista da identidade e capacidade distintivas da marca.

O objectivo das referidas mudanças não substanciais é, essencialmente, o da modernização, rejuvenescimento e actualização da marca[31].

Qualquer alteração da forma originária da marca, que não seja enquadrável nestas excepções, é passível de conduzir à caducidade do registo da marca, de acordo com o previsto no art. 269.º n.º 1[32].

O uso relevante da marca nacional deve ser efectuado em Portugal. Trata-se da aplicação do princípio da territorialidade.

---

[27] K.-H. FEZER, *Markenrecht*, Verlag C.H.Beck, 3.ª ed., 2001, §26.

[28] CORNISH/LLEWELYN, *Intellectual Property: patents, copyright, trade marks and allied rights*, Sweet & Maxwell, 5.ª ed., London, 2003, pp. 688 e ss.

[29] P. MATHÉLY, *Le nouveau droit français des marque*, ed. J.N.A., 1994, Paris, pp. 243 e ss.

[30] MCCARTHY, *Trademarks* cit., §§ 17:9-17:22.

[31] Sobre esta problemática, *vide*, desenvolvidamente, AREAN LALIN, *El cambio de forma de la marca*, IDI, Santiago de Compostela, 1985, e, de um modo especial, os exemplos ilustrativos a pp. 375 e ss. e DE LA FUENTE GARCIA, *El uso de la marca* cit., pp. 222 e ss.

[32] Sobre esta matéria, para mais desenvolvimentos, cfr. as considerações feitas por FERNÁNDEZ NÓVOA, *Tratado* cit., pp. 477 e ss.

Todavia o legislador atribui, também, relevância ao uso da marca para produtos ou serviços destinados apenas a exportação (al. b) do n.º 1 do art. 268.º)[33].

O uso sério tanto pode ser directamente exercido pelo seu titular como indirectamente por terceiro (art. 268.º n.º 1 als. a) e c)).

A al. a) do n.º1 deste artigo refere-se ao uso por um licenciado, com a licença devidamente averbada,[34] e a al. c) menciona expressamente a utilização da marca por um terceiro, desde que sob controlo do titular e para efeitos da manutenção do registo.

A possibilidade aberta pela al. c) é uma solução inovadora inspirada pelo disposto no art. 19.º n.º 2 do Acordo sobre os Aspectos dos Direitos de Propriedade Intelectual Relacionados com o Comércio[35] (ADPIC), sendo essencial que o uso feito por terceiro seja efectuado sob controlo do titular do registo.

À primeira vista, parece que existe alguma incongruência entre as alíneas a) e c) do n.º 1 do art. 268.º. A dúvida é a de saber se a exigência do controlo é apenas aplicável à utilização indirecta prevista na al. c), conforme expressamente está previsto, ou é aplicável igualmente à situação referida na al. a), isto é, ao uso indirecto efectuado através de um licenciado com a licença devidamente averbada.

Uma interpretação possível seria considerar que a norma da al. c) consagra um princípio geral aplicável a todas as situações de uso indirecto[36] na base da ideia de que Portugal se vinculou a transcrever o preceito do art. 19.º n.º 2 do ADPIC que não estabelece qualquer distinção,

---

[33] Como FERNÁNDEZ-NÓVOA, *idem*, p. 477, sublinha, se este tipo de uso fosse considerado irrelevante qualquer terceiro podia registar o sinal correspondente à marca registada pela empresa exportadora e impedir esta de a apor no território nacional sobre os produtos objecto de exportação

[34] O art. 268.º n.º 1 al. a), 2.ª parte dispõe que "considera-se uso sério da marca o uso (...) feito pelo titular do registo, ou por seu licenciado, com licença devidamente averbada".

[35] Anexo IC ao Acordo que cria a Organização Mundial do Comércio, ratificado pelo Decreto do Presidente da República n.º 82-B/94 de 27/12.

[36] É a posição de MARIA MIGUEL MORAIS DE CARVALHO, "O Uso obrigatório da marca registada", in *Estudos em Comemoração do Décimo Aniversário da Licenciatura em Direito da Universidade do Minho* (AA.VV.) Livraria Almedina, Coimbra, 2003, pp. 678 e ss.

sendo certo que o caso mais frequente de uso indirecto é precisamente o uso efectuado por licenciado[37].

Outra interpretação possível, que propomos para reflexão, é a de considerar que o legislador pensou em soluções distintas, conforme o licenciante usasse ou não previamente a marca licenciada, sendo aplicável a norma da alínea a) no primeiro caso e a norma da alínea c) no segundo caso.

No caso da marca licenciada previamente usada o uso por parte do licenciado deverá ser feito de modo não enganoso quanto à qualidade resultante do uso prévio ou simultâneo do titular da marca ou de outro(s) licenciado(s). Isto significa que o uso efectuado pelo licenciado, nesta hipótese, não acarretaria a caducidade por falta de *uso sério*, mas por *uso enganoso*, sendo aplicável o disposto no art. 269.º n.º 2 al. b).

No caso da marca licenciada não previamente usada pelo licenciante o uso da parte do licenciado não pode ser aferido ao uso anterior do licenciante. Nesta hipótese faz sentido considerar que um uso por parte do licenciado, para ser considerado sério, pressuponha sempre o requisito do controlo pelo titular da marca sob pena de caducidade por falta de uso. O controlo neste caso faz a diferença entre um uso sério que permite reportar ainda, juridicamente, o uso da marca ao seu titular (garantindo a função de origem de base pessoal do titular da marca) e um uso não sério que não permite sequer o cumprimento da função distintiva da marca[38].

2.3. *Uso não enganoso*

A manutenção do direito de marca também depende de o uso efectuado pelo respectivo titular ou por terceiro com o seu consentimento ser não enganoso sob pena de caducidade.

A solução da caducidade do registo de uma marca enganosa por facto superveniente, consta do art. 269.º n.º 2 al. b) e traduz a transposição

---

[37] O contrato de licença é o acordo pelo qual o licenciante (titular da marca) autoriza um terceiro (licenciado) a utilizar a marca nos seus produtos ou serviços. Na licença não há transmissão da titularidade da marca, mas apenas é conferida autorização para a utilizar.

[38] Sobre o significado da função distintiva *vide* o nosso, *Função distintiva da marca* (tese de doutoramento), Liv. Almedina, Coimbra, 1999, pp. 218 e ss. (especialmente p. 224).

de uma das soluções mais inovadoras e importantes da Directiva (art. 12.º n.º 2 al. b))[39].

Antes da DM a solução conhecida pela maioria das legislações era a da proibição do registo da marca que, *em si,* na sua composição e na relação directa com os respectivos produtos ou serviços, fosse originariamente enganosa. Nesta hipótese, se a marca viesse a ser registada, não obstante o vício, o registo da marca era susceptível de ser invalidado.

A solução do CPI actual (idêntica à do art. 216.º n.º 2 al. b) do CPI de 1995) permite o pedido de caducidade do registo de marca que se torne enganosa, por facto *superveniente* relacionado com o modo como é usada pelo titular ou por terceiro com o seu consentimento.

Desta solução legislativa sai também reforçado o princípio da verdade da marca que passa a abranger duas situações: uma, a proibição da *marca* enganosa em si mesma; a outra, a proibição do *uso* enganoso da marca. O princípio não se esgota na apreciação estática da ligação do sinal distintivo ao produto ou serviço a que se destina, mas abrange ainda a apreciação dinâmica da marca no seu modo de utilização. No primeiro caso, o engano resulta da marca em si mesma no segundo, o engano resulta do uso que é feito da marca.

É certo que esta interpretação não colhe a unanimidade da doutrina. NOGUEIRA SERENS, em comentário crítico à nossa posição, sustenta que esta causa de caducidade é aplicável, exclusivamente, a marcas intrinsecamente deceptivas[40]. Para o autor, esta norma visa cobrir as hipóteses de incongruência entre o significado da marca e as características merceológicas dos respectivos produtos ou serviços que se verifique em momento posterior ao registo e que tanto pode resultar da "alteração do significado da marca como da alteração das características merceológicas dos produtos ou serviços por ela contradistinguidos"[41].

Em relação à primeira hipótese, não compreendemos a relação que o autor estabelece entre a alteração superveniente do significado da marca e a caducidade do registo com fundamento em deceptividade superveniente. A lei é claríssima em apenas prever os casos em que a marca se tornou en-

---

[39] Foi, aliás, a partir da solução idêntica prevista no art. 216.º n.º 2 al. b) do CPI-1995, que pudemos redefinir a função distintiva da marca - cfr. *Função distintiva de marca* cit., pp. 218 e ss.

[40] *Aspectos do princípio da verdade da marca,* "Separata do Boletim da Faculdade de Direito" (volume comemorativo), Coimbra, 2002, pp. 44 e ss.

[41] *Idem,* p. 86.

ganosa "*no seguimento do uso* feito pelo titular da marca, ou por terceiro com o seu consentimento, para os produtos ou serviços para que foi registada" (art. 269.º n.º 2 al.ª b *in fine*). Ora, se a marca é aplicável, ao longo do tempo, aos mesmos produtos ou serviços, sem quaisquer modificações derivadas do uso, a circunstância de ocorrer uma alteração semântica do sinal distintivo o que tem isso a ver com o uso da marca feito pelo respectivo titular?[42].

Em relação à segunda hipótese, estamos de acordo com NOGUEIRA SERENS em considerar que são casos de caducidade. Já não podemos concordar quando pretende afirmar que a caducidade opera unicamente por deceptividade *intrínseca* superveniente. Se a marca *Limiano* (para acompanharmos o exemplo do autor) passasse a ser usada em produtos não originários da região do Lima, e essa circunstância fosse relevante para as expectativas dos consumidores (o que não é, diga-se, a nossa posição), o engano resulta da marca, mas em consequência do novo uso. O que produz engano não é a marca como tal. Não se deve confundir o meio que provoca o engano, que é a marca, com a causa do engano, que é o uso. O uso é a causa, a marca é o instrumento do engano. O problema não é de validade, mas de caducidade. O que provoca a caducidade é uma causa extrínseca à marca, ou seja, o uso que dela se faz. No caso em apreciação, é o uso da marca em produtos oriundos de outra região.

O mesmo vício de raciocínio, que, tenazmente, pretende auto-limitar a aplicação do preceito a casos de engano intrínseco da marca (ou supostamente intrínseco, como no caso anterior), faz igualmente com que não seja aceite a aplicação da caducidade aos casos em que o engano resulta do uso publicitário da marca. O direito de marca, escreve o autor, "não morre se a mentira, à qual a marca surge associada, for extrínseca à própria marca"[43]. Se, para dar um exemplo, uma marca de um hotel de 3 estrelas, passasse a ser usada na publicidade como sendo de um hotel de 5 estrelas, de um modo sistemático e intencional, isso nunca poderia provo-

---

[42] No exemplo dado pelo autor, se a marca *Kosovo,* originariamente válida por ter um significado fantasioso, passasse a significar, por razões completamente alheias ao titular da marca, um nome geográfico relevante aos olhos dos consumidores, isto seria suficiente para poder verificar-se a caducidade do registo da marca, não obstante a deceptividade (a verificar-se) não ser, como é óbvio, uma consequência do uso feito pelo seu titular. Não podemos estar de acordo. A norma legal só releva o engano resultante do uso superveniente da marca e não o resultante de qualquer outra fonte.

[43] *Idem*, p. 86.

car nenhum dano ao registo da marca, em virtude da *mentira vir de fora da marca*. Por muito graves que fossem as consequências deste uso enganoso da marca para as expectativas dos turistas, agências de viagens e de turismo (bem mais sérias, por exemplo, do que o consumidor pensar que o produto *limiano* continuaria a provir da região do Lima), este acto só poderia ser punido através de concorrência desleal ou da publicidade enganosa. Poderia até acontecer, feitas as contas, que o "crime" compensasse, isto é, que os ganhos com o engano fossem superiores aos gastos em sanções pecuniárias[44].

Não podemos, mais uma vez, estar de acordo. Se a lei fala de caducidade do registo em virtude da marca se tornar enganosa em consequência do uso, por que razão se há-de afastar o uso publicitário – um dos que mais importância reveste para o interesse dos consumidores e dos demais concorrentes – em casos mais graves e chocantes?

Nunca afirmámos que a caducidade seria aplicável em todas as situações de uso publicitário enganoso, com ligeireza e facilidade. Bem pelo contrário, só propusemos a solução em casos em que se verifique engano, não advertido ou justificado em tempo útil, em aspectos essenciais dos produtos ou serviços em causa[45].

A ser assim, o que se pretende com a norma em análise é garantir que a marca, independentemente das vicissitudes por que possa passar, não represente pelo uso um factor de vantagem desleal em relação aos concorrentes, nem um sinal que provoque uma escolha dos consumidores viciada em erro.

---

[44] Tudo se agrava, por exemplo, se pensarmos em marcas farmacêuticas e num engano para a saúde pública provocado pelo uso da marca na publicidade.

[45] Cfr. o nosso *Função distintiva da marca cit.*, pp. 220 e ss e respectivas notas. Tratando-se de uma solução drástica a sua aplicação só deve ter lugar em situações em que se haja verificado prejuízos consideráveis para os consumidores. Não nos parece ser esse o caso nos exemplos dados por NOGUEIRA SERENS, ob. cit., p. 45. Estamos de acordo quanto à solução, mas estamos em desacordo quanto ao fundamento. O autor não aplica a solução por sustentar a inaplicabilidade da norma do art. 269.° n.° 2 al. b) a situações de uso publicitário; nós não a aplicamos por não se verificarem os requisitos exigentes da sua aplicação.

3. O uso e a capacidade distintiva da marca

3.1. *Secondary Meaning*

Por *secondary meaning* quer-se aludir ao particular fenómeno de conversão de um sinal originariamente privado de capacidade distintiva num sinal distintivo de produtos ou serviços, reconhecido como tal no tráfico económico, através do seu significado secundário[46] por consequência do uso e de mutações semânticas ou simbólicas.

Este fenómeno pode emergir em duas situações distintas: ou antes do registo ou depois do registo.

O n.° 3 do art. 3.° da DM estabeleceu soluções diferentes em relação às duas situações.

Assim, enquanto, por um lado, no caso do fenómeno ocorrer antes do pedido do registo impôs aos Estados-membros a aplicação do princípio aos sinais desprovidos de carácter distintivo, descritivos e usuais, por outro, na outra hipótese, limitou-se a propor esse princípio.

Antes da Directiva, a nível comunitário, apenas a Alemanha e o Reino Unido consagravam, expressamente, soluções inspiradas na doutrina do *secondary meaning*.

Na Alemanha o § 4 III *Warenzeichengesetz* de 1968 (WZG) consagrava a admissibilidade de o registo de uma marca inicialmente desprovida de capacidade distintiva ou composta exclusivamente por letras, números ou palavras indicando a proveniência, época, lugar de produção, qualidade, destino, preço, quantidade ou peso dos produtos, quando essa marca pelo uso se houvesse imposto no tráfico económico como sinal distintivo do requerente (*Durchgesetz*).

No Reino Unido, um dos países pioneiros na aplicação do princípio[47], conferia-se protecção à marca não registada que houvesse adquirido

---

[46] Obviamente, dadas as circunstâncias, entenda-se o significado secundário não como um significado inferior mas como um significado que surge em segundo lugar.

[47] Referimo-nos ao caso *Camel Hair Belting (Reddaway v. Banham)* de 1896, citado por CORNISH, *Intellectual property: patents, copyright, trade marks and allied rights*, Sweet & Maxwell, 3.ª ed., London, 1996, p. 440. Todavia, já em 1872, nos EUA, ao que parece pela primeira vez, se reconheceu a possibilidade de um sinal adquirir *secondary meaning*, no caso *Wotherspoon v. Currie* como nos dá conta GÓMEZ SEGADE, "Fuerza distintiva y «Secondary Meaning» en el derecho de signos distintivos", in *Estudios sobre Marcas* (AA.VV), Granada, 1995, p. 356.

eficácia distintiva (e um *goodwill*), podendo o respectivo titular recorrer à acção de *passing off*[48] (próxima da acção de concorrência desleal por acto de confusão) no caso de um terceiro passar a usar idêntico sinal com a mesma função distintiva, isto é, no seu significado secundário.

A aquisição sucessiva da capacidade distintiva podia também desempenhar um papel relevante no momento do registo da marca (arts. 9.º n.º 3 al. b) e 10.º n.º 2 al. b), *Trade-Marks Act* de 1938)[49]. Estas disposições possibilitavam o registo de uma denominação com duplo significado (primário e secundário) desde que, conforme vinha entendendo a jurisprudência, o nome não fosse inteiramente descritivo, não fosse de uso geral e tivesse a apoiá-lo um uso prolongado junto dos consumidores.

Atendendo às características e pressupostos da doutrina do *secondary meaning* perceber-se-á como foi grande a aceitação que ela veio a encontrar nos EUA país no qual o uso, até 1988, constituía um pressuposto indispensável do registo[50].

Nos EUA o princípio exprime-se de um modo muito semelhante ao do Reino Unido. Por um lado, como requisito da acção *passing off* e, por outro, como pressuposto do registo de marcas descritivas, geográficas e patronímicas de acordo com o disposto no art. 2.º al. f) *Lanham Act*.

A prova do *secondary meaning* só é necessária para aquele tipo de marcas. As marcas consideradas intrinsecamente distintivas, e são como tal consideradas as marcas expressivas, arbitrárias[51] e de fantasia ou fantásticas[52], são passíveis de imediata protecção legal[53].

---

[48] Sobre a acção de *passing off* (definição, pressupostos e requisitos) cfr. CORNISH/LLEWELYN, ob. cit., pp. 593 e ss.

[49] Sublinhe-se a especificidade do sistema do registo no Reino Unido face à lei de 1938. O registo era dividido em duas partes: a parte A, destinada a marcas aptas a distinguir, à qual se referia o art. 9.º n.º 3 al. b) e a parte B, destinada a marcas susceptíveis de distinguir, à qual se referia o art. 10.º n.º 2 al. b).
Este sistema expirou com a entrada em vigor da lei de marcas de 1994 (*Trade Marks Act*) que consagra um sistema único de registo.

[50] Referimo-nos à importante alteração na filosofia do sistema introduzida pela lei de 1988 pela qual passou a ser permitido o pedido do registo de uma marca a quem tenha a simples intenção de a usar (cfr. § 1 al. b)).

[51] Uma marca arbitrária é uma palavra, símbolo ou figura usados na linguagem comum, mas que, quando usadas em conexão com determinados bens ou serviços, nada sugerem nem descrevem acerca dos ingredientes, qualidades ou características desses bens ou serviços, para citarmos a definição dada por MCCARTHY, *Trademarks* cit., § 11:11.

[52] Citando a mesma fonte referida na nota anterior (§ 11:5), uma marca de fantasia é um termo inventado ou seleccionado com o único propósito de servir como marca de pro-

Outro aspecto legal importante é a exclusão do âmbito da aplicação do *secondary meaning* dos sinais genéricos (nome dos produtos ou serviços) ou das formas ou sinais funcionais. Nestas hipóteses não se nega a possibilidade fáctica desses sinais adquirirem um significado secundário, o que se nega é a relevância jurídica desse significado. É o que a doutrina americana designa por *de facto secondary meaning*[54].

Em Portugal, desde o CPI de 1995, passou a ser possível, no momento do registo, aferir o uso de uma marca para justificar a aquisição da capacidade distintiva de um sinal doutra forma indistintivo por descritivo ou usual (art. 188.º n.º 3). Com o CPI actual, é possível, para além disso (art. 238.º n.º 3), invocar o *secondary meaning* para a convalidação de uma marca registada (art. 265 n.º 2). Trata-se de uma importante inovação do código, solução a que não terá sido indiferente a preocupação de harmonizar a norma nacional com a solução prevista no regulamento sobre a marca comunitária (cfr. arts. 7.º n.º 3 e 51.º n.º 2).

Para além disso reveste importância para justificar a atribuição do uso exclusivo de um elemento descritivo ou usual da marca (art. 223.º n.º 2).

Face à solução prevista nesta norma será possível o reforço da protecção da marca *débil* a ponto de a mesma escapar ao princípio geral que estabelece a não protecção exclusiva dos sinais descritivos e usuais.

O princípio do *secondary meaning* contempla os sinais desprovidos de qualquer carácter distintivo[55], descritivos e usuais (cfr. arts. 223.º n.º 1 als. a), c) e d), 238.º n.º 3 e 265.º n.º 2).

---

duto ou serviço. «Tais marcas podem compreender palavras totalmente desconhecidas na linguagem anterior ou completamente fora de uso no momento, bem como termos obsoletos ou científicos».

[53] McCarthy, idem, § 11:4.
[54] McCarthy, idem, §§ 15:22-15:24.
[55] Apesar desta solução, em tudo idêntica à do art. 3.º n.º 3 da DM, pensamos que o princípio não deve ser aplicado aos sinais genéricos apesar de teoricamente poderem caber nos sinais sem qualquer carácter distintivo. Do mesmo modo, Gómez Segade, ob. cit., p. 377, considera que a «posição correcta do ponto de vista dogmático e dos princípios» é não incluir os sinais genéricos. Como sublinha Sordelli, *Marchio e secondary meaning*, Giuffrè Ed., Milano, p. 229 «para poder ter lugar um fenómeno de *secondary meaning* em tal caso, teria de ocorrer uma anulação própria do significado primário da palavra e não, apenas, a sua modificação», o que faria com que o titular da marca ficasse numa situação de monopólio em relação ao significado primário.

3.2. Conversão da marca na denominação usual do produto ou serviço

Uma marca originariamente distintiva pode transformar-se, com o uso reiterado e o decurso do tempo, na denominação usual do produto ou serviço.

Na fase anterior à DM, os ordenamentos jurídicos nacionais de alguns países comunitários, com poucas excepções (casos do art. 5.° n.° 4 da lei-Benelux de 1962 e secção 15 da lei do Reino Unido de 1938), ou não regulavam expressamente (casos de Portugal, Espanha, França e Alemanha), ou regulavam insuficientemente (caso do art. 41.° n.° 1 da lei italiana de 1942) a *facti-species* referida.

A questão mais debatida estava em saber em que condição poderia ocorrer a caducidade do registo de marca pela denominada *vulgarização* da marca[56].

Em relação à caducidade confrontavam-se, essencialmente, três posições: uma posição subjectivista, uma posição objectivista e uma posição intermédia.

Para a posição subjectivista, a extinção do direito de marca só aconteceria se, face à *generalização* da marca junto dos consumidores, tivesse lugar a renúncia tácita, mas inequívoca, do direito por parte do titular[57].

Para a posição objectivista, a extinção do direito de marca ocorreria pelo simples facto de a marca se ter transformado na linguagem dos consumidores numa denominação usual do produto ou serviço independentemente do comportamento do respectivo titular[58].

Para a posição intermédia, a extinção do direito de marca seria condicionada à verificação de dois requisitos, um requisito objectivo e um requisito subjectivo. Pelo primeiro, a perda da capacidade distintiva deveria

---

[56] Expressão da autoria de A. VANZETTI, *Volgarizzazione del marchio e uso di marchio altrui in funzione descritiva*, in "Rivista di Diritto Commerciale" (RDC), 1962, I, pp. 20 e ss.

[57] Esta posição teve eco, especialmente, nos países que, por não regularem a *vulgarização*, reconduziam a situação à figura da renúncia como foram os casos de Portugal e França. Em Portugal era a posição defendida por PINTO COELHO, *O problema de conversão da marca em denominação genérica*, in "Revista de Legislação e Jurisprudência" (RLJ), 93.°, n.°s 3181 a 3189. Era também a solução defendida pela jurisprudência francesa maioritária, ao tempo da lei de 1964 - cfr. MATHÉLY, *Le droit français des signes distinctifs*, Librairie du Journal des Notaires et des Avocats, Paris, 1984, p. 151.

[58] Era a posição da doutrina italiana dominante em face da anterior lei de 1942.

ocorrer não apenas junto dos consumidores, mas também junto de todos os outros círculos económicos interessados; pelo segundo, seria ainda necessária a participação do titular, por acção ou omissão, na conversão da marca na denominação usual do produto ou serviço[59].

A posição intermédia foi a posição adoptada pelo art. 12.º n.º 2 al. a) da DM e, consequentemente, pelo art. 269.º n.º 2 al. a) do CPI. A *vulgarização* da marca ocorre se, como consequência da actividade ou inactividade do titular, a marca se tiver transformado na designação usual no comércio do produto ou serviço para que foi registada. Por um lado, não basta que a *generalização* ocorra junto dos consumidores, sendo necessário que a mesma tenha lugar no *comércio,* isto é, junto de todos os meios profissionais interessados (produtores ou comerciantes). Por outro lado, é necessário que o titular da marca, por inactividade ou actividade, contribua para a perda da capacidade distintiva da marca[60]. Se a *generalização* ocorrer apesar do comprovado comportamento defensivo do titular da marca, não tem lugar a caducidade do respectivo direito[61].

4. O uso notório e a protecção da marca

O uso notório pode desempenhar um papel muito relevante no conteúdo de protecção da marca. O estatuto jurídico das marcas pode ser diferente em função do respectivo grau de notoriedade. Há lugar para falar em três categorias de marcas: as marcas ordinárias, as marcas notórias e as marcas de prestígio.

---

[59] Esta posição foi consagrada no art. 5.º n.º 4 da Lei-Benelux de 1962 (cfr. A. BRAUN, *Précis* des *marques*, 2.ª ed., Larcier, Bruxelles, 1995, pp. 107 e ss) e era defendida pela doutrina e jurisprudência alemãs (BAUMBACH/HEFERMEHL, *Warenzeichenrecht* 12.º ed., Verlag C.H.Beck, München, 1985, pp. 303 e ss e BUSSE/STARCK, *Warenzeichengesetz*, 6.ª ed., W. de Gruyter, Berlin, pp. 157 e ss).

[60] Para dar um exemplo, e servindo-nos do disposto no art. 10.º do Regulamento da Marca Comunitária (Reg. (CE) n.º 40/94, do Conselho de 20/12/1993, in JO-L de 14/01/1994), sempre que a reprodução de uma marca em dicionário, enciclopédia ou obra de consulta semelhante dê a impressão de que ela constitui o nome genérico dos produtos ou serviços para os quais foi registada, o titular da marca deve solicitar ao editor que, na edição seguinte, esclareça que se trata de uma marca registada.

[61] NOGUEIRA SERENS, *A vulgarização da marca na Directiva 89/104/CEE de 21 de Dezembro de 1998 (Id Est, no nosso Direito Futuro)*, Coimbra, 1995, pp. 95 e ss.

A marca ordinária nacional é protegida no âmbito do princípio da territorialidade e do princípio da especialidade (isto é, apenas no confronto com marcas de produtos ou serviços idênticos ou afins).

A marca notória é protegida com isenção do princípio da territorialidade.

A marca de prestígio é protegida com derrogação tanto do princípio da territorialidade como do princípio da especialidade.

A origem da protecção da marca notoriamente conhecida deve-se ao disposto no art. 6.° bis da Convenção da União de Paris (CUP) – introduzido na Revisão de Haia de 6/11/25, actualmente na versão da Revisão de Estocolmo de 14/7/67, após as alterações efectuadas nas Revisões de Londres de 2/6/34 e de Lisboa de 31/10/58 - e teve por objectivo atenuar os riscos inerentes ao sistema de aquisição do direito de marca baseado no registo.

Portugal, como membro da CUP, em virtude do carácter auto-executivo da disposição unionista, já estaria obrigado à protecção das marcas notoriamente conhecidas.

De todo o modo, o legislador do CPI-1940 (art. 95.°), do CPI-1995 (art.190.°) e do actual (art. 241.°), de uma forma aliás não inteiramente coincidente, entendeu concretizar o referido princípio através de disposições nacionais.

A marca notoriamente conhecida é entendida como a marca conhecida de uma grande parte do público consumidor como a que distingue de uma forma imediata um determinado produto ou serviço.

Uma forte corrente doutrinária e jurisprudencial distingue ainda duas hipóteses: se o produto ou serviço for de grande consumo, a marca deve ser conhecida do grande público; se o produto ou serviço for de consumo específico, a marca deve ser conhecida de grande parte do público interessado nesse produto ou serviço[62].

A marca notoriamente conhecida deve ser notória no país onde se solicita a especial protecção – pois é nele que, obviamente, se haverá de dirimir o conflito entre a marca a registar e a marca notoriamente conhecida - embora não careça de nele ser usada de modo efectivo. A marca notoriamente conhecida pode ser nacional ou estrangeira.

Por último, a marca notoriamente conhecida não carece de estar registada no país de origem ainda que este exija o registo como modo de

---

[62] Sobre este ponto, *vide*, para mais desenvolvimentos, o nosso *Direito de marcas*, Liv. Almedina, Coimbra, 2.ª edição, 2003, p. 147 e nota 334.

aquisição do direito de marca. A marca nesse país, pode ser, por exemplo, apenas, e também, uma marca notoriamente conhecida e como tal protegida sem necessidade de registo.

A marca deve ser sempre registável em virtude de o nosso país, quer no momento de oposição ao registo, quer no de invalidade, quer ainda em sede de ilícito criminal, sujeitar a protecção da marca notoriamente conhecida ao pedido do registo em Portugal de acordo, respectivamente, com os arts. 241.° n.° 2, 266.° n.° 2 e 323.° al. d).

Em relação à marca de prestígio, o nosso código confere ao respectivo titular a possibilidade: de se opor ao pedido do registo feito por terceiros de uma marca idêntica ou semelhante para produtos ou serviços não afins (art. 242.°); de anular o registo dessa marca (art. 266.° n.° 1 al. a)), desde que a marca lesada se encontre registada previamente ou seja requerido o seu registo para os produtos ou serviços que lhe deram prestígio (art. 242.° n.° 2); de proceder criminalmente contra o usuário não autorizado da marca de prestígio desde que seja solicitado o registo desta (art. 323.° al. e)).

Para além disso, já não nos parece defensável que a marca de prestígio possa ser invocada como «justo motivo» (cfr. art. 269.° n.° 1) para não ser usada em relação a outros produtos e serviços para os quais se encontre registada, o que de outro modo significaria a «excepcional» legitimação de registos «defensivos» para além do prazo-limite de cinco anos. Não nos parece defensável porque doravante a marca de prestígio conta com uma defesa específica, eficaz e excepcional.

Em nome dos melhores princípios do direito de marcas o registo de marca de prestígio deve ser declarado parcialmente caduco em relação aos produtos ou serviços em que não esteja a ser usada[63].

As condições de protecção da marca de prestígio são, conjunta ou separadamente, o aproveitamento, sem justo motivo, do seu carácter distintivo ou prestígio e o prejuízo, sem justo motivo, do seu carácter distintivo ou prestígio (art. 242.° n.° 1, *in fine*).

A marca de prestígio deve obedecer a dois apertados requisitos:
– gozar de excepcional notoriedade;
– gozar de excepcional atracção e-ou satisfação junto dos consumidores.

---

[63] Acolhendo esta orientação *vide* a decisão do Tribunal do Comércio de Lisboa, de 13/7/2002, BPI-4/2002, p. 1418, que considerou parcialmente caduco o registo da marca *Hermès* não obstante ter sido qualificada como uma marca de grande prestígio.

O primeiro requisito significa que a marca deva ser, espontânea, imediata e generalizadamente conhecida do grande-público consumidor[64], e não apenas dos correspondentes meios interessados, como o sinal distintivo de uma determinada espécie de produtos ou serviços[65].

O conhecimento pode ser limitado ao âmbito de um só país[66]. Esta é a solução mais defensável ante a lógica normativa da DM (que não interfere com o princípio da territorialidade do direito de marca) e do Regulamento da Marca Comunitária (que alude à marca *nacional* de prestígio).

O segundo requisito referido significa que a marca deva contar *ou* com um elevado valor simbólico-evocativo junto do público consumidor, não obstante não seja de grande consumo, *ou* com um elevado grau de satisfação junto do grande público consumidor. Este último aspecto não significa que os produtos ou serviços, em si, devam ter uma excepcional, sequer, boa qualidade objectiva. Não é da qualidade dos produtos ou serviços que se trata, mas sim do particular significado que a marca representa junto do consumidor médio em ordem à satisfação, bem sucedida, de determinadas necessidades concretas. Nesse sentido, deve tratar-se de uma marca que haja penetrado no espírito do consumidor com uma imagem positiva de qualidade dos produtos ou serviços que distingue[67].

---

[64] Numa percentagem que consideramos não deve ser inferior a uma maioria qualificada de, pelo menos, dois terços dos consumidores do mercado em referência.

[65] Este requisito foi considerado dispensável pelo Tribunal de Justiça das Comunidades, no caso *General Motors v. Yplon* (Ac. de 14/9/99, C-375/97), in http://curia.eu.int/jurisp/cgi-bin/gettext.pl?lang=pt, a propósito da marca *Chevy* (qualificada como marca de prestígio).

[66] No acordão referido na nota anterior, e na mesma linha de actuação surpreendente, o TJ decidiu que o conhecimento pode reportar-se a *uma parte* de um país.

[67] Sobre a marca de prestígio, *vide*, para mais desenvolvimentos, o nosso *Direito de marcas* cit., pp. 153 e ss.

EL GRADO DE CREATIVIDAD Y DE ORIGINALIDAD REQUERIDO AL DISEÑO ARTÍSTICO

Prof. Dr. JOSE MANUEL OTERO LASTRES
Catedrático de Derecho Mercantil
Universidad de Alcalá de Henares. MADRID

SUMÁRIO:
1. Consideraciones preliminares. 2. Sobre si la legislación de la propiedad intelectual exige a las obras artísticas un grado determinado de creatividad y de originalidad. 2.1. La evolución de la legislación francesa y el sistema de la acumulación absoluta 2.2. La evolución de la legislación española y el sistema de la acumulación restringida 3. El grado de creatividad y originalidad que exige la legislación de la propiedad intelectual a las obras artísticas: el requisito del diseño artístico. 3.1. La coordinación entre la Ley 20/2003 y el TRLPI 3.2. Análisis de la expresión "grado de creatividad y de originalidad" contenida en la Disposición adicional décima de la Ley 20/2003. 3.2.1. El significado de las expresiones "creatividad" y "originalidad" en la obra artística 3.2.2. El grado de "creatividad" y de "originalidad" de las obras artísticas. 4. La prueba del grado de creatividad y originalidad del diseño artístico y la valoración de su existencia.

1. Consideraciones preliminares

Como es sabido, el CONSIDERANDO (8) de la Directiva 98/71/CE DEL PARLAMENTO EUROPEO Y DEL CONSEJO de 13 de octubre de 1998 sobre la protección jurídica de los dibujos y modelos, señala que, *"... a falta de armonización, es importante establecer el principio de la acumulación de la protección al amparo de la legislación sobre protección específica de los dibujos y modelos registrados y al amparo de la normativa sobre derechos de autor*". Y añade que "*... los Estados miembros están facultados para determinar libremente el alcance de la protección de los derechos de autor y las condiciones en que se concede dicha protección*". Las consideraciones efectuadas en este CONSIDERANDO se traducen en el artículo 17 de la Directiva, a cuyo tenor "*Los dibujos y modelos protegidos por un derecho sobre un dibujo o modelo registrado en un Estado miembro o respecto al mismo de conformidad con lo previsto en la presente Directiva, podrán acogerse asimismo a la protección conferida por las normas sobre derechos de autor de dicho Estado a partir de la fecha en que el dibujo o modelo hubiere sido creado o fijado sobre cualquier soporte. Cada Estado miembro determinará el alcance y las condiciones en que se concederá dicha protección, incluido el grado de originalidad exigido*".

La Exposición de Motivos de la Ley española 20/2003, de 7 de julio, de Protección Jurídica del Diseño Industrial (para un análisis de esta Ley, vid. OTERO LASTRES, J.M. "El Diseño Industrial según la Ley de 7 de julio de 2003", en Tratado de Derecho Mercantil. T. 19, vol.2, Ed. Marcial Pons, Madrid 2.003), en su apartado II, dice, en la línea marcada por el citado artículo 17 de la Directiva, que "*El diseño industrial se concibe como un tipo de innovación formal referido a las características de apariencia del producto en sí o de su ornamentación. Ello no impido que el diseño original o especialmente creativo pueda acogerse además a la tutela que le brinda la propiedad intelectual, ya que ambas formas de protección son, como es sabido, independientes, acumulables y compatibles*". Sin embargo, ninguno de los 76 artículos de que consta la Ley 20/2003 se refiere a la acumulación de la protección entre la Ley del Diseño y la de la propiedad intelectual. Hay que acudir a la Disposición adicional décima de esta Ley, titulada "Compatibilidad de la protección" para encontrar la norma que regula esta materia.

La citada Disposición adicional décima de la Ley 20/2003 establece que, para que el diseño pueda beneficiarse también de la protección de la propiedad intelectual, ha de presentar en sí mismo el grado de creatividad y de originalidad que exige dicha legislación a las obras artísticas. Esta norma, aunque aparece como "disposición adicional" tiene gran importancia porque establece el sistema de acumulación por el que ha optado nuestro derecho, cumpliendo con ello el mandato impuesto por el citado artículo 17 de la Directiva. Pues bien, una lectura atenta de la citada Disposición adicional suscita las dos siguientes consideraciones.

La primera es que la Ley 20/2003 establece con toda claridad que no todo diseño puede beneficiarse, sin más, de la legislación de la propiedad intelectual, sino que, para ello, ha de presentar el grado de creatividad y originalidad propio de las obras artísticas o, como se dice en la Exposición de Motivos, ha de tratarse de "**un diseño original o especialmente creativo**". Esto significa, de un lado, como acabo de decir, que la legislación española cumple la Directiva al establecer expresamente el sistema de la acumulación; y, de otro lado, que, dentro de los límites fijados por el artículo 17 de la Directiva, al exigir a los diseños un determinado "grado de originalidad", el sistema elegido no es el de la acumulación absoluta del derecho francés, sino el de la acumulación restringida. Lo cual implica que se dejan fuera de la protección de la propiedad intelectual a los llamados "diseños ordinarios". En efecto, como vamos a ver, tanto de la Disposición adicional décima de la Ley 20/2003 como del TRLPI se desprende que únicamente los "diseños artísticos u obras de arte aplicado a la industria", pueden acumular simultáneamente las protecciones de la ley del diseño y de la ley de propiedad intelectual. Pero, para ello, es preciso que el correspondiente diseño reúna los requisitos de protección del diseño ordinario (que sea nuevo y posea carácter singular) y el requisito que exige el TRLPI a la obra artística.

La segunda consideración es que la Ley 20/2003, lejos de guardar silencio sobre el requisito que debe concurrir en un diseño artístico para que pueda ser protegido también por la propiedad intelectual, cumple el mandato del artículo 17 de la Directiva y determina el grado de originalidad exigido para que proceda la acumulación: el diseño ha de presentar en sí mismo el grado de creatividad y originalidad propio de las obras artísticas. Lo que ocurre es que, a la hora de establecer el alcance de este requisito, la Ley 20/2003 se remite, como no podía ser de otro modo, a la legislación sobre propiedad intelectual. Así resulta del propio tenor de la Disposición adicional décima cuando dice que la protección que se reconoce al diseño en la Ley 20/2003 es acumulable con la protección de la propiedad intelectual, cuando el diseño en cuestión "**presente en sí mismo el grado de creatividad y de originalidad** necesario para ser protegido como **obra artística** según las **normas que regulan la propiedad intelectual**". Por lo tanto, aunque es la Disposición adicional la que establece el requisito que debe concurrir en el diseño para acceder a la protección de la propiedad intelectual, a saber: presentar el grado de creatividad y de originalidad propio de la obras artísticas, son las normas de la propiedad intelectual, y no la propia Ley 20/2003, las que determinan el sentido y el alcance de dicho requisito.

Así las cosas, para analizar el requisito de protección del diseño artístico hay que avanzar dos pasos sucesivos: el primero es comprobar si es cierto que la legislación de la propiedad intelectual exige a las obras artísticas determinado grado de creatividad y de originalidad. Y ello porque esto es algo que afirma la Disposición adicional décima de la Ley 20/2003, pero no es algo que se diga expresamente en el TRLPI. El segundo paso – que depende del anterior – consiste en que, si se comprueba que la legislación de propiedad intelectual exige un grado de creatividad y de originalidad a las obras artísticas, hay que determinar a continuación cuál es dicho grado. Lo cual nos sitúa directamente en el tema del requisito del diseño artístico. Finalmente, una vez analizado este requisito habrá que determinar, en primer lugar, cuál es el medio idóneo para probar su existencia y, a continuación, cómo ha de valorarse la prueba efectuada sobre el mismo. Veamos, seguidamente, las cuestiones que dejamos planteadas.

2. Sobre si la legislación de la propiedad intelectual exige a las obras artísticas un grado determinado de creatividad y de originalidad

Para comprobar si es cierto que la legislación de propiedad intelectual exige a las obras artísticas cierto grado de creatividad y de originalidad, conviene recordar, aunque sea brevemente, la evolución de la legislación francesa sobre la protección de las obras "arte puro" y de "arte industrial". La razón de ello es que es en este ordenamiento donde se formuló la "teoría de la unidad del arte", en virtud del cual "el arte es uno y todo es arte", sobre cuya base se construyó el sistema de la acumulación absoluta. Sistema según el cual, como es sabido, todo diseño, cualquiera que sea su grado de creatividad y de originalidad, es protegible por la propiedad intelectual y si, además, se registra como diseño es protegido simultáneamente por la ley de diseño y, por tanto, por la propiedad industrial. De tal suerte que el derecho francés queda encuadrado entre los sistemas que permiten la acumulación de las dos protecciones, sin exigir requisito específico alguno al dibujo o modelo para beneficiarse de la protección del derecho de autor.

2.1. La evolución de la legislación francesa y el sistema de la acumulación absoluta

Como he escrito en otro lugar (Vid. OTERO LASTRES, J.M. "El Modelo Industrial", Edit. Montecorvo, Madrid 1.977, pp. 60 y ss), de la interpretación conjunto de los artículos 1 y 7 de la Ley francesa de 19-24 de julio de 1.793 sobre Propiedad Artística y Literaria se desprende que esta Ley tuvo por objeto proteger las obras del espíritu y del ingenio pertenecientes a las Bellas-Artes. En efecto, el artículo 1 de la ley de 1.793 disponía que **"Los autores de escritos de cualquier género, los compositores de música, los pintores y dibujantes que hagan grabar sus cuadros y dibujos, gozarán durante toda su vida del derecho exclusivo de vender, distribuir, sus obras en el territorio de la República y cederlas, en todo o en parte"**. Y el artículo 7 establecía que **"Los herederos del autor de una obra de la literatura o del grabado o de cualquier otra producción del espíritu o del ingenio, que pertenezca a las Bellas-Artes, tendrán su propiedad exclusiva durante 10 años"**.

Esta inicial limitación del ámbito de protección de la Ley de 1.793 a las obras de las "bellas artes" acabó por plantear la cuestión de si esta Ley protegía sólo las obras de arte puro, o también las obras del llamado "arte industrial". Es decir, lo único que se ponía en duda, tras la promulgación de la ley de 1.793, es si dicha ley protegía sólo el arte puro o también el arte industrial, pero sobre lo que no había ninguna duda era que la obra protegida tenía que ser una obra de arte o, en palabras del artículo 7, una obra del ingenio que pertenezca a las bellas artes. La indicada incertidumbre no favorecía a los titulares de las obras del "arte industrial", lo cuales llegaron a conseguir que se promulgase la Ley de 18 de marzo de 1.806 que preveía una protección especifica para esta tipo de obras, que se subordinaba, a diferencia de lo que sucedía con la Ley de 1.793, al depósito de la solicitud de protección de la creación. A instancias de los fabricantes de artículos de bronce – que deseaban que sus obras fuesen protegidas por la Ley de 1.793 y no por la de 1.806, ya que, como acabamos de ver, la primera no subordinaba la protección al depósito previo de la obra, mientras que la segunda sí –, se promulgó la Ley de 11 de marzo de 1.902, la cual en virtud de su artículo 2, vino a añadir un nuevo párrafo al artículo 1 de la ley de 1.793, que decía así: **"El mismo derecho corresponderá a los escultores y dibujantes de motivos ornamentales, cualquiera que sea el merito y el destino de la obra"**.

El análisis histórico pone de relieve, por tanto, que la finalidad de la ley de 1.902 no fue extender la protección de la ley de 1.793 a cualquier dibujo o modelo industrial, sino solamente a las llamadas obra de arte aplicado a la industria. A partir de la Ley de 1.902, y a los efectos de la aplicación de la Ley de 1.793, ya no cabía distinguir entre "obra de arte puro" y "obra de arte aplicado", toda vez que la obra artística, aunque fuese destinada a la industria, gozaba de la protección de la Ley de propiedad intelectual de 1.793. Pero seguía siendo necesario que la obra en cuestión fuese una "obre de arte".

Vemos, pues, que la inclusión en el párrafo segundo del artículo 1 la Ley de 1.793 de la expresión "**cualquiera que sea el merito y el destino de la obra**" llevada a cabo por la Ley de 1.902, tuvo una finalidad muy precisa y determinada: hacer posible que las obras del llamado "arte industrial" quedasen incluidas en el ámbito de protección de dicha Ley. De tal manera que si los hipotéticos obstáculos que podían impedir la inclusión de las obras del "arte industrial" en la ley de 1.793 eran que carecerían del mérito de las obras de "arte puro" porque se destinaban a la ornamentación de objetos industriales, para remover estos obstáculos bastaba con disponer – como así se hizo – que ni el mérito ni el destino de la obra podían impedir a su autores gozar de la protección de la Ley de 1.793. De lo que se acaba de decir se desprende que la decisión del legislador francés de 1.902, al emplear la expresión "**cualquiera que sea su mérito y su destino**", no fue declarar, con carácter general, que quedaba protegida por la Ley de 1.793 todo tipo de obra, incluso las desprovistas de carácter artístico. Sino algo bien distinto, a saber: que una obra de arte no dejaba de ser obra de arte (es decir, "conserva su mérito o valor de tal"), aunque decorase un objeto industrial, ya que el destino industrial tampoco le hacía perder el carácter de obre de arte.

Así las cosas, para el Legislador francés de 1.793-1.902 la condición necesaria y suficiente para obtener la protección era que se estuviese ante una obra de arte o, lo que es lo mismo, ante una obra con carácter artístico, careciendo de relieve si era una obra de arte puro o de arte industrial. Lo cual permite concluir que el carácter artístico venía exigido por la ley de 1793-1902 como requisito de protección de la obra de arte, puro o industrial. Hasta aquí, las cosas parece que estaban claras, aunque no faltaron autores, alguno de la talla de POUILLET, que llegaron a sostener que fue la Ley de 1.902 la que instauró la "teoría de la unidad del arte". (OTERO LASTRES, "El Modelo... cit. p. 86, nota 138) y, con ella, el sistema de la acumulación absoluta.

Al igual que la generalidad de la doctrina francesa, considero que fue a partir de la Ley de 14 de julio de 1.909 sobre dibujos y modelos industriales cuando triunfó definitivamente la "teoría de la unidad del arte" y con ella el sistema de la acumulación absoluta, al disponer en su artículo 1.°: "**Todo creador de un dibujo o modelo y sus causahabientes tiene el derecho exclusivo de explotar, vender o hacer vender este dibujo o modelo en las condiciones previstas por la presente ley, sin perjuicio de los derechos que les correspondan por otras disposiciones legales y, especialmente, por la Ley de 19-24 de julio de 1.793 modificada por la ley de 11 de marzo de 1.902**". La sustitución de la Ley de 1.793-1902 por la Ley de 11 de marzo de 1.957 sobre Propiedad Literaria y Artística y, sobre todo, el tenor del artículo 2 de esta última que dispone: "**Las disposiciones de la presente ley protegen los derechos de los autores sobre todas las obras del espíritu, cualesquiera que sean el género, la forma de expresión, el mérito o el destino**", permiten afirmar que bajo la vigencia de la leyes francesas de 1.909 y 1.957 cualquier diseño era protegible por la propiedad intelectual; y si, además, tal diseño era registrado como dibujo o modelo, su titular podía beneficiarse de la protección acumulada de la ley específica sobre dibujos y modelos.

Esta posición del derecho francés se ha mantenido, y todavía con mayor claridad, en el vigente Código de la Propiedad Intelectual. En efecto, el artículo L513-2 del citado Código establece que "**Sin perjuicio de los derechos resultantes de la aplicación de otras disposiciones legislativas, en especial de los Libros I y III del Presente Código, el registro de un dibujo o modelo conferirá a su titular un derecho de propiedad que éste podrá ceder o licenciar**". Comoquiera que el Libro I del Código trata sobre el derecho de autor, es claro que el citado artículo L513-2 dispone que las normas sobre derecho de autor son aplicables a los dibujos y modelos. Así pues, en la sede de las normas que el Código dedica a los dibujos y modelos, hay una norma de remisión a las normas de derecho de autor de la que resulta que el titular de un diseño puede invocar, sin más, la protección de la propiedad intelectual.

En efecto, como vamos a ver seguidamente, de la interpretación conjunta de los artículos L111-1, L111-2, L112-1 y L112-2, todas ellas relativas al derecho de autor, se desprende con toda claridad que en el derecho francés cualquier diseño es una obra de la propiedad intelectual y, por tanto, al igual que toda obra de la propiedad intelectual, puede beneficiarse de la protección de este sector del ordenamiento jurídico.

Así, el párrafo primero del artículo L111-1 dispone que el autor de una obra del intelecto humano goza sobre la misma, por el solo hecho de su creación, de un derecho de propiedad incorporal exclusivo y oponible a todos. El artículo L111-2 establece que se considera creada la obra por el solo hecho de ser la realización del pensamiento del autor. El artículo L112-1 señala que las disposiciones del presente Código protegen los derechos de los autores sobre todas las obras del intelecto humano, cualesquiera que sean su género, forma de expresión, mérito o destino. Y, por último, el artículo 112-2 prevé que se consideran especialmente obras del intelecto humano en el sentido del presente Código: ... 10.° Las obras de artes aplicadas;...14.° Las creaciones de las industrias de temporada de la confección y de la fabricación de joyas y aderezos personales. Se considerarán industrias de temporada de la confección y de la fabricación de aderezos personales, las industrias que por exigencias de la moda, renuevan con frecuencia la forma de sus productos y, especialmente, la fabricación de prendas de vestir, la peletería, la lencería, el bordado, la moda, el calzado, la guantería, la marroquinería, la fabricación de tejidos de gran novedad o especiales para la alta costura, la producción de joyas y calzado a medida, así como las fabricaciones de tejidos para la decoración de interiores.

Como puede observarse, las disposiciones sobre el derecho de autor, contenidas en el Libro I del Código de la Propiedad Intelectual, son muy claras al incluir en el ámbito de la propiedad intelectual, además de las obras de las artes aplicadas, las llamadas – y esto es ahora lo realmente relevante – "**creaciones de las industrias de temporada de la confección y de la fabricación de joyas y aderezos personales**", entre las que se incluyen tradicionalmente los dibujos y modelos industriales. Así pues, por virtud de la remisión expresa del artículo L513-2 del Código a las normas de su Libro I, resulta que para el Código francés de la Propiedad Intelectual un dibujo o modelo es una obra del intelecto resultante de un acto de creación (artículo L111-1); es una obra creada por el solo hecho de ser la realización del pensamiento de su autor (artículo L111-2); es una obra del intelecto humano, sin que importe el género, forma de expresión, mérito o destino (artículo L112-1); y, por último, es una obra del intelecto encuadrable en las creaciones de las industrias de temporada de la confección y de la fabricación de joyas y aderezos personales, o en industrias similares (artículo L112-2, 14.°).

De lo hasta aquí expuesto en cuanto al derecho francés, resulta: 1.°) que inicialmente la Ley de 1.793 solamente protegía las obras arte puro; 2.°) que la Ley de 1.806 se aplicaba exclusivamente a los dibujos y modelos; 3.°) que el alcance inicial de la modificación introducida por la Ley de 1.902 en la Ley de 1.793, consistente en la expresión "**cualquiera que sea el merito y el destino de la obra**", fue extender la aplicación de esta Ley de 1.793 a las obras del arte industrial, pero siempre, claro está, que fuesen obras de arte; 4.°) que la Ley de 1.909 acogió a nivel legislativo la teoría de la unidad del arte y el sistema de la acumulación absoluta, lo cual implicaba que todo dibujo o modelo era protegible por la propiedad intelectual; 5.°) que la Ley de 1.957 confirmó la teoría de la unidad del arte; y 6.°) que el Código de la Propiedad Intelectual no se limita a disponer en sede de dibujos y modelos que éstos pueden beneficiarse de la protección de la propiedad intelectual, sino que, además, contiene una remisión expresa en el artículo L513-2 a las normas de su Libro I, relativas al derecho de autor, lo cual permite incluir el dibujo o modelo entre las obras protegibles. Y, lo que todavía es más importante, en el artículo L112-2,14, se mencionan expresamente, entre las obras del intelecto, las creaciones de las industrias de temporada de la confección y de la fabricación de joyas y aderezos, en las que, tradicionalmente, se incluyen los dibujos y modelos.

De la evolución de la legislación francesa me interesa subrayar, sobre todo, que la mención que se hace en la Ley a que no hay que tener en cuenta "el mérito y el destino de la obra", tuvo como finalidad inicial hacer posible que se aplicase la propiedad intelectual a las obras de arte industrial. Y fue a partir del artículo 2 de la Ley de 1.957 sobre propiedad literaria y artística, cuando dicha norma se aplicó a todas las obras del espíritu.

2.2. *La evolución de la legislación española y el sistema de la acumulación restringida*

Una vez que hemos visto la evolución de la legislación francesa, es obligado preguntarse por lo que sucedió entre nosotros. Como ya expuse más extensamente en otro lugar (OTERO LASTRES, "El Modelo... cit. pp. 359 y ss), la Ley de Propiedad Intelectual de 10 de enero de 1.879 y el Reglamento para su ejecución de 3 de septiembre de 1.880, protegían únicamente las obras de la propiedad intelectual, entre las que figuraban las obras de las artes plásticas, sin que se incluyeran entre éstas los diseños industriales.

En efecto, el artículo 1 de la Ley de 1.879 disponía que "**La Propiedad Intelectual comprende, para los efectos de esta ley, las obras científicas, literarias o artísticas que puedan darse a la luz por cualquier medio**". El artículo 1 del Reglamento precisaba que "**se entenderán por obras, para los efectos de la Ley de Propiedad Intelectual, todas las que se producen y pueden publicarse por los procedimientos de la escritura, el dibujo, la imprenta, la pintura, el grabado, la litografía, la estampación, la autografía, la fotografía o cualquier otro de los sistemas impresores o reproductores conocidos o que se inventen en el futuro**". Por último, el concepto de obra de arte u obra artística, en el sentido más restringido de obras de las artes plásticas, resultaba del artículo 37 de la Ley de 1.879, a cuyo tenor "**Los cuadros, las estatuas, los bajos y altos relieves, los modelos de arquitectura o topografía y en general todas las obras del arte pictórico, escultural y plástico quedan excluidas de la obligación del Registro o del depósito**".

La primera Ley que regula en España el diseño industrial es la Ley de Propiedad industrial de 16 de mayo de 1.902, en cuyo artículo 22, párrafo cuarto, se dispone "**no se comprenderán como dibujos o modelos de fabrica, los que por tener carácter puramente artístico no pueden considerarse como aplicados con un fin industrial o como simples accesorios de los productos industriales y están comprendidos en la Ley de Propiedad Intelectual...**". Ante las dudas que suscitó la redacción de este precepto, la Real Orden de 17 de junio de 1.903 del Ministerio de Instrucción Pública y Bellas Artes aclaró que los dibujos y modelos eran materia exclusiva de la Propiedad Industrial, ya que carecían de carácter artístico, y concluía diciendo: "**los dibujos y trabajos de que se trata** (se refería a lo dibujos y modelos industriales) **no son materia propia de la ley de Propiedad intelectual ni por tanto susceptibles de registro al amparo de ésta**".

Por su parte, el Estatuto sobre Propiedad Industrial de 26 de julio de 1.929, texto refundido de 30 de abril de 1.930, además de regular los dibujos y modelos industriales, prevé en su artículo 190 una nueva figura, denominada, "modelo artístico", que se corresponde con la "obra de arte aplicado a la industria", respecto de la cual se admite la protección acumulada de la protección del Estatuto y la de la Ley de Propiedad Intelectual. En efecto, el artículo 190 EPI disponía "**Se entenderán comprendidos también en este grupo los modelos y dibujos que, constituyendo una reproducción de una obra de arte, se exploten con un fin industrial. Por tanto, están comprendidas en este capítulo las obras ornamentales, las empleadas para el embellecimiento de un producto fabricado, las fotografías originales, etc., independientemente de los derechos que pudieran corresponderles en el concepto de propiedad intelectual". En el Estatuto se acoge, pues, el sistema de la acumulación restringida, según el cual solamente un determinado tipo de obras "los modelos artísticos" u "obras de arte aplicado a la industria" pueden beneficiarse de la doble protección. Lo cual significa, visto desde la óptica de los diseños, que a éstos no les resulta aplicable la legislación sobre propiedad intelectual.

Las cosas no cambian con la promulgación de la Ley 22/1987, de 11 de noviembre, de Propiedad Intelectual. Esta Ley declara en su artículo 1.°, en lo que ahora interesa, que la propiedad intelectual de una obra artística corresponde a su autor por el hecho de su creación. El artículo 5 dispone que se considera autor a la persona natural que crea alguna obra artística. En el artículo 10.1 establece que son objeto de propiedad intelectual todas las creaciones originales artísticas, expresadas por cualquier medio o soporte, tangible o intangible, actualmente conocido o que se invente en el futuro, comprendiéndose entre ellas: ...e) las esculturas y las obras de pintura, dibujo, grabado, litografía..., así como sus ensayos o bocetos y las demás obras plásticas, sean o no aplicadas". De estas tres normas se desprende, con toda claridad, que la propiedad intelectual protege las obras artísticas, ya sean de arte puro, ya de arte aplicado. Y dichas normas se completan con el artículo 3.2.° que dispone que los derechos de autor son independientes y compatibles con los derechos de propiedad industrial que puedan existir sobre la obra. Desde la óptica de la propiedad intelectual las cosas, para las obras de arte aplicado, no ofrecen dudas: una obra de arte aplicada es una obra de la propiedad intelectual, cuya protección es compatible con la que pueda resultar de la propiedad industrial, que, en nuestro caso, sería la contenida en el Estatuto sobre Propiedad Industrial respecto de los dibujos y modelos.

Por último, en el Real Decreto Legislativo 1/1996, de 12 de abril, por el que se aprueba el Texto Refundido de la Ley de Propiedad Intelectual, la única modificación significativa que se introduce en los nuevos artículos 1, 5, 10 y 3.2, que acabamos de citar, es añadir en el inciso primero del artículo 3.2 la palabra "acumulables" a las expresiones "independientes" y "compatibles". Lo cual significa que, desde el Texto Refundido, la protección que brinda la Propiedad Intelectual a la obra de arte aplicado, además de independiente y compatible, es "acumulable" con los derechos de propiedad industrial que puedan existir sobre la obra. Pero el alcance práctico de esta adición de la palabra "acumulable" es casi irrelevante, ya que viene simplemente a hacer explícito algo que estaba implícitamente admitido en el texto del artículo 3 de la ley de 1.987. Por lo tanto, la situación es la misma que bajo la vigencia de esta ley.

Llegados a este punto, creo que no cabe discutir que en nuestro derecho las obras de arte u obras artísticas, sean de arte puro o de arte industrial, son obras de la propiedad intelectual. La cuestión que se plantea entonces es determinar si de las propias normas del TRLPI se desprende que cualquier diseño está protegido, sin más, por la propiedad intelectual.

En mi opinión, las normas del Texto Refundido no permiten afirmar que cualquier diseño es una obra de la propiedad intelectual. En efecto, el artículo 1 de nuestro Texto Refundido, al determinar el "hecho generador" de la propiedad intelectual, habla de un acto de creación, pero – y esto ya es revelador – referido justamente a una "obra artística". Si entendemos estas palabras en su sentido gramatical, "creación" significa "acción y efecto de crear"; y "crear", en sus dos primeras acepciones, significa "producir algo de la nada" y "establecer, fundar, introducir por primera vez algo; hacerlo nacer o darle vida en sentido figurado". Por su parte, "obra" significa "cualquier producto intelectual en ciencias, letras o artes, y con particularidad **el que es de alguna importancia**" y por "artística" se entiende "**perteneciente o relativo a las artes, especialmente a las que se denominan bellas**". Lo cual permite sostener que, interpretado gramaticalmente, el artículo 1 del TRLPI contempla como hecho generador de la propiedad intelectual, en lo que aquí interesa, "*el de hacer nacer un producto intelectual de alguna importancia en las artes, especialmente en las bellas artes*". Esta interpretación lleva claramente a excluir del TRLPI el simple diseño industrial, toda vez que no puede ser considerado como "un producto intelectual de alguna importancia en las bellas artes".

A la misma conclusión nos lleva la interpretación del artículo 5 del TRLPI cuando considera autor a la persona natural que crea alguna obra artística. Y ello porque en este precepto se vuelven a emplear las mismas palabras: "crear", "obra" y "artística", que se utilizan en el artículo 1 del TRLPI, por lo cual la interpretación gramatical de las mismas conduce a idéntico resultado.

Por su parte, el artículo 10 del TRLPI suscita tres consideraciones, las dos primeras por lo que dice y la tercera por lo que no dice. En primer lugar, hay que destacar que el apartado 1 del artículo 10 – y en esto se mantiene lo que decía la misma norma de la Ley de 1.987 – al hablar de las "obras protegidas" emplea dos expresiones: "creaciones", lo cual concuerda con los artículos 1 y 5, pero añadiendo ahora la palabra "originales". Lo cual, para el tema que tratamos, significa que la propiedad intelectual, desde el punto de vista objetivo, protege las "creaciones artísticas originales". Conocemos el significado de las dos primeras expresiones, por lo cual queda por determinar el sentido de la palabra "original". La segunda acepción gramatical de la palabra "original" es "dicho de una obra científica, artística, literaria o de cualquier otro género: Que resulta de la inventiva de su autor". Si nos conformamos, como hemos hecho hasta ahora, con los significados gramaticales de cada una de estas tres palabras, tendríamos – y esta es ya la primera consideración – que el objeto de la propiedad intelectual "**son los productos intelectuales de alguna importancia en las bellas artes, que resulten de la inventiva de su autor**". La segunda consideración tiene que ver con las obras que se mencionan en la letra e) del apartado 1 de dicho artículo 10. Adviértase, en efecto, que, además de mencionar expresamente algunas de las obras de las artes plásticas (escultura, pintura, dibujo…), añade: "**y las demás obras plásticas, sean o no aplicadas**". De esta norma se desprende que nuestro TRLPI protege las obras de arte con independencia de su destino: sean obras de arte puro o de arte aplicado. Pero no cabe deducir nada más. Y, por supuesto, mucho menos aún que de esa enumeración se desprenda que el TRLPI protege otras obras distintas de las obras artísticas aplicadas, como son los simples diseños. La tercera y última consideración resulta de lo que no dice el artículo 10. Adviértase, en efecto, que en la enumeración enunciativa de las obras, que se contiene en las letras a) hasta la letra i), no figura ninguna mención expresa, directa o indirecta, a los diseños industriales. Lo cual parece que debe interpretarse en el sentido de que para el TRLPI los simples diseños; es decir, lo que no alcancen la categoría de diseños artísticos, no son obras protegibles por la propiedad intelectual.

Por último, tampoco la nueva redacción del inciso inicial del artículo 3 en relación con el n.° 2.° de este mismo artículo ofrece argumento alguno a favor de la postura de que el TRLPI considera el simple diseño como una obra protegible por la propiedad intelectual. En efecto, aunque ahora el artículo 3.2.° del TRLPI dice expresamente que los derechos de autor son "acumulables" con los derechos de propiedad industrial que puedan existir sobre la obra – cosa que, a pesar del silencio de la Ley de 1.987, no se discutía –, dicha norma debe ser entendida en el sentido de que se refiere exclusivamente al "camino de ida"; es decir, al hecho de que una obra de la propiedad intelectual también puede ser protegida por la propiedad industrial. Pero está claro que, en todo caso, se requiere que se esté ante una obra de la propiedad intelectual. De tal suerte que si la obra en cuestión no es de las que protege la propiedad intelectual, no se está ante el presupuesto de aplicación de este precepto. Por esta razón, hablamos de "camino de ida": obra de propiedad intelectual protegible también por la propiedad industrial. El "camino de vuelta" sería disponer que la protección del diseño ordinario es en todo caso acumulable con la de del derecho de autor. Pero esto no es lo que dice el artículo 3.2.º del TRLPI y tampoco puede deducirse de su texto.

La conclusión que se obtiene de la atenta lectura de las normas del TRLPI es que las mismas no permiten sostener que son aplicables a los diseños ordinarios. La razón es evidente: el simple diseño no puede ser considerado una obra artística original o, lo que es lo mismo, un producto intelectual de alguna importancia en las bellas artes, debido a la inventiva de su autor.

En este punto, se advierte ya una importante diferencia entre el TRLPI y el Libro I del Código de la Propiedad Intelectual francés, ya que en este último texto legislativo, al contrario que en nuestro TRLPI, existen normas expresas en las que cabe apoyar la postura de que cualquier dibujo o modelo es protegible por el derecho de autor. ¿Cuáles son estas normas del Libro I del Código francés que no existen en nuestro TRLPI y que permiten sostener que, en Francia, todo dibujo o modelo es una obra protegible por la propiedad intelectual? Básicamente, las dos siguientes: el artículo L112-1 y el número 14.º del artículo 112-2. Veámoslas separadamente.

El artículo L112-1 dispone textualmente que "**Las disposiciones del presente Código protegen los derechos de los autores sobre todas las obras del intelecto humano, cualesquiera que sean su género, forma de expresión, mérito o destino**" Ante todo, debe recordarse que este artículo L112-1 contiene, en esencia, la norma que añadió la ley de 1.902 a la ley de 1.793 para que las obras de arte industrial, singularmente las reproducidas en artículos de bronce, pudiesen acogerse a la protección de la propiedad intelectual. Recuérdese, en efecto, que el nuevo párrafo que añadió la Ley de 11 de marzo de 1.902 al artículo 1 de la ley de 1.793 decía textualmente: "**El mismo derecho corresponderá a los escultores y dibujantes de motivos ornamentales, cualquiera que sea el merito y el destino de la obra**". Esta norma, que con posterioridad fue extendida por el artículo 2 de la Ley francesa de 1.957 a todo tipo de obras, viene a recoger el principio de que en Francia, la propiedad intelectual protege, como dice ahora el citado artículo L112-1, los derechos de los autores sobre todas las obras del intelecto humano, cualesquiera que sean su género, forma de expresión, mérito o destino.

Así pues, en el Derecho francés hay una norma en el Código de la Propiedad Intelectual en la que se dice expresamente que sus disposiciones protegen los derechos de los autores sobre todas las obras del intelecto humano, cualquiera que sea su mérito y su destino. Lo cual permite que un simple dibujo o modelo, sin merito artístico relevante y destinado a decorar un objeto industrial, sea protegido por las normas sobre derecho de autor. Pues bien, a mi modo de ver, la ausencia de una norma como ésta en el TRLPI es ya un obstáculo insalvable para propugnar, desde la óptica de la propiedad intelectual, la aplicación de las normas del TRLPI a un diseño ordinario carente de carácter artístico. Alguien podría sostener que en el TRLPI no hace falta una norma como la del artículo L112-1 del Código francés, porque el artículo 1 de nuestro TRLPI, al disponer que la propiedad intelectual surge por el "solo hecho" de la creación de la obra, está indicando que no se necesita más requisito de protección que el de la creación y, por lo tanto, no se requiere el del "mérito artístico". Pero esta interpretación sería desacertada, porque una norma como la del artículo 1 del TRLPI es insuficiente por sí sola para apoyar la aplicación de la propiedad intelectual al diseño ordinario. Que esto es así, lo demuestra, por una parte, el artículo 10 del TRLPI que exige que la creación sea, además, "original", por lo cual el hecho de la creación, por sí sólo, no es condición suficiente. Y, por otra parte, lo demuestra también el propio Código francés que contiene una disposición, artículo L111-1, que también prevé como hecho generador de la propiedad intelectual "el solo hecho de la creación" y, sin embargo, mantiene en su articulado el citado artículo L112-1 que dispone que es irrelevante el "mérito" de la obra a los efectos de la protección por la propiedad intelectual.

El segundo precepto que contiene el Libro I del Código francés y que no figura en el TRLPI español es el número 14.º del artículo L112-2, a cuyo tenor: "**Se consideran especialmente obras del intelecto humano en el sentido del presente Código:...14.º Las creaciones de las industrias de temporada de la confección y de la fabricación de joyas y aderezos personales. Se considerarán industrias de temporada de la confección y de la fabricación de aderezos personales, las industrias que por exigencias de la moda, renuevan con frecuencia la forma de sus productos y, especialmente, la fabricación de prendas de vestir, la peletería, la lencería, el bordado, la moda, el calzado, la guantería, la marroquinería, la fabricación de tejidos de gran novedad o especiales** para la alta costura, la producción de joyas y calzado a medida, así como las fabricaciones de tejidos para la decoración de interiores". En este precepto, quedan expresamente mencionadas, como obras del intelecto humano protegidas por el derecho de autor, "las creaciones de las industrias de temporada de la confección y de la fabricación de joyas y aderezos personales", que son las que suelen originar los dibujos y modelos industriales. Por lo tanto, en el Código francés no sólo se mencionan expresamente como obras del intelecto las obras de arte puro y de las artes aplicadas – cosa que hace también el TRLPI –, sino también – y ésta es la diferencia esencial con nuestro TRLPI – las creaciones de las industrias de temporada de la confección y de la fabricación de joyas y aderezos personales. De suerte que, directamente, cualquier creación perteneciente a estas industrias es una obra de la propiedad intelectual; e, indirectamente, como la enumeración del artículo L112-2, es enunciativa y no limitativa, cualquier otra creación de un sector próximo al de estas creaciones sería también una obra de la propiedad intelectual. Por lo cual, quedan mencionados, directa o indirectamente, como obras de la propiedad intelectual, las creaciones de todos los sectores en los que suelen producirse los diseños ordinarios.

Cuanto antecede nos permite concluir no sólo que el TRLPI no contiene ninguna norma en la que poder apoyar la aplicación de la propiedad intelectual a los diseños ordinarios, sino que – y esto es una diferencia muy relevante con el derecho francés – le faltan normas expresas, como los citados artículos L112-1 y L112-2,14.°, del Código de la Propiedad Intelectual francés, que permitan sostener, sin ningún género de dudas, la aplicabilidad de la propiedad intelectual a todo diseño, incluidos los desprovistos de carácter artístico.

Llegados a este punto, surge inevitablemente la pregunta de por qué razón nuestro TRLPI, a diferencia del Código francés, no contiene normas específicas en las que apoyar la aplicabilidad de la propiedad intelectual al diseño ordinario. La razón no puede ser otra que la de que el TLPI reserva su protección para las obras artísticas originales o, lo que es lo mismo, los productos intelectuales de alguna importancia en las bellas artes, que sean el resultado de la inventiva de su autor.

La conclusión que se acaba de reseñar, lejos de sorprendernos, está, por lo demás, en plena consonancia con nuestra tradición legislativa. Recuérdese, en efecto, que la Ley de 16 de mayo de 1.902 establecía en el párrafo cuarto de su artículo 22, que **"no se comprenderán como dibujos o modelos de fabrica, los que por tener carácter puramente artístico** no pueden considerarse como aplicados con un fin industrial o como simples accesorios de los productos industriales y están comprendidos en la Ley de Propiedad Intelectual...''; y recuérdese asimismo que, ante las dudas que suscitó este precepto, la Real Orden de 17 de junio de 1.903 del Ministerio de Instrucción Pública y Bellas Artes aclaró que los dibujos y modelos eran materia exclusiva de la Propiedad Industrial, **ya que carecían de carácter artístico**, concluyendo que "**los dibujos y trabajos de que se trata** (se refiere a los dibujos y modelos de fábrica) **no son materia propia de la ley de Propiedad intelectual ni por tanto susceptibles de registro al amparo de ésta**".

Por consiguiente, el análisis de las normas del TRLPI, su comparación con las del Libro I del Código de la Propiedad Intelectual francés, y nuestra tradición legislativa permiten sostener *que nuestra legislación de la propiedad intelectual no protege los diseños ordinarios, porque exige a las obras artísticas un grado determinado de creatividad y de originalidad, que no poseen dichos diseños.*

Por lo tanto, es del todo correcta la Disposición adicional décima de la Ley 20/2003 cuando subordina la acumulación de la protección de la propiedad intelectual a que "*el diseño de que se trate presente en sí mismo el grado de creatividad y de originalidad necesario para ser protegido como obra artística según las normas que regulan la propiedad intelectual*". Dicha Disposición, al igual que hizo el artículo 1 de la Ley francesa de 14 de julio de 1.909 sobre dibujos y modelos, es la que determina, en nuestro derecho, el sistema de protección aplicable a los diseños. Y, al establecer que sólo pueden beneficiarse de la protección de la propiedad intelectual los diseños con el grado de creatividad y de originalidad propio de las obras artísticas o arte aplicado, es claro que está excluyendo de la propiedad intelectual a los diseños ordinarios. Lo cual significa, como ya hemos dicho, que en nuestro derecho rige el sistema de la acumulación restringida.

3. El grado de creatividad y originalidad que exige la legislación de la propiedad intelectual a las obras artísticas: el requisito del diseño artístico

3.1. La coordinación entre la Ley 20/2003 y el TRLPI

Una vez que hemos comprobado en el apartado anterior que la legislación de la propiedad intelectual exige a las obras artísticas determinado grado de creatividad y de originalidad, corresponde ahora determinar el alcance de ese grado de creatividad y originalidad al que se refiere la Disposición adicional décima de la Ley 20/2003, lo cual llevará finalmente al análisis del requisito del diseño artístico.

Hasta aquí hemos visto que el TRLPI no contiene ninguna norma que permita sostener que un simple diseño ordinario puede beneficiarse de la protección de la propiedad intelectual. Y hemos visto también que, cuando una legislación quiere que todo diseño sea también protegible por la propiedad intelectual, introduce normas expresas en esta última legislación que hacen posible la acumulación de las protecciones, como sucede con los reseñados artículos L112-1 y L112-2,14.°, del Código de la Propiedad Intelectual francés.

Al emprender el análisis del requisito de protección del diseño artístico, lo primero que llama la atención es que el requisito que se exige al diseño artístico para que pueda beneficiarse de la acumulación de la propiedad intelectual, se establece en la propia Ley del Diseño. Lo cual obliga a preguntarse si es correcta tal previsión de la Ley 23/2003. En mi opinión, hay que inclinarse por la respuesta afirmativa. Aunque sólo sea por una pura razón de claridad y para evitar cualquier incertidumbre, la sede para determinar el sistema de protección de los diseños es su Ley específica, tal y como sucedió en nuestro derecho con la Ley de Propiedad Industrial de 16 de mayo de 1.902 (párrafo cuarto de su artículo 22) y con el Estatuto sobre Propiedad Industrial (artículo 190). Y lo mismo cabe decir del derecho francés, ya que, como hemos dicho, fue la Ley de 14 de julio de 1.909 sobre dibujos y modelos industriales la que consagró la teoría de la unidad del arte en su artículo 1.°. Por consiguiente, hay que considerar que acierta la Disposición adicional décima de la Ley 20/2003 cuando acoge de manera expresa el sistema de la acumulación restringida. Por si lo que se acaba de decir no fuera suficiente – que, desde luego, lo es – hay que recordar que, al hablar del "grado de creatividad y de originalidad" propio de las obras artísticas, la Disposición adicional décima de la Ley 20/2003 no hace más que cumplir lo que establece el artículo 17 de la Directiva, el cual, como ya hemos visto, establece expresamente que cada Estado miembro determinará el alcance y las condiciones en que se concederá la protección por el derecho de autor, incluido "**el grado de originalidad exigido**".

Por otra parte, para que el sistema de protección sea coherente, la propia ley de propiedad intelectual debe hacer posible el funcionamiento del sistema elegido. Con esto se quiere decir que si la ley del diseño opta por el sistema de la acumulación restringida, la ley de propiedad intelectual no puede impedir el juego de este sistema, ni hacer posible el funcionamiento de otro sistema diferente, como sería el de la acumulación absoluta. Lo cual sucedería, por ejemplo, si después de optar la Ley del Diseño por el sistema de la acumulación restringida, la ley de propiedad intelectual permitiese que todo diseño pudiese beneficiarse, sin más, de su protección.

Pues bien, en este punto la Ley 20/2003 y el TRLPI están perfectamente coordinadas. La Ley 20/2003 prevé en su Disposición adicional décima que sólo puede beneficiarse de la protección de la propiedad intelectual el diseño que presente el grado de creatividad y originalidad propio de las obras artísticas. Y el TRLPI establece, de un lado, que son objeto de la propiedad intelectual las creaciones originales de las obras plásticas, sean aplicadas o no (referencia expresa en el TRLPI al sistema de la acumulación restringida); y, de otro, carece de normas, como los citados artículos L112-1 y L112-2,14.° del Código de la Propiedad Intelectual francés, que permiten que un simple diseño beneficiarse de la protección de la propiedad intelectual (lo cual significa, en definitiva, la ausencia de normas en el TRLPI que hagan posible la acumulación absoluta).

Otro punto que debe destacarse es que la Disposición adicional décima establece con toda claridad que **el grado de creatividad y originalidad exigido a los diseños artísticos hay que buscarlo en el TRLPI y no en la Ley del Diseño**. Y esto es también lógico, porque a quien corresponde fijar los requisitos necesarios para beneficiarse de la protección de la propiedad intelectual es a la propia legislación sobre la materia, en nuestro caso el TRLPI, y no otra legislación diferente, como sería la Ley del Diseño. Queda claro, pues, que, aunque la Disposición adicional décima de la Ley 20/2003 habla del "grado de creatividad y de originalidad" que necesita un diseño para ser protegido como obra artística, el sentido de estas expresiones hay que buscarlo en el TRLPI.

3.2. Análisis de la expresión "grado de creatividad y de originalidad" contenida en la Disposición adicional décima de la Ley 20/2003

Al emprender el examen de la expresión "grado de creatividad y de originalidad" que necesita un diseño para ser protegido como obra artística por la propiedad intelectual, son varias las cuestiones que se suscitan. La primera de ellas es si estamos ante un solo requisito o ante dos. El problema se plantea porque la Disposición adicional décima habla precisamente de "grado de creatividad y de originalidad", lo cual podría llevar a entender que se refiere a un mismo y único requisito o – cosa que también es posible – a una doble exigencia: cierto grado de creatividad y cierto grado de originalidad.

La redacción de la norma no es lo suficientemente clara como para despejar todas las dudas. En favor de que hay un único requisito, se podría aducir el argumento del empleo de la palabra "**necesario**" en singular después de la expresión "grado de creatividad y de originalidad", ya que si fueran dos los requisitos diría "**necesarios**". En el mismo sentido, cabría invocar el pasaje de la Exposición de Motivos de la Ley, que habla de "**diseño original o especialmente creativo**". Pero también se podría argumentar a favor de la exigencia de dos requisitos que el precepto habla de grado "**de**" creatividad y "**de**" originalidad, antecediendo la preposición "de" a cada una de esas dos palabras y uniéndolas por una conjunción copulativa justamente para dar a entender que se trata de dos cosas diferentes. Ante la falta de claridad de la norma, la solución tiene que venir del propio tema que se regula. Con lo que se quiere decir que para saber si estamos ante un requisito o ante dos, lo decisivo es lo que resulte de las normas de la propiedad intelectual que regulan los requisitos de la obra artística.

Pues bien, como trataré de demostrar seguidamente, ambas palabras son el anverso y el reverso de un único y mismo requisito: la originalidad; o, si se prefiere, una, "la creatividad", es la "causa" o el "antecedente" y la otra, la originalidad, el "efecto" o el "consecuente". Así, la palabra "creatividad" significa, según hemos visto, "facultad de crear" o, lo que es lo mismo, "capacidad de creación". Lo cual nos conecta con el hecho generador de la propiedad intelectual que es, según el artículo 1 del TRLPI, el hecho de la creación de la obra. Por su parte, la palabra "originalidad" quiere decir, como ya sabemos, "cualidad de original", significando "original", dicho de una obra artística, "que resulta de la inventiva de su autor"; requisito que nos remite al artículo 10 del TRLPI, relativo al "Objeto" de la propiedad intelectual, a cuyo tenor "Son objeto de la propiedad intelectual todas las creaciones originales...". Como puede apreciarse, la palabra "creatividad" alude a una cualidad del sujeto que crea la obra, mientras que la palabra "originalidad" se refiere a una cualidad que se manifiesta en el objeto resultante del acto de creación, que es la "obra". Es decir, la primera de estas palabras destaca una cualidad del autor: "creatividad" o capacidad creativa, en tanto que la segunda: "originalidad" subraya una cualidad de la obra objeto de protección: que es el resultado de la inventiva del autor.

Hasta aquí sabemos que estamos ante un único requisito, pero contemplado desde dos ópticas distintas pero íntima e indisolublemente vinculadas: la óptica del autor, a través del término "creatividad", que equivale a "capacidad de creación"; y la óptica de la obra, a través de la palabra "originalidad", que quiere decir "resultado de la inventiva de su autor". Esto sentado quedan por plantear, y por resolver, dos temas de extraordinaria importancia: (i) cómo han de entenderse estas palabras y (ii) el grado de exigencia al que se refiere la Disposición adicional décima que viene establecido en el TRLPI.

3.2.1. *El significado de las expresiones "creatividad" y "originalidad" en la obra artística*

Hemos visto con anterioridad el sentido gramatical de las expresiones "creatividad" y "originalidad"; y hemos visto también que la primera hay que referirla al autor, mientras que la segunda a la obra. Así las cosas, es preciso determinar el significado de ambas expresiones para lo cual hay que tener muy presente una vez más su significación gramatical. Y ello porque, aunque se trata de indagar el concepto que tienen estas expresiones en el derecho de la propiedad intelectual, no puede olvidarse que las mismas tienen un significado en nuestra lengua, por lo que tal significado es, cuando menos, el punto del que hay que partir para averiguar el sentido que tienen dichas palabras en el derecho de la propiedad intelectual.

(i) La "creatividad", en la medida en que hace referencia a una capacidad del ser humano, es una condición predicable de la persona, pero ni la tenemos todos, ni los que la poseen la tienen en el mismo grado. En tanto que "capacidad", la creatividad supone, como se desprende del Diccionario de la lengua, **una especial aptitud, un talento, que dispone a**

quien la posee para el <u>buen</u> ejercicio de algo. Si proyectamos esta significación general de la creatividad exclusivamente sobre la obra artística – entendida ahora como obra plástica en sentido estricto – la especial aptitud, el talento o la disposición para hacer bien una obra artística hay que conectarla, como ha señalado en la doctrina francesa el Maestro DESBOIS (vid. "Le Droit d'Auteur en France", 3ª ed. Dalloz 1.978, p. 72), inevitablemente con la "**ejecución personal**" del autor. Con esto se quiere decir que, en la obra artística, la creatividad no implica solamente la capacidad de concebir intelectualmente la obra, sino que forma parte inseparable de la creatividad la propia capacidad que tiene el autor de ejecutar material y personalmente la obra artística concebida por él. Como afirma DESBOIS (ob. cit. p. 73), "el modo de ejecución material ocupa, en la génesis de una obra de arte, un lugar preponderante, mientras que no tiene ninguna importancia en las obras literarias". Y seguidamente añade: "Importa poco que el filósofo o el novelista haya tomado por sí mismo la pluma, dictado el texto a una secretaria o a una dactilógrafa, recurrido a un magnetófono: la redacción será la misma y llevará la impronta de su personalidad, cualquiera que haya sido el procedimiento de fijación. Por el contrario, el maestro, que describe a sus alumnos el tema de un cuadro futuro, descendiendo a los menores detalles de la fisonomía del personaje, real o imaginario, o los matices de una puesta de sol, no podrá reivindicar la obra artística, sino no ha manejado él mismo el pincel y, según la expresión vulgar, «se ha puesto manos a la obra»".

Lo que antecede implica que hay "creatividad" donde concurren el talento para concebir intelectualmente la obra artística y una especial aptitud para ejecutarla materialmente. Concepción ideal y buena ejecución material de la obra son, pues, elementos integrantes e inseparables de la "creatividad" referida a las obras artísticas. En consecuencia, la pura concepción ideal de una obra artística sin la especial aptitud para ejecutarla personalmente, no es un acto de creación generador de la propiedad intelectual en el sentido del artículo 1 del TRLPI. Y ello porque no puede haber creación artística allí donde falta el elemento esencial de la "ejecución material" en la "creatividad" del autor o, lo que es lo mismo, en su "capacidad de creación".

En resumen, referida a las obras artísticas, la "creatividad", entendida como "capacidad de creación" y, por lo mismo, como capacidad de dar origen al hecho generador de la propiedad intelectual, presupone **una cualidad que dispone al autor para el buen ejercicio de la concepción intelectual y de la ejecución material de la obra**.

(ii) En cuanto a la "originalidad", lo primero que debe recordarse es que consiste en una cualidad predicable del objeto de la propiedad intelectual que, como señala el artículo 10 del TRLPI, es la obra. Ya hemos dicho que la "originalidad" está indisolublemente unida a la "creatividad" en una relación de causa-efecto o de antecedente-consecuente. De tal suerte que el ejercicio por el autor de su capacidad de creación se traduce en la "originalidad" de la obra. Pero así como la noción de "creatividad" no plantea problemas especiales, las cosas son diferentes respecto de la "originalidad". Hasta tal punto es esto cierto, que hay pocos conceptos en el derecho sobre los bienes inmateriales que genere tantas dudas e incertidumbres, como el de la "originalidad". Y ello porque incluso está en discusión si se trata de una noción objetiva, asimilable a la "novedad", o subjetiva, que hace referencia al reflejo que tiene en la obra: el esfuerzo y el trabajo del autor, la personalidad del autor, el sello de su individualidad, etc. Así, en nuestra doctrina, hay autores, como el profesor RODRIGO BERCOVITZ (en "Comentarios a la ley de Propiedad Intelectual", 2ª edición, Ed. Tecnos, Madrid 1.997, pp. 161 y ss), que se inclina por entender la "originalidad" en el sentido de que hace referencia a la "novedad objetiva de la obra". Y sostiene que "en las obras plásticas frecuentemente la novedad viene dada mucho más por la ejecución de las mismas que por su concepción, que suele carecer de originalidad". Pero hay otros, como el Profesor ROGEL VIDE (en "Comentarios al Código Civil y Compilaciones Forales", tomo V, vol. 4.° A, Edersa, Madrid 1.994, pp. 213 y ss), que sostienen que la originalidad debe ser entendida en sentido subjetivo y vendría a ser el reflejo de la personalidad del autor en la obra.

A mi juicio, no es totalmente acertado asimilar la "originalidad" a la novedad, porque ésta es una noción propia del derecho industrial que no se acomoda bien a la propiedad intelectual. Y ello, tanto si se entiende la novedad en el sentido de que "nuevo es lo no conocido en el momento de la solicitud del derecho" (noción propia del Derecho de patentes) como si se considera que es "nuevo lo que se diferencia de lo existente en el momento de la creación" (noción de novedad que se ha manejado en el derecho francés de dibujos y modelos industriales). Porque si se asimilara la "originalidad" a la novedad, entendida en cualquiera de estos dos sentidos, habría que denegar la protección del derecho de autor a dos creaciones iguales creadas independientemente por dos autores, lo cual, como es sabido, no es admisible en la propiedad intelectual. Y es que la novedad tiene como finalidad última impedir que se otorguen dos derechos de propiedad industrial sobre dos creaciones idénticas a dos titulares distintos.

Lo cual es debido a que el derecho de propiedad industrial no sólo es exclusivo, como la propiedad intelectual, sino también – y a diferencia de ésta – excluyente. Esto significa que el titular del derecho, además de ser el único que puede explotarlo (derecho exclusivo), puede prohibir a cualquier tercero la explotación de una creación idéntica a la protegida, aunque dicha creación idéntica haya sido creada independientemente (derecho excluyente). Cosa que, como es sabido, no sucede en la propiedad intelectual, cuyo derecho no produce este efecto de bloqueo, derivado de su característica de derecho excluyente, peculiar de los derechos de la propiedad industrial. Por eso, para que pueda existir solamente un derecho sobre cada creación y con ello pueda producirse este efecto excluyente, se exige un requisito de carácter objetivo y comparativo, como el de la novedad, que acaba por conferir el derecho a uno solo de los solicitantes con exclusión de todos los demás. A lo dicho cabe añadir que la propiedad intelectual, al no exigir el registro obligatorio de la obras, carece de la posibilidad, que sí existe en los registros de la propiedad industrial, de buscar las anterioridades perjudiciales para la novedad de la obra.

Pero tampoco me parece totalmente satisfactoria la concepción subjetiva que concibe la originalidad, bien como el resultado del trabajo y del esfuerzo personal de su autor (así sucede en el derecho francés de dibujos y modelos, vid. OTERO LASTRES, "El Modelo... cit. pp. 261 y ss), bien como el reflejo de la personalidad del autor que se manifiesta en la obra o bien como el sello de su individualidad. Esta concepción subjetiva de la "originalidad" puede conducir a dos situaciones extremas que no pueden admitirse. De una parte, en la medida en que toda obra del intelecto humano es una obra debida a una persona-autor y no a una máquina, ha de ser siempre el resultado de su trabajo y de su esfuerzo personal y ha reflejar necesariamente la impronta de la personalidad o la individualidad de aquél, sea mínima, poca o mucha. Como afirma el Profesor RODRIGO BERCOVITZ (ob. cit. p. 161), "por definición, puesto que son el producto de un quehacer espiritual individual", las obras son "una expresión de la persona que las concibe y realiza". Es decir, si por "personalidad" se entiende gramaticalmente la "diferencia individual que constituye a cada persona y la distingue de otra", no cabe afirmar que la obra de una persona no manifiesta su personalidad, su individualidad. Porque no parece que se pueda admitir que existen obras debidas a una persona que no reflejen ninguna personalidad, cuando es así que ésta es un atributo necesario de aquélla. Por eso, si todas las obras, en cuanto procedentes de una persona, reflejan el trabajo, el esfuerzo y la personalidad de su autor, todas sería "originales" y ello conduciría inevitablemente a reconocer la protección de la propiedad intelectual a cualquier obra del intelecto humano. Lo cual supondría convertir la "originalidad" en un requisito irrelevante, ya que en todas las obras debidas al ser humano concurriría la "originalidad". El extremo opuesto al que puede conducir la concepción puramente subjetiva de la originalidad es que puede llevar a reservar la protección de la propiedad intelectual a muy pocas obras. En efecto, si la "personalidad" hay que entenderla como el "conjunto de características o cualidades originales que destacan en algunas personas", entonces la noción de personalidad adquiere un carácter "infrecuente", en el sentido de que, para poseer la "personalidad" que da acceso a la protección de la propiedad intelectual, el autor ha de reunir un cierto grado de características o cualidades que lo hagan destacar de los demás. Lo cual nos sitúa en un ámbito, en el que, lejos de reconocer la protección a todas las obras debidas al intelecto humano, habría que reservarla para las obras del intelecto de los autores con una destacada "personalidad". Y en este caso, como señala el Profesor RODRIGO BERCOVITZ (ob. cit. p. 161) "la mayor parte de las obras que hoy en día se reconocen como merecedoras de protección deberían quedar desprotegidas, puesto que carecen de semejante requisito". Claramente se advierte que la concepción puramente subjetiva de la originalidad tampoco debe ser acogida, porque puede ser entendida en dos sentidos radicalmente opuestos que conducen a consecuencias extremas difícilmente admisibles.

Si no nos inclinamos por la concepción objetiva de la "originalidad", que asimila este requisito al de la novedad, y tampoco somos partidarios de la subjetiva, que concibe la "originalidad" como el resultado del trabajo y del esfuerzo del autor y el reflejo en la obra de su personalidad, ¿cómo ha de concebirse la "originalidad"?, ¿existe otra concepción distinta de esas dos, que sea admisible? Como trataré de demostrar seguidamente, hay otra manera de concebir la "originalidad", que le permite tener pleno sentido como requisito de protección y a la que no se le pueden reprochar los defectos de las otras dos concepciones.

Como es sabido, el TRLPI, además de rotular, como hacía la ley de 1.987, los Libros, los Títulos y los Capítulos en los que está divido, **presenta la novedad de dar un título a cada uno de sus preceptos**. Viene esto a cuento, porque los títulos de los tres artículos que ahora interesan pueden ayudarnos a comprender el sentido de la "originalidad". Adviértase, en efecto, que el artículo 1 del TRLPI se titula "hecho generador", lo cual nos indica que en el artículo 1 queda determinado el hecho que genera la propiedad intelectual. Tal hecho es la creación de la obra artística, entendiendo la palabra creación como "acción y efecto de crear". Como hemos visto, la palabra "crear" significa en su segunda acepción "establecer, fundar, introducir por primera vez algo; hacerlo nacer o darle vida, en sentido figurado". Por lo tanto, el hecho generador de la propiedad intelectual de una obra artística es la acción y el efecto de "hacer nacer en sentido figurado" dicha obra. Este hecho generador o, lo que es lo mismo, la acción y el efecto de hacer nacer en sentido figurado una obra artística, sólo es predicable del sujeto "autor" de la obra. Así resulta del artículo 5.1 del TRLPI, que se titula "autores y otros beneficiarios", a cuyo tenor "Se considera autor a la persona natural que crea alguna obra literaria, artística o científica". Por lo tanto, desde el punto de vista subjetivo, para que surja la propiedad intelectual es preciso que exista un autor, persona natural, que lleve a cabo un acto de creación a través del cual haga nacer una obra artística. Desde el punto de vista subjetivo, el TRLPI no impone ningún otro requisito que el que se acaba de reseñar: que exista una persona física-autor que lleve a cabo un acto que produzca el efecto de hacer nacer una obra artística.

Pero ¿qué ocurre desde el punto de vista objetivo? El TRLPI rotula el Capitulo II de su Libro Primero con la palabra "**objeto**", lo cual permite afirmar que dicho capítulo versa sobre el objeto de la propiedad intelectual. Y el objeto de la propiedad intelectual son básicamente, como indica el título del artículo 10, las "**obras y títulos originales**". Además de hablarse en el título del propio artículo 10 de "obras originales", al delimitar el objeto de la propiedad intelectual, el apartado 1 de este artículo 10 no se contenta con disponer que lo constituyen "todas las creaciones", sino que añade algo más, que sean "originales". Por lo cual, desde el punto de vista objetivo, la obra protegible no es sólo la creación en cuanto resultado del hecho generador que lleva a cabo el autor, sino la creación "original". Lo cual supone un "añadido" que, en tanto que condición adicional, no es algo implícito sin más en toda obra creada. Porque si toda creación por el sólo hecho de serlo fuera siempre y necesariamente original, el añadido a la creación de la condición de "original" del artículo 10 sería innecesario por redundante.

Examinados, pues, los preceptos del TRLPI que se refieren al sujeto y al objeto de la propiedad intelectual, y referidos todos ello a lo que aquí nos interesa que son las obras artísticas, se llega a la conclusión de que para que surja la protección de la propiedad intelectual se requiere un autor que lleva a cabo un acto que produzca el efecto de hacer surgir una obra que ha de consistir en una creación original artística.

Así las cosas, se puede afirmar que la "originalidad" es un atributo predicable del objeto de la propiedad intelectual, que es la "obra". Y se puede afirmar también que, aunque la originalidad es una condición de la obra, es, al igual que la obra entera en sí misma, el resultado de un acto humano atribuible directamente a su autor. Por lo cual, no sería correcto sostener ni que la "originalidad" es una noción solamente objetiva por el hecho de ser un atributo del objeto de la propiedad intelectual que es la obra, ni tampoco que es una noción puramente subjetiva, por tener como antecedente necesario la actividad creadora del sujeto que hizo nacer la obra original. ¿Cómo debe considerarse entonces la "originalidad"? En mi opinión, y por lo que acabo de decir, una noción ambivalente: objetiva y subjetiva a la vez. La "originalidad" es objetiva en la medida en que es una característica de la obra protegible y es subjetiva en la medida en que en sí misma es una consecuencia de la capacidad creadora del autor.

Sentado el doble carácter objetivo y subjetivo de la "originalidad", hay que añadir que la "originalidad", así entendida, es un requisito de protección de la obra, según resulta del propio artículo 10.1 del TRLPI, que establece con toda claridad que el objeto de la propiedad intelectual son las "creaciones originales". Adviértase, en efecto, que así como el hecho de la creación sirve de fundamento, como dispone el artículo 1 del TRLPI, para la atribución de la propiedad intelectual al autor, desde el punto de vista de la obra, para que la misma pueda ser objeto de la propiedad intelectual, se requiere, según el citado artículo 10.1 TRLPI, que la obra creada sea **original**. Lo cual significa que la "originalidad" es un requisito que debe concurrir en la obra para que la misma pueda convertirse en objeto de la propiedad intelectual. Por lo tanto, de la interpretación conjunta de los artículos 1 y 10 del TRLPI se desprende que el acto de creación del autor es una condición necesaria, pero no suficiente para beneficiarse de la protección: la obra ha de ser fruto de un acto de creación, pero este acto ha de tener necesariamente como resultado la producción de una "obra original".

Llegados a este punto, queda por resolver la cuestión más importante, que es determinar qué debe entenderse por "originalidad". Por "originalidad" se entiende "cualidad de original". Por tanto, cuando se exige a una obra el requisito de la "originalidad", se le está requiriendo que posee la cualidad de "original". En su segunda acepción gramatical, "original" significa "dicho de una obra científica, artística, literaria o de cualquier otro género: **Que resulta de la inventiva de su autor**". El propio significado de la palabra "original" vuelve a confirmar lo que ya resulta del artículo 10.1 del TRLPI, a saber: que se trata de una condición predicable de la obra. Pero confirma algo más, que nos sitúa en el artículo 1 del TRLPI, y es que la "originalidad" alude a algo que aparece en la obra, pero que procede de una condición personal del autor: que la obra resulta de su "inventiva". Por "inventiva" se entiende "capacidad y disposición para inventar" e "inventar" quiere decir "dicho de un poeta o de un artista: Hallar, imaginar, crear su obra". Por lo tanto, "obra original" significa, en lo que ahora interesa, "obra que resulta de la capacidad y disposición del artista para imaginar y crearla". Vemos, pues, que existe una plena concordancia entre la significación gramatical de la palabra "originalidad" y los artículos 1 y 10.1 del TRLPI: tanto la significación gramatical como estos dos preceptos, nos llevan a la misma conclusión. Y tal conclusión, a la que ya hemos aludido con anterioridad, es que la "originalidad" es un atributo que se manifiesta en la obra, el cual proviene de la "capacidad creativa" del autor.

Puestas así las cosas, se puede afirmar que existe una interrelación inseparable entre "creatividad" y "originalidad", de tal suerte que un autor sin capacidad creadora en el ámbito de las obras artístico-plásticas será prácticamente imposible que produzca una obra con originalidad. Y, al contrario, un autor con gran capacidad creadora de ese tipo de obras lo normal es que cree obras dotadas de una indiscutible originalidad. Todo lo cual me lleva a afirmar que la originalidad es la manifestación en la obra de la capacidad creativa del autor.

Este concepto de "originalidad" es distinto de la noción que concibe la originalidad de manera objetiva, toda vez que prescinde por completo de datos como el de si la obra ha sido o no divulgada y el de si es o no una obra diferente a otras anteriores. Y también difiere de la concepción subjetiva de la "originalidad", ya que no valora el trabajo y el esfuerzo del creador ni tampoco si la obra refleja o no su personalidad. Lo único que tiene en cuenta el concepto de originalidad que defendemos es si la obra puede ser considerada o no como el resultado de una capacidad creativa de su autor. O más claramente: una obra es original si *revela la existencia de una "capacidad de creación"* o, lo que es lo mismo, refleja que ha sido **fruto de una capacidad personal del autor integrada por una cualidad especialmente dispuesta para el buen ejercicio de la concepción intelectual y de la ejecución material de la obra artística**.

3.2.2. El grado de "creatividad" y de "originalidad" de las obras artísticas

De todo cuanto hasta aquí se ha dicho, y sobre todo de la interpretación de las normas del TRLPI, se desprende que es acertada la Disposición adicional décima de la Ley 20/2003 cuando dispone que, para ser protegidas por la propiedad intelectual, las obras artísticas han de poseer cierto "grado de creatividad y de originalidad". Y lo mismo resulta del pasaje ya citado de la Exposición de Motivos de la Ley del Diseño que habla del "**diseño original o especialmente creativo**", y en el que el Legislador de 2003 equipara lo "original", no a lo simplemente creativo, sino a lo "**especialmente**" creativo. Con lo que nos está dando a entender que el diseño al que se refiere la Disposición adicional décima no es un diseño ordinario, sino un diseño con una originalidad y una creatividad singular o especial.

Por otra parte, y como tal vez se habrá podido deducir de las reflexiones que anteceden, los propios conceptos de "creatividad" y de "originalidad" que he venido manejando llevan implícita una referencia a la existencia de cierta "graduación". En efecto, "creatividad" significa, como ya sabemos, "capacidad de creación"; "capacidad" quiere decir "aptitud, talento, cualidad que dispone a alguien para el buen ejercicio de algo"; y por "creación" se entiende, en su sexta acepción, "obra de ingenio, de arte o de artesanía muy laboriosa o que revela una gran inventiva". Pues bien, basta la simple lectura de los significados de todas estas palabras para descubrir de inmediato que se está hablando de una capacidad, la de crear obras de arte, que no poseen todos los hombres y que los que están dotados de ella, no la tienen en idéntica medida. Y así como nadie discute que todos los seres humanos no tienen las mismas cualidades, ni que cada cualidad aparece en cada persona con distinta intensidad, de la misma manera no parece serio afirmar que todas las personas tienen capacidad creativa y que, las que la poseen, la tienen en el mismo grado. La "creatividad" o "capacidad creativa", lo mismo que cualquier otra cualidad, la poseen unas personas y otras no, y los que gozan de dicha capacidad, la tienen en diferente grado: unos más y otros menos. Que hay personas con más creatividad que otras es algo que puede comprobarse en la propia historia de las ediciones del imperecedero EL INGENIOSO HIDALGO DON QUIJOTE DE LA MANCHA, cuyo IV Centenario celebramos este año. En efecto, en la presentación de la edición preparada por la Real Academia de la Española (en asociación con las Academias de la Lengua Española, editorial Alfaguara,

Madrid 2.004, p. IX) se dice que en 1.713: ..." consciente la Corporación [La Academia] de que, según reza el acta, «siendo muchas las [ediciones] que se han publicado del *Quijote*, no hay ninguna buena ni tolerable», acordó «hacer una impresión correcta y magnífica... con láminas de los mejores profesores de la Academia de San Fernando»". Es decir, para hacer una impresión correcta y magnífica del Quijote, la Academia de la Lengua no elige a cualquier ilustrador, sino a "los mejores profesores de la Academia de San Fernando". ¿No habrá sido, me pregunto yo, porque todos los creadores no poseen la misma capacidad creativa, y se eligieron en el año 1.713 los "mejores profesores" justamente porque poseían una capacidad creativa, cuando menos, superior a la normal?

En cuanto a la "originalidad", si es así que consiste en una cualidad de la obra consistente en que refleja que ha sido fruto de una capacidad creativa de un autor especialmente dotado para el **buen ejercicio** de la concepción intelectual y de la ejecución material de la obra, es claro que ni todas las obras poseen, sin más originalidad, ni todas las que son originales muestran el mismo grado. Pues bien, si, como hemos razonado, la "creatividad" y la "originalidad" están indisolublemente interrelacionadas, hasta el punto de que ésta es el reflejo en la obra de aquélla, siendo la "creatividad" una cualidad propia de algunas personas y que se manifiesta en ellas en distinto grado de intensidad, parece que debe concluirse que también la "originalidad" es un atributo de algunas obras y que admite grados.

Una vez que se ha sentado la conclusión de que la "creatividad" y la "originalidad" admiten una graduación, queda por determinar cuál es el grado de creatividad y de originalidad necesario, como dice la Disposición adicional décima de la Ley del Diseño, para que una obra pueda ser considerada "artística" y, por lo mismo, protegible por la propiedad intelectual.

Desde luego, por el hecho de que estamos ante obras de las artes plásticas, el grado de "creatividad" o capacidad creativa ha de manifestarse, según hemos visto, no sólo en la concepción intelectual de la obra, sino también en la ejecución material de la misma. Es decir, desde la óptica de la "creatividad", estamos buscando un cierto nivel en la capacidad del autor para una doble tarea: concebir intelectualmente la obra y ejecutarla personal y materialmente. Y, en lo que concierne a la "originalidad", reflejando ésta la creatividad o capacidad personal del autor en la concepción y ejecución de la obra, es claro también que se busca en la obra el reflejo de esa "nivel" o "grado" de capacidad creativa.

Pues bien, para determinar el "grado de creatividad" y de "originalidad" que buscamos, creo que lo procedente es fijar el "umbral" que abre las puertas de la propiedad intelectual, sin que sea necesario, una vez traspasado el "umbral", efectuar ulteriores graduaciones sobre la mayor o menor creatividad y originalidad. Y ello, porque una vez que la obra está dentro de la propiedad intelectual, carece de relieve si su nivel de originalidad es superior al requerido y hasta que grado llega. La determinación del umbral adquiere, pues, un carácter decisivo, porque lo que hay antes de ese umbral tiene cerrado el acceso a la propiedad intelectual, mientras que pasado el mismo ya se está en este sector del ordenamiento, sin que importe – insisto – que la obra presente un grado de creatividad y de originalidad muy superior al que representa dicho "umbral".

A mi modo de ver, el "umbral" está situado, en cuanto a la "creatividad", en que el autor posea una "cualidad especialmente dispuesta para el ***buen ejercicio*** de la concepción intelectual y de la ejecución material de la obra". Si el autor no está especialmente cualificado para "hacer bien" lo de concebir intelectualmente la obra y ejecutarla materialmente, no llega al grado de "creatividad" necesario para obtener la protección de la propiedad intelectual. Y en cuanto a la "originalidad", el "umbral" está situado en que **la obra haga visible que es el resultado de una buena concepción intelectual y de una buena ejecución material por parte de su autor**. La clave está, como puede observarse, en la palabra "buen" o "buena", la cual, en su cuarta acepción y como sinónimo de "grande", significa "**que supera a lo común**".

Fijado el grado de "creatividad" y de "originalidad" en una capacidad de crear que supera a lo común y en el reflejo en la obra de una capacidad de crear que supera a lo común, queda también señalado el ámbito que queda fuera del "umbral", a saber: todo lo que no sea fruto de esta "buena" – entendida en el sentido de "superior a lo común" – capacidad de creación reflejada en la obra. Lo cual incluye tanto la total ausencia de creatividad y de originalidad, como la "creatividad" y la "originalidad" común o regular. En el ámbito de la ausencia de creatividad estaría lo que no puede acceder a la protección del diseño, por faltar el requisito esencial de la existencia de una creación. Mientras que en el ámbito de la creatividad "común o regular", que presupone lógicamente "creatividad", estarían las creaciones susceptibles de protección únicamente como diseños.

En resumen, para la protección de la obra como diseño ordinario basta con un nivel de creatividad "común o regular" o, lo que es lo mismo, una capacidad de creación que no sobresale de la que comúnmente revelan los diseños ordinarios. Pero para que una obra pueda alcanzar la categoría de "diseño artístico" o, lo que es lo mismo, de "obra de arte aplicado a la industria", se requiere un grado de creatividad más elevado, consistente en una capacidad de creación que supera a la que es común entre los que crean en el ámbito de las formas y, además, un "grado de originalidad", consistente en reflejar en la obra un nivel creatividad que la hace sobresalir por encima de los diseños ordinarios. De acuerdo con lo que se acaba de decir resulta que, a nivel conceptual, la obra calificable como diseño artístico puede dar lugar también a un diseño ordinario, obteniendo la protección como tal siempre que reúna los requisitos de la novedad y del carácter singular. Mientras que un diseño ordinario, aunque sea nuevo y posea carácter singular, no puede originar un diseño artístico por no llegar al grado de creatividad y de originalidad propio de la obra artística.

4. La prueba del grado de creatividad y originalidad del diseño artístico y la valoración de su existencia

Para finalizar el análisis de este requisito, es preciso efectuar dos reflexiones: una, sobre el medio de prueba idóneo para acreditar que el correspondiente diseño presenta el grado de creatividad y de originalidad exigido para su protección como obra artística por la propiedad intelectual; y la otra, sobre la valoración de la prueba relativa a la concurrencia de este requisito.

En relación con el medio idóneo para acreditar la concurrencia de este requisito, cabe indicar que el medio de prueba más adecuado de todos es el "dictamen de peritos". Así se desprende del propio artículo 335.1 de la LEC que, al regular el objeto y la finalidad del dictamen de peritos, contempla expresamente el que sean necesarios "conocimientos artísticos" para valorar o adquirir certeza sobre hechos o circunstancias relevantes en el asunto. Por lo tanto, si la propia LEC, al regular la prueba del dictamen de peritos, prevé de manera expresa que pueden necesitarse "conocimientos artísticos" para valorar o adquirir certeza sobre un punto litigioso, es evidente que, para nuestro Legislador, existen hipótesis en las que es procedente acudir al dictamen de peritos con conocimientos artísticos. Y entre tales hipótesis hay que incluir lógicamente la de acreditar que un determinado diseño posee el grado de creatividad y de originalidad necesario para que sea considerado como diseño artístico protegible por la propiedad intelectual. En cuanto a las condiciones de los peritos que pueden dictaminar sobre la concurrencia en un diseño del grado de creatividad y de originalidad requerido, hay que tener en cuenta el artículo 340 LEC, que establece, de un lado, que los peritos han de poseer el título oficial que corresponda a la materia objeto del dictamen, como sería el caso, por ejemplo, de los licenciados en Bellas Artes; y, de otro, la posibilidad de solicitar dictamen de Academias e instituciones culturales que se ocupen del estudio de las materias correspondientes al objeto de la pericia, como sería el caso de la Real Academia de Bellas Artes de San Fernando, cuya intervención obligatoria ya se preveía en caso de duda en el artículo 191 del EPI. Por otra parte, y antes las dudas que pudieran plantearse sobre la opinión del perito, el artículo 347 de la LEC prevé la posibilidad de que el perito se llamado al juicio para que intervenga con objeto de aclarar y defender su dictamen, e incluso para que se someta a crítica su pericia por otro perito designado por la parte contraria.

En cuanto a la valoración de la prueba, el artículo 348 de la LEC dispone, en general, que el tribunal valorará los dictámenes periciales según las reglas de la sana crítica, añadiendo el artículo 218 de la LEC, que la motivación de la sentencia se ajustará siempre a las reglas de la lógica y la razón. Es evidente que, en algunos casos, puede no ser fácil valorar si el diseño en cuestión posee el grado de creatividad y de originalidad requerido. Pero no es la única materia que puede presentarse una dificultad de valoración, como, por ejemplo, en el caso del requisito de la "actividad inventiva" en el ámbito de las patentes. Habrá casos en las que no resulte difícil determinar si una invención posee altura inventiva, pero habrá otros en los que sea realmente difícil establecer si la invención reúne el grado de actividad inventiva exigido por el Legislador. Y sin embargo, nadie ha propugnado que, por la posibilidad de equivocarse en los casos difíciles, deje de exigirse este requisito de patentabilidad.

Por lo que se acaba de decir, soy de la opinión de que la posible dificultad en la valoración del grado de creatividad y de originalidad de una obra no debe conducir a la tesis extrema de la unidad del arte y del sistema de la acumulación absoluta. Porque, a la vista de las criticables consecuencias a las que conduce dicho sistema (vid. OTERO LASTRES, "El Modelo…cit. p. 156 y ss), es menos grave para los intereses implicados equivocarse y negar la protección como diseño artístico a uno que realmente lo es, que optar por extender la protección de la propiedad intelectual a todo diseño cualquiera que sea el grado de creatividad y de originalidad que posea. Entre rendirse ante la dificultad y por el temor a equivocarse o afrontar con valor y decisión la tarea, a veces difícil, de valor el grado de creatividad y de originalidad de una obra, rechazo sin dudarlo la opción cobarde de renunciar a intentarlo y me inclino por la más conforme con los intereses en juego que es la de deslindar, sobre la base del grado de creatividad y de originalidad, el diseño artístico u obra de arte aplicado del diseño ordinario.

Para concluir, permítanseme dos reflexiones más. La primera es que, en nuestro sistema jurídico, se deja en manos del Juez decidir sobre cuestiones tan importantes para el ser humano como es la de la privación de libertad. Y ello, a pesar de que en un tema tan esencial no está excluido el error judicial. No se discute que, aunque pueda haber error judicial, corresponde la Juez decidir sobre uno de los valores esenciales del hombre como es la libertad. Pues bien, ¿es tan importante el arte que no se admite por principio el error judicial? ¿Qué razón existe para que haya que dar al arte un trato tan privilegiado, incluso por encima de la libertad, que lleve a convertirlo en una materia que queda absolutamente excluida del control judicial? No soy capaz de descubrir ninguna razón que aconseje situar el arte fuera del control judicial y darle así un trato más privilegiado que a la propia libertad.

La segunda reflexión es que la decisión del Juez sobre la concurrencia o no en un determinado diseño del grado de creatividad y de originalidad de la obra artística, únicamente servirá para resolver el problema jurídico de la acumulación de protecciones sobre la obra. Pero tal decisión no asegurará por sí misma el éxito comercial de la obra. Lo tendrá si resulta atractiva para los consumidores y usuarios, pero no por la calificación que se haya realizado de la misma en la correspondiente resolución judicial.

A PROTECÇÃO DO "TRADE DRESS"

Dr. Carlos Olavo
Advogado

SUMÁRIO:
1. Noção de "Trade Dress". 2. A Protecção como Marca. 3. A Protecção como Desenho ou Modelo. 4. A Protecção como Desenho ou Modelo Comunitário. 5. A Protecção como Direito de Autor. 6. A Protecção Específica do "Trade Dress" 7. A Protecção pela Repressão da Concorrência Desleal

1. Noção de "Trade Dress"

Embora a marca seja, por excelência, o sinal de identificação da origem empresarial de produtos ou serviços, não é o único.

Muitas vezes os consumidores identificam os produtos através de outros elementos, nomeadamente os elementos que exteriormente os identificam e que constituem a sua "imagem de marca", ou "trade dress".

Numerosas mercadorias (licores, chocolates, tabacos, etc....), objectos de luxo, artigos de moda e de toucador, e também produtos de uso comum (manteiga, mel, etc....) costumam ser comercializados sob uma aparência exterior característica. Trata-se de dar uma imagem original no mercado aos próprios produtos e seus anúncios, facturas, embalagens, etc....

É que a utilização sempre do mesmo conjunto visual serve como elemento identificador da empresa que fornece o produto ou serviço e assim serve de instrumento de angariação de clientela.

Por isso, embalagens e invólucros, cores e grafias, são muitas vezes associados pelos consumidores a determinados produtos ou produtores.

O aspecto visual característico pode dizer respeito, quer a produtos, quer ao estabelecimento através do qual o produto ou serviço é fornecido.

Daí que, embora inicialmente gizada para a protecção do aspecto visual de produtos, a questão actualmente englobe também a protecção do aspecto visual de estabelecimento[1].

"Trade dress" é, pois, o aspecto visual característico de como um produto ou serviço é apresentado ao público.

A aparência visual de um produto envolve a imagem total desse produto e pode incluir aspectos como o formato, a cor ou combinação de cores, o tamanho, a textura, gráficos, desenhos, rótulos e disposição de elementos visualmente perceptíveis.

Relativamente a estabelecimentos, o aspecto visual abrange o conjunto de elementos que caracterizam lojas, armazéns, restaurantes e outros recintos, quer sejam internos, quer externos.

Enquanto elemento distintivo, e consequentemente de captação de clientela, o aspecto visual do produto ou do estabelecimento pode ser objecto de protecção enquanto direito privativo da propriedade intelectual, se para tanto preencher os correspondentes requisitos legais.

São várias as modalidades de direito da propriedade intelectual que a protecção do "trade dress" pode revestir:

a) a protecção como marca, nacional ou comunitária;
b) a protecção como desenho ou modelo nacional;
c) a protecção como desenho ou modelo comunitário;
d) a protecção como direito de autor.

Além disso, o aspecto visual pode ainda ser objecto de protecção específica e ainda ser protegido pelo instituto da concorrência desleal.

São essas várias modalidades que se irão de seguida analisar.

2. A Protecção como Marca

O aspecto visual de um produto ou de um estabelecimento reconduz-se, no essencial, a desenhos, formas e cores.

Podem constituir uma marca todos os sinais ou conjuntos de sinais susceptíveis de representação gráfica e que sejam adequados para distin-

---

[1] Cfr. José Carlos Tinoco Soares, Concorrência Desleal, 1990, pág. 163 e seg..

guir os produtos ou serviços de uma empresa dos de outras empresas, como determina o artigo 222.º, n.º 1, do Código da Propriedade Industrial (CPI).

A representação gráfica exigível para que um sinal possa constituir uma marca deve ser clara, precisa, completa por si própria, facilmente acessível, inteligível, duradoura e objectiva[2].

Deste modo, o aspecto visual que consista em desenho ou formas, desde que seja adequado a distinguir os produtos ou serviços de uma empresa dos de outras empresas e seja revestido da indispensável novidade, pode ser registado como marca.

De facto, desenhos ou formas não levantam, por natureza, quaisquer dificuldades no que toca à susceptibilidade de serem graficamente representadas.

O regime da lei portuguesa está em sintonia com a Directiva n.º 89//104/CEE, do Conselho, de 21 de Dezembro de 1988, que harmoniza as legislações dos Estados-membros em matéria de marcas, cujo artigo 2.º preceitua que podem constituir marcas todos os sinais susceptíveis de representação gráfica, incluindo desenhos e a forma do produto ou de sua embalagem.

A este respeito, tem especial relevância a forma do produto, enquanto marca tridimensional.

Tampouco as formas tridimensionais suscitam dificuldades em termos de representação gráfica.

No entanto, a jurisprudência europeia tem suscitado reservas quanto à eficácia distintiva da forma do produto.

Assim, decidiu o Tribunal de 1.ª Instância das Comunidades Europeias (TPI)[3]:

"A percepção do consumidor não é necessariamente a mesma quando o sinal consiste na forma do produto, enquanto tal, como quando a marca nominativa ou figurativa consiste num sinal que é independente do produto que designa. Ao passo que o público está acostumado a entender as marcas nominativas ou figurativas imediatamente como identificação da origem comercial dos bens, esse

---

[2] Acórdão de TJCE de 12 de Dezembro de 2002 (Caso Sieckmann), in CJTE, 2002, pág. I-11737.

[3] Acórdão de 12 de Dezembro de 2002 (Caso Procter & Gamble), in CJTE, 2002, pág. II-5255.

não é necessariamente o caso quando o sinal e a aparência exterior dos produtos sejam uma e a mesma coisa."

Além disso, estão excluídos da protecção como marca os sinais constituídos exclusivamente (artigo 223.º, n.º 1, alínea b), do CPI e artigo 3.º, n.º 1, alínea a), da Directiva):

– pela forma imposta pela própria natureza do produto;
– pela forma do produto necessária à obtenção de um resultado técnico;
– pela forma que confira um valor substancial ao produto.

Esta regra deve ser interpretada no sentido de que um sinal constituído exclusivamente pela forma de um produto não é susceptível de registo se se demonstrar que as características funcionais essenciais desta forma são apenas atribuíveis ao resultado técnico, não sendo susceptível de afastar o motivo da recusa a demonstração da existência de outras formas que permitam obter o mesmo resultado técnico[4].

O aspecto visual do produto ou estabelecimento abrange ainda as respectivas cores.

Ora, as cores, ainda que se trate de uma única cor, ou combinações de cores, podem, enquanto tais, constituir uma marca, na medida em que sejam adequadas para distinguir os produtos ou serviços de uma empresa dos de outra empresa[5].

No que respeita à susceptibilidade de representação gráfica da cor enquanto sinal, fica preenchida com a designação dessa cor através de um código de identificação internacionalmente reconhecido, não obedecendo a esse requisito uma simples amostra de uma cor[6].

Quanto à capacidade distintiva da cor e das combinações de cores, decidiu o TPI que[7]:

a) O carácter distintivo de uma cor "per se" deve ser aferido por referência aos produtos e serviços a que a marca se destina e pela percepção desse carácter pelo público consumidor;

---

[4] Acórdão do Tribunal de Justiça das Comunidades Europeias (TJCE) de 18 de Junho de 2002 (Caso Philips vs. Remington), in CJTE, 2002, pág. I-5475.
[5] Acórdão do TJCE de 6 de Maio de 2003 (Caso Libertel) in CJTE, 2003, pág. I-3793.
[6] Acórdão do TJCE de 6 de Maio de 2003 (Caso Libertel) in CJTE, 2003, pág. I-3793.
[7] Acórdão de 9 de Outubro de 2002 (Caso KWS Saat) in CJTE, 2002, pág. II-3843.

b) Ao passo que o público está habituado a entender marcas nominativas e figurativas como indicações de origem, o mesmo não é necessariamente verdade quando uma cor faz parte da aparência exterior de um produto ou quando uma cor é usada para assinalar serviços;

c) Embora as cores possam ter uma pluralidade de funções para além de indicar a origem do bem, incluindo funções técnicas e/ou decorativas, tal é irrelevante desde que uma das funções, tal como entendida pelo público, seja uma indicação de origem.

A alínea d) do n.º 1 do artigo 166.º do CPI parece excluir a possibilidade de uma única cor servir como marca.

Esse entendimento, no entanto, tem que ser conciliado com o artigo 3.º, n.º 1, alínea b), e n.º 3, da Directiva de Harmonização de Marcas, tal como interpretado pelo Tribunal de Justiça das Comunidades Europeias, ao decidir que as cores, ainda que se trate de uma única cor, ou combinações de cores, enquanto tais, são susceptíveis de constituir uma marca, na medida em que sejam adequadas para distinguir os produtos ou serviços de uma empresa dos de outra empresa[8].

Isto sem embargo de reconhecer que, no caso de uma cor só por si, a existência de um carácter distintivo antes de qualquer utilização só é de conceber em circunstâncias excepcionais e, designadamente, quando o número de produtos ou serviços para os quais é pedida a marca é muito limitado e o mercado relevante muito específico.

Por isso, declarou ainda o TJCE que o facto de o registo como marca de uma cor por si só ser pedido para um número significativo de produtos ou de serviços, ou de o ser para um produto ou um serviço específico ou para um grupo específico de produtos ou de serviços, é relevante, conjuntamente com as restantes circunstâncias do caso concreto, tanto para apreciar o carácter distintivo da cor cujo registo é pedido, como para apreciar se o respectivo registo é contrário ao interesse geral em não restringir indevidamente a disponibilidade das cores para os restantes operadores que oferecem produtos ou serviços do tipo daqueles para os quais é pedido o registo[9].

---

[8] Acórdão do TJCE de 6 de Maio de 2003 (Caso Libertel) in CJTE, 2003, pág. I-3793.

[9] Acórdão do TJCE de 6 de Maio de 2003 (Caso Libertel) in CJTE, 2003, pág. I-3793.

Mais recentemente, o TJCE tomou posição mais cautelosa sobre a possibilidade de cores constituírem marca, por entender haver que indagar até que ponto o domínio de protecção das "marcas de cor abstractas" se conciliava com a segurança jurídica necessária a todos os operadores do mercado ou se entravava a livre circulação de mercadorias e de serviços na medida em que conferia aos titulares das marcas direitos de monopólio demasiado importantes que não eram razoáveis face aos concorrentes.

Assim decidiu o TJCE que[10]:

a) As cores ou combinações de cores, designadas no pedido de registo de forma abstracta e sem contornos, cujas tonalidades são enunciadas por referência a uma amostra de cor e precisadas segundo um sistema de classificação de cores internacionalmente reconhecido, podem constituir uma marca na acepção do artigo 2.º da Directiva de Harmonização, na medida em que:

– seja demonstrado que, no contexto em que são empregues, essas cores ou combinações de cores se apresentam efectivamente como um sinal e em que
– o pedido de registo comporte uma disposição sistemática que associe as cores em questão de forma predeterminada e constante;

b) Mesmo se uma combinação de cores preencher os requisitos para poder constituir uma marca na acepção do artigo 2.º da referida Directiva, é ainda necessário que a autoridade competente em matéria de registo de marcas aprecie se a combinação reivindicada preenche os outros requisitos previstos, designadamente, no artigo 3.º da mesma Directiva, para ser registada como marca para os produtos ou os serviços da empresa que solicita o registo. Esta análise deve ter em conta todas as circunstâncias relevantes do caso em exame, incluindo, eventualmente, o uso que foi feito do sinal cujo registo como marca é pedido. Tal análise deve ainda ter em conta o interesse geral em não limitar indevidamente a disponibilidade das cores para os restantes operadores que oferecem produtos ou serviços do tipo daqueles para os quais é pedido o registo.

Desta sorte, o "trade dress" susceptível de representação gráfica e que seja adequado para distinguir os produtos ou serviços de uma em-

---

[10] Acórdão do TJCE de 24 de Junho de 2004 (Caso Heidelberger Bauchemie) in curia.eu.int/jurisp/.

presa dos de outras empresas, pode ser protegido pelo respectivo registo enquanto marca.

O apontado regime aplica-se, por força da Directiva de Harmonização, quer à marca comunitária, quer às marcas sujeitas às legislações internas dos vários Estados-membros da União Europeia.

3. A Protecção como Desenho ou Modelo

A aparência da totalidade ou de uma parte de um produto, resultante das características, nomeadamente de linhas, contornos, cores, forma, textura e/ou materiais do próprio produto e/ou da sua ornamentação pode ser protegida como desenho ou modelo, tal como definido no artigo 173.° do CPI e no artigo 1.°, alínea a), da Directiva 98/71/CE, do Parlamento Europeu e do Conselho, de 13 de Outubro de 1998, que harmoniza as legislações dos Estados-membros em matéria de desenhos e modelos.

De acordo com o n.° 1 do artigo 174.° do CPI e na alínea b) do artigo 1.° da Directiva, designa-se por produto qualquer artigo industrial ou de artesanato, incluindo, entre outros, os componentes para montagem de um produto complexo, as embalagens, os elementos da apresentação, os símbolos gráficos e os caracteres tipográficos, mas excluindo os programas de computador.

Por força do artigo 3.° da Directiva, os Estados-membros protegerão desenhos e modelos mediante registo, conferindo aos seus titulares direitos exclusivos nos termos nela previsto, desde que o desenho ou modelo seja novo e possua carácter singular.

Define o artigo 4.° quando se entende que o desenho ou modelo é novo:

> *"Um desenho ou modelo será considerado novo se nenhum desenho ou modelo idêntico tiver sido divulgado ao público antes da data do pedido de registo ou, se for reivindicada uma prioridade, antes da data de prioridade. Consideram-se idênticos os desenhos e modelos cujas características específicas difiram apenas em pormenores sem importância".*

O artigo 5.°, sob a epígrafe "carácter singular", define este requisito nos termos seguintes:

*"1 – Considera-se que um desenho ou modelo possui carácter singular se a impressão global que suscita no utilizador informado diferir da impressão global suscitada nesse utilizador por qualquer desenho ou modelo divulgado ao público antes da data do pedido de registo ou, se for reivindicada uma prioridade, antes da data de prioridade;
2 – Na apreciação do carácter singular, será tomado em consideração o grau de liberdade do criador na realização do desenho ou modelo."*

Excluem-se da protecção os desenhos e modelos ditados pela sua função técnica e desenhos e modelos de interconexões, nos termos do artigo 7.º.

O regime dos desenhos ou modelos constante da Directiva não prejudica as disposições de direito comunitário ou do direito do Estado-membro em questão em matéria de direitos não registados sobre desenhos e modelos, marcas ou outros distintivos, patentes ou modelos de utilidade, caracteres tipográficos, responsabilidade civil ou concorrência desleal, como determina o respectivo artigo 16.º.

Acrescenta o artigo 17.º que qualquer desenho ou modelo protegido por um registo num Estado-membro de acordo com a Directiva beneficia igualmente da protecção conferida pelo direito de autor desse Estado a partir da data em que o desenho ou modelo foi criado ou definido sob qualquer forma, determinando cada Estado-membro o âmbito dessa protecção e as condições em que é conferida, incluindo o grau de originalidade exigido.

A lei portuguesa coincide totalmente com o regime descrito, o qual, por força desta Directiva de Harmonização, se aplica também quer aos desenhos ou modelos comunitários, quer aos desenhos e/ou modelos sujeitos às legislações internas dos vários Estados-membros da União Europeia.

4. A Protecção como Desenho ou Modelo Comunitário

O "trade dress" pode também ser protegido enquanto desenho ou modelo comunitário.

Os desenhos ou modelos comunitários, criados pelo Regulamento (CE) n.º 6/2002, do Conselho, de 12 de Dezembro de 2001, que entrou em vigor em 6 de Março de 2002, constituem uma modalidade de direitos da propriedade industrial supranacionais, para vigorarem, em termos idênticos, em todo o território da União Europeia.

Objecto da protecção são os desenhos ou modelos tal como definidos na Directiva de Harmonização, ou seja, a aparência da totalidade ou de uma parte de um produto resultante das suas características, nomeadamente das linhas, contornos, cores, forma, textura e/ou materiais do próprio produto e/ou da sua ornamentação (artigo 3.°, alínea a)).

É, pois, o aspecto exterior do produto, no todo ou em parte, desde que seja novo e tenha carácter singular, que é protegido através dos desenhos e modelos comunitários (artigo 4.°).

Abrange assim realidades bidimensionais e tridimensionais.

Diferentemente do que se verifica relativamente aos correspondentes direitos internos, o Regulamento estabelece duas modalidades distintas de protecção:

– os desenhos ou modelos não registados;
– os desenhos ou modelos registados.

Os desenhos ou modelos não registados representam uma modalidade nova de direito, uma vez que são independentes de registo ou qualquer outra formalidade.

O correspondente direito surge com a primeira divulgação ao público na Comunidade (artigo 11.°).

Isto significa que o modelo ou desenho deve ser publicado, exposto, utilizado no comércio ou divulgado de qualquer outro modo, de tal forma que estes factos possam ter chegado ao conhecimento dos meios especializados do sector em causa que operam na Comunidade, pelas vias normais e no decurso da sua actividade corrente.

O direito ao desenho ou modelo não registado tem uma duração de 3 anos a contar da data da primeira divulgação na Comunidade (artigo 11.°).

Este direito tem por conteúdo a faculdade de proibir que terceiro utilize o desenho ou modelo sem o consentimento do seu titular, se tal uso resultar de uma cópia do desenho ou modelo protegido (artigo 19.°, n.° 2).

Considera-se que o uso em litígio não é resultante de uma cópia do desenho ou modelo protegido se resultar de um trabalho de criação independente, realizado por um criador de que não se possa razoavelmente pensar que conhecia o desenho ou modelo divulgado pelo seu titular.

Deste modo, qualquer nova criação estética, que possua carácter singular, divulgada ao público na Comunidade após a entrada em vigor do

Regulamento, passa a estar automaticamente protegida em todo o território da União Europeia.

Os desenhos ou modelos registados representam outra modalidade de protecção, desta feita sujeita a registo no Instituto para a Harmonização do Mercado Interno (Marcas, Desenhos e Modelos) (IHMI), criado pelo Regulamento n.° 40/94/CE, do Conselho, de 20 de Dezembro de 1993.

O processo de registo é simples, havendo apenas um exame formal com vista a determinar que o objecto requerido é susceptível de protecção e que não é contrário à ordem pública e aos bons costumes (artigo 47.°).

Afasta-se qualquer exame substancial, bem como a existência de oposição no processo administrativo, só sendo tais oposições possíveis depois de concedido o registo, através de pedido de declaração de nulidade (artigo 24.°).

Uma vez efectuado esse registo, o desenho ou modelo beneficia de protecção em todos os países da União Europeia.

O correspondente direito tem a duração de 5 anos a contar da data do depósito do pedido, renováveis por um ou mais períodos de 5 anos, até ao máximo de 25 anos.

O titular do desenho ou modelo registado dispõe de um direito mais forte de que o titular de desenho ou modelo não registado.

De facto, tem o direito exclusivo de utilizar o desenho ou modelo registado e de proibir que um terceiro o utilize sem o seu consentimento, não havendo necessidade de fazer qualquer outra prova (artigo 19.°, n.° 1).

A protecção abrange, pois, mesmo o caso da imitação resultar de trabalho de criação independente.

O titular não precisa assim, ao invés do que se passa nos desenhos e modelos não registados, de provar que a imitação é uma cópia.

E, com o registo, passa a dispor de uma presunção de validade do desenho ou modelo que só pode ser contestada por via de pedido reconvencional de declaração de nulidade, ou por via de excepção nesse sentido, no caso de existir um direito nacional anterior (artigo 85.°, n.° 1).

Já a presunção de validade de desenho ou modelo comunitário não registado depende da prova, pelo titular do direito, de que estão reunidas as condições de protecção, e da indicação dos aspectos que o desenho ou modelo apresenta carácter singular.

Quer os desenhos ou modelos comunitários não registados, quer os registados, devem obedecer aos mesmos requisitos de protecção.

Para que o desenho ou modelo seja protegido, tem de ser novo e de possuir carácter singular (artigo 4.°).

Definem os artigos 5.° e 6.°, respectivamente, quando se entende que o desenho ou modelo é novo e tem carácter singular, em termos coincidentes com os artigos 4.° e 5.° da Directiva de Harmonização.

Diz o artigo 5.° do Regulamento, sob a epígrafe "novidade":

"1 – Um desenho ou modelo será considerado novo se nenhum desenho ou modelo idêntico tiver sido divulgado ao público:

a) No caso de um desenho ou modelo comunitário não registado, antes da data em que o desenho ou modelo para o qual é reivindicada protecção tiver sido pela primeira vez divulgado ao público;

b) No caso de um desenho ou modelo comunitário registado, antes da data de depósito do pedido de registo do desenho ou modelo para o qual é reivindicada protecção ou, caso seja reivindicada prioridade, antes da data de prioridade.

2 – Os desenhos ou modelos serão considerados idênticos se as suas características diferirem apenas em pormenores insignificantes."

Preceitua o artigo 6.° do mesmo diploma, sob a epígrafe "carácter singular":

"1 – Considera-se que um desenho ou modelo possui carácter singular se a impressão global que suscita no utilizador informado diferir da impressão global suscitada nesse utilizador por qualquer desenho ou modelo divulgado ao público:

a) No caso de um desenho ou modelo comunitário não registado, antes da data em que o desenho ou modelo para o qual é reivindicada protecção tiver sido pela primeira vez divulgado ao público;

b) No caso de um desenho ou modelo comunitário registado, antes da data de depósito do pedido de registo do desenho ou modelo para o qual é requerida protecção ou, caso seja reivindicada prioridade, antes da data de prioridade.

2 – Na apreciação do carácter singular, será tido em consideração o grau de liberdade de que o criador dispôs na realização do desenho ou modelo."

E, no artigo 7.°, indica-se o que se deve entender por divulgação ao público:

"1 – Para efeitos dos artigos 5.° e 6.°, considera-se que um desenho ou modelo foi divulgado ao público se tiver sido divulgado na sequência do depósito do pedido de registo ou em qualquer outra circunstância, apresentado numa exposição e utilizado no comércio ou divulgado de qualquer outro modo, antes da data mencionada na alínea a) do n.° 1 do artigo 5.° e na alínea a) do n.° 1 do artigo 6.° ou na alínea b) do n.° 1 do artigo 5.° e na alínea b) do n.° 1 do artigo 6.°, conforme o caso, excepto se estes factos não puderem razoavelmente ter chegado ao conhecimento dos meios especializados do sector em causa que operam na Comunidade pelas vias normais e no decurso da sua actividade corrente. No entanto, não se considerará que o desenho ou modelo foi revelado ao público pelo simples facto de ter sido revelado a um terceiro em condições explícitas ou implícitas de confidencialidade.

2 – Para efeitos dos artigos 5.° e 6.°, a divulgação de um produto não será tida em consideração se o desenho ou modelo para o qual é requerida protecção na qualidade de desenho ou modelo comunitário registado tiver sido divulgado ao público:

a) Pelo criador, pelo seu sucessível ou por um terceiro com base em informações fornecidas pelo criador ou pelo seu sucessível ou na sequência de medidas por eles tomadas; e

b) Durante o período de 12 meses que antecede a data de depósito do pedido ou, caso seja reivindicada prioridade, antes da data de prioridade.

3 – O disposto no n.° 2 também é aplicável se o referido desenho ou modelo tiver sido divulgado ao público em resultado de um abuso relativamente ao criador ou ao seu legítimo sucessor."

Verificados os mencionados requisitos, o âmbito da protecção conferida por um desenho ou modelo comunitário abrange qualquer desenho ou modelo que não suscite no utilizador informado uma impressão global diferente (artigo 10.°, n.° 1).

O sistema de protecção de desenhos ou modelos comunitários coexiste com os vários sistemas nacionais.

Estes sistemas podem, aliás, ter reflexos relativamente aos desenhos e modelos comunitários.

De facto, o direito ao desenho ou modelo comunitário pertence, em princípio ao criador e ao seu sucessível, e, quando criado por duas ou mais pessoas, conjuntamente a todas elas (artigo 14.°, n.°s 1 e 2).

Contudo, sempre que um desenho ou modelo for realizado por um trabalhador por conta de outrem no desempenho das suas funções ou segundo instruções dadas pelo seu empregador, o direito ao desenho ou modelo pertence a este último, salvo convenção ou disposição da legislação nacional aplicável em contrário (artigo 14.°, n.° 3).

Os sistemas nacionais de protecção podem ainda ter reflexo no caso de cúmulo de protecções para as criações estéticas através, não só dos desenhos ou modelos, como também das marcas e sobretudo, dos direitos de autor, como decorre dos artigos 16.° e 17.° da Directiva de Harmonização, anteriormente referidos a respeito dos desenhos ou modelos nacionais.

Ora, como, na prática, muitos desenhos ou modelos são também protegidos através do direito de autor e este é definido a nível nacional, não pode o correspondente sistema deixar de ser tido em atenção.

5. A Protecção como Direito de Autor

Embora os direitos de autor sejam protegidos apenas a nível nacional, os instrumentos internacionais que os regem determinam uma efectiva uniformidade de regimes dos países da União Europeia.

A protecção do direito de autor abrange, de acordo com o artigo 2.° da Convenção de Berna para a Protecção das Obras Literárias e Artísticas, todas as produções do domínio literário, científico e artístico, qualquer que seja o seu modo ou forma de expressão, tais como, para além de outros exemplos, obras de desenho, pintura, arquitectura, escultura, gravura, as obras de artes aplicadas, os planos, esboços e obras plásticas relativos à arquitectura.

Em sintonia com esse preceito, o Código do Direito de Autor e dos Direitos Conexos português (CDADC) protege as obras que consistam, nomeadamente em (artigo 2.°):

– obras de desenho, tapeçaria, pintura, escultura, cerâmica, azulejo, gravura e arquitectura;

– obras de artes aplicadas, desenhos ou modelos industriais e obras de "design" que constituam criação artística;

– projectos, esboços e obras plásticas respeitantes à arquitectura e ao urbanismo.

Assim, se o aspecto exterior do produto ou do estabelecimento corresponder a uma obra artística, por representar criação intelectual, fica protegido enquanto direito de autor, independentemente de qualquer formalidade, uma vez que o reconhecimento do direito de autor é independente de registo, depósito ou qualquer outra formalidade, como dispõe o artigo 9.º do CDADC.

Nos termos do artigo 58.º do Decreto n.º 4114, de 17 de Abril de 1918, cuja vigência foi ressalvada pelo artigo 2.º do Decreto-Lei n.º 63/85, de 14 de Março, que aprovou o CDADC, o registo definitivo de qualquer direito a favor de uma pessoa constitui presunção jurídica de que o mesmo direito lhe pertence. Trata-se assim de registo não constitutivo, mas meramente declarativo[11].

A determinação da titularidade do direito obedece a regras que podem não coincidir, consoante se trate de registo de desenho ou modelo ou de direito de autor.

De facto, a titularidade do direito de autor relativo a obra feita por encomenda ou por conta de outrem, quer em cumprimento de dever funcional quer de contrato de trabalho, determina-se de acordo com o que tiver sido convencionado, presumindo-se, na falta de convenção, que a titularidade do direito de autor relativo a obra feita por conta de outrem pertence ao seu criador intelectual, nos termos dos n.ºs 1 e 2 do artigo 14.º do CDADC.

No caso dos modelos e desenhos, semelhante presunção não existe, aplicando-se ainda, por força do artigo 182.º do CPI, o artigo 59.º do mesmo Código, segundo o qual a obra feita durante a execução de contrato de trabalho em que a actividade criativa esteja prevista, o direito ao registo pertence à respectiva empresa.

Vários têm sido os critérios apontados para diferenciar o objecto da protecção através da propriedade industrial e da protecção através do direito de autor[12].

Para uns, a diferença radicar-se-ia no fim que animou a concepção do autor. Sendo esse fim industrial, a protecção cingir-se-ia à propriedade industrial; se não o fosse, tratar-se-ia de obra protegida pelo direito de autor.

---

[11] Cfr. Luiz Francisco Rebello, Introdução ao Direito de Autor, vol. I, 1994, pág. 93.

[12] Cfr. Pierre Greffe e François Greffe, Traité des Dessins et des Modèles 6ª ed., 2000, págs. 41 e segs..

Para outros, o que estaria em causa seria o modo de reprodução. Sendo este mecânico, estar-se-ia perante propriedade industrial; não o sendo, de obra de arte.

Para outros ainda, o elemento determinante seria a qualidade do autor. As obras criadas por fabricantes inserir-se-iam na propriedade industrial, ao passo que as criadas por profissionais liberais beneficiariam da protecção do direito de autor.

Há também quem procure encontrar o elemento determinante da distinção no próprio carácter da obra. Se falar à inteligência ou sentimento, seria obra de arte; senão, seria simples desenho ou modelo.

Nenhum dos mencionados critérios se revela justificado.

O CDADC considera criações intelectuais do domínio literário, científico e artístico, quaisquer que sejam o género, a forma de expressão, o mérito, o modo de comunicação e o objectivo, as obras de artes aplicadas, desenhos ou modelos industriais e obras de "design" que constituam criação artística, independentemente da protecção relativa à propriedade industrial (artigo 2.º, n.º 1, alínea l)).

No entanto, o CDADC expressamente requer que os desenhos ou modelos industriais[13], para beneficiarem da protecção do direito de autor, constituam criação artística.

Qualquer obra, para ser protegida pelo direito de autor, tem de ter um mínimo de criatividade, pois sendo uma criação de espírito, o carácter criativo não pode deixar de estar presente[14].

Nem sempre os autores coincidem na terminologia e conteúdo dos conceitos utilizados, como se verifica nas referências a originalidade da obra.

Para uns autores, originalidade deve entender-se como sinónimo de criatividade[15].

Para outros, originalidade deve ser entendida como novidade subjectiva, ainda que possa também identificar o requisito de uma particular valia[16].

É apodíctico poder considerar-se como original a obra que não seja banal.

---

[13] Os desenhos ou modelos previstos no actual Código da Propriedade Industrial correspondem aos desenhos e modelos industriais previstos nos anteriores Códigos.

[14] Cfr. José de Oliveira Ascensão, Direito de Autor e Direitos Conexos, 1992, pág. 88, e Luiz Francisco Rebello, Introdução, pág. 87.

[15] Neste sentido, Luiz Francisco Rebello, Introdução, pág. 87.

[16] Neste sentido, Oliveira Ascensão, Direito de Autor, pág. 96 e 99.

Assim sendo, a originalidade reconduz-se à não-banalidade, isto é, à existência, na obra criada, do contributo do espírito do seu autor ou autores.

A originalidade pode não coincidir com a novidade[17].

Só a originalidade merece a protecção do direito de autor, e não a simples novidade[18], como se refere no Acórdão do Supremo Tribunal de Justiça de 5 de Dezembro de 1990[19].

A originalidade tampouco se confunde com mérito ou valor artístico[20].

De facto, o direito de autor não tutela o valor da obra, mas a criação.

Acresce que é impossível um juízo de mérito que represente uma apreciação estética ou literária da obra, tanto mais que os juristas não têm nenhuma superioridade relativamente aos outros quando se trata de determinar quais as obras que valem ou não valem.

Não é, pois, possível afirmar-se que a lei quis arredar do direito de autor as obras de mero carácter utilitário, que seriam suficientemente tuteladas pelo direito industrial, com as suas valorações próprias.

Mas tampouco é possível afirmar-se não haver distinção entre arte pura e todas as manifestações de arte aplicada, por à unidade da concepção se impor a unidade da protecção.

No caso das obras de arte aplicadas e semelhantes, bem como noutros casos como as fotografias, a lei exprime uma exigência reforçada para a respectiva protecção, que é o deverem constituir criação artística (CDADC, artigo 2.º, n.º 1, alínea i).

Tem sido discutido se essa exigência representa apenas a afirmação, para aquele caso particular e dada a sua específica natureza, da necessidade de se verificar o indispensável carácter criativo da obra[21], ou se exprime uma exigência reforçada de carácter estético no que respeita às obras de arte aplicada[22].

---

[17] Neste sentido, Luiz Francisco Rebello, Introdução, pág. 87.

[18] Aliás, a expressão "novidade", em sede de direitos privativos, é equívoca, pois nada tem a ver a novidade exigida para patentear uma invenção – não estar compreendida no estado da técnica (CPI, artigo 55º, n.º 1) – com a novidade necessária para registar uma marca – que o sinal não esteja já registado para produtos ou serviços idênticos ou semelhantes (CPI, artigo 245º).

[19] Bol. Min. Just., n.º 402, pág. 567.

[20] Cfr. Oliveira Ascensão, Direito de Autor, págs. 66 e 92.

[21] Neste sentido, Luiz Francisco Rebello, Introdução, pág. 88.

[22] Neste sentido, Oliveira Ascensão, Direito de Autor, pág. 94.

Para uns, as obras de arte aplicada estariam sujeitas ao regime geral do direito de autor, ao passo que, para outros, a lei só permitiria a entrada, nesse ramo de direito, das obras de arte aplicada quando o seu carácter artístico prevalecesse claramente sobre o destino industrial do objecto.

Aquela exigência reforçada é formulada, não só relativamente a obras de arte aplicada, mas também a obras que podem ser puramente estéticas, como as fotografias.

As exigências peculiares da lei não decorrem, pois, do carácter utilitário da obra, mas sim da respectiva simplicidade objectiva e concisão.

Todos os casos em que a lei exprime uma exigência reforçada consistem em obras de grande simplicidade objectiva, relativamente às quais o contributo do espírito do seu autor pode não ser evidente.

Desta sorte, o CDADC não abrange os desenhos e modelos que não constituam criação artística, isto é, não sejam dotados da originalidade que justifica a protecção do direito de autor[23].

Simetricamente, o Código da Propriedade Industrial de 1995 não abrangia, na protecção dos modelos e desenhos, todas as obras de arte.

Com efeito, o respectivo artigo 142.º excluía da protecção dos modelos e desenhos as obras com carácter puramente artístico, caracterizadas pela individualidade, e a alínea a) do artigo 143.º determinava não poderem ser objecto de registo os modelos ou desenhos destituídos de realidade prática ou insusceptíveis de ser industrializados.

O actual Código não contém qualquer disposição semelhante aos referidos artigos 142.º e 143.º, alínea a).

Ao invés, o artigo 200.º do CPI consigna que qualquer desenho ou modelo registado beneficia, igualmente, da protecção conferida pela legislação em matéria de direito de autor, a partir da data em que o desenho ou modelo foi criado, ou definido, sob qualquer forma.

A lei portuguesa prevê, pois, que as manifestações de arte aplicada possam gozar de um cúmulo de protecção através da propriedade industrial e através do direito de autor, ainda que estabeleça limites a esse cúmulo, por nem todas as manifestações beneficiarem dele.

---

[23] Será o caso dos desenhos ou modelos e desenhos que apenas realizem disposições diferentes de elementos já usados, de molde a conferirem aos respectivos objectos carácter singular (artigo 176º, n.º n2).

6. A Protecção Específica do "Trade Dress"

Alguns dos Estados-membros da União Europeia consagram uma especial protecção à apresentação exterior dos produtos.

É o caso da lei alemã.

A apresentação exterior que seja considerada como um sinal distintivo das mercadorias pelos sectores comerciais interessados (Ausstaltung), incluindo a forma do produto e a sua embalagem, goza da mesma protecção do que uma marca, isto é, constitui objecto de um direito absoluto de exclusivo[24].

O simples acondicionamento das mercadorias (Aufmachung), incluindo forma e cor dos produtos, das suas embalagens ou invólucros, goza de protecção pela repressão da concorrência desleal, desde que a respectiva imitação seja susceptível de induzir em erro ou confusão o consumidor[25].

Idêntico regime é consagrado no direito suíço[26].

Também a lei portuguesa atribui protecção específica ao "trade dress".

O Código de 1995 previa expressamente, no n.º 2 do artigo 193.º, que reproduzia, com ligeiríssimas alterações[27], o disposto no § único do artigo 94.º do Código de 1940, a imitação do invólucro ou embalagem dos produtos[28].

Dizia essa disposição legal:

"Constitui imitação ou usurpação parcial de marca o uso de certa denominação de fantasia que faça parte de marca alheia anteriormente registada, ou somente o aspecto exterior do pacote ou invólucro com as respectivas cor e disposições de dizeres, medalhas

---

[24] Cfr. Dietrich Reimer, La Repression de la Concurrence Déloyale en Allemagne, 1978, págs. 238 e segs..

[25] Cfr. Cfr. Eugen Ulmer, La Repression de la Concurrence Déloyale dans les Etats Membres de la Communauté Economique Européenne, Tome I, Droit Comparé, 1967.

[26] Cfr. A. Troller, Précis du Droit de la Propriété Immatérielle, 1978, pág. 118 e 179.

[27] Tais alterações consistem na substituição da expressão "pessoas analfabetas", constante do Código de 1940, pela expressão "pessoas que os não interpretem", e na adição da referência às marcas de prestígio internacional.

[28] Por aspecto exterior do pacote ou invólucro deve entender-se a aparência visual do produto, tal como é apresentado ao público consumidor.

e recompensas, de modo que pessoas que os não interpretem os não possam distinguir de outros adoptados por possuidor de marcas legitimamente usadas, mormente as de reputação ou prestígio internacional".

Perante as referidas disposições legais, podia-se concluir que a imitação do pacote ou invólucro de um produto pelo pacote ou invólucro de outro produto idêntico ou semelhante, em termos de permitir a confusão entre ambos, constituía acto de concorrência desleal, embora a lei a qualificasse como imitação de marca[29].

A imitação do aspecto exterior do pacote ou invólucro, ou seja, da aparência visual do produto, tal como é apresentado ao público consumidor, era, pois, um acto ilícito, previsto e punido como imitação de marca.

O actual Código não acolheu a qualificação, como imitação de marca, da imitação do invólucro ou embalagem dos produtos, prevista no n.º 2 do artigo 193.º do Código de 1995, bem como no § único do artigo 94.º do Código de 1940.

Considera, porém, no artigo 240.º, n.º 1, como motivo de recusa de registo, o caso de a marca posterior constituir reprodução ou imitação de determinado aspecto exterior, nomeadamente da embalagem, ou rótulo, com as respectivas formas, cor e disposição de dizeres, medalhas, recompensas e demais elementos, comprovadamente usados por outrem nas suas marcas registadas.

7. A Protecção pela Repressão da Concorrência Desleal

Ainda que o aspecto visual característico do produto ou estabelecimento não goze da protecção inerente a um direito privativo, nem por isso pode ser livremente imitado.

É pacífico, na doutrina e na jurisprudência europeias, que a imitação, por um agente económico, dos invólucros característicos dos pro-

---

[29] Cfr. J.G. Pinto Coelho, Lições de Direito Comercial, 1º vol., 3ª ed., 1957, pág. 438; A. Ferrer Correia, Lições de Direito Comercial, vol. I, 1973, pág. 353, nota (1); Patrício Paúl, Concorrência Desleal, 1965, pág. 58; José de Oliveira Ascensão, Concorrência Desleal, 2002, pág. 424, e O Princípio da Prestação: Um Novo Fundamento para a Concorrência Desleal?, in Concorrência Desleal (Curso Promovido pela Faculdade de Direito de Lisboa), 1997, pág. 15.

dutos fabricados ou comercializados por um concorrente, constitui concorrência desleal.

Seria contrário à lealdade do comércio que fosse lícito, por meio de engano do público e para aumentar o valor da mercadoria própria, imitar ou usurpar a característica exterior de produtos ou serviços alheios, conhecida pela clientela e sob a qual um produtor ou comerciante comercializa os seus produtos, e assim sem mais disfrutá-la, criando confusão[30].

Trata-se, com efeito, de parasitismo da imagem comercial de um concorrente, em termos de poder criar confusão no espírito do público, o qual compara a imagem de um produto com a memória que tem da imagem do outro.

Por isso, em Itália, a reprodução ou imitação da apresentação exterior de um produto, nomeadamente da respectiva embalagem, é um dos exemplos dados de acto de confusão, e consequentemente de concorrência desleal[31].

Em França, também se entende que pratica um acto de concorrência desleal quem utilizar embalagens ou apresentações de produtos idênticos aos de um concorrente, desde que daí possa resultar risco de confusão[32].

Como acima se referiu, a lei alemã consagra uma especial protecção à apresentação exterior dos produtos, consagrando o direito suíço idêntico regime.

Em Portugal, a doutrina é unânime em considerar que a imitação do pacote ou invólucro de um produto pelo pacote ou invólucro de outro produto idêntico ou semelhante, em termos de permitir a confusão entre ambos, constitui acto de concorrência desleal, na modalidade de acto de confusão, proibido actualmente pelo artigo 317.º[33].

Idêntica conclusão deve ser perfilhada no caso de imitação da aparência visual do estabelecimento através do qual o produto ou serviço é fornecido.

---

[30] Cfr. A. Ramella, Tratado de la Propiedad Industrial, (tradução espanhola), Tomo II, 1913, pág. 348.

[31] Cfr. G. Auletta e V. Mangini, Della Concorrenza, in Commentario del Codice Civile a cura di A. Scialoja e G. Branca, 2ª ed., 1973, pág. 156, e jurisprudência e doutrina citadas em (1).

[32] Cfr. André Bertrand, Droit Français de la Concurrence Déloyale, 1998, pág. 57.

[33] Cfr. J.G. Pinto Coelho, Lições, pág. 438; Ferrer Correia, Lições, pág. 353, nota (1); Patrício Paúl, Concorrência Desleal, pág. 58, Oliveira Ascensão, o Princípio da Prestação, pág. 15, e Concorrência Desleal, pág. 424.

A protecção do "trade dress" através da repressão da concorrência desleal pode aplicar-se cumulativa ou alternativamente à protecção conferida pela marca, pelo desenho ou modelo e pelo direito de autor.

Há, no entanto, que ter presente que os interesses protegidos por lei não são os mesmos num e noutro caso.

Na protecção do "trade dress" através da repressão da concorrência desleal, a lei visa evitar a confusão entre a aparência visual de produtos idênticos ou semelhantes, mas provenientes de origem diferente, ainda que essa aparência não goze da protecção inerente a direito privativo.

Na protecção conferida pela marca, pelo desenho ou modelo e pelo direito de autor, o respectivo objecto é distintividade ou a criação de espírito assim concretizadas.

Lisboa, 25 de Outubro de 2005

OS DESENHOS OU MODELOS COMUNITÁRIOS

Dr. Carlos Olavo[1]
Advogado

SUMÁRIO:
1. Introdução. 2. O Objecto da Protecção. 3. As Modalidades de Protecção. 4. Requisitos da Protecção. 5. Articulação com os Sistemas Nacionais de Protecção. 6. Balanço das Vantagens e Inconvenientes do Sistema de Desenhos ou Modelos Comunitários

1. Introdução

Em termos clássicos, os direitos de propriedade industrial estão sujeitos ao princípio da territorialidade.

A internacionalização dos mercados tem no entanto, determinado a necessidade de internacionalizar também as regras de propriedade industrial, impondo que a protecção dos direitos privativos ultrapasse os limites geográficos de cada país.

Esta necessidade é especialmente evidente no âmbito da União Europeia e do Mercado Único que visa instituir.

Há várias modalidades de internacionalização das regras de propriedade industrial, que correspondem, aliás, à evolução histórica do fenómeno.

---

[1] Agente Oficial da Propriedade Industrial, Mandatário junto do Instituto Europeu de Patentes, Mandatário junto do Instituto de Harmonização do Mercado Interno (Marcas, Modelos e Desenhos), Presidente da Associação Portuguesa dos Consultores em Propriedade Industrial.

É o caso do reconhecimento mútuo, instituído pela Convenção da União de Paris.

É também o caso da unificação de formalidades, de que é exemplo o Sistema de Madrid sobre o Registo Internacional de Marcas, de que Portugal é parte, ou os Acordos de Haia sobre o Registo Internacional de Desenhos e Modelos, criados em 1925 e em vias de revisão pelo Acordo de Genebra de 1999, mas aos quais o nosso país não aderiu.

É ainda o caso da harmonização das legislações dos Estados membros da União Europeia, que tem vindo a ser levada a efeito relativamente a vários direitos privativos de propriedade industrial.

Assim, no que respeita a desenhos e modelos, a legislação europeia encontra-se harmonizada através da Directiva 98/71/CE, do Parlamento Europeu e do Conselho, de 13 de Outubro de 1998, a ser transposta até 28 de Outubro de 2001.

Mas as necessidades do Mercado Único europeu levaram ao reconhecimento da vantagem de instituir sistemas de protecção de direitos privativos que vigorassem em todos os Estados membros da União, em igualdade de condições.

Daí o surgimento de direitos supranacionais, criados por referência à legislação comunitária, independentemente de qualquer legislação nacional.

Tais direitos estão consequentemente sujeitos, quer em termos formais, quer em termos substanciais, à legislação europeia, e o respectivo âmbito geográfico de protecção coincide com a União Europeia.

Os desenhos ou modelos comunitários, criados pelo Regulamento (CE) n.° 6/2002, do Conselho, de 12 de Dezembro de 2001, que entrou em vigor em 6 de Março de 2002, reconduzem-se precisamente a uma das modalidades de tais direitos supranacionais europeus.

2. O Objecto da Protecção

Prevê o citado Regulamento a protecção dos desenhos ou modelos comunitários.

A expressão "desenho ou modelo" designa a aparência da totalidade ou de uma parte de um produto resultante das suas características, nomeadamente das linhas, contornos, cores, forma, textura e/ou materiais do próprio produto e/ou da sua ornamentação (artigo 3.°, alínea a)).

É, pois, o aspecto exterior do produto, no todo ou em parte, que é protegido através dos desenhos e modelos comunitários.
Abrange assim realidades bidimensionais e tridimensionais.

3. As Modalidades de Protecção

O Regulamento estabelece duas modalidades distintas de protecção:

- – os desenhos ou modelos não registados;
- – os desenhos ou modelos registados.

Os desenhos ou modelos não registados representam uma modalidade nova de direito, uma vez que são independentes de registo ou qualquer outra formalidade.

O correspondente direito surge com a primeira divulgação ao público na Comunidade (artigo 11.°).

Isto significa que o modelo ou desenho deve ser publicado, exposto, utilizado no comércio ou divulgado de qualquer outro modo, de tal forma que estes factos possam ter chegado ao conhecimento dos meios especializados do sector em causa que operam na Comunidade, pelas vias normais e no decurso da sua actividade corrente.

O direito ao desenho ou modelo não registado tem uma duração de 3 anos a contar da data da primeira divulgação na Comunidade (artigo 11.°).

Este direito tem por conteúdo a faculdade de proibir que terceiro utilize o desenho ou modelo sem o consentimento do seu titular, se tal uso resultar de uma cópia do desenho ou modelo protegido (artigo 19.°, n.° 2).

Considera-se que o uso em litígio não é resultante de uma cópia de desenho ou modelo protegido se resultar de um trabalho de criação independente, realizado por um criador de que não se possa razoavelmente pensar que conhecia o desenho ou modelo divulgado pelo seu titular.

Deste modo, qualquer nova criação estética, que possua carácter singular, divulgada ao público na Comunidade após a entrada em vigor do regulamento, passa a estar automaticamente protegida em todo o território da União Europeia.

Os desenhos ou modelos registados representam outra modalidade de protecção, desta feita sujeita a registo no Instituto para a Harmonização do Mercado Interno (Marcas, Desenhos e Modelos) (IHMI), criado pelo Regulamento n.° 40/94/CE, do Conselho, de 20 de Dezembro de 1993.

O processo de registo é simples, havendo apenas um exame formal com vista a determinar que o objecto requerido é susceptível de protecção e que não é contrário à ordem pública e aos bons costumes (artigo 47.°).

Afasta-se assim qualquer exame substancial, bem como a existência de oposição no processo administrativo, só sendo tais oposições possíveis depois de concedido o registo, através de pedido de declaração de nulidade (artigo 24.°).

Uma vez efectuado esse registo, o desenho ou modelo beneficia de protecção em todos os países da União Europeia.

O correspondente direito tem a duração de 5 anos a contar da data do depósito do pedido, renováveis por um ou mais períodos de 5 anos, até ao máximo de 25 anos.

O titular do desenho ou modelo registado dispõe de um direito mais forte de que o titular de desenho ou modelo não registado.

De facto, tem o direito exclusivo de utilizar o desenho ou modelo registado e de proibir que um terceiro o utilize sem o seu consentimento, não havendo necessidade de fazer qualquer outra prova (artigo 19.°, n.°1).

A protecção abrange, pois, mesmo o caso da imitação resultar de trabalho de criação independente.

O titular não precisa assim, ao invés do que se passa nos desenhos e modelos não registados, de provar que a imitação é uma cópia.

E, com o registo, passa a dispor de uma presunção de validade do desenho ou modelo que só pode ser contestada por via de pedido reconvencional de declaração de nulidade, ou por via de excepção nesse sentido, no caso de existir um direito nacional anterior (artigo 85.°, n.° 1).

Já a presunção de validade de desenho ou modelo comunitário não registado depende da prova, pelo titular do direito, de que estão reunidas as condições de protecção, e da indicação dos aspectos que o desenho ou modelo apresenta carácter singular.

4. Requisitos da Protecção

Quer os desenhos ou modelos comunitários não registados, quer os registados, devem obedecer aos mesmos requisitos de protecção.

Para que o desenho ou modelo seja protegido, tem de ser novo e de possuir carácter singular (artigo 4.°).

Define o artigo 5.° quando se entende que o desenho ou modelo é novo.

Diz este artigo, sob a epígrafe "novidade":

"1 – Um desenho ou modelo será considerado novo se nenhum desenho ou modelo idêntico tiver sido divulgado ao público:

a) No caso de um desenho ou modelo comunitário não registado, antes da data em que o desenho ou modelo para o qual é reivindicada protecção tiver sido pela primeira vez divulgado ao público;

b) No caso de um desenho ou modelo comunitário registado, antes da data de depósito do pedido de registo do desenho ou modelo para o qual é reivindicada protecção ou, caso seja reivindicada prioridade, antes da data de prioridade.

2 – Os desenhos ou modelos serão considerados idênticos se as suas características diferirem apenas em pormenores insignificantes."

O artigo 6.º, sob a epígrafe "carácter singular", define este requisito nos termos seguintes:

"1 – Considera-se que um desenho ou modelo possui carácter singular se a impressão global que suscita no utilizador informado diferir da impressão global suscitada nesse utilizador por qualquer desenho ou modelo divulgado ao público:

a) No caso de um desenho ou modelo comunitário não registado, antes da data em que o desenho ou modelo para o qual é reivindicada protecção tiver sido pela primeira vez divulgado ao público;

b) No caso de um desenho ou modelo comunitário registado, antes da data de depósito do pedido de registo do desenho ou modelo para o qual é requerida protecção ou, caso seja reivindicada prioridade, antes da data de prioridade.

2 – Na apreciação do carácter singular, será tido em consideração o grau de liberdade de que o criador dispôs na realização do desenho ou modelo."

E, no artigo 7.º, indica-se o que se deve entender por divulgação ao público:

"1 – Para efeitos dos artigos 5.º e 6.º, considera-se que um desenho ou modelo foi divulgado ao público se tiver sido divulgado na sequência do depósito do pedido de registo ou em qualquer outra circunstância, apresentado numa exposição e utilizado no comércio ou

divulgado de qualquer outro modo, antes da data mencionada na alínea a) do n.º 1 do artigo 5.º e na alínea a) do n.º 1 do artigo 6.º ou na alínea b) do n.º 1 do artigo 5.º e na alínea b) do n.º 1 do artigo 6.º, conforme o caso, excepto se estes factos não puderem razoavelmente ter chegado ao conhecimento dos meios especializados do sector em causa que operam na Comunidade pelas vias normais e no decurso da sua actividade corrente. No entanto, não se considerará que o desenho ou modelo foi revelado ao público pelo simples facto de ter sido revelado a um terceiro em condições explícitas ou implícitas de confidencialidade.

2 – Para efeitos dos artigos 5.º e 6.º, a divulgação de um produto não será tida em consideração se o desenho ou modelo para o qual é requerida protecção na qualidade de desenho ou modelo comunitário registado tiver sido divulgado ao público:

a) Pelo criador, pelo seu sucessível ou por um terceiro com base em informações fornecidas pelo criador ou pelo seu sucessível ou na sequência de medidas por eles tomadas; e

b) Durante o período de 12 meses que antecede a data de depósito do pedido ou, caso seja reivindicada prioridade, antes da data de prioridade.

3 – O disposto no n.º 2 também é aplicável se o referido desenho ou modelo tiver sido divulgado ao público em resultado de um abuso relativamente ao criador ou ao seu legítimo sucessor."

Verificados os mencionados requisitos, o âmbito da protecção conferida por um desenho ou modelo comunitário abrange qualquer desenho ou modelo que não suscite no utilizador informado uma impressão global diferente (artigo 10.º, n.º 1).

5. Articulação com os Sistemas Nacionais de Protecção

O sistema de protecção de desenhos ou modelos comunitários coexiste com os vários sistemas nacionais, que se mantêm.

Estes sistemas podem, aliás, ter reflexos relativamente aos desenhos e modelos comunitários.

De facto, o direito ao desenho ou modelo comunitário pertence, em princípio ao criador e ao seu sucessível, e, quando criado por duas ou mais pessoas, conjuntamente a todas elas (artigo 14.º, n.ºs 1 e 2).

Contudo, sempre que um desenho ou modelo for realizado por um trabalhador por conta de outrem no desempenho das suas funções ou segundo instruções dadas pelo seu empregador, o direito ao desenho ou modelo pertence a este último, salvo convenção ou disposição da legislação nacional aplicável em contrário (artigo 14.°, n.° 3).

Note-se que o criador tem o direito de ser mencionado nessa qualidade perante o Instituto e no registo e que, se o desenho ou modelo resultar de um trabalho de equipa, a menção de equipa pode substituir a menção dos vários criadores (artigo 18.°).

Os sistemas nacionais de protecção podem ainda ter reflexo no caso de cúmulo de protecções para as criações estéticas através, não só dos desenhos ou modelos, como também das marcas e sobretudo, dos direitos de autor.

Com efeito, a protecção dos desenhos ou modelos não prejudica as disposições do direito dos Estados membros em matéria de direitos não registados sobre marcas ou outros distintivos, patentes e modelos de utilidade, caracteres tipográficos, responsabilidade civil ou concorrência desleal (Directiva 97/71/CE, artigo 16.°).

E, nos termos do artigo 17.° desta mesma Directiva, qualquer desenho ou modelo protegido por registo num Estado membro, beneficia igualmente de protecção conferida pelo direito de autor desse Estado a partir da data em que o desenho ou modelo foi criado ou definido sobre qualquer forma, cabendo a cada Estado membro determinar o âmbito dessa protecção e as condições em que é conferida, incluindo o grau de originalidade exigido.

Ora, como, na prática, muitos desenhos ou modelos são também protegidos através do direito de autor e este é definido a nível nacional, não pode o correspondente sistema deixar de ser tido em atenção.

6. Balanço das Vantagens e Inconvenientes do Sistema de Desenhos ou Modelos Comunitários

Na União Europeia, actualmente qualquer interessado pode escolher entre os sistemas nacionais e o sistema comunitário.

O sistema comunitário permite uma protecção uniforme, em igualdade de circunstâncias em todos os países da União Europeia.

E fá-lo através de processos bastante simples.

Os desenhos ou modelos comunitários não registados não implicam qualquer custo, nem formalidade, para serem protegidos.

Representam, porém, uma protecção limitada, quer quanto à duração, quer quanto ao conteúdo.

Além disso, podem implicar a exclusão de acesso aos sistemas de registo internacional.

Tal exclusão, no entanto, não é absoluta, uma vez que, em face do «período de graça» estabelecido no artigo 7.º, n.º 2, alínea b), do Regulamento, depois de divulgado ao público na Comunidade o desenho ou modelo, dispõe ainda o interessado do prazo de 12 meses para proceder ao respectivo registo.

O sistema de desenhos ou modelos registados já implica formalidades (o processo de registo) com os inerentes custos, mas, dada a ausência de exame e oposição prévia administrativa, tais formalidades são muito simplificadas.

Trata-se de direito que pode ter duração até 25 anos e de conteúdo forte.

Daqui decorre que os sectores de actividade que procuram uma protecção simples, ainda que mais frágil e de curta duração, por os respectivos desenhos ou modelos terem um período limitado de utilidade, tais como os têxteis e os da moda, estarão preferencialmente interessados no sistema da protecção automática e sem custos que os desenhos ou modelos não registados representam.

Já os sectores de actividade que valorizam as vantagens da certeza e segurança atinentes ao registo e a maior força e duração da protecção, estarão interessados ou nos vários sistemas nacionais ou nos desenhos ou modelos comunitários registados.

Neste contexto, a escolha entre os sistemas nacionais e os desenhos ou modelos comunitários registados depende, em última análise, dos mercados aos quais os interessados se pretendam dirigir.

Assim, no que respeita a pequenas e médias empresas que actuem apenas a nível nacional ou regional, será mais fácil e mais barato obter protecção a esses níveis, sem incorrer nos custos que protecções de âmbito geográfico mais amplo determinam.

Já as empresas de maior dimensão, que actuem a nível global, podem, com o sistema de desenhos ou modelos comunitários, obter, através de um único pedido, protecção equivalente em todo o território da União Europeia.

Há, no entanto, que ter em atenção que a circunstância de o desenho ou modelo abranger a totalidade dos países da União Europeia determina um acréscimo de risco de invalidade do direito, dada a dispersão geográfica relativamente à qual os registos de protecção devem ser aferidos.

Desta sorte, se a protecção efectiva dos seus desenhos ou modelos for uma prioridade, os interessados não podem descurar os sistemas nacionais existentes, suprindo assim, através de sistemas fortes, as fragilidades que o sistema de desenhos ou modelos comunitários encerra.

PROPRIEDADE INTELECTUAL E CONCORRÊNCIA DESLEAL EM MACAU (BREVE APONTAMENTO)

ALEXANDRE DIAS PEREIRA
Assistente da Faculdade de Direito da Universidade de Coimbra

SUMÁRIO:
§ 1. Fontes: 1.1. Código da Propriedade Industrial, Código do Direito de Autor e Código Comercial; 1.2. A propriedade intelectual no Código Civil de Macau; § 2. Patentes, Modelos e Desenhos Industriais: 2.1. Objectos de patentes; 2.2. Requisitos de protecção e procedimento de emissão de patente; 2.3. Noção de modelos e desenhos industriais; 2.4. Requisitos de protecção e registo; 2.5. Conteúdo do direito exclusivo. § 3. Marcas: 3.1. A marca como sinal distintivo; 3.2. Composição; 3.3. Registo; 3.4. Direitos atribuídos. § 4. Direito de autor e direitos conexos: 4.1. Obras literárias e artísticas; 4.2. Requisitos de aquisição do direito de autor; 4.3. Titularidade de direitos; 4.4. Direitos económicos; 4.5. Direitos morais; 4.6. Limites de protecção; 4.7. Direitos conexos; 4.8. Protecção das medidas técnicas. § 5. Concorrência desleal: 5.1. A cláusula geral da concorrência desleal no Código Comercial; 5.2. Os tipos de actos de concorrência desleal; 5.3. Actos de concorrência desleal ou práticas comerciais desleais? 5.4. Sanções. §6. Conclusão.

§ 1. Fontes

1.1. *Código da Propriedade Industrial, Código do Direito de Autor e Código Comercial*

Enquanto membro da Organização Mundial do Comércio e em ordem a cumprir as exigências do Acordo sobre Aspectos dos Direitos de

Propriedade Intelectual relacionados com o Comércio (ADPIC), Macau adoptou, ainda sob administração portuguesa, um novo quadro legal de direitos de propriedade intelectual.[1]

Por um lado, o Decreto-Lei n.º 97/99/M, de 13 de Dezembro, aprovou o novo Código da Propriedade Industrial (CPI), relativo a patentes (incluindo a protecção de novas espécies vegetais), modelos e desenhos industriais, marcas (incluindo marcas de serviços), indicações geográficas (incluindo denominações de origem) e as topografias de produtos semicondutores (circuitos integrados).

Por outro lado, o Decreto-Lei n.º 43/99/M, de 16 de Agosto, aprovou o novo "Código" do Direito de Autor e dos Direitos Conexos (CDA). Em vista das obrigações da OMC/ADPIC, o direito de autor macaense foi harmonizado em conformidade com o Acto de Paris de 1971 da Convenção de Berna para a Protecção das Obras Literárias e Artísticas e com a Convenção de Roma de 1961 para a Protecção dos Artistas Intérpretes ou Executantes, dos Produtores de Fonogramas e dos Organismos de Radiodifusão.

Para além dos direitos de propriedade intelectual, é estabelecido um novo regime da concorrência desleal no novo Código Comercial de Macau, aprovado pelo Decreto-Lei n.º 40/99/M, de 3 de Agosto.

1.2. *A propriedade intelectual no Código Civil de Macau*

À semelhança do Código Civil Português (art. 1303.º), o novo Código Civil de Macau, aprovado pelo Decreto-Lei n.º 39/99/M, de 3 de Agosto, insere a propriedade intelectual no capítulo relativo à propriedade e consagra a figura unitária da propriedade intelectual no sentido de abranger a propriedade industrial e os direitos de autor (art. 1227.º), acrescentando-lhes a empresa comercial enquanto objecto de direitos de propriedade tal como previsto no Código Comercial (art. 95.º). Este estudo apresenta, de forma sucinta e em traços largos, os novos regimes

---

[1] Esta legislação foi mantida com a Lei de reunificação e com a transformação de Macau numa Região Administrativa Especial (RAEM) da República Popular da China (RPC). Sobre a estrutura da RAEM estabelecida pela Lei Básica ver José Casalta Nabais, *Região Administrativa Especial de Macau: Federalismo ou Regionalismo?*, Boletim da Faculdade de Direito, LXXVII 2001, 433-448.

da propriedade intelectual e da concorrência desleal no direito macaense.[2]

§ 2. Patentes, Modelos e Desenhos Industriais

2.1. *Objectos de patentes*

O direito de patente protege invenções, i.e. ideações novas que tornam possível a solução prática de problemas específicos no campo da tecnologia. Todavia, nem todas as invenções podem ser protegidas, já que são previstos limites ao objecto das patentes. Por exemplo, as descobertas, as teorias científicas, os métodos matemáticos, as regras de jogos, processos negociais, programas de computador e processos de clonagem humana não podem ser objecto de patentes (CPI, art. 62).

2.2. *Requisitos de protecção e procedimento de emissão de patente*

Para ser protegida ("patenteável"), a invenção deve cumprir certos requisitos (CPI, arts. 61.º a 68.º): 1. ter novidade, no sentido de ainda não ter sido publicada ou usada publicamente; 2. resultar de actividade inventiva, no sentido de não resultar óbvia para qualquer especialista no domínio industrial em apreço no caso de ser pedido a esse especialista para encontrar uma solução para o problema particular; 3. ser susceptível de aplicação industrial, i.e. poder ser produzida ou utilizada industrialmente.

Por outro lado, a emissão de patente está sujeita a um procedimento especial. Para obter uma patente é necessário apresentar um pedido de patente junto do Gabinete de Patentes do Executivo da RAEM (CPI, art. 77.º

---

[2] Ver José de Oliveira Ascensão, *A situação da propriedade intelectual em Macau*, Revista da Faculdade de Direito da Universidade de Lisboa, XLII, 2/2001, 691-734; Jianhong Fan, *Comparative Analysis Concerning Trips of WTO and Copyright in Macau*, in Revista de Administração Pública de Macau, n° 60, 6/2003, 437-450/637-658. V. tb. Gonçalo Cabral, *A localização do Direito de Autor*, in Boletim da Faculdade de Direito, Universidade de Macau, n.º 7, 121; António de Jesus Pedro, *A disciplina da concorrência e a concorrência desleal*, in Boletim da Faculdade de Direito, Universidade de Macau, n.º 9, 65.

ss), o qual emitirá um título de patente que descreve a invenção e cria uma situação jurídica que atribui ao titular da patente o direito exclusivo de exploração económica (produção, uso, venda, importação) da patente (CPI, art. 104.°) por um período de 20 anos contados a partir da entrada do pedido de patente no serviço competente (CPI, art. 103.°, 1).

2.3. Noção de modelos e desenhos industriais

Os modelos industriais são definidos como criações cuja aparência representa um produto, no seu todo ou em parte, em virtude de certas características como linhas, contornos, cores, formas, texturas e/ou os materiais utilizados no próprio produto e/ou na sua ornamentação (CPI, art. 150.°).

Fundamentalmente, um desenho industrial é o aspecto ornamental de um produto utilitário. Este aspecto ornamental pode ser constituído por elementos tridimensionais (a forma do produto) ou bidimensionais (linhas, designs, cores), sendo protegido na medida em que não seja ditado apenas ou essencialmente por razões de ordem técnica ou funcional (CPI, art. 156.°, 1-a). De notar que certos tipos de desenhos industriais podem ser também protegidos como obras de arte pelos direitos de autor (CPI, art. 179.°, e CDA, art. 2.°, 1(i), relativo a obras originais de arte aplicada, desenhos ou modelos industriais e obras de design que constituam criações artísticas).

2.4. Requisitos de protecção e registo

Para ser objecto de propriedade industrial, um desenho industrial deve ser original ou novo, ou, no caso de não ser inteiramente novo, poderá ser protegido se envolver combinações novas de elementos conhecidos ou uma configuração diferente de elementos já utilizados que confiram ao respectivo objecto um carácter único (CPI, art. 152.°, 2). Além disso, o desenho industrial deve ser registado no órgão competente para os desenhos industriais (ver CPI, arts. 152.° a 158.°), obedecendo aos trâmites de um certo procedimento de candidatura (CPI, art. 160.° ss).

2.5. Conteúdo do direito exclusivo

No caso de a protecção de um desenho industrial ser atribuída, terceiros sem autorização do titular de direitos não podem produzir, vender ou importar produtos que apresentem ou contenham um desenho que seja uma cópia, ou substancialmente uma cópia, do desenho protegido, quando tais actos sejam levados a cabo para fins comerciais (CPI, arts. 177.° e 178.°).

§ 3. Marcas

3.1. *A marca como sinal distintivo*

Uma marca é um signo, ou uma combinação de signos, capaz de distinguir os produtos ou serviços de uma empresa dos de outras empresas (comerciais ou não). Para ser protegida, uma marca deve ser um sinal distintivo de bens (em sentido amplo), obedecendo a certos requisitos.

3.2. *Composição*

Relativamente à sua composição, o signo pode ser composto por uma ou mais palavras, letras, números, desenhos ou imagens, emblemas, cores ou combinações de cores com capacidade distintiva. Pode também ser tridimensional, tal como a forma de embalagens ou contentores do produto, na medida em que essa forma não seja ditada apenas pela sua função (CPI, art. 199.°, 1-a). O signo pode ainda resultar de uma combinação dessas composições (arts. 197.° a 199.°).

Todavia, certos elementos, como os signos ou as indicações que se tornaram de uso linguístico corrente ou habituais segundo os ditames da boa-fé e das práticas comerciais estabelecidas, não podem ser objecto de uso exclusivo, salvo se tais signos tiverem adquirido carácter distintivo na prática comercial (CPI art. 199.°, 1-b, 2, consagrando a doutrina do «*secondary meaning*»).

3.3. Registo

Apesar de as marcas não registadas também beneficiarem de alguma protecção (CPI, art. 202.º), em especial no que respeita às marcas célebres e de grande prestígio objecto de tutela especial (CPI, art. 214.º, 1-b/c), em termos gerais, é necessário, para obter protecção efectiva, que a marca seja registada no Gabinete de marcas (DES, Secretaria da Economia) de acordo com o procedimento de registo (CIP, arts. 204.º ss). O registo da marca é feito em relação a bens ou serviços específicos e tem a duração de 7 (sete) anos, podendo ser renovado (CPI, art. 218.º).

O registo pode ser recusado se, por exemplo, o signo for deceptivo ou enganoso, isto é, se for susceptível de enganar o público relativamente à natureza, qualidades, utilidade ou origem geográfica do produto ou serviço para o qual se pretenda utilizar a marca (CPI, art. 214.º, 2-a).

3.4. Direitos atribuídos

Em princípio, só o titular de marca registada pode usá-la para bens ou serviços idênticos ou semelhantes àqueles para os quais a marca é registada (princípio da especialidade). Além disso, qualquer uso não autorizado de um signo semelhante à marca protegida é também proibido, se um tal uso puder gerar confusão no público (CPI, art. 219.º, 1).

O direito exclusivo inclui também o uso das marcas em documentos, impressos, páginas de computador, publicidade e documentos relativos à actividade empresarial do titular da marca (CPI, art. 219.º, 2). Parece assim que a função publicitária da marca é abrangida no âmbito de protecção. Todavia, o direito exclusivo não abrange o uso da marca registada sempre que tal seja necessário para indicar a origem de um produto ou serviço, nomeadamente no que respeita a acessórios ou peças suplentes, na medida em que tal uso seja feito de acordo com as normas e práticas honestas da actividade industrial e comercial (CPI, art. 220.º-c).

As marcas notórias e as marcas de grande prestígio são objecto de protecção reforçada, em especial estas últimas cuja tutela supera o círculo tradicionalmente delimitado pelo princípio da especialidade (CPI, art. 214.º, 1-b/c, 291.º).

§ 4. Direito de autor e direitos conexos

4.1. *Obras literárias e artísticas*

De acordo com os tratados internacionais, o direito de autor macaense protege obras literárias e artísticas, isto é, criações originais nos campos da literatura e das artes, independentemente da forma de expressão dessas obras, quer se trate de letras, símbolos, música, imagens, objectos tridimensionais ou combinações desses elementos tal como no caso de óperas e de filmes animados (CDA, art. 1.º).

Exemplos de tipos de obras protegidas são, nomeadamente (CDA, arts. 2.º e 3.º): obras literárias (e.g. romances e poemas), incluindo programas de computador e obras orais (i.e. obras não reduzidas a escrito), obras musicais (e.g. canções e óperas), obras coreográficas; obras artísticas (e.g. pinturas e esculturas), mapas e desenhos técnicos, obras fotográficas (e.g. retratos); obras audiovisuais, i.e. filmes animados e obras cinematográficas, bem como as chamadas obras derivadas (traduções, adaptações) e colectâneas (compilações) de obras ou de meros dados (bases de dados), e obras de arte aplicada (e.g. jóias artísticas). Os programas de computador e as bases de dados são incluídos *tout court* no catálogo de obras susceptíveis de protecção, sem regimes especiais de descompilação de software e de tutela do fabricante de bases de dados semelhantes às directivas comunitárias.[3]

De todo o modo, a protecção incide apenas sobre a forma literária ou artística da expressão da obra (na medida em que seja original), com exclusão das ideias, processos, sistemas, métodos operativos, conceitos, princípios ou descobertas, enquanto tais, que estejam contidos na obra (CDA, art. 1.º, 2). Daqui poderá retirar-se a não protecção pelo direito de autor dos algoritmos subjacentes aos programas de computador e dos critérios que presidem à elaboração de estruturas das bases de dados, enquanto tais.

---

[3] Directiva n.º 91/250/CEE, do Conselho, de 14 de Maio, relativa à protecção jurídica dos programas de computador; Directiva 96/9/CE, do Parlamento Europeu e do Conselho, de 11 de Março de 1996, relativa à protecção jurídica das bases de dados.

4.2. *Requisitos de aquisição do direito de autor*

A aquisição do direito de autor é independente de formalidades, tais como registo ou depósito (CDA, art. 10.°), ou seja, a protecção do direito de autor começa assim que a obra é criada (CDA, art. 1.°, 3).

A originalidade é o requisito básico de protecção. Uma obra é considerada original quando resulta do esforço criativo próprio do autor, ao invés de ser mera apropriação da criação de outra pessoa. Não obstante, apesar de originais, certas obras não são protegidas, tais como os requerimentos apresentados às autoridades públicas, os discursos políticos e os textos oficiais (CDA, arts. 5.° e 6.°).

4.3. *Titularidade de direitos*

Quanto aos beneficiários de protecção, o direito de autor pertence geralmente ao autor (ou autores) da obra (CDA, art. 9.° e art. 14.°). Contudo, são previstas algumas excepções. Por exemplo, o empregador pode ser considerado o titular dos direitos económicos se o autor for, ao tempo da criação da obra, um seu empregado/trabalhador com o propósito de criar a obra (CDA, art. 12.°, 3). Trata-se de um caso de cessão legal dos direitos económicos ao empregador, ficando os direitos morais na esfera do autor. O mesmo vale para as obras criadas por encomenda.

Além disso, são previstas as obras colectivas (CDA, art. 16.°), no sentido de atribuir originariamente os direitos à entidade que organiza e dirige a sua criação e em nome de quem a obra é publicada. Parece assim consagrar-se uma excepção ao princípio da autoria, atribuindo-se os direitos originariamente não ao criador mas à entidade, incluindo uma pessoa colectiva, que dirija, organize e em nome de quem seja publicada a obra. É uma figura doutrinalmente polémica, já que em última instância se traduziria numa forma de direitos de autor sem autor. Entendemos, por isso, que se trata de uma regra de atribuição dos direitos económicos sobre certas obras, no sentido de premiar o investimento das entidades que organizam e dirigem a sua criação e em nome de quem são publicadas. Tal não deverá prejudicar os direitos de autor sobre cada uma das contribuições individuais, desde logo na sua vertente moral.

4.4. *Direitos económicos*

A protecção pelo direito de autor significa, em termos gerais, que certas utilizações da obra apenas são lícitas se forem feitas com autorização do titular do direito exclusivo de exploração económica. O direito de autor macaense prevê um amplo leque de direitos (CDA, arts. 7.°, 55.° e 56.°) abrangendo as utilizações mais típicas (que são independentes umas das outras) de obras, tais como:

1. o direito de copiar ou reproduzir qualquer tipo de obra;

2. o direito de distribuir cópias ao público, sujeito a esgotamento ou exaustão[4] sem prejuízo dos direitos de aluguer (art. 58.°);

3. o direito de alugar cópias de certas categorias de obras tais como programas de computador e obras audiovisuais;

4. o direito de fazer gravações sonoras de execuções de obras literárias ou artísticas;

5. o direito de representar em público, especialmente obras musicais, dramáticas ou audiovisuais;

6. o direito de comunicar ao público por cabo ou por qualquer outro meio as representações dessas obras e, em especial, de difundir por rádio, televisão ou outros meios sem fios, qualquer tipo de obra;

7. o direito de traduzir obras literárias;

8. o direito de adaptar qualquer tipo de obra e especialmente o direito de fazer obras audiovisuais a partir de outras obras.

O Código do Direito de Autor macaense prevê regimes detalhados para certos usos especiais, tais como a edição, a representação em palco, a produção de obras audiovisuais, a fixação e publicação de fonogramas e vídeos, a radiodifusão, a comunicação ao público, e as traduções (CDA, art. 67.° ss).

---

[4] No sentido de que se trata de esgotamento internacional, que não proíbe as importações paralelas, Augusto Teixeira Garcia, *Parallel Imports and IP Rights with Specific Regard to Macao*, in *Industrial Property in the Bio-Medical Age: Challenges for Asia*, Eds. C. Heath and A.K. Sanders, Kluwer Law International, 2003, 227 ("parallel importing of copyrighted goods is not prohibited by law.").

4.5. *Direitos morais*

Para além dos direitos económicos, aos autores (quer sejam ou não titulares de direitos económicos) são reconhecidos "direitos morais", nomeadamente o direito de reivindicar a paternidade das obras e de exigir que os seus nomes sejam indicados nas cópias das obras e em conexão com outros usos delas. De igual modo, os autores têm o direito de se oporem à mutilação ou deformação das suas obras bem como, em certas condições, o direito de retirada (CDA, arts. 7.°, 3, e 41.° a 48.°). Apesar de o titular do direito de autor poder, de um modo geral, transferir o seu direito ou autorizar certos usos da sua obra, os direitos morais são, todavia, inalienáveis e, em princípio, não podem ser objecto de renúncia.

4.6. *Limites de protecção*

Em algumas situações específicas não é concedido aos autores um direito exclusivo, mas antes um direito a remuneração (ver, por exemplo, os arts. 125.°, 2, e 130.° respeitantes à publicação e à radiodifusão de obras previamente fixadas) ou a uma compensação equitativa (ver arts. 62.°, 2-b, 137.°, 191.°, 2).

Contudo, certas utilizações, em especial o uso privado e determinados usos como citações, ilustração de ensino, revistas de imprensa incluindo o uso de artigos sobre assuntos políticos ou económicos em outros jornais, são "livres de direitos de autor" ("copyright free"), isto é, tais utilizações livres não requerem nem autorização do, nem remuneração para o titular dos direitos (CDA, art. 60.° a 62.°). Com efeito, o direito de autor macaense não prevê um sistema de compensação pela liberdade de reprodução para uso privado e para outros fins (*levies*).

Quanto à duração, o direito de autor é temporalmente limitado. A regra geral é o prazo de protecção começar ao tempo da criação da obra e terminar 50 anos após a morte do autor (*post mortem auctoris*), caindo então no domínio público (CDA, arts. 21.° e 25.°).

4.7. *Direitos conexos*

Os artistas intérpretes ou executantes, os produtores de fonogramas, as organizações de radiodifusão e os organizadores de espectáculos públicos beneficiam de certos direitos conexos (CDA, arts. 170.° ss). De referir, em especial, a consagração expressa do direito conexo ao espectáculo que é atribuído aos organizadores de espectáculos públicos, incluindo produções artísticas e eventos desportivos (CDA, art. 193.° ss).[5] Deve tratar--se de espectáculos de acesso reservado e o respectivo organizador terá o direito de proibir a filmagem em qualquer meio das representações, a gravação de execuções musicais ou qualquer outro espectáculo essencialmente sonoro, e a comunicação ao público no decurso da representação das suas imagens e sons por radiodifusão ou por quaisquer outros meios (CDA, art. 194.°).

4.8. *Protecção das medidas técnicas*

Tendo em conta os Tratados da OMPI sobre direito de autor e certos direitos conexos, a nova lei de Macau prevê a tutela jurídica das medidas técnicas de protecção e de gestão de direitos.

Por um lado, sanciona criminalmente quem, com intenção de fazer ou de permitir a terceiros que façam cópias ilegais, utilizar, produzir, importar ou comercializar qualquer equipamento destinado a neutralizar um dispositivo técnico que os titulares do direito de reprodução de obras protegidas, fonogramas ou videogramas usem para impedir ou dificultar a sua reprodução não autorizada (CDA, art. 213.°).

Por outro lado, sanciona criminalmente quem, com intenção de infringir ou de permitir a terceiros que infrinjam direitos protegidos ao abrigo do Código, removam ou alterem qualquer aviso, informação ou código utilizado por titular de direitos sobre o original ou cópias de uma obra protegida, fonograma ou videograma, de modo a identificá-los ou os seus direitos sobre eles, os seus titulares, ou as suas condições de utilização (CDA, art. 214.°).

Esta tutela das medidas técnicas de protecção e de gestão de direitos não prejudica os limites de protecção dos direitos de autor previstos no Código, nomeadamente no que respeita à liberdade de reprodução para

---

[5] Sobre este direito apenas implicitamente previsto na lei portuguesa e para uma análise de uma figura semelhante no direito brasileiro (o chamado direito de arena), ver de José de Oliveira Ascensão: *Direito de Autor e Direitos Conexos*, Coimbra, 1992, 590; *Direito à informação e direito ao espectáculo*, Revista da Ordem dos Advogados, 1988, 15; *Uma inovação da lei brasileira: o direito de arena*, RDJ 1980, 91.

uso privado. De todo o modo, seria importante estabelecer um regime de compensação pela reprodução para uso privado e outros usos permitidos por lei, de modo a atribuir aos autores e titulares de direitos alguma pretensão remuneratória que lhes permita compensar prejuízos decorrentes da reprodução no ambiente digital. Desse modo, preservar-se-á a liberdade de uso privado ligada à reserva da intimidade da vida privada, que de outro modo poderá ficar sujeita a devassa pelos titulares de direitos de autor.

§ 5. Concorrência desleal

5.1. *A cláusula geral da concorrência desleal no Código Comercial*

Em Macau, a proibição da concorrência desleal foi localizada no Código Comercial (CC)[6], rompendo-se com a tradição de incluir esta matéria no Código da Propriedade Industrial.

---

[6] Sobre o Código Comercial de Macau, ver o nosso *Business Law: A Code Study – The Commercial Code of Macau*, Coimbra, 2004; v. tb. J.H. Fan / A.D. Pereira, *Macau Commercial and Economic Law,* Jules Stuyck (ed.), in *International Encyclopaedia of Laws*, The Hague, Kluwer Law International, 2005. Sobre os trabalhos preparatórios, ver as Actas das Jornadas de Estudo sobre o Projecto de Código publicadas no Boletim da Faculdade de Direito de Macau, n.º 9; v. tb. Augusto Teixeira Garcia, *Da Reforma do Código Comercial*, in Boletim da Faculdade de Direito de Macau, vol. 7, 71. O Código Comercial de Macau é um legado da ciência jurídica Portuguesa (tributária da tradição da ciência jurídica europeia continental), que adopta a matriz empresarial do direito comercial, codifica diversos modelos doutrinais e segue de perto vários instrumentos da nossa legislação comercial. Com efeito, este Código inspira-se na matriz empresarial do direito comercial e, salvo em alguns aspectos, corresponde ao moderno direito comercial português (sobre a matriz empresarial do direito comercial ver Orlando de Carvalho, *Critério e estrutura do estabelecimento comercial, I – O problema da empresa como objecto de negócios*, Atlântida, Coimbra, 1967, Idem, *Empresa e lógica empresarial*, Coimbra, 1997 (sep. do BFD – Estudos em homenagem ao Prof. Doutor A. Ferrer Correia, vol. III); A. Ferrer Correia, *Reivindicação do estabelecimento comercial como unidade jurídica*, in *Estudos Jurídicos*, Atlântida, Coimbra, 1969, 255; Idem, *Lições de Direito Comercial*, vol. I (c/ colab. de Henrique Mesquita e António Caeiro), ed. copiogr, Coimbra, 1973; V.G. Lobo Xavier, *Direito Comercial* (Sumários das lições ao 3.º ano jurídico), ed. copiogr., Coimbra, 1977/1978; J. M. Coutinho de Abreu, *Da empresarialidade – As empresas no direito*, Coimbra, Almedina, 1996; Idem, *Curso de Direito Comercial*, vol. I, 4.ª ed., Coimbra, 2003, 16 ss). Na verdade, o Código macaense coloca em forma de lei boa parte do direito comercial que vigora em Portugal, ainda que de elaboração doutrinal e jurisprudencial. Exemplos disto são o regime da empresa enquanto objecto de direitos e de negócios (e.g., trespasse e locação

O Código Comercial estabelece a proibição de actos de concorrência desleal através de uma cláusula geral que se aplica a qualquer acto de concorrência que seja objectivamente contrário às normas e usos honestos da actividade económica (CC, art. 158.°). Parece, todavia, tratar-se de uma cláusula geral fechada, no sentido de que os actos de concorrência desleal são taxativamente tipificados no Código. Ou seja, embora a cláusula geral contenha elementos gerais dos diversos tipos de actos de concorrência desleal, só poderão ser considerados os que como tais estejam previstos no Código.

5.2. Os tipos de actos de concorrência desleal

Com efeito, a cláusula geral é ilustrada por uma série de actos típicos de concorrência que se consideram constituir, em certas circunstâncias, concorrência desleal (CC, arts. 159.° a 169.°).

Trata-se, nomeadamente, de: a) actos de confusão (o risco de associação pelo consumidor é suficiente para determinar a confusão – art. 159.°, 2); b) publicidade enganosa; c) vendas agressivas; d) comparações erróneas; e) imitação servil e parasitismo (apesar do princípio básico da liberdade de imitação, apenas limitado em termos gerais pela existência de um direito legal exclusivo, tal como patentes, marcas ou direitos de autor – CC, art. 164.°, 1); f) quebra de confidencialidade de segredos empresariais (incluindo toda e qualquer informação que tenha uso prático e confira benefícios económicos ao titular, não seja de conhecimento público e o titular do segredo tenha tomado medidas apropriadas para garantir a sua

---

de empresa), a possibilidade de desconsideração da personalidade societária em certas situações e, ainda, o dever dos sócios de respeitarem o interesse social, em especial no que respeita aos sócios dominantes. Além do mais, o Código reúne a regulamentação de modernos contratos de grande importância para a vida mercantil, como sejam os contratos de distribuição (agência, concessão comercial e franchising) e certos contratos financeiros (leasing, *factoring*, e as garantias bancárias), baseando-se em larga medida na legislação portuguesa (veja-se, por ex., os regimes da agência e do leasing) e tendo em conta também a moderna legislação mercantil (por ex., parece apoiar-se na lei espanhola que regula os contratos publicitários e tem em conta diversos instrumentos internacionais da *lex mercatoria*, por ex. a Convenção Uncitral sobre as garantias independentes). Um outro aspecto interessante é o facto de ser integrada no Código a regulação da concorrência desleal, o que se faz de modo bastante abrangente (regime das práticas concorrenciais desleais, que aproveita também aos consumidores).

confidencialidade – CC, art. 166.°, 2); g) instigação e exploração de rupturas contratuais (e.g. ter acesso aos segredos empresariais do concorrentes – CC, art. 167.°, 2); h) exploração da dependência económica; e f) vendas com prejuízo.

5.3. *Actos de concorrência desleal ou práticas comerciais desleais?*

O âmbito do regime da concorrência desleal é definido através de uma noção ampla de actos de concorrência que transcende a tradicional delimitação por referência a um sector de actividade ou mercado relevante. Neste regime, aparentemente, "todos são concorrentes de todos", já que os actos de concorrência são os praticados pelos operadores mercantis com fins concorrenciais independentemente da sua natureza empresarial e do facto de os operadores actuarem no mesmo ramo de actividade (CC, arts. 156.°, 1, e 157.°).[7]

Além disso, os fins de concorrência presumem-se sempre que os actos sejam objectivamente adequados a promover ou a assegurar a distribuição no mercado dos bens do operador mercantil ou de um terceiro (CC, arts. 156.°, 2).

De todo o modo, como ressalva o n.° 1 do art. 156.°, os comportamentos previstos neste capítulo consideram-se desleais quando sejam praticados no mercado com fins concorrenciais. Pelo que, mais uma vez, será necessário delimitar o círculo de beneficiários e de destinatários do regime da concorrência desleal por referência ao critério do sector de actividade mercantil ("mercado relevante"), sob pena de um advogado poder ser considerado concorrente de uma empresa de confecções ou de produtos alimentares...

---

[7] Esta parece ter sido a via trilhada pela Directiva 2005/29/CE do Parlamento Europeu e do Conselho, de 11 de Maio de 2005, relativa às práticas comerciais desleais das empresas face aos consumidores no mercado interno e que altera a Directiva 84/450/CEE do Conselho, as Directivas 97/7/CE, 98/27/CE e 2002/65/CE e o Regulamento (CE) n.° 2006/2004 («directiva relativa às práticas comerciais desleais»). De todo o modo, não nos parece que o regime instituído possa ter eficácia *erga omnes*, antes se exigindo, nas relações entre empresas ou profissionais, a presença de concorrentes, o que exige a mediação pelo critério do sector de actividade ("ou mercado relevante").

5.4. *Sanções*

Quanto a sanções contra a concorrência desleal, prevê-se, nomeadamente, mediante requerimento da parte lesada ou em acções colectivas intentadas por entidades representativas da categoria das partes interessadas (CC, art. 173.°), que o tribunal pode ordenar o término das práticas de concorrência desleal, e o concorrente desleal poderá ser obrigado a indemnizar os prejuízos causados culposamente presumindo-se a sua culpa em caso de acto de concorrência desleal (CC, arts. 171.° a 173.°). Esta inversão do ónus da prova poderá traduzir-se, na prática, num regime de responsabilidade objectiva pela concorrência desleal.

§ 6. Conclusão

Macau dispõe de um quadro legal moderno sobre propriedade intelectual e concorrência desleal, aprovado ainda durante administração portuguesa. Firmando as suas raízes no Código Civil, o tronco da "árvore" da propriedade intelectual divide-se em dois ramos que correspondem aos direitos de autor e conexos, por um lado, e aos direitos de propriedade industrial, por outro. Tratando-se de direitos funcionalmente dirigidos ao mercado, a sua protecção é reforçada por um regime de concorrência desleal situado agora no Código Comercial, que parece algo transmutado em disciplina das práticas comerciais desleais.

Em especial, são previstas soluções equilibradas no que respeita ao objecto do direito de patentes e é consagrada a teoria do *secondary meaning* no direito das marcas, que estabelece também a protecção especial das marcas de grande prestigio. Por outro lado, a legislação macaense dos direitos de autor terá consagrado, de forma pioneira, o esgotamento internacional do direito de distribuição. O quadro legal da propriedade intelectual procura cumprir as exigências do Acordo ADPIC/TRIPS, tendo em conta, de igual modo, os Tratados da OMPI(1996) sobre direitos de autor e conexos no ambiente digital. Nesse sentido, estabelece expressamente a protecção de programas de computador e bases de dados pelos direitos de autor, bem como a tutela das medidas técnicas de protecção e gestão de direitos.

A TUTELA JURÍDICA DA MODA PELO REGIME DOS DESENHOS OU MODELOS*

BÁRBARA QUINTELA RIBEIRO
Advogada

SUMÁRIO:
1. Introdução; razão de ordem. 2. Moda – uma *res nullius*? 3. Desenhos ou modelos. 3.1. Os desenhos ou modelos comunitários. 3.1.1. Os desenhos ou modelos comunitários registados. 3.1.2. Os desenhos ou modelos comunitários não registados. 3.2. Breve análise do regime legal português. 3.2.1. Objecto. 3.2.2. Duração. 3.2.3. Âmbito e conteúdo da protecção. 3.2.4. O especial caso dos têxteis e vestuário: a protecção prévia. 3.3. Relação com o Direito de Autor. 3.3.1. A protecção conferida pelo Direito de Autor. 3.3.2. Análise da relação entre tutelas – alternância, cúmulo absoluto ou cúmulo relativo. 3.3.3. A solução do regime legal português. 3.4. Relação com o modelo de utilidade. 4. A protecção do "trade dress" e a concorrência desleal; breve referência. 5. A tutela do vestuário enquanto manifestação de moda. 6. Conclusões.

1. Introdução; razão de ordem

Antes de analisar ou ensaiar uma tutela jurídica da moda cremos que é incontornável tentar alcançar o verdadeiro sinónimo do vocábulo. Deparamo-nos aqui com a primeira dificuldade num trabalho que pretende afe-

---

* O presente trabalho corresponde, com pequenas alterações, ao relatório de mestrado apresentado em Junho de 2005 na disciplina de Direito Comercial II – Direito Industrial (área de Direito Intelectual), sob a orientação do Professor Doutor José de Oliveira Ascensão.

rir da protecção de uma realidade incorpórea, a qual, contudo, se afirma por referência a um período determinado de tempo.

A moda, enquanto tal, é sinónima de tendência, esta entendida num sentido de ditames cíclicos que norteiam a arte do vestir, do adorno e da forma. Tem sido a moda, e já desde longo tempo, considerada uma arte, sem que possamos entender que ela se reconduz, sem mais, ao mesmo nível de outras actividades de cariz artístico – a sua inerente mutabilidade assim o impõe, ao mesmo tempo que dificulta uma orientação da respectiva tutela jurídica. Ou seja, a maioria das artes é estática, ao passo que a moda, por ser volátil, é dinâmica. Até que ponto uma realidade por natureza instável pode lograr uma protecção por parte do Direito é uma pergunta que nos propomos responder ao longo do presente trabalho.

Por economia de exposição, optaremos por um breve intróito sobre a possibilidade de protecção da moda no sentido *supra* considerado, para depois nos debruçarmos sobre uma manifestação particular dessa realidade incorpórea – as criações de vestuário e respectivos acessórios e complementos, como o calçado ou a bijutaria. Deixamos assim de fora do objecto da nossa exposição outras possíveis formas de exteriorização de tendências temporalmente determinadas, entre as quais se incluem, *inter alia*, as obras musicais e literárias, os objectos de decoração, a linguagem, a configuração da carroçaria automóvel ou, até, o penteado[1].

Dispensamo-nos ainda de dissertar sobre a importância de alvitrar uma solução para o problema da protecção de artigos de vestuário, tomando em consideração, além da já clássica e genérica necessidade de incentivo à criação, o volume de negócios envolvido nessa indústria particular, o qual é mais eloquente do que qualquer escopo da protecção por nós justificado. Facilmente se concebe, pois, a ansiedade de tutela por parte dos respectivos produtores, a qual, não sendo despicienda, irá igualmente reflectir-se num são funcionamento do mercado.

Seguidamente, propomo-nos efectuar uma análise dos aspectos do regime dos desenhos ou modelos, a nível comunitário e posteriormente a nível nacional, que mais relevância revestem para o assunto que ora nos

---

[1] De notar que, relativamente a este último, e quanto a nós surpreendentemente, existe alguma jurisprudência francesa que se tem pronunciado no sentido da respectiva tutela efectiva pelo Direito de Autor (*vide*, como mero exemplo, a decisão do Tribunal Grand Instance de Paris 15 de Outubro de 1982 e do Tribunal de Aix de 11 de Junho de 1987, citadas por Albert Chavanne & Jean-Jacques Burst em *Droit de la Propriété Industrielle*, pág. 151).

ocupa[2], visto que é inegável que o vestuário vai classicamente buscar protecção no mencionado regime. Aliás, facilmente se compreende que assim aconteça – a manifestação da moda radica no aspecto exterior, é algo que está a descoberto e que é perceptível, visível ou palpável, o que vai determinantemente ao encontro da definição de desenho ou modelo constante do artigo 173.º do Código da Propriedade Industrial (adiante designado abreviadamente por CPI) enquanto aparência de um produto[3]. Por outro lado, é indiscutível que o vestuário, enquanto manifestação concreta da moda, é uma indústria e, como tal, o fito do regime dos desenhos ou modelos – conceder monopólios a industriais, fomentando o comércio e a técnica – identifica-se na perfeição com o tema.

Consideraremos também a relação existente entre o mencionado regime e aqueloutro do Direito de Autor, tentando precisar os contornos das respectivas tutelas e o âmbito de aplicação de cada uma delas. Sendo esta uma questão já sobejamente tratada na doutrina, quer portuguesa quer estrangeira, torna-se especialmente pertinente no respeitante a criações de vestuário, que poderão eventualmente gozar da qualificação de obra protegida nos termos e para os efeitos do disposto nos artigos 1.º número 1 e 2.º número 1 alínea i) do Código do Direito de Autor e dos Direitos Conexos (adiante designado por CDADC).

Trataremos de seguida da delimitação entre o regime dos desenhos ou modelos e o do modelo de utilidade, estudando nomeadamente a hipótese de este último poder tutelar determinadas características da aparência de um produto que, pela sua função exclusivamente técnica, serão liminarmente excluídas da protecção em sede de desenhos ou modelos.

A título de breve referência, iremos igualmente mencionar a realidade do "trade dress", aí aproveitando para abordar, ainda que laconicamente, matéria da concorrência desleal.

Finalmente, dedicaremos atenção à problemática específica da tutela jurídica do vestuário enquanto criação do domínio da moda, ensaiando uma definição do respectivo regime de protecção que reflicta as considerações tecidas nos capítulos anteriores.

---

[2] Nessa esteira, optamos por deixar de parte o exame de outras características do regime dos desenhos ou modelos que terão uma relação secundária com a tutela jurídica das peças de vestuário em si mesmas, como é o caso da titularidade do direito, a qual aliás vai procurar regulação no regime da patente (cf. artigos 181.º a 183.º do CPI).

[3] Tal entendimento é, de resto, reforçado pelo novo regime da protecção prévia, que explicitamente se destina aos têxteis e vestuário, e que será igualmente objecto de análise nesse capítulo – cf. *infra*, 3.2.4..

2. Moda – Uma *res nullius*?

A moda em si mesma, já o mencionámos, é representativa de uma tendência temporalmente determinada. Desta simples premissa se extraem pelo menos duas consequências que irão ditar a respectiva tutela: por um lado, a moda tem subjacente um modo de estar colectivo, que se sobrepõe ao individualismo característico de qualquer direito privativo; por outro, a periodicidade que reveste não se compraz com a perenidade da protecção normalmente atribuída por aqueles direitos.

Cumpre pois verificar se, à luz do direito positivo, é possível uma protecção da moda enquanto tendência.

Relativamente à moda encarada como modo de estar colectivo, ou, se quisermos, como propensão padronizada, estando em causa realidades incorpóreas, que emanam do espírito, a inclinação para o Direito de Autor é inevitável. Além de este se destinar a acolher sob a sua alçada a criação humana, é o exclusivo por ele concedido que sem dúvida se revela o mais abrangente, de entre todos os que tutelam os bens intelectuais. Torna-se então necessário indagar se tal ramo do Direito poderá presidir à protecção almejada.

O artigo 1.º do CDADC fixa o objecto da protecção conferida pelo Direito de Autor como sendo a obra (entendida esta no sentido de criação intelectual), delimitando negativamente o mesmo ao estabelecer que as ideias, os processos ou os conceitos não são passíveis de protecção (*vide* número 2 do citado artigo 1.º). Trata-se de uma proposição que, directa ou indirectamente, resulta pacífica quer dos instrumentos internacionais (Convenção de Berna, Tratado da OMPI sobre Direito de Autor ou Acordo TRIPS/ADPIC), quer da maior parte das legislações nacionais.

Consequentemente, há que tentar definir o conceito de obra, interpretando a norma legal; e nessa tarefa vemos que, para que haja uma obra protegida, tem que existir uma criação "exteriorizada"[4]. Imprescindível é, logo, que se verifique a materialização da ideia do autor, de modo a existir uma criação na acepção plena do termo. A ideia no estádio anterior à respectiva exteriorização é, como assinalámos, livre – tal decorre igualmente, *a contrario* e apesar do seu carácter meramente exemplificativo, do artigo 2.º número 1 do CDADC. Por seu turno, o artigo 1.º número 2 do CDADC é bastante eloquente ao afirmar que "as ideias (…) não são, *por*

---

[4] Usamos a expressão entre comas porque, como teremos ocasião de defender em 3.3.1.*(i)*, consideramos que não existem criações não exteriorizadas.

si só e enquanto tais, protegidas(...)" (sublinhado nosso). Podemos assim extrair com segurança do texto legal que o objecto da protecção recai sobre a modelação subjectiva ou desenvolvimento da ideia, mas nunca sobre a ideia em si mesma; porque é aquela modelação que revela o trabalho intelectual e a consciência criativa que devem estar subjacentes a uma obra protegida.

Todavia, impõe-se uma elucidação à tese que vimos expondo: a ideia em si não é objecto de protecção, *ainda que esteja expressa numa obra protegida*. A ideia, o conceito, a tendência, enfim, a moda, é apenas o âmago onde reside o estro, e é a partir dela que se pode desenvolver eventualmente uma obra protegida. A moda funciona pois como a matéria-prima que permite produzir o bem, mas não deve ser confundida com o produto final, visto faltar-lhe simultaneamente individualidade e materialização.[5]

Nesta esteira, o autor de uma peça de vestuário pode transpor para essa peça um conteúdo genérico, representativo de uma tendência determinada na qual se inspira, do mesmo modo que o autor de uma obra literária pode utilizar um tema já conhecido para escrever um novo livro.

Analogamente, o estilo de um artista não pode ser objecto de Direito de Autor[6], embora uma obra desse artista possa já pretender tal protecção, se a materialização de um género comum for acompanhada da marca pessoal e individual do seu criador[7]. Se a ideia não pode ser protegida porque não permite delimitar o objecto da protecção, pela mesma ordem de motivos, o estilo ou uma linha de produtos também não são protegidos[8]. O que poderá, em determinadas condições, aspirar à tutela do Direito de Autor é

---

[5] Veja-se, a pretexto de curiosidade, o artigo 3.º da Lei do Direito de Autor e Direitos Conexos da Geórgia, que prescreve que as ideias, métodos, processos, sistemas, meios, conceitos, princípios, descobertas ou factos não são protegidos pelo Direito de Autor, *ainda que expressas, descritas, explicadas, ilustradas ou incorporadas numa obra*. Este preceito restringe substancialmente o objecto da protecção, quando comparado com a legislação adoptada por outros países, e estabelece expressamente o que vimos apologizando.

[6] Neste sentido, *vide* Frédéric Pollaud-Dulian – "Concurrence Déloyale et Parasitisme", pgs. 731-734.

[7] Verificados que sejam os demais requisitos para tanto, nomeadamente o facto de a obra em causa constituir criação artística – cf. *infra*, SubCapítulo 3.3.1..

[8] Neste sentido, Tribunal Grand Instance Paris, 11 de Outubro de 1996, numa decisão citada por François Greffe, em "Objet Protégé", pág. 8, e José de Oliveira Ascensão, *op. cit.*.

o resultado da tendência do momento, *maxime*, as criações de vestuário. No entanto, o facto de várias peças de vestuário obedecerem a uma tendência comum da estação mais não é que diferentes realizações de uma mesma ideia. Essas peças, para obterem a tutela almejada, deverão obedecer aos requisitos que teremos ocasião de analisar[9].

O Direito de Autor protege pois a criação individualizada no sentido evidenciado, por oposição a categorias, famílias ou géneros, assumindo aqui a "individualidade"[10] a natureza de verdadeiro pressuposto jus autoral. Ora, a moda, sempre colectiva, cai nestas últimas definições e não na primeira, uma vez que, enquanto tendência, a moda é um universo mais amplo que uma obra.

De facto, a tendência não tem forma, vai-se modificando ao sabor dos tempos, e, sublinhamos, sendo a tendência uma ideia ou um conceito, não será a mesma passível de protecção, de acordo com o disposto no referido artigo 1.º número 2 – a tendência é livre e do domínio público.[11] Mas também neste particular se deverá avançar com cautela, visto que é necessário conciliar a liberdade da moda com a proibição de imitação de peças: esta deve acabar onde aquela começa, exactamente porque as tendências cabem no referido número 2 do artigo 1.º do CDADC e são peremptoriamente excluídas do Direito de Autor. Voltaremos a esta problemática quando analisarmos a tutela jurídica do vestuário enquanto manifestação de moda.[12]

No que concerne à periodicidade da moda, isto é, à sua presença irrefutavelmente breve no mercado, também a outorga do exclusivo pelo prazo de 70 anos após a morte do autor parece inconsistente com aquele carácter, e até desnecessária tendo em conta as reais necessidades dessa indústria.

De tudo o até aqui exposto se extrai que também o Direito Industrial não poderá ser chamado a tutelar a moda, pois não existindo formas materializadas (porquanto nos encontramos no domínio do incorpóreo) também os respectivos pressupostos falharão. Esta conclusão resultará óbvia

---

[9] Cf. *infra*, Capítulos 3.2. e 3.3.

[10] Cf. José de Oliveira Ascensão, *Estilos de Arte e Direito de Autor – Parecer*.

[11] *Vide* neste particular a interessante qualificação da ideia, avançada por Giuseppe Sena em "Beni Materiali, Beni Immateriale e Prodotti Industriali: il Complesso Intreccio delle Diverse Proprietà", como bem infinito, que pode ser livremente gozado enquanto não se materializar.

[12] Cf. *infra*, Capítulo 5.

aquando da análise do respectivo regime, para a qual remetemos[13]. No entanto, avançamos desde já que o desenho ou modelo necessita de um produto para se afirmar (cf. artigo 173.° do CPI), razão pela qual afastamos categoricamente a aplicação do seu regime à moda enquanto tendência ou estilo.

A essência da moda não poderá assim ser protegida nem passível de apropriação[14]. Aliás, a entender diferentemente, a tutela recairia sobre todas as criações que tivessem subjacente aquela ideia ou estilo[15], num claro atentado contra a liberdade de criação e de expressão. A imitação, por princípio, deve ser livre quando fora de um exclusivo[16]; onde não há exclusivo, há liberdade, e a moda deve continuar sendo livre.

3. Desenhos ou modelos

Antes de percorrer o regime dos desenhos ou modelos, avançamos uma observação que ajudará a compreender a inevitabilidade de tal previsão legal: a aparência revela-se, frequentemente, mais importante que a funcionalidade do produto em si, podendo ditar o sucesso ou fracasso do mesmo no mercado.

Protegendo os desenhos ou modelos, *in limine*, a aparência ou o aspecto exterior, aí radica o seu propósito.

Iremos pois referir o seu regime a nível comunitário (3.1.), para de seguida analisar o regime português (3.2.), confrontando-o com o resultante do Direito de Autor (3.3.) e do modelo de utilidade (3.4.).

---

[13] Cf. Capítulo 3.

[14] Neste sentido, veja-se decisão proferida em 27 de Junho de 1985 pelo Tribunal de Grand Instance de Paris, citada por Albert Chavanne & Jean-Jacques Burst, *op. cit.*, pág. 421, que determina que não será possível a apropriação de um género, estilo, ideia ou moda, sendo porém tutelados os objectos determinados que deles constituem uma aplicação concreta. Também corroborando esta opinião, Hermenegildo Baylos Corroza, em *Tratado de Derecho Industrial*, pág. 529, introduz o conceito de "idea desnuda" como algo fora do âmbito de protecção da propriedade intelectual.

[15] Como afirma Edouard Treppoz, "«La Nouvelle Eve» au «Paradis» du Droit d'Auteur", pg. 1055, a ideia ou estilo passaria a ser condição de protecção, estabelecendo as fronteiras da tutela.

[16] Ressalvados os casos de concorrência parasitária, como veremos no Capítulo 5.

3.1. *Os desenhos ou modelos comunitários*

3.1.1. *Os desenhos ou modelos comunitários registados*

Relativamente aos desenhos ou modelos comunitários registados, estatuídos no Regulamento (CE) n.º 6/2002 (doravante e abreviadamente Regulamento), o seu regime não se afasta, nos seus termos essenciais, do da Directriz 98/71/CE (adiante designada como Directriz) – e, consequentemente, do CPI –, com a diferença de estabelecer direitos que vigoram em toda a Comunidade, desde que devida e regularmente registados.

Assim, quanto à sua definição (artigo 3.º alínea a) do Regulamento e artigo 173.º do CPI), objecto da protecção (artigos 4.º número 1, 5.º número 1 alínea b) e número 2, 6.º número 1 alínea b) e número 2 do Regulamento e artigos 176.º número 1, 177.º e 178.º do CPI), duração (artigo 12.º do Regulamento e artigo 201.º do CPI) e conteúdo (artigos 19.º número 1, 20.º e 21.º do Regulamento e artigos 203.º a 205.º do CPI[17]), o regime instituído nesta sede é muito similar, se não idêntico, ao estabelecido no CPI, pelo que a ele se aplicará, *mutatis mutandis*, o que expomos no Capítulo 3.2., para o qual remetemos.

3.1.2. *Os desenhos ou modelos comunitários não registados*

Reconhecendo que há determinadas indústrias – como é o caso, de certa forma, da indústria da moda – cujos produtos têm um "ciclo de vida económica curto" (Considerando 16), e que necessitam por isso de um regime que escape a determinados trâmites, o Regulamento estabelece a possibilidade de ausência de registo de um desenho ou modelo, sendo este embora unitário e com efeitos em toda a Comunidade por igual, por oposição ao desenho ou modelo nacional (artigo 1.º número 3 do Regulamento)[18].

---

[17] Veja-se, porém, a regra introduzida pelo número 3 do artigo 19.º do Regulamento.

[18] De notar que a lei britânica (*Copyright, Designs and Patents Act* de 1988) previa já uma modalidade de desenhos ou modelos ("design") não registados, cuja *ratio* seria não atribuir a protecção do Direito de Autor a um desenho ou modelo de cariz mais técnico; assim, os desenhos ou modelos de natureza estética (que possuíssem "eye-appeal"), eram protegidos através de registo (*Registered Designs Act* de 1949), enquanto que os funcionais, que não poderiam aí buscar protecção, seriam tutelados pelo regime dos desenhos ou modelos não registados.

Além desta *ratio* estabelecida na lei apontaríamos ainda uma outra, com ela relacionada e de índole puramente económica, que é o facto de alguns desses bens "transitórios" poderem ter maior sucesso comercial, de tal forma que o seu carácter fugaz seja ultrapassado e essa transitoriedade descaracterizada. Nesses casos, o regime dos modelos comunitários não registados representa uma poderosa arma de auscultação de mercado, permitindo aos produtores escolher, de entre todos os desenhos ou modelos que lançam no mercado, aqueles cujo registo será vantajoso (pela respectivo êxito junto do público consumidor), assim obtendo um prazo mais longo de protecção e uma maior segurança jurídica.

No entanto, a informalidade deste regime tem algumas contrapartidas que representam uma diminuição das prerrogativas dadas ao titular do desenho ou modelo; dessas, salientaríamos primeiramente o conteúdo da protecção mitigado ou diminuído quando comparado com o regime dos desenhos ou modelos comunitários registados.[19] Efectivamente, o desenho ou modelo não registado apenas confere ao seu titular o direito a evitar que terceiro o utilize se essa utilização resultar de uma cópia do desenho ou modelo, considerando-se nesta sede que a chamada coincidência na criação – duas obras iguais ou semelhantes produzidas independentemente por dois criadores diferentes – não viola o direito do titular (artigo 19.º número 2 do Regulamento *in fine*).

Por outro lado, a duração da protecção aqui conferida é substancialmente reduzida, estabelecendo-se o período máximo de três anos a contar da divulgação (entendida esta num sentido bastante similar ao acolhido na lei portuguesa – cf. artigo 11.º do Regulamento e artigo 179.º do CPI)[20]. Sublinhe-se ainda que, embora tenha alguns pontos de contacto com o Direito de Autor, o regime dos desenhos ou modelos não registados marca deste modo uma diferença fundamental relativamente àquele, pois transforma a divulgação num verdadeiro requisito de aplicação do regime, contrastando com a bem menos exigente exteriorização da obra[21]. Porém, nem

---

[19] Excepção feita ao número 3 do artigo 19.º do Regulamento. Veja-se também o artigo 22.º do Regulamento, que permite a exploração de um desenho ou modelo incluído no âmbito de protecção de outro desenho ou modelo registado, em determinadas circunstâncias e com base em uso anterior.

[20] De referir neste aspecto o distanciamento relativamente ao regime britânico dos desenhos ou modelos não registados, que atribui protecção durante 10 ou 15 anos, respectivamente sobre a comercialização ou criação do desenho ou modelo.

[21] A qual, como defendemos, não consubstanciará verdadeiramente um requisito de protecção – *vide infra*, 3.3.1.*(i)*.

todos os desenhos ou modelos comunitários não registados poderão em Portugal abrigar-se sobre a égide do Direito de Autor: somente aqueles que constituam uma "criação artística" poderão aceder a esse almejo[22].

Acresce ainda que o regime ora em análise traz o ónus de determinação da titularidade ou autoria do desenho ou modelo, bem como da data da correspondente criação.

Não obstante, o sistema é dotado de bastante simplicidade e economia (visto que não contempla custos de registo, sendo o direito atribuído aquando da criação do desenho ou modelo), consagrando-se deste modo uma figura híbrida, que vai buscar a informalidade ao Direito de Autor, mas que limita a duração da validade do modelo ou desenho por inspiração no Direito Industrial. São estas características que, quanto a nós, irão ditar o obsoletismo dos desenhos ou modelos nacionais a médio prazo.

3.2. *Breve análise do regime legal português*

3.2.1. *Objecto*

Para que possamos delimitar e analisar qual o objecto da protecção do regime legal português, é primeiramente fundamental definir o que seja um desenho ou modelo. Essa tarefa é desempenhada pelo artigo 173.º do CPI que, sem grandes surpresas, reproduz o texto constante da alínea a) do artigo 3.º do Regulamento e da alínea a) do artigo 1.º da Directriz.

Por um lado, deve ser sublinhado que o desenho ou modelo equivale a aparência, no sentido de aspecto exterior (existindo de seguida, no texto legal, uma enumeração – clara e objectivamente exemplificativa – de características concretas que se podem subsumir ao conceito abstracto enunciado[23]).

Por outro, ressalve-se que o desenho ou modelo reportar-se-á sempre a um produto, sendo ambos indissociáveis e fazendo este último parte da definição daquele.

Todavia, esta determinação do que seja desenho ou modelo não constitui, em si, o objecto da protecção, e sim um ponto de partida para demar-

---

[22] Cf. *infra* 3.3..

[23] Como bem refere Mota Maia, *Propriedade Industrial*, vol. II, pág. 329, "o peso e a elasticidade podem, também, em certos casos, constituir características do desenho ou modelo".

car aquilo que é protegido. Assim, quanto ao objecto da protecção propriamente dito, o regime português neste domínio prescreve que, para que um desenho ou modelo goze de protecção, é necessário que seja novo e que tenha carácter singular (artigo 176.º número 1 do CPI).

Ao ensaiar porém uma firmação do objecto da protecção deve reflectir-se não só sobre a sua delimitação positiva, mas também sobre a negativa, *rectius*, sobre a matéria que está excluída da protecção. Iremos assim focar a nossa atenção sobre a primeira *(i)*, expondo os chamados requisitos de concessão, para depois nos debruçarmos sobre a segunda *(ii)*.

(i) *Delimitação positiva*

• Novidade

O artigo 177.º número 1 do CPI apresenta-nos um critério puramente objectivo: é novo aquilo que não era conhecido anteriormente[24]. A lei refere a identidade de desenhos ou modelos como regra valorativa, de modo a avaliar se um determinado desenho ou modelo é novo; para o efeito, estabelece-se, no número 2 do artigo 177.º, que a identidade abrange desenhos ou modelos que difiram entre eles em "pormenores sem importância". Sem prejuízo da subjectividade que se introduziu numa noção objectiva a partir desta norma, sublinha-se assim o resguardo dado ao autor do primeiro desenho ou modelo (ou melhor, ao autor do desenho ou modelo registado em primeiro lugar) relativamente a concorrentes que possam vir a tentar registar outros muito similares aos protegidos anteriormente por registo.

Parece-nos todavia que a determinação do conceito de novidade acarreta um problema de definição: o pormenor "sem importância". Ou seja, torna-se necessário clarificar quando é que um específico pormenor é incapaz de destruir a novidade do desenho ou modelo, por ser considerado "sem importância". Poder-se-ia aqui pensar em recorrer ao critério de "impressão global diferente" (cf. nomeadamente artigos 178.º número 1 e 199.º número 1 do CPI), no sentido de afirmar que, se o desenho ou

---

[24] Ou, mais correctamente, é novo aquilo que não tinha ainda sido divulgado (cf. artigo 179.º número 1 do CPI). Tal como acontece quanto ao carácter singular, como será analisado *infra*, também a novidade há-de ser aferida por comparação com os desenhos ou modelos já divulgados, segundo a definição constante daquele normativo. Deste modo, evita-se uma avaliação da novidade à escala mundial, dificilmente exequível e que se presta mais facilmente a comportamentos ilícitos, além de se favorecer, ainda que indirectamente, a indústria comunitária.

modelo não causasse essa "impressão global diferente", então seria certamente porque o mesmo apenas difiriria de outro em "pormenores sem importância". Cremos que este "tempero" do conceito de novidade por parte do requisito de carácter singular[25], embora tentador, deve ser evitado – convém relembrar que a norma em análise se refere a "características específicas", que é um conceito claramente oposto ao de "impressão global"[26]. Sem prejuízo de as "características específicas" (nomeadamente quando existem em elevado número) poderem afectar a "impressão global", não é desejável distorcer logo *ab initio* o significado do preceito. Assim, defendemos antes que os "pormenores sem importância" constituem um segundo nível de valoração: em primeiro lugar, para destruir a novidade de um desenho ou modelo, é necessário reportarmo-nos às "características específicas" desse modelo; em segundo lugar, dever-se-á averiguar, no âmbito dessas características, se as mesmas diferem de outras em "pormenores sem importância". E "sem importância", quanto a nós, relativamente à definição dessas características, no sentido de afirmar que, a não existirem esses pormenores, a "característica específica" continuaria igual na sua essência, visto que aquele pormenor não é essencial na respectiva definição.[27]

Encontramos aqui um conceito de identidade amplíssimo, que todavia não é absoluto – quanto ao próprio requerente, restringe-se essa amplitude, permitindo-se-lhe alterar pormenores sem importância e solicitar o respectivo registo. E o que, aparentemente, seria uma possibilidade à qual

---

[25] Visto que, quanto a este, o critério utilizado é a "impressão global" – cf. *infra*, neste Subcapítulo.

[26] Afastamo-nos assim, neste ponto, de Pedro Sousa e Silva, em "A «Protecção Prévia» dos Desenhos ou Modelos no Novo Código da Propriedade Industrial", págs. 346/347, que nomeadamente defende que os dois requisitos se reconduzem a uma só questão, a originalidade, afirmando que "a novidade e a singularidade são como que «duas faces da mesma moeda»". Não colhe, quanto a nós, o argumento de que o artigo 199.º número 1 do CPI determina o âmbito do exclusivo recorrendo apenas ao critério da "impressão global", uma vez que estão em causa domínios diferentes: de um lado, os critérios estabelecidos para um desenho ou modelo lograr protecção – estamos num momento prévio; do outro, que é diferente, a extensão e os limites do direito que já se atribuiu – trata-se de um momento posterior.

[27] Contra (designadamente defendendo a desnecessidade do requisito de novidade): Jaume Capell, "Sobre la Delimitación Negativa del Diseño Comunitário". Igualmente defendendo a "falta de utilidade" do requisito de novidade, *vide* Pascal Kamina – "La Directive n.º 98/71/CE du 13 octobre 1998 sur la Protection Juridique des Dessins ou Modèles", pág. 131.

se poderia recorrer somente até à divulgação, vem depois ser alargada ao período pós concessão, *ex vi* artigo 207.º número 2 do CPI.

Porém, a elasticidade do conceito de novidade não termina aqui. Estando em causa, no que toca ao carácter singular, a "impressão global" causada a um utilizador informado, o artigo 176.º número 2 do CPI admite que se pretira a falta de novidade de determinados elementos se eles, no seu conjunto, realizarem uma combinação nova plena de carácter singular. Os dois requisitos – novidade e carácter singular – antes equilibrados no mesmo plano, surgem agora desfasados, um recuando para o outro se evidenciar. Cumpre, pois, aferir do alcance exacto do requisito carácter singular.

• Carácter singular

O carácter singular, que confere individualidade a um desenho ou modelo, sendo um conceito subjectivo, é aferido pela impressão global que o desenho ou modelo produz junto de um utilizador informado (artigo 178.º número 1 do CPI). Rejeita-se assim peremptoriamente a figura do utilizador médio, recorrendo-se ao utilizador que já tem conhecimentos sobre a aparência do produto em causa, embora não ao nível de sabedoria que caracteriza um especialista.

No entanto, convém referir que, ainda que indirectamente, o carácter singular há-de ser avaliado, numa primeira fase, pelos "círculos especializados do sector" – o artigo 178.º número 1 estabelece que o desenho ou modelo em causa deverá ser comparado com outros desenhos ou modelos *divulgados* (sublinhado nosso); ora, o artigo 179.º número 1 do CPI infere que, para que um desenho ou modelo seja considerado como divulgado, os "círculos especializados do sector" terão conseguido conhecê-lo (ou teriam pelo menos essa possibilidade, o que nos é indicado pelo vocábulo "razoavelmente"[28]). Ou seja, o mesmo é dizer que o universo de desenhos ou modelos anteriores à data do pedido de registo ou à prioridade que se reivindica já terá sido definido pelo conhecimento que dele têm os especialistas do sector que operam na Comunidade.

O CPI tem ainda as dificuldades das indústrias fundadas na forma em consideração, como se conclui pela leitura do número 2 do mesmo artigo,

---

[28] Em sede de desenhos ou modelos comunitários, o legislador concretiza essa possibilidade, referindo que o conhecimento deverá ser obtido "pelas vias normais e no decurso da sua actividade corrente" (artigo 7.º número 1 do Regulamento), assim excluindo os chamados mercados secundários ou paralelos.

balizando porém as criações ao excluir do âmbito da protecção as chamadas "formas funcionais" (artigo 176.° número 6 alínea a))[29]. O que tira de um lado – excluindo expressamente o utilitarismo desacompanhado da inovação da forma, como veremos – entrega do outro, ponderando o grau de liberdade do criador.

Note-se que, no domínio da moda, pode resultar premente a questão da definição do grau de liberdade. Este poderá ser entendido como a margem de arbitrariedade do criador em função da forma ou configuração do objecto (isto é, ponderação das limitações de natureza técnica); mas também se poderá questionar se a imposição da moda ou tendência do momento terá a faculdade de coarctar a liberdade do criador para os efeitos de aplicação do artigo 178.° número 2. Quanto a nós, a resposta não poderá senão ser afirmativa; além de a lei não especificar que o grau de liberdade deve ser entendido restritivamente (ou seja, de acordo com o primeiro entendimento exposto), interpretação diversa equivaleria a atribuir um monopólio da moda ou tendência a um concorrente, para prejuízo dos demais e em clara violação do artigo 1.° do CPI.

A apreciação do grau de liberdade do criador é assim de certa forma similar ao critério estadounidense da "crowded art"[30], o qual leva em conta o número de criações já existentes num determinado sector merceológico. Isto é, segundo aquele critério, quanto maior for o número de criações num sector específico, menor será o espaço criativo disponível nesse mesmo ramo, e, consequentemente, menor será o gradiente de originalidade exigido para efeitos de atribuição do direito privativo.

Assinalemos porém que o grau de liberdade do criador não deve apenas ser considerado para efeitos de atribuição de tutela pelo regime dos desenhos ou modelos, mas deverá também ser um instrumento de ponderação na apreciação de desenhos ou modelos posteriores que sejam semelhantes a um determinado desenho ou modelo anterior[31]. Ou seja, também o próximo criador irá poder invocar aquele reduzido grau de liberdade, pelo que a imitação do desenho ou modelo do primeiro criador deverá será admitida em termos mais alargados. Neste caso, a exigência de consideração do grau de liberdade do criador, se se revela benéfica para efeitos de

---

[29] Vide infra, 3.2.1.(ii).

[30] Vide, para uma análise mais aprofundada deste critério, Maurizio Ammendola – Le Arti Figurative e la Moda, pg. 151 e seguintes.

[31] Sem prejuízo, claro está, das especiais situações de concorrência parasitária – cf. infra, Capítulos 4. e 5.

atribuição de tutela, assume-se *a posteriori* como uma verdadeira limitação ao âmbito da protecção – neste sentido parece ir também o artigo 199.° número 2 do CPI. Voltaremos a esta dicotomia quando analisarmos a tutela jurídica do vestuário enquanto manifestação de moda[32].

(ii) *Delimitação negativa*

Em termos de delimitação negativa do objecto da protecção, é mister precisar que as exclusões ora tratadas se reportam, por imperativo legal, à impossibilidade de *registo* das mesmas (cf. artigos 175.° e 176.° número 6 alínea a) do CPI); sendo o registo um requisito de protecção do desenho ou modelo, essas exclusões funcionam como verdadeiras delimitações negativas do objecto, embora ao nível conceptual o sejam relativamente apenas ao objecto do registo.

Destacaríamos assim, primeiramente, a rejeição das "características da aparência de um produto determinadas, exclusivamente, pela sua função técnica" – artigo 176.° número 6 alínea a) do CPI (correspondente aos artigos 7.° número 1 da Directriz e 8.° número 1 do Regulamento), esclarecendo que propositadamente omitiremos a referência e análise da alínea b) do mesmo preceito, por considerarmos que o aí disposto (fundamentalmente conexões mecânicas) terá parca ou nenhuma aplicação ao tema que nos propomos tratar[33].

Ainda na esfera da delimitação negativa, afloraremos também a problemática dos desenhos ou modelos contrários à ordem pública ou aos bons costumes (artigo 175.° do CPI).

• Características determinadas exclusivamente pela função técnica

Nos termos do citado artigo 176.° número 6 alínea a), exclui-se do objecto da protecção as características que, fazendo parte da aparência do produto, têm uma determinada função técnica que permite que esse produto desempenhe (ou, pelo menos, desempenhe melhor) a sua finalidade.[34]

---

[32] Cf. *infra*, Capítulo 5..

[33] Relembramos que a referida disposição, correspondente ao britânico *must-fit* e destinada a evitar os monopólios dos produtos ditos periféricos, ganha especial acuidade no sector automóvel, que escapa ao âmbito do presente trabalho.

[34] *Vide*, quanto à concretização deste normativo, o eloquente exemplo referido por Jaume Capell, *op. cit.*, pg. 204, que menciona que as cores fluorescentes dos coletes de sinalização rodoviária não deverão ser passíveis de protecção, visto que têm como função a visibilidade na estrada.

Na verdade, compreende-se esta delimitação – sem ela, o regime de concessão de patentes poderia resultar distorcido, uma vez que se concederia protecção como desenho ou modelo a invenções que não cumprissem os requisitos de patenteabilidade. Por outro lado, a assim suceder, assistir-se-ia ao grassar de monopólios injustificados (com os óbvios prejuízos daí decorrentes para a livre concorrência) – basta levar em consideração os produtos cuja específica aparência consubstancia o único modo de realização da respectiva função. Acresce que o desenho ou modelo é exactamente o meio de diferenciar produtos que têm a mesma função, e a não existir esta excepção desvirtuava-se a própria essência do regime.

Assegura-se deste modo a protecção específica do esforço intelectual do criador do desenho ou modelo, que não se verifica quando a forma é determinada exclusivamente pela função técnica e que implica que o mesmo seja desprovido de carácter singular.

Todavia, esta exclusão acarreta o inconveniente de definir em que situações será uma determinada característica *exclusivamente* determinada pela sua função técnica. De entre vários possíveis, optaremos por recorrer ao chamado critério da multiplicidade das formas[35], que estabelece que, se uma determinada função técnica de uma característica pode ser alcançada através de formas alternativas, isto é, se existe mais do que um meio para atingir a função técnica desempenhada por uma característica, então esta não é determinada *exclusivamente* por aquela, e o esforço criativo manifesta-se precisamente nessa escolha. Pelo contrário, quando não se verifica esse grau de liberdade do criador, a característica em causa torna-se im-

---

[35] Deixamos assim de parte a análise pormenorizada de outros critérios que, quanto a nós, não deverão ser levados em consideração. Ficam deste modo afastados o critério dos contornos (que determina que, para que um desenho ou modelo seja excluído da protecção, bastará que as características da aparência do produto realizem um resultado técnico, isto é, que tenham uma função útil), o qual tem como consequência o esvaziamento do conteúdo positivo da protecção, sendo praticamente a totalidade dos casos assimilados pela excepção; o critério da ornamentação (que entendia necessário averiguar se a característica em causa era adicionada à forma básica ou comum do objecto, ou se se confundia com ela), o qual ocasiona a dificuldade de aferir da separação entre a forma básica e as adições ou ornamentações; e o critério da intenção do criador (segundo o qual deveria interpretar-se a vontade do criador, ponderando se o mesmo teria prosseguido apenas, na criação do desenho ou modelo, objectivos de funcionalidade ou, pelo contrário, se se verificava uma "vontade artística"), que, pela subjectividade que lhe está inerente, empece o *onus probandi*. Para uma análise mais detalhada dos critérios apontados, cf. Carmen Lance Reija, *La Protección del Diseño en el Derecho Español*, pág. 30 e seguintes.

prescindível ao cabal desempenho da respectiva função técnica, e nesse caso não existe empenho intelectual meritório da atribuição do direito privativo. Esta solução tem vindo a ser criticada por vários autores, que apontam que desta sorte serão substancialmente reduzidos os casos de excepção[36], lembrando ainda que este entendimento não contempla uma realidade limite: o facto de poder existir um pequeno e taxativo número de alternativas[37]. Nesses casos, defendem que será possível ao titular do desenho ou modelo registar todas as formas alternativas existentes, criando-se um verdadeiro monopólio relativamente a um produto, o que afronta os fundamentos da excepção e o espírito liberal do Tratado da União Europeia[38].

Porém, sempre se dirá que esse paradoxo poderá também ser assinalado relativamente ao grau de liberdade do criador previsto expressamente quanto à apreciação do carácter singular de um desenho ou modelo (cf. artigo 178.º número 2 do CPI), não podendo o mesmo ser despiciendo tendo em vista a sua consagração legal. Não colhe o argumento da falta de conformação de certos casos limite com o referido critério, visto que em qualquer norma legal existem casos limite de difícil resolução, não sendo esse um motivo válido de crítica à própria norma. Acresce ainda que da redacção actual do artigo 7.º número 1 da Directriz (que veio depois dar origem ao citado artigo 176.º número 6 alínea a)) resulta que foi intenção inequívoca do legislador comunitário reduzir o âmbito da delimitação negativa à existência de uma única forma possível – esta solução é-nos dada pela utilização do vocábulo *exclusivamen*te[39].

Do que deixámos exposto resulta igualmente que, para ser excluída da protecção, a característica apenas deverá ter uma função técnica (por oposição a estética ou arbitrária) – ou, se quisermos, bastará que o atributo em causa tenha também uma função estética para se considerar que o mesmo não é *exclusivamente* determinado pela respectiva função técnica.

De notar, por último, que vimos referindo "características", seguindo o texto legal; resulta claro que é de determinados elementos da aparência de um produto que cuidamos, não invalidando assim a possibilidade de outros elementos do mesmo produto possuírem em si mesmos carácter sin-

---

[36] Hugh Laddie *et al* – *The Modern Law of Copyright and Designs*, pág. 1102 e seguintes.
[37] *Eiusdem, ibidem*; Jaume Capell, *op. cit.*
[38] Jaume Capell, *op. cit.*
[39] No mesmo sentido, Pascal Kamina, *op. cit.*, pág. 132.

gular e novidade, e poderem por isso conduzir a uma protecção do desenho ou modelo (ficando embora as características exclusivamente determinadas pela função técnica no domínio público[40]). Neste sentido parecem ir os Considerandos 14 da Directriz e 10 do Regulamento.

• Desenhos ou modelos contrários à ordem pública ou aos bons costumes

Esta limitação, constante do artigo 175.º do CPI, corresponde ao artigo 143.º do CPI de 1995 e ao artigo 8.º da Directriz (este último porém sem se referir a limitações de registo, e sim de protecção).

Verificamos que estão contidas na disposição duas categorias diferentes: a ordem pública e os bons costumes.

Quanto à primeira, impõe-se, seguindo o entendimento de alguns autores,[41] uma valoração normativa. A ordem pública será pois o conjunto de "princípios jurídicos, políticos e económicos"[42]. Expressamente se admitindo então uma faceta económica da ordem pública, ou se quisermos uma ordem pública económica, somos levados a considerar que esta disposição poderá funcionar como cláusula de salvaguarda do princípio da livre concorrência[43]; o mesmo é dizer que, se um determinado desenho ou modelo puder perverter gravemente as regras da concorrência[44], o respectivo registo não deverá ser possibilitado, ao abrigo do citado preceito.

No que diz respeito aos bons costumes, a definição já não flui tão certeira, variando consoante a época e o território; cabe, assim, ao julgador dar conteúdo ao conceito.

3.2.2. *Duração*

Na sequência da orientação da Directriz n.º 98/71/CE, de 13 de Outubro de 1998, sobre a protecção legal dos desenhos ou modelos, o CPI fixou a duração do registo em cinco anos, renovável até ao limite de vinte e cinco.

Alguns autores[45] criticam porém uma aparente incongruência, a qual a verificar-se consubstanciaria um escape ao prazo de duração estabele-

---

[40] Sem prejuízo do defendido *infra* no SubCapítulo 3.4.
[41] Cf., por todos, Carmen Lance Reija, *op. cit.*, pág. 40 e seguintes.
[42] *Eadem, ibidem.*
[43] No mesmo sentido, Jaume Capell, *op. cit.*.
[44] Note-se que nesse caso estaríamos perante concorrência ilícita, o que é diferente de concorrência desleal; a suportar este entendimento, cf. artigo 24.º alíneas d) e e) do CPI.
[45] Cf. Mota Maia, *op. cit*, e Jorge Cruz, *Código da Propriedade Industrial*, ambos em anotação ao artigo 207.º do CPI.

cido: o artigo 207.º número 2 do CPI, que garante ao titular a alterabilidade *supra* analisada. No entender desse sector da doutrina, esta norma permitiria ao referido titular renovar quase indefinidamente o desenho ou modelo inicial, contornando desse modo o disposto no artigo 10.º da Directriz e dando azo à criação de verdadeiros monopólios.

Não julgamos contudo que tal seja o sentido a retirar do texto legal; efectivamente, as modificações que alterem apenas pormenores sem importância do desenho ou modelo são averbadas no título inicial – cf. artigo 207.º números 2 e 3 do CPI. Prescreve seguidamente o número 4 do mesmo artigo que "os desenhos ou modelos modificados *a que se refere a alínea anterior* revertem para o domínio público no termo da sua validade" (sublinhado nosso). Ora, a alínea anterior refere-se ao registo das modificações (207.º número 2), encontrando-se estas averbadas no título inicial (207.º número 3). Conclui-se assim que o número 4 efectua uma remissão expressa para o número 3, que por sua vez remete para o número 2 e, consequentemente, a validade a que se refere o número 4 do artigo 207.º mais não é que a *validade do registo inicial*. Cremos desta forma que o preceito, embora dotado de uma formulação infeliz, quis evitar exactamente a interpretação que rejeitamos, vontade espelhada na necessidade de sublinhar que o registo dos desenhos ou modelos modificados não tem uma validade autónoma do registo inicial, revertendo para o domínio público simultaneamente com este.

De todo o modo, e ainda que seguíssemos a opinião contrária, haveria quanto a nós uma solução que permitiria resolver tal desarmonia, a qual passaria por invocar o artigo 175.º do CPI, e assim proibir o registo de tais desenhos ou modelos com base em contrariedade dos mesmos à ordem pública (cf. SubCapítulo anterior). A assim não proceder, assistiríamos a um desvirtuamento de todo o regime.

3.2.3. *Âmbito e conteúdo da protecção*

O âmbito da protecção conferida pelo registo dos desenhos ou modelos é demarcado pelo artigo 199.º do CPI, o qual decorre, sem alterações de maior, do artigo 9.º da Directriz.

Mais uma vez, recorre-se ao conceito da impressão global como forma de definição de um critério, assim como à noção de grau de liberdade do criador, ambas já utilizadas aquando da aferição do carácter singular[46].

---

[46] Cf. *supra* SubCapítulo 3.2.1.*(i)*.

Assinalamos ainda uma observação avançada por Carmen Lance Reija que cremos pertinente – a ausência do princípio da especialidade[47]. Efectivamente, o âmbito da protecção conferida pelo desenho ou modelo é, ao contrário do determinado em matéria de marcas[48], merceologicamente absoluto, o que significa que o disposto no artigo 184.º número 1 alínea b) do CPI não terá como função definir o âmbito de aplicação do desenho ou modelo.

Quanto ao conteúdo da protecção, nos termos do artigo 203.º do CPI, ele abrange a utilização do desenho ou modelo (e a proibição da utilização por terceiros), conforme definida no número 2 da referida disposição e com as limitações decorrentes dos artigos seguintes (204.º e 205.º do CPI).

Como já foi referido[49], as esferas do direito do titular e de terceiros não são coincidentes, o que significa que o conteúdo positivo da protecção (utilização) é bastante mais restrito que o conteúdo negativo (proibir a utilização por terceiros)[50], pois este último abarca desenhos que "não suscitem uma impressão global diferente no utilizador informado" (cf. citado artigo 199.º número 1).

Cabe ainda fazer uma referência particular ao esgotamento do direito, previsto no artigo 205.º do CPI, o qual pretende obviar à formação de mercados estanques dentro do espaço económico europeu, numa lógica de são funcionamento do mercado. O esgotamento internacional, não estando previsto, não vem sendo admitido na sequência de jurisprudência comunitária recente em matéria de marcas[51]. Subsiste então a dúvida de saber se esse princípio aí propugnado poderá ser extensível aos desenhos ou modelos, rejeitando-se também nesta sede o respectivo esgotamento internacional.

Tendo em vista, a nível nacional, a redacção do artigo 205.º, pensamos que é seguro daí retirar, *a contrario*, a exclusão do esgotamento inter-

---

[47] Cf. *La Protección del Diseño en el Derecho Español*, pág. 100.
[48] Com excepção do disposto acerca da marca de prestígio – *vide* artigo 242.º do CPI.
[49] Cf. *supra* SubCapítulo 3.2.1.*(i)*.
[50] Sem prejuízo dos casos de diminuto grau de liberdade do criador – cf. artigo 199.º número 2 do CPI e SubCapítulo 3.2.1.*(i)*.
[51] Acórdãos Silhouette, Sebago e, mais recentemente, Davidoff, referidos pela Comissão Europeia no *Documento de Trabajo de los Servicios de la Comisión: Posibles Abusos en Materia de Derechos de Marca en la UE en el Marco del Agotamiento Comunitário*.

nacional; de qualquer forma, a proximidade de redacção desse preceito com a do artigo 259.º parece apontar para essa conclusão[52].

3.2.4. O especial caso dos têxteis e vestuário: a protecção prévia

Constitui um princípio basilar do Direito Industrial que o mero uso não atribui direitos privativos – isto é, o direito almejado só é atribuído aquando da efectividade do registo definitivo.

Porém, este princípio comporta excepções, das quais são exemplos o chamado "período de graça"[53], previsto especificamente quanto aos desenhos ou modelos no artigo 180.º do CPI, ou, mais recentemente, os desenhos ou modelos comunitários não registados[54].

No novo CPI, quiçá devido ao cariz de informalidade que norteou as excepções mencionadas *supra*, surge, a par com as mesmas e na esteira do artigo 25.º número 2 do Acordo TRIPS/ADPIC, o novo regime da protecção prévia, pretendendo-se, com os artigos 211.º e seguintes, acudir às específicas necessidades da indústria da moda (entendida esta, já se vê, no sentido de têxteis e vestuário, os quais, com o seu carácter eminentemente transitório, não se coadunavam com a morosidade do registo). E aqui surge a primeira crítica a este novo regime – o sector do têxtil e vestuário não esgotará certamente o leque de produtos que estão condenados a uma curta existência de mercado. Outros haverá, como o calçado ou até a biju-

---

[52] Contra, nomeadamente relembrando as diferentes funções e natureza específicas de cada Direito de Propriedade Industrial, Pedro Sousa e Silva – "«E Depois do Adeus»: o «Esgotamento» do Direito Industrial e os Direitos Subsistentes Após a Colocação no Mercado".

[53] Tradução livre de "délai de grace" ou "grace period".

[54] Neste sentido, cf. Pedro Sousa e Silva, "A «Protecção Prévia» dos Desenhos ou Modelos no Novo Código da Propriedade Industrial", pág. 348, embora coloquemos algumas reservas quanto à excepção aí apontada prevista no artigo 5.º do CPI: efectivamente, não cremos que o citado artigo se refira também ao regime de desenhos ou modelos, visto que, quanto a estes, se prognostica já protecção suficiente em sede própria. Esse entendimento, quanto a nós, é ainda reforçado pela remissão operada pelo artigo 193.º número 3 do CPI, pois, se o regime do artigo 5.º fosse sem mais aplicável aos desenhos ou modelos, tal referência tornar-se-ia absolutamente desnecessária. Ou seja, o mesmo é dizer que apenas na eventualidade prevista no artigo 193.º número 3 do CPI (pedido de exame dos requisitos substanciais para efeitos de interposição de acção judicial) se poderá aplicar o disposto no artigo 5.º (e já não, nomeadamente, no caso de pedido de registo de desenho ou modelo apenas com exame de forma – cf. artigo 188.º).

taria, que estão sujeitos aos caprichos das tendências presentes e necessariamente momentâneas[55]. Neste particular, é de aplaudir a solução dada pelo legislador francês, que contemplou com um registo sob a forma simplificada os desenhos ou modelos que sejam originários de indústrias cujos produtos se encontram em constante mutação ou renovação, não especificando sectores determinados.[56]

E apontemos outrossim a falácia da própria definição de regime: não se trata de proteger previamente, trata-se, antes, de conferir um mero direito de prioridade ao registo[57], o qual, além do mais, não é nem deve ser absoluto, devendo salvaguardar-se as hipóteses de pedido fraudulento, como é o caso da cópia ou da imitação servil, uma vez que não faz sentido prever, quanto ao registo definitivo, invalidades oponíveis e "absolutizar" um simples regime provisório. A assim proceder, forçar-se-ia terceiros ofendidos pelo pedido de protecção prévia a esperar pela conversão prevista no artigo 219.º do CPI, ficando os mesmos sujeitos a um tempo de espera demasiado longo para defesa do seu direito.

Esta conclusão, se ainda não resultaria clara, torna-se manifesta se atendermos ao conteúdo da protecção conferida: o titular do direito não goza ainda do direito exclusivo de utilizar e proibir terceiros de utilizar o desenho ou modelo (cf. artigo 203.º do CPI), mas tão-só da pleonástica prioridade na conversão do pedido (cf. artigo 219.º). Só desse modo interpretando fará sentido, nomeadamente, a obrigatoriedade de pedido de registo para efeitos de interposição de acção judicial ou intervenção em processo administrativo, prevista no artigo 220.º do CPI.

---

[55] E será também de indagar o verdadeiro alcance da palavra vestuário, que está longe de ser um termo com contornos rigorosamente definidos, porquanto existem determinadas indústrias – como a luvaria, por exemplo – cujos desenhos ou modelos poderão suscitar dúvidas acerca da respectiva classificação como desenhos ou modelos de vestuário.

[56] *Code de la Propriété Intellectuelle*, artigo L512-2: "Pour les dessins ou modèles relevant d'industries qui renouvellent fréquemment la forme et le décor de leurs produits, le dépôt peut être effectué sous une forme simplifiée dans des conditions fixées par décret en Conseil d'Etat. La déchéance des droits issus d'un tel dépôt est prononcée lorsque celuici n'a pas été, au plus tard six mois avant la date prévue pour sa publication, rendu conforme aux prescriptions générales fixées par ce décret". Para uma análise mais detalhada das condições e características deste registo sob a forma simplificada, *vide* ainda *Code de la Propriété Intellectuelle*, artigo R512-4.

[57] Razão pela qual reputamos dispensável o artigo 219.º do CPI – se se trata de conceder um direito de prioridade, obviamente o titular desse direito será o único com legitimidade para requerer o respectivo registo.

Descritas que ficam as fragilidades apontadas, e como teremos ocasião de analisar de seguida, este regime carece pois de utilidade prática quando confrontado com os procedimentos do registo provisório ou do período de graça[58].

(i) *O registo provisório*

Através do pedido de registo de desenho ou modelo sem requerimento de exame nem oposição é concedido ao respectivo titular um registo provisório, nos termos do artigo 192.º do CPI.

Trata-se, aqui, de uma protecção "intermédia", que impede, nomeadamente, que um determinado desenho ou modelo perca a novidade e seja livremente apropriado. No entanto, não tem ainda essa protecção "intermédia" a mesma segurança que o registo definitivo, que exige um exame sem ser de forma, nos termos dos artigos 193.º e 194.º do CPI.

Mas se não existir um terceiro interessado em explorar o desenho ou modelo, que possa compelir o titular do registo a pedir o exame previsto no artigo 194.º (ou que o peça ele mesmo), será de indagar qual o interesse desse titular em solicitar o registo definitivo.

Efectivamente, o registo provisório, célere e com custos diminutos, confere um direito exclusivo, menos seguro e durável, é certo, mas que ainda assim atribui àquele titular um grau de segurança mínimo, permitindo-lhe inclusivamente solicitar o adiamento da publicação e consequentemente evitar que concorrentes possam conhecer o desenho ou modelo antes de o mesmo estar no mercado (cf. artigo 190.º do CPI). Aliás, este adiamento parece feito à medida das indústrias ditas "temporárias" (como a moda), tendo em vista que o prazo de 30 meses se afigura por demais suficiente para cobrir uma colecção ou uma época, assim conferindo um proveitoso exclusivo.

A possibilidade ora dada, relegando para um eventual momento posterior um exame dos requisitos ditos "substanciais" (novidade, carácter singular), e ainda consentindo num adiamento da divulgação do desenho ou modelo[59], faz ponderar sobre a real necessidade do regime da protec-

---

[58] Idêntica conclusão poderá ser retirada aquando da comparação com os desenhos ou modelos comunitários não registados – cf. *supra*, 3.1.2..

[59] Mas já não da divulgação de determinados elementos desse adiamento, como a identificação do requerente, a data de apresentação do pedido ou o período de adiamento solicitado – cf. artigo 190.º número 4 do CPI.

ção prévia, problemática à qual nos dedicaremos com maior detalhe neste mesmo capítulo (cf.*(iii)*).

(ii) *O "período de graça"*

O "período de graça" constitui uma divulgação não oponível, nos termos do artigo 180.° número 1 alínea a) do CPI, implicando a comercialização livre de um produto (isto é, sem risco decorrente da ausência de registo desse produto, para efeitos de avaliação do seu carácter singular ou novidade) durante um período de doze meses.

Esta disposição vai encontrar a sua *ratio*, à semelhança do regime dos desenhos ou modelos comunitários não registados (cf. *supra* 3.1.2.), na necessidade de testar o êxito comercial do desenho ou modelo, e assim ponderar as vantagens de um eventual registo posterior.

(iii) *A inutilidade do regime de protecção prévia; conclusões*

Aqui chegados, não nos resta senão afirmar que tudo o que o novo regime de protecção prévia tenta acautelar estava já pensado e previsto no CPI. Aliás, a semelhança de alguns pontos fulcrais que pretende instituir *ex novo* com outras normas torna essa asserção evidente: confronte-se, a título de exemplo, a caducidade do pedido de protecção prévia (artigo 218.° do CPI) com a cessação do registo provisório (artigo 192.° número 3 do CPI). Ou, mais flagrante no que toca à inutilidade deste regime, sublinhe-se a proximidade dos artigos 220.° e 193.° número 3 do CPI, no sentido em que ambos preceituam a necessidade de requerimento de pedido de registo com exame – a diferença consiste incredulamente no facto de, quanto à protecção prévia, se exigir esse requerimento também para a intervenção em processo administrativo contra a concessão de outro registo, assim instituindo um regime menos favorável.

Acrescente-se que o período de graça de doze meses (cf. artigo 180.°) permite ao criador gozar da possibilidade de testar um determinado produto no mercado durante um período de tempo mais alargado que o concedido pela protecção prévia (seis meses), e que, de outra parte, poderá ainda esse titular obter um direito de prioridade de registo, pelo prazo de seis meses, desde que a divulgação seja efectuada numa exposição internacional oficial ou oficialmente reconhecida, nos termos do artigo 180.° número 3 do CPI[60].

---

[60] O qual, provavelmente, vem na sequência do artigo 11.° da Convenção da União de Paris.

Se a tudo isto juntarmos o novo regime dos desenhos ou modelos comunitários não registados[61], que além da informalidade alarga a territorialidade da protecção, pensamos que é seguro concluir que o regime de protecção prévia está condenado a não ser aplicado, dada a sua manifesta improficuidade.

3.3. Relação com o direito de autor

Dissertando sobre arte, seja ela pura ou aplicada, e sobre criações do domínio da moda, torna-se forçoso fazer uma referência ao Direito de Autor, e ao especial modo como este se relaciona com o regime dos desenhos ou modelos. Em particular, temos em mente a articulação do carácter artístico com a finalidade industrial.

Iremos pois, primeiramente, esquissar o regime de protecção em sede de Direito de Autor (3.3.1.), para depois delinear as relações possíveis entre os dois regimes (3.3.2.), e finalmente examinar a opção que, quanto a nós, foi tomada pelo legislador português (3.3.3.).

3.3.1. A protecção conferida pelo direito de autor

(i) *Generalidades*

O Direito de Autor tem como objecto de protecção a obra enquanto "criação intelectual do domínio literário, científico e artístico", desde que exteriorizada (artigo 1.º número 1 do CDADC).

Não se exigindo qualquer formalidade para que uma obra assim definida logre protecção jus autoral – uma "criação" é automaticamente protegida pelo Direito de Autor, sendo esse o próprio acto constitutivo da tutela – uma conclusão subjaz, quanto a nós, linear: não existem criações não protegidas.

O requisito de exteriorização da obra, comumente sublinhado pela doutrina e constante da própria lei, é desnecessário – uma criação implica produção ou geração da coisa, e, na prática, se o resultado de um processo intelectual não é exteriorizado, ficando condenado a viver no pensamento do seu autor, ele é, para todos os efeitos, inexistente.

Cremos, aliás, ser essa a razão pela qual o número 2 do artigo 1.º do CDADC não menciona expressamente as criações não exteriorizadas

---

[61] Vide *supra*, 3.1.2.

como realidade excluída do âmbito da protecção – é que o conceito, em si, é pelo menos contraditório.

Inerente ao próprio acto de criar é, também, a originalidade. A originalidade implica que a obra não reproduza uma criação preexistente, possuindo indelevelmente a marca singular do respectivo criador.

Ora, constituindo a obra um fruto do trabalho pessoal do autor, a originalidade não é mais do que o resultado de um esforço criador; não há criação sem originalidade, os dois conceitos são indissociáveis no sentido em que a criação acarreta necessariamente a originalidade, em maior ou menor monta, pelo que o que releva é tão-somente a existência de uma criação, enquanto forma que toma a ideia do autor.

O objecto de protecção do Direito de Autor é ainda concretizado no artigo 2.º número 1 do CDADC: verdadeira cláusula geral ou aberta, este preceito consagra assim uma linha de pensamento evolucionista que caracteriza este ramo do Direito, acolhendo sob a sua alçada obras que resultem do progresso tecnológico e do desenvolvimento do saber.

No domínio que estudamos, interessa porém atentar nos desenhos ou modelos, pelo que nos iremos reportar a um entendimento que julgamos pacífico – a existir tutela dessas criações pelo Direito de Autor, a mesma existirá *ex vi* alínea i) do número 1 do artigo 2.º do CDADC; todavia, o simples facto de reconhecermos *prima facie* a integração daquelas nesta disposição legal não nos isenta de uma análise mais cuidada dos requisitos específicos que terão que se verificar para que uma obra aspire a protecção nesses termos.

Deste modo, do mencionado preceito ressaltam desde já dois problemas: a exigência de criação artística e a independência da protecção conferida pela propriedade industrial. Tratá-los-emos, pois, separadamente.

(ii) *A criação artística*

Incautamente, poder-se-ia concluir que a referência a criação artística estaria já prevista no número 1 do artigo 1.º do CDADC. Não é todavia assim: entre o domínio do qual uma criação emana (domínio artístico – artigo 1.º número 1 do CDADC) e a característica intrínseca da própria criação (criação artística – artigo 2.º número 1 alínea i) do CDADC) existe uma diferença não tão subtil quanto os conceitos possam transmitir.

A arte que terá que acompanhar a criação, apresentada como devendo ser uma característica indissociável desta, revela-se de mais difícil alcance do que a sua proveniência, requisito de mais fácil apreciação e cumprimento.

A criação artística exigida no artigo 2.º número 1 alínea i) do CDADC consubstancia deste modo uma obrigação *extra* artigo 1.º número 1[62], e, apesar do proémio do número 1 do artigo 2.º, mais não é que a tentativa de exclusão do mero utilitarismo ou funcionalismo de formas e, por isso mesmo, um afloramento da doutrina do mérito, que o CDADC tanto se esforça por afastar. Pois se se prescreve especificamente que aquelas obras devem revestir o carácter de criação artística, significa que este tem que prevalecer sobre o carácter utilitário, impondo-se aqui uma conduta valorativa da obra em causa.

Parece, pois, que o CDADC adoptou a *Gestaltungshöhe* do Direito alemão, em detrimento de outros critérios possíveis[63]. A esta problemática nos dedicaremos mais profundamente em momento oportuno.[64]

(iii) *A independência da protecção conferida pela propriedade industrial*

A referência à protecção por parte da propriedade industrial abre, ao que parece, a porta a uma tutela cumulativa ou conjunta. No entanto, a problemática não se esgota nessa possibilidade – poderá assim afigurar-se como possível uma alternância de tutelas, conceito que cabe igualmente na realidade da independência do Direito Industrial nesta matéria.

Compreende-se a humildade do legislador, uma vez que poderão existir obras cujo carácter artístico, suplantando o carácter utilitário sem contudo o apagar, será eventualmente tutelado por via do Direito de Autor, não se pretendendo coarctar a respectiva protecção por parte do Direito Industrial, que tratará de verificar em sede própria se determinada criação preenche os necessários requisitos. Trataremos deste tema mais desenvolvidamente no Subcapítulo seguinte.

3.3.2. *Análise da relação entre tutelas – alternância, cúmulo absoluto ou cúmulo relativo*

A existência de alguma espécie de relação entre o Direito de Autor e o Direito Industrial (concretamente, o regime dos desenhos ou modelos) é

---

[62] Contra, Luiz Francisco Rebello em *Introdução ao Direito de Autor*, vol. I, págs. 88-89.

[63] Para uma análise crítica e em pormenor destes critérios, cf. Carmen Lance Reija, *op. cit.*, pág. 121 e seguintes.

[64] Cf. Subcapítulos 3.3.2. e 3.3.3. e Capítulo 5.

uma realidade que já tinha sido possibilitada tanto pelo artigo 2.º número 7 da Convenção de Berna como pelo artigo 17.º da Directriz. Porém, a desejada harmonização comunitária neste particular não se verificou, sendo o efeito também a sua causa: as profundas divergências entre os sistemas dos Estados-membros.

Apesar de tudo, o citado artigo 17.º pendeu para uma protecção acumulada dos desenhos ou modelos, deixando no entanto ao arbítrio de cada Estado a definição dos moldes dessa protecção. Não obstante a opção tomada, cremos que é interessante analisar os três principais sistemas de relação entre o Direito de Autor e o regime dos desenhos ou modelos, para depois verificar o sistema adoptado no ordenamento jurídico português. A esta problemática dedicaremos, em conformidade, as linhas seguintes.

(i) *Alternância ou separação*

O regime de alternância ou separação implica que um desenho ou modelo só possa ser tutelado pelo Direito Industrial, ao passo que uma obra de arte colherá protecção adequada em sede de Direito de Autor.

A *ratio* desta solução será evitar que criações com carácter mais funcional obtenham protecção (nomeadamente, contra cópia), quando não lograriam obtê-la de outra forma (através do regime de patentes, por exemplo).

Este sistema é seguido, designadamente, no Direito norte-americano, o qual dita uma excepção ao princípio assim apresentado: se o desenho ou modelo for separável e independente do produto, pode ser tutelado pelo Direito de Autor[65]. Note-se porém que esta excepção não será facilmente aplicável, o que consequentemente transformará este regime em alternância pura ou absoluta; efectivamente, serão poucos ou nenhuns os casos em que se poderá separar o desenho ou modelo do produto ao qual ele foi aplicado, e menos ainda aqueles em que o desenho ou modelo poderá existir independentemente desse produto.

Este sistema era também adoptado em Itália antes da transposição da Directriz, vigorando à época a teoria da cisão (*scindibilità*), a qual decorria do artigo 5.º do Decreto n.º 1411, de 1940, ou mais particularmente do antigo artigo 2.º número 2 da Lei de Direito de Autor e Direitos Conexos italiana, que estabelecia que, no caso de desenhos ou modelos industriais,

---

[65] Secção 101 da *Copyright Law of the United States of América* (Título 17 do *US Code*).

só haveria protecção pelo Direito de Autor se pudesse haver separação entre o valor artístico e o valor industrial ou funcional. Actualmente, rege o Decreto n.º 30/2005, que aprova o Código da Propriedade Industrial italiano, o qual entrou em vigor em 19 de Março de 2005. Na sequência deste, os desenhos ou modelos que constituam uma criação e que possuam valor artístico podem ser protegidos pelo Direito de Autor, independentemente da protecção que lhes for concedida em sede de desenhos ou modelos.[66]

(ii) *Cúmulo absoluto*

À luz desta concepção, um desenho ou modelo teria uma protecção simultânea e cumulativa por parte dos regimes de Direito de Autor e de Direito Industrial.

Esta solução é adoptada em França, onde vigora o princípio da unidade da arte (*théorie de l'unité de l'art*[67]), o qual enforma uma visão unificada de arte, no sentido em que reconhece que a arte pode ser exteriorizada de variadas formas, sendo qualquer uma delas sempre um espelho da personalidade do seu criador, e, logo, merecedora do reconhecimento enquanto arte.

Deste modo, de acordo com este sistema, todas as criações de forma seriam protegidas independentemente do respectivo mérito artístico. Isto é, qualquer desenho ou modelo industrial, enquanto criação, poderá ser uma obra protegida em sede de Direito de Autor.

A opção ora em análise apresenta a vantagem (comummente realçada pela doutrina francesa) de ilibar o julgador da sempre difícil ponderação do nível artístico de uma determinada obra (e, consequentemente, assim

---

[66] No entanto, "durante dez anos a contar de 19 de Abril de 2001, o Direito de Autor não pode ser invocado para impedir o fabrico ou a comercialização de produtos que começaram a ser produzidos ou comercializados antes dessa data em conformidade com um desenho ou modelo que era ou entretanto ficou no domínio público." (tradução livre do artigo 239.º do citado diploma legal).

[67] Critério adoptado no *Code de la Propriété Intellectuelle*, Artigo L513-2, onde se prescreve actualmente: "Sans préjudice des droits résultant de l'application d'autres dispositions législatives, *notamment des livres Ier et III du présent code* [sublinhado nosso], l'enregistrement d'un dessin ou modèle confère à son titulaire un droit de propriété qu'il peut céder ou conceder." De notar que o Livro I trata do Direito de Autor e que o Livro III estabelece disposições gerais acerca do Direito de Autor, dos Direitos Conexos ("Droits Voisins") e dos direitos dos produtores das bases de dados.

ignorar o referido mérito artístico da mesma), isentando-o da classificação da criação como arte pura ou arte aplicada.

Ao contrário do regime anterior, o cúmulo absoluto resulta permitido pelo artigo 17.º da Directriz.

(iii) *Cúmulo relativo ou parcial*

O sistema de cúmulo relativo ou parcial prescreve que, além da tutela conferida pelo Direito Industrial, pode ser eventualmente concedida protecção, em sede de Direito de Autor, a alguma ou algumas categorias de desenhos ou modelos, os quais gozarão então de uma tutela conjunta, desde que preencham os pressupostos de aplicação do respectivo regime – normalmente, desde que sejam considerados criação artística[68]. Efectivamente, a maior parte dos países que adoptaram este sistema exigem um nível apurado de carácter artístico de um desenho ou modelo para que este possa ser considerado uma obra protegida, o que acarreta um problema: se esta exigência extra não estiver preenchida, então não há lugar à protecção pelo Direito de Autor. E, como a maioria dos desenhos ou modelos não possui esse carácter artístico – seja por que não é essa a sua finalidade, seja porque esse carácter não se coaduna, as mais das vezes, com a produção industrial ou em massa – então a sobreposição de tutelas poderá não ser parcial, e sim quase inexistente.

3.3.3. *A solução do regime legal português*

Do que até este ponto ficou explanado resulta aparentemente uma sobreposição ou cúmulo de tutelas, conforme já tinha sido possibilitado pelo artigo 2.º número 7 da Convenção de Berna.

No entanto, essa sobreposição não é clara, principalmente devido ao diferente tratamento que lhe é dado em sede de desenhos ou modelos, de uma parte, e de Direito de Autor, de outra parte, mas também porque existem divergências substanciais ao nível dos dois regimes.

O artigo 2.º número 1 alínea i) do CDADC, como referido, protege as obras de arte aplicada, os desenhos ou modelos e as obras de *design*, desde que estas constituam criação artística, relegando para o Direito Industrial a análise da verificação dos respectivos pressupostos de protecção.

---

[68] Cf. 3.3.1.*(ii)*.

Consagrando desta forma uma exigência acrescida de mérito, como também já foi defendido, significa esta realidade que o Direito de Autor pretendeu que, não se exigindo esse valor artístico para a efectividade da tutela conferida pelos desenhos ou modelos, poderá uma criação ser registada como desenho ou modelo mas, por não ter esse acréscimo artístico, não lograr protecção por parte do Direito de Autor. Por outro lado, se a criação não tiver sido registada, mas se for *artística*, pode aí obter protecção.

Porém, não fica afastada a possibilidade de cúmulo de tutelas. Se anteriormente essa protecção dupla era de difícil verificação, em face da exigência de criação artística, do lado do Direito de Autor, e da exclusão, da alçada do regime dos desenhos ou modelos, das obras com carácter puramente artístico não reproduzidas com fim industrial (extinto artigo 142.° do CPI de 1995), por parte do Direito Industrial, hoje em dia a realidade é outra: continua a reclamar-se um determinado nível de exigência artística, mas, ao invés de excluir as obras típicas protegidas pelo Direito de Autor do âmbito da sua protecção, o Direito Industrial admite a tutela, por parte deste, das criações por si protegidas, explicitamente prevendo que qualquer desenho ou modelo poderá beneficiar dessa protecção (*vide* artigo 200.° do CPI, que segue o estabelecido no artigo 17.° da Directriz).

O cúmulo de tutelas passa, assim, a constar claramente da lei, restando apenas aferir da competente classificação: se absoluto, se relativo. A própria Directriz, estabelecendo embora um regime de cúmulo de tutelas, deixa aos Estados-membros a respectiva definição ou classificação (cf. citado artigo 17.° e Considerando 8 da Directriz).

Adiantando a resposta aos fundamentos correspondentes, cremos que o legislador português terá optado pelo cúmulo relativo de tutelas. De facto, e ao contrário do sistema francês, encontramos no Direito de Autor a já referida exigência adicional de "criação artística", antagónica da teoria da unidade da arte. Tal referência permitirá, quanto a nós, conciliar dois regimes com finalidades diferentes, evitando contradições que poderiam resultar da sua diferente natureza; veja-se, a título exemplificativo, a questão da duração da protecção: os 70 anos *post mortem auctoris* radicam genericamente na protecção da criatividade, das vantagens económicas proporcionadas pela obra e do direito moral do autor; o máximo de 25 anos de protecção de um desenho ou modelo funda-se principalmente no fomento da técnica e da indústria, assim dando um incentivo à divulgação que irá permitir esse desenvolvimento, mas limitando o prazo do exclusivo tendo igualmente em vista o progresso industrial. O cúmulo absoluto iria sem dúvida trazer dúvidas e dificuldades de delimitação de cada um destes regimes (ainda que esse facto deva ser uma consequência e não uma causa da opção pelo regime do cúmulo parcial ou relativo, visto que os embaraços de prossecução de uma escolha não a deverão nortear *ab initio*).

Não obstante, irão surgir dificuldades aquando da efectiva aplicação deste regime (a qual, como já defendemos *supra*, irá ser de difícil verificação), como é o caso, designadamente, do conteúdo da protecção – o Direito de Autor dá cobertura à coincidência na criação, ao contrário do regime dos desenhos ou modelos (embora este problema específico seja, quanto a nós, relativamente claro, pois durante a vigência do direito ao desenho ou modelo o titular do respectivo registo deverá poder proibir a utilização de tais criações independentes por terceiro, uma vez que assim o dita o conteúdo mais amplo desse direito, ficando, depois de expirado o prazo de duração do mesmo, esse titular restringido ao conteúdo da protecção – mais diminuto nesse aspecto – que lhe concede o Direito de Autor).

3.4. Relação com o modelo de utilidade

A possibilidade de uma invenção ser protegida por modelo de utilidade surge pela primeira vez no CPI de 1940, artigo 37.º, na sequência da previsão dessa figura (*Gebrauchsmuster*) no ordenamento jurídico alemão.

Sucintamente, o modelo de utilidade vem previsto com o objectivo de conferir alguma protecção a um grau inferior de actividade inventiva relativamente àquela que é exigida para concessão de uma patente (embora também permita que o titular obtenha um modelo de utilidade para uma invenção patenteável – cf. artigos 117.º e seguintes do CPI[69]).

---

[69] Apesar de não ser este o local apropriado para uma análise exaustiva ou sequer pormenorizada do regime do modelo de utilidade constante do CPI, não podemos deixar de apontar, com alguma perplexidade, a actual incongruência da nossa lei no que toca a este aspecto particular. Efectivamente, conforme vaticina Miguel Moura e Silva, em "Modelos de Utilidade: Breves Notas sobre a Revisão do CPI", pág. 239, foi acolhido "um critério subjectivo de distinção [entre o modelo de utilidade e a patente] – a intenção do requerente" (*vide* artigo 117.º número 4 *in fine* do CPI). Ora, dita o bom senso que, se para a mesma invenção o requerente pode pedir, "simultânea ou sucessivamente", uma patente ou um modelo de utilidade, então os respectivos requisitos de concessão deveriam ser idênticos. Mas desengane-se quem confronta a citada disposição com o artigo 51.º do CPI, rela-

Quanto ao objecto do modelo de utilidade, a sua delimitação consta dos artigos 117.° e 118.° do CPI.

Levando em consideração que existem objectos que podem possuir uma função técnica ao mesmo tempo que resultam esteticamente mais aliciantes, e em consonância com o artigo 16.° da Directriz, cumpre pois fazer aqui referência à relação do regime dos desenhos ou modelos com aqueloutro do modelo de utilidade.

De notar que discorremos sobre modelo de utilidade, e não sobre patente, porque aquele envolve um menor grau de actividade inventiva (cf. artigo 120.° número 2 alínea b) do CPI), sendo por isso mais susceptível de um eventual enquadramento no contexto das criações de moda – não divisamos como poderá uma peça de vestuário ser (ou mesmo conter) um objecto de patente, mas será essa realidade porventura mais admissível se considerarmos que poderão existir determinados elementos de tais criações que representem uma "vantagem prática ou técnica", principalmente para a "utilização do produto (…) em causa" (*vide* citado artigo 120.° número 2 alínea b)).

Saliente-se que não supomos possível a tutela simultânea por parte do regime do modelo de utilidade e do regime dos desenhos ou modelos, no que toca aos respectivos objectos de protecção; o modelo de utilidade protege, como o próprio nome indica, a *utilidade* do objecto, a sua capacidade de tornar o seu uso (ou o seu fabrico) mais cómodo, simples ou acessível. Estão em causa a inovação e progresso tecnológicos, conferindo-se cober-

---

tivo à patente: se bem que ambos exijam que a invenção seja nova e que implique actividade inventiva, no que toca à definição desta última os dois regimes deixam de ser coincidentes, não se percebendo a razão de tal diferença (cf. artigos 120.° número 2 e 55.° número 2, ambos do CPI). Independentemente da finalidade que se defende para o regime do modelo de utilidade, das duas uma: ou se considera que os requisitos são idênticos, e então idêntica protecção deve ser concedida, assim fazendo sentido o mencionado critério subjectivo; ou, pelo contrário, estabelecem-se diferentes parâmetros e termos de tutela para diferentes níveis de actividade inventiva. É claro que uma invenção que apenas apresente uma "vantagem prática" (cf. citado artigo 120.° número 2), sem implicar actividade inventiva, não poderá lograr protecção como patente, por falharem os respectivos requisitos. Mas se assim é (como defendemos afirmativamente), não se alcança a utilidade deste sistema de cúmulo. Mesmo seguindo o raciocínio de Mota Maia, *op. cit.*, pág 284, que argumenta o interesse do requerente no cúmulo para conseguir uma protecção provisória até à concessão da patente nos casos em que não haja certezas acerca do nível de actividade inventiva, arriscamo-nos a alvitrar uma eventual solução, que seria uma regra de conversão do pedido de patente em pedido de modelo de utilidade, nos casos em que não se verificasse essa (necessária) actividade inventiva.

tura a uma novidade na forma que afecte a função técnica do produto. Por seu turno, o desenho ou modelo, como já analisado, tutela as criações de forma, pondo de parte os elementos funcionais e exigindo uma novidade de cariz estético (por oposição a funcional). Mas mais do que isso, o artigo 176.º número 6 alínea a) do CPI delimita negativamente o objecto de registo como desenho ou modelo, impondo a exclusão das características determinadas exclusivamente pela respectiva função técnica.[70] E, de outra parte, o artigo 137.º número 1 alínea e) do CPI estabelece como motivo de recusa de concessão de modelo de utilidade o facto de se considerar a invenção subjacente como desenho ou modelo, não se admitindo, na mesma esteira, que uma criação estética possa ser objecto de um modelo de utilidade (artigo 52.º número 1 alínea c) do CPI, por remissão do artigo 118.º do mesmo Diploma). Parece, assim, que não existe um objecto de protecção coincidente, uma vez que os regimes se excluem reciprocamente.

Todavia, uma realidade substancialmente diferente da que acabamos de expor será um *objecto* determinado conter em si mesmo os dois *objectos* de protecção. Isto é, há que aferir se as afirmações que proferimos *supra* se aplicarão à susceptibilidade de protecção de uma característica (da aparência de um produto) "determinada exclusivamente pela sua função técnica".

Neste domínio, opinaremos que, embora não exista identidade de objectos de protecção, é possível uma criação ser protegida como desenho ou modelo, ao mesmo tempo que alguma das suas características, determinada exclusivamente pela respectiva função técnica, é susceptível de protecção como modelo de utilidade; no contexto da moda, pode acontecer por exemplo que uma determinada peça de vestuário, por ser nova e ter carácter singular, possa ser objecto de registo em sede de desenhos ou modelos, e ser simultaneamente concedido um modelo de utilidade para o botão nela utilizado, desde que essa característica específica seja determinada exclusivamente pela sua função técnica (abotoar a roupa), e que a mesma seja nova (de um ponto de vista funcional), representando uma vantagem prática ou técnica na utilização da peça. Concluímos, pois, que a delimitação parcial negativa de um desenho ou modelo aqui gizada poderá coincidir, desde que estejam preenchidos os respectivos requisitos, com a delimitação positiva do objecto do modelo de utilidade.

---

[70] Quanto a esta delimitação negativa, cf. *supra* SubCapítulo 3.2.1.*(ii)*.

Já no caso de a característica em causa não ser determinada *exclusivamente* pela função técnica, defendemos oportunamente[71] a aplicabilidade do regime de desenhos ou modelos. Mas será que sobre essa mesma característica que desempenha, não exclusivamente, uma determinada função técnica, poderá incidir outro direito privativo, especificamente um modelo de utilidade? Pensamos que a resposta deve ser afirmativa. Não servirá contudo este juízo para defender a unidade de objectos de protecção: o desenho ou modelo incidirá sobre a aparência do produto (aliás, sobre toda a aparência, visto que a hipótese colocada trata apenas de características específicas), enquanto que o modelo de utilidade protegerá a função técnica dessa característica (e não a totalidade do objecto). Deste modo, findo o prazo de protecção (10 anos) do modelo de utilidade, o mesmo cairá no domínio público, o que significa que a função que aquela característica específica exercia poderá ser livremente apropriada, embora eventuais concorrentes devam para ela adoptar uma forma que não coincida com a escolhida (ou criada) pelo titular do desenho ou modelo (o que será possível, visto que aquela forma não é exclusivamente determinada pela sua função técnica).

4. A protecção do "trade dress" e a concorrência desleal; breve referência

O "trade dress" designa a apresentação identificativa de um produto ou do seu invólucro, implicando consequentemente a capacidade de o distinguir face aos demais produtos existentes no mercado. Talvez devido a essa característica, o "trade dress" é normalmente referido em matéria de marcas, nomeadamente no direito norte-americano[72], aí defendendo vários

---

[71] Cf. *supra* SubCapítulo 3.2.1.*(ii)*.

[72] Curiosamente, a protecção do "trade dress" nos Estados Unidos tem a sua origem na Secção 43 (a) do *Lanham Trademark Act* de 1946, no qual se estatuía apenas a proibição da intencional falsa descrição ou representação de um produto posto no mercado, sem qualquer referência ao "trade dress", que haveria posteriormente de se considerar incluído na referida disposição por várias decisões judiciais, as quais criaram uma verdadeira tendência de repressão da concorrência desleal. Esta Secção foi objecto de profundas alterações em 1988, na sequência da homogeneidade jurisprudencial no sentido da previsão do "trade dress", sendo a seguinte a actual redacção: "Any person who, on or in connection with any goods or services, or any container for goods, uses in commerce any word, term, name, symbol, or device, or any combination thereof, or any false designation of origin,

autores[73] que, para que o "trade dress" possa ser objecto de protecção, é essencial que o mesmo tenha capacidade distintiva, de modo a que seja possível identificar a respectiva fonte produtiva, ou que, não a possuindo, entretanto a tenha adquirido[74]. Preconizam ainda os mesmos autores a não funcionalidade como segundo requisito de protecção (de modo a não perverter o regime de concessão de patente), concretizando que o "trade dress" será considerado não funcional se os seus elementos não forem essenciais à utilização do produto a que o mesmo se reporta, nem afectarem o respectivo custo ou qualidade.

Também na Alemanha foi conferida especial atenção à apresentação, compreendendo esta, designadamente, a embalagem e aspecto exterior do produto (*Ausstattung*), mas também qualquer meio que fosse apto a fornecer ao público uma indicação da origem do produto que lhe estava subjacente[75]. Actualmente, o artigo 3.° da *MarkenG* não difere substancialmente do estabelecido no artigo 222.° número 1 do CPI. Por outro lado, o artigo 16.° da *UWG* (revogado em 1994) protegia os sinais que desempenhavam a função de designar uma empresa (ao contrário dos que

---

false or misleading description of fact, or false or misleading representation of fact, which (a) is likely to cause confusion, or to cause mistake, or to deceive as to the affiliation, connection, or association of such person with another person, or as to the origin, sponsorship, or approval of his or her goods, services, or commercial activities by another person (...) shall be liable in a civil action by any person who believes that he or she is or is likely to be damaged by such act."

[73] Perry J. Saidman & David W. Brinkman – "Protecting Proprietary Product Designs in the USA"; Lloyd J. Jassin – *Trade Dress Protection: How to Tell a Book by its Cover*.

[74] Esta última hipótese consubstancia a chamada teoria do *secondary meaning*, segundo a qual um determinado sinal desprovido de capacidade distintiva a adquire em consequência do uso que dele é feito no mercado. Para maiores desenvolvimentos sobre esta teoria e respectiva apreciação crítica, designadamente defendendo o seu afloramento no artigo 6.° *quinquies* alínea c)-1) da Convenção da União de Paris, vide Manuel Nogueira Serens, "A «Vulgarização» da Marca na Directiva 89/104/CEE, de 21 de Dezembro de 1988 (*Id Est*, no Nosso Direito Futuro)", págs. 78 a 88.

[75] Cf. o exemplo dado por Dietrich Reimer, *La Repression de la Concurrence Déloyale en Allemagne*, pág. 239, sobre a possibilidade de protecção de uma melodia que acompanha uma determinada publicidade. De notar que, para desfrutar da protecção legal, a apresentação em causa deveria gozar de notoriedade, o que implicava necessariamente a não atribuição da protecção *ab initio*, ao contrário das marcas clássicas. Efectivamente, determinada apresentação só podia ser entendida como notória a partir do momento em que o público a identificasse com a empresa da qual a mesma emanava, existindo pois um hiato temporal entre a criação da apresentação e a concessão da protecção.

vinham previstos na anterior *Warenzeichengesetz*, que indicavam a origem do produto).

Em Portugal, o CPI considera motivo de recusa de registo de uma marca a reprodução ou imitação do "aspecto exterior" a que outrem comprovadamente recorra no âmbito da sua marca registada (cf. artigo 240.º). Parece vir este fundamento de recusa de registo na esteira do artigo 24.º número 1 alínea d) do CPI, pelo que se justifica neste enquadramento a presente referência à concorrência desleal. Verdadeiramente, o que está em causa no preceito não é a marca em si, e sim a colagem propositada, por parte de um concorrente, à imagem (ou parte dela) de outro concorrente, caindo deste modo essa situação na previsão do artigo 317.º alínea a) do CPI. Concretizando, consideramos que o acto de imitar o "aspecto exterior" é susceptível de criar confusão, senão com a empresa, pelo menos com os produtos ou serviços dos concorrentes.

Resulta do exposto que a reprodução ou imitação do aspecto exterior de um produto poderá ser sancionada a título de concorrência desleal, como acto de confusão[76] – uma vez que se prescreve a irrelevância do meio empregue –, e desde que verificados os competentes requisitos (mormente, a contrariedade às normas e usos honestos do ramo). A esta temática regressaremos na análise específica da tutela do vestuário.

5. A tutela jurídica do vestuário enquanto manifestação de moda

Ao contrário do Direito Francês[77], e conforme decorre de tudo o exposto *supra*, não existe na ordem jurídica portuguesa uma disposição específica direccionada para a protecção do vestuário.

---

[76] Note-se que os actos de confusão eram já proibidos na Convenção da União de Paris, artigo 10.º-*bis* 3.1..

[77] Cf. artigo L112-2-14.º do *Code de la Propriété Intellectuelle*: "Sont considérés notamment comme oeuvres de l'esprit au sens du présent code: (14.º) Les créations des industries saisonnières de l'habillement et de la parure. Sont réputées industries saisonnières de l'habillement et de la parure les industries qui, en raison des exigences de la mode, renouvellent fréquemment la forme de leurs produits, et notamment la couture, la fourrure, la lingerie, la broderie, la mode, la chaussure, la ganterie, la maroquinerie, la fabrique de tissus de haute nouveauté ou spéciaux à la haute couture, les productions des paruriers et des bottiers et les fabriques de tissus d'ameublement". Deste modo, conforme sublinha François Greffe, "La mode", pág. 2, não é necessário que uma peça de vestuário consubstancie uma criação de Alta-Costura (ou seja, que tenha um elevado nível de criação artística), visto que, em face da citada disposição, ela será protegida pelo simples facto de ema-

Mesmo a opção, tomada no presente trabalho, de reconduzir essas criações de moda preferencialmente ao regime dos desenhos ou modelos não terá sido totalmente desprovida de dúvidas, razão pela qual optámos por referir adicionalmente, ainda que de forma sucinta, os regimes do modelo de utilidade e da concorrência desleal.

Efectivamente, as dificuldades inerentes à obrigatoriedade de registo (principalmente temporais) de um desenho ou modelo não se comprazem com a celeridade do mercado da moda. Porém, poder-se-á objectar que esses contratempos ficam postos de parte mediante o recurso a alguns mecanismos que fomos analisando ao longo desta exposição.

Assim, quer o registo provisório quer o período de graça (doze meses) podem conferir a protecção desejada a uma peça de vestuário (a qual, normalmente, só dura uma época, isto é, seis meses), embora aquele tenha ainda a carga de constituir um trâmite administrativo, menos oneroso, é certo, que um registo definitivo, mas de qualquer forma em contraste com a acentuada informalidade do segundo; e este último implique o inconveniente de determinação da data exacta de divulgação do desenho ou modelo, para efeito de contagem do prazo de doze meses. Mas não se infira que, com o ora observado, se contraria o defendido em 3.2.4.*(iii)*: continuamos a fazer a apologia da inutilidade do regime de protecção prévia, nos exactos termos então proferidos. Simplesmente, consideramos que as faculdades apontadas, mormente quando combinadas, conferem uma protecção que consegue ir além desse regime, não isentando as mesmas, contudo, das críticas merecidas.

Outra via que se poderá revelar bastante eficaz será o regime dos desenhos ou modelos comunitários não registados, ressalvadas as reservas levantadas no Subcapítulo 3.1.2.[78]. Quanto a estas, contudo, parece que o prazo de três anos será suficiente para atender às particularidades da indústria do vestuário, uma vez que a protecção, mais do que longa, quer-se rápida.

Um segundo obstáculo na aplicação do regime dos desenhos ou modelos a estas criações de moda prende-se com o seu carácter cíclico. São

---

nar da indústria do vestuário, assim deixando para trás, nomeadamente, a decisão do Tribunal Correctionnel de la Seine, de 14 de Maio de 1897, que declarou como não passíveis de protecção "les articles de mode dont les modèles sont éphémères comme la fantaisie qui les a créés".

[78] Nomeadamente, ganha aqui especial relevo a circunstância de os desenhos ou modelos não registados não concederem um monopólio de exploração, mas tão-só uma protecção contra cópia.

raras as tendências que, estando em voga num determinado momento, são votadas eternamente ao esquecimento; a maior parte volta a ganhar visibilidade anos depois. Ora, esta periodicidade pode ser atentatória da novidade requerida em sede de desenhos ou modelos, pelo que cabe apor uma reserva à susceptibilidade de protecção do vestuário pelo regime de desenhos ou modelos: serão protegidas apenas as peças que representam uma nova moda (por oposição a moda renovada), nunca antes conhecida, ou que em si mesmas constituem uma inovação de forma (por exemplo, por combinarem de forma nova elementos conhecidos – cf. artigo 176.º número 2 do CPI[79]), desde que umas e outras, obviamente, sejam também dotadas de carácter singular. Mas já não aquelas que consubstanciam uma mera ressurreição de uma moda anterior.

Excursamos, é claro, apenas no plano conceptual, uma vez que, conforme apontado *supra*[80], o artigo 207.º número 2 do CPI dá ao titular do direito a possibilidade de modificar o desenho ou modelo inicial, desde que tais modificações se cinjam a "pormenores sem importância". Destarte, fazemos desde já uma precisão ao explanado no parágrafo anterior – o titular do registo de um desenho ou modelo poderá, se assim o desejar, reavivar a moda que lhe está subjacente (assim contornando a exigência de novidade), bastando-lhe, para tanto, introduzir pequenas alterações, ao nível de "pormenores em importância"[81], na peça de vestuário (cf. citado artigo 207.º número 2), e requerer o respectivo registo (desde que o faça em tempo, ou seja, dentro do prazo de vigência do registo original).

Questão diversa será a problemática de se verificar carácter singular nas peças de vestuário, visto que, por um lado, as formas das peças pouco variam, existindo um determinado número de configurações preexistentes, e, por outro, cada uma dessas formas, seguindo a moda enquanto tendência para poder obter êxito comercial no mercado, será bastante similar às demais. Esta realidade ganha ainda mais acuidade se tivermos em conta que a violação do direito do exclusivo se deverá apreciar pelas semelhanças e não pelas diferenças. Porém, antes de aferir da existência de violação do exclusivo é necessário verificar se há anterioridade, sendo que nesse capítulo se deverão ter em conta as diferenças e não as semelhanças; é assim mister apreciar se estas últimas se reportam à parte que está no

---

[79] Um exemplo bastante eloquente desta realidade será a criação recente de uma estilista portuguesa que, cosendo na vertical algumas gravatas, assim formou uma saia.
[80] Cf. Subcapítulos 3.2.1.*(i)* e 3.2.2..
[81] As quais não irão, portanto, desvirtuar a respectiva moda.

domínio público, isto é, analisar se as mesmas não são ditadas pela moda ou estilo mais em voga no momento. Para tal, há que distinguir que parte da criação é que está no domínio público, por espelhar uma tendência momentânea ou uma moda, e que parte é que pode ser objecto de um direito privativo, por constituir uma interpretação pessoal materializada dessa tendência.[82]

Por outro lado, a questão apontada já terá sido levada em consideração no Subcapítulo que dedicámos à análise do carácter singular[83] – como o grau de liberdade do criador no domínio da moda é muito diminuto, deve ter-se presente a imposição das formas (e da moda), a qual irá necessariamente nortear a actividade criativa. Mas o que tivemos ocasião de apelidar de dicotomia do critério do grau de liberdade[84] não deverá cair no esquecimento; de facto, para efeitos de acolhimento de uma criação de moda sob o regime dos desenhos ou modelos, a apreciação do grau de liberdade do criador poderá auxiliar essa criação, carecida de singularidade, a alcançar a tutela por parte do Direito Industrial. Simplesmente, a criação posterior de peças de vestuário semelhantes à mesma também beneficiará do referido auxílio, o que acarreta uma dupla consequência: para o segundo criador, estamos novamente perante uma ficção legal que lhe permite registar a sua criação; mas para o primeiro criador esse auxílio a terceiros reveste o carácter de limite ao seu direito exclusivo, ou melhor, ao âmbito desse direito exclusivo.

A protecção de uma criação de moda por parte do regime dos desenhos ou modelos revela desta forma a sua maior fragilidade, visto que, a partir do momento em que admite o registo de uma criação de moda, nega geralmente a essa protecção o âmbito alargado que o seu autor desejaria.

É claro que também no domínio da moda encontraremos características das peças de vestuário determinadas exclusivamente pela sua função técnica, ou seja, relativamente às quais não existe qualquer grau de liberdade do criador, por se resumirem as mesmas à única forma possível para desempenhar determinada função técnica[85] – essas, já oportunamente defendemos[86], poderão eventualmente ser objecto de um modelo de utili-

---

[82] Cf., neste sentido, decisão da Cour d'Appel de Paris, de 14 de Abril de 1975, citada por François Greffe, *op. cit.*, pág. 3.
[83] *Vide* 3.2.1.(i).
[84] *Vide* 3.2.1.*(i)*.
[85] Cf. *supra* 3.2.1.(ii).
[86] Cf. *supra* 3.4..

dade. A título meramente ilustrativo, consideraremos excluídas da protecção como desenho ou modelo as características do avesso de um tecido, as quais devem a sua forma específica apenas ao processo de fabrico da totalidade do têxtil[87].

No que concerne a uma eventual protecção do vestuário por parte do Direito de Autor, sublinhamos mais uma vez a inexistência de disposição expressa relativamente à indústria da moda ou do vestuário – a criação de moda enquanto tal pode, no plano dos princípios, buscar no Direito de Autor uma tutela efectiva, visto que não se verifica um *numerus clausus* das criações merecedoras de tal tutela.

Porém, se a doutrina da inexigência do mérito, consagrada no proémio do número 1 do artigo 2.º do CDADC, parece inferir que as obras de Alta-costura serão protegidas da mesma e exacta maneira que as de um criador desconhecido, a exigência suplementar de carácter artístico que se estabelece, quanto a estas criações, na alínea i) do mencionado preceito conduzirá a uma realidade distinta – a chamada produção industrial ou massiva de moda, a que se dedicam empresas multinacionais detentoras de cadeias de lojas, não se afigura compatível com o requisito ora exigido, seja porque o carácter artístico implica um mais avultado investimento em labor humano, seja devido ao facto de uma peça de vestuário reproduzida milhares de vezes perder, ainda que inadvertidamente, a individualidade própria de uma peça única.

Acresce ainda que a indústria da moda sendo, por natureza, efémera, não se coaduna com a protecção, demasiado longa, conferida pelo Direito de Autor. É pertinente perguntar qual o sentido de atribuir a uma criação de moda um exclusivo que, passado pouco tempo, se tornará obsoleto, o que vem reforçar o entendimento, que defendemos, segundo o qual estas obras só poderão aspirar a uma protecção jus autoral em caso de um acréscimo significativo do seu cariz artístico.

Antes da transposição da Directriz 93/98, do Conselho, de 29 de Outubro, que visou harmonizar o prazo de protecção dos direitos de autor e de certos direitos conexos, a questão era abordada no artigo 34.º número 1 do CDADC, que previa um prazo de protecção de 25 anos após a realização da obra de arte aplicada, assim reconhecendo a superfluidade e até

---

[87] Neste sentido, Cour d'Appel de Paris, numa decisão datada de 16 de Outubro de 1971, citada por François Greffe, "Objects Protégés", pág. 24.

a contradição de um prazo de protecção mais longo. Mais uma vez, esta realidade é apologética da tese que vimos defendendo.

Aqui chegados, não nos resta senão concluir que apenas as peças de vestuário que constituam criação artística (isto é, que tenham um grau de individualidade mais apurado do que o geralmente exigido para outra espécie de obras, possuindo distintamente a marca do talento do seu criador) podem lograr protecção por parte do Direito de Autor (embora, na sequência do já mencionado, essa realidade seja de rara verificação).

Mas, mesmo no caso dessas peças de vestuário *artísticas*, a tutela por parte do Direito de Autor não será pacífica; veja-se, paradigmaticamente, a circunstância da obra feita por conta de outrem ou por encomenda, relativamente à qual é prevista a hipótese de o nome do criador da obra não vir mencionado nesta, o que constitui presunção *juris tantum* que o direito de autor (patrimonial, entenda-se) fica a pertencer à entidade que encomendou a criação (artigo 14.º número 3 do CDADC).

A questão reveste grande actualidade, e põe em causa os processos criativos inerentes aos *ateliers* de moda. Efectivamente, o nome constante de uma criação de moda será na grande maioria o do criador que representa o *atelier*, ou o do próprio *atelier*, ficando anónimo o verdadeiro criador intelectual da obra. Por seu turno, o artigo 160.º número 3 do CDADC, específico do domínio que tratamos, prescreve que o nome do autor (ou, em alternativa, qualquer outro sinal identificativo) deverá constar de todos os exemplares reproduzidos, em aparente esquecimento das particulares condições das obras que pretende regular. É que, se fará sentido a menção do nome do autor numa obra literária, já não será assim no caso de um figurino, de uma obra de *design* ou, concretamente no domínio da moda, de uma criação elaborada por conta de outrem.

Note-se porém que do artigo 14.º número 3 do CDADC resulta que o direito à identificação, sendo irrenunciável, pode não ser absoluto – não se trata de renunciar a um direito moral, trata-se outrossim de não exercer esse direito. Este princípio, consagrado na parte geral do CDADC, deverá ser extensível a qualquer obra protegida, e concretamente às criações gráficas, plásticas e aplicadas, nas quais se inclui a criação de moda. Aliás, o artigo 160.º número 3 do CDADC, ao invés de contrariar, ainda a nosso ver reforça a posição ora adoptada, se confrontado com o número 1 do mesmo preceito, uma vez que não se descortina a necessidade de repetir a ligação do autor à sua obra – quanto a nós, os números 1 e 3 do referido artigo 160.º deveriam ser alternativos e não cumulativos, pois cada um deles isoladamente poderá, em maior ou menor grau, assegurar o direito moral do autor.

Todavia, acreditamos que nem todas as questões postas pela tutela do vestuário por parte do Direito de Autor sejam facilmente resolúveis; a protecção das criações artísticas que emanam do domínio da moda deverá, pois, ser revestida das maiores cautelas. Conforme já sumariamente analisado *supra*[88], a criação implica o acto de modelar uma determinada ideia, a qual em si não é protegida. No entanto, a própria criação não pode gozar de uma protecção que implique a apropriação da ideia que lhe está subjacente[89]. Assim, o Direito de Autor protege a obra que foi "exteriorizada" sob uma determinada forma, mas a ideia criativa que lhe subjaz continua sendo livre.

A moda enquanto estilo ou tendência é uma realidade distinta do objecto concreto no qual essa tendência se revela ou materializa – o objecto pode ser protegido se possuir os requisitos para tanto. Podemos pois afirmar que se protegerão os elementos da peça de vestuário que em si constituam uma criação artística, os quais vão necessariamente para além dessa tendência comum.

Por outro lado, pode verificar-se igualmente o processo inverso, ou seja, uma criação diluir-se numa tendência – mas aí o que se protege é essa criação, e não a tendência subsequente que dela advém e que lhe dá origem.

Em qualquer dos casos, é forçoso distinguir-se o que é a essência genérica e o que são as características criativas concretas e determinadas de cada peça, apesar de reconhecermos que será delicado estabelecer o limite a partir do qual a cópia ou imitação legal e socialmente tolerada passa a violar o direito do criador.

Efectivamente, o plágio que se aproxima da inspiração, consistindo em absorver de forma semelhante a ideia subjacente a uma criação[90], ou

---

[88] Cf. Capítulo 2..
[89] *Vide*, quanto a esta problemática, Jeffrey Dine – "Are the *Cats* out of the Bag? Lessons from the Makeup Designer's Case". O autor adianta a noção de "idea-expression merger", afirmando que, sendo a expressão de uma ideia e a ideia em si inseparáveis, o resultado dessa fusão não é passível de protecção. Também o mesmo autor faz referência a uma doutrina menos extrema, comummente apelidada de "scènes a faire", cuja base é o que vimos defendendo, isto é, embora a expressão concreta de uma determinada ideia possa ser protegida – cumpridos que estejam os requisitos para tanto necessários – a ideia a partir da qual se desenvolve essa expressão é livre.
[90] Note-se que, em bom rigor, tal acto nem deveria ser classificado de plágio, uma vez que este resulta descaracterizado se os elementos que se copiam são do domínio

imprimindo a elementos retirados de obra alheia uma marca pessoal do plagiador, apesar de socialmente reprovável, será quanto a nós perfeitamente lícito, visto revestir a obra mais recente individualidade própria, resultante de um posterior, ainda que modesto, esforço criativo.

Ora, no âmbito da moda assistimos com bastante mais frequência ao referido "plágio-inspiração" do que ao ilícito "plágio-contrafacção". É raro o criador de moda que faz uma cópia fiel de uma peça de vestuário já existente; poderá, sem dúvida, aproveitar a ideia de outro criador, ou produzir a sua criação tendo apenas por base a tendência dominante. Mas nesse caso estamos ainda perante meras semelhanças entre criações, sendo cada uma delas resultado de dois esforços criativos distintos. Se existem dois esforços criativos distintos, então cada uma das peças há-de ter, ainda que de forma mitigada, individualidade própria. Acresce ainda que a apreciação da criatividade artística de uma determinada peça de vestuário deverá ser efectuada não apenas quanto à obra que alegadamente se apoderou da essência criativa de outra, mas também quanto à obra plagiada, somente tutelada se constituir uma criação artística.

Mais uma vez nos defrontamos com as dificuldades de atribuir uma tutela eficaz por parte do Direito de Autor a criações de vestuário, quer pelo obstáculo de a peça concreta dever constituir uma criação artística, quer devido ao facto de o plágio-inspiração ser permitido, estreitando o âmbito da protecção eventualmente concedida a essa criação artística.

Finalmente, no que diz respeito a uma eventual tutela jurídica das criações de moda pela concorrência desleal, constatamos que a mesma seria uma tutela indirecta – a concorrência desleal destina-se a proteger a concorrência (enquanto interesse público) e os concorrentes (conjunto de interesses privados), e não os produtos em si. Assim, um concorrente pode comercializar artigos de moda idênticos aos de outro concorrente, se estes

---

público. Neste sentido, cf. Zara Olivia Algardi – *La Tutela dell'Opera dell'Ingegno e il Plagio*, pg. 427, defendendo a autora que "não se pode plagiar o estilo, porque este não é objecto de tutela". Interpretação distinta deverá ser feita, na nossa opinião, no caso do plágio de obra que caiu no domínio público, ou seja, de obra que deixou de ser protegida por decurso do prazo estabelecido no artigo 31.º do CDADC. Nessa situação particular, verifica-se na mesma violação do direito moral de paternidade, a qual se visa combater através da previsão legal (cf. artigo 196.º do CDADC), visto que tal direito é imprescritível (vide artigos 9.º número 3, 56.º e 57.º número 2, todos do CDADC, e artigo 2.º número 1 alínea a) do Decreto-Lei 150/82, de 29 de Abril).

não forem protegidos por nenhum direito privativo[91] – a concorrência desleal não existe para regular situações fora da protecção conferida por aqueles, e sim para sancionar práticas subversivas da concorrência, independentemente da existência ou não desses direitos. Não obstante, a verificarem-se os requisitos de aplicação do regime da concorrência desleal – no qual incluímos a imitação ou reprodução do aspecto exterior, conforme referido *supra*[92] – o produto, *rectius,* a criação de moda, poderia resultar (ainda que indirectamente) protegida.

Relativamente ao caso específico da concorrência parasitária, o princípio da livre concorrência pressupõe sempre um determinado grau de imitação, pelo que se torna forçoso definir a partir de que momento a imitação deixa de ser livre e passa a enquadrar-se em acto de concorrência desleal. Ou seja, a imitação, em si, é um pressuposto da própria concorrência[93] – quem licitamente a pratica, imita de alguma forma produtos, serviços, métodos ou outros elementos de uma empresa ou empresário concorrente. Se assim não fosse, o mercado como o conhecemos hoje não existiria, ou pelo menos teria dimensões substancialmente mais reduzidas, sendo os respectivos sectores estanques e precários, por representarem uma espécie de direitos privativos concedidos *ad eternum,* ou um monopólio perpétuo, através da repressão da concorrência desleal.

Reforçamos, por conseguinte, que somente um direito privativo poderá limitar a liberdade caracterizadora do mercado e da concorrência.

Ainda assim, o recurso à concorrência parasitária poderá revelar-se útil, na medida em que, de certa forma, permite sancionar mais para além da cópia de uma criação protegida – já não está tanto em causa a imitação dos produtos, mas sim de uma estratégia global de negócio que, em si, reveste alguma imaterialidade.

---

[91] Ressalvados os casos em que tal acto consubstancia uma situação de concorrência parasitária, que se enquadra no proémio do artigo 317.º do CPI. Esta representa uma atitude global de "perseguição" de outro concorrente, não sendo sequer necessário que se verifique risco de confusão (visto que não é este que se sanciona, mas antes o acto de parasitismo em si) ou intenção de prejudicar aquele.

[92] Cf. Capítulo 4..

[93] Esta premissa encontra-se expressamente prevista no ordenamento jurídico espanhol, pela Ley de Competencia Desleal, cujo artigo 11.º prescreve: " 1. La imitación de prestaciones e iniciativas empresariales ajenas es libre, salvo que estén amparadas por un derecho de exclusiva reconocido por la Ley". Embora, para completar esta noção, tenhamos que recorrer aos números 2 e 3 da mesma disposição (os quais prevêem, nomeadamente, a imitação sistemática), afigura-se bastante útil a afirmação de um princípio geral deste jaez.

Na esfera da moda, em que o poder do *marketing* revela especial valor, a possibilidade de reagir contra um concorrente que imita a forma de apresentação ao público das criações, a publicidade que lhes é feita ou o plano de negócios poderá consistir um importante trunfo. Em suma, a concorrência parasitária, pelo carácter global que a caracteriza, será de difícil concretização; mas, quando exista, poderá revelar-se uma poderosa arma na reacção contra práticas menos lícitas não sancionadas por via dos direitos privativos.

6. Conclusões

O presente trabalho, não se pretendendo exaustivo, permitiu-nos epilogar algumas ilações.

Ressalta, desde logo, uma especial particularidade da indústria da moda – a criação de vestuário exige investimento avultado, ao passo que a imitação ou cópia é relativamente acessível. Se a esta reflexão adicionarmos o facto de não existir nenhum direito privativo especialmente concebido para proteger tais criações, facilmente se deduz que a respectiva tutela não será linear.

Por outro lado, a imitação da moda não será encarada negativamente por alguns criadores, no sentido em que a proliferação da peça por eles criada pode, ao invés de se revelar nociva, reforçar ou consolidar a reputação da criação original no mercado, que fica sendo símbolo de um determinado estatuto social quando comparada com imitações de menor qualidade.

Poderemos mesmo afirmar que, as mais das vezes, a cópia ou imitação de peças é que cria a moda – sem haver cópia, não há uma tendência generalizada e não há moda. Se a cópia cria a moda, ou melhor, se a cópia, a inspiração, a observação do sucesso ou insucesso de criações alheias, conduzem a produção de criações através de um fio condutor comum, que é o tema ou tendência de uma determinada estação, então não poderá esse fio condutor (que inclusivamente servirá de base a criações futuras, uma vez que na moda há recorrentemente inspiração em tendências ou mesmo trabalhos concretos anteriores) ser objecto de apropriação.

A inspiração em obra alheia é pois permitida, por constituir a mesma o trabalho de uma imaginação criativa que lança mão de uma realidade já constituída, podendo essa realidade consistir na moda enquanto tendência que se materializou nas peças de outros concorrentes.

Mas ainda que conseguindo superar esta revelada indecisão acerca das vantagens de uma tutela do vestuário, inferimos que, se os desenhos ou modelos estão longe de responder de modo eficaz às necessidades de uma indústria cujos produtos são de índole breve, conquanto cíclica, menos ainda poderão estes acolher-se eficientemente sobre a égide do Direito de Autor ou, ainda que indirectamente, da concorrência desleal.

De facto, tanto no Direito de Autor como no Direito Industrial se verifica a dificuldade de atribuição de tutela *ab initio*, quer porque naquele a criação deverá ser artística, quer porque neste deverá a mesma ser nova e possuir carácter singular (ainda que levando em conta o grau de liberdade do criador). Mas as dificuldades de tutelar as criações de vestuário não se reportam apenas ao momento de atribuição de protecção – a genérica admissibilidade do plágio nos termos examinados, no campo do Direito de Autor, e o grau de liberdade de criadores posteriores, no Direito Industrial, cerceiam consideravelmente o âmbito de protecção em ambos os ramos, esvaziando praticamente o conteúdo da mesma.

Já quanto à tutela indirecta oferecida pela concorrência desleal, sublinhamos novamente que será de rara verificação.

A concluir, pois, pela carência de uma tutela das criações de moda, concretamente do vestuário, alvitramos que seria desejável adoptar para estas um regime próprio, expressa e legalmente consagrado.

Quanto à moda, em si mesma, permitimo-nos terminar com uma pequena citação de Blondel: *notre idée, en même temps qu'elle est nôtre, est une idée.*

BIBLIOGRAFIA

I – Monografias, pareceres e textos de colectâneas

ABBOTT, FREDERICK, THOMAS COTTER & FRANCIS GURRY – *The International Intellectual Property System: Commentary and Materials, Part One*, Kluwer Law International, 1999.

ALGARDI, ZARA OLIVIA – *La Tutela dell'Opera dell'Ingegno e il Plagio*, Padova, Cedam, 1978.

AMMENDOLA, MAURIZIO – *Le Arti Figurative e la Moda*, Padova, Cedam, 1990.

ASCENSÃO, JOSÉ DE OLIVEIRA – *Direito Civil: Direito de Autor e Direitos Conexos*, Coimbra Editora, 1992.
 – *O Direito: Introdução e Teoria Geral*, 7.ª edição, Coimbra, Almedina, 1993.
 – *Concorrência Desleal*, Almedina, 2002.
 – *Estilos de Arte e Direito de Autor: Parecer*, inédito.

BAYLOS CORROZA, HERMENEGILDO – *Tratado de Derecho Industrial,* Madrid, Civitas, 1978.
BENUCCI, EDUARDO BONASI – "Tutela Giuridica della Moda", *in* Azara, Antonio & Ernesto Eula (eds.), *Novissimo Digesto Italiano,* Editrice Torinese, 1957.
BERENBOOM, ALAIN – *Le Nouveau Droit d'Auteur et les Droits Vosins,* Paris, Larcier, 1997.
BERTRAND, ANDRÉ – *La mode et la Loi,* Cedrat, 1998.
CHAVANNE, ALBERT & JEAN-JACQUES BURST – *Droit de la Proprieté Industrielle,* 5.ª ed., Paris, Dalloz, 1998.
CROCA, MARIA ADELAIDE – *Direito de Autor e Propriedade Industrial: Pontos Comuns e Divergentes sobre Obra Intelectual,* Relatório de Direito Civil do Mestrado em Ciências Jurídicas, Faculdade de Direito da Universidade de Lisboa, 1991.
CRUZ, JORGE – *Código da Propriedade Industrial,* Lisboa, Pedro Ferreira – Editor, 2003.
CRUZ, JUSTINO – *Código da Propriedade Industrial,* 2.ª ed., Coimbra, Livraria Arnado Lda., 1985.
DE SANCTIS, VITTORIO M.– *I Soggetti del Diritto d'Autore,* 2.ª ed., Milão, Giuffrè Editore, 2005.
DURIE, ROBYN – "European Community Design Law", *in* Gray, Brian W. & Effie Bouzalas (eds.), *Industrial Design Rights: an International Perspective,* Kluwer Law International/International Bar Association, 2001.
FLORIDIA, GIORGIO – "Tutela Giuridica della Moda", *in* AA.VV., *Digesto delle Discipline Privatistiche:Sezione Commerciale,* Vol. IX, Torino, UTET, 1993.
GREFFE, FRANÇOIS – "La Mode", *in* AA.VV., *Juris-Classeur Commercial, Marques-Dessins et Modèles,* Fasc. 3250, 8, 2003.
– "Objects Protégés", *in* AA.VV., *Juris-Classeur Commercial, Marques-Dessins et Modèles,* Fasc. 3220, 8, 2003.
LADDIE, HUGH, PETER PRESCOTT & MARY VITORIA – *The Modern Law of Copyright and Designs,* vol. I, 2.ª ed., Butterworths, 1995.
LE MOAL, ROGER – "Imitation Servile des Produits et de leur Présentation Materielle", *in* AA.VV., *Juris-Classeur Commercial, Concurrence Déloyale,* Fasc. 180, 5, 1991.
LENCE REIJA, CARMEN – *La Protección del Diseño en el Derecho Español,* Madrid, Marcial Pons, 2004.
LINNEKER, JOHN – "The Law of Industrial Designs in the United Kingdom", *in* Gray, Brian W. & Effie Bouzalas (eds.), *Industrial Design Rights: an International Perspective,* Kluwer Law International/International Bar Association, 2001.
LIPSZYC, DELIA – *Droit d'Auteur et Droits Voisins,* Paris, Unesco, 1997.
MAIA, JOSÉ MOTA – *Propriedade Industrial: Comunicações e Artigos do Presidente do INPI,* Lisboa, Instituto Nacional da Propriedade Industrial, 1996.
– *Propriedade Industrial,* vol. I, Coimbra, Almedina, 2003.
– *Propriedade Industrial,* Vol. II, Coimbra, Almedina, 2005.
MARQUES, J.P. REMÉDIO – "Propriedade Intelectual, Exclusivos e Interesse Público", *in* APDI (org.), *Direito Industrial,* vol. IV, Almedina, 2005.
MELLO, ALBERTO JOSÉ LANÇA DE SÁ – *Modelos de Utilidade, Modelos Industriais: Relação com o Direito de Autor,* Relatório de Direito Comercial do Mestrado em Ciências Jurídicas, Faculdade de Direito da Universidade de Lisboa, 1987.
MICHAELI, KLAUS-JÜRGEN – "Protection of Industrial Designs: an Overview of German Law", *in* Gray, Brian W. & Effie Bouzalas (eds.), *Industrial Design Rights: an*

International Perspective, Kluwer Law International/International Bar Association, 2001.
MOLINA BLÁZQUEZ, CONCÉPCION – *Protección Jurídica de la Lealtad en la Competência*, Madrid, Editorial Montecorvo S.A., 1993.
NERI, ALEXANDRA – "Protection of Designs and Models in France", *in* Gray, Brian W. & Effie Bouzalas (eds.), *Industrial Design Rights: an International Perspective*, Kluwer Law International/International Bar Association, 2001.
OLAVO, CARLOS – "Desenhos e Modelos: Evolução Legislativa", *in* APDI (org.), *Direito Industrial*, vol. III, Almedina, 2003.
– *Propriedade Industrial*, vol. I, 2.ª ed., Almedina, 2005.
OTERO LASTRES, JOSÉ MANUEL – "Modelo Industrial y Creaciones que Cumplen una Función Técnica", *in* AA.VV., *Actas de Derecho Industrial*, Tomo II, Editorial Montecorvo, S.A./Instituto de Derecho Industrial Universidad de Santiago, 1975.
PAVANELLO, LUIGI – "The Protection of Industrial Design under Italian Law", *in* Gray, Brian W. & Effie Bouzalas (eds.), *Industrial Design Rights: an International Perspective*, Kluwer Law International/International Bar Association, 2001.
REBELLO, LUIZ FRANCISCO – *Introdução ao Direito de Autor*, Vol. I, Lisboa, Publicações Dom Quixote, 1994.
– *Código de Direito de Autor e Direitos Conexos Anotado*, 3.ª ed., Lisboa, Âncora Editora, 2002.
REIMER, DIETRICH & FRIEDRICH-KARL BEIER – *La Repression de la Concurrence Déloyale en Allemagne* (trad. p/ Denise Baumann), Paris, Economica, 1978.
SAIDMAN, PERRY J. & DAVID W. BRINKMAN – "Protecting Proprietary Product Designs in the USA", *in* Gray, Brian W. & Effie Bouzalas (eds.), *Industrial Design Rights: an International Perspective*, Kluwer Law International/International Bar Association, 2001.
SERENS, MANUEL NOGUEIRA – *A «Vulgarização» da Marca na Directiva 89/104/CEE, de 21 de Dezembro de 1988* (Id Est, *no Nosso Direito Futuro*), Separata do Número Especial do Boletim da Faculdade de Direito de Coimbra, "Estudos em Homenagem ao Prof. Doutor António de Arruda Ferrer Correia"-1984, Coimbra, 1995.
SILVA, MIGUEL MOURA – "Modelos de Utilidade: Breves Notas Sobre a Revisão do Código da Propriedade Industrial", *in* APDI (org.), *Direito Industrial*, vol. III, Almedina, 2003.
SILVA, PEDRO SOUSA – "«E Depois do Adeus»: o «Esgotamento» do Direito Industrial e os Direitos Subsistentes Após a Colocação no Mercado", *in* APDI (org.), *Direito Industrial*, vol. III, Almedina, 2003.
– "A «Protecção Prévia» dos Desenhos ou Modelos no Novo Código da Propriedade Industrial", *in* APDI (org.), *Direito Industrial*, vol. IV, Almedina, 2005.
TOURNEAU, PHILIPPE – "Parasitisme", *in* AA.VV., *Juris-Classeur Commercial, Concurrence Déloyale*, Fasc. 227, 8, 2002.
ULLOA, GONZALO – "Report on Industrial Designs in Spanish Law", *in* Gray, Brian W. & Effie Bouzalas (eds.), *Industrial Design Rights: an International Perspective*, Kluwer Law International/International Bar Association, 2001.

II – Artigos de publicações periódicas

ASCENSÃO, JOSÉ DE OLIVEIRA – "O Projecto do Código da Propriedade Industrial: Patentes, Modelos de Utilidade e Modelos e Desenhos Industriais", *Revista da Faculdade de Direito da Universidade de Lisboa*, volume XXXVIII, n.º 1, Coimbra Editora, 1997.
— "Observações ao Código da Propriedade Industrial da CIP e da CCI", *Revista da Faculdade de Direito da Universidade de Lisboa*, volume XXXIX, n.º 2, Coimbra Editora, 1998.
— "Obra Artística e Modelo de Utilidade", *Direito e Justiça – Revista da Faculdade de Direito da Universidade Católica Portuguesa*, volume XI, Tomo 2, 1997, págs. 35-44
BAINBRIDGE, DAVID – "Community design", *Intellectual Property & Information Technology Law*, vol. 7, n.º 1, 2002, págs. 2-7.
DINE, JEFFREY – "Are the *Cats* out of the Bag? Lessons from the Makeup Designer's Case", *Entertainment and Sports Lawyer*, vol. 19, n.ºs 2-3, 2001, págs. 15-21.
FRANZOSI, MARIO – "La Protezione del Disegno Industriale (Unmittelbare Leistungsübernahme quale Base della Protezione)", *Contratto e Impresa*, Ano VII, n.º 1, Janeiro--Abril 1991, págs. 97-110.
GARNIER, EMMANUELLE – "La Protection Juridique des Creations du «Design»", *Revue Internationale du Droit d'Auteur*, n.º200, Abril 2004, págs. 2-87.
GUGLIELMETTI, GIOVANNI – "Le Nuove Norme sull'Applicazione del Diritto d'Autore alle Opere del Design (art. 17 Legge 273/2003): Profili di Incostituzionalità", *Rivista di Diritto Industriale*, Ano LII-2003, n.º 3, Parte Prima, págs.173-181.
KAMINA, PASCAL – "La Directive n.º 98/71/CE du 13 octobre 1998 sur la Protection Juridique des Dessins ou Modèles*", La Semaine Juridique*, n.º 3, 20 Janeiro 1999, págs. 129-136.
KUR, ANNETTE – "The Green Paper's Design Approach: What's Wrong with It", *European Intellectual Property Review*, vol. 15, 10, Outubro 1993, págs. 374-378.
LLOBREGAT HURTADO, MARÍA LUISA – "La Protección de las Creaciones de Forma", *Revista de Derecho Mercantil*, n.º 240, Abril/Junho 2001, págs. 543-621.
MERINO BAYLOS, PEDRO – "Diseño Industrial: Una Aproximación al Régimen Protector que Establecen la Propiedad Industrial y el Derecho de Autor Sobre los Dibujos y Modelos Industriales", *Gaceta Jurídica de la Unión Europea y de la Competência*, n.º 205, Janeiro/Fevereiro 2000, págs. 108-119.
PELLISÉ CAPELL, JAUME – "Sobre la Delimitación Negativa del Diseño Comunitário", *Revista de Derecho Mercantil*, n.º 247, Janeiro/Março 2003, págs. 201-243.
POLLAUD-DULIAN, FRÉDÉRIC – "Œuvres d'Architecture", *Revue Trimestrielle de Droit Commercial et de Droit Économique*, n.º2, Abril/Junho 2004, págs. 271-278.
— "Concurrence Déloyale et Parasitisme", *Revue Trimestrielle de Droit Commercial et de Droit Économique*, n.º4, Outubro/Dezembro 2004, págs. 731-734.
SCANLAN, G. & SARAH GALE – "Industrial Design and the Design Directive", *European Current Law*, Outubro 2001, págs. xi-xiv.
SENA, GIUSEPPE – "Beni Materiali, Beni Immateriale e Prodotti Industriali: il Complesso Intreccio delle Diverse Proprietà", *Rivista di Diritto Industriale*, Anno LIII-2004, 2, Parte Prima, págs. 55-59.
SMART, THOMAS A., MARK D. GODLER & KERREN R. MISULOVIN – "Reality Check: When Will Two TV Shows in the Same Genre Be Considered Substantially Similar

under Copyright Law? ", *Entertainment and Sports Lawyer*, vol. 21, n.° 2, 2003, págs. 15-21.

SPADA, PAOLO, PAOLO AUTERI & GUSTAVO GHIDINI – "Industrial Design e Opere d'Arte Applicate all'Industria (Dialogo tra Paolo Spada e Paolo Auteri Commentato da Gustavo Ghidini)", *Rivista di Diritto Civile*, Ano 48, n.° 2, Março/Abril 2002, págs. 267-281.

TREPPOZ, EDOUARD – "«La Nouvelle Eve» au «Paradis» du Droit d'Auteur", *Recueil Dalloz*, n.° 15, Abril 2006, págs. 1051-1056.

TRICOIRE, AGNÈS – "Le Concours de Beauté Échoue à son Examen du Code de la Propriété Intellectuelle", *Recueil Dalloz*, n.° 7, Fevereiro 2006, págs. 517-520.

III – Textos e documentos recolhidos da internet

AA.VV. – *Industrial Designs and their Relationship with Works of Applied Art and Three-Dimensional Marks*, disponível em http://www.wipo.int.

BOUCHENARD, CLAIRE – *Protection du Concept par le Droit d'Auteur?*, disponível em http://www.en-droit.com/intellex.

COMISSÃO DA COMUNIDADE EUROPEIA – *Documento de Trabajo de los Servicios de la Comisión: Posibles Abusos en Materia de Derechos de Marca en la UE en el Marco del Agotamiento Comunitario*, disponível em http://europa.eu.int.

CONGRESS OF THE UNITED STATES OF AMERICA – *Lanham Trademark Act (T15 US Code)*, disponível em http://www.bitlaw.com.
 – *Copyright Law of the United States of América (T17 US Code)*, disponível em http://portal.unesco.org/culture.

CORTES GENERALES DE ESPAÑA – *Ley 20/2003, de 7 de julio, de Protección Jurídica del Diseño Industrial*, disponível em http://www.todalaley.com.
 – *Real Decreto legislativo 1/1996, de 12 de Abril (Ley de Propiedad Intelectual)*, disponível em http://portal.unesco.org/culture.
 – *Ley de Competencia Desleal, de 10 de enero de 1991*, disponível em http://noticias.juridicas.com.

DUMONT, FRÉDÉRIC – *L'Émballage et le Droit d'Auteur*, disponível em http://www.en-droit.com/intellex, 2000.

DEUTSCHER BUNDESTAG – *Gesetz über den Schutz von Marken und sonstigen Kennzeichen (Markengesetz)*, disponível em http://www.wipo.int/clea/.
 – *Gesetz gegen den unlauteren Wettbewerb (UWG)*, disponível em http://www.wipo.int/clea/.

FERRETTI, JOSEPH – *Product Design Trade Dress Hits the Wall…Mart:* Wal-Mart v. Samara Brothers, disponível em http://idea.piercelaw.edu.

GOUVERNEMENT FRANÇAIS – *Code de La Propriété Intellectuelle (Partie Réglementaire)*, disponível em http://www.irpi.ccip.fr.

GOVERNO PORTUGUÊS – *Proposta de Lei – Transposição da Directiva sobre o Direito de Sequência*, disponível em http://www.gda.pt.

GUPTA, ARJUN – *«I'll Be your Mirror» – Contemporary Art and the Role of Style in Copyright Infringement Analysis*, disponível em http://law.udayton.edu.

JASSIN, LLOYD J. – *Trade Dress Protection: How to Tell a Book by its Cover*, disponível em http://copylaw.com.

KRIEGER, H. JOCHEN – *Das Deutsche Gebrauchsmustergesetz*, disponível em http://transpatent.com.
LULA, KATIE – *The Pas de Deux Between Dance and Law: Tossing Copyright Law into the Wings and Bringing Dance Custom Centerstage,* disponível em http://jip.kentlaw.edu.
LAKES, JOI MICHELLE – *A Pas de Deux for Choreography and Copyright,* disponível em http://www.law.nyu.edu/journals/lawreview/.
MENCKEN, JENNIFER – *A Design for the Copyright of Fashion,* disponível em http://www.bc.edu.
NURBHAI, SAFIA A.– *Style Piracy Revisited,* disponível em http://www.dreierllp.com
ORGANIZAÇÃO MUNDIAL DO COMÉRCIO – *Acordo TRIPS/ADPIC (Acordo sobre os Aspectos dos Direitos de Propriedade Intelectual Relacionados com o Comércio),* disponível em http://www.wto.org.
PARLAMENTO DA GEÓRGIA – *Law of Georgia on Copyright and Neighbouring Rights,* disponível em http://www.sakpatenti.org.ge.
PARLEMENT FRANÇAIS – *Code de La Propriété Intellectuelle (Partie Législative),* disponível em http://www.irpi.ccip.fr.
RAUSTIALA, KAL & CHRISTOPHER SPRIGMAN – *The Piracy Paradox: Innovation and Intellectual Property in Fashion Design,* disponível em http://www.ssrn.com.
UK PARLIAMENT – *Copyright, Designs and Patents Act 1988,* disponível em http://www.opsi.gov.uk.
YARBROUGH, ROBERT J. – *Recent Developments in Trade Dress,* disponível em http://www.yarbroughlaw.com.

NOMES DE DOMÍNIO E MARCAS
– CONFLITO REAL OU CONFLITO VIRTUAL?*

ANA MARIA PEREIRA DA SILVA
Mestre em Direito (Direito Intelectual)

SUMÁRIO:
1. Breves considerações sobre a importância da Internet no tráfego mercantil. 2. Génese do sistema de nomes de domínio. 3. Funcionamento do sistema DNS. 3.1 Estrutura. 3.2 Registo do nome de domínio. 4. Natureza funcional e jurídica dos nomes de domínio. 5. Equiparação do nome de domínio aos sinais distintivos de mercado tutelados pelo direito. 6. A equiparação com a marca. 7. A origem do conflito com as marcas. 8. A política de resolução de litígios do ICANN – UDRP. 9. A relevância jurídica das práticas de roubo de nomes de domínio (*Domain Grabbin*) na perspectiva do direito português. 10. A relevância jurídica da coincidência entre o nome de domínio e a marca na perspectiva do direito português. 11. A relevância jurídica da coincidência entre a marca e o nome de domínio na perspectiva do direito português. 12. Regime de registo de nomes de domínio .pt. 12.1. Da atribuição de competências à FCCN. 12.2. Das condições do registo. 12.3. Da composição do nome de domínio. 13. Da resolução dos conflitos relativos aos nomes de domínio .pt. Conclusão.

---

* O presente texto tem por base o relatório apresentado no Curso de Mestrado e Aperfeiçoamento, na área do Direito Intelectual, no ano lectivo 2002/2003, na Faculdade de Direito de Lisboa, seminário de Direito Comercial IV – Internet, Direito de Autor e Comércio Electrónico, sob a regência do Prof. Doutor Luís Menezes Leitão e do Prof. Doutor Dário Moura Vicente. A superveniência das novas regras relativas ao registo de nomes de domínio .pt de Março de 2006, tornaram necessária uma significativa alteração da matéria tratada nos pontos 12 a 16 do texto do relatório.

Introdução

Após o advento da abertura da Internet ao uso generalizado, são inúmeras as questões jurídicas que a utilização dos seus recursos tem levantado. No âmbito das matérias do chamado Direito Intelectual, uma das mais actuais e de maior emergência, é a questão relativa à colisão dos direitos sobre sinais distintivos de mercado com os nomes de domínio, assumindo particular importância a questão da colisão ou conflito entre direitos de marca e nomes de domínio.

A questão que nos propomos tratar no presente trabalho tem como núcleo a relação entre o nome de domínio e a marca, e no seu seguimento apurar saber se entre estas figuras existe necessariamente um conflito juridicamente relevante, tendo por referência o ordenamento jurídico português.

O interesse prático do tema deve-se à exponencial adopção destes sinais no mercado actualmente, e ao facto de se tratar ainda de uma matéria pouco desenvolvida em termos dogmáticos no nosso país, tendo nós observado ser ainda grande a disparidade das abordagens da temática e das soluções preconizadas.

A consecução de uma interpretação internacionalmente uniforme, e de soluções economicamente exequíveis e satisfatórias, apresenta-se difícil porquanto, quaisquer que as mesmas sejam, terão sempre de preservar incólume o equilíbrio entre a garantia e o respeito pelos direitos constituídos, e a indispensável manutenção tanto do elevado grau de auto-regulação da Internet, como da liberdade de interacção social, cultural e económica, no uso deste recurso tecnológico global.

Delimitação do tema

Apesar de a problemática que a questão da conflitualidade entre estas figuras suscita estar sobretudo relacionada com o direito internacional privado, e com a determinação da jurisdição competente, a nossa abordagem da mesma será estritamente feita na perspectiva do direito substantivo da propriedade industrial e do direito civil nacional.

Esta abordagem terá como referência o direito de marcas nacional português estabelecido e regulado nos termos do Código da Propriedade Industrial, aprovado pelo Decreto-lei n.º 36/2003, de 5 de Março e, o regime de registo de nomes de domínio de segundo nível sob o domínio de topo geográfico .pt, previsto nas regras definidas pela FCCN – Fundação para a Computação Científica Nacional, de Março de 2006.

Em primeiro lugar começaremos por esboçar uma breve referência às características básicas e gerais do sistema originário de atribuição de nomes de domínio de segundo nível (*second level domain names*), prosseguindo para uma reflexão sobre a adequação de um eventual enquadramento dos nomes de domínio abstractamente considerados, no regime jurídico dos sinais distintivos de mercado em geral, debruçando-nos com maior incidência sobre o regime jurídico das marcas.

Como questão central do nosso trabalho, abordaremos então as situações de conflito entre os nomes de domínio e as marcas, nas diferentes perspectivas, num esforço de alcançar uma aclaração sobre a relevância jurídica dessa conflitualidade, *i. e.* tentaremos definir se o conflito é juridicamente real ou se é meramente virtual, tomado este termo com o sentido de potencial.

Por fim faremos uma análise específica do regime de atribuição de nomes de domínio de segundo nível sob o domínio de topo geográfico .pt, e das conexões e referências que este regime estabelece com as marcas.

1. Breves considerações sobre a importância da internet no tráfego mercantil

É já vulgar a afirmação de que desde o acesso generalizado à Internet, e aos meios e acessibilidades que este recurso tecnológico veio proporcionar, tudo está disponível e se processa à distância e à velocidade de um simples *"clic"*.

As acessibilidades proporcionadas pela Internet relativas à disponibilidade da informação, e por excelência as relativas ao comércio electrónico, têm determinado um tão exponencial e profundo progresso socioeconómico e cultural à escala global, que o advento da Internet é considerado o marco de viragem para uma nova era da humanidade, a era da informação e do comércio global.[1]

A facilidade e celeridade de acesso à informação e a economia na utilização dos inúmeros recursos oferecidos pela comunicação digital, são os factores determinantes da utilização inevitável da Internet por um número exponencialmente crescente de utilizadores em todo o mundo.

---

[1] Assim refere Fernando Carbajo Cascon, «*Conflitos entre Signos Distintivos y Nombres de Dominio en Internet*», Aranzadi, 2002, p. 27. A propósito do papel de sustentação que o comércio assumirá na Internet, Laurence Lessig refere que "*Indeed, we live in a time (again) when it is commonplace to say: let business take care of things. Let business self-regulate the Net. Net commerce is the new hero.*", «*Code and other laws of cyberspace*», Basic Books, 1999, p. X (preface).

Uma qualquer realidade, com existência ou expressão física/estática e localizada territorialmente (regional), com o recurso aos meios da Internet, pode ostentar agora uma existência e uma visibilidade dinâmica e territorialmente deslocalizada (transnacional ou global).

A diferença horária e a distância entre os diferentes pontos do globo, deixaram de constituir sérios obstáculos à simultaneidade das tarefas e das actividades, à celebração dos negócios, à concretização das transacções, e ao cumprimento sincronizado das obrigações. Por isso, a Internet apresentou-se desde logo como o meio óptimo para o desenvolvimento das relações comerciais entre os indivíduos, e sobretudo para a exploração de novas formas e de novos métodos de exercício da actividade mercantil, nunca antes possíveis. É também por isso, que a Internet perdeu rapidamente o carácter originário de ambiente/espaço/meio de comunicação/informação, para passar a ser predominantemente, o ambiente/espaço onde se desenvolve verdadeiramente um novo mercado – o mercado virtual.

Se as leis dos estados se justificam como sendo o necessário garante de uma regular convivência dos indivíduos, nas quais se funda a subsistência e viabilidade da sociedade, dada a escassez e finitude dos recursos do mundo real, cujo uso e fruição são por natureza limitados, a utilização da Internet e dos seus recursos também escassos e tecnicamente finitos, impõe e exige igualmente regulação.

Dada a natureza de recurso tecnológico caracterizado pela ubiquidade e deslocalização trans e supra nacional das respectivas acessibilidades, e a índole iminentemente técnica das situações a controlar e a corrigir, o controle por uma política de autoregulação e autodisciplina mostrou-se suficiente.

Porém, da coexistência deste novo ambiente/espaço virtual (caracterizado essencialmente pela aterritorialidade/universalidade/deslocalização dos seus recursos, abstracção e acategorização dos utilizadores, e pela auto-regulação das próprias funcionalidades), com as realidades do espaço físico e real, têm-se revelado progressivamente algumas situações de desarticulação, desfasamento e disfunção.

Quanto a algumas dessas situações, as medidas de auto-regulação e de auto-disciplina da Internet não se têm mostrado suficientes. Em consequência, assiste-se a alguma desconfiança no uso deste recurso, delineando-se por isso uma crescente vontade geral na criação de uma regulamentação legal expressa para a Internet, ou no alargamento da abrangência dos institutos jurídicos vigentes, de modo a ficarem contempladas as novas situações inerentes ao seu funcionamento.

2. Génese do sistema de nomes de domínio

O sistema de nomes de domínio tal como ainda hoje se encontra estruturado, foi concebido em meados dos anos oitenta por Jon Postel[2] e J. Reynolds[3] e subsequentemente implementado pelo IANA – Internet Assigned Numbers Authority – a qual é uma entidade integrada no Information Sciences Institute da Universidade da Carolina do Sul, directamente financiada pelo governo dos Estados Unidos da América[4].

Inexistindo uma autoridade própria, estruturante e controladora da Internet, as ligações entre os computadores que a constituem, sustentam-se num protocolo de comunicação, o protocolo TCP/IP – Transmission Control Protocol e Internet Protocol – pelo qual a informação a transmitir é gerida electronicamente, definindo-lhe o formato e o esquema de remessa ou endereçamento, e estabelecida a ligação virtual entre um destino e uma fonte[5].

No âmbito deste protocolo são possíveis em termos gerais três tipos de comunicação: o correio electrónico ou *e-mail*, os foruns de discussão, e o acesso a páginas de informação e de dados (hipertexto ou multimédia) – a *World Wide Web*.

Para uma comunicação dirigida ser possível, a cada ligação de um computador à Rede é atribuído um código de identificação electrónica específico e único – o endereço electrónico ou *IP Address*.

O carácter único do endereço é um imperativo de funcionamento do sistema de ligações, o qual de outro modo não saberia para que destino remeter a informação ou a que computador respeitaria a ligação ou referência pretendida por um utilizador.

Este endereço é composto por uma sequência de quatro números binários, separados por pontos, como por exemplo 123.105.34.66.

Este tipo de endereço padece do grave inconveniente de que sendo dificilmente intuído e memorizado, não permite a realização de uma elevada celeridade e fluidez das comunicações entre os utilizadores, vantagens e objectivos pretendidos como de primeira linha para a Internet.

---

[2] Cft. RCF 1591, ftp://ftp.rfc-editor.org/in-notes/rfc1591.txt
[3] Cft. RCF 920, ftp://ds.internic.net/rfc – Arquivos RCF
[4] Este país tem assumido uma posição de liderança na determinação das políticas de gestão da Internet, legitimada pelo facto de ainda ser o detentor e proprietário de significante parte das infra-estruturas da Rede mundial de computadores.
[5] Definição constante em http://www.webopedia.com

De facto, a identificação por código numérico (anónimo por natureza) não permite uma abordagem tão expedita como a pretendida, uma vez que para se estabelecer o contacto com um determinado computador é necessário o conhecimento prévio e exacto do respectivo endereço numérico.

Com vista a obviar a este inconveniente foi concebido um sistema paralelo de correspondência dos endereços numéricos, a combinações alfanuméricas (letras, vocábulos, siglas, números, e caracteres gráficos como pontos, traços, e outros, os quais podem caracterizar-se pela conjugação de 2 até 63 caracteres, incluindo os quatro (no máximo) do domínio de topo) – o sistema de nomes de domínio (*DNS –Domain Names System*)[6].

Este sistema caracteriza-se assim, essencialmente, por a um endereço IP (numérico) ser feita a correspondência a um nome alfanumérico, o qual poderá ser mais facilmente memorizado ou mais facilmente intuído pelos utilizadores, já que a mente humana processa melhor a identificação e a memorização de um nome do que de um número.

Para aumentar a facilidade de identificação dos sítios com relação aos respectivos promotores, a composição do nome de domínio é livre, o que permite que cada um possa escolher um nome de domínio que melhor referencie a sua presença na Rede. Por isso, é pressuposto deste sistema que sendo livre a composição do nome de domínio, os utilizadores escolham criteriosamente os nomes de domínio, a partir de elementos que os caracterizem e identifiquem, que evoquem as suas ofertas, ou que referenciem os conteúdos que disponibilizam na Rede.

O nome de domínio escolhido deve ser para os utilizadores um *friendly name*, devendo ser, tanto quanto possível, sugestivo ou evocativo do sítio a referenciar pelo mesmo, sendo devido a esta característica que este sistema de nomes de domínio é designado por *Users Friendly System*.

Dado que o sistema dos endereços IP (numéricos) assenta na imperativa unicidade de cada endereço, o sistema de nomes de domínio assenta na mesma exigência funcional. Portanto, para toda a Internet, tal como acontece com o endereço IP, também o nome de domínio que lhe corresponde tem de ser único.

Tecnicamente, a correspondência processa-se através da inter-operacionalidade relacional entre bases de dados relativas a cada tipo de endereço. Após a introdução do nome de domínio no programa de acesso à

---

[6] V. nota 3.

rede, este remete essa informação (esse nome) para um dos computadores que albergam as várias bases de dados sobre os nomes de domínio e os correspondentes endereços IP (*Domain Name Server*), o qual processa a correspondência entre o nome digitado e o respectivo endereço IP, remetendo este, o pretendido, ao programa do computador requisitante.

O sistema é de tal modo rápido, que a maior parte dos utilizadores ao realizarem uma ligação a um determinado sítio na Internet (*site*) não se apercebem que o simples endereçamento compreende desde logo estas operações de comunicação entre o seu computador e os servidores de endereçamento e acesso.

3. Funcionamento do sistema DNS

3.1. *Estrutura*

O sistema de nomes de domínio funciona por hierarquia de nomes, assente numa funcionalidade lógica de localização uniforme de recursos (URL – Unified Resourse Locator), pela qual em primeiro lugar aparece identificado o protocolo correspondente, ou a aplicação electrónica específica (http – hypertext transfer protocol – www – indica que se trata de informação em formato hipertexto, ftp, mailto), e depois o endereço concreto do computador de contacto, o nome de domínio propriamente, seguido da abreviatura da designação do tipo de actividade ou conteúdo da informação disponibilizada (os chamados domínios de topo genéricos – Generic-Top Level Domains), ou do espaço geográfico com o qual o sítio se relaciona (os domínios de topo geográficos – Country Top Level Domains).

Presentemente existem vários domínios genéricos de topo, como sejam o .com (destinado a albergar actividades de âmbito comercial), o *.net* (destinados a alojar entidades prestadoras de serviços na Internet), o *.org* (destinado a albergar organizações sem fins lucrativos), o *.int* (reservado a entidades de cárácter internacional, instituídas por acordos, tratados, ou convenções internacionais), sendo mais recentes os domínios, *.biz* (para negócios em geral), *.info* (para informações de qualquer tipo ou natureza), *.pro* (profissões liberais), *.name* (indivíduos), *.coop* (cooperativas), *.aero* (transportadoras aéreas), e *.museum* (museus).

Quanto aos domínios geográficos/territoriais, estão actualmente em funcionamento cerca de 240[7], sendo caracterizados pelas siglas uniformes de duas letras estabelecidas pela Norma ISO 3166-1[8], de acordo com a respectiva designação na própria língua.

No que se refere a Portugal o domínio de topo geográfico é .*pt*., e o relativo à Comunidade Europeia é .*eu*[9].

Os nomes de domínio afectáveis à identificação individual por efeito de uma adjudicação ou registo, são os chamados domínios de segundo nível, ou *Second Level Domain Names,* porque se registam sob um qualquer domínio de topo.

O mesmo nome de domínio de segundo nível pode ser registado sob os vários domínios de topo, podendo assim coexistir idênticos nomes de domínio de segundo nível, sob domínios de topo distintos. Porém, dado o imperativo carácter único do nome de domínio, não é possível mais de um registo de um mesmo nome de domínio sob o mesmo domínio de topo.

Assim sendo, quem estabelece ou contrata uma presença na Internet, regista o nome de domínio com que pretende identificar tal presença ou sítio, sob determinado domínio de topo, se esse nome não se encontrar já registado sob esse domínio de topo.

3.2. *Registo do nome de domínio*

Os registos dos nomes de domínio são processados pelas entidades incumbidas para o efeito, os chamados *Registars* (que podem ser empresas privadas, ou públicas), as quais acedem a tais funções por contrato com a autoridade no topo da hierarquia da gestão dos recursos da Internet.[10]

---

[7] Informação obtida a partir de www.iccan.org em Setembro de 2003

[8] Veja-se a explicação de Javier A. Maestre sobre esta norma, disponível em www.dominiuris.com/boletines/doctrinal/ISO3166.htm.

[9] Veja-se o Regulamento CE n.º 733/2002 do Parlamento Europeu e do Conselho de 22 de Abril de 2002 relativo à aplicação do domínio de primeiro nível .eu, disponível em www.europa.eu.int.

[10] A Networks Solutions Inc. foi incumbida desta tarefa directamente pelo governo dos Estados Unidos da América, investido na autoridade de facto, decorrente do facto de pertencerem a este país, as infra-estruturas básicas da Internet. Entretanto aquela empresa veio a ser substituída pela empresa Very Sign Inc., à qual compete também contratar a sub-delegação da competência de Registar, com as entidades registrantes dos nomes de domínio de segundo nível sob os domínios de topo genéricos gTLD, e com as entidades desi-

O registo do nome de domínio processa-se por contrato celebrado entre o utilizador e um *Registar*, o qual disponibiliza o nome de domínio pretendido caso este não esteja já registado por outro utilizador.

A adjudicação do uso do nome de domínio está submetida à regra de precedência de *"first come first served"*, comum a todos os *Registars* de domínios de topo genéricos e territoriais.

4. Natureza funcional e jurídica dos nomes de domínio

Da respectiva função identificadora, que se esgota ou cumpre numa sequência técnica de operações electrónicas culminantes na localização de determinado computador ou sítio, e portanto do carácter técnico que detém, o nome de domínio tem a natureza funcional de instrumento/acessório relativo a um processo de comunicação.

Dizendo de outro modo, o uso (necessariamente exclusivo) do nome de domínio esgota-se no cumprimento da função identificadora do recurso electrónico com o qual se pretende contacto.

Em essência, o nome de domínio tem uma natureza técnica/funcional análoga à de um número de telefone ou do próprio endereço numérico a que tecnicamente corresponde na realidade, sendo que a única diferença que apresenta relativamente a estes é a de o nome de domínio poder ser livre e criteriosamente escolhido pelo utilizador, enquanto estes são atribuídos aleatoriamente pelas entidades que operam e fornecem os correspondentes serviços.

Sobre este aspecto, o nome de domínio oferece maior proximidade com as designações de identificação dos aparelhos emissores de telefax, as quais podem igualmente ser livre e criteriosamente escolhidas pelos respectivos titulares/utilizadores desse serviço de comunicação.[11]

O nome de domínio *de per se* reveste então uma natureza funcional iminentemente instrumental da Internet, sendo uma referência técnica de identificação, assim como o correspondente endereço IP (numérico).

---

gnadas por cada estado para o registo dos nomes de domínio de segundo, e outros níveis, sob os domínios de topo nacionais ccTLD – em Portugal foi investida nessa competência a Fundação para a Computação Científica Nacional – FCCN.

[11] A propósito destes sinais, veja-se o que refere Torsten Bettinger, «*Trademark Law in Ciberspace – The Battle for Domain Names*», IIC-International Review of industrial Property and Copyright Law – Volume 28 no. 4/1997, p. 508, disponível em http://www.ip.mpg.de/Online-Publikationen/Bettinger.htm

Aferindo da natureza jurídica do respectivo uso, uma vez que o registo do nome de domínio e a adjudicação do uso, se processa por via de um contrato[12] celebrado entre o utilizador e um *Registar*, o nome de domínio apresenta-se como um elemento de uma prestação creditícia; O direito ao uso do nome de domínio tem assim a natureza de um direito de crédito[13].

Por outro lado, atendendo a que o direito adquirido por via deste contrato, o direito ao uso do nome de domínio, é conferido com vista a um fim específico, o da identificação do respectivo sítio na Internet, e que a adjudicação dessa identificação tem a característica de ser exclusiva (única) por imperativo técnico da unicidade, o direito de uso de um determinado nome de domínio não é um direito de exclusivo, em sentido jurídico.

Na verdade, a natureza de direito de exclusivo em absoluto não é sequer necessária ao uso e desempenho da função do nome de domínio; a natureza de ser único é que é inerente ao desempenho da respectiva função, a função de endereçamento ou de identificação. É por isso que podem coexistir em funcionamento/uso vários nomes de domínio apresentando diferenças tão diminutas como diferirem num só carácter, sem prejuízo de um eficaz desempenho técnico e de uma correcta identificação do respectivo sítio na Internet.

5. A equiparação do nome de domínio aos sinais distintivos de mercado tutelados pelo direito

Dadas as inúmeras utilizações possíveis para além da técnico-identificativa, dentro da Rede e fora desta, tem-se pretendido atribuir ao nome de domínio uma panóplia de funções distintivas, como por exemplo enquanto título de uma obra disponibilizada na Rede, enquanto elemento publicitário, enquanto marca para distinguir produtos ou serviços oferecidos na Rede, ou enquanto nome comercial de uma empresa que opere na Rede.

---

[12] Este contrato reveste a forma de contrato de adesão sendo as respectivas cláusulas e condições de uso do nome de domínio, unilateral e previamente definidas pelos *Registars*, sem possibilidade de negociação pelo utilizador.

[13] Neste sentido veja-se o que refere Dário Moura Vicente, «*Problemática Internacional dos Nomes de Domínio*», in Direito Internacional Privado – Ensaios, Vol. I, Coimbra, 2002, p. 170.

Dada a importância que a Internet assume hoje na economia global, sobretudo pela importância do comércio electrónico, é frequente a qualificação do nome de domínio, como o mais importante sinal distintivo no espaço virtual.

A ubiquidade da sua expressão/visibilidade, a não perenidade da inerência do seu uso a determinadas realidades/conteúdos (como se verifica com os sinais distintivos de mercado cujo uso está desde logo delimitado pelo princípio da especialidade, ou pela inerência ao objecto a distinguir), a liberdade na sua escolha, e o pretenso "exclusivo" decorrente da imperativa unicidade, são motivos determinantes desta promoção do nome de domínio a sinal distintivo de mercado, *maxime* no mercado virtual.

Entre nós, Dário Moura Vicente entende que os nomes de domínio são sinais distintivos atípicos, e que em alguma medida, o nome de domínio, sendo o nome de um sítio específico na Rede, no qual se exerce principal e predominantemente uma actividade mercantil, à semelhança de um estabelecimento real, é um sinal distintivo de actividades económicas, o nome do estabelecimento virtual.[14]

Na verdade, e em bom rigor, qualquer qualificação do nome de domínio como sinal distintivo, só será adequada se, e desde logo, o nome de domínio for objecto de outras utilizações dentro do sítio identificado, e

---

[14] Dário Moura Vicente, ob. cit., p. 168 ss. De certo modo neste sentido v. Pedro Alberto de Miguel Asensio, *«Derecho Privado de Internet»*, 3ª Edição, Civitas, p.132. Em sentido diverso, segue Fernando Carbajo Cascon, que refere *"El hecho de que um nombre de dominio reproduzca um signo distintivo de su titular o de un tercero, aunque tenga un carácter notorio en un sector concreto de actividad o renombrado entre el público en general no basta, a pesar de la evocación que provoca, para afirmar sin más alguna de las funciones distintivas típicas y, en su caso, para justificar demandas por violación de un derecho exclusivo de propriedad industrial o de la personalidad. Se puede emplear perfectamente un signo distintivo como nombre de dominio para localizar una página web determinada pero no para identificar o distinguir al sujeto, actividad, producto, servicio u obra que aparece en la misma, los cuales pueden tener un signo distintivo diferente o no tener ninguno. De ahí que el nombre de dominio no pueda calificar-se como un signo distintivo atípico o «sui generis» (calificación casi obligada si se afirma con carácter general su naturaleza híbrida), sino solamente y con carácter relativo como un medio distintivo, o mejor, un medio eventualmente distintivo en el nuevo espacio virtual. Además se trata de un medio distintivo mediato o indirecto, pues su eventual función distintiva es instrumental respecto al contenido real de la página web a la que sirve como código de acesso, su función principal. Podemos afirmar, pues, que el nombre de dominio en sí no es un signo distintivo, ni tampoco tiene por sí mismo una función distintiva genuina (…).",* ob. cit. p. 86 ss.

fora da Internet, para além do estrito uso com a função técnica de endereçamento ou de identificação de um determinado sítio na Internet. Por isso o carácter/função distintiva do nome de domínio, não é algo que lhe seja originário e próprio. O carácter/função distintiva do nome de domínio é algo que lhe advém supervenientemente.[15]

Temos pois que, qualquer qualificação do nome de domínio como sinal distintivo (para além da de acessório técnico de endereçamento ou de identificação de um recurso da Internet), estribar-se-á necessariamente numa abordagem sucessiva do mesmo enquanto sinal, desta feita, já conexo a outras realidades e com outras concretas funções.

Parece ser irrefutável que enquanto nome/sinal, o nome de domínio terá aptidão para a prossecução das mais variadas funções distintivas dentro e fora da Internet. O que parece já não ser juridicamente adequado e possível é dar-se-lhe em abstracto, e *de per se*, um enquadramento jurídico com recurso aos regimes dos sinais distintivos legalmente tipificados. E isto, não só porque o recurso à analogia não é permitida, dado estes direitos terem carácter excepcional, mas igualmente porque a cada sinal distintivo legalmente tipificado está adstrita uma função distintiva específica, inerente a uma realidade concreta, correspondendo-lhe um direito de exclusivo com um conteúdo próprio, sem o que essa função distintiva não se cumpriria.

Será pois, adequado considerar o nome de domínio, quando identifica um sítio virtual, em abstracto, como tratando-se de um verdadeiro nome de estabelecimento, e nessa medida equipará-lo ao nome de estabelecimento, tutelado pela lei?

Numa primeira análise um tal enquadramento até pareceria lógico pela imediata analogia entre o uso de tal nome no mercado real, e no mercado virtual, mas a tal obsta desde logo a diferente natureza "jurídica" do bem a distinguir, por esses sinais.

Ora, o nome de domínio para além da função de endereçamento, pode também identificar ou referenciar o conteúdo de um pedaço de es-

---

[15] Á semelhança do fenómeno do *secondary meaning* ou capacidade distintiva adquirida pelo uso de um sinal como marca, fenómeno este de resultado com relevância jurídica para efeito de registo da marca. É o que prevêem os arts. 223.º n.º 2, e 238.º n.º 3 do Código da Propriedade Industrial. Assim, antes da ocorrência do fenómeno, o que há são sinais, nem são marcas, nem são sinais distintivos de mercado. Deve também notar-se que este fenómeno só releva juridicamente quanto às marcas; a sua relevância relativamente a outros sinais distintivos de mercado, está excluída.

paço electrónico, um pedaço ou uma existência do mercado virtual. Mas, nessa medida, só identifica a imagem visível desse pedaço, ou dessa existência, a sua montra, e nada mais pode identificar, pois a Internet tem uma natureza electrónica multifuncional, sendo os sítios nela alojados meros conteúdos de informação ou ficheiros de comunicação.

Por seu turno, o nome de estabelecimento objecto de um direito de exclusivo tipificado na lei,[16] é relativo a uma universalidade de direito[17] com individualidade própria e concreta, uma universalidade com natureza jurídica real (física e não fictícia).[18]

À atribuição do direito de exclusivo sobre o nome de estabelecimento preside o princípio do estabelecimento, segundo o qual o espaço físico tem de possuir natureza real e de estar localizado no território nacional.

Ora, assim sendo, qualquer equiparação jurídica do nome de domínio ao nome de estabelecimento fica desde logo comprometida pela falta de natureza real, pela falta de corpo, e pela aterritorialidade do estabelecimento/montra comercial virtual.

6. A equiparação com a marca

A equiparação do nome de domínio à marca e o desejo da submissão daquele à mesma tutela jurídica deste sinal distintivo, tem constituído a tendência mais frequente, sobretudo pelos utilizadores de nomes de domínio que perante actos de imitação dentro e fora da Rede, pretendem ver-

---

[16] Cft. arts. 282.º e ss. do Código da Propriedade Industrial.

[17] Assim o define Oliveira Ascensão in *Direito Civil – Reais*, 4.ª Edição, Coimbra Editora, Limitada, 1987, p. 50

[18] Oliveira Ascensão in *Direito Comercial – Direito Industrial*, Vol. II, 1988, p.91 ss., refere a propósito da realidade a assinalar pelo nome de estabelecimento que, o estabelecimento é um elemento real. Carlos Olavo in *Propriedade Industrial*, Coimbra, Almedina, 1997 p. 87 ss., refere que *"Por estabelecimento, para efeitos de determinar o objecto da individualização que o sinal distintivo visa, deverá entender-se a unidade técnica de venda ou de produção de bens ou de fornecimento de serviços (...)"*. Por seu turno Justino Cruz in *Código da Propriedade Industrial*, 2.ª Edição, Livraria Arnado, Lda, p. 293 e ss. refere a seguinte definição de estabelecimento: *"todo o conjunto de bens reunidos em certo local, designadamente numa loja, armazém, fábrica ou fazenda, para o exercício de uma exploração económica"*. Esta definição é a constante na Lei n.º 1972, de 21 de Junho de 1938. Cft. *Parecer da Câmara Corporativa*, acerca da proposta de lei sobre propriedade industrial, Lisboa, Assembleia Nacional, ed. 1937.

lhes reconhecido um direito de exclusivo sobre o nome de domínio, ainda que não registado como marca originariamente.

Para procedermos à análise da viabilidade ou adequação de uma tal equiparação, teremos que observar antes de mais alguns dos principais traços e características do regime jurídico das marcas.

Partindo da noção de marca legalmente consagrada no nosso direito,[19] temos que, é considerado marca o sinal apto e destinado a distinguir os produtos ou serviços oferecidos no mercado por uma determinada (ou determinável) empresa, dos produtos ou serviços análogos oferecidos por outras empresas.

Desta noção retiramos desde logo qual a função jurídica da marca, a saber, a função distintiva no sentido de indicação da origem dos produtos ou serviços assinalados com a marca.[20]

Este é pelo menos, o conceito de função jurídica mais tradicional, e dogmático. Contudo, numa visão mais sistemática, e actual, Oliveira Ascensão considera tal conceito ou entendimento da função da marca insustentável, devido à possibilidade de o registo de marca ser transmitido independentemente do estabelecimento (*"quebrando-se assim o princípio chamado da adesão"*), e de poderem ser concedidas plurimas licenças de utilização, deixando a marca de dizer ou de indiciar o que quer que seja sobre a origem dos produtos.[21]

Para efeito do presente trabalho, é indiferente a adesão a um ou a outro destes entendimentos, porquanto o importante é ficar assente que a marca tem uma função distintiva de bens (produtos ou serviços), no comércio.

---

[19] Cft. art. 222.º do Código da Propriedade Industrial

[20] Neste sentido segue o Considerando 10.º da Directiva de Marcas (Primeira Directiva do Conselho, de 21 de Dezembro de 1998, que harmoniza as legislações dos Estados-membros em matéria de marcas – Directiva 89/104/CEE) que refere que o objectivo da protecção conferida pela marca registada consiste nomeadamente em garantir a função de indicação de origem da marca. O Tribunal de Justiça da Comunidade tem também adoptado este conceito nas suas decisões interpretativas das disposições da Directiva de Marcas, ao preconizar para a marca registada a função mínima da garantia da indicação de origem dos produtos ou serviços. São ilustrativas as decisões proferidas nos casos "Baby Dry" – de 20 de Setembro de 2001 – Case C-383/99, e "Windsurf Chiemsee" – Case C-108/97 e C-109/97.

[21] *Vide* José de Oliveira Ascensão, «*As funções da marca e os descritores (Metatags) na Internet*», *in Direito Industrial*, Vol III, APDI – Associação Portuguesa de Direito Intelectual, Coimbra, Livraria Almedina, 2003, p. 7 ss.

O direito de exclusivo conferido pelo registo da marca, não é um direito absoluto, porque funcionalmente dirigido, e delimitado pelo respectivo fim, a distinção de bens no mercado, e pela especialidade, i.e. só é relativo à distinção de bens previamente determinados.

O direito de marca é pois, conformado pelos princípios da territorialidade, da especialidade, segundo o qual é também avaliada a aptidão distintiva do sinal, e pela estrita condição de uso sério e não enganoso, pela qual se justifica e legitima a respectiva concessão.[22]

Entre a marca e o nome de domínio existem características de regime aparentemente comuns, como sejam a liberdade na escolha do sinal/nome, e o exclusivo/unicidade, que tornam tentadora a respectiva equiparação.

Na verdade, ambos os sinais podem em princípio ser livremente escolhidos. E, dizemos em princípio, porque todavia, a escolha de uma marca está condicionada por razões de salvaguarda do interesse geral, da moral e dos bons costumes, e de protecção da concorrência e dos consumidores.

Com efeito, não podem ser apropriados como marcas em exclusivo, sinais necessários à linguagem e ao uso geral e corrente no mercado (sinais genéricos, descritivos, e usuais), como também não pode a marca ser conceptualmente enganosa. Mas todas estas condicionantes pressupõem uma relação incindível do sinal com os bens a que se destina enquanto sinal distintivo.

Como o nome de domínio não está adstrito necessária e incindivelmente a qualquer bem, a qualquer conteúdo pré-determinado do sítio que identifica, não pode ser aferida uma concreta aptidão distintiva do mesmo.

Assim sendo, a liberdade na escolha do nome de domínio é quase absoluta, estando unicamente condicionada pelo imperativo da unicidade, requisito manifestamente insuficiente para a atribuição de um direito de uso exclusivo de um sinal distintivo como a marca.

E quanto à característica da unicidade do nome de domínio, não coincide esta com a exclusividade de uso atribuída pelo direito a respeito de uma marca ou outro sinal distintivo do comércio.

A unicidade do nome de domínio não implica para o respectivo titular qualquer poder jurídico de exclusão de terceiros sobre o uso do mesmo nome de domínio. O uso do mesmo nome de domínio para a identificação de outro endereço é tecnicamente impossível.

---

[22] Cft. arts. 223.º, 224.º e 269.º, do Código da Propriedade Industrial.

O exclusivo atribuído pelo direito sobre o uso de uma marca concretiza-se num *ius prohibendi* atribuído ao respectivo titular.

No caso da marca, o exclusivo recai sobre o uso do sinal enquanto distintivo de determinados bens, e impede a coexistência deste com outros sinais/marcas com o mesmo semelhantes e confundíveis, destinados a distinguir bens idênticos ou afins[23].

Só por efeito de um tal exclusivo é que fica garantido o cumprimento cabal da função distintiva da marca[24], e se impede a turbação da actividade mercantil e concorrencial do titular, assente no uso da marca.

No caso do nome de domínio estamos perante um aparente "exclusivo" de uso, o qual é uma mera decorrência da imperativa unicidade técnica, respeitando portanto, só ao próprio nome/sinal *de per se*, e não ao afastamento do uso de nomes semelhantes e confundíveis, o que no direito de marca, é *prima facie* a condição para a prossecução da função que lhe está juridicamente definida, a de distinção de produtos ou serviços no mercado.

Não estando o nome de domínio submetido a qualquer uma das condições e princípios por que se conforma o direito de marca, não parece adequada pois, uma equiparação jurídica deste sinal à marca.

Por outro lado, apesar da pretendida aptidão polivalente ou natureza híbrida[25], o nome de domínio tal como configurado (por ex. www.abcd.com), será sempre, imediata e espontaneamente intuído, do ponto de vista conceptual, como um sinal identificativo de um sítio na Internet (como um endereço) independentemente do concreto conteúdo disponibilizado, ou quanto muito como um sinal distintivo/marca de uma qualquer realidade conexa com a Internet. Tal facto, não deixa de levantar questões de deceptividade no mercado, quando o nome de domínio para além da função de endereçamento a um sitío, não se manifeste no respec-

---

[23] Cft. arts. 239.º alínea m), e 258.º, do Código da Propriedade Industrial.

[24] Em bom rigor hoje, o cabal cumprimento da função distintiva, já não pode considerar-se como garantido pelo direito de exclusivo, e a atribuição deste justificado por aquele fim, porquanto a lei permite que por uma actuação concertada de titulares coexistam marcas praticamaente iguais destinadas a assinalar os mesmos produtos, sendo inevitavelmente confundíveis. É a faculdade prevista no art. 243.º do Código da Propriedade Industrial.

[25] Bettinger, refere-se a esta aptidão ou natureza como uma multipla função – *"Hence, Domain Names fulfill a two-fold function. They are adresses and marks at the same time"* – ob. cit.

tivo conteúdo, e não detenha qualquer outra conexão com a vertente mercantil da Rede.

Ao ser ponderada uma qualificação jurídica do nome de domínio como sinal distintivo, este não pode deixar de ser considerado na sua configuração necessária, pois é sobre essa configuração que faz sentido esta ponderação. De outro modo, se só for considerada a parte electiva do mesmo, aquilo que é livremente escolhido para o caracterizar, estaremos sempre a aferir da aptidão de um qualquer sinal nominativo à prossecução da função distintiva como marca, de produtos ou serviços, e da sua eventual tutela à luz das normas jurídicas que regulam o correspondente direito de exclusivo, ainda que esse sinal seja usado unicamente no "espaço" virtual, ou no mercado/comércio electrónico.

Neste sentido, à luz do ordenamento jurídico português, dúvidas não se suscitam de que uma vez aferidas as condições absolutas e relativas de registabilidade, nada obsta a que seja registado como marca um sinal cuja caracterização coincida, com a parte electiva de um nome de domínio, ainda que o uso efectivo da mesma se processe estritamente na esfera da Internet, por ex. uma marca de serviços.

7. A origem do conflito com as marcas

O conflito surgido originariamente entre nomes de domínio e sinais distintivos, principalmente marcas, refere-se aos domínios de segundo nível sob o domínio de primeiro nível genérico *.com*.

Tais conflitos foram favorecidos pelo concurso de vários factores, como sejam, o regime de atribuição destes nomes de domínio, que se caracteriza por ser um regime aberto (não condicionado, reservado ou restrito) assente nas regras mínimas da unicidade, da liberdade de escolha, da precedência segundo o princípio *first come first served*, da livre transferência de titularidade, e os baixos custos, aliados ao crescente interesse das empresas em todo o mundo na utilização dos recursos da Internet.

Diferentemente do que certamente foi pensado pelos criadores do sistema de registo de nomes de domínio, estes factores revelaram-se factores óptimos para um comportamento especulativo imbuído de um ânimo de lucro fácil, o qual muito tem agitado o meio mercantil.

As práticas predatórias de registo indevido de nomes de domínio são conhecidas por Roubo de Domínios *(Domain Grabbin)*, e tiveram desde logo por objecto preferencial as marcas de elevada reputação e de maior expressão e notoriedade internacional.

Destas práticas as mais significativas pela perturbação causada no mercado são:

– *O Cybersquatting* ou sequestro de nomes de domínio, realizado por negociantes de nomes de domínio (*Domain names dealers*) – que consiste na habitualidade do registo de nomes de domínio iguais a marcas, sobretudo iguais às amplamente conhecidas ou reputadas no mercado internacional, com o único propósito de serem subsequentemente revendidos aos titulares dessas marcas.

– O armazenamento e leilão de nomes de domínio registados com adjudicação pela melhor oferta, designado por *Warehousing*, prática que pode incluir *cybersquatting* (se os nomes de domínio forem oferecidos aos titulares das várias marcas correspondentes em vários territórios, ou aos titulares de marcas registadas no mesmo território mas distintivas de diferentes produtos ou serviços).

A respeito das situações de conflitualidade entre nomes de domínio e marcas, há quem refira[26] que como decorrência dos princípios da territorialidade e da especialidade a que estão submetidos os direitos sobre marcas[27], podem surgir conflitos derivados de uma afectação lógica ou acidental (*logical choice*) de um determinado nome de domínio igual a uma marca titulada por uma entidade, num determinado território, igual a outra marca pertencente, noutro território, a outra entidade, ou ambas as marcas serem relativas ao mesmo território, mas de âmbito distintivo diferente, e por isso pertencentes a distintas entidades.

Na verdade, este tipo de situação não parece configurar qualquer conflito, na medida em que a afectação do nome de domínio se realizou sustentada num interesse real e legítimo. Este tipo de situação representa uma casual, mas lícita, colisão de interesses, mas não um conflito.

---

[26] Fernando Carbajo Cascon, ob. cit. p.117.

[27] Nos termos do primeiro princípio, o direito de uma marca circunscreve-se ao território do estado ou da organização (marca comunitária) a que respeita a lei ao abrigo da qual esse direito de uso exclusivo foi constituído (não se utiliza o termo concessão porque os países da common law atribuem efeitos constitutivos de direito ao mero uso da marca no mercado). Nos termos do segundo princípio, o direito de exclusivo sobre a marca é delimitado pelo âmbito pré-definido dos produtos ou serviços a que a marca se destina assinalar.

As situações de conflitualidade, sobretudo com os domínios genéricos (gTLG) *.com*, deu causa a inúmeras acções judiciais em vários países, nas quais se tem discutido com particular incidência a natureza dos nomes de domínio com vista à determinação da jurisdição e da lei aplicável, e o alcance do direito de marca perante a coincidência com um nome de domínio, observando-se uma grande falta de uniformidade das decisões, motivada não só por existirem acentuadas diferenças nos vários ordenamentos jurídicos, mas também e sobretudo, pelas distintas interpretações sobre os mais essenciais aspectos dos nomes de domínio.[28-29]

A dada altura (em 1997), e perante um *status quo* incomportável, e a falta de resposta ao problema por parte dos esquemas de auto-regulação da própria Rede, os sectores interessados promoveram um processo internacional de auto-regulação que ficou conhecido como IAHC – International Ad Hoc Comitee, o qual veio a ser interrompido porque o governo dos Estados Unidos, após as recomendações da OMPI relativas à instituição de medidas de solução e contenção da instabilidade verificada no sistema de domínios[30], mais uma vez investido na titularidade das infra-estruturas essenciais da rede, fez instituir em 1998, o ICANN – Internet Corporation for Assigned Names and Numbers – a entidade que detém a atribuição de controlar e vigiar o sistema geral de atribuição de domínios.

---

[28] Um exemplo de uma decisão judicial paradigmática, pela invulgaridade da formulação da respectiva acção, foi a proferida numa acção intentada pela empresa inglesa Harrods Limited, no United States District Court for the Eastern District of Virginia, em 2002, contra sessenta nomes de domínio *.com* e *.net.*, objecto da prática de *cybersquating,* registados num *Registry* sediado nesse estado, na qual a atribuição de competência do tribunal foi determinada em função do lugar da coisa (os nomes de domínio estão alojados no servidor do Registry), tendo a acção sido intentada contra a coisa (*in rem provision*), reivindicando infracção e diluição do poder distintivo das suas marcas norte-americanas HARRODS, nos termos das disposições do Anti-Cybersquatting Consumer Protection Act dos Estados Unidos da América.

[29] Além desta falta de uniformidade de jurisprudência gerar grande instabilidade e incerteza, mostrou-se ser economicamente impraticável para as empresas detentoras de marcas notórias e reputadas a interposição de plurimas acções, tantas quantos os direitos de marcas que estas detêm nos vários países, dado que o direito sobre uma marca é de âmbito territorial, daí também podendo advir a criação de verdadeiros paraísos para a prática das actividades de *cybersquatting,* em função da maior ou menor brandura das legislações quanto à cominação pelas infracções aos direitos de marcas.

[30] Relatório do primeiro processo da OMPI sobre nomes de domínio, e Relatório final de 3 de Setembro de 2001, disponíveis em http://wipo2.wipo.int

Como medidas de solução, o ICANN determinou:

– a criação de sete novos domínios de topo genéricos, .*biz*, .*info*, .*name*, .*aero*, .*pro*, .*coop*, e .*museum*, de modo a permitir um maior descongestionamento do domínio .*com*,

– e talvez a mais importante, em 24 de Outubro de 1999 foi instituída a política uniforme de resolução de conflitos, a UDRP – Uniform Dispute Resolution Policy[31], que estabelece um sistema extrajudicial de conflitos.

8. A política de resolução de litígios do ICANN-UDRP

As principais características desta política são:

– A execução da mesma é descentralizada, porque as funções de resolução dos litígios são atribuídas a instituições independentes com reconhecida competência sobre a matéria da propriedade intelectual – de entre estas destaca-se com proeminência o Centro de Arbitragem da OMPI – Organização Mundial da Propriedade Intelectual – que foi o primeiro a ser acreditado para este efeito em 1 Dezembro de 1999;

– É destinada unicamente ao combate das práticas de *cybersquatting* relativo a marcas;

– As decisões das entidades acreditadas são vinculativas para todas as entidades (os *Registars* e os *Registrys*) que administram serviços de registo de domínios de segundo nível sob os domínios de topo genéricos .*com*, .*net*, .*org*, .*biz*, .*info*, e .*name*.

– Como condição *sine qua non* de eficácia desta política, todos os requerentes da atribuição/afectação de um nome de domínio de segundo nível sob aqueles domínios de topo genéricos, passaram a ficar desde logo no pedido, obrigados a submeter-se a um procedimento administrativo obrigatório para a resolução de conflitos provocados pelo registo do seu domínio, a pedido de qualquer terceiro que considere que o registo desse domínio é abusivo porque ofende o seu direito de marca.

– Esta política prevê ainda a possibilidade de qualquer das partes envolvidas no litígio recorrer desta decisão para os tribunais

---

[31] http://www.icann.org/dndr/udrp

comuns competentes (a que ficará também submetida a parte demandante no procedimento, pois aquando da apresentação da sua petição[32], ser-lhe-á exigida uma declaração formal de submissão ao eventual recurso judicial). Por tribunais competentes o regulamento de execução da política, determina que serão os que tenham jurisdição na área de localização da sede do *Registar* onde o nome de domínio foi registado (desde que o titular se tenha submetido à jurisdição do mesmo), ou o tribunal da área da residência do titular, que consta da base de dados WHOIS.

– Os árbitros ou painel de árbitros designados, podem de acordo com cada caso decidir em conformidade com os princípios e as normas legais que entenderem mais adequados e justos.

– O âmbito de aplicação da política circunscreve-se aos casos que reunam as seguintes condições:

a) O nome de domínio seja igual ou idêntico a uma marca de produtos ou serviços sobre a qual o demandante detenha direitos, de tal modo que seja susceptível de ser confundido com a mesma;

b) Que o demandado careça de direitos ou interesses legítimos relativamente ao nome de domínio, e

c) Que o nome de domínio tenha sido registado de má fé.

A execução desta política, apesar de limitada à conflitualidade com os direitos de marcas, e de na prática se mostrar insuficiente relativa à resolução de algumas questões pontuais, tem-se revelado ser uma contribuição muito positiva para a resolução dos inúmeros litígios surgidos, representando igualmente um esforço muito positivo na prossecução de medidas de auto-regulação do funcionamento da Internet.[33]

9. A relevância jurídica das práticas de roubo de domínios (*domain grabbin*) na perspectiva do direito português

Aqui chegados vejamos agora qual a reacção possível contra os actos de roubo de nomes de domínio e ainda os actos de obstaculização de registo de nomes de domínio, à luz do direito substantivo português.

---

[32] Que só pode ser de cancelamento do domínio.

[33] Empresas portuguesas já recorreram a esta política de resolução de conflitos, de que são exemplos os casos relativos aos nomes de domínio lusomundo.com e portoeditora.com., informação disponível em www.wipo.org

Começaremos por analisar o caso do *cybersquating*, partindo da seguinte questão: Pode o titular de um direito de marca impedir uma prática de sequestro de nome de domínio, invocando o seu direito de exclusivo?

Para progredirmos para uma resposta, teremos antes de tudo de perscrutar em que consiste o direito de exclusivo sobre uma marca registada.

O art. 224.º do Código da Propriedade Industrial dispõe que o registo confere ao seu titular o direito de propriedade e do exclusivo da marca para os produtos e serviços a que esta se destina. E, o art. 258.º prevê que o registo da marca confere ao seu titular o direito de impedir terceiros, sem o seu consentimento, de usar, no exercício de actividades económicas, qualquer sinal igual, ou semelhante, em produtos ou serviços idênticos ou afins daqueles para os quais a marca foi registada, e que em consequência da semelhança entre os sinais e da afinidade dos produtos ou serviços, possa causar um risco de confusão, ou associação, no espírito do consumidor.

Em respeito a um princípio geral de liberdade de referência no mercado[34], dispõe o art. 260.º do mesmo código, que os direitos conferidos pelo registo de marca não permitem ao seu titular impedir terceiros de usar, na sua actividade económica, desde que tal seja feito em conformidade com as normas e os usos honestos em matéria industrial e comercial, do seu próprio nome e endereço, de indicações relativas à espécie, à qualidade, à quantidade, ao destino, ao valor, à proveniência geográfica, à época de produção do produto ou da prestação do serviço ou a outras características dos produtos ou serviços, da marca, sempre que tal seja necessário para indicar o destino de um produto ou serviço, nomeadamente sob a forma de acessórios ou peças sobressalentes.

Dado que o *ius prohibendi* inerente ao direito de uso exclusivo de uma marca, está delimitado pelos pressupostos de um terceiro,

  – usar um sinal igual ou semelhante à marca,
  – em produtos ou serviços idênticos ou afins àqueles para os quais a marca está registada,
  – no exercício de uma actividade económica,
  – podendo desse uso resultar o risco de confusão,

---

[34] Neste sentido veja-se José de Oliveira Ascensão – *Hyperlinlks, frames, metatags – A segunda geração de referências na Internet*, in Direito da Sociedade da Informação (obra colectiva) Vol. III, Coimbra, Coimbra Editora, 2002, p.42 ss., e do mesmo autor – *As Novas Tecnologias e os Direitos de Exploração das Obras Intelectuais*, in Estudos sobre Direito da Internet e da Sociedade da Informação, Coimbra, Almedina, 2001, p.187 e ss.

é muito difícil admitir-se uma reacção jurídica sustentada neste direito contra o registo de um nome de domínio igual a uma marca, efectuado com fins especulativos ou de extorsão, isto porque um tal registo não configura a situação que é pressuposto da oponibilidade daquele direito de exclusivo.[35]

Afastada a oponibilidade de um direito de marca, vamos indagar da possibilidade de recurso ao instituto jurídico da concorrência desleal, começando por avaliar da incursão do caso nos respectivos pressupostos integradores.

O primeiro aspecto a considerar é o da existência ou não, de uma relação de concorrência entre o especulador e o titular da marca.

Oliveira Ascensão[36] preconiza que a relação de concorrência entre dois operadores de mercado deve ser aferida em função da idoneidade concreta do acto, de atribuir uma posição relativa vantajosa, em termos de clientela, podendo por isso duas empresas ser consideradas concorrentes perante um determinado acto, e perante outros não.

Assimilados tais ensinamentos, partindo de um conceito de concorrência de razoável amplitude, teremos então que não constituindo o registo do nome de domínio, objectivamente considerado, um acto idóneo a atribuir ao respectivo agente uma posição de vantagem em termos de clientela, relativamente ao titular da marca, não parece possível considerar existir concorrência entre tais entidades.

Deste modo, não existindo qualquer relação de concorrência entre o sequestrador e o titular da marca, fica precludido o recurso ao instituto da concorrência desleal, para regulação destes casos.

Cabe então chamar à colação as normas dos institutos jurídicos gerais, perfilando-se de entre estes o mais adequado o instituto do abuso de direito. Atento o fim visado com o acto de registo do nome de domínio, a especulação e a extorsão, pode tal acto qualificar-se como um acto contrário à boa fé, e nessa medida consistir num desequilibrado exercício de uma posição jurídica, num exercício danoso inútil.[37-38]

---

[35] Com as devidas adaptações vale aqui o que Oliveira Ascensão refere a propósito do uso de *metatags*, em *As Novas Tecnologias...*, p. 190 ss.

[36] Veja-se José de Oliveira Ascensão, *Concorrência Desleal*, Coimbra, Almedina, 2002, p. 118 e ss.

[37] Menezes Cordeiro sobre esta figura refere – "– o *exercício danoso inútil: é contrário à boa fé – e, como tal, abusivo – exercer os direitos de modo inútil, com o objectivo de provocar danos na esfera alheia*", veja-se António de Menezes Cordeiro, *Tratado de*

O recurso ao instituto jurídico geral do abuso de direito, apresenta-se pois como o único meio de reacção contra este tipo de actuações.

E, tratando-se do registo de um nome de domínio igual a uma marca pertencente a um concorrente, com o fim de obstaculizar esse mesmo registo pelo concorrente?

Tal como no caso anteriormente abordado, o direito das marcas é inoponível a uma tal situação, porque como vimos não se verifica o uso da marca como marca – o uso da marca conexo com uma oferta efectiva de produtos e serviços. Todavia, estamos perante um acto de um concorrente; um acto de concorrência.

Pese embora não decorra de uma tal situação a indução em erro ou confusão da clientela, até porque ao nome de domínio pode não ser dado qualquer uso de facto, a simples actuação de obstaculizar o acesso ao mesmo por quem tenha um interesse legítimo, com o intuito de por este acto diminuir as acessibilidades hoje disponíveis para o exercício da actividade do concorrente, apresenta-se como uma actuação com suficiente desvalor para relevar em sede de concorrência desleal.

Não será desajustado qualificar esta situação como um acto de perturbação da actividade empresarial alheia[39], e nessa medida ser qualificado como um acto de concorrência desleal.

Os pressupostos da concorrência desleal nesta hipótese verificam-se inequivocamente:

– A actuação por parte de um concorrente – o nexo de concorrência,

– A intenção finalisticamente dirigida à perturbação da actividade alheia – o elemento subjectivo,

– a desconformidade da conduta com as práticas e o os usos honestos,

– a aptidão do acto à efectiva perturbação.

Direito Civil Português, I, Parte Geral, Tomo I, 2ª Edição, Livraria Almedina, 2000, p. 265. Por sua vez Pedro Pais de Vasconcelos *em Teoria Geral de Direito Civil*, Vol. II, Almedina, 2002, p. 179, refere-se a este tipo de exercício em desequilíbrio como *exercício emulativo*.

[38] Ademais esta situação oferece de todo o modo estreita analogia com a situação prevista no art. 327.º do Código da Propriedade Industrial, cuja previsão legal e censura a título especial representa uma inovação no nosso ordenamento jurídico respeitante à matéria de marcas.

[39] Cft. Oliveira Ascensão, *Concorrência Desleal*, p. 481 e ss.

Assim sendo, implicando a obstaculização ao registo de nome de domínio uma perturbação da actividade empresarial alheia (que hoje naturalmente se presume dada a importância que o comércio electrónico assume), parece adequado qualificar-se tal acto como um acto de agressão à concorrência, e nessa medida como um acto de concorrência desleal.

10. A relevância jurídica da coincidência entre o nome de domínio e a marca com referência ao direito português

No ponto precedente tratámos dos casos em que o nome de domínio coincide com uma marca registada, mas o sítio correspondente na Internet não está activado, ou se está não exibe quaisquer referências à marca.

Neste ponto iremos tratar de três situações distintas, mas todas elas com a particularidade comum de, para além do uso do nome de domínio na sua função identificadora do sítio, no respectivo conteúdo ser feito uso do nome de domínio, ou só parte do mesmo, como marca.

Na primeira situação, alguém regista um nome de domínio coincidente com uma marca de terceiro, e no sítio (*site* ou *web page*) respectivo são oferecidos/comercializados produtos ou serviços iguais ou afins aos da marca registada.

Pergunta-se: É o direito de marca oponível ao uso de tal nome de domínio?

A resposta não se afigura difícil.

Tratando-se de uma oferta efectiva de produtos e serviços na Internet (e ainda que exclusivamente neste meio) o uso do nome de domínio/marca parece configurar o uso de um sinal (ainda que como endereço) inerentemente conexo com o uso da marca que se exibe dentro do sítio.

Nesta situação, o titular do registo da marca (válida em Portugal – Marca Nacional, Marca Comunitária ou marca do Registo Internacional) poderá ancorar-se no disposto no art. 258.° do Código da Propriedade Industrial, e exercendo o seu direito de exclusivo pode impedir o uso do nome de domínio/marca enquanto sinal distintivo dos produtos ou serviços; Quanto ao uso do nome de domínio (endereço electrónico), parece poder ser enquadrado no instituto da concorrência desleal, sendo invocável o proémio do art. 317.° do Código da Propriedade Industrial.

Se porém, o nome de domínio/marca em causa não for exactamente igual à marca registada (no seu aspecto nominativo, pois a marca pode ser mista), mas somente semelhante a esta, o titular pode igualmente opor o seu direito de marca pois, a respectiva tutela estende-se aos sinais semelhantes e confundíveis, e reivindicar a tutela da concorrência desleal.

Na segunda situação, alguém regista um nome de domínio coincidente com uma marca registada de terceiro, e no sítio (*site* ou *web page*) respectivo são oferecidos produtos e serviços distintos daqueles a que respeita a marca registada.

Salvo tratando-se de uma marca que goze de prestígio em Portugal ou na Comunidade, o titular da marca registada não poderá impedir o uso desse nome de domínio/marca, uma vez que o seu direito de exclusivo está limitado pelo princípio da especialidade.

Por seu turno, já o titular de uma marca que goze de prestígio em Portugal ou na Comunidade, pode impedir o uso do nome de domínio/marca (pressupondo-se que do uso se procure tirar partido indevido do carácter distintivo ou do prestígio, ou possa prejudicá-los), porquanto estas marcas gozam de uma tutela especial, não limitada pelo princípio da especialidade. Contudo esta tutela só abrange usos de sinais iguais, confundíveis ou tradução da marca de prestígio, como marca. É o que prevê o art. 242.º do Código da Propriedade Industrial.

Quanto ao nome de domínio *de per se*, a aplicação do instituto da concorrência desleal tem de ser valorada casuisticamente, pois há que determinar se entre o titular do nome de domínio e o titular da marca haverá uma relação de concorrência privilegiável para efeito da aplicação dessa figura jurídica.

Na terceira situação, alguém regista um nome de domínio coincidente com uma marca registada de um terceiro, mas o conteúdo do site destina-se a exibir informações ou trata-se de um site lúdico e não comercial.

Nesta situação, apesar de o titular da marca estar impedido de registar para si aquele nome de domínio, nada poderá opor ao uso do mesmo, porquanto não estando em causa um uso do nome de domínio como marca (reportando ao conteúdo do sítio), tal uso está para além do âmbito de abrangência do *ius prohibendi* do seu direito de exclusivo, e não existindo qualquer relação de concorrência entre as entidades, tal situação está fora do âmbito da concorrência desleal.

É curioso notar que seguindo de perto a Recomendação Comum das Assembleias da União de Paris e da OMPI aprovada entre 24 de Setembro e 3 de Outubro de 2001[40], relativa à protecção das marcas e de outros direitos de propriedade industrial sobre sinais na Internet, chegaríamos certamente a soluções próximas das soluções a que chegámos nos casos acima enunciados.

Embora esta Recomendação tenha por fim a sugestão de parâmetros para a determinação do local do uso dos sinais usados na Internet, para efeitos de protecção de marcas e de outros direitos de propriedade industrial, tem por principal característica a sugestão da atribuição de relevância *ex novo* a um outro efeito resultante do uso de marcas ou de outros sinais na Internet, considerado como que independente do efeito distintivo; trata-se do *efeito comercial* resultante do uso da marca/sinal na Internet, com relação a determinado Estado.

Assim, utilizando este mesmo critério na análise dos casos que acima enunciámos, chegaríamos à solução próxima de que se o nome de domínio for usado de modo a suscitar um *efeito comercial* com relação a produtos ou serviços iguais ou afins aos produtos a que respeita a marca protegida, pode o direito sobre esta ser oposto ao registo desse nome de domínio.

Na verdade, a produção de um efeito comercial decorrente do uso do nome de domínio, pressupõe a produção de um efeito distintivo específico com relação aos produtos ou serviços pertinentes a partir do conteúdo do sítio identificado, que é afinal o efeito tutelado pelo direito de exclusivo sobre a marca.

A grande diferença reside no facto de que pela aplicação do critério do *efeito comercial*, não só não será necessário o recurso às normas do instituto da concorrência desleal, como a inaplicabilidade destas ficará suprida pela maior abrangência deste critério.

No entanto, não vemos que a adopção deste critério/referencial represente um progresso positivo no sentido de uma equilibrada solução para os conflitos que se geram a propósito do uso de nomes de domínio, pois não deixa o mesmo de alargar o âmbito do direito de marca, muito para além das suas justificadas fronteiras e limites.

---

[40] Doc. A/36/8, disponível em www.wipo.int

11. A relevância jurídica da coincidência de uma marca com um nome de domínio com referência ao direito português

Suponhamos agora a seguinte situação:
Uma empresa, cuja visibilidade e actividade se processam exclusivamente no meio virtual da Internet, usa como sinal distintivo dos produtos ou serviços da sua actividade, uma marca não registada, igual ao seu nome de domínio.

Pergunta-se: De que tutela beneficia esta empresa perante o uso por um terceiro, de uma marca idêntica no mercado, distinguindo produtos ou serviços iguais ou afins aos efectivamente comercializados pela mesma?

Dado que o registo do nome de domínio não confere qualquer direito de exclusivo no mercado, subsiste o uso do mesmo como marca. Que tipo de tutela pode então advir a esse uso de marca, à luz do direito de marcas?

Nos termos da lei a única tutela que poderá advir do uso da marca, é a tutela conferida a título de marca livre, que consiste no reconhecimento ao respectivo utilizador, do direito de prioridade para pedir o registo da marca, se o uso não tiver tido uma duração superior a seis meses, aferida com relação à data do pedido de registo. É o que dispõe o art. 227.º do Código da Propriedade Industrial.

Uma vez apresentado o pedido, poderá o mesmo ser oposto ao uso da marca realizado pelo terceiro, na base da protecção provisória reconhecida pela lei, nos termos do disposto no art. 5.º do Código da Propriedade Industrial.

Para lá desta possibilidade, teriam que ser ponderadas outras circunstâncias de modo a poder colocar-se a hipótese de ser conferida tutela em sede de concorrência desleal (ou a título de concorrência parasitária)[41], sendo certo que este instituto não tutela aquilo que poderia ter sido tutelado por direito privativo e não foi. Como refere Oliveira Ascensão a propósito *"Não havendo direitos privativos, as posições ocupadas não são exclusivas. E isto tem necessariamente de ser assim, porque de outro modo se criariam por todo o lado exclusivos. A rejeição como concorrência desleal teria efeito prático idêntico ao da atribuição de direitos privativos. Com a agravante ainda de esse exclusivo não ter as contrapartidas, nomeadamente da publicidade, que acompanham os direitos privativos. (...)"*.[42]

---

[41] Oliveira Ascensão, *Concorrência Desleal*, ob. cit., p. 444.
[42] *Ibidem*, p. 445.

Verificamos pois, que apesar da existência de um nome de domínio, tudo se passa afinal como se tratando de uma vulgar situação de uso de marca sem registo.

12. Regime de registo dos nomes de domínio .pt

12.1. *Da atribuição de competência à FCCN*

A gestão do Registo de nomes de domínio de segundo nível sob o domínio de topo geográfico .pt foi, desde 1991, sendo informalmente desenvolvida pela Fundação Nacional para a Computação Científica Nacional, de acordo com a nomeação por delegação efectuada pela IANA.

Esta atribuição foi entretanto reconhecida pelo governo português pela Resolução do Conselho de Ministros n.º 69/97, de 10 de Abril de 1997.

12.2. *Das condições do registo*

O regime inicialmente instituído por esta entidade previa como condição básica do registo, o requerente deter a qualidade de pessoa colectiva inscrita no Registo Nacional de Pessoas Colectivas, ou seja só as empresas portuguesas, ou as empresas estrangeiras com representação no país, e os empresários em nome individual, é que podiam registar nomes de domínio sob o domínio de topo .pt.

Durante a vigência destas regras muitas foram as empresas internacionais operando no mercado em Portugal através de redes de distribuição dos seus produtos, que embora não tendo representação formal em Portugal, e que desejavam registar nomes de domínios coincidentes com as suas marcas, para as poderem publicitar na Internet em sítios de conteúdo especificamente dirigido ao público português, não o puderam então fazer por causa deste requisito. Esta restrição motivou inúmeras críticas ao sistema português.

A FCCN consciente desta excessiva restrição, adoptou em Fevereiro de 2001 novas regras de registo, segundo as quais passaram a poder registar nomes de domínio .pt, pessoas colectivas, entidades públicas com autonomia administrativa, empresários em nome individual, profissionais liberais, e os titulares de marcas registadas ou válidas em Portugal (Marcas Comunitárias e de Registo Internacional).

Em Junho 2003, e em Março de 2006, foram respectivamente adoptadas novas regras não tendo esta matéria sofrido alteração.

12.3. *Da composição do nome de domínio*

Quanto à caracterização do nome de domínio sob o domínio de topo .pt, estas regras (actualmente as adoptadas em Março de 2006) prevêem uma caracterização necessária, em função do pressuposto habilitante. Assim, o nome de domínio sustentado na qualidade de pessoa colectiva, deve coincidir com a respectiva firma ou denominação social; quando requerido, sustentado numa marca registada ou num pedido de registo de marca, o domínio deve corresponder ao elemento nominativo por que se caracteriza a marca.

A conexão com as marcas é de tal forma estreita, que a caracterização do nome de domínio parece estar afinal submetida às mesmas limitações a que está submetida a caracterização da marca registada, não obstante tratar-se de realidades funcional e juridicamente distintas.

Segundo as regras da FCCN, nenhum outro tipo de sinal distintivo registado é hábil para sustentar o registo de nome de domínio. A propósito, não se vislumbram motivos que justifiquem a exclusão de outros sinais porquanto no tráfego mercantil não é diferente a importância dos mesmos, sendo o interesse em fazê-los coincidir com o nome de domínio, tão meritório e legítimo como o que preside à coincidência com as marcas ou com a firma. Além disso, os critérios que presidiram à previsão das condições de qualificação habilitante ao registo, ou seja à previsão da legitimidade para o registo, como o da prevenção do registo de nomes de domínio abusivamente coincidentes com marcas alheias, parecem poder aplicar-se igualmente aos outros sinais distintivos.

Apesar da estreita conexão entre as condições relativas à caracterização do nome de domínio, e as relativas às marcas, observamos contudo que as regras da FCCN autonomizam, como próprios, alguns limites à caracterização dos nomes de domínio, os quais estão também previstos no que se refere às firmas e às marcas. A previsão destes limites parece pois, constituir uma duplicidade.

O objectivo desta autonomização parece ser o de desvincular a FCCN das valorações sobre estes limites feitas pelos organismos responsáveis pela concessão dos registos das marcas e pela admissibilidade das firmas, garantindo-se assim a independência e o carácter privado da Internet. Neste sentido, ficam ressalvadas situações resultantes das condições específicas de registabilidade desses sinais distintivos do comércio.

O fenómeno da aquisição de carácter distintivo da marca (*secondary meaning*), é uma dessas condições que é própria do respectivo regime registral, ficando ressalvada a independência da FCCN para recusar o registo do nome de domínio que se apresente sustentado no registo de uma marca resultante desse fenómeno. Por isso, as regras da FCCN autonomizam o limite de que os nomes de domínio caracterizados por nomes de âmbito geográfico só podem ser registados pela autoridade administrativa competente[43].

Pese embora, estas regras de registo de nomes de domínio previnam de algum modo a ocorrência de registos abusivos pela estrita conexão à figura da marca enquanto objecto de direitos privativos, não deixa contudo tal conexão de representar uma excessiva restrição ao registo de nomes de domínio. A bem da prevenção do abuso, impede-se um uso generalizado da Internet com relação ao seu âmbito geográfico conexo com Portugal.

Esta conexão à figura da marca impõe ainda aos utilizadores da Internet os encargos económicos decorrentes do registo de uma marca, sendo certo que não terão qualquer garantia na manutenção duradoura do nome de domínio, porquanto essa manutenção estará sempre dependente da manutenção do registo/direito de marca. Neste sentido, muitos serão por certo os registos de marcas realizados com o único objectivo de sustentar um nome de domínio .pt, que não deixarão de ficar vulneráveis à caducidade por falta de uso, quando da marca não seja feito um uso sério no mercado.[44]

O registo de nomes de domínio originariamente desvinculado da pré-existência de marca, mas sustentado na boa fé e no interesse legítimo, parece ser uma solução equilibrada do ponto de vista de todos os interesses que se cruzam na utilização da Internet, pois a utilização da Internet não se esgota no comércio electrónico, âmbito de utilização das marcas no ambiente virtual[45].

---

[43] Cft. art. 9.º n.º 1 al. f) e art. 11.º n.º 1 al. b), das regras de 1 de Março de 2006, disponíveis em www.dns.pt

[44] Isto por força da norma do art. 269.º n.º 1 do Código da Propriedade Industrial.

[45] Este é essencialmente o regime do registo dos subdomínios .eu.

13. Da resolução dos conflitos relativos aos nomes de domínio .pt

Um passo importante trazido pelas regras de Junho de 2003 sobre o registo de nomes de domínio sob o domínio de topo .pt, é o sistema de resolução de conflitos definido.

Duas são as vias de resolução: Uma pela remoção oficiosa do nome de domínio quando a FCCN toma conhecimento de uma desconformidade com as regras de registo[46], e a outra pelo recurso à arbitragem voluntária institucionalizada, prevista e regulamentada por lei, a que ficam desde logo submetidos os titulares de nomes de domínio, pela adesão contratual às regras de registo dos nomes de domínio .pt.[47]

Isto é claro quando a questão versa sobre matéria relativa a conflitos sobre nomes de domínio em que o demandante seja o próprio titular do registo.

Quando a acção deva ser instaurada por um titular de um registo de marca ou de outro direito ofendido, a solução será procurada com o recurso à via judicial, sendo o nome de domínio removido pela FCCN por força da respectiva decisão condenatória.

Conclusão:

Aqui chegados, da análise expendida sobre a natureza dos nomes de domínio, que concluímos ser exclusivamente técnica e instrumental do funcionamento da Internet, e sobre a natureza e a função jurídicas da marca enquanto sinal distintivo do comércio, cremos não ser ajustada uma equiparação das figuras.

De outro modo a tipificação dos sinais distintivos de mercado atendendo às suas particulares características e funções, perderia sentido e fundamento.

Apesar de a Internet e, de o comércio processado por via da mesma (o comércio electrónico), terem implementado uma exponencial alteração nos modos de contacto e de relacionamento entre os sujeitos, tal recurso tecnológico não deixa de sustentar-se na realidade física das coisas. A Internet não encerra no seu âmago outro mercado, autónomo e paralelo ao

---

[46] Cft. Regra 2.8.2 das Regras de Registo de Nomes de Domínio .pt da FCCN, em vigor desde 1 de Junho de 2003, disponíveis em www.dns.pt

[47] Ibidem, Regra 2.11.1

mercado real. O mercado que é um só, somente se desenvolve de outros modos, estes inerentes à comunicação pela Internet. Isto porque, afinal a Internet é isso mesmo, um outro meio de comunicação.

Esteja onde estiver a ser usada, seja em que meio for, a marca é sempre um sinal do comércio por que se distinguem produtos ou serviços, e um qualquer sinal não passa a constituir juridicamente uma marca, só por deter aptidão para o ser.

Por mais diversas que possam ser as utilizações do nome de domínio, não pode reconduzir-se à respectiva realidade originária (a de endereço electrónico) uma multiplicidade de atribuições para que se preste realizar esse sinal, nomeadamente a de sinal distintivo do comércio.

Quanto à conflitualidade entre nomes de domínio e marcas, cremos que a mesma não é algo que se revele ocorrer necessariamente como decorrência da coincidência da respectiva caracterização. Tal conflitualidade mostra-se antes ser potencial (virtual) porque estará sempre dependente de outros factores como a coincidência e entre-cruzamento do conteúdo do sítio, com os bens assinalados e distinguidos pelas marcas, o alcance do concreto direito de exclusivo sobre a marca, a relação de concorrência entre os respectivos titulares/utilizadores, entre outros.

O nosso repúdio pelo entendimento de que existe uma necessária conflitualidade juridicamente relevante, decorre do facto de considerarmos que o cruzamento do direito de uso do nome de domínio, com o direito de uso exclusivo de uma marca, terá sempre que ser visto atendendo às respectivas funcionalidades, e limites específicos.

A relação entre os nomes de domínio e as marcas não pode ficar subtraída à essencialidade do princípio geral da liberdade de referência, e deve só ser considerada juridicamente relevante quando se verifique haver coincidência no âmbito do respectivo uso, pois como tivemos oportunidade de referir a Internet não se esgota no comércio electrónico, sendo que por isso nem todos os nomes de domínio têm uma destinação comercial.

O enquadramento jurídico da relação entre o uso da marca e o uso do nome de domínio tendo em vista o alcance de soluções para os conflitos gerados em concreto, não pode conduzir a uma excessiva compressão da utilização da Internet por sobrevalorização da sua vertente comercial em detrimento da sua utilidade lúdica e informativa.

NOMES DE DOMÍNIO E MARCAS

Dário Moura Vicente
Professor da Faculdade de Direito de Lisboa

SUMÁRIO:
1. Os nomes de domínio: noção, funções e espécies. 2. Sistema de administração. 3. Fontes de regulação. 4. Princípios a que se subordina o seu registo. 5. Natureza jurídica. 6. A utilização de marcas como nomes de domínio. 7. Violação do direito à marca. 8. Concorrência desleal. 9. Tutela do nome de domínio contra a sua utilização como marca. 10. Conclusão.

1. Os nomes de domínio: noção, funções e espécies

Designam-se por nomes de domínio os endereços alfabéticos ou alfanuméricos atribuídos a certos agregados de informação armazenados na memória de computadores acessíveis através da Internet. Como a esses agregados se convencionou chamar «sítios», podem igualmente os nomes de domínio ser definidos como *nomes de sítios* da Internet.

A sua função originária consistia em possibilitar a localização da informação disponível naquela «rede de redes». Dada, porém, a vasta utilização comercial de que a Internet entretanto passou a ser objecto, os nomes de domínio exercem hoje também outras funções ligadas a esta utilização, entre as quais sobressai a que consiste em distinguir produtos e serviços oferecidos em linha.

No âmbito desta segunda função, os nomes de domínio entram frequentemente em conflito com outros sinais distintivos, *maxime* as marcas. É este um dos problemas centrais que o fenómeno em apreço hoje suscita e do qual nos vamos ocupar neste estudo.

Antes porém de o examinarmos *ex professo,* importa determinar de modo mais preciso como se exerce aquela primeira função, de índole técnica, dos nomes de domínio. Para tanto, cumpre ter presente que o funcionamento da Internet assenta em dois vectores fundamentais.

Por um lado, um *sistema específico de transmissão de informação* entre computadores, de acordo com o qual esta é dividida em «pacotes» ou «datagramas», que são enviados por vias independentes para os respectivos destinos.

Por outro, um *sistema uniforme de comunicação entre computadores.* Este por seu turno compreende diversos elementos: *a)* Os denominados *protocolos*, i. é, os códigos ou convenções que disciplinam a transmissão de dados entre computadores. Entre eles avulta o Protocolo de Internet, ou IP (*Internet Protocol*), relativo à especificação do endereço do pacote, expresso através de quatro conjuntos de algarismos separados por pontos. *b)* O *sistema de nomes de domínio*, que permite, mediante computadores programados para o efeito e bases de dados adrede criadas, estabelecer a correspondência entre os endereços numéricos resultantes do protocolo de Internet e endereços compostos por palavras susceptíveis de serem memorizadas ou inferidas pelos utilizadores da rede. Sem ele, a chamada navegação na Internet seria praticamente impossível. Dele já se tem dito, por isso, que constitui a *coluna vertebral* da Internet. *c)* O denominado *localizador uniforme de recursos* (*uniform resource locator* ou URL) através do qual se faz o acesso à rede mundial de documentos disponíveis em sistema de hipertexto que integram a *world wide web*. Este tem três componentes: o protocolo de transmissão, a indicação «www» e o nome de domínio.

Os nomes de domínio compreendem diferentes categorias, ou «níveis», separados por pontos. Os de *último nível*, ou *de topo*, são aqueles que nos endereços figuram mais à direita; designam um país ou território, dizendo-se então nomes de domínio geográficos ou territoriais (assim, por exemplo, «.pt» refere-se a Portugal) ou um tipo de actividade, caso dos nomes de domínio ditos genéricos ou internacionais (tal o caso de «.com» frequentemente usado em sítios comerciais). Os de *segundo nível*, situados imediatamente à esquerda dos anteriores, identificam, *v.g.*, um bem ou serviço, uma obra intelectual ou uma organização pública ou privada (assim, por exemplo, o domínio «.ul» designa a Universidade de Lisboa). Os de *nível inferior*, ou *subdomínios*, que se localizam à esquerda destes últimos, correspondem a uma subdivisão de uma obra intelectual ou da entidade titular do domínio de segundo nível (tal o caso, por exemplo, de «.fd», que indica a Faculdade de Direito).

Cada nome de domínio de segundo nível apenas pode ser atribuído uma vez sob o mesmo domínio de topo, pois apenas desse modo pode desempenhar a sua função identificadora. Os nomes de domínio são, por isso, *bens escassos*. Dadas as inúmeras utilizações comerciais de que a Internet é hoje susceptível e a vastidão dos seus utilizadores, os nomes de domínio são além disso *bens dotados de valor económico*. Daí que a sua procura haja aumentado exponencialmente[1]. Se não forem periodicamente disponibilizados novos domínios de topo (como sucedeu em 2005 com o domínio «.eu»), o número de nomes de domínio de segundo nível disponíveis tenderá a reduzir-se drasticamente. Compreende-se assim o surgimento nos últimos anos de um número crescente de litígios relacionados com o registo especulativo de nomes de domínio correspondentes a marcas (também dito *cybersquatting*)[2].

2. Sistema de administração

A administração do sistema de nomes de domínio acha-se hoje essencialmente confiada a instituições privadas. O que corresponde a uma directriz do Governo norte-americano expressa no *statement of policy* publicado em 1998 por uma agência do Departamento de Comércio dos Estados Unidos, a *National Telecommunications and Information Administration* (NTIA)[3]. Em conformidade com essa directriz, foi constituída ao abrigo do Direito da Califórnia a «Sociedade Internet para Nomes e Números Atribuídos» (*Internet Corporation for Assigned Names and Numbers* ou ICANN). Trata-se de uma pessoa colectiva sem fins lucrativos que se propõe, nos termos dos seus estatutos, supervisionar o funcionamento do sistema de nomes de domínio e cuja legitimidade se funda numa transferência de poderes operada pelo Governo dos Estados Unidos da América[4].

---

[1] De tal sorte que o número de nomes de domínio registados atingiu em 2006 os 67 milhões, dos quais cerca de 50 milhões se encontram registados sob o domínio de topo «.com» (fonte: http://www.domaintools.com/internet-statistics).

[2] Em 2005 foram submetidos ao Centro de Arbitragem e Mediação da Organização Mundial da Propriedade Intelectual (OMPI) 1456 litígios deste tipo, o que representou um acréscimo de 20% relativamente ao número de processos instaurados no ano anterior. Cfr. *Revue de l'OMPI*, Janeiro/Fevereiro 2006, p. 22.

[3] Cujo texto se encontra disponível em http://www.ntia.doc.gov.

[4] Vejam-se os «*Articles of Incorporation*» da ICANN, disponíveis em http://www.icann.org.

Num *memorando de entendimento* subscrito pela NTIA e pela ICANN, as partes acordaram em «conceber, desenvolver e ensaiar conjuntamente os mecanismos, métodos e procedimentos, bem como as medidas necessárias para a transferência das funções de gestão do sistema de nomes de domínio actualmente desempenhadas pelo Governo dos Estados Unidos, ou em seu nome, para uma entidade não lucrativa do sector privado»[5]. Neste documento o Governo dos Estados Unidos reservou-se no entanto um considerável poder de supervisão sobre a administração do sistema de nomes de domínio: entre as funções que aí lhe são destinadas conta-se a «vigilância das actividades realizadas em execução deste acordo». Vale isto por dizer que o sistema de nomes de domínio é hoje indirectamente controlado pelo Governo dos Estados Unidos; razão por que lhe falta, como notou o Conselho de Estado francês, *legitimidade internacional*[6].

Em obediência a um princípio de descentralização enunciado no referido *statement of policy* da NTIA, que estabelece como objectivo precípuo em matéria de gestão de nomes e números da Internet a instituição de um sistema de «*bottom-up governance*», a ICANN nomeia ou acredita as entidades que atribuem nomes de domínio de segundo nível.

Entre nós, a entidade competente para o efeito é a Fundação para a Computação Científica Nacional (FCCN). Esta é uma instituição privada sem fins lucrativos, que desde 1991 atribui e gere os nomes de domínio sob o nível «.pt». Em 2001 passou a registar também nomes de domínio sob «.net.pt», «.org.pt», «.edu.pt», «.int.pt», «.publ.pt», «.com.pt» e «.nome.pt». A legitimidade da FCCN para administrar esses domínios não lhe advém de qualquer acto do Estado português, mas antes de uma delegação que lhe terá sido feita pela *Internet Assigned Numbers Authority* (IANA), a que a ICANN sucedeu na coordenação do sistema de nomes de domínio. Reconheceu-o, aliás, o próprio Governo português na Resolução do Conselho de Ministros n.° 69/97, de 5 de Maio[7].

Não é fundamentalmente diversa desta a situação do domínio «.eu», cuja administração cabe presentemente a uma associação de Direito Pri-

---

[5] Tradução da nossa responsabilidade. Veja-se o texto original em http://www.ntia.doc.gov.

[6] Cfr. *Internet et les réseaux numériques*, s.l., 1998, p. 89.

[7] Em cujo preâmbulo se declara ser «por razões históricas» que a FCCN tem vindo a proceder, na ausência de regulamentação específica, ao registo e gestão dos nomes de domínios da Internet em Portugal.

vado com sede na Bélgica, denominada *European Registry of Internet Domains* (EURID), na qual a ICANN delegou essa função.

3. Fontes de regulação

Vejamos agora quais as regras aplicáveis aos nomes de domínio. Coexistem nesta matéria fontes de índole muito diversa: privadas e oficiais, nacionais e supranacionais.

Pelo que respeita aos domínios e subdomínios registados sob «.pt», encontra-se presentemente em vigor o regulamento adoptado em Março de 2006 pela FCCN[8], no qual se definem as condições técnicas e administrativas desse registo. As regras contidas neste regulamento dimanam, como se referiu acima, de uma instituição privada que não dispõe de poderes regulamentares ou legislativos. Outro tanto pode dizer-se das regras publicadas pelo EURID[9], bem como das regras predispostas pelas entidades congéneres que em diversos países estrangeiros procedem ao registo de nomes de domínio genéricos ou geográficos. A nosso ver, tais regras têm por isso a natureza de *cláusulas contratuais gerais*, que apenas vinculam aqueles que voluntariamente se lhes sujeitem, se e na medida em que se mostrem compatíveis com o disposto na lei.

Nalguns países têm também surgido regras legais relativas a certos aspectos da disciplina jurídica dos nomes de domínio: foi, como se verá adiante, o que sucedeu nos Estados Unidos. Não assim, porém, entre nós. Na Resolução do Conselho de Ministros de 1997 acima referida mandatava-se ainda o Ministro da Ciência e da Tecnologia para «preparar [...] as medidas legais tendentes à regulamentação do registo e gestão dos nomes de domínios da Internet para Portugal» (alínea *a)*). Mas essas medidas não chegaram a ser adoptadas, apesar dos interesses públicos implicados na matéria.

Na ausência de regras especiais relativas aos nomes de domínio, há que recorrer, a fim de disciplinar a sua utilização, às do Direito comum, *maxime* as que estabelecem o regime dos direitos privativos da propriedade industrial e da concorrência desleal. Naturalmente que isso não pode

---

[8] Cfr. as *Regras do registo de domínios .pt* (texto disponível em http://www.fccn.pt).

[9] Cfr. os *Termos e condições do registo do nome de domínio .eu* (texto disponível em http://www.eurid.eu).

implicar a criação por via interpretativa de novos monopólios legais sobre os nomes de domínio, o que violaria o *princípio da tipicidade* dos direitos privativos sobre sinais distintivos de comércio. Mas os direitos privativos existentes, mormente o direito à marca, podem ser tutelados perante as suas violações por nomes de domínio através das regras comuns; e não pode excluir-se, como veremos, que esses nomes funcionem também como marcas livres, beneficiando assim da correspondente tutela legal.

Observe-se que não raro as regras dos Direitos estaduais potencialmente aplicáveis aos mesmos nomes de domínio divergem entre si. Importará então determinar a lei aplicável, o que suscita complexos problemas de Direito Internacional Privado. A sua análise transcende no entanto o escopo do presente estudo[10].

Uma forma de evitar ou minorar esses problemas consiste em harmonizar ou unificar, no plano supra- ou internacional, o regime jurídico dos nomes de domínio. Tal o propósito dos actos comunitários relativos à implementação do domínio de topo «.eu»[11]. Mas o âmbito geográfico desses instrumentos normativos é necessariamente limitado, porquanto se cinge à União Europeia.

Não existem por ora regras de fonte internacional que disciplinem *ex professo* a matéria. O que se deve em alguma medida à novidade do fenómeno e às dificuldades próprias do processo de elaboração, aprovação e ratificação de convenções internacionais. Mas não só. Essa omissão prende-se também com a intenção (nem sempre publicamente assumida) de privilegiar nesta matéria a chamada *auto-regulação*, de que seriam manifestações os regulamentos emitidos pela ICANN e pelos provedores de serviços de registo por esta acreditados. Adiante se dará conta das insuficiências desta orientação.

4. Princípios a que se subordina o seu registo

Geralmente, os provedores de serviços de registo dos nomes de domínio não averiguam previamente à sua atribuição se os mesmos são uti-

---

[10] Veja-se, sobre o tema, o nosso *Problemática internacional da sociedade da informação*, Coimbra, 2005, pp. 193 ss., e a bibliografia aí citada.

[11] Cfr. os Regulamentos (CE) n.ºs 733/2002, de 22 de Abril de 2002, e 874/2004, de 28 de Abril de 2004, este último alterado pelo Regulamento (CE) n.º 1654/2005, de 10 de Outubro de 2005.

lizados para outros fins – por exemplo, como marcas ou nomes de estabelecimentos –, antes os registam em nome daquele que primeiro apresentar o correspondente pedido.

O princípio fundamental a que se subordina o registo dos nomes de domínio é, pois, o da *prioridade temporal*, também dito «*first come, first served*»: o primeiro a chegar é o primeiro (*rectius*, o único) a ser atendido. Assim se assegura a simplicidade e a rapidez do registo de nomes de domínio, bem como o seu baixo custo. Em razão desse princípio, são porém muito frequentes as situações de conflito entre nomes de domínio e direitos privativos da propriedade industrial, em especial as marcas.

Não era esse até recentemente o caso dos nomes de domínio registados sob «.pt» e «.net.pt». Nas regras instituídas pela FCCN em 2003 exigia-se, com efeito, pelo que respeita a esses nomes a apresentação prévia pelo requerente do nome de domínio de uma cópia do título de registo de marca ou do respectivo pedido, quando este fosse a base de registo do domínio, bem como de documento relativo à pesquisa certificada do sinal da marca e de declaração de cedência de marca, se fosse caso disso[12]. Apenas quanto aos nomes registados sob «.com.pt» se dispensava essa formalidade. O princípio *first come, first served* tinha por isso consagração mais limitada no tocante aos referidos nomes de domínio. No regulamento adoptado em 2006, passou-se, no entanto, a dispensar a comprovação pelo interessado, previamente ao registo, da titularidade da marca ou do respectivo pedido, a qual apenas terá de ser feita quando solicitada pela FCCN no âmbito do controlo *a posteriori* previsto no art. 34.º.

Uma limitação de outra ordem ao referido princípio foi instituída pelo que respeita ao registo de domínios sob «.eu». Este foi repartido por dois períodos. No primeiro (dito *Sunrise Period*), que se iniciou em Dezembro de 2005, apenas puderam requerê-lo os titulares de direitos anteriores, reconhecidos ou estabelecidos pelo Direito nacional ou Comunitário (entre os quais as marcas comerciais nacionais e comunitárias registadas, as indicações geográficas ou designações de origem e, na medida em que se encontrem protegidos pelo Direito nacional do respectivo Estado-Membro, as marcas comerciais não registadas, os nomes comerciais, os identificadores de empresas, os nomes de empresas, os nomes de

---

[12] Cfr. o n.º 2.4 das *Regras do registo de domínios .pt* de 2003. Sobre este regulamento, veja-se Miguel Almeida Andrade, *Nomes de domínio na Internet. A regulamentação dos nomes de domínio sob .pt*, Lisboa, 2004.

família e os títulos distintivos de obras literárias e artísticas protegidas) e os organismos públicos[13]. No segundo período (*Land Rush Period*), que se iniciou em Abril de 2006, o registo foi aberto a todos os interessados elegíveis enunciados no art. 4.°, n.° 2, alínea *b)*, do Regulamento (CE) n.° 733/2002[14]. Assim se preveniram muitos dos conflitos potencialmente gerados pela aplicação irrestrita do princípio do atendimento por ordem de chegada.

Outro princípio a que os nomes de domínio se subordinam é o da *unicidade*: cada nome de domínio de segundo nível só pode ser registado uma vez sob determinado nome de domínio de topo, pois, como dissemos, só assim ele pode desempenhar a sua função identificadora. Os domínios de segundo nível são por isso *irrepetíveis* sob o mesmo domínio de topo (embora o sejam sob domínios de topo diferentes).

5. Natureza jurídica

É controvertida a natureza jurídica dos nomes de domínio e dos direitos subjectivos a eles respeitantes.

Esses direitos são adquiridos através de contratos celebrados com os provedores de serviços de registo. Constituem por isso tecnicamente direitos de crédito. O incumprimento pelo provedor de serviços de registo das obrigações para si decorrentes de tais contratos importa a responsabilidade contratual pelos danos sofridos pelo titular do domínio. Se e na medida em que se admita a tutela aquiliana dos direitos de crédito, ou a eficácia externa destes, será ainda possível tutelá-los através das regras da responsabilidade civil extracontratual perante terceiros que perturbem o seu exercício[15].

Em todo o caso, importa notá-lo, o titular de um nome de domínio não dispõe de um mero direito de crédito sobre a entidade que procedeu ao seu registo: dado o regime a que este se encontra subordinado, de cujos

---

[13] Cfr. o art. 10.° do Regulamento (CE) n.° 874/2004.

[14] A saber: empresas com sede, administração central ou local na Comunidade Europeia, organizações estabelecidas na Comunidade e pessoas singulares residentes na Comunidade.

[15] Ver sobre o tema, por último, Mário Júlio de Almeida Costa, «A eficácia externa das obrigações. Entendimento da doutrina clássica», *Revista de Legislação e Jurisprudência*, ano 135.°, pp. 130 ss., e a bibliografia aí citada.

traços essenciais se deu conta acima, o seu beneficiário adquire por efeito do contrato que celebrou um *monopólio de facto* sobre um bem imaterial[16].

Mas qual a índole deste bem? Embora de início a função dos nomes de domínio consistisse essencialmente, como vimos, na localização de sítios Internet, com a afectação desta predominantemente a actividades económicas os nomes de domínio passaram em muitos casos a ser também *sinais distintivos de actividades económicas*[17]: muitas empresas utilizam hoje os nomes de domínio a fim de se identificarem a si e aos bens e serviços que comercializam em rede, bem como para se distinguirem dos seus concorrentes. Eis por que, como dizíamos acima, os nomes de domínio podem hoje funcionar como *marcas livres*, pertencendo então aos seus titulares os direitos subjectivos a elas inerentes. É o que sucede sempre que tais nomes sejam aptos a distinguir produtos ou serviços de uma empresa relativamente aos de outras, apesar de não estarem registados. Nos demais casos, tratar-se-á entre nós de *sinais distintivos atípicos*, pois que, como referimos, a lei portuguesa não os prevê nem regula especificamente.

A questão da natureza dos nomes de domínio e dos direitos subjectivos sobre eles constituídos não é, em suma, susceptível de uma resposta unívoca: tudo depende das funções que esses bens concretamente exerçam.

6. A utilização de marcas como nomes de domínio

Uma das consequências do referido modo de funcionamento dos serviços de registo de nomes de domínio e do princípio da prioridade por ordem de chegada observado no exercício da sua actividade é a possibilidade de serem realizados registos especulativos de tais nomes, ditados

---

[16] Assim também Jochen Dieselhorst, *in* Hans-Werner Moritz/Thomas Dreier (organizadores), *Rechts-Handbuch zum E-Commerce*, Colónia, 2002, p. 283.

[17] Neste sentido, vejam-se Thomas Hoeren, *Grundzüge des Internetrechts,* 2.ª ed., Munique, 2002, pp. 32 ss.; Dieselhorst, ob. cit. (nota 17), p. 290; José Carlos Erdozáin Lopez, «Nombres de Domínio», *in* Maria Jesus Moro Almaraz (directora), *Autores, consumidores y comercio electrónico*, Madrid, 2004, pp. 25 ss. (pp. 28 s.); Ugo Draetta, *Internet e commercio elettronico nel diritto internazionale dei privati*, 2.ª ed., Milão, 2005, p. 145; Luca Dambrosio, «La natura giuridica del nome di dominio», *in* Cesare Vaccà (organizador), *Nomi di dominio, marchi e copyright. Proprietà intellettuale ed industriale in Internet*, Milão, 2005, pp. 3 ss. (p. 8); André Bertrand, *Droit des marques. Signes distinctifs. Noms de domaine*, 2.ª ed., Paris, 2005, p. 372.

única ou principalmente pelo intuito de os respectivos beneficiários os cederem posteriormente aos titulares das correspondentes marcas ou outros sinais distintivos, contra o pagamento de um preço, ou tendo em vista impedir o seu uso por concorrentes. Nisto consiste o chamado *cybersquatting*, ou *domain grabbing*, expressões que podemos traduzir por *apropriação abusiva de nomes de domínio*.

Levantam-se nessas situações as questões de saber se aos titulares de direitos sobre estes sinais é dado impedir o uso por terceiros de nomes de domínio com eles conflituantes e quais as sanções aplicáveis àqueles que registarem em seu benefício tais nomes.

Nos Estados Unidos, algumas dessas situações são hoje reguladas por uma lei federal: o *Anticybersquatting Consumer Protection Act*, publicado em 1999. Aí se impõe um dever de indemnizar a quem, de má fé e com a intenção de obter um benefício, registar um nome de domínio idêntico ou susceptível de causar confusão com uma marca[18].

Por seu turno, a *Recomendação da União de Paris e da Organização Mundial da Propriedade Intelectual sobre a protecção de marcas notórias*, adoptada em 2000, prevê o cancelamento do registo ou a transferência da titularidade de um nome de domínio conflituante com uma marca notória para o titular desta[19].

---

[18] Cfr. a secção 43 (d) (1) (A) do *Trademark Act* de 1946, aditado pelo *Anticybersquatting Consumer Protection Act*, que dispõe: «A person shall be liable in a civil action by the owner of a mark, including a personal name which is protected as a mark under this section, if, without regard to the goods or services of the parties, that person- (i) has a bad faith intent to profit from that mark, including a personal name which is protected as a mark under this section; and (ii) registers, traffics in, or uses a domain name that- (I) in the case of a mark that is distinctive at the time of registration of the domain name, is identical or confusingly similar to that mark; (II) in the case of a famous mark that is famous at the time of registration of the domain name, is identical or confusingly similar to or dilutive of that mark; or (III) is a trademark, word, or name protected by reason of section 706 of title 18, United States Code, or section 220506 of title 36, United States Code» (texto disponível em http://www.gigalaw.com).

[19] Cfr. *Joint Recommendation Concerning Provisions on the Protection of Well-Known Marks*, Genebra, 2000. Dispõe o art. 6 deste texto: «(1) [*Conflicting Domain Names*] A domain name shall be deemed to be in conflict with a well-known mark at least where that domain name, or an essential part thereof, constitutes a reproduction, an imitation, a translation, or a transliteration of the well-known mark, and the domain name has been registered or used in bad faith. (2) [*Cancellation; Transfer*] The owner of a well-known mark shall be entitled to request, by a decision of the competent authority, that the registrant of the conflicting domain name cancel the registration, or transfer it to the owner of the well-known mark».

Entre nós – tal como em muitos outros países – não existem, ao menos por enquanto, regras legais semelhantes. Pode, é certo (como já dissemos), encarar-se o recurso às regras da propriedade industrial. Mas sempre que nas situações referidas o nome de domínio não chegue a ser utilizado para assinalar produtos ou serviços (como frequentemente sucede), antes se limite a identificar um sítio Internet, porventura inactivo ou sem qualquer conteúdo comercialmente relevante, não parece que o titular do direito à marca possa, com base nessas regras, impedir o beneficiário do nome de domínio de usá-lo nem reivindicar a sua transferência para si.

Daí a importância que hoje assume na resolução de litígios em matéria de nomes de domínio o mecanismo para o efeito criado e posto a funcionar pela ICANN. Esta entidade adoptou em 1999 um conjunto de regras contidas num texto intitulado «Política Uniforme de Resolução de Litígios Sobre Nomes de Domínio» (*Uniform Domain Name Dispute Resolution Policy* ou UDRP)[20]. Esta *Política*, que foi adoptada por todas as entidades acreditadas para o registo de nomes de domínio terminados em «.com», «.net» e «.org», bem como por alguns gestores de domínios de topo correspondentes a países, é usualmente incorporada nos contratos respeitantes ao registo de nomes de domínio celebrados entre os respectivos requerentes e essas entidades.

Estabelecem-se na UDRP os princípios a que deve obedecer a resolução de certos litígios entre o titular do nome de domínio e terceiros, relativos ao registo e à utilização desse nome. Assim, de acordo com o § 4, alínea *a)*, desse texto, o titular do nome de domínio compromete-se a submeter-se a um processo dito administrativo, sempre que um terceiro ale-

---

[20] Disponível em http://www.icann.org. Sobre este texto e o processo de resolução de litígios nele previsto, *vide*: Pierre Lastenouse, «Le règlement ICANN de résolution uniforme des litiges relatifs aux noms de domaine», *Revue de l'Arbitrage*, 2001, pp. 95 ss.; Alexandre Cruquenaire, *Le règlement extrajudiciaire des litiges relatifs aux noms de domaine*, Bruxelas, 2002; Anri Engel, «International Domain Name Disputes: (Rules and Practice of the UDRP)», *European Intellectual Property Review*, 2003, pp. 351 ss.; Lydia Mendola, «La *Uniform Domain Name Dispute Resolution Policy*. Genesi della procedura e profili critici», *Diritto del Commercio Internazionale*, 2003, pp. 57 ss.; Dário Moura Vicente, «Meios extrajudiciais de composição de litígios emergentes do comércio electrónico», *in* AAVV, *Direito da Sociedade da Informação*, vol. V, Coimbra, 2004, pp. 145 ss.; Antonio Valente, «Le controversie relative alla registrazione ed all'utilizzo del domain name: l'arbitrato obbligatorio disciplinato da ICANN», *in* Cesare Vaccà (organizador), *Nomi di dominio, marchi e copyright. Proprietà intellettuale ed industriale in Internet*, Milão, 2005, pp. 147 ss.; e Riccardo Roversi, «*Naming Authorities, Registration Authorities* e procedure di riassegnazione degli *Internet Domain Names*», *in ibidem*, pp. 111 ss.

gue perante um provedor de serviços de resolução de litígios aprovado pela ICANN que: 1.°, esse nome é *idêntico* ou de tal modo *semelhante* que seja susceptível de causar *confusão* com uma marca sobre a qual o reclamante tem direitos; 2.° o titular do nome *não tem qualquer direito ou interesse legítimo* no mesmo; 3.°, o nome de domínio foi registado e está a ser usado de *má fé*.

A entidade que procedeu ao registo cancela-o, transfere-o para outrem ou altera-o, se receber uma ordem nesse sentido de um tribunal judicial ou arbitral ou do órgão denominado «Painel Administrativo» («*Administrative Panel*») que haja decidido um processo conduzido ao abrigo das regras da ICANN (§ 3). Exceptuam-se porém os casos em que essa entidade receba, no prazo de dez dias contados da notificação da decisão do Painel, prova documental de que foi instaurada pelo titular do nome de domínio uma acção contra o reclamante perante um tribunal a que este se tenha submetido na própria sua reclamação (§ 4, alínea *k*)).

Complementam a UDRP as «Regras para a Política Uniforme de Resolução de Litígios sobre Nomes de Domínio»[21], que disciplinam a tramitação dos processos instaurados ao abrigo da primeira e definem o regime aplicável à decisão do litígio.

Quando não rejeite a reclamação que lhe deu origem, o Painel só pode determinar, à luz do que dispõe o § 4, alínea *i)*, da UDRP, o cancelamento ou a transferência do registo do nome de domínio para o reclamante. A condenação do titular do nome de domínio ao pagamento de uma indemnização está, assim, excluída da sua competência judicativa.

A execução da decisão pelo provedor de serviços que efectuou o registo do nome de domínio deve ter lugar, nos termos do parágrafo 4, alínea *k)*, da UDRP, no prazo de dez dias contados da sua notificação.

O primeiro provedor de serviços de resolução de litígios relativos a nomes de domínio aprovado pela ICANN foi a Organização Mundial da Propriedade Intelectual (OMPI), a cujo Centro de Arbitragem e Mediação foram já submetidos vários milhares de litígios deste tipo[22].

---

[21] *Ibidem*.

[22] Cfr. Christopher Gibson, «Digital Dispute Resolution. Internet Domain names and WIPO's Role», *Computer und Recht International*, 2001, pp. 33 ss.; Carlos Affonso Pereira de Souza, «A resolução de conflitos entre marca e nome de domínio na Organização Mundial de Propriedade Intelectual», *in* Ricardo Ramalho Almeida (coordenador), *Arbitragem interna e internacional (questões de doutrina e da prática)*, Rio de Janeiro/São Paulo, 2003, pp. 171 ss. Veja-se ainda a recolha decisões proferidas no âmbito do referido

Este meio *sui generis* de resolução de litígios tem permitido pôr cobro, a baixo custo, a muitas práticas de *cybersquatting* sem necessidade de recorrer aos tribunais e superando as limitações que apresentam nesta matéria a generalidade dos Direitos nacionais.

Pelo que respeita aos nomes de domínio registados sob «.pt», prevê--se no art. 44.° alínea *c)*, do Regulamento da FCCN a sua remoção por esta entidade «quando chegar ao seu conhecimento» que o registo foi «concedido com preterição de formalidades legais ou ofensa de direitos de terceiros, nomeadamente por se verificar a violação de regras constantes do presente regulamento referentes à admissibilidade de domínios ou subdomínios». Entre essas regras figura a de que os nomes de domínio não podem «corresponder a nomes que induzam em erro ou confusão sobre a sua titularidade, nomeadamente por coincidirem com marcas notórias ou de prestígio pertencentes a outrem» (art. 9.°, n.° 1, alínea *b)*). Também neste regulamento se prevê a resolução por via extrajudicial (no caso, por arbitragem voluntária) de litígios referentes a nomes de domínio (art. 52.°).

Refira-se ainda a este propósito que o mencionado Regulamento (CE) n.° 874/2004, relativo ao registo de nomes de domínio sob «.eu», previu no art. 21.° que o registo de tais nomes será objecto de anulação, na sequência de um procedimento extrajudicial ou judicial adequado, se os mesmos forem idênticos ou susceptíveis de serem confundidos com um nome sobre o qual a legislação nacional ou comunitária reconheça direitos e se esses nomes de domínio tiverem sido registados por quem não tenha sobre estoutro nome direito ou interesse legítimo ou tiverem sido registados ou estiverem a ser utilizados de má fé. O procedimento extrajudicial previsto naquele Regulamento (denominado *Procedimento Alternativo de Resolução de Litígios*, ou PARL) é administrado por um centro de arbitragem que funciona junto da Câmara Económica da República Checa e da Câmara Agrária da República Checa («*Tribunal Arbitral Checo*»)[23].

---

centro, organizada por Eun-Joo Min e Mathias Lilleengen, *Collection of WIPO Domain Name Panel Decisions*, Haia/Londres/Nova Iorque, 2004.

[23] Vejam-se a este respeito as *Regras de Procedimento Alternativo de Resolução de Litígios respeitantes a domínios .eu*, disponíveis em http://www.adreu.eurid.eu.

7. Violação do direito à marca

Nem todas as questões suscitadas pela utilização de nomes de domínio idênticos ou semelhantes a marcas registadas podem, no entanto, ser resolvidas através do procedimento previsto nas regras da ICANN ou do PARL. Fora do âmbito das regras da ICANN ficam, por exemplo, os litígios emergentes de registos feitos de boa fé, assim como as questões atinentes ao ressarcimento de danos sofridos pelo requerente e os conflitos entre nomes de domínio e sinais distintivos diversos das marcas. Por seu turno, o PARL não abrange os casos em que o nome de domínio tenha sido registado de boa fé por quem tenha um interesse legítimo nele.

Além disso, as decisões proferidas ao abrigo das regras ICANN não vinculam os tribunais estaduais, nada obstando a que estes conheçam de um litígio cometido a um Painel Administrativo. Na verdade, a UDRP não preclude a possibilidade de os interessados recorrerem aos tribunais judiciais a fim de obterem a resolução do litígio, antes, durante ou mesmo após a conclusão do processo nela previsto. Por outro lado, nas regras complementares da UDRP estabelece-se que, no caso de ser iniciado um processo judicial antes ou durante o processo previsto na UDRP, relativo a um litígio sobre um nome de domínio que tenha sido objecto de uma reclamação, o Painel Administrativo pode suspender ou extinguir o processo (n.º 18). O mesmo sucede com o PARL, visto que, de acordo com o art. 22.º, n.º 13, do Regulamento (CE) n.º 874/2004, «[o]s resultados do PARL são vinculativos para as partes e para o registo, excepto se forem iniciados procedimentos judiciais no prazo de 30 dias após a notificação do resultado do PARL às partes».

Coloca-se assim a questão de saber se e como pode o titular do direito à marca reagir contra a utilização desta como nome de domínio fora dos casos abrangidos por aquelas regras.

Verificadas certas condições, essa reacção é possível de acordo com o Direito Industrial português. Como se sabe, o registo da marca confere ao seu titular o direito de impedir que terceiros, sem o seu consentimento, usem na sua actividade económica qualquer sinal *igual ou semelhante*, desde que: 1.º, este assinale *produtos ou serviços idênticos ou afins* daqueles para os quais a marca foi registada; 2.º, em consequência da semelhança entre os sinais e da identidade ou afinidade dos produtos ou serviços, possa gerar-se um *risco de confusão ou de associação* no espírito do consumidor[24]. Ora, o sinal em questão pode, se bem cuidamos, ser um

---

[24] Cfr. o art. 258.º do Código da Propriedade Industrial.

nome de domínio[25]. Desde que haja identidade ou semelhança entre os produtos ou serviços distinguidos pela marca e os que são comercializados através do sítio Internet identificado pelo nome de domínio em causa, e daí resulte risco de confusão ou associação, o titular da marca pode, pois, opor-se à utilização deste nome[26].

A protecção de que assim goza o titular da marca perante o nome de domínio é, por conseguinte, limitada pelo *princípio da especialidade*. Assim, por exemplo, se alguém registar a seu favor o nome de domínio «Vichy.com», pode ser impedido pelo titular da marca «Vichy» de utilizá--lo para comercializar cosméticos (para os quais a marca se encontra, por hipótese, registada), mas não para divulgar informação ou vender livros sobre a cidade francesa homónima ou o regime político nela sedeado durante a II Guerra Mundial.

Se, porém, a marca em causa for uma *marca de prestígio*, o titular desta pode opor-se à sua utilização como nome de domínio, ainda que este não distinga produtos ou serviços idênticos ou afins, visto que quanto a esta categoria de marcas não vale o referido princípio[27]. Portanto, aquele

---

[25] Estabelece-o expressamente, em Espanha, a *Ley de Marcas* de 2001, cujo art. art. 34, n.º 3, alínea *e)*, confere ao titular da marca a faculdade de proibir terceiros de «usar el signo en redes de comunicación telemáticas y como nombre de domínio».

[26] Na mesma linha fundamental de orientação vejam-se: Javier Maestre, *El derecho al nombre de dominio*, s.l., 2001, p. 86; Ángel García Vidal, «La tutela de los signos distintivos frente a los nombres de dominio (un análisis de las resoluciones judiciales españolas)», *in* José Antonio Gómez Segade (director), *Comercio electrónico en Internet*, Madrid/Barcelona, 2001, pp. 117 ss. (pp. 128 ss.); Tommaso Tosi, «La tutela della proprietà industriale», *in* Emilio Tosi (organizador), *I Problemi Giuridici di Internet*, 2.ª ed, Milão, 2001, pp. 219 ss. (pp. 231 ss.); Franz Galla, *in* Viktor Mayer-Schönberger/Franz Galla/Markus Fallenböck (organizadores), *Das Recht der Domain Namen*, Viena, 2001, pp. 47 ss.; Torsten Bettinger, *in ibidem*, pp. 139 ss.; Thomas Hoeren, ob. cit., pp. 36 s.; Dieselhorst, ob. cit., pp. 292 ss.; Pedro de Miguel Asensio, *Derecho Privado de Internet*, 3.ª ed., Madrid, 2002, pp. 130 ss.; Erdozáin Lopez, est. cit. (nota 17), pp. 29 ss.; e Mark Bosshard, «L'utilizzo in funzione descrittiva dei segni distintivi sulla rete *Internet* alla luce della recente giurisprudenza comunitaria», *in* Cesare Vaccà (organizador), *Nomi di dominio, marchi e copyright. Proprietà intellettuale ed industriale in Internet*, Milão, 2005, pp. 69 ss. (p. 76).

[27] Cfr. os arts. 242.º e 323.º, alínea *e)*, do Código da Propriedade Industrial e o art. 9.º, n.º 1, alínea *c)*, do Regulamento (CE) n.º 40/94, de 20 de Dezembro de 1993, sobre a marca comunitária. No sentido do texto, veja-se a sentença proferida em 6 de Julho de 1998 pelo Tribunal de Vicenza, no caso que opôs a *Peugeot automobili Italia S.p.A.* a *GEL di Rubega Silvano*, em cujo sumário pode ler-se: «L'uso di un marchio, che gode di rinomanza, come *domain name* o all'interno di un sito Internet, anche per prodotti o servizi non

que tiver registado a seu favor o nome de domínio «Mercedes.com» ou «Mercedes.pt» pode ver-se impedido pelo titular da correspondente marca de o utilizar sem o consentimento deste a fim de designar um sítio Internet através do qual comercialize, por exemplo, livros sobre automóveis. O regulamento da FCCN contém, de resto, disposição expressa nesse sentido[28].

Em todo o caso, o exercício do *ius prohibendi* do titular da marca pressupõe que o sinal em causa seja utilizado numa actividade económica. Se o nome de domínio disputado é utilizado fora deste âmbito, *v.g.* para identificar um sítio Internet em que apenas é disponibilizada gratuitamente informação ao público, não pode considerar-se que a sua utilização contenda com o direito à marca. Retomando o exemplo referido por último, o titular da marca Mercedes não pode opor-se à utilização do nome de domínio «Mercedes.com» a fim de identificar um sítio Internet que tenha como único objectivo difundir a título gratuito informação acerca da história dos automóveis dessa marca, pressupondo que não há nesta hipótese qualquer aproveitamento do valor económico do sinal em causa.

Por maioria de razão, a solução deverá ser a mesma caso o nome de domínio em questão se limite a identificar um sítio Internet inactivo. Com efeito, o mero registo de uma marca como nome de domínio não constitui, em si, um acto de utilização económica da marca e como tal não é abrangido pelas proibições estabelecidas pelo Direito Industrial. Mas a solução já será outra se o titular do nome de domínio disputado o houver registado e o mantiver com o intuito de o ceder ou de licenciar o seu uso pelo titular da marca de prestígio homónima, contra o pagamento de um preço: neste caso estar-se-á perante o uso de um nome de domínio no âmbito de uma actividade económica[29].

Coloca-se ainda a este respeito um outro problema, que importa agora considerar. A protecção da marca é em princípio limitada não ape-

---

affini a quelli protetti dal marchio medesimo, viola i diritti del titolare del marchio, in quanto comporta l'immediato vantaggio di ricollegare la propria attività a quella del titolare del marchio, sfruttando la notorietà del segno e traendone indebito vantaggio» (texto reproduzido em *Giurisprudenza italiana*, 1998, pp. 2342 ss., com uma anotação de Marco Venturello).

[28] Cfr. O art. 9.º, n.º 1, alínea *b)*.

[29] Neste sentido se pronunciou, na sentença proferida em 1998 no caso *Panavision International v. Toeppen*, o *U.S. 9th Circuit Court of Appeals* (disponível em http://www.findlaw.com).

nas pelo princípio da especialidade, mas também pelo da *territorialidade*, nos termos do qual o exclusivo de utilização e exploração da marca apenas vale para o território do Estado que o concedeu. Ora, a Internet é universal, pois pode-se ter acesso a ela a partir de quase todos os países do mundo. Significará isto que o titular da marca registada em certo país pode opor-se à sua utilização como nome de domínio em todos os países onde existe acesso à rede, ainda que a marca não esteja registada neles?

A questão suscitou-se no caso *Hotel Maritime* julgado em 2 de Maio de 2002 pelo *Oberlandesgericht* de Hamburgo[30]. A autora explorava uma cadeia de hotéis sitos na Alemanha e registara neste país, a seu favor, a marca «Maritim», destinada a assinalá-los. A ré possuía um hotel com a denominação «Maritime», sito em Copenhaga, que publicitava através de prospectos difundidos na Alemanha e de um sítio Internet com o endereço «www.hotel-Maritime.dk», através do qual aceitava também reservas de quartos; e era ainda titular da marca «Hotel Maritime», registada a seu favor na Dinamarca. Na acção por si intentada, a autora alegou que a publicidade deste modo efectuada na Alemanha violava o seu direito à marca neste país; e exigiu, com esse fundamento, que a ré fosse condenada a abster-se de utilizar a referida marca na Alemanha, inclusive através do seu sítio Internet.

Em situações como esta é perturbada, como já foi notado, a «coexistência pacífica» de sinais distintivos iguais ou confundíveis, mas com um âmbito espacial de eficácia diverso, possibilitada pelo princípio da territorialidade[31].

Duas ordens fundamentais de soluções se oferecem para este problema. Uma, consiste na atribuição de *primazia* a um dos direitos em conflito, *v.g.*, na base do princípio da prioridade: só aquele que primeiramente tivesse registado o sinal a seu favor teria a possibilidade de fazer uso dele na Internet. A outra, traduz-se em *conciliar* na medida do possível esses direitos.

A primeira corresponde, como vimos, ao sistema que vigora actualmente nas relações entre nomes de domínio. É, porém, inservível para as marcas, sob pena de se conferir *eficácia universal* a um monopólio de âm-

---

[30] Sentença disponível em http://www.jurpc.de.
[31] Cfr. Ángel García Vidal, «A Recomendação Conjunta da União de Paris e da OMPI sobre a Protecção das Marcas e outros Direitos de Propriedade Industrial sobre Sinais na Internet», *Scientia Iuridica*, 2003, pp. 317 ss. (p. 333).

bito originariamente territorial, sem que nenhum dos interesses que fundamentam a sua atribuição o justifique.

Afigura-se, por isso, preferível a segunda ordem de soluções apontada. Por ela enveredou o *Oberlandesgericht* de Hamburgo, na decisão proferida sobre o referido caso *Maritime*. Depois de ter admitido a aplicabilidade na espécie do Direito alemão, com base no princípio da competência da *lex loci protectionis* em matéria de propriedade industrial, sustentou ser insuficiente, a fim de dar como verificada uma violação do direito à marca na Alemanha, a sua utilização num sítio Internet acessível a partir de território alemão. Seria ainda necessária, para este efeito, a existência de uma *conexão suficiente* com o território nacional («*hinreichender Inlandsbezug*»), que não se verificaria no caso, visto que a ré apenas podia prestar serviços hoteleiros na Dinamarca.

Na mesma linha fundamental de orientação se insere a *Recomendação Conjunta da União de Paris e da OMPI sobre a protecção na Internet de marcas e outros direitos de propriedade industrial sobre sinais*, adoptada em 2001[32]. Aí se estabelece, no art. 2, o princípio geral de que o uso de um sinal na Internet apenas constitui uso num Estado Membro para os efeitos das disposições constantes da *Recomendação*, se tal uso tiver um *efeito comercial* no Estado Membro em causa, a aferir na base dos critérios exemplificativamente enunciados no art. 3. Prevê-se, por outro lado, no art. 9, que o utilizador do sinal não será tido por responsável desde que se achem preenchidos três requisitos: 1.º, ser esse sujeito *titular de um direito* segundo a lei de outro Estado; 2.º, não ter a utilização do sinal sido por ele feita de *má fé*; 3.º, ter disponibilizado *informação suficiente* para que possa ser contactado. O utilizador tão-pouco será responsabilizado se, depois de ter sido notificado da infracção, tomar expeditamente medidas eficazes em ordem a evitar qualquer *efeito comercial* no Estado referido na notificação ou a evitar a infracção do direito nela referido (art. 10). Entre as medidas aceites para evitar este efeito inclui-se, nos termos do art. 12 da *Recomendação*, uma declaração (*disclaimer*) nos termos da qual o utilizador não tenciona fornecer bens ou serviços a pessoas situadas no Estado onde o direito em questão é protegido e efectivamente recuse esse fornecimento. Assim se procura restaurar no chamado «ciberespaço» a

---

[32] Cfr. *Joint Recommendation Concerning Provisions on the Protection of Marks, and Other Industrial Property Rights in Signs, on the Internet*, s/l, 2001, disponível em http://www.wipo.int.

aludida *coexistência pacífica* entre sinais distintivos iguais ou semelhantes, mas com âmbitos espaciais de eficácia distintos. A *Recomendação* não é, evidentemente, vinculativa para os tribunais nacionais, mas deve ser tomada em consideração por eles na resolução deste tipo de questões.

8. Concorrência desleal

Ainda que o nome de domínio seja aplicado à comercialização de produtos ou serviços diversos daqueles que a marca visa distinguir, pode o seu uso ser sancionado nos termos da *cláusula geral da concorrência desleal*, consagrada no art. 317.° do Código da Propriedade Industrial, que proscreve os actos de concorrência contrários às normas e usos honestos de qualquer ramo de actividade[33].

É o que sucede, designadamente, quando o uso, a fim de identificar um sítio Internet, de um nome de domínio idêntico ou semelhante a uma marca alheia crie o risco de confusão com a empresa, o estabelecimento, os produtos ou os serviços do titular da marca ou vise a captação da clientela deste, aproveitando a notoriedade da sua marca[34]. Semelhantes práticas constituem entre nós ilícitos contra-ordenacionais susceptíveis de gerarem também a responsabilidade civil do infractor.

---

[33] Em sentido convergente, vejam-se: perante o Direito espanhol, Javier Maestre, ob. cit. (nota 27), p. 87, Erdozáin Lopez, est. cit. (nota 17), pp. 32 ss., e Pedro de Miguel Asensio, ob. cit. (nota 27), pp. 144 ss.; frente ao Direito italiano, Tommaso Tosi, est. cit. pp. 251 ss., e Emilio Tosi, «Pratiche confusorie online "vecchie" e "nuove" tra contraffazione del marchio e concorrenza sleale», *in* Cesare Vaccà (organizador), *Nomi di dominio, marchi e copyright. Proprietà intellettuale ed industriale in Internet*, Milão, 2005, pp. 83 ss. (pp. 94 ss.); e face à lei alemã, Torsten Bettinger, est. cit., p. 143; *idem*, «Trademark Law in Cyberspace – The Battle for Domain Names», *IIC - International Review of Industrial Property and Copyright Law*, 1997, pp. 508 ss. (p. 525); Dieselhorst, ob. cit. (nota 16), pp. 298 ss.; e Heinrich Hubmann/Horst-Peter Götting/Hans Forkel, *Gewerblicher Rechtsschutz*, 7.ª ed., Munique, 2002, p. 368.

[34] Veja-se, na jurisprudência francesa, o acórdão proferido pela *Cour d'Appel de Paris* em 8 de Setembro de 2004, no caso *Sté. Sport Autogalerie c. Sté. Porsche France* (disponível em http://www.juriscom.net), em que este tribunal julgou haver concorrência desleal por parte do titular do nome de domínio «www.specialiste-porsche.com», na medida em que através dele tirava indevidamente partido da notoriedade da sociedade Porsche France, gerando no público confusão quanto à origem dos serviços oferecidos no sítio Internet com aquela designação.

9. Tutela do nome de domínio contra a sua utilização como marca

Até aqui ocupámo-nos da tutela da marca perante nomes de domínio com ela conflituantes. Mas a questão das relações entre nomes de domínio e marcas pode também ser vista por outro prisma: o da utilização como marca de um nome de domínio alheio sem autorização do titular deste último.

Estoutro problema tem hoje certa relevância, dada a notoriedade que alguns nomes de domínio adquiriram e, por conseguinte, o seu elevado valor. Pense-se, por exemplo, no enorme poder atractivo de um «amazon.com» ou de um «google.com». Daquele valor, ou duma parte substancial dele, poderiam apropriar-se indevidamente aqueles a quem fosse facultado registar a seu favor marcas homónimas sem o consentimento dos titulares dos nomes de domínio em causa.

Não falta, por isso, quem entenda ser nulo o registo de uma marca que coincida com um nome de domínio anteriormente registado e utilizado por um terceiro. Neste sentido se pronunciaram, por exemplo, o *Tribunal de Grande Instance du Mans*, numa decisão proferida em 29 de Junho de 1999[35], e a *Cour d'Appel de Paris*, num acórdão de 18 de Outubro de 2000[36].

Outro foi o ponto de vista entre nós perfilhado pelo Supremo Tribunal de Justiça, num acórdão de 21 de Janeiro de 2003[37]. O caso dizia respeito à eventual imitação da denominação social e do logótipo «Viniportugal» pelo réu, que registara a seu favor o nome de domínio «Viniportugal.com». O Supremo não chegou a julgar essa questão, por considerar insuficiente para o efeito a matéria de facto fixada pelas instâncias. Mas declarou, num *obiter dictum*, que «o "registo" de um nome de domínio na Internet (*"record created"*) não confere qualquer direito de exclusivo, ou de prioridade, em Portugal».

Supomos no entanto que, caso o nome de domínio seja utilizado como *marca livre* ou *marca de facto*, o seu titular beneficiará pelo menos da correspondente tutela legal, prevista entre nós no art. 227.º do Código da Propriedade Industrial, por força do qual quem a usar por prazo não superior a seis meses goza de prioridade para efectuar o respectivo registo,

---

[35] Disponível em http://www.juriscom.net.
[36] Disponível em http://www.legalis.net.
[37] Publicado na *Colectânea de Jurisprudência do Supremo Tribunal de Justiça*, 2003, t. I, pp. 34 ss.

podendo reclamar contra o que for requerido por outrem. Feito o pedido de registo da marca, o titular do domínio gozará, nos termos do art. 5.º do Código, de protecção idêntica à que seria atribuída pela concessão do direito, para ser considerada no cálculo de eventual indemnização. Neste caso, ocorre notá-lo, o conflito entre o nome de domínio e a marca reconduz-se a um conflito entre dois utilizadores da mesma marca não registada. A protecção desta forma dispensada ao nome de domínio é, em todo o caso, limitada pelo princípio da especialidade.

Por outro lado, se a utilização de um nome de domínio como marca for susceptível de induzir o consumidor em erro ou confusão, a solução final a que se chega perante o nosso Direito poderá ser idêntica à que foi perfilhada pelos referidos tribunais franceses, atento o que dispõe o art. 266.º, n.º 1, alínea b), do Código da Propriedade Industrial, nos termos do qual o registo da marca é anulável quando se reconheça que o titular desse registo pretende fazer concorrência desleal, ou que esta é possível independentemente da sua intenção.

10. Conclusão

Do exposto resulta que a utilização de nomes de domínio pode importar a violação do direito à marca, assim como pode a utilização de uma marca conflituar com o direito sobre um nome de domínio, mormente quando este funcione como marca livre.

Na falta de regras especiais sobre a matéria, as situações em apreço terão de ser sancionadas nos termos das regras comuns. Estas, porém, não permitem resolver todos os problemas susceptíveis de se colocarem neste âmbito: se, por exemplo, os titulares de marcas homónimas registadas em países diversos pretenderem utilizá-las como nomes de domínio de segundo nível sob o mesmo nome de domínio de topo, a única solução que o sistema vigente oferece é a primazia do direito do primeiro a solicitar o registo do nome, o que se afigura manifestamente insatisfatório.

O futuro dirá se esta é uma consequência inelutável da colisão entre, por um lado, sinais distintivos administrados por entidades privadas, subordinados a um princípio de unicidade e dotados de eficácia quase universal e, por outro, sinais distintivos administrados por entes públicos, sujeitos a um princípio de especialidade e com um escopo essencialmente territorial – ou se, ao invés, a autonomia privada e a cooperação internacional permitirão gizar novas soluções para esses problemas.